Stefan Kirn, Claus D. Müller-Hengstenberg
Rechtliche Risiken autonomer und vernetzter Systeme

Stefan Kirn, Claus D. Müller-Hengstenberg

Rechtliche Risiken autonomer und vernetzter Systeme

Eine Herausforderung

DE GRUYTER
OLDENBOURG

ISBN 978-3-11-057853-9
e-ISBN (PDF) 978-3-11-043144-5
e-ISBN (EPUB) 978-3-11-043152-0

Library of Congress Cataloging-in-Publication Data
A CIP catalog record for this book has been applied for at the Library of
Congress.

Bibliografische Information der Deutschen Nationalbibliothek
Die Deutsche Nationalbibliothek verzeichnet diese Publikation in der Deutschen
Nationalbibliografie; detaillierte bibliografische Daten sind im Internet über
http://dnb.dnb.de abrufbar.

© 2016 Walter de Gruyter GmbH, Berlin/Boston
Dieser Band ist text- und seitenidentisch mit der 2016 erschienenen
gebundenen Ausgabe.
Einbandabbildung: Abidal/iStock/Thinkstock
Satz: PTP-Berlin, Protago-TEX-Production GmbH, Berlin
Druck und Bindung: CPI books GmbH, Leck
♾ Gedruckt auf säurefreiem Papier
Printed in Germany

www.degruyter.com

Inhaltsübersicht

Inhaltsverzeichnis

Teil B: Die rechtlichen Herausforderungen

Teil C: **Folgerungen**

Einführung

Vielen ist sie noch geläufig: die Softwarekrise Mitte der 1960er-Jahre, als die Kosten für Software erstmals die Kosten für Hardware überstiegen. Als klar wurde, dass die von den Entwicklern beanspruchte kreative Freiheit nicht nur zur Verbesserung der Programme durch Geistesblitze führte, sondern immer häufiger auch für das Scheitern von Softwareprojekten verantwortlich war. Ein völlig unzureichendes Softwareprojektmanagement stellte schon für sich genommen ein erhebliches Erfolgsrisiko dar. Und schwer verständlicher Code, unvorhersehbare Seiteneffekte bei Code-Änderungen sowie mangelhafte Dokumentationen führten nach Projektabschluss zu exorbitanten Wartungsaufwänden. Diese Softwarekrise könnte man heute als „Softwarekrise alter Art" bezeichnen.

In der Folge wurde erheblich in die Engineering-Kompetenz der Informatik investiert. So fanden 1968 in Garmisch und 1969 in Rom zwei herausragende NATO-Konferenzen statt, um die grundlegenden Probleme der Softwareentwicklung in einem hochrangigen Expertenkreis zu analysieren.[1] Die inhaltlichen Ergebnisse dieser beiden Konferenzen begründeten das Software Engineering als neue Informatikdisziplin.

Bei allem Respekt vor dem seither erreichten Fortschritt zeigt aber schon ein kurzer Blick in die wissenschaftliche Literatur ebenso wie in die aktuelle Fachpresse der IT-Praxis, dass diese Softwarekrise offenbar andauert, dass immer noch viel zu viele Softwareprojekte scheitern, viel zu lange dauern oder den ursprünglich vorgesehenen Budgetrahmen erheblich überschreiten. Die seit rund 50 Jahren bekannten Probleme sind also alles andere als gelöst![2]

Doch inzwischen entsteht eine Softwarekrise „neuer Art". Diese entwickelt sich im Spannungsfeld dreier für die Softwaretechnik wichtiger Entwicklungslinien:
– **Virtualisierung**[3] bezeichnet die softwaretechnisch realisierte Abstraktion von Rechner-Hardware. Die physische Zuordnung von Hardware und Software für bestimmte Kunden hat damit keine Bedeutung mehr.[4] Besonders weit fortgeschritten ist Virtualisierung im Cloud Computing. Sobald der Zugriff der Programme auf die physikalischen Ressourcen durch Softwaredienste realisiert wird, verlieren diese nicht nur das Wissen und die Kontrolle über die zu ihrer Ausführung tatsächlich eingesetzten Hardware-Komponenten, sondern – wichtig aus Haftungsgründen – aufgrund der auch die Software umfassenden Transpa-

---

1 NATO Science Committee (ed.): SOFTWARE ENGINEERING (1968); SOFTWARE ENGINEERING TECHNIQUES (1969).
2 Mertens (2012).
3 Zur Bedeutung der Virtualisierung in der Wirtschaftsinformatik vgl. bspw. Kirn/Müller-Hengstenberg, MMR 2014, 225 und 307.
4 Müller-Hengstenberg/Kirn, NJW 2007, 2353; Lehmann/Giedke, CR 2013, 608, 611 f.

renz der Datenverarbeitung ebenfalls über die zur Anwendung kommenden Softwaredienste und damit über deren Hersteller, Halter, Betreiber und Nutzer.

Ein wesentliches Merkmal des Cloud Computing sind vollautomatische Verfahren der dynamischen Allokation und Reallokation von Hard- und Softwareressourcen zu Anwendungsprogrammen. Die dabei entstehenden und fortlaufend dynamisch angepassten Ausführungsketten können die Nachvollziehbarkeit und damit die Haftungszuweisung im Fehlerfall erheblich erschweren oder gar verhindern. Dies wirft bedeutsame neue rechtliche Fragestellungen auf.

– **Von der Automation zur Autonomik:** Während Automation eindeutig definierte Spezifikationen für das Verhalten technischer Systeme und vollständige Kontrolle über diese Systeme voraussetzt, strebt Autonomik die Entwicklung zukunftsweisender Ansätze für eine neue Generation intelligenter Werkzeuge und Systeme an, „[...] die eigenständig in der Lage sind, sich via Internet zu vernetzen, Situationen zu erkennen, sich wechselnden Einsatzbedingungen anzupassen und mit Nutzern zu interagieren"[5]. Bei dieser „Verselbstständigung" technischer Systeme werden Methoden der Künstlichen Intelligenz benötigt, um angemessenes Systemverhalten auch in unvorhersehbaren Situationen zu ermöglichen. In bis dahin algorithmisch spezifizierte Systeme (Automation) werden dabei unter anderem Elemente nicht-deterministischen sowie nicht-determinierten Systemverhaltens (Autonomik) eingeführt. Diese Transformation bezeichnen wir als „Autonomisierung" eines automatisierten Systems.

Das Verhalten autonomisierter Systeme ist nicht in vollem Umfang der direkten Kontrolle von Entwickler, Eigentümer und Nutzer unterworfen. Auch diese im Folgenden als technisch bedingte Autonomie (kurz: technische Autonomie) bezeichnete Eigenschaft von Software-, mechatronischen und Cyber-physischen Systemen kann Verursachungs- und Haftungsketten nicht nur unterbrechen, sondern auch vollkommen intransparent und nicht nachvollziehbar machen.

– **Von der aufgabenbezogenen Einzelsystemdefinition zu durch dynamische Interaktion (teil-)autonomer intelligenter Systeme emergent entstehenden Softwareverbünden:** Anwendungsprogramme wurden bisher ausgehend von einer konkreten Aufgabenstellung als zentralisierte oder verteilte Systeme top down, unter vollständiger Kontrolle der Systementwickler, konzipiert und implementiert. Neben diesem Ansatz werden zukünftig auch Systeme treten, die bottom up dadurch entstehen, dass unterschiedliche Softwaresysteme in einer gemeinsamen Umgebung zusammentreffen und ihr Verhalten dort auf das Verhalten der jeweils anderen Systeme abstimmen müssen. Basieren die technischen Eigenschaften der einzelnen involvierten Softwaresysteme auf dem Einsatz von Methoden der Künstlichen Intelligenz, bezeichnen wir diese als **Softwareagen-**

---

5 Vgl. http://www.autonomik.de/ (Abruf: 2012-12-28).

ten, oder kurz: **Agenten**, und die von ihnen kooperativ „erzeugten" Agentenverbünde als **Multiagentensysteme**.

A priori ist dabei nicht ohne Weiteres vorhersehbar, welche funktionalen und nichtfunktionalen Eigenschaften diese ohne direkte Kontrollmöglichkeit durch Entwickler, Betreiber oder Nutzer entstehenden Multiagentensysteme aufweisen, und welche Rückwirkungen daraus auf die Funktionsfähigkeit ihrer einzelnen Mitglieder resultieren werden.[6]

Aus diesen Entwicklungen resultieren jedoch nicht nur neue Herausforderungen für die Softwaretechnik(er), sondern auch für die Nutzer der Systeme. So sehen sich diese immer öfter nicht nur mit (ihren eigenen) smarten mobilen Computern konfrontiert, sondern zunehmend auch mit immer „smarteren" Umgebungen:

„Zum Beispiel das Bahnhofsklo in Siegburg. Gegen Geld öffnet sich die Schranke. Der Gast findet sein Plätzchen, verrichtet, wozu er gekommen, will spülen – und stutzt. Nirgends ein Knopf. Keine Kette. Nicht einmal ein Gummidrücker am Boden. Wenn er schließlich peinlich berührt durch die Tür enteilt, hört er das ersehnte Rauschen in der Toilette. Ein Sensor im Türrahmen macht's möglich. Aber dem Besucher hat es keiner gesagt, und ein Schild gibt es auch nicht."[7]

Also: Was geschieht, wenn in unserer zunehmend „kollaborativeren"[8] Welt die smarten Objekte und die smarten Umgebungen damit beginnen, ihre Aktivitäten untereinander „abzusprechen"? – Im Paradigma der kooperativen intelligenten Agenten[9] sind diese Möglichkeiten bereits angelegt und längst als technisch ohne Weiteres machbar nachgewiesen:

Wird der Mensch von diesen „Absprachen" erfahren, oder wenigstens zuvor gefragt werden, wird er evtl. in die Absprache zwischen den technischen Systemen einbezogen – oder entscheiden womöglich die technischen Systeme ohne den Menschen? Kann er die daraus entstehende „Emergenz"[10] des Einzel- und Gesamtsystemverhaltens vorhersehen, planen, erforderlichenfalls kontrollieren, beherrschen – oder ist ihm mangels hinreichend schneller und skalierbarer Fähigkeiten die Teilhabe an diesen neu entstehenden Kooperationsmöglichkeiten zwischen technischen Systemen ohnehin verwehrt, wie es die Ergebnisse der Experimente im IBM T.J. Watson

---

6 Vgl. Conte/Castelfranchi (1995).
7 Zeit ONLINE: Die Krise mit der Kiste – Computerbenutzer verzweifeln an ihren Geräten. Die Entwickler verstehen nicht, warum. Das kostet Jahr für Jahr Milliarden. Eine Ursachenforschung. DIE ZEIT, 21.09.2006 Nr. 39. Zitiert nach: http://www.zeit.de/2006/39/Software-Qualität (Abruf: 2012-08-08).
8 Hierunter verstehen wir die meist fallweisen, ad hoc auftretenden Formen des Zusammenwirkens von Mensch, Maschine, Robotern und IT-Systemen. Jeweils Teilaspekte werden diskutiert unter Schlagworten wie Human-Computer-Cooperative Work (HCCW), Human-Robot-Cooperation, hybride Teams, Mensch-Maschine-Interaktion, Sozionik, Zusammenarbeit menschlicher mit maschinellen Aufgabenträgern, usw.
9 Grundlegend Bond/Gasser (1988).
10 Vgl. hierzu bspw. die Ergebnisse des BMBF-Spitzenclusters „Software-Clusters" zu emergenter Software: http://www.software-cluster.org/de/forschung/themen/emergente-software (Abruf: 2015-05-20) sowie http://www.software-cluster.org/de/forschung/publikationen (Abruf: 2015-05-20).

Research Center bereits in den Jahren 2000/2001 nahelegten? Oder, anders herum gefragt, wie verändern sich bisher als sozio-technisch definierte Organisationen, wenn nicht nur die technischen Einzelsysteme zunehmend smarter werden, sondern zukünftig sogar Menschen in diesen Organisationen, bspw. durch Implantate, in ihrem Verhalten zumindest teilweise zu „Smart Objects" im Sinne der Informatik werden?[11]

Wer übernimmt aber dann die moralische, ethische und ökonomische Verantwortung für das Verhalten der Systeme, wer erhält welche Rechte an den von eigenständig kooperierenden Systemen gemeinschaftlich erarbeiteten Ergebnissen, wer haftet im Schadensfall, und was bedeuten diese Formen der Virtualisierung zuletzt für Matsudas mit menschlicher ebenso wie mit maschineller Intelligenz ausgestattete „Intelligente Organisation" der Zukunft in rechtlicher Hinsicht[12,13,14]?

Teil A des Buches führt in die grundlegenden Konzepte dieser neuen Informationssystem-Architekturen ein und legt dabei ein besonderes Augenmerk auf Virtualisierung und Cloud Computing (Kapitel 2) sowie auf Softwareagenten und Multiagentensysteme (Kapitel 3). Im darauf aufbauenden Kapitel 4 werden Überlegungen zur Autonomie technischer Systeme behandelt, wenn diese bzw. deren Steuerungssysteme autonomiespezifische Eigenschaften intelligenter Softwareagenten aufweisen.

Teil B des Buches ist den Rechtsfragen gewidmet. Der vorstehend beschriebene unglaubliche Entwicklungsprozess wurde von der Rechtswissenschaft bisher nur in Teilaspekten rechtlich kommentiert. Die juristische Fachwelt befasste sich in den 1970er-Jahren sehr zögerlich mit der Datenverarbeitung. Im Vordergrund der Rechtsprechung und des Rechtsschrifttums standen die „konventionelle" Lieferung und Installation von Hardware und Standardsoftware sowie die Erstellung von individueller Software in Rechenzentren der Kunden, wobei das Kauf-, Miet- und Werkvertragsrecht zugrunde gelegt wurde. In den 1980er-Jahren wurde das „Outsourcing" für viele Kunden aus ökonomischen Gründen interessant. Der Trend war, die teilweise erheblichen Kosten für ein eigenes IT-Rechenzentrum einzusparen und die IT-Aufgaben an unabhängige Serviceanbieter abzugeben. Die Rechtswissenschaft und Gerichte beschäftigten sich immer öfter mit den Rechtsproblemen, die durch eine zunehmende Ausgliederung von IT-Aufgaben auf „unabhängige" Rechenzentren, Servicezentren oder andere Dienstleister entstanden. Die „Ökonomisierungswelle" erfuhr durch die „Virtualisierung" Ende der 1990er-Jahre einen erheblichen Auftrieb, weil diese die „Trennung der physischen Ressourcen von den virtuellen Ressourcen"

---

11 Hierfür gibt es schon heute zahlreiche Beispiele: Sensorik im Auge zur Wiederherstellung der Sehfähigkeit, Cochlea-Implantate für Gehörlose, implantierbare RFID-Chips für den Zutritt zu Diskotheken, usw.

12 Matsuda (1991).

13 Kirn (1996).

14 ZfO, Heft Nr. 6/2010.

ermöglichte und eine bessere Auslastung der verfügbaren IT-Ressourcen ermöglichte. Ein Schwerpunkt der rechtlichen Auseinandersetzung waren die arbeitsrechtlichen Fragen des Transfers der Arbeitnehmer im Sinne des § 613a BGB.

Das Internet eröffnete schließlich neue Formen der Vernetzung von „Wirtschaftsakteuren"[15], indem die Nutzung der Informations- und Kommunikationstechnologie (ITK) vernetzt wurde. Es entstanden zahlreiche Arten von „Web-Services", die unterschiedliche „Funktionalitäten und Softwarekomponenten zur Nutzung durch einen Client über ein Netz bereitstellten."[16] Auf der Grundlage der „Virtualisierung" entwickelten sich neue Technologien wie Grid- und Cloud-Computing.[17] Diese neuen Technologien führten zunehmend zu einem sehr breiten Dienstleistungsmarkt, der heute nicht nur an der Spitze der Umsätze im ITK-Markt liegt[18], sondern vor allem auch die Entwicklung der auch als vierte industrielle Revolution bezeichneten Industrie 4.0-Initiative eröffnete.

Die rechtlichen Problemstellungen sind entsprechend auch komplizierter geworden, weil die Grundsätze des Zivilrechts z. B. im BGB auf alten ökonomischen Weltanschauungen beruhten, die sich im Laufe der Zeit stark verändert haben und Änderungen der Gesetzte erforderte.[19] Teichmann[20] beschreibt in seinem Gutachten zum 55. Deutschen Juristentag ausführlich die „handwerkliche" Grundkonzeption des ursprünglichen Werkvertragsrechts und die „höherrangigen Leistungen" des Dienstvertragsrechtes sowie die Schwierigkeiten bei der vertragsrechtlichen Qualifizierung der EDV-Wartungsleistungen.

Eine besondere Herausforderung unseres Rechtssystems ist es, dass immer mehr Menschen Zugang zu den weltweit verteilten IT-Systemen haben. Im Gegensatz zu der „alten Welt" der „monolithischen" Rechenzentren gibt es nicht mehr den überschaubaren Kreis der Auftraggeber und Auftragnehmer, sondern eine Vielzahl von „Mitspielern" in unterschiedlichen Rollen, die sich in der Regel gar nicht kennen und nur noch über dynamische IP-Adressen miteinander kommunizieren.[21] Die weltweite Vernetzung der IT-Ressourcen über das Internet wurde ergänzt durch eine fast unbegrenzt erscheinende Mobilität und Funktionalität von Datenendgeräten wie Smartphones oder Tablet-PCs sowie von Apps, die eine neue Dimension rechtlicher Herausforderungen mit sich brachten.

Unabhängig von den vorstehend beschriebenen Technologien entwickelten sich die Expertensysteme bzw. die wissensbasierten Systeme weiter, die „auf der Aus-

---

15 Siehe hierzu die Ausführungen von Krcmar (2010), Kap. 5.3.1.3, S. 317.

16 Krcmar (2010), Kap. 5.4.2, S. 345, 346.

17 Krcmar (2010), Kap. 5.3.1.3, S. 317 ff. Siehe auch Grützmacher, „Softwareurheberrecht und Virtualisierung", ITRB 2011, 192. Meinel/Willems/Roschke/Schnjakin (2011), S. 7 ff.

18 Bitkom Marktdaten: https://www.bitkom.org/Marktdaten/Marktdaten/index.jsp (Abruf: 2015-08-30).

19 Coing/Honsell, in: Staudinger (2011), Kap. B, IV, Rdnr. 29–38, 44.

20 Teichmann (1984), S. A 20–A 23, A 29.

21 Coing/Honsell, in: Staudinger (2011), Kap. B, IV, Rdnr. 30.

wertung von gespeichertem Wissen" beruhen.[22] Diese Technologien werden heute unter den Themen „Autonomik" oder „Softwareagenten" wissenschaftlich diskutiert (bspw. Roboter-Autos, Roboter-Menschen). Die heutigen Börsen- und Kreditrisikosysteme nutzen bereits die Softwareagenten-Technologie.[23] Das wichtigste Merkmal der „Autonomik" und der Softwareagenten ist, dass diese ohne menschliche Mitwirkung Wissen ansammeln und Probleme lösen können.

Zelewski[24] sieht den Unterschied der Informationsverarbeitung durch intelligente Softwareagenten- oder Expertensysteme zur „konventionelle[n] Datenverarbeitung darin, dass die konventionelle Datenverarbeitung keine Kenntnisse über den sachlichen Inhalt der verarbeiteten Informationen erfordert"; anders die intelligenten Agenten, diese bestehen aus einer Wissensbasis und einer Problemlösungskomponente". Der Agent bewältigt Probleme unter Verwendung von Wissen aus einem Problembereich, ohne dass ein Mensch die Lösung oder Lösungsparameter vorgibt. *Schirrmacher*[25] merkt anhand von vielen Beispielen an, dass heute niemand mehr die Frage beantworten kann, was die Algorithmen bspw. in den Finanzmärkten wirklich tun. Ist es wirklich so, dass nicht mehr der Mensch, sondern der „Roboter" in fast allen wichtigen gesellschaftlichen Belangen die Entscheidungen trifft?

Das Forschungsprogramm „Autonomik für Industrie 4.0" des Bundesministeriums für Wirtschaft und Technologie vom Oktober 2012[26] bezweckt die Förderung zukunftsweisender internetbasierender Technologien für die industrielle Produktion und die „Autonomik von Systemen durch zunehmend kognitive Fähigkeiten". Diese Initiative verbindet Internet-basierte Technologien mit Autonomik und Servicerobotern, um so die Entlastung menschlicher Arbeit zu unterstützen, die Produktivität zu erhöhen und die Zufriedenheit der Menschen zu verbessern.

Botthof und Bovenschulte[27] beschreiben als Zukunftsperspektive, dass „im Internet der Dinge" die digitale Vernetzung „auf die reale Welt ausgedehnt wird, die es ermöglicht, dass beliebige Objekte (Konsumgüter, Kleidung, Werkstücke, Tickets, Haushaltsgegenstände, Maschinen, Transport- und Verkehrsmittel, Pflanzen und Tiere, Personen usw.) identifizierbar, lokalisierbar, miteinander korrelativ werden". Diese Ziele bedeuten nicht nur eine technische „Revolution", sondern eine kaum vorstellbare Veränderung unserer Gesellschaft und damit der Rolle und Bedeutung des Menschen in unserer Gesellschaft.[28] Dementsprechend hat sich auch die Verantwortung für die Nutzung dieser IT-Systemstrukturen verteilt, verschoben und erweitert.

---

22 Stahlknecht/Hasenkamp (2005), Kap. 7.6.3, S. 431.
23 Kremer, Datenschutz bei Entwicklung und Nutzung von Apps für Smart Devices, CR 2012, 438.
24 Zelewski (1989), S. 16–18.
25 Schirrmacher (2013), S. 159, 245.
26 http://www.autonomik.de (Abruf: 2015-07-13).
27 Botthof/Bovenschulte: „Die Automatik als integratives Technologieparadigma", in: WC Perspektive, Working Paper des Instituts für Innovation und Technik in der VDI/VDE-IT GmbH, Nr. 02, 2011.
28 Botthof/Bovenschulte (2011), ebd.

Es gibt hierbei kaum noch einen eindeutigen Verantwortlichen, sondern es gibt nur eine „verteilte Verantwortung mit unterschiedlichen Gewichtungen".

Es ist deshalb nicht verwunderlich, dass die Rechtskonflikte, die durch diese technologische Entwicklung entstehen, die ökonomischen und ökologischen Wertschöpfungsprozesse behindern oder sogar unmöglich machen. Die Erfahrung aus der Vergangenheit zeigt aber, dass fundamentale technologische Entwicklungen sich bisher immer in der Gesellschaft durchgesetzt haben. Die fast explosionsartige Verbreitung der Internet- und Webdienste und die davon unabhängige technologische Entwicklung von Servicerobotern haben zu sehr vielen ungelösten Rechtsproblemen geführt bzw. werden noch zu erheblichen Rechtsfragen führen, wie bspw. beim Datenschutz, im Lizenz-, Vertrags- und insbesondere Haftungsrecht. Es ist nicht zu verkennen, dass der Gesetzgeber versucht hat, einige der entstandenen Probleme z. B. im Bereich von E-Commerce oder im Datenschutz gesetzlich zu regeln. Mit dem Schutz der Persönlichkeit, der personenbezogenen Daten und des Fernmeldegeheimnisses bei diesen Internet-Anwendungen hat sich auch das Bundesverfassungsgericht mehrfach auseinandersetzen müssen.

Mit Recht verweist der BITKOM-Leitfaden zum Cloud Computing[29] auf diese neue Art der Wertschöpfung durch digitalisierte Wertschöpfungsketten, die eine Herausforderung für alle Unternehmen und Behörden bzw. sonstigen organisatorischen Einrichtungen darstellt, ihre IT-Organisationsstrukturen zu überdenken. Der Gesichtspunkt des Wertschöpfungsnetzwerkes ist für die Unternehmens- und Organisationstrategien von großer ökologischer und ökonomischer Wichtigkeit und steht gerade bei unternehmensübergreifenden Leistungen im Vordergrund. Ein solches Wertschöpfungsnetzwerk lebt von effizienten Kooperationsprozessen, die hohe Anforderungen an die Planungs-, Steuerungs- und Kontrollprozesse stellen. Denn das Ziel der unternehmensübergreifenden Wertschöpfung ist, das Zusammenwirken von Produkten und Dienstleistungen in IT-basierenden Rechtsverhältnissen so effizient wie möglich zu gestalten.[30] Bei der Gestaltung dieses Zusammenwirkens haben rechtlichen Fragen bzw. Machbarkeiten einen entscheidenden Einfluss auf die Wertschöpfungskette[31].

Während Teil A des Buchs also die technischen Grundlagen bereitstellt und die sich daraus ergebenden Entwicklungslinien skizziert, untersucht Teil B die rechtliche

---

29 Bitkom: Leitfaden Cloud Computing – Was Entscheider wissen müssen, 2010. https://www.bitkom. org/Bitkom/Publikationen/Publikation_4365. (Abruf: 2015-08-30).

30 Krcmar (2010), Kap. 7.1, S. 598.

31 Den noch völlig unzureichenden Stand der rechtlichen Diskussion zu Autonomik und Industrie 4.0 zeigen (1) BMWi (Hrsg.): Band 2: Recht und funktionale Sicherheit in der Autonomik – Leitfaden für Hersteller und Anwender", Berlin 2013. Auch: http://www.autonomik.de/documents/AN_Band_2_ Recht_bf_130325.pdf (Abruf: 2015-08-27) sowie (2) Das Dokument (o. V.) „JUR-RAMI 4.0: Grundlage für ein neues Technikrecht Industrie 4.0?" als erster Vorschlag einer möglichen juristischen Rahmenarchitektur zur Identifikation und Beurteilung der mit Industrie 4.0 verbundenen rechtlichen Fragestellungen: http://www.autonomik40.de/2330.php (Abruf: 2015-08-27).

Problembreite der neuen Virtualisierungstechnologien sowie der Autonomie technischer Systeme, die für digitalisierte Wertschöpfungsketten von so maßgeblicher Bedeutung sind, und versucht, soweit dies heute möglich ist, hierfür praktikable Lösungsmöglichkeiten zu entwickeln.

Teil A: **Virtualisierung – Softwareagenten –
Technisch Autonome Systeme**

1 Einleitung

1.1 Virtualisierung, Softwareagenten und „technische" Autonomie

Teil A dieses Buches behandelt zwei zunächst unabhängig voneinander entstandene Entwicklungen der Informatik: die Virtualisierung und die Agentenorientierung. Während das Konzept der Virtualisierung bereits in der Frühzeit der Informatik entstanden ist (Stichwort: Speichervirtualisierung), konnte das Konzept der Softwareagenten erst entwickelt werden, als Anfang/Mitte der siebziger Jahre des letzten Jahrhunderts die technischen Möglichkeiten zur Implementierung verteilter Systeme verfügbar wurden. Schon jede dieser beiden Entwicklungslinien für sich führt zu grundlegenden juristischen Fragestellungen, die in Literatur und Rechtsprechung bislang nur unzureichend untersucht, zum Teil auch noch gar nicht aufgegriffen worden sind.

Die **Virtualisierung** als ein von Anbeginn äußerst erfolgreiches Konzept der Informatik reicht längst weit über die ursprüngliche Hardwarevirtualisierung hinaus. Wichtige Entwicklungsschritte waren, unter anderem, Client-/Server-Architekturen, der Common Object Request Broker (CORBA) mit der Interface Definition Language (IDL), serviceorientierte Architekturen (SOA) und seit 2005 die Entwicklung und umfassende industrielle Umsetzung des Cloud Computing. Höchst flexible, vollständig automatisch ablaufende Cloud-Management-Systeme sorgen heute dafür, dass ein Cloud-Rechenzentrum bei Bedarf jederzeit neue Hardware- und Softwareressourcen „hinzuschalten" und eigene Arbeitslast völlig transparent für den Anwender dorthin verlagern kann. Höchst leistungsfähige „Virtualisierungsketten" stellen Rechenleistung und Speicherplatz damit jederzeit nahezu unbegrenzt zur Verfügung. Da Virtualisierungsinnovationen wichtige Treiber für Weiterentwicklungen in der Informatik selbst, vor allem aber auch für die betriebliche Anwendung und dort für neue, oft extrem erfolgreiche Geschäftsmodelle in allen Bereichen der Wirtschaft darstellen, werden erste rechtliche Fragestellungen zum Cloud Computing seit einiger Zeit auch in der juristischen Literatur sowie vor Gerichten behandelt[1].

Das Konzept des **Softwareagenten** – verstanden als Mitglied einer viele weitere Agenten umfassenden Agentengesellschaft – und der von diesen bei Bedarf erzeugten Multiagentensysteme dagegen ist bisher v. a. Gegenstand von Arbeiten auf dem Gebiet der „Distributed Artificial Intelligence". Diese stellt seit Jahrzehnten zwar ein überaus bedeutendes Teilgebiet der Wissenschaftsdisziplin Künstliche Intelligenz (KI) dar, industrielle Anwendungen sind bisher jedoch bei weitem nicht so verbreitet wie Verfahren der Virtualisierung. Im Rahmen der zunehmenden Autonomisierung industriell und gesellschaftlich genutzter technischer Systeme werden Methoden der Künstlichen Intelligenz jedoch eine zunehmende Verbreitung erfahren – wichtige Treiber sind u. a. Industrie 4.0, das sich rasant entwickelnde Gebiet der Cyber-

---

1 Vgl. hierzu Teil B des Buchs.

physischen Systeme sowie der ebenfalls sehr rasch wachsende Bedarf an Haushalts-, Pflege- und Industrieservice-Robotik.

Für dieses Buch von besonderem Interesse sind zwei wesentliche Eigenschaften von Softwareagenten: Lernfähigkeit und Kooperationsfähigkeit. **Lernfähigkeit** eröffnet dem Entwickler weitreichende Möglichkeiten, ein im KI-Sinn intelligentes System mit Autonomie-Eigenschaften auszustatten. Die **Kooperationsfähigkeit** intelligenter Agenten eröffnet zwei hoch interessante neue Optionen:

– *Arbeitsteilung und Delegation* von Teilaufgaben an Dritte (Agenten und Menschen!) aufgrund eigener, lokaler Entscheidung des delegierenden Agenten, wobei die eine Aufgabe übernehmenden Agenten wiederum das Recht und die technischen Fähigkeiten besitzen, eine übernommene Aufgabe ggf. selbstständig weiter zu delegieren,

– *Dynamische Erzeugung von Multiagentensystemen*: Multiagentensysteme stellen Kooperationsverbünde von Softwareagenten dar. Diese müssen insofern als neuer Typus komplexer Softwaresysteme betrachtet werden, als sie nicht aufgrund einer der Implementierung vorangehenden, expliziten Kunden- resp. Entwicklerentscheidung, sondern, sozusagen „bottom up", durch zur Laufzeit sich ergebende Zusammenarbeit mehrerer Mitglieder einer Agentengesellschaft heraus entstehen.

Sowohl das top down strukturierte Cloud Management als auch die grundsätzlich auf dezentralen Entscheidungen beruhende Bottom-up-Entstehung von Multiagenten führen in vollständig automatisierten Verfahren zu Realisierungsketten. In beiden Szenarien kann es im Fehlerfall schnell schwierig werden, das für einen Fehler „verantwortliche" Teilsystem zuverlässig zu identifizieren und dem haftungsrechtlich jeweils verantwortlichen Hersteller Halter, Betreiber oder Nutzer zuzuordnen. Betrachtet man das Cloud-Management-System eines Rechenzentrums als eine Art Softwareagent, dann treten die in dieser Hinsicht bestehenden Ähnlichkeiten beider Ansätze noch deutlicher hervor.

Wesentliche Unterschiede könnten im Hinblick auf Lernfähigkeit und Autonomie bestehen. Bei genauerer Betrachtung handelt es sich dabei jedoch lediglich um Unterschiede[2] in der technischen Realisierung. So werden Methoden der symbolischen KI bspw. schon seit langem auch in grundsätzlich „konventionell" implementierten Softwaresystemen eingesetzt, bspw. in Datenbankmanagementsystemen zur regelbasierten Überwachung von Integritätsbedingungen und Zugriffsrechten. Methoden der symbolischen KI bilden jedoch die unmittelbare Basis für solche Formen der Lernfähigkeit, die einem Software- oder Cyber-physischen System technische Autonomie eröffnen kann. Mit anderen Worten: Sobald in einem Cloud-Management-System oder

---

2 Wohlgemerkt: möglicherweise nur angenommene oder im Moment noch bestehende Unterschiede.

einem Cloud Service Methoden der symbolischen KI zum Einsatz kommen, ist auch hier der Weg frei für die Ausbildung technischer Autonomie.

Virtualisierung und **Agentenorientierung** weisen im Hinblick auf Vorhersehbarkeit des Systemverhaltens und Nachvollziehbarkeit von Systemergebnissen, also gerade im Hinblick auf ihre rechtliche Beurteilung frappierende, in der Literatur bisher kaum betrachtete Ähnlichkeiten auf. Aus diesem Grund gilt das **übergreifende Erkenntnisinteresse** dieses Buches den aus diesen neuen technischen Möglichkeiten resultierenden juristischen Fragestellungen. So ist das Gesamtsystemverhalten engmaschig vernetzter, zugleich aber auch umfassend virtualisierter Kooperationsverbünde im Allgemeinen nicht prognostizierbar[3], zugleich wird es sich aber nicht (mehr) vermeiden lassen, dass derartige Systeme entwickelt und eingesetzt werden. Auch Autonomie und Emergenz technischer Systeme als neue Form der „Definition" des Innen- und Außenverhaltens von Automaten[4] werfen neue juristische Fragestellungen auf. Diese reichen von der Haftung bis zum Urheberrecht, vom Schuldrecht bis zum Gesellschaftsrecht.

1.2 Exkurs I: Bisherige Arbeiten zu den Forschungs- und Anwendungsgebieten sowie dem praktischen Einsatz von Softwareagenten

Arbeiten zu Softwareagenten erfolgen bisher v. a. in drei Wissenschaftsgebieten:
- **Informatik („softwaretechnische Innenansicht", Konstruktion):** Die grundlagenorientierte ebenso wie die anwendungsorientierte technische Forschung zu Softwareagenten wird überwiegend in der Informatik geleistet. Im Vordergrund stehen Methoden der Künstlichen Intelligenz (KI) und der Verteilten Künstlichen Intelligenz (VKI). Die verfügbare Literatur weist auf eine enorme Ausdifferenzierung des Forschungsfeldes hin, auf einen auch nach fast 40 Jahren immer noch sehr raschen Erkenntnisfortschritt und stellt nicht zuletzt auch ein Indiz dafür dar, dass die technischen Möglichkeiten dieser neuen Technologien sowie die damit einhergehenden Chancen und Risiken bisher noch nicht ausreichend erforscht sind. Dies gilt in besonderem Maß für den Übergang von der Automation zur Autonomik: Die Möglichkeiten zur Ausbildung von Autonomie werden in der Informatik zwar als neue Methoden der Entwicklung technischer Systeme begriffen,[5] bisher jedoch vor allem aus der Perspektive der Automation, also gewissermaßen als „Fortsetzung der Automation mit anderen Mitteln".
- **Wirtschaftsinformatik („Außenansicht", Verhalten, Einsatzmöglichkeiten):** Schwerpunkt wirtschaftsinformatischer Arbeiten ist der Einsatz von Soft-

---

3 Vgl. Burkhard (1993).
4 Vgl. Conte/Castelfranchi (1995).
5 Siehe hierzu auch die detaillierten Ausführungen in Kap. 4.

wareagenten in betrieblichen Anwendungen. Mit dem von 2000–2006 geförderten Schwerpunktprogramm „Intelligente Softwareagenten und betriebswirtschaftliche Anwendungsszenarien" (SPP 1083)[6] hatte Deutschland bereits früh eine weltweit beachtete Initiative zur Erforschung der grundlegenden Möglichkeiten und Risiken des Einsatzes kooperativer intelligenter Systeme unternommen. In der Folge sind zahlreiche wirtschaftsinformatische Arbeiten entstanden, die unterschiedliche Vorschläge des inner- und zwischenbetrieblichen Einsatzes von Softwareagenten erfolgreich erprobt haben.

Bisher nur wenig erforscht sind allerdings die mit dem Einzug von KI-Methoden einhergehenden Risiken, wie sie bspw. im Zusammenhang mit der Entwicklung selbstfahrender Kraftfahrzeuge entstehen können. Damit bleiben wesentliche Eigenschaften des technologischen Kerns dieser neuen Softwarekonzepte im Dunkeln: Der „Agent" wird auch hier bisher eher als Instrument der Automation denn als zentrale Komponente der Autonomisierung betrachtet. Insbesondere besteht noch grundlegender Forschungsbedarf zu den Unterschieden zwischen Automation und Autonomisierung und den sich daraus ergebenden Folgen.

Diese enge Sichtweise überrascht, denn im Gegensatz zu der auf die Gestaltung technischer Systeme ausgerichteten Informatik betrachtet die Wirtschaftsinformatik soziotechnische Systeme, in denen menschliche und maschinelle „Akteure"[7] zusammenwirken, um eine Aufgabe zu erledigen, ein Ziel zu erreichen. So zeigt bereits das einleitende Beispiel „Bahnhofstoilette Siegburg" die Unterschiedlichkeit der Ziele und Wahrnehmungen auf beiden Ebenen: technisch gesehen das „Funktionieren", dagegen jedoch das Bestreben des Menschen nach „spülen" als sozial korrektem Verhalten und dem Bedürfnis, dass alles seine Richtigkeit haben soll selbst dann, wenn „nur" wegen des Fehlens einer geeigneten Mensch-Technik-Schnittstelle (*Aber dem Besucher hat es keiner gesagt, und ein Schild gibt es auch nicht*") ein Schuldbewusstsein entsteht. – Und dies selbst dann, wenn das technische System gar kein Handeln des Menschen ermöglicht (*„Nirgends ein Knopf. Keine Kette. Nicht einmal ein Gummidrücker am Boden."*)!

Auch in der Wirtschaftsinformatik bestehen also Erkenntnisdefizite: zum Einen hinsichtlich der Konzeptualisierung und Realisierung technischer Autonomie, und zum Anderen hinsichtlich der Auswirkungen technischer Autonomie auf die soziale Ebene des Gesamtsystems. Nur wenn diese beiden Dimensionen hinreichend gut verstanden und angemessen aufeinander abgestimmt werden,

---

6 „Intelligente Softwareagenten und betriebswirtschaftliche Anwendungsszenarien". Vorschlag zur Einrichtung eines DFG-Schwerpunktprogramms. Vorgelegt von Stefan Kirn (Koordinator), Otthein Herzog, Hermann Krallmann, Otto Spaniol und Stephan Zelewski, Ilmenau 1999. Siehe auch Kirn et al. (2006).

7 Im betrieblichen Kontext werden diese als menschliche bzw. maschinelle Aufgabenträger bezeichnet.

kann das soziotechnische System als Ganzes die ihm zugewiesene Aufgabe korrekt erfüllen.

– **Informatikrecht („Rechtsfolgen"):** Auch das Wissenschaftsgebiet Informatik- recht hat sich schon früh mit dem Konzept des Softwareagenten auseinander- gesetzt und die Diskussion der damit einhergehenden Fragen für die betroffe- nen Rechtsgebiete aufgenommen. Im Gegensatz zur Wirtschaftsinformatik geht es hier nicht um Verwendbarkeit und Nutzen autonomer Systeme, sondern ob und aufgrund welcher technischer Eigenschaften Softwareagenten in rechtlicher Hinsicht von konventioneller Software unterschieden werden müssen, und falls solche Unterschiede tatsächlich bestehen, wie diese dann rechtlich zu würdigen sind. Oft stehen diese Arbeiten jedoch vor dem Problem, dass sich die Autonomik- spezifischen Eigenschaften von KI-Systemen selbst Fachleuten nur mit erheb- lichem Aufwand erschließen, und dass sich das Informatikrecht natürlich vor allem mit derzeit in kommerziell und gesellschaftlich relevantem Umfang bereits existierenden Softwareagenten befasst – welche die technisch bestehenden Möglichkeiten der „Autonomisierung" von Software bisher jedoch nicht einmal ansatzweise ausschöpfen.

Auch in juristischer Hinsicht bestehen also bedeutsame Erkenntnisdefizite. So liegt der rechtswissenschaftlichen Diskussion ebenso wie der höchstrichter- lichen Rechtsprechung derzeit noch ein zu enger technischer Intelligenzbegriff zugrunde, das tatsächliche Spektrum der möglichen Folgen des Einsatzes von KI- Methoden wird deshalb bisher noch nicht vollständig erfasst. Ebenso fehlt eine für die juristische Würdigung hinreichend präzise Fassung des Autonomik-Begriffs, also der mit *technisch bedingter Autonomie* einhergehenden Eigenschaften von Autonomik-Systemen und den damit eng verbundenen Fragen unter anderem der rechtlichen Verantwortung als Hersteller, Halter, Betreiber und Nutzer.

Im Hinblick auf Softwareagenten und Multiagentensysteme verbindet das vorliegende Buch diese drei Sichten – Informatik, Wirtschaftsinformatik und Informatikrecht – in einer Weise, die einen neuen, fruchtbaren Zugang zur Problematik der Entwicklung und des Einsatzes „autonomisierter", also in einem technischen Sinn autonomer Systeme eröffnet. Im Zentrum dieses Buches steht damit die Frage, welche rechtlichen Konsequenzen sich dann ergeben, wenn die im Methodenapparat der Künstlichen Intelligenz begründeten Möglichkeiten zur Ausbildung bzw. Ausweitung technischer Autonomie in zukünftigen Systemen umfassender als bisher genutzt werden und sich damit sowohl das Engineering von Softwaresystemen als auch deren Verhalten im individuellen sowie betrieblichen Einsatz entsprechend ändern. Denn selbst wenn der durch die Autonomik vorangetriebenen „Autonomisierung" im bisherigen Auto- matisierungssinn technische „Fesseln" (bspw. durch Zertifizierung, TÜV-Abnahmen, o. ä.) angelegt werden sollten, bleiben für die Entwickler derartiger Systeme die Test- barkeit und für die Nutzer das Verkettungsproblem als zukünftig möglicherweise nur eingeschränkt lösbare Herausforderungen bestehen – ganz abgesehen davon, dass derartige Mechanismen nur in zuverlässig abgrenzbaren Lebens- und Rechtsräumen ihren Dienst erfüllen können. Eine Forderung, die schon innerhalb der Europäischen Union nur schwer zu erreichen sein dürfte.

1.3 Zum Aufbau von Teil A

Die Ausführungen zu Teil A beginnen mit dem Problemkomplex der **Virtualisierung (Kapitel 2)**. Dazu werden zunächst die Virtualisierungskonzepte der Informatik vorgestellt, um diese dann in eine die informatische Virtualisierungssicht substanziell erweiternde betriebswirtschaftliche Virtualisierungskonzeption einzubetten. Auf dieser Basis können nicht nur die sich aus der Virtualisierung ergebenden betriebswirtschaftlichen und rechtlichen Fragen leichter identifiziert und diskutiert, sondern auch die notwendigen Grundlagen für die Behandlung kooperativer Problemlösungsprozesse in Kapitel 3.5 bereitgestellt werden.

Kapitel 3 behandelt intelligente Softwareagenten und leitet die spezifischen Verhaltenseigenschaften intelligenter Softwareagenten ausgehend von den insoweit grundlegenden Architekturkonzepten und Problemlösungsmethoden der Künstlichen Intelligenz ab. Nach einer Vorstellung der grundlegenden Annahmen (Kapitel 3.1) und einer kurzen Einführung in das Forschungsgebiet der Verteilten Künstlichen Intelligenz (Kapitel 3.2) werden die Modellierung und das Design kooperativer intelligenter Softwareagenten behandelt (Kapitel 3.3). Kapitel 3.4 erläutert ausgewählte Konzepte intelligenten problemlösenden Systemverhaltens, Kapitel 3.5 führt in das Themengebiet des kooperativen Problemlösens ein, und Kapitel 3.6 stellt ausgewählte Agentenarchitekturen vor.

Kapitel 4 untersucht die Vorhersagbarkeit des Verhaltens von Softwareagenten. Als Basis dient ein differenzierter Autonomiebegriff (Kapitel 4.1, Kapitel 4.2). Genauer untersucht werden die in rechtlicher Hinsicht vor allem relevanten Konzepte der „Autonomie by Design" (Kapitel 4.3) sowie der „technischen Autonomie" intelligenter Systeme (Kapitel 4.4). In Kapitel 4.5 wird die Autonomieproblematik anhand eines Szenarios „Autonome Kraftfahrzeuge an einer Kreuzung" anhand eines praktischen Beispiels weiter vertieft. Abschließend diskutiert Kapitel 4.6 die rechtlichen Konsequenzen, wenn bei Entwicklung und Einsatz von Softwareagenten die Möglichkeiten der von der Rechtsliteratur bisher nicht ausreichend beachteten KI-Methoden zur Autonomisierung technischer Systeme ausgeschöpft werden.

2 Virtualisierung

2.1 Grundlagen

Eines der wichtigsten Konzepte für die voranschreitende „Informatisierung" von Technik, Wirtschaft, Politik und Gesellschaft ist die **Virtualisierung**. Technisch basiert sie auf den immer weiter voranschreitenden Möglichkeiten zur Digitalisierung realer (nicht nur physischer) Phänomene, ökonomisch getrieben wird sie vom massiven Preisverfall bei Hardware[8] ebenso wie bei Software (App Economy) und allen anderen Arten digitaler Güter sowie dem hohen Druck zur Standardisierung, um Netzeffekte und Lock-Ins zu erzielen[9].

Virtualisierung ist damit zu *dem* zentralen Begriff der modernen Informatik geworden. Sie bezeichnet die immer weiter voranschreitende „Loslösung" der Funktionalität eines Informationssystems von den zu ihrer Erzeugung erforderlichen technischen Ressourcen. Zunächst wurden durch Softwareschichten insb. Speicher und Prozessoren eines Computers, also die Hardware „virtualisiert", diese also gewissermaßen unter den „darüber liegenden" Softwareschichten „versteckt".

Seit Aufkommen des Cloud Computing greift diese Virtualisierung jedoch sehr viel weiter – die Virtualisierung der heute in ihrer Gesamtheit als Infrastruktur bezeichneten Virtualisierungsobjekte der Hardware („Infrastructure as a Service" – IaaS) war erst der Anfang. Heute umfasst die informatische Virtualisierung längst die Software selbst (Betriebssysteme: „Platform as a Service" – PaaS; Anwendungssoftware: „Software as a Service" – SaaS) und beginnt, sich mit „Business Process as a Service" (BPaaS) darüber hinaus nicht nur auf originär betriebswirtschaftliche Felder zu erstrecken, sondern längst auch realweltliche Phänomene zu adressieren, die neben physischen Objekten auch physische Prozesse wie bspw. in Fertigung und Logistik sowie originär geistige und intellektuelle Prozesse (bspw. Planungs-, Dispositions- und Entscheidungsprozesse) umfassen. Im Paradigma **Collaborative Business Processes** kann dies sogar unternehmensübergreifend geschehen.

Damit hat die Informatik von einer Technologie-Ebene aus Aufgabenstellungen erreicht, die zum Kernbereich der Wirtschaftswissenschaften gehören. So bestehen u. a. Bezüge zwischen der begrenzten Rationalität von Softwareagenten und des

---

8 Im Jahr 1965 publizierte G. Moore das nach ihm bekannte Gesetz, dass sich die Komplexität integrierter Schaltkreise bei gegebenen Kosten alle 12–24 Monate verdoppele. Diese Gesetzmäßigkeit ist seit Jahrzehnten empirisch bestätigt und führt zu dem seither beobachteten enormen Preisverfall von Hardware.

9 Metcalfe's Law (1975): Der Nutzen eines Kommunikationssystems nimmt im Quadrat mit der Zahl der Teilnehmer zu (d. h., proportional zur Zahl der möglichen Verbindungen), wohingegen die Kosten nur proportional zur Anzahl der Teilnehmer wachsen. David Reed hat diese Faustregel um die Aussage ergänzt, dass der Nutzen großer Netzwerke exponentiell mit ihrer Größe zunimmt (3. Reed'sches Gesetz).

Homo oeconomicus, zwischen den Kooperationsbeziehungen intelligenter Softwareagenten und den Akteuren in sozialen Gruppen oder zwischen Kooperationsmodellen in Multiagentensystemen[10] und der Neuen Institutionenökonomik.

Vor diesem Hintergrund gilt unser Interesse den rechtlichen Folgen der aktuellen und für die nächsten Jahre absehbaren Entwicklungen in der Informatik für den Einzelnen, für Wirtschaftsunternehmen und die Gesellschaft als Ganzes. Im Vordergrund stehen jedoch nicht die in den Medien, bspw. anlässlich des NSA-Skandals, intensiv diskutierten Datenschutzrisiken, sondern vor allem die rechtlichen Folgen der „Autonomisierung" von Maschinen und Fahrzeugen, die die heute bereits als vierte industrielle Revolution bezeichneten Entwicklung hin zur Industrie 4.0 nachhaltig prägen werden. Einer der wichtigsten Treiber dieser Autonomisierung ist die Virtualisierung von Hardware, Software und allen anderen Arten technischer Systeme, die durch Computerisierung (bspw. mittels Mechatronik) und IP-Fähigkeit[11] in smarte Cyberphysikalische Systeme transformiert werden.

Um die virtualisierungsseitigen Fragestellungen inhaltlich vorzubereiten, entwickelt Kapitel 2 eine konzeptuelle, primär von der entscheidungsorientierten Betriebswirtschaftslehre geprägte Virtualisierungsarchitektur. Diese ermöglicht erstmals eine systematische Beschreibung und Einordnung der informatischen Virtualisierung betrieblicher Ressourcen, Funktionen und Prozesse in betriebswirtschaftliche Modelle unabhängig davon, ob lediglich Teilbereiche eines Unternehmens betrachtet werden, das Unternehmen als Ganzes, oder sogar ganze Wertschöpfungsketten und -systeme. Dieser Schritt eröffnet uns den Zugang zur Identifizierung, Beschreibung und Analyse der mit Virtualisierungsinnovationen verbundenen rechtlichen Fragestellungen in Teil B des Buchs.

2.2 Zum Begriff der Virtualisierung

Der Begriff des Virtuellen bezeichnet eine gedachte, über ihre Eigenschaften konkretisierte Entität, die zwar nicht physisch, aber doch in ihrer Funktionalität und/oder Wirkung vorhanden ist. Der Begriff des Virtuellen stellt damit ein viel grundlegenderes und facettenreicheres Konzept dar als die in unserer Wahrnehmung oft dominierende informatische Sicht:

> So geht das Wort **virtuell** über das französische „virtuel" (fähig) auf das lateinische „virtus" (Kraft, Tugend, Tüchtigkeit, Männlichkeit) zurück und bedeutet[12] „fähig, eine Illusion zu erzeugen", „gedacht", „von einem Computer simuliert".

---

10 Vgl. Kap. 3.
11 IP-Fähigkeit bezeichnet die Fähigkeit eines Systems, auf Basis des Internetprotokolls (IP) mit anderen IP-fähigen Systemen Daten auszutauschen.
12 Vgl. http://de.wiktionary.org/wiki/virtuell (Abruf: 2014-03-03).

Virtualität bezeichnet[13] „[...] die Eigenschaft einer Sache, nicht in der Form zu existieren, in der sie zu existieren scheint, aber in ihrem Wesen oder ihrer Wirkung einer in dieser Form existierenden Sache zu gleichen. Virtualität spezifiziert also eine gedachte oder über ihre Eigenschaften konkretisierte Entität, die zwar nicht physisch, aber doch in ihrer Funktionalität oder Wirkung vorhanden ist. Somit ist ‚**virtuell**‘ *nicht* das Gegenteil von ‚real‘ – obwohl es fälschlicherweise oft so verwendet wird – sondern von ‚physisch‘."

Davon abgeleitet ist der im Sprachgebrauch der Informatik heute fest etablierte Begriff der **Virtualisierung**. Nach Golem[14] bezeichnet er

„[...] in der Regel den parallelen Einsatz mehrerer Betriebssysteme. Erledigt wird dies über unterschiedliche Ansätze: von der Emulation eines kompletten PCs – inklusive virtueller CPU und Festplatte – bis zur Aufteilung vorhandener Ressourcen, bei denen die Betriebssysteminstanzen auf der Host-Hardware laufen. Im Serverbereich ist darüber hinaus auch Virtualisierung auf Hardwareebene eine gängige Methode."

Allerdings prägt Virtualisierung, worauf Sascha Lobo[15] hinweist, unser menschliches Denken schon seit Jahrhunderten mindestens ebenso wie die vom Menschen wahrgenommene physische Realität. So dürften die ersten Virtualisierungen, welche die Menschheit mit ihren eigenen Gesetzmäßigkeiten konfrontieren und das Leben damit grundlegend verändern konnten, die Einführung des Geldes und die Erschaffung der Uhrzeit gewesen sein.

Die Uhrzeit als rein künstliches Konstrukt besitzt keinerlei Entsprechung in der physischen Welt. Sie dient „lediglich" dazu, die am Sonnenstand orientierte natürliche Zeiteinteilung (Sonnenaufgang, Mittag, Sonnenuntergang) zu präzisieren und für vielfältige Zwecke in nahezu beliebig kleine „Zeiteinheiten" zu unterteilen. Schon lange gibt diese „Uhr-"Zeit den Takt vor, in dem wir Menschen uns bewegen, in dem die Produktion organisiert ist und ausgeführt wird, und der auch darüber hinaus weite Teile unseres Lebens bestimmt.

Vergleichbares ist bei Einführung des Geldes geschehen. Dieses war in der Tauschwirtschaft zunächst ebenfalls eine natürliche Größe, physisch repräsentiert bspw. durch Schafe, Ziegen und Kühe. Die Einführung des Geldes hat allerdings drei entscheidende, in ihrer Wirkung völlig neue Abstraktionen ermöglicht:[16]
- Der Wert von Gegenständen und Leistungen konnte nun in einer von diesen unabhängigen, ihren jeweiligen Wert „virtualisierende" Größe ausgedrückt werden.
- Diese Werte wurden in einem Zahlensystem abgebildet, welches zugleich eine Metrik lieferte. Damit wurden Werte auch unabhängig von konkreten Gütern und

13 Zitiert nach http://de.wikipedia.org/wiki/Virtualität (Abruf: 2014-03-03).
14 http://www.golem.de/specials/virtualisierung/ (Abruf: 2015-07-14).
15 Sascha Lobo (7.2.2012): S.P.O.N. – Die Mensch-Maschine. http://www.spiegel.de/netzwelt/web/s-p-o-n-die-mensch-maschine-die-kommende-virtualisierung-a-813742.html (Abruf: 2015-05-27).
16 Diese könnte man im heute üblichen Sprachgebrauch auch als „Mehrwertdienste" bezeichnen, die bei Verwendung von Geld – wohlgemerkt: häufig nicht kostenfrei – zur Verfügung gestellt werden.

Dienstleistungen, Käufen und Verkäufen[17], der Berechnung, dem Vergleich und insbesondere der rechnerischen Analyse zugänglich gemacht[18].

– Durch die Einführung von Konten zur Geldverwaltung konnte schließlich auch noch die physische Verfügbarkeit von Gütern durch eine virtuelle Repräsentation, aufgeschrieben auf einem Kontoauszug, einem Scheck oder Schuldschein repräsentiert werden:

> *„Geld auf dem Konto ist eine der frühesten Cloud-Funktionen und gleichzeitig höchst virtuell wie auch weltbestimmend. Wer weiß schon, wie und wo das eigene Geld gespeichert ist, nur ein wackliger Vermerk, eine kleine (selten: große) Zahl auf irgendeinem Server, der man sich nur durch ein Interface überhaupt nähern kann und die so fragil scheint wie alle Virtualität."*[19]

Aber auch die Erfinder der virtuellen Organisation und des virtuellen Unternehmens, die Entwickler von Virtual- und Augmented-Reality-Systemen bedienen sich ebenso wie die Techniker der Finanzmärkte bei der Entwicklung komplexer Finanzprodukte der Virtualisierung als einer höchst effektiven Methode, Gegenständliches durch weniger Gegenständliches zu ersetzen und dieses letztendlich – in immer mehr Fällen und wohl auch mit immer nachhaltigerer Wirkung – der Digitalisierung und in der Folge damit einer weiteren, sich fast schon selbst antreibenden „Virtualisierungsmaschine" zuzuführen[20].

Waren es zunächst nur Daten, die mittels Digitalisierung der „Virtualisierungsmaschine" Informatik zugeführt wurden, so sind es heute längst ganz andere Dinge. So hatte die Betriebswirtschaftslehre die Produktionsfaktoren der Unternehmen für Jahrzehnte in einem scheinbar festgefügten Rahmen geordnet: Arbeit – Betriebsmittel – Werkstoffe.[21] Im Zuge des Internet-Hype in der zweiten Hälfte der 1990er-Jahre wurde zwar noch eine längere wissenschaftliche Diskussion um die Frage geführt, ob Informationen tatsächlich als vierter Produktionsfaktor in das System der Produktionsfaktoren aufzunehmen seien. Mittlerweile ist die auf Digitalisierung beruhende Virtualisierung jedoch vollumfänglich als äußerst effektive Methode akzeptiert, nicht nur unsere physische Welt, sondern auch uns selbst (Avatare, Facebook-Profile, etc.) sowie unsere sozialen Strukturen („soziale" Medien, Kreise bei google+ usw.) zu virtualisieren und diese unserem persönlichen, gesellschaftlichen und wirtschaftlichen

---

17 Also: (Geschäfts-)Transaktionen.

18 Dabei werden Daten in „Smarte Daten" transformiert, auf denen wiederum „Smarte Services" definiert und entwickelt werden können. Vgl. Arbeitskreis Smarte Service Welt (2014).

19 Sascha Lobo (7.2.2012): S.P.O.N. – Die Mensch-Maschine. http://www.spiegel.de/netzwelt/web/s-p-o-n-die-mensch-maschine-die-kommende-virtualisierung-a-813742.html (Abruf: 2015-05-27).

20 Sehr anschaulich beschrieben wird dies in: Arbeitskreis Smart Service Welt (2014).

21 Gutenberg (1973).

Leben als fast schon eigenständig existierende Form der Realität hinzuzufügen.[22]
Oder, noch einmal mit den Worten Sascha Lobos[23]:

> *„Und natürlich steht die Frage im Raum: Wenn Facebook alle Daten löscht – wie viele Freunde habe ich dann noch?"*

2.2.1 Virtualisierungsbegriff der Informatik

Der Begriff des Virtuellen in seinem ursprünglichen Sinn beschreibt also die Substitution eines physischen Phänomens durch etwas weniger Gegenständliches und begleitet den Menschen offensichtlich schon seit Jahrhunderten. Die Informatik hat sich dieses Begriffes zunächst bedient, um die durch Hardware-Virtualisierung entstehenden neuen Möglichkeiten für ein effizientes Ressourcenmanagement in Rechnernetzen zu beschreiben. Wir beginnen die Erkundung des Informatik-Phänomens Virtualisierung deshalb mit einem einfachen Beispiel aus der Anfangszeit der Informatik: der Speichervirtualisierung.

In der Frühzeit der Programmierung waren die von einem Programm benutzten Hardware-Ressourcen noch vom Programmierer selbst zu adressieren. Für jeden Prozessor-Typ standen dafür spezifische Assembler-Programmiersprachen zur Verfügung. So bezeichnet der Begriff „80x86-Assembler" bspw. eine Assemblersprache zur Entwicklung von Software für einen INTEL-Prozessor des Typs 80x86. Im Gegensatz zu sog. „höheren" Programmiersprachen verfügen Assembler-Sprachen über Sprachkonstrukte, mit denen bspw. einzelne Speicherzellen direkt angesprochen werden können, um dort Daten zu speichern, zu manipulieren und zu löschen (vgl. Abbildung 2.1).

Register sind direkt adressierbare Speicherzellen eines Prozessors. So bezeichnet „eax" eines der acht 32-Bit-Register der Intel 80×86-Prozessoren. Unter Verwendung sog. Labels ist es jedoch auch in Assemblerprogrammen möglich, Variablen explizit anzulegen. Dabei wird einer Speicheradresse (bspw. eax) ein eindeutiger Bezeichner, das sog. Label, zugeordnet. Diese Speicheradresse, benannt durch das Label, definiert die Startadresse einer Variablen, von der aus der für die Variable benötigte Speicherplatz reserviert wird (Abbildung 2.2).

---

22 Vgl. Schirrmacher (2013).

23 Sascha Lobo (7.2.2012): S.P.O.N. – Die Mensch-Maschine. http://www.spiegel.de/netzwelt/web/s-p-o-n-die-mensch-maschine-die-kommende-virtualisierung-a-813742.html (Abruf: 2015-05-27).

Die C-Anweisung

```
summe = a + b + c + d;
```

ist für einen Assembler zu kompliziert und muss daher in mehrere Anweisungen aufgeteilt werden. So kann der Assembler der Prozessorfamilie 80×86 bspw. nur zwei Zahlen addieren und das Ergebnis in einer der beiden dabei verwendeten „Variablen" speichern. Die Struktur des nachfolgenden PASCAL-Programms entspricht daher eher derjenigen eines Assemblerprogramms:

```
summe = a;
summe = summe + b;
summe = summe + c;
summe = summe + d;
```

und würde bei einem 80×86-Assembler unter Verwendung des konkret belegten Speicherplatzes (genauer: des sog. Akkumulatorregisters) eax so aussehen:

```
mov eax,[a]     (***belegt das Register eax initial mit dem Wert a***)
add eax,[b]
add eax,[c]
add eax,[d]
```

Abbildung 2.1: Registeradressierung in Assembler-Sprachen.[24]

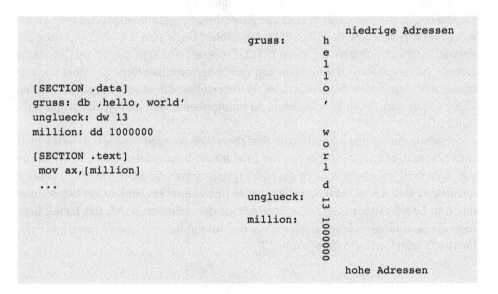

Abbildung 2.2: Labels zur Speicheradressierung.[25]

---

24 Das Beispiel ist einem Assembler-Kurs der Friedrich-Alexander-Universität Erlangen-Nürnberg entnommen. Vgl. http://www4.informatik.uni-erlangen.de/DE/Lehre/WS09/V_BS/Uebungen/oostubs/ assembler.shtml. (Abruf: 2014-08-28).
25 http://www4.informatik.uni-erlangen.de/DE/Lehre/WS09/V_BS/Uebungen/oostubs/assembler. shtml. (Abruf: 2014-08-28).

Die Einführung der „Label" kann damit als Beginn der Speichervirtualisierung in Rechensystemen angesehen werden:

Im Programm wird statt wie bisher die konkrete physische („eax") nunmehr eine symbolische Speicheradresse[26] benannt (bspw. „gruss"). Der Zugriff auf den physischen Speicher(platz) erfolgt dann nicht mehr direkt, sondern in drei zusammenhängenden Schritten: Im ersten Schritt wird die symbolische Speicheradresse adressiert. Deren Aufruf führt im zweiten Schritt zur Ermittlung der konkret zu belegenden physischen Speicheradresse. Und im dritten Schritt wird der zu speichernde Wert in die physische Speicherzelle übertragen.

Die Bedeutung dieser durch Entkopplung erreichten Virtualisierung des physischen Speichers wird dann deutlich, wenn die beiden Alternativen für das Verfahren zur Ermittlung der physischen Speicheradresse betrachtet werden. Statische Verfahren nehmen, wie in Abbildung 2.2, eine feste 1:1-Zuordnung jeder einzelnen symbolischen Adresse zu einer genau benannten physikalischen Adresse vor. Im Gegensatz dazu ermitteln dynamische Verfahren die zu belegende physische Speicheradresse erst zum Zeitpunkt des Aufrufs der symbolischen Adresse durch Ausführung einer Funktion. Die damit vorgenommene Entkopplung eröffnet zwei ganz entscheidende Vorteile für das Ressourcenmanagement: Erstens können speicheroptimierende Algorithmen bereits bei der Berechnung der physischen Speicheradresse eingesetzt werden (bspw. räumlich zusammenhängende Speicherung logisch zusammenhängender Daten, um Zugriffszeiten zu reduzieren), und zweitens, viel wichtiger, kann nun jederzeit, also auch zur Laufzeit der betroffenen Programme und ohne den Anwender in seiner Arbeit zu unterbrechen, eine Reorganisation des physischen Speichers vorgenommen werden. Dies erlaubt bspw. eine vollautomatische Daten-Verlagerung von einem Firmennetzwerk-internen Speichermedium auf den Speicher-server eines Cloud-Anbieters, der diese Verlagerung innerhalb seiner eigenen Infrastruktur selbstverständlich fortführen kann (und dies bei Bedarf auch tun wird). Die so erreichte Virtualisierung hat erhebliche Konsequenzen:

– **Hardwarebedarf:** Ähnlich wie physische Speicheradressen enthalten auch symbolische Adressen neben dem Namen für den Speicher eine Angabe des „adressierten" Speichervolumens. Allerdings wird dieses nun nicht mehr durch die Eigenschaften der Hardware bestimmt (bspw. Speicherzelle, Blöcke u. ä. m.), sondern durch den vom Programmierer spezifizierten Speicherbedarf. Das Betriebssystem übernimmt nun die Aufgabe, den erforderlichen physikalischen Speicher zu reservieren, diesen vor unzulässigen oder fehlerhaften Zugriffen zu schützen und die für den Zugriff des Anwendungsprogramms auf die physikalischen Speicherzellen benötigten Soft- und Hardware-Funktionen zur Verfügung zu stellen.

---

[26] Die Label gruss, unglück und million könnte man auch als virtuellen Speicher bezeichnen.

– **Speicherverwaltung:** Die Speicherverwaltung wird nun vom Betriebssystem wahrgenommen. Dieses stellt eine Speichertabelle zur Verfügung, welche die Zuordnung von symbolischen Adressen zu physischen Adressen enthält. Bei vom System ggf. durchgeführten Änderungen der physischen Speicheradressen muss lediglich die Speichertabelle aktualisiert werden, weder das Anwendungsprogramm noch dessen Benutzer müssen über derartige Änderungen informiert werden („transparente Datenverarbeitung"[27]).

– **Programmierer:** Anstatt jede einzelne physische Speicheradresse selbst zu adressieren und zu verwalten, muss der Programmierer nur noch symbolische Adressen für den benötigten Speicher festlegen. Dies entlastet ihn von der Verantwortung für die Verwaltung des physischen Speichers.

– **Neue Funktionen:** Virtualisierung erhöht den Koordinationsaufwand. Für die Koordination werden zusätzliche Informationen (sog. Metainformationen) benötigt. Diese eröffnen weitere Möglichkeiten für „Mehrwertdienste", bspw. für ein vom Betriebssystem zur Verfügung gestelltes Speichermanagement. So enthalten Speichertabellen Informationen darüber, welche Speicherplätze derzeit nicht genutzt werden und welche Speicherzellen als defekt erkannt sind. Damit kann also zu jedem Zeitpunkt der Programmausführung berechnet werden, wie viel Speicherplatz noch verfügbar ist und ob dieser für ein bestimmtes Programm ausreicht, und auch sichergestellt werden, dass bereits als defekt bekannte Speicherzellen nicht mehr belegt werden können.

In höheren Programmiersprachen wird der für die Ausführung eines Programms erforderliche Speicherbedarf über die Typ-basierte Deklaration von Variablen[28] abstrakt definiert (Abbildung 2.3).

Es ist dann Aufgabe des Compilers, den benötigten Speicherplatz zu berechnen und dem Betriebssystem mitzuteilen. Wenn die INTEGER-Variablen bspw. eine Größe von 16 Bit besitzen, muss das Betriebssystem für die Variablen i und j insgesamt 2×16 Bit Speicherplatz zur Verfügung stellen. Welche Speicherplätze dies konkret sind, wird erst zur Ausführungszeit entschieden und kann während der Programmausführung ggf. auch geändert werden. Dies wird durch drei aufeinander aufsetzende „**Virtualisierungsstufen**" erreicht:

---

27 Hingewiesen sei hier auf die in Umgangssprache und Informatik genau entgegengesetzten Definitionen von „transparent": Im Verständnis der Informatik bedeutet transparente Datenverarbeitung, dass der jeweilige Nutzer (bspw. Programmierer, Administrator, Anwender) gerade *nicht* sehen kann, auf welcher Hardware die Verarbeitung der Daten erfolgt.

28 Bspw.: string[20], integer (16 Bit), long integer (32 Bit).

```
PROGRAM beispiel;
VAR i, j: INTEGER;
BEGIN:
    i := 3;
    j := 5;
    i := i+j;
    WRITELN(i)
END.
```

Abbildung 2.3: Variablendeklaration in PASCAL.[29]

- Im Sourcecode des Programms werden die Konstanten und Variablen über Typde-klarationen, also ohne jeweils individuelle Angabe des Speicherbedarfs definiert.
- Der Compiler berechnet den konkreten Speicherbedarf je Konstante und Variable unter Rückgriff auf die ihm intern vorliegenden Spezifikationen der jeweiligen Datentypen (bspw. Integer: 16 Bit) und hinterlegt diesen im Maschinencode.
- Zur Ausführungszeit weist das Betriebssystem jeder Variablen ihre konkreten Speicheradressen zu und verwaltet diese in einer Speicherplatztabelle. Jeder Zugriff auf eine Variable führt zunächst zu einer Abfrage dieser Tabelle, um den Inhalt der konkreten Speicheradressen dynamisch an die betreffende Variable zu binden.

Auf diese Weise wird Hardware (hier: Speicherplatz) durch Software „virtualisiert", also gewissermaßen hinter Softwareschichten „versteckt". Da Variablen- und Para-meter-Typen den jeweiligen Speicherbedarf (i. S. v.: Anzahl der benötigten Speicher-zellen) eindeutig festlegen, muss die Frage, wann und wo der benötigte Speicher-platz zur Verfügung gestellt und wie auf diesen zugegriffen wird, den Programmierer nicht mehr kümmern.[30] Dies findet seine Fortsetzung in Rechnernetzen, wo jedem Benutzer bspw. virtuelle Netzwerkfestplatten als „logischer" Speicher zugewiesen werden. Dieser logische Speicher wird vom Betriebssystem natürlich ebenfalls dyna-misch verwaltet, einschließlich des Verschiebens von bereits zugewiesenem und vom Anwender auch belegten physischen Speichers zu einer anderen Hardwareressource im Netzwerk.[31]

---

29 Quelle: Eigene Darstellung.
30 Erwünschter Nebeneffekt: Die Entlastung des Programmierers reduziert die Zahl der Fehler im Programmcode.
31 Als „logischer" Speicher wird ein Speichervolumen bezeichnet, welches einem Anwender unab-hängig von der Art der zu speichernden Daten (bspw. als Laufwerk „F") *zur Verfügung gestellt* wird. Im Gegensatz dazu werden „symbolische" Adressen dafür benutzt, einen nach Art und Umfang in einem Programm *spezifizierten Speicherbedarf* zu reservieren.

Fassen wir zusammen:

- Gegenstand der Virtualisierung in den vorstehenden Beispielen sind physisch existente Objekte, bspw. physische Speicherplätze eines Speicherservers.
- Virtualisierung geht regelmäßig mit der Bereitstellung von Zusatzinformationen und der Einführung von Zusatzfunktionen einher. Typisch sind bspw. Funktionen zur Durchführung von Berechnungen, wenn über die Virtualisierung Mengenangaben, Bewertungen (Quality of Services) und Metriken eingeführt werden können. Virtualisierung eröffnet also unmittelbare wirtschaftliche Vorteile wie die Verbesserung der Ressourcenauslastung und eröffnet zusätzliche Chancen für die Entwicklung von Mehrwertdiensten, die auf den für die Virtualisierung erforderlichen oder durch sie ermöglichten Metainformationen aufbauen.
- Virtualisierungsketten: Sobald der Zugriff der Programme auf physische Ressourcen durch Softwaredienste realisiert wird, verlieren die Programme sowohl das Wissen als auch die Kontrolle über die eingesetzten Hardware-Komponenten. Dies eröffnet den Betriebssystemen die Möglichkeit, zur Laufzeit für jeden Einzelfall in einer für den Nutzer nicht einsehbaren und vor allem auch in nicht beeinflussbaren Weise neue Ausführungsketten über eine grundsätzlich beliebige Anzahl von Computern hinweg auszubilden, bevor die konkret zu nutzende Hardware festgelegt und die angeforderte Hardwarefunktion dort ausgeführt wird. Diese „Ausführungsketten"[32] werfen eigene rechtliche Fragestellungen wie bspw. die Frage der Eigenschaft von Computersoftware als bewegliche Sache[33] auf und können die Nachvollziehbarkeit im Fehlerfall erschweren oder sogar verhindern.

Beispiel: Das Betriebssystem kann Virtualisierungsfunktionen enthalten, die zur Laufzeit weiteren physischen Speicher aus dem lokalen Netzwerk hinzuschalten, oder abhängig von technischen Parametern dynamisch über Intra- bzw. Internet zusätzlichen Speicher verfügbar machen, bis hin zum Ressourcenmanagement im globalen Cloud Computing. In diesem Fall werden Funktionen, die eine physische Hardware virtualisieren, selbst wieder zum Gegenstand einer Virtualisierung.

2.2.2 Schichtenarchitekturen und Virtualisierungsketten

Um die Folgen dieser Virtualisierungsprozesse besser zu verstehen, führen wir an dieser Stelle den softwaretechnischen Begriff der Schichtarchitektur ein. Das Schichtenmodell stellt eine von mehreren Möglichkeiten dar, Architekturmodelle für Hard- und Softwaresysteme zu entwerfen. Das Grundprinzip basiert darauf, dass jede

---

32 Die dabei entstehenden „Lieferketten-artigen" Strukturen bezeichnen wir als „Virtualisierungsketten". Besonders weit fortgeschritten ist dies im Cloud Computing.
33 Palandt/Ellenberger (2015), § 90 Rdnr. 2; Müller-Hengstenberg/Kirn, NJW 2007, 2370.

einzelne Schicht eines solchen Schichtenmodells ausschließlich von Software aufgerufen werden kann, die in der direkt darüber bzw. darunter liegenden Schicht angesiedelt ist – entsprechend auch nur von diesen beiden Schichten Daten empfangen, und selbst auch nur Software aufrufen und an diese Daten übergeben kann, die in der direkt unter bzw. über ihr angesiedelten Schicht enthalten ist. Das bekannteste Beispiel einer Schichtenarchitektur ist das in Abbildung 2.4 dargestellte ISO-OSI-Referenzmodell.

Um Kommunikation über unterschiedlichste technische Systeme hinweg zu ermöglichen, definiert dieses Modell sieben übereinander liegende Schichten mit jeweils konkret spezifizierten Schnittstellen zu den jeweils höheren resp. tieferen Schichten und mit jeweils ebenso konkret spezifizierten Kommunikationsprotokollen. Damit kann jede einzelne dieser Spezifikationen unabhängig von allen anderen implementiert werden, innerhalb der jeweiligen Schicht sind die verschiedenen zur Verfügung stehenden Protokolle austauschbar.

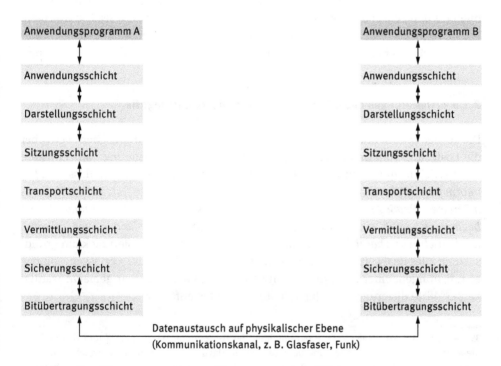

Abbildung 2.4: Reference Model for Open System Interconnection.[34]

---

[34] ISO-OSI-Referenzmodell: Als ISO-Standard für Netzwerkprotokolle veröffentlicht. Zur inhaltlichen Beschreibung vgl. http://rfc791.de/2009/03/11/iso-osi-referenzmodell/ (Abruf: 2015-07-14).

Die Übertragung von Daten aus einem Anwendungsprogramm A an ein Programm B erfolgt nach dem ISO-OSI-Referenzmodell dadurch, dass A die Daten an die Anwendungsschicht übergibt, und diese in einem ersten von insgesamt sieben Schritten des ISO/OSI-Protokoll-Stack zur physischen Übertragung vorbereitet werden. Danach werden die Daten an die Darstellungsschicht übergeben, die den nächsten Vorbereitungsschritt zur Datenübertragung realisiert. Dieser Prozess setzt sich fort bis zur Bitübertragungsschicht, die die Daten an den physikalischen Kommunikationskanal, also bspw. ein Glasfaserkabel, ein WLAN- oder NFC-Protokoll übergibt.

Auf der Seite des Anwendungsprogramms B als Empfänger werden die ankommenden Daten entsprechend der versandseitig realisierten Verarbeitungslogik in sieben Schritten von der Bitübertragungsschicht bis hoch zur Anwendungsschicht wieder in ihren ursprünglichen Zustand versetzt und können danach von B wie geplant verwendet werden.[35]

Mit anderen Worten: Jede Architekturschicht fasst auf vergleichbarer Abstraktionsebene angesiedelte Softwarefunktionen zusammen und legt einheitliche Definitionen für den Zugriff auf die darin enthaltenen Programme fest. Dieses Grundprinzip hat sich über Jahrzehnte in hohem Maß bewährt und leistet einen wichtigen technisch-konzeptionellen Beitrag zu Aufbau und Strukturierung von Virtualisierungsketten.[36]

2.2.3 Erweiterungen des informatischen Virtualisierungsbegriffs

Die in der Informatik entwickelten Virtualisierungen gehen inzwischen weit über die Loslösung vom unmittelbar Physischen, also die Virtualisierung von Hardware hinaus. Schon zu Beginn von Kapitel 2 hatten wir darauf hingewiesen, dass die „[...] *informatische Virtualisierung längst die Software selbst (Betriebssysteme: Platform as a Service – PaaS; Anwendungssoftware: Software as a Service – SaaS) [umfasst] und beginnt, sich mit Business Process as a Service (BPaaS) darüber hinaus auch auf originär betriebswirtschaftliche Felder zu erstrecken*"[37]. Kurz: Virtualisierung kann grundsätzlich alles Realweltliche – also: nicht mehr nur das Physische! – erfassen, solange es nur in irgendeiner Form durch Software ersetzt oder verfügbar gemacht werden kann.[38] Virtualisierung kann damit in drei Varianten auftreten:

---

35 Da weder der Nutzer noch die Programmierer der Anwendungsprogramme A und B Zugriff auf diese Protokollarchitektur haben und auch die Details dazu nicht kennen, bspw. welcher konkrete Übertragungskanal letztendlich vom physikalischen Kommunikationssystem genutzt wird, bezeichnet die Informatik diese „Nichteinsehbarkeit" auch als „Transparenz" der Datenkommunikation.
36 Beachte: Schon eine einzige nichtdeterministische Softwarefunktion in nur einer einzigen Virtualisierungsschicht kann bezogen auf das Gesamtsystem unvorhersagbares Verhalten erzeugen (vgl. Abschnitt 4.4.3)!
37 Vgl. Kap. 2.1.
38 Man beachte nur die enorme Entwicklung, die bspw. das Arbeitsgebiet Mensch – Technik – Interaktion in jüngster Zeit durchläuft.

1. **Ersatz physischer durch symbolische Objekte:** Dabei wird der Zugriff auf physische Objekte (Hardware *und* Software) durch den Zugriff auf ein oder mehrere symbolische Objekte ersetzt. Dies löst (in der Regel mehrere zusammenhängende) automatisierte Aktivitäten aus, die das vom Nutzer erwünschte funktionale Ergebnis auf der physischen Ebene abbilden (Beispiel: Speichervirtualisierung). Das Ergebnis sind Virtualisierungsketten, die (hoffentlich) zwar noch Programmierer und Systemadministratoren, nur noch im Ausnahmefall jedoch die Nutzer derartiger Lösungen nachvollziehen können.

   Dieser Virtualisierungsansatz ist typisch für **Cloud Computing**.

2. **Ersatz nicht-physischer realweltlicher Phänomene** dadurch, dass diese durch formale Repräsentationen (bspw. Daten- und Wissensmodelle in sog. Wissensrepräsentationssprachen) oder direkt durch Software nachgebildet und damit „vergegenständlicht" werden (Beispiel: Expertensysteme).

   Dieser Virtualisierungsansatz ist typisch für die **Agententechnologie**.

3. **Substitution realweltlicher (also nicht mehr nur physischer) Objekte** durch andere realweltliche Objekte, die sich von ersteren dadurch unterscheiden, dass sie durch Software angesteuert und manipuliert werden können. OP-Roboter bspw. ersetzen die Hand und das Skalpell des Chirurgen (physische Objekte) und nutzen medizinisches Fachwissen, 3D-Modelle aus der Radiologie und fortlaufend mit eigener Sensorik selbst erhobene Informationen (nicht-physische Objekte) wie Videoaufnahmen aus dem Operationsfeld, um ihre Aktionen zu planen und auszuführen.

   Dieser Virtualisierungsansatz kennzeichnet die Transformation physischer Systeme in **Cyber-physische Systeme (CPS)**, *die auf dem Gebiet der Autonomik eine wichtige Rolle spielen.*

2.2.4 Virtualisierungsarchitektur

Die vorstehenden Ausführungen haben die Grundstrukturen informatischer Virtualisierungsprozesse herausgearbeitet. Je nach virtueller Objektrepräsentation werden spezifische Zugriffsverfahren benötigt. Diese werden durch sieben Spezifikationen definiert:

1. **Benutzerseitiges Zugriffsverfahren:** Dem Benutzer wird eine Methode zur Verfügung gestellt, um Werte für die symbolische Objektrepräsentation festzulegen. Dies ersetzt den eigenen Zugriff auf das gewünschte physische Objekt und entlastet den Benutzer, in unseren Beispielen also den Programmierer, von allen Details der physischen Realisierung und Ausführung.

Beispiel: *Festlegung von Mittelpunkt und Radius (jeweils in Millimeter, Zahlen im Dezimalsystem) eines von einem Plotter zu zeichnenden Kreises.*

---

2. **User Interface:** Die technische Einrichtung, die es dem Benutzer ermöglicht, dem System seine Vorgaben in geeigneter Weise mitzuteilen, bspw. durch Bereitstellung unterschiedlicher Typen von Variablen in Verbindung mit Methoden, über die auf diese Variablen zugegriffen werden kann.

Beispiel: *Programmeditor mit vorbereiteten Typdefinitionen zur Variablendeklaration, bspw. für das Zeichnen geometrischer Figuren.*

---

3. **Umsetzung der User-Vorgaben:** Die Vorgaben des Nutzers zur Manipulation physischer Objekte (Ressourcen) werden in eine vom Computer am symbolischen Objekt ausführbare Beschreibung überführt. Die Umsetzung kann mehrstufig sein und muss das Kriterium der Bijektivität[39] erfüllen.

Beispiel: *Ausgehend von den Variablendeklarationen im Sourcecode berechnet der Compiler die Struktur und den Umfang des physischen Speicherbedarfs und reserviert diesen zunächst symbolisch.*

---

4. **Manipulation der symbolischen Objekte:** Virtualisierung erzeugt abstrakte Repräsentationen eines physischen Objekts. Diesem wird ein eindeutiger symbolischer Bezeichner (auch: mnemotechnischer Name oder, vor allem in der Künstlichen Intelligenz: ein Symbol[40]) zugewiesen.

Beispiel: *Belegung der symbolischen Objekte mit vom Anwender vorzugebenden Werten.*

---

5. **Objektseitiges Zugriffsverfahren:** Ausgehend vom neu definierten Zustand der symbolischen Objekte erfolgt nun die Auswahl und die Manipulation der konkreten physische Ressource.

Beispiel: *Bei Aufruf der symbolischen Adresse durch das Programm bindet das Speicherzugriffsmanagement die symbolische Adresse an konkrete physische Speicherzellen.*

---

39 Bijektivität bedeutet: Jeder einzelnen symbolischen Adresse wird exakt ein konkret benannter physischer Speicher zugeordnet, und umgekehrt wird dieser physische Speicher auch nur genau dieser einen symbolischen Adresse zugeordnet. Diese Eineindeutigkeit gilt nicht nur für das Speichermanagement, sondern auf jeder einzelnen Stufe der gesamten „Virtualisierungskette" und muss während der gesamten Programmlaufzeit unterbrechungsfrei garantiert werden. Siehe hierzu auch Abschnitt 4.4.2.
40 Die „Physical Symbol Systems-Hypothese" wurde 1976 von Newell und Simon anlässlich der an sie ergangenen Vergabe des Turing Awards publiziert, vgl. Newell/Simon (1976).

6. **Manipulation des physischen Objekts:** Vorbereitung des technischen Zugriffs auf das adressierte physische Objekt durch Umrechnung der vom Anwender vorgegebenen Werte in das von den physischen Speicherzellen verwendete Binärsystem.

Beispiel: Umrechnung der vom Anwender im Dezimalsystem vorgegebenen Millimeter-Angaben zur Zeichnung des Kreises durch den Plotter.

---

7. **Identifikation des physischen Objekts:** Eindeutige Festlegung des virtualisierten physischen Objekts und Ausführung der vom Anwender über das Programm angeforderten physischen Manipulation.

Beispiel: *Auflösung der symbolischen in eindeutig benannte physische Speicheradressen und Veränderung der an diesen anliegenden Stromspannung, um den physischen Zustand der Speicherzellen auf die vorgegebenen 0/1-Werte des Binärsystems zu setzen.*

Damit kann die Architektur des Virtualisierungsvorgangs wie folgt beschrieben werden:

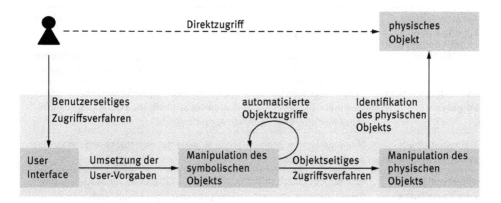

Abbildung 2.5: Virtualisierungsarchitektur.[41]

---

41 Quelle: Eigene Darstellung.

2.3 Virtualisierung als betriebswirtschaftliche Gestaltungsoption

2.3.1 Zuboff: In the Age of the Smart Machine

Auch außerhalb der Informatik findet Virtualisierung seit langem in vielfältiger Weise statt: die Erweiterung der Möglichkeiten der menschlichen Hand, des Auges, Mundes und Gehörs durch Werkzeuge (Virtualisierung der Funktion), die Virtualisierung gegenständlicher Realität durch Abbildungen (Höhlenmalerei, Skulpturen), Virtualisierung von physischen (und virtualisierten!) Fakten durch Lernprozesse, u. v. a. m. Diese Vorgänge beschreibt Shoshana Zuboff in ihrem 1988 erschienen Buch „In the Age of the Smart Machine"[42] als Übergang menschlicher Arbeit vom „manual stage" über das „automate stage" zum „informate stage".

Im **manuellen Zeitalter** hat der Mensch seine Arbeit an dem zu bearbeitenden Gegenstand entweder unmittelbar mit seinen eigenen Händen oder unter Nutzung manuell zu bedienender Werkzeuge verrichtet, bspw. das Anspitzen eines Pfeils aus Holz durch Reiben an einem rauen Felsen (direkte manuelle Tätigkeit) oder mittels eines Messers (Werkzeug) an einem Ende. Es entstehen Pfeile, die ein Bogenschütze zunächst nur für seinen eigenen Bedarf erzeugte, später auch, um diese als Tauschobjekte zu nutzen.

Tabelle 2.1: Virtualisierungsarchitektur „Werkzeug im Automate Stage".[43]

Benutzerseitiges Zugriffsverfahren	Anwender legt die Einstellungen zur Ansteuerung der Anspitzmaschine in Form der Pfeilspitzen-Geometrie fest.
User Interface	(Analoge oder digitale) Möglichkeit zur Einstellung der für die Ansteuerung von Zangen und Messern der Anspitzmaschine erforderlichen Parameter.
Umsetzung der User Vorgaben	Vollautomatische Umsetzung der vom User vorgegebenen Maschineneinstellungen in die zur Manipulation der symbolischen Objekte (geometrisches Modelle) erforderlichen Algorithmen.
Manipulation der symbolischen Objekte	Manipulation der geometrischen Modelle des Holzstocks und der zu erzeugenden Pfeilspitze.
Objektseitiges Zugriffsverfahren	Ableitung der mechanisch erforderlichen Tätigkeiten zur Stockfixierung, des Anspitzens und der Stockfreigabe durch die Anspitzmaschine.
Manipulation des physischen Objekts	Physische Ausführung der spezifizierten mechanischen Tätigkeiten zur Fixierung des Stocks (Zangen), zum Anspitzen des Holzstocks am vorgesehenen Ende (Messer) und zur Freigabe des Stocks (Zangen).
Identifikation des physischen Objekts	Auswahl des konkret zu bearbeitenden physischen Objekts und dessen Verfügbarmachung für die Maschine.

---

42 Zuboff (1988).
43 Quelle: Eigene Darstellung.

Im **Zeitalter der Automatisierung** lösten Maschinen diese Werkzeuge ab. Der Mensch war dabei zwar nicht mehr selbst der ausführende Akteur, hatte durch seine Vor-Ort-Präsenz jedoch weiterhin persönlichen Zugriff auf den Erstellungsprozess, bspw., um eine Maschine für unterschiedliche Verrichtungen einrichten oder sie im Notfall sofort abschalten zu können. Damit wurde eine erhebliche Beschleunigung der Fertigungsprozesse bei zugleich sehr viel höherer Qualität erreicht. Dies ermöglichte eine Massenproduktion von Pfeilen, wobei die individuelle Qualitätskontrolle des Bogenschützens durch die Qualitätssicherung des Maschinisten im Fertigungsprozess ersetzt wurde. Die dabei entstandene Virtualisierungsarchitektur wird in Tabelle 2.1 beschrieben.

Tabelle 2.2: Virtualisierungsarchitektur „Werkzeug im Informate Stage".[44]

Benutzerseitiges Zugriffsverfahren	Anwender legt die Einstellungen der Anspitzmaschine am Bedienpult der Anspitzmaschine fest und erhält zeitnahes Feedback, bspw. audiovisuell und/oder taktil.
User Interface	Anspitzmaschine mit vom Ort der Veränderung des physischen Objekts räumlich abgesetztem Bedien- und Kontrollpult für den Anwender.
Umsetzung der User-Vorgaben	Vollautomatische Umsetzung der vom User vorgegebenen Maschineneinstellungen in die zur Manipulation der symbolischen Objekte (geometrisches Modelle) erforderlichen Algorithmen.
Manipulation der symbolischen Objekte	Umsetzung der User-Vorgaben in die durch geeignete Sensorik (bspw. Kamera mit digitaler Bildauswertung) erzeugten geometrischen Modelle des zu bearbeitenden Holzstocks und der durch Anspitzen zu erzeugenden Pfeilspitze. Überprüfung der Machbarkeit und Korrektheit der Vorgaben mit Feedback an den Anwender.
Objektseitiges Zugriffsverfahren	Planung der Ausführung der digitalen Steuersignale durch die Anspitzmaschine. Einsatz von Sensoren zur Überwachung und Steuerung der Zangen und der Messer, des Arbeitsfortschritts und Identifikation/Bewertung ggf. auftretender Fehler. Weitergabe der Monitoring-Informationen an den Anwender, ggf. mit Vorschlägen für erforderliche Eingriffe in die Maschinenlogistik, die Stockfixierung, des Anspitzens und der Stockfreigabe.
Manipulation des physischen Objekts	Physische Ausführung der digitalen Steuersignale für die Maschinenlogistik, die Fixierung (Zangen) und das Anspitzen des Holzstocks am vorgesehenen Ende (Messer) und zur Freigabe des Stocks (Zangen).
Identifikation des physischen Objekts	Auswahl des konkret zu bearbeitenden physischen Objekts und dessen Verfügbarmachung für den Zugriff durch die Maschine.

---

44 Quelle: Eigene Darstellung.

Im Zeitalter der Informatisierung entfällt der persönliche Zugang zur Maschine: Diese verfügt über eine vollautomatisierte Maschinenlogistik (Zuführung und Abführung der zu bearbeitenden Güter). Der Maschinist befindet sich in einem räumlich entfernten Kontrollzentrum, wo er durch Leitstände, farbige Kontrollleuchten, akustische Signale etc. Auskunft über den Zustand und das Verhalten der Maschine erhält. Diese Informationen werden von Sensoren und Messgeräten erhoben und von technischen Systemen ausgewertet. Die Ergebnisse werden über entsprechend definierte Anzeigen und Signale an den Menschen übermittelt. Jede eigene Wahrnehmung der Maschine durch den Menschen entfällt. In diesem Fall stellt sich die Virtualisierungsarchitektur wie folgt dar (Tabelle 2.2).

Auch in diesem Modell haben das Unternehmen und der die Maschinenausführung überwachende Mensch grundsätzlich noch volle Kontrolle über das Geschehen. Das Unternehmen (oder ein Maschinenhersteller) erstellt und verantwortet die Spezifikation sowie die Produktion des Fertigungsautomaten einschließlich der Anzeigen im Kontrollzentrum. Die Spezifikation geeigneter Überwachungsroutinen sowie von Handlungsanweisungen für alle grundsätzlich möglichen Fehler- und Gefahrensituationen gewährleistet den sicheren, reibungslosen Betrieb. In Verbindung mit den erforderlichen vertraglichen Regelungen (Wem gehört das Holz, besitzt es die richtige Qualität, etc.?) und der entsprechend konfigurierten Maschinenlogistik ist auch sichergestellt, dass ausschließlich rechtlich und technisch geeignete Inputfaktoren verarbeitet werden, und dass die Produktionsergebnisse in eindeutiger Weise dem richtigen Unternehmen zugeordnet werden (bspw. Fertigung auf eigene Rechnung, oder im Auftrag eines Dritten).

2.3.2 Das betriebswirtschaftliche System der Produktionsfaktoren

Definition und heutige Einteilung der betrieblichen Produktionsfaktoren in der Betriebswirtschaftslehre gehen auf Erich Gutenberg zurück:[45] „Der Sinn aller betrieblichen Betätigung besteht darin, Güter materieller Art[46] zu produzieren oder Güter immaterieller Art[47] bereitzustellen". Grundlegend dafür ist das System der betrieblichen Leistungserstellung.

Computer, Hard- und Software, betriebliche Informations- und Kommunikationssysteme ordnen sich in dieses System ein, sie sind Bestandteil des Gesamtsystems der betrieblichen Produktionsfaktoren. Auch wenn ihre Bedeutung in den vergangenen Jahrzehnten rasch zugenommen hat, ist eine betriebliche Produktion ohne zahlreiche weitere Produktionsfaktoren wie Gebäude, Fertigungsautomaten und Fahrzeuge schlechthin nicht denkbar. Für einen systematischen Überblick über die Möglich-

---

45 Gutenberg (1973).
46 Sachgüter oder Sachleistungen.
47 Gemeint: Dienstleistungen.

keiten der Virtualisierung und die damit einhergehenden Risiken in Unternehmen müssen wir unsere Betrachtung also mit dem System der betrieblichen Produktionsfaktoren beginnen. Wir orientieren uns hierzu an dem von Erich Gutenberg bereits 1951 vorgeschlagenen System der Produktionsfaktoren.

Gutenberg[48] unterscheidet Produktionsfaktoren zunächst in menschliche Arbeitsleistung, Betriebsmittel und Werkstoffe:

„Offenbar können Sachgüter nur dann gefunden, veredelt oder hergestellt und Dienstleistungen bereitgestellt werden, wenn menschliche Arbeitsleistungen mit Arbeits- oder Betriebsmitteln zu einer produktiven Kombination verbunden werden. [...] Wenn es sich um Sachleistungen-, insbesondere Fertigungsbetriebe handelt, dann treten neben die Arbeitsleistungen und Betriebsmittel noch Sachgüter in Form von Rohstoffen, selbsthergestellten oder fertig bezogenen Teilen (zum Beispiel Armaturen), die Werkstoffe genannt seien."[49]

Die menschliche Arbeitsleistung wird differenziert in objektbezogene und dispositive Arbeitsleistung. Als objektbezogene Arbeitsleistungen bezeichnet Gutenberg alle Tätigkeiten,

„[...] die unmittelbar mit der Leistungserstellung, der Leistungsverwertung und mit finanziellen Aufgaben in Zusammenhang stehen, ohne dispositiv-anordnender Natur zu sein."

„Dispositive Arbeitsleistungen liegen dagegen vor, wenn es sich um Arbeiten handelt, die mit der Leitung und Lenkung des Betriebs in Zusammenhang stehen."[50]

Die Aufgabe des dispositiven Faktors besteht darin, die objektbezogene Arbeit, Betriebsmittel und Werkstoffe zu einer produktiven Kombination zu vereinigen. Hierzu treten neben die Aufgabe der Geschäftsleitung die beiden weiteren Produktionsfaktoren Planung und Organisation. Diese stellen jedoch keine originären, sondern lediglich abgeleitete, von Gutenberg als „derivativ" bezeichnete Produktionsfaktoren dar.

Als Arbeits- und Betriebsmittel bezeichnet Gutenberg alle Einrichtungen und Anlagen, welche die technische Voraussetzung der betrieblichen Leistungserstellung bilden. Zu den Arbeits- und Betriebsmitteln gehören demnach

„[...] alle bebauten oder unbebauten Betriebs-, Verwaltungs-, Wohn- und Abbaugrundstücke, die Gesamtheit aller maschinellen Apparatur unter und über Tage, also insbesondere alle Arbeits- und Kraftmaschinen, Behälter, Öfen und Fördereinrichtungen, Geräte und Apparate, Hand- und Maschinenwerkzeuge, Vorrichtungen, Lehren und Meßgeräte, das gesamte Büro- und Betriebsinventar, Schaufenstereinrichtungen u. dgl., deren der Betrieb zur Erfüllung seiner Aufgaben bedarf."[51]

---

48 Die 1951 von Gutenberg erstmals veröffentlichte Systematik der Produktionsfaktoren hat seither zwar verschiedene Modifikationen und Erweiterungen erfahren, für unser Erkenntnisinteresse bieten diese jedoch keine weiterführenden Ansatzpunkte.
49 Gutenberg (1973), S. 2 f.
50 Gutenberg (1973), S. 3.
51 Gutenberg (1973), S. 4.

Betriebsmittel werden in materielle (inkl. Finanzen) und immaterielle Betriebsmittel unterteilt. Zu letzteren gehören insb. Rechte, Lizenzen, Patente, Wissen und Informationen.

Als dritten Produktionsfaktor, die Werkstoffe, bezeichnet Gutenberg

„[...] alle Rohstoffe, Halb- und Fertigerzeugnisse, die als Ausgangs- und Grundstoffe für die Herstellung von Erzeugnissen zu dienen bestimmt sind."[52]

Tabelle 2.3 beschreibt das Gutenberg'sche System der sechs Produktionsfaktoren in zusammenhängender Form.

Tabelle 2.3: Gutenbergs System der sechs betrieblichen Produktionsfaktoren.[53]

Produktionsfaktoren							
Werkstoffe			**Arbeits- und Betriebsmittel**		**objektbe-zogene**	**Dispositiver Faktor**		
Rohstoffe	**Hilfs- und Betriebs-stoffe**	**Halb- und Fertiger-zeugnisse als Vor-produkte**	materielle Betriebs-mittel	imma-terielle Betriebs-mittel	**mensch-liche Arbeits-leistung**	**Geschäfts- und Betriebs-leitung**	**Planung**	**Organi-sation**
Elementarfaktoren						**derivative Faktoren**	

Die betrieblichen IuK-Systeme (Hard-/Software) sind den materiellen Betriebsmitteln zuzurechnen. Allerdings spielt im Gutenberg'schen System der Produktionsfaktoren die für jedes betriebliche Geschehen längst unverzichtbar gewordene öffentliche IuK-Infrastruktur in Form des Internet ebenso wenig eine Rolle wie die zahlreichen, oft kostenfrei verfügbaren Dienstleistungen (Services) in Form von PaaS, SaaS oder BPaaS. Aus Sicht der betriebswirtschaftlichen Produktionstheorie ist dies nachvollziehbar, da sich diese nur mit der innerbetrieblichen Leistungserstellung befasst. Die im Internet verfügbaren Softwarelösungen (bspw. Apache-Webserver, Apps) stellen aus dieser Sicht ein Vorprodukt dar und sind der Gutenberg'schen Taxonomie folgend den Werkstoffen zugeordnet.

Allerdings gehen dem häufig keine expliziten, die betrieblichen Vorgaben bspw. zur Qualitätssicherung oder zur Lieferantenhaftung berücksichtigenden Beschaffungsentscheidungen voraus. Entsprechend hoch ist das Risiko, dass das dem Kunden ausgelieferte eigene Produkt eine technische Instabilität enthält, die zwar der Hersteller dieses Vorprodukts verursacht hat, nun jedoch zu einem Produkthaftungsrisiko für den Hersteller des eigentlichen Produktes, bspw. eines Kraftfahrzeugs werden kann:

---

52 Gutenberg (1973), S. 4.
53 In Anlehnung an Gutenberg (1973), S. 8.

Beispiel: Wird in einem Auto bspw. ein Navigationsgerät eingesetzt, dann kann dieses entweder eine Navigations-DVD mit im Gerät selbst installierter Software enthalten (physische Bereitstellung), oder aber auf eine der vielfältigen im Internet meist kostenfrei verfügbaren Routenplaner-Lösungen zurückgreifen (Virtualisierung).

Im ersten Fall hat der Fahrzeughersteller bei Eigenfertigung vollständige Kontrolle über den Herstellungsprozess und die dabei eingesetzten Produktionsfaktoren, oder im Fall des Fremdbezugs über den Beschaffungsprozess einschließlich der dabei von ihm selbst zu verantwortenden Qualitätssicherung. Daraus resultiert unmittelbar eine umfassende Produkthaftung des Fahrzeugherstellers, der Kunde hat im Schadensfall hier nur einen einzigen, ihm zudem unmittelbar bekannten Ansprechpartner.

Im zweiten Fall sind ein permanent verfügbarer, zuverlässiger Kommunikationskanal mit hinreichender Bandbreite zwischen dem Fahrzeug und dem Anbieter der Routenplanungsdienstleistung erforderlich, und eine ebenso zuverlässige Bereitstellung und Funktion des eigentlichen Routenplanungsservices. Hier teilt sich der Fahrzeughersteller die Produkthaftung mit den (ggf. verschiedenen) Lieferanten für die einzelnen Softwareservices. Für den Kunden ist die Durchsetzung etwaiger rechtlicher Ansprüche hier deutlich schwieriger, da er die vertraglichen Beziehungen zwischen dem Fahrzeughersteller und den Lieferanten der Software Services im Allgemeinen nicht kennen wird. Oft wird der Kunde auch darüber nicht informiert sein, wer genau diese Softwareanbieter sind, und wie er ihnen gegenüber rechtliche Ansprüche geltend machen kann. Während derartige Konstruktionen für die Hersteller betriebswirtschaftlich sinnvoll sind, erhöhen sie die Transaktionskosten der Kunden im Schadensfall so erheblich, dass die Durchsetzung selbst eindeutiger rechtlicher Ansprüche rasch an Kostenfragen scheitern kann.

Im zweiten Szenario werden die zur Benutzung erforderlichen Funktionen in der Regel von mindestens zwei verschiedenen Unternehmen zur Verfügung gestellt.[54] Dieses sehr einfache Szenario ermöglicht damit schon bei nur drei Anbietern mindestens sechs Wertschöpfungssystem-Architekturen mit jeweils unterschiedlichen Haftungsbeziehungen:

1. Autohersteller A schließt mit dem Routenplaner-Anbieter R und dem Telekommunikationsanbieter T jeweils einen bilateralen Vertrag und bietet dem Endkunden E den Navigationsservice als „Paket" selbst an. Hier ist der Autohersteller A gegenüber E für das Gesamtpaket verantwortlich.
2. Routenplaner R schließt einen Zuliefervertrag mit T und verkauft das „Gesamtpaket" des Navigationsservices an A, der es wie bei 1. an E weiterverkauft. In diesem Fall ist R für das Gesamtpaket gegenüber A verantwortlich, und A trägt die Gesamtverantwortung gegenüber E.
3. T schließt einen Zuliefervertrag mit R und verkauft das „Gesamtpaket" an A, der es an E weiterverkauft. Die Haftung gegenüber A liegt bei T, gegenüber E haftet A.

---

[54] Betriebswirtschaftlich wie rechtlich davon zu unterscheiden ist der Sachverhalt, wenn ein Autofahrer über sein Mobiltelefon und das Internet eine Routenplanungssoftware wie bspw. Google Maps benutzt. In diesem Fall nutzt der Autofahrer die Produktionsergebnisse zweier unterschiedlicher, rechtlich unabhängiger Wertschöpfungssysteme.

4. E kauft die Hardware bei A und schließt zwei weitere Verträge mit R und T. Dementsprechend sind R und T dem E gegenüber für genau die Produkte und Dienstleistungen verantwortlich, die dieser mit ihnen vertraglich vereinbart hat. A haftet dann nur für die Hardware.

5. R schließt einen Zuliefervertrag mit T und verkauft das „Gesamtpaket" an E. Die Haftung gegenüber E liegt bei R, dem gegenüber wieder T für die Telekommunikationsdienstleistung verantwortlich ist. Auch hier übernimmt A keine Haftung.

6. E entscheidet sich für eine dynamisierte Lösung und kauft für jede Routenplanung das zu diesem Zeitpunkt billigste Servicepaket[55] bei A, R oder T. In diesem Fall gelten jeweils die Verantwortlichkeiten gemäß 1–3.

Darüber hinaus zeigen die bisherigen Beispiele einige wichtige Eigenschaften von Virtualisierungskonzepten. Virtualisierung kann

– zu einem vollständigen Ersatz des ursprünglichen physischen Objekts führen (Beispiele: Uhr, Zahlungsmittel), muss dies aber nicht (Beispiel: Navigationssystem);

– die Funktion eines komplexen Geräts durch eine frei kombinierbare Menge einfacherer Services ersetzen und dadurch virtualisierungsbedingt neue, hoch flexible Wertschöpfungssystem-Architekturen erzeugen (Beispiel: Navigationssystem). Dies ist typisch für Virtualisierungsansätze der Informatik, mit denen eine auf andere Weise nicht vorstellbare Ausdifferenzierung gesamtwirtschaftlicher Arbeitsteilung möglich wird;[56]

– Mehrwertdienste ermöglichen, bspw. exakte Zeitmessungen, Vergleichbarkeit von Preisen, Einführung von Konten zur Geldaufbewahrung, Information über die Fahrziele Dritter und das Staurisiko im Straßenverkehr;

– eine eigene „Benutzungsoberfläche" erfordern, wie sie bspw. von einer Uhr oder einem Bankkonto zur Verfügung gestellt wird;[57]

– den Auslastungsgrad (Effizienz) und die Substituierbarkeit (Flexibilität) der zur Erzeugung der physischen Funktion erforderlichen technischen Systeme durch Entkopplung von Serviceproduktion und -bereitstellung erheblich verbessern;

– Möglichkeiten zur Entwicklung völlig neuer Geschäftsmodelle eröffnen, bspw. von Uhren zur Zeitmessung, die ihrerseits zugleich Plattformen für weitergehende Leistungen und Geschäftsmodelle wie die Planung und das Monitoring logistischer Prozesse, die Zeitnahme in Wettbewerben u. v. a. m. darstellen und

– als vielfältig einsetzbare Business-Plattform verstanden und genutzt werden, deren typisches Kennzeichen die Möglichkeit zur Ausprägung tief gestaffelter Wertschöpfungssystem-Architekturen ist.

---

55 Vorausgesetzt werden jeweils identische Quality of Services.
56 Vgl. Zerdick et al. (2001).
57 Dies erklärt die in jüngster Zeit enorm gestiegene Bedeutung der Entwicklung sog. intelligenter Mensch-Technik-Interaktionssysteme, vgl. bspw. BMBF: IKT 2020 – Forschung für Innovationen, 2007.

Grundsätzlich können alle Arten von Produktionsfaktoren in einem Unternehmen virtualisiert werden. Von ganz wesentlicher Bedeutung ist jedoch, dass sich dabei auch die Produktionstechnologie und damit die Fertigungsprozesse ändern: von einer am physischen Charakter der Güter orientierten Technologie und entsprechender Charakteristik der Fertigungsprozesse hin zu einer Technologie, die auf digitalen Informationen, Software und Computern basiert und bisher physisch realisierte Fertigungsprozesse in Datenverarbeitungsprozesse transformiert.[58] Dies kann gravierende Konsequenzen nach sich ziehen, bspw., wenn Datenverarbeitungsprozesse nicht vergleichbar präzise wie physische Fertigungsprozesse definiert und qualitätsgesichert werden – oder dies womöglich gar nicht umsetzbar sein sollte.

Die seit Jahren zügig voranschreitende digitale Kommunikationsfähigkeit von Werkstoffen und Betriebsmitteln (smarte Produkte), die Digitalisierung aller überwachenden, steuernden und dokumentierenden Prozesse sowie der administrativen ebenso wie der leistungserstellenden Prozesse selbst sowie das Vordringen immer intelligenterer Planungs- und Entscheidungsunterstützungssysteme auch in die bisher dem Menschen noch vorbehaltenen Domänen fördern diese Entwicklung in hohem Maß.[59]

2.3.3 Erstellung von Dienstleistungen

Seit der Veröffentlichung des Gutenberg'schen Produktionsfaktorensystems 1951 hat es zwar zahlreiche Vorschläge zur Weiterentwicklung dieses Modells gegeben, allerdings sind diese meist entweder auf spezielle Branchen ausgerichtet (bspw. Handel, Banken), schlagen weitergehende Differenzierungen (bspw. die gesonderte Ausweisung von Information/Wissen als eigenständiger Produktionsfaktor) vor oder fügen dem Gutenberg-Modell weitere Produktionsfaktoren wie öffentlichen Leistungen oder das staatliche Rechtssystem hinzu. Diese eröffnen uns jedoch keine weiteren Einsichten. Wir verzichten hier deshalb darauf, diese Erweiterungen des Gutenberg'schen Grundmodells weiter auszuführen.

Von ganz erheblicher Bedeutung für das Anliegen dieses Buchs ist jedoch der Vorschlag zur Einführung externer Produktionsfaktoren für den tertiären Sektor von Corsten. Gutenberg hatte sein System der sechs Produktionsfaktoren im Hinblick auf die rationale Gestaltung der **industriellen Sachgüterproduktion** entwickelt. Dort besitzt der Unternehmer vollständige Kontrolle über alle eingesetzten (deshalb

---

58 In der industriellen Produktion am weitesten fortgeschritten ist dieser Virtualisierungsansatz bei der sog. Additiven Fertigung (3D-Druck). Siehe bspw.: http://cedifa.de/wp-content/uploads/2013/07/01-AdditiveFertigungsverfahren.pdf; http://www.sfb814.forschung.uni-erlangen.de/index.shtml; http://www.siemens.com/innovation/apps/pof_microsite/_pof-spring-2013/_html_de/additive-manufacturing.html; http://www.generativ.fraunhofer.de (Abruf: 2015-08-28).
59 Nicht umsonst spricht die Informatik von „Everything as a Service" (kurz: XaaS oder EaaS).

auch als „intern" bezeichneten) Produktionsfaktoren. Im Gegensatz dazu tritt in der **Dienstleistungserstellung** der Kunde (oder ein Gegenstand in der Hand des Kunden) als „externer" Produktionsfaktor hinzu. Die Dienstleistungsproduktion kann folglich nur dann stattfinden, wenn dieser externe Faktor mit den internen Produktionsfaktoren des Unternehmens im Leistungserstellungsprozess integriert wird. Das auf Corsten zurückgehende Grundmodell der Dienstleistungsproduktion ist in Abbildung 2.6 dargestellt.

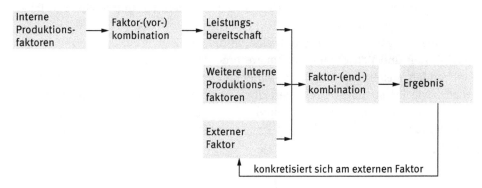

Abbildung 2.6: Grundmodell der Dienstleistungsproduktion.[60]

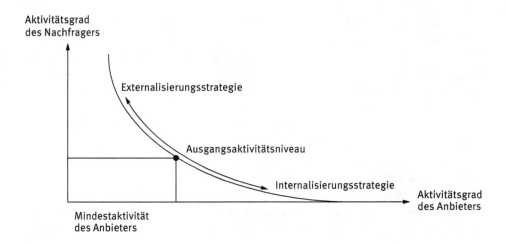

Abbildung 2.7: Isoleistungslinie der Dienstleistungsproduktion.[61]

---

60 Vgl. Corsten (1997), S. 139.
61 Vgl. Corsten (1997), S. 128.

Diese Besonderheit eröffnet dem Dienstleistungsanbieter zwei strategische Optionen: Bei der Internalisierung übernimmt er die bisher vom externen Faktor wahrgenommenen Aufgaben selbst, bei der Externalisierung überträgt er dem externen Faktor bisher selbst ausgeführte Aufgaben (vgl. Abbildung 2.7).

Neben den internen Produktionsfaktoren kann auch der externe Faktor virtualisiert werden. Bspw. virtualisieren Röntgen und Endoskopie den Patienten durch die Erstellung zwei- und dreidimensionaler digitaler Bilder, anhand derer ein Arzt – in der Regel zu einem späteren Zeitpunkt und an einem anderen Ort – die Diagnose erstellt, ohne dass der Patient physisch präsent ist (raum-zeitliche Entkopplung).[62] Bei der minimalinvasiven Operation muss der Patient, obgleich auch diese erst durch Virtualisierung möglich wird (Entnahme von Gewebe auf Basis einer digitalen Repräsentation des Körperinneren), zeitlich und räumlich präsent sein. Eine Zwischenposition nimmt in dieser Hinsicht die Telemedizin ein: hier kann der Arzt tausende von Kilometern vom Patient entfernt sein, den die Operation physisch durchführenden OP-Roboter jedoch trotzdem auf der Basis von in Echtzeit übermittelten Bildern kontrollieren und steuern.

Während das Gutenberg'sche Modell der Produktionsfaktoren lediglich die „internen" Produktionsfaktoren eines Unternehmens und damit ausschließlich innerbetriebliche Prozesse betrachtet, stellt die entscheidende Innovation des Corsten'schen Modells der Dienstleistungsproduktion die ausdrückliche Integration unternehmensexterner Produktionsfaktoren in den unternehmerischen Prozess der Produktionsplanung und -ausführung dar.

Damit lässt sich dieses betriebswirtschaftliche Modell unmittelbar auf den Virtualisierungsansatz des Cloud Computing anwenden. So stellt das Konzept des „externen (Produktions-)Faktors" nichts anderes als die Virtualisierung eines physischen Produktionsfaktors dar, der vom Unternehmer zur Ausführung seiner Produktion zwar benötigt wird, ihm für die Planung und Durchführung des Produktionsprozesses physisch jedoch nicht zur Verfügung steht, der ihm in seiner konkreten Ausprägung zu diesem Zeitpunkt noch gar nicht bekannt ist, und der – ganz wie die Speicherzelle im obigen Beispiel – erst dann in seiner physischen Ausprägung in Erscheinung tritt, wenn die Dienstleistungserstellung vollzogen werden soll. Auch die für das Cloud Computing charakteristischen Virtualisierungsketten von der Hardware-Virtualisierung (IaaS) über die Virtualisierung von Betriebssystemen (PaaS) und Softwareservices (SaaS) hin zu betriebswirtschaftlichen Prozessen (BPaaS) existieren im Dienstleistungssektor in vergleichbarer Weise. Wie im Cloud Computing stellen sie auch hier eine wichtige Basis für die Entwicklung neuer Produkte, Geschäftsmodelle und

---

62 Neben der persönlichen Diagnostik durch den Arzt werden zukünftig auch automatisierte Verfahren der Bildauswertung treten („visual Analytics"). Diese können dem Arzt schon sehr rasch allererste Bild-basierte Informationen zu einem Patienten liefern, bspw. dadurch, dass historische und aktuelle Bilder mittels quantitativer Verfahren verglichen werden (u. a. Volumenberechnungen bei Blutgerinseln im Gehirn), etc.

immer kompetitiverer Wertschöpfungssysteme dar. Sie leisten damit entscheidende Beiträge zur Verbesserung der Wirtschaftlichkeit und der Wettbewerbsfähigkeit einzelner Unternehmen ebenso wie ganzer Wertschöpfungssysteme im Dienstleistungssektor.

Da das grundlegende Erkenntnisinteresse dieses Buches den rechtlichen Herausforderungen und Risiken von Virtualisierung und Autonomisierung gilt, deren Entwicklung und Nutzung am Markt agierenden Unternehmen obliegt, legen wir den weiteren Ausführungen das Corsten'sche Modell der Dienstleistungsproduktion zugrunde. Dies rückt die Virtualisierung von Produktionsfaktoren und -prozessen sowie die Auswirkungen der Virtualisierung auf Produktions- und Logistikprozesse in den Vordergrund. Auf dieser Basis werden im zweiten Teil des Buches die daraus resultierenden juristischen Fragen untersucht. Hierzu zählen v. a. die Möglichkeiten und Zumutbarkeit der Zusicherung von Produkteigenschaften und der Zuverlässigkeit von Produkten, der Nachvollziehbarkeit und Zurechenbarkeit von Produktmängeln und damit letztendlich Haftungsfragen sowie die Möglichkeiten der Kunden, im Falle eines Schadens Regressansprüche erheben und durchsetzen zu können.[63]

2.3.4 Virtualisierung von Leistungserstellungsprozessen

Abschließend betrachten wir die Virtualisierung von Leistungserstellungsprozessen – wie oben bereits erwähnt auf Grundlage des Modells der Dienstleistungsproduktion.

Zunächst besteht die Möglichkeit der **Virtualisierung von Produktionsfaktoren** generell für alle internen und externen, materiellen wie immateriellen und Potenzial- wie Verbrauchsfaktoren. Je nach Faktortyp ist bei der „virtuell-gestützten" Leistungserstellung neben der Digitalisierung z. B. eine Steuerung materieller Komponenten über die Virtualisierungsschicht nötig. Auch kann der reale Faktor in automatisierter Form bereitgestellt oder transparent durch Substitute ersetzt werden.

Die **Kombination virtualisierter Produktionsfaktoren** findet in Computersystemen resp. Rechnernetzen statt und realisiert ganz allgemein den Schritt vom einzelnen Produktionsfaktor hin zum Geschäftsprozess. Die auf virtueller Ebene erfolgenden Operationen sind mit ergebnisäquivalenten realen Kombinationen verknüpft, die entsprechend der Verfügbarkeit der realen Faktoren gestaltet sein müssen.

---

63 Zugleich verbindet sich dieser Ansatz wiederum direkt mit dem heutigen Service-Begriff der Informatik. Während dieser zu Beginn rein technisch definiert war (Web Service) und die Ausführung einer Softwarefunktion bezeichnete, erfuhr dieser Service-Begriff im Zuge der dann sehr rasch viel weiter ausgreifenden Virtualisierungsansätze und -strategien eine grundlegende Veränderung und bezeichnet heute alle Leistungen (Dienste), die einem Endkunden ebenso wie einem Unternehmen mittels Software, in der Regel über das Internet, zur Verfügung gestellt werden können. Damit überlagert sich der Service-Begriff der Informatik in so erheblichem Maß mit dem betriebswirtschaftlichen Begriff der Dienstleistung, dass wir im Fall digitaler Dienstleistungen beide Begriffe synonym verwenden.

Die **Virtualisierung der Leistungsbereitschaft** kann als das Ergebnis aller virtuellen Faktorkombinationen aufgefasst werden, die (noch) zu keiner Kombination von Realfaktoren geführt haben. Virtuelle Leistungsbereitschaft adressiert das Aktivitätspotenzial, das sich aus der Verfügbarkeit aller vor Ort verfügbaren materiellen Faktoren, der verfügbaren immateriellen Faktoren und der daraus möglichen Faktorvorkombinationen ergibt. Als Beispiel möge ein medizinisches Beratungssystem dienen, welches bei einem Unglücksfall den vor Ort anwesenden Ersthelfern Hinweise zur Versorgung des Unfallopfers gibt.

2.3.5 Relevanz: Zur Bedeutung von Digitalisierung, Standardisierung und Konvergenz in der Internetökonomie

Die Internetökonomik befasst sich mit den durch die Digitalisierung von ökonomischen Gütern bewirkten Veränderungen des wirtschaftlichen Geschehens, den Auswirkungen auf Arbeitsteilung, Produktions-, Logistik- und administrativen Prozesse, den Veränderungen von Produkten und Märkten sowie auf das Verhalten der Marktakteure.[64]

Digitalisierung transformiert realweltliche Objekte in Informationsgüter. Informationsgüter sind digitale Objekte, also „Dateien" und in diesen enthaltene „Daten" auf einem Speicherserver. Bei aller Unterschiedlichkeit sind sie unabhängig vom jeweils repräsentierten Realweltgegenstand hinsichtlich wichtiger technischer und ökonomischer (Meta-)Eigenschaften identisch. Das gilt sowohl für die zu ihrer Erzeugung, Vervielfältigung und Verteilung erforderlichen produktionstechnischen und logistischen Systeme (Computer und Übertragungskanäle) als auch für die Tatsache, dass, sind sie erst einmal hergestellt, die Grenzkosten ihrer weiteren Vervielfältigung und damit ihre **kurzfristigen Preisuntergrenzen bei Null** liegen. Da Informationsgüter in weltweiten Computernetzen unabhängig vom Ort ihres Entstehens praktisch überall ohne nennenswerten zeitlichen und finanziellen Aufwand zur Verfügung stehen,[65] sinken die Transaktionskosten des Güteraustauschs dramatisch, werden die Grenzen von Unternehmen ebenso wie von Märkten geöffnet, und beschleunigen sich wirtschaftliche Anpassungsprozesse in bislang nicht gekanntem Ausmaß.

Während dem klassischen betriebswirtschaftlichen Güterbegriff die Vorstellung eines physikalisch zu realisierenden Sachguts[66] zugrunde liegt und sich schon alleine daraus grundlegende Beschränkungen für Produktion, Lagerung, Logistik der „Sachgüter" und die Entwicklung sachgüterbezogener Dienstleistungen ergeben,

---

64 Zerdick et al. (2001).

65 Szyperski/Klein (1993).

66 „Güterproduktion" als physikalischer Transformationsprozess, der entweder mehrere physikalische Vorprodukte zusammenfügt („kombiniert") oder ein gegebenes Vorprodukt durch physikalische, chemische oder biologische Transformation verändert.

eröffnen die „digitalen" Eigenschaften der immateriellen Informationsgüter einen vollkommen neuen Zugang zur Entwicklung von Produkten, Produktionsprozessen, Wertschöpfungssystemen und Märkten. Diese neuen Möglichkeiten hat die Informatik in wenigen Jahren sehr rasch entwickelt. Von besonderer Bedeutung sind die fast noch rasanter gewachsenen Möglichkeiten der automatisierten Erfassung jeder nur erdenklichen Aktivität weltweit. Damit stellen „Big Data" und die zu deren Verarbeitung erforderlichen Algorithmen für alle Unternehmen und Branchen schon jetzt eine unverzichtbare Produktionstechnologie dar. Die dafür relevanten rechtlichen Fragen dieser Entwicklung werden in Teil B dieses Buches behandelt.

Eine wichtige Eigenschaft von Informationsprodukten besteht darin, dass sich mit Ihnen aufgrund ihrer Digitalität häufig in sehr einfacher Weise **Netzeffekte** erzeugen lassen. Beispiele sind Bürosoftware, Aktien, elektronische Börsen, Plattformen wie Wikipedia sowie zahlreiche Apps auf unseren Mobiltelefonen. Netzeffekte treten auf, wenn der Wert eines Gutes mit der Zahl seiner Nutzer zunimmt und das Gut dadurch zu einem **Standard** wird.

Von erheblicher Bedeutung ist weiterhin das Phänomen der **Konvergenz**. Diese resultiert aus der technologiebedingten Angleichung digitaler Lösungen. Daraus entstehen neue Möglichkeiten der *Spezialisierung* sowie des Zusammenwachsens bestehender und für die Entstehung neuer Märkte, das Hinzutreten neuer Marktakteure, das Aufbrechen bestehender, aber auch die komplette *Neuformierung von Wertschöpfungssystemen*[67].

Die hier nur kurz skizzierten Überlegungen zeigen die überragende ökonomische Bedeutung der digitalen Virtualisierung des wirtschaftlichen Geschehens. Umso wichtiger ist, die daraus resultierenden Veränderungen und möglicherweise neu erwachsenden Risiken rasch zu erkennen, zu beschreiben und zu analysieren sowie ggf. erforderliche rechtliche Vorkehrungen frühzeitig auf den Weg bringen zu können.[68]

2.4 Exkurs II: Cloud Computing

Cloud Computing stellt die organisatorisch und technisch derzeit am weitesten fortgeschrittenste, zugleich auch umfassendste Form der Virtualisierung dar. Cloud Computing als substanzielle Erweiterung der industriell bereits etablierten IT-Outsourcing-Konzepte ermöglicht es, jegliche Arten von IT-Ressourcen wie Prozessorkapazität, Speicher, Betriebssysteme, Applikationen und Daten dynamisch über das

---

67 Zerdick et al. (2001), S. 140–146.
68 Siehe hierzu auch das Urteil des Europäischen Gerichtshofs vom 13. Mai 2014 zum Verbot der Verletzung der Privatsphäre durch Internet-Suchmaschinen, veröffentlicht unter http://curia.europa. eu/juris/document/document.jsf?text=&docid=152065&pageIndex=0&doclang=de&mode=req&dir= &occ=first&part=1&cid=248357 (Abruf: 2015-05-27).

Internet bereitzustellen, zu verwalten und abzurechnen. Dies fördert die umfassende Industrialisierung der IT insbesondere durch konsequente Software-Service-Orientierung, vollständige Standardisierung aller angebotenen Dienste, Vollautomatisierung und durchgehendes Qualitätsmanagement durch permanentes Monitoring der Service-Level-Qualität aller dem Kunden angebotenen Services ebenso wie des internen Cloud-Management-Betriebs.[69]

So definiert das Bundesamt für Sicherheit in der Informationstechnik (BSI) Cloud Computing wie folgt[70]:

> *„Cloud Computing bezeichnet das dynamisch an den Bedarf angepasste Anbieten, Nutzen und Abrechnen von IT-Dienstleistungen über ein Netz. Angebot und Nutzung dieser Dienstleistungen erfolgen dabei ausschließlich über definierte technische Schnittstellen und Protokolle. Die Spannbreite der im Rahmen von Cloud Computing angebotenen Dienstleistungen umfasst das komplette Spektrum der Informationstechnik und beinhaltet unter anderem Infrastruktur (z. B. Rechenleistung, Speicherplatz), Plattformen und Software.“*

In der Literatur werden folgende Eigenschaften des Cloud Computing hervorgehoben:
- **On-demand:** Die Bereitstellung (Provisionierung) der Ressourcen (z. B. Rechenleistung, Speicher) erfolgt auf Anforderung des Kunden typischerweise über ein Web-Formular vollautomatisch ohne jede persönliche Interaktion mit dem Service Provider.
- **Network Access:** Die angebotenen Dienste sind in standardisierter Form über das Internet verfügbar und insbesondere nicht an einen bestimmten Client gebunden.
- **Elasticity:** Die Services können schnell und elastisch zur Verfügung gestellt werden, zunehmend auch automatisch. Dies setzt voraus, dass der Cloud-Anbieter die in einer Cloud vorgehaltenen Daten je nach Bedarf (Kapazität, Kosten, technische Gründe, Wartung usw.) und jederzeit in andere Cloud-Rechenzentren verlagern kann. Aus Anwendersicht scheinen die Ressourcen daher unendlich zu sein.
- **Pay per Use:** Der Kunde bezahlt (idealerweise) nur die tatsächlich in Anspruch genommenen Ressourcen, wobei es auch Flatrate-Modelle geben kann.
- **Resource Pooling:** Die bei einem Anbieter angeforderten Ressourcen stehen „gepoolt" in einem Rechenzentrum für eine grundsätzlich beliebige Zahl von Kunden zur Verfügung, müssen also mandantenfähig sein (Multi-Tenant-Modell). Die Anwender wissen allerdings nicht, wo genau sich „ihre" Ressourcen befinden, wer sie produziert hat, wem sie gehören und wer sie betreibt. Aufgrund der durch die hohe Flexibilität des Cloud-Ressourcenmanagements entstehenden Daten-

---

69 Vgl. Bundesministerium für Wirtschaft und Technologie (2010), S. 8. URL: http://www.trusted-cloud.de/media/content/aktionsprogramm-cloud-computing.pdf (Abruf: 2015-05-20).
70 https://www.bsi.bund.de/DE/Themen/CloudComputing/Grundlagen/Grundlagen_node.html (Abruf: 2015-05-20).

schutzproblematik hat es sich allerdings etabliert, dass die Kunden den Speicherort für ihre Daten, also z. B. Region, Land oder Rechenzentrum, vertraglich festlegen können.

In rechtlicher Hinsicht interessant ist, dass das Aktionsprogramm Cloud Computing des Bundesministeriums für Wirtschaft und Technologie dazu ausführt:[71]

> *„Bei diesem Auslagern von Software- oder sogar Hardwarefunktionen der Anwender an spezialisierte IT-Anbieter müssen die Anwender nicht mehr wissen, wo sich die ausgelagerten Daten oder Anwendungen „in der Wolke" befinden. Der Nutzer soll die aktuell benötigten Dienste in Anspruch nehmen können, ohne mit der konkreten technischen Infrastruktur und deren Administration konfrontiert zu werden. Der Cloud Computing-Anbieter stellt (dazu) eine Abstraktionsschicht zur Verfügung, die eine einfache Nutzung ermöglicht."*

Cloud-Anbieter verfolgen dienstleistungsbasierte Geschäftsmodelle nach dem Konzept „Anything as a Service (XaaS)". Aktuell werden in der Regel vier Arten von Cloud-Dienste unterschieden:

1. Infrastructure as a Service (IaaS): Hardwarebereitstellung,
2. Platform as a Service (PaaS): Hardware und Betriebssystem,
3. Software as a Service (SaaS): PaaS und zusätzlich Anwendungssoftware, sowie
4. Business Process as a Service (BPaaS): vollautomatisierte Ausführung kompletter Workflows auf SaaS-Basis.

In Forschung und Praxis werden darüber hinaus weitergehende Dienste diskutiert, wie bspw. die Unternehmensgrenzen überschreitende kooperative Ausführung mehrerer lokaler Geschäftsprozesse im Geschäftsmodell Collaborative BPaaS[72].

Diese Bespiele zeigen deutlich drei für die weiteren Überlegungen wichtige Zusammenhänge:

1. Cloud Computing stellt den Unternehmen technisch und betriebswirtschaftlich höchst effiziente Produktionsplattformen zur Verfügung. Auf diesen können in bisher kaum vorstellbarer Weise selbst sehr große Datenmengen blitzschnell beliebig miteinander verknüpft und mittels Big Data-Algorithmen ausgewertet werden.
2. Darüber hinaus eröffnen moderne Cloud-Management-Systeme, wiederum in weitgehender Automatisierung, vielfältige Möglichkeiten der Arbeitsteilung nicht nur zwischen den IT-Ressourcen innerhalb ein- und derselben Cloud, sondern auch Cloud-übergreifendend, bspw. beim Betrieb förderierter Clouds, oder auch

---

71 Vgl. Bundesministerium für Wirtschaft und Technologie (2010), S. 10. URL: http://www.trusted-cloud.de/media/content/aktionsprogramm-cloud-computing.pdf (Abruf: 2015-05-20).
72 So das BMBF-Projekt PREsTiGE (2014–2017): http://prestige.wifa.uni-leipzig.de/startseite.html (Abruf: 2015-07-14).

dann, wenn im Geschäftsmodell Collaborative BPaaS mehrere unabhängig voneinander bestehende Clouds involviert werden sollen[73].

3. Cloud Computing beinhaltet inhärente rechtliche Risiken, die weit über die in der öffentlichen Diskussion im Vordergrund stehende Datenschutzproblematik hinausgehen. So weiß der Kunde im Allgemeinen nicht und wird dies ggf. auch kaum in Erfahrung bringen können, welche Akteure überhaupt in eine Cloud-basierte Virtualisierungskette eingebunden sind, welche Rollen und Verantwortung sie in dort gegebenen Arbeitsteilung übernehmen und für welche Fehler diese Akteure einzeln oder ggf. auch im Verbund haften.

2.5 Bewertung von Virtualisierungen in ökonomischer und rechtlicher Sicht

2.5.1 Ökonomische Würdigung

Die Virtualisierung eines Produktionsfaktors ersetzt den direkten Zugriff des Unternehmens auf die betreffende Ressource entweder durch eine Softwarefunktion oder durch eine Geschäftstransaktion, wenn das Ergebnis des entsprechenden Faktoreinsatzes durch einen Lieferanten erbracht wird. Dies legt es nahe, die ökonomische Beurteilung auf Basis der Neuen Institutionenökonomik vorzunehmen, also insbesondere mittels der Theorie der Verfügungsrechte, der Transaktionskostentheorie und der Prinzipal-Agenten-Theorie.

Die **Theorie der Verfügungsrechte**[74] unterscheidet vier Arten betriebswirtschaftlicher Verfügungsrechte:

1. *usus*: Das Recht eine Sache zu benutzen.
2. *usus fructus*: Das Recht, die Erträge, die mit der Benutzung der Sache einhergehen, zu behalten.
3. *abusus*: Das Recht, die Sache in Form und Aussehen zu verändern.
4. *ius abutendi*: Das Recht, die Sache gesamt oder teilweise zu veräußern und den Veräußerungsgewinn einzubehalten.

Virtualisierung kann alle Arten von Verfügungsrechten verändern. Daraus können sich sowohl betriebswirtschaftliche Konsequenzen bspw. hinsichtlich Effizienz und

---

73 Hier entstehen unmittelbare Parallelen zu einem in der Künstlichen Intelligenz in den Jahren 1977/1978 entwickelten und heute weit verbreiteten Kooperationsmodell des Verteilten Problemlösens, dem sog. Kontraktnetz-Protokoll (vgl. Kapitel 3). Damit werden die strukturellen und semantischen Ähnlichkeiten zwischen den beiden Gebieten der Virtualisierung sowie der Softwareagenten resp. Multiagentensysteme an dieser Stelle erstmals sichtbar.

74 Das Konzept der Verfügungsrechte ist in den Rechtssystemen aufgrund ihrer unterschiedlichen Wesens- und Nutzungsarten bspw. von materiellen oder immateriellen Rechtsgütern unterschiedlich umgesetzt.

Effektivität, aber auch rechtliche Qualifizierungen und damit auch Rechtsfolgen ergeben. Zu betrachten sind sowohl grundsätzliche vertrags- und sachenrechtliche sowie Produkthaftungsfragen als auch alle urheberrechtlichen Aspekte, die im Zusammenhang mit der Transformation physischer in digitale Güter sowie deren Verwendung, Manipulation und Distribution berührt werden, wie das Vertragsrecht, das Urheber -bzw. Lizenzrecht sowie sonstige Schutzrechte bzw. rechtliche Regelungen zur Digitalen Identität u. v. a. m. Details hierzu werden in Teil B des Buches behandelt.

Die **Prinzipal-Agenten-Theorie**[75] befasst sich mit den wirtschaftlichen Beziehungen zwischen einem Auftraggeber (Prinzipal) und einem Beauftragten (Agent)[76]. Beide Akteure verfügen hinsichtlich des jeweils Anderen über unvollständige Informationen. Da beide Akteure unterschiedliche Ziele verfolgen und sich annahmegemäß opportunistisch verhalten, werden sie versuchen, diese Informationsasymmetrien zu ihren Gunsten zu nutzen. Möglich wird dies durch „Hidden Information" über den Verhandlungspartner vor Vertragsschluss, nach Vertragsabschluss durch „Hidden Action" sowie „Hidden Intention" des Verhandlungspartners und durch „Hidden Characteristics" der vereinbarten Leistung. Die Beseitigung der daraus resultierenden Probleme „Adverse Selection"[77], „Moral Hazard"[78] und „Hold Up"[79] erzeugt die sog. Agenturkosten[80].

Virtualisierung entkoppelt Akteur und nachgefragtes bzw. zu manipulierendes physisches Objekt. Dies geschieht dadurch, dass in die zunächst bestehende direkte Beziehung technische Instanzen eingefügt werden, die durch ihre Definition und Verhalten die Virtualisierung realisieren. Das Hinzutreten zusätzlicher „technischer Akteure" führt zu Abhängigkeitsketten und erhöht die Koordinationskomplexität. Je nach Ausstattung und Konfiguration dieser zusätzlichen technischen Komponenten können mehrstufige Prinzipal-Agenten-Beziehungen entstehen, die eigenständige Koordinationsprobleme bis hin zu Unzuverlässigkeit und Instabilität des Gesamtsystems erzeugen.

---

75 Vgl. Hess (1999).

76 Es sei an dieser Stelle darauf hingewiesen, dass der Begriff des „Agenten" hier im ökonomischen Sinn verwendet wird und nicht im juristischen Sinn, wie bspw. beim Begriff des „Vertriebsagenten". Der Agent oder Stellvertreter oder Beauftragte nimmt Geschäfte des Auftraggebers wahr, d. h. die Rechtsfolgen treten beim Auftraggeber ein.

77 Adverse Selection (Negativauslese): Asymmetrische Information zum Zeitpunkt *vor* dem Vertragsabschluss führt systematisch zu Ergebnissen, die nicht Pareto-optimal sind.

78 Moral Hazard: Institutionen (i. S. v. Regelungen) können den Akteuren Anreize bieten, sich leichtsinnig oder gar verantwortungslos zu verhalten, bspw., wenn sie annehmen können, die Folgen ihres Handelns nicht selbst tragen zu müssen.

79 Hold Up: In Hold-Up-Situationen stehen dem Prinzipal ex ante nicht alle Informationen zur Verfügung, um beim Vertragsabschluss die Anreize für den Auftragnehmer so zu setzen, dass dieser sich in seinem Sinn zuverlässig und korrekt verhält.

80 Diese umfassen die Kosten von Signaling, Screening und dem durch Nichterreichen der bestmöglichen Lösung ergebenden Wohlfahrtsverlust.

Die **Transaktionskostentheorie** betrachtet die bei Anbahnung und Durchführung einer Transaktion anfallenden Kosten. Transaktionen realisieren die Übertragung von Verfügungsrechten in Austauschbeziehungen zwischen mindestens zwei Vertragsparteien und verlaufen in Phasen (Informationsphase, Suchphase, Kontraktierungsphase, Abwicklungsphase, Kontroll- und Anpassungsphase), in denen jeweils phasenspezifische Transaktionskosten anfallen. Typischerweise reduziert Virtualisierung die Anbahnungs-, Kontraktierungs- und Abwicklungskosten sowohl auf der Anbieter- als auch auf der Nachfragerseite. Dies kann, insb. für den Nachfrager, in der Kontroll- und Anpassungsphase allerdings dann erhöhte Transaktionskosten nach sich ziehen, wenn Leistungserbringungsprobleme auftreten. So bezieht sich dann bspw. die Produkthaftung nicht nur auf einen einzigen Anbieter, sondern, oft in intransparenter Weise, auf mehrere Mitglieder eines Wertschöpfungsnetzwerks (vgl. hierzu auch Abschnitt 2.5.3).

2.5.2 Juristische Würdigung

Im Mittelpunkt von Teil B dieses Buches steht die rechtliche Bewertung der Virtualisierung von Produktionssystemen für die Erstellung von Sachgütern und Dienstleistungen, und zwar insbesondere durch die Möglichkeiten der heutigen und zukünftig möglicherweise zu erwartenden IT. Welche Veränderungen ergeben sich nun also durch die Virtualisierung von Produktionsfaktoren? Die juristische Würdigung knüpft an die Veränderung der ökonomischen Sachverhalte an und fragt nach den rechtlichen Voraussetzungen und Folgen. Die rechtlich bedeutsamen Fragestellungen beziehen sich u. a. auf folgende Aspekte:
- Ändert Virtualisierung die „Eigenschaft" von Computersoftware? Wird diese durch Virtualisierung zur beweglichen Sache oder zum Produkt, oder stellt sie ein immaterielles Gut dar?
- Entstehen durch Virtualisierung Änderungen im Vertragsverhältnis?
- Sind evtl. lizenzrechtliche Fragestellungen betroffen?
- Was ergibt die Prüfung produkthaftungsrechtlicher Fragen? Sind Virtualisierungsketten Bestandteil des Herstellungsprozesses eines Produktes im Sinne von § 4 ProdHaftG?
- Ergeben sich durch Virtualisierung im Fall eines Schadens Veränderungen von Verantwortung, Haftung und Schadensregulierung?
- Inwieweit kann Virtualisierung bestehende Rechte am Ergebnis und ggf. den Zwischenergebnissen beeinträchtigen?
- Welche Folgen ergeben sich durch Virtualisierung für den Datenschutz?

2.6 Drei Fallbeispiele

2.6.1 Fallbeispiel I: Softwareagenten

Das erste Beispiel betrachtet einen als intentionales (zielgetriebenes) System modellierten Softwareagenten, der für den Vertrieb unternehmenseigener Produkte über das Internet konzipiert worden ist und zu diesem Zweck auf der Suche nach Kunden selbstständig durch das Internet navigiert. Seine Zielfunktion sei als Maximierung des Periodenumsatzes definiert. Nehmen wir nun an, der Agent trete zu diesem Zweck einem elektronischen Markt bei und würde sich dort als Zwischenhändler betätigen, anstatt den ihm aufgetragenen Produktvertrieb zu betreiben. Er könnte dazu von anderen Agenten Leistungen beziehen, die er an außerhalb des Marktes stehende Agenten seines Bekanntenkreises weiterverkauft, da sich für ihn daraus die Chance auf einen höheren Periodenumsatz ergibt. Das betriebliche Ziel des Absatzes eines bestimmten Produktes, das der Agent bis zu diesem Zeitpunkt zuverlässig erfüllt hat, wird damit jedoch obsolet.

Tabelle 2.4: Virtualisierungsarchitektur „Softwareagenten" (Beispiel).[81]

Benutzerseitiges Zugriffsverfahren	Der Zugriff des Nutzers auf den Softwareagenten erfolgt durch Aufruf der Software und Eingabe bzw. Entgegennahme von Daten.
User Interface	Ein-/Ausgabemaske des Softwareagenten.
Umsetzung der User-Vorgaben	Der Softwareagent virtualisiert die Zielvorgabe dadurch, dass er (Intelligenz, Autonomie) neben dem Verkauf der firmeneigenen Produkte aktiv auch nach anderen Möglichkeiten zur Steigerung seines Periodenumsatzes sucht.
Manipulation der symbolischen Objekte	Festlegung der Parameter der Zielfunktion des Agenten mittels Eingabe durch den Nutzer.
	Anmerkung: Der Nutzer des Agenten ist in diesem Beispiel zugleich identisch mit dem Virtualisierungsobjekt!
Objektseitiges Zugriffsverfahren	Fortlaufende Information des Nutzers über den vom Agenten erzielten Periodenumsatz.
Manipulation des physischen Objekts	Der Nutzer honoriert den vom Agenten erzielten Periodenumsatz, bspw. durch Zuweisung zusätzlicher oder Entzug von bei Agenten vorhandener finanzieller Mittel, um auf diese Weise den Handlungsrahmen des Agenten zu erweitern oder einzuschränken.
Identifikation des physischen Objekts	Durch Authentifizierung des Nutzers gegenüber dem Agenten.

---

81 Quelle: Eigene Darstellung.

Das Virtualisierungs-„Objekt" unseres Beispiels ist der Mensch in seiner Rolle als Verkäufer der Produkte des betreffenden Unternehmens. Das Hauptproblem in diesem Beispiel besteht in der Autonomie des Agenten. Betrachten wir jedoch zunächst die Virtualisierungsarchitektur (Tabelle 2.4).

Ökonomische Einordnung und juristische Aspekte:

Zur ökonomischen Würdigung dieses Beispiels ziehen wir die Prinzipal-Agenten-Theorie heran. Da Prinzipal und Agent regelmäßig unterschiedliche Ziele verfolgen, kann es zu Anreiz- sowie zu Abstimmungsproblemen kommen. Die auf der Prinzipal-Agenten-Theorie basierende Modellierung des o. a. Beispiels unterstellt, dass zwischen Nutzer (Prinzipal) und Vertriebsagent (Agent) ein mittels Zielvereinbarung konkretisierter Vertrag zustande gekommen sei.[82] Allerdings kann der Prinzipal die nach Vertragsabschluss[83] vom Agenten vorgenommenen Handlungen nicht in ausreichendem Maß einsehen und überwachen („Hidden Actions"). Der Vertrag eröffnet dem Agenten damit diskretionäre Handlungsspielräume, die er als (begrenzt-)rationaler Agent nach Vertragsabschluss zur Maximierung seiner Zielfunktion (im Beispiel: Periodenumsatz) nutzen wird.[84,85]

In rechtlicher Hinsicht werfen Prinzipal-Agenten-artige Beziehungen zwischen dem Menschen als Auftraggeber und einem, ggf. sogar mehreren, zueinander in weiteren Prinzipal-Agenten-artigen Beziehungen stehenden Softwareagenten zahlreiche neue Fragen auf. So basieren technische Modelle der Koordination zwischen Softwareagenten zwar regelmäßig auf vertragsähnlichen Konstrukten, allerdings sind Softwareagenten nach heutigem Verständnis nicht rechtsfähig. Bei einer vollständig autonomen (nicht deterministisch eingeplanten) Weitergabe eines Auftrags (bzw. eines Teil- oder Unterauftrags) ggf. auch der Einräumung von Nutzungsrechten von einem Agenten zum anderen wird deshalb spätestens dann die Haftungskette unterbrochen, wenn die Entscheidung über diese Weitergabe nicht mehr zweifelsfrei einer konkreten zur

---

82 Das hier angenommene Agentenmodell unterstellt, dass der Agent zumindest einen gewissen Spielraum besitzt, Aufträge des Prinzipals anzunehmen oder abzulehnen sowie Bedingungen für die Übernahme der Aufgabe auszuhandeln.

83 Die bereits zum Zeitpunkt des Vertragsabschlusses bestehenden Informationsasymmetrien erzeugen ihre Wirkungen ex post, also in den auf die Kontraktierung folgenden Transaktionsphasen der Abwicklung, Kontrolle und Anpassung.

84 In ähnlicher Weise können nach Vertragsabschluss auch das Problem der „Hidden Information" sowie das Problem der „Hidden Intention" auftreten. Bei „Hidden Information" kann der Prinzipal die Handlungen des Agenten zwar sehen, deren Qualität bspw. mangels Metrik aber nicht beurteilen. Bei „Hidden Intention" kann der Prinzipal die Handlungen des Agenten zwar sehen und auch deren Qualität beurteilen, allerdings bleiben ihm hier ex ante jedoch die Absichten des Agenten verborgen.

85 Koordinationsprobleme vor Vertragsabschluss sind zu erwarten, wenn dem Prinzipal (bzw. Agenten) nur unzureichende Informationen über den Agenten (bzw. Prinzipal) vorliegen. Diese sog. „Hidden Characteristics" führen zum Problem der „Adverse Selection", also zu Fehlern bei der Auswahl eines Vertragspartners.

Übertragung befugten natürlichen oder juristischen Person zugeordnet werden kann. Neben der Frage der Haftung für die irrtümlich falsche Weitergabe oder Nutzungseinräumung andere Agenten ist auch weitgehend unklar, wem die Rechte an den Ergebnissen der möglicherweise ad hoc und ohne vorherige Zustimmung eines Menschen zustande gekommenen Zusammenarbeit zwischen Softwareagenten gehören. Ebenfalls weitgehend ungeklärt sind datenschutzrechtliche Fragen, wenn Softwareagenten durch die Zusammenarbeit mit anderen Agenten eines Softwareagentenverbundes Kenntnisse über personenbezogene Daten erlangen, die sie wegen fehlender Zustimmung der betroffenen Personen nicht speichern, verarbeiten oder weitergeben dürfen.

Tabelle 2.5: Virtualisierungsarchitektur „Autonomes Fahren" (Beispiel).[86]

Benutzerseitiges Zugriffsverfahren	Der Kunde spezifiziert Fahrtroute und Zeit. Das System bestätigt den Auftrag und informiert den Nutzer über alle weiteren den Transportservice betreffenden Sachverhalte.
User Interface	App zur Bestellung eines autonomen eSmart und zur vollständigen Abwicklung der Geschäftstransaktion.
Umsetzung der User-Vorgaben	Die App leitet die Anfrage an einen digitalen Disponenten weiter.
Manipulation der symbolischen Objekte	Der digitale Disponent klärt, ob eine Transportmöglichkeit besteht und sagt dem Kunden die Übernahme der Fahrt zu.
Objektseitiges Zugriffsverfahren	Der Disponent wählt das für den Auftrag am besten geeignete Kfz aus und delegiert an dieses die Zuständigkeit für die komplette operative Abwicklung des Auftrags.
Manipulation des physischen Objekts	Zur gegebener Zeit setzt sich das ausgewählte Fahrzeug in Bewegung, um den Kunden am vereinbarten Ort aufzunehmen und zum gewünschten Ziel zu bringen.
Identifikation des physischen Objekts	Der digitale Disponent bindet den eSmart verbindlich an den Kundenauftrag und speichert diese Festlegung in der für die Einsatzplanung verwendeten Datenbank.

2.6.2 Fallbeispiel II: Autonomes Fahren

Das zweite Beispiel befasst sich mit dem autonomen Fahren. Nehmen wir an, ein Bürger Stuttgarts benötige kurzfristig ein Fortbewegungsmittel aus der Innenstadt zum Flughafen. Als Eigentümer einer Stuttgart Service Card[87] nutzt er deren Informationsdienste. Vorgeschlagen wird ihm, mit der U5/U6 nach Degerloch zu fahren und dort in einen autonomen eSmart umzusteigen. Das Fahrzeug bestellt er für den

---

86 Quelle: Eigene Darstellung.
87 Vgl. http://www.livinglab-bwe.de/projekt/stuttgart-services/ (Abruf: 2014-08-31).

Zeitpunkt seines Eintreffens per SMS zum Parkhaus Degerloch Albstraße. Der angefragte eSmart bestätigt den Auftrag und fährt zeitgerecht von seinem Standort ab. Da aber auch er der Optimierung einer Zielfunktion (bspw. Maximierung der täglichen Einsatzzeit) unterworfen ist und ihm kurz nach Auftragsannahme ein Fahrauftrag an den Bodensee angeboten wird, storniert er die Fahrt zum Flughafen (wir nehmen an, die getroffene Vereinbarung lässt dies auch zu). Die betreffende Nachricht erreicht den Reisenden allerdings erst kurz vor Erreichen des Parkhauses. Die Folge ist eine so erhebliche Verzögerung der Weiterfahrt, dass der Abflug verpasst wird. Tabelle 2.5 beschreibt die zugrundeliegende Virtualisierungsarchitektur.

Ökonomische Einordnung und juristische Aspekte:
Dieses Szenario betrachten wir aus Sicht der Transaktionskostentheorie. Unser noch relativ einfach gehaltenes Beispiel zeigt zunächst recht deutlich die Koordinationskomplexität beim multimodalen innerstädtischen Verkehr. Dies führt in allen Transaktionsphasen zu hohen bis sehr hohen Transaktionskosten. Durch Aufbau einer leistungsfähigen smarten Kommunikations- und Serviceinfrastruktur lassen sich zwar die Informations-, Such- und Kontraktierungskosten des Kunden nahezu auf Null senken. Die Transaktionskosten der Kontroll- und Anpassungsphase hängen allerdings, wie unser Beispiel zeigt, unmittelbar vom Ausmaß der Autonomie der betrachteten „autonomisierten" Fahrzeuge ab. Ist ihre Autonomie hoch, kann das (wie in unserem Beispiel) selbst das Risiko einschließen, dass diese aufgrund eigener, autonomer Entscheidung die Durchführung eines ihnen übertragenen Auftrags ablehnen oder diese nach Beginn der Ausführung abbrechen. Weitere Fragen ergeben sich, wenn der Fahrgast während der Fahrt durch einen Unfall zu Schaden kommt.

Im Vergleich zur Nutzung eines Taxis stellen sich, da Taxibetriebe umfangreichen Regulierungen unterliegen, vor Vertragsabschluss zunächst Fragen der rechtlichen Zulässigkeit des Angebots und des Versicherungsschutzes. Nach Vertragsabschluss stehen Haftungsfragen im Vordergrund.[88] Aufgrund der in Autonomik-Szenarien erforderlichen technischen Infrastruktur (Kommunikations- und Serviceinfrastruktur) wird sich die Produkthaftung regelmäßig auf eine größere Anzahl von zusätzlichen externen Anbietern wie GPS, Signalmasten oder intelligenten Verkehrssystemen verteilen, im Vergleich zum heutigen Taxibetrieb eine haftungsrechtlich grundlegend andere Situation. Dies kann im Schadensfall zu Problemen bei der Durchsetzung von Ansprüchen führen. Entstehen Schadensersatzansprüche wegen Nichterfüllung des Vertrags, könnten in Autonomik-Szenarien möglicherweise dadurch Haftungslücken entstehen, dass die Rechtsfolgen technischer Autonomie nicht in vollem Umfang durch die Produkthaftung des Herstellers abgedeckt werden.

---

88 Vgl. hierzu auch die zum Entstehungszeitpunkt dieses Buches aktuelle Debatte über die rechtliche Bewertung der vom Unternehmen Uber (https://www.uber.com) angebotenen Personenbeförderungsdienstleistungen insb. im Geschäftsmodell uberPop.

Tabelle 2.6: Virtualisierungsarchitektur „Cloud Computing" (Beispiel).[89]

Benutzerseitiges Zugriffsverfahren	Mechanisches Drehen des Lenkrads.
User Interface	Lenkrad als Sensor.
Umsetzung der User-Vorgaben	Sensorik erfasst fortlaufend die mechanischen Lenkbewegungen und meldet diese an das mechatronische System.
Manipulation der symbolischen Objekte	Das Steuergerät verfügt über ein formales Modell der Stellung der einzelnen Räder, transformiert die eingehenden Signale in Einstellanweisungen für die Räder und leitet diese an die elektromechanische Aktuatorik, die die Lenkbefehle in mechanische Drehungen der Räder überführt.
	Anmerkung: Steuersignale werden durch den Fahrer erzeugt. Werden mechanische durch digitale Komponenten ersetzt, und besteht über entsprechende Kommunikationskanäle ein technischer Zugang zu den IuK-Systemen im Auto, können Steuersignale grundsätzlich auch von einem außerhalb des Fahrzeugs befindlichen Akteur (bspw. Hersteller) an die Aktuatorik des Fahrzeugs übergeben werden. Ähnlich wie in einem Fahrschulwagen könnte es dann zu Konflikten kommen, wenn die beiden „Akteure" in unterschiedliche Richtungen lenken. In der Fahrschule wird ein solcher Konflikt vom Fahrlehrer entschieden, in unserem Szenario könnte dies aber auch von einer technischen Komponente übernommen werden.
Objektseitiges Zugriffsverfahren	Mechanische Lenkeinwirkung auf die Vorderräder.
Manipulation des physischen Objekts	Die Vorderräder werden den Lenkradbewegungen entsprechend nach rechts oder links eingeschlagen.
Identifikation des physischen Objekts	Erfolgt durch mechanische Verbindungen der elektromechanischen Aktuatorik mit den mechanischen Komponenten des Lenksystems der Räder.

2.6.3 Fallbeispiel III: Cloud Computing

Cloud Computing stellt das heute weltweit am umfassendsten in der betrieblichen Realität vorhandene Virtualisierungsverfahren dar. Unser Beispiel betrachtet die Weiterentwicklung mechanischer Komponenten in Kraftfahrzeugen zu mechatronischen Steuergeräten dadurch, dass diese um Sensorik, Prozessor und Speicher, Programmlogik und ggf. auch (Tele-)Kommunikationsfähigkeit ergänzt werden[90]. Dies ermöglicht neue Services zur Überwachung des Verhaltens der betreffenden Motorkomponente, kann Wartung und Reparatur erleichtern, eröffnet Herstellern und Werkstätten die Möglichkeit zur Entwicklung neuer Produkte und Dienstleistungen – und bietet

---

89 Quelle: Eigene Darstellung.
90 Vgl. Weiß (2014).

dem Automobilhersteller zusätzlich einen von Eigentümer und Besitzer nicht kontrollierbaren, nur durch die technischen Grenzen der Telematik und Sensorik begrenzten Zugang zu allen über das betreffende Kraftfahrzeug erfassbaren Informationen, den es in einer vergleichbaren Form bis dahin nicht gegeben hatte.

Dabei entstehen Virtualisierungsketten, deren Struktur, Zuverlässigkeit und Verhalten vom Eigentümer und Fahrer weder beurteilt noch überwacht werden können. Sofern auch Online-Kommunikationsmöglichkeiten bestehen, wird der Automobilhersteller fortlaufend Daten über den Betrieb des Fahrzeugs erhalten, diese Just-in-Time analysieren und sogar von außen steuernd in das Verhalten der betreffenden mechatronischen Komponente eingreifen können.

Tabelle 2.6 beschreibt die zugehörige Virtualisierungsarchitektur aus Sicht des Fahrers am Beispiel von Steer-by-Wire[91].

Ökonomische Einordnung und juristische Aspekte:

Wir betrachten beispielhaft die Verteilung der **Verfügungsrechte**[92]. Während *usus*, *usus fructus* und *abusus* im konventionellen Fall vollständig beim Fahrer liegen und damit zugleich dessen Verantwortung und Haftung für das Fahrgeschehen begründen, stellt sich dies im beschriebenen Szenario ganz anders dar: Hier kann der Kfz-Hersteller (oder ein Hacker) einerseits jederzeit autonom von außen in die Lenkung eingreifen (abusus) sowie andererseits die beim Fahren erzeugten Daten fortlaufend aus dem Fahrzeug herunterladen und daraus einen wirtschaftlichen Vorteil ziehen (usus fructus, ius abutendi), ohne dass Besitzer (Fahrer) oder Eigentümer des Fahrzeugs dies selbst tun, oder aber dies verhindern könnten.[93] Offenbar haben Fahrer und Eigentümer zumindest bisher auch keinerlei Möglichkeiten, die von ihnen erzeugten und auf Einrichtungen ihres Fahrzeugs gespeicherten Daten selbst zu nutzen (usus), und müssen, wie jüngst ein Gericht entschieden hat, diese Daten sogar gegen sich selbst verwenden lassen.

Die neue EU Verordnung (Nr. 305/2013) über die Einführung des bordeigenen eCall-Systems in Fahrzeugen geht genau in diese Richtung. So soll in Notfällen ein

---

91 Steer-by-Wire bezeichnet das Lenken eines Kraftfahrzeugs auf rein elektrischer Basis. Anstatt mechanische Komponenten zur Übertragung der Drehbewegungen des Lenkrads auf die Räder zu nutzen, werden die Lenkbefehle des Fahrers von einem Sensor (bspw. einem als Beschleunigungssensor konzipierten Lenkrad) identifiziert, von einem Steuergerät ausgewertet und elektrisch an eine elektromechanische Aktuatorik weitergeleitet, die den elektrisch erhaltenen Lenkbefehl in mechanische Aktionen der Räder überführt.

92 Auch hier wieder aus betriebswirtschaftlicher Sicht.

93 Dieses hochaktuelle Beispiel zeigt, wie aus dem bisher rein physikalisch definierten Sachgut „Auto" eine „Produktionsplattform" für digitale Güter wird. Interessanterweise erwirbt der Autokäufer zwar die Eigentumsrechte an der physikalischen Produktionsplattform und auch, allerdings sehr eingeschränkte, Lizenzrechte an der Software im Fahrzeug, aber keinerlei Rechte an den Daten, die die ihm ja tatsächlich selbst gehörenden Steuergeräten seines eigenen Autos liefern.

Mindestmaß an Fahrzeugdaten von einer zentralen Stelle abgerufen werden können. Es liegt nahe, dass diese Daten durch eine entsprechende Softwarefunktionalität (Software as a Service, Business Process as a Service) abgerufen und entweder beim jeweiligen Kfz-Hersteller bzw. einem von diesem beauftragten Dienstleister oder bei einer öffentlichen Behörde in einer „private Cloud" gespeichert werden.

Beim Übergang von der Mechanik zu Steer-by-Wire sind in juristischer Hinsicht also zunächst Eigentumsfragen betroffen: Erwirbt der Autokäufer beim Kauf des Autos inkl. aller im Fahrzeug befindlichen Komponenten und Systeme auch die von diesen Systemen erzeugten Daten, nur gewisse Rechte an diesen Daten, oder gehören die Rechte daran dem Hersteller bzw. Verkäufer des Fahrzeugs in vollem Umfang? Welche Rechte an der im gekauften Fahrzeug enthaltenen Software erwirbt der Käufer: Eigentum, oder nur eine Nutzungslizenz? Darf der Käufer, falls technisch möglich, diese Software auch austauschen (Beispiel „Chip-Tuning")? Wie stellt sich die Produkthaftung dar, wenn der Fahrzeughersteller Software-Updates einspielt,[94] oder wenn womöglich ein Dritt-Akteur die Software bspw. in einem Signalmast oder bei einem externen Dienstanbieter von intelligenten Verkehrssystemen im Straßenverkehr (IVS) unbefugt ändert und dadurch ein Schaden entsteht? Last but not least: Welche Fragen stellen sich damit auf dem Gebiet des personenbezogenen Datenschutzes und der Betriebsgeheimnisse?

2.6.4 Zusammenfassung: Softwareagenten – Autonomik – Cloud Computing

Softwareagenten vs. Autonomik: Bei der Entwicklung von *Softwareagenten* stehen der Umgang mit Wissen, ein Mindestmaß an technischer Autonomie und die Fähigkeit zur flexiblen Kooperation mit anderen Agenten im Vordergrund, während die eigentliche Problemlösungskompetenz des jeweiligen Agenten eher im Hintergrund steht. Dies führte zur Entwicklung der sog. Mund-Kopf-Körper-Architektur[95]: Das als „Mund" bezeichnete Architekturmodul umfasst alle für die Kommunikation des Agenten erforderlichen Funktionen, der „Kopf" enthält die zur Kooperation benötigten Funktionen, und der „Körper" die eigentliche Problemlösungskomponente des Agenten.

Bei der Entwicklung von Autonomik-Systemen geht es darum, nicht primär nur für den Einsatz in Fabrikhallen entwickelte Maschinen (Roboter) mit Autonomie, Sensorik und Aktuatorik, Kommunikationsfähigkeit und situativem Handlungsvermögen auszustatten. Die Realisierung dieser Forderungen legt es nahe, sich dazu der auf dem Gebiet der Softwareagenten entwickelten Modelle und Lösungen zu bedienen. Auch dabei tritt die aufgabenbezogene Funktionalität des Autonomik-Systems hinter die Ausgestaltung von Autonomie, Verhaltens- und Kooperationsintelligenz zurück. Insbesondere

---

94 Weiss (2014).
95 Vgl. Abbildung 3.16 auf S. 91.

die Fähigkeiten „autonomisierter" Systeme zur flexiblen Vernetzung und Kooperation untereinander besitzen im Kontext von Industrie 4.0 eine ganz besondere Bedeutung:

> *Es liegt nahe, die Konzepte der Softwareagenten und der Autonomik über das Modell der Mund-Kopf-Körper-Architektur zusammenzuführen. Ob die im Körper gegebene Funktionalität eher physischer Natur (Autonomik) oder eher von symbolischer Wissensverarbeitung geprägt ist, stellt für die in Teil B dieses Buchs untersuchten rechtlichen Fragen keinen relevanten Unterschied dar.*

Cloud Computing vs. Softwareagenten: Eine genauere Betrachtung des Cloud Computing führt sehr schnell zu den dort typischen Virtualisierungsketten: einerseits von BPaaS (oder gar XaaS) über SaaS, PaaS bis IaaS, und andererseits, auf der Ebene der physischen Ressourcen wie Speicher, Prozessor etc. zu den Möglichkeiten, selbst während der Ausführung eines Anwendungsprogramms den von diesem in Anspruch genommenen physischen Speicher jederzeit vollautomatisch nicht nur auf einen anderen Server, sondern in völlig beliebiger Weise auch in ein anderes Rechenzentrum an einem beliebigen anderen Ort auf dieser Welt zu verlagern. Die dabei entstehenden Virtualisierungsketten stellen ein wichtiges, fast schon konstitutives Merkmal des Cloud Computing dar.

Ähnliches ist allerdings auch bei Softwareagenten zu beobachten. Schon das bereits Mitte der siebziger Jahre des letzten Jahrhunderts vorgestellte Kontraktprotokoll zur Koordination verteilter Wissensverarbeitung sah die Möglichkeit vor, dass ein Agent eine Aufgabe, die er selbst nicht, nicht vollständig oder nicht in befriedigender Weise bearbeiten kann, an einen anderen Agenten delegieren kann – der im Allgemeinen ebenfalls über diese Möglichkeit verfügt. In diesem Fall entstehen Delegationsketten (in der Verteilten Künstlichen Intelligenz je nach Ausprägung als Verteilte Problemlöser oder Multiagentensysteme bezeichnet), die konzeptionell und strukturell weitgehend den Virtualisierungsketten des Cloud Computing entsprechen:

> *Diese Virtualisierungsketten entstehen sowohl im Cloud Computing als auch beim Einsatz von Softwareagenten. Allerdings sind deren Entstehung sowie deren Eigenschaften und Verhalten für den Nutzer jeweils vollständig transparent und können von diesem deshalb weder eingesehen noch kontrolliert oder gar verhindert werden.*

Für die weiteren Überlegungen kommt es darauf an, vor allem zwei Dinge genauer zu betrachten:
1. die Eigenschaft der Autonomie von Softwareagenten und damit verbunden die Frage, ob darauf aufbauende Systeme der Autonomik sich, bedingt durch ihre technische Autonomie, aus der in der Automatisierung immer gegebenen Kontrollierbarkeit des automatisierten Systems hinaus entwickeln können, und
2. welche Folgen sich im Fall immer dynamischer und länger werdender Virtualisierungs- resp. Kooperationsketten dann ergeben, wenn die Virtualisierungskette als solche (bspw. durch Eigenschaften der Koordinationsverfahren) unzuverläs-

sig wird, oder einzelne Kettenmitglieder bspw. nichtdeterministisches Verhalten an den Tag legen.

Um dies vorzubereiten, behandeln wir als nächstes die Eigenschaften kooperativer intelligenter Softwareagenten und der von diesen erzeugten Multiagentensysteme.

3 Softwareagenten und Multiagentensysteme

Der Begriff des Agenten hat in vielfältiger Weise Eingang in die wissenschaftliche Literatur gefunden. Im Teilgebiet Neue Institutionenökonomik der Wirtschaftswissenschaften werden Prinzipal-Agenten-Modelle zur Beschreibung und Analyse von Auftraggeber-/Auftragnehmer-Beziehungen verwendet, in der Künstlichen Intelligenz (KI) bezeichnet „Agent" ein im Sinn der KI intelligentes Softwaresystem[96], und in der *Verteilten* Künstlichen Intelligenz ein im Sinne der KI intelligentes System, *welches mit anderen Agenten zur Erfüllung seiner Aufgaben kooperieren kann*. Im Theoriegebäude der Wirtschaftsinformatik stellen Agenten maschinelle Aufgabenträger dar, denen im Rahmen der betrieblichen Arbeitsteilung und Aufgabenerfüllung Aufgaben zur weitgehend selbstständigen Erledigung übertragen werden.[97] Und in den Rechtswissenschaften bezeichnet „Agent" *einen Beauftragten, Vermittler, Kommissonsagenten*.[98]

3.1 Grundlegende Annahmen

Softwareagenten verwenden Methoden der Künstlichen Intelligenz, um die ihnen gestellten Aufgaben zu bearbeiten, ihr eigenes Verhalten zu planen und auszuführen sowie um Voraussagen über das Verhalten ihrer Umwelt zu treffen. Diese Methoden können dazu führen, dass Softwareagenten im Lauf der Zeit Funktionalität und Verhalten in nicht oder nur bedingt vorhersehbarer Weise verändern (maschinelles Lernen). Russell und Norwig (1995) bezeichnen dies als „autonomy" eines Agenten[99]:

Die mit Autonomie einhergehenden Folgen bspw. hinsichtlich der Vorhersehbarkeit und der Planbarkeit des Verhaltens von Softwareagenten sind in der Fachliteratur bisher nicht ausreichend gewürdigt wurden. Dies gilt nicht zuletzt auch für die damit verbundenen rechtlichen Fragen, insbesondere nach den Kriterien für verschuldensabhängige Haftung. Um uns diesen nähern zu können, engen wir den Begriff Softwareagenten auf maschinelle Aufgabenträger ein, die für einen Einsatz in öffentlichen Verwaltungen, Unternehmen und privaten Haushalten vorgesehen sind. Dies führt zu drei wesentlichen Annahmen:

1. **Agenten gehören einem wirtschaftlichen Akteur:** Sie sind stets Eigentum und im Besitz einer natürlichen oder juristischen Person. Sie stellen ein Investitionsgut dar, dessen Entwicklung und Einsatz betriebliche Ressourcen verzehrt

---

96 Vgl. Russell/Norwig (1995).
97 Vgl. Ferstl/Sinz (2008).
98 Siehe Palandt/Weidenkaff (2015), BGB, § 480 Rdnr. 7 (Vermittlung eines Kaufgeschäftes im eigenen Namen und auf fremde Rechnung; siehe auch Kommissionsagent); Baumbach/Hopt, HGB, 2010, § 383 Rdnr. 3.
99 Russell/Norwig (1995), S. 35. Siehe hierzu auch Teil A Kap. 4 dieses Buchs.

und deshalb Erträge liefern, „sich rechnen" muss. Bereits diese Annahme zeigt, dass Konzepte und Lösungen benötigt werden, um die dynamische Interaktionen zwischen Agenten nicht nur technisch zu ermöglichen, sondern dass diese Interaktionen auch in einem geeigneten rechtlichen Rahmen durchgeführt werden können. Zugleich zeigen zahlreiche Forschungsprogramme der jüngsten Zeit, bspw. das BMBF-Förderprogramm „Autonomik für die Industrie 4.0"[100], die hohe industrielle Relevanz dieses Ansatzes.

2. **Agenten interagieren:** Sie existieren im Allgemeinen in offenen Kommunikationsnetzwerken, können dort mit anderen Agenten in Kontakt treten und zu diesen die unterschiedlichsten Arten von Beziehungen etablieren. Dies wird als die „soziale Fähigkeit" von Agenten bezeichnet und besitzt für die Vernetzung innerhalb und zwischen Industrie 4.0-Systemen eine enorme Bedeutung.

3. **Technische Autonomie**[101]**:** Der Einsatz von KI-Methoden wie maschinelles Lernen, heuristisches Schließen oder Interaktionen mit anderen Agenten kann dazu führen, dass ihr Verhalten nicht immer bzw. nicht immer ohne weiteres vorhersehbar ist. Beispielsweise entscheiden sie selbst über die zu adressierenden Ziele sowie die Wege/Aktionen zur Erreichung dieser Ziele – oder verweigern ggf. auch das von ihnen erwartete Handeln, wenn dieses ihren eigenen Zielen widersprechen würde. Diese Eigenschaft stellt den grundlegenden Unterschied zwischen den in der Literatur als „vollautomatisiert" bezeichneten Systemen zu den in diesem Buch untersuchten „autonomisierten", d. h. mit technischer Autonomie ausgestatteten intelligenten Systemen dar.

So bezeichnet „vollautomatisiertes Fahren nach der Definition der Bundesanstalt für Straßenwesen folgenden Sachverhalt:[102]

- *Das System übernimmt Quer- und Längsführung vollständig in einem definierten Anwendungsfall.*
- *Der Fahrer muss das System dabei nicht überwachen.*
- *Vor dem Verlassen des Anwendungsfalls fordert das System den Fahrer mit ausreichender Zeitreserve zur Übernahme der Fahraufgabe auf.*
- *Erfolgt dies nicht, wird in den risikominimalen Systemzustand zurückgeführt.*
- *Systemgrenzen werden alle vom System erkannt, das System ist in allen Situationen in der Lage, in den risikominimalen Systemzustand zurückzuführen.*

Ganz anders dagegen die Beschreibung von Systemautonomie im Fall intelligenter Softwareagenten bei Russell und Norvig:[103]

---

100 http://www.autonomik.de (Abruf: 2015-02-21).
101 Vgl. Abschnitt 4.4.
102 Vgl. Bundesanstalt für Straßenwesen (2012), S. 9.
103 Russel/Norvig (1995), S. 35. Lt. der Webseite http://aima.cs.berkeley.edu/ ist dieses Buch *das* führende Lehrbuch auf dem Gebiet der Künstlichen Intelligenz und wird weltweit in der Lehre von 1.200

„If the agent's actions are based completely on built-in knowledge, such that it need pay no attention to its percepts, then we say the agent lacks **autonomy**. *[...] An agent's behavior can be based on both its own experience and the built-in knowledge used in constructing the agent for the particular environment in which it operates. A system is autonomous to the extent that its behavior is determined by its own experience. [...] Autonomy [...] is an example of sound engineering practices. An agent that operates on the basis of built-in assumptions will only operate successfully when those assumptions hold, and thus lack flexibility. [...] A truly autonomous agent should be able to operate successfully in a wide variety of environments, given sufficient time to adapt.*"[104]

Zwischen beiden Konzeptionen bestehen gravierende Unterschiede. Vollautomatisierte Systeme werden vom Fahrer nicht überwacht. Angenommen wird, dass sie Systemgrenzen zuverlässig erkennen und bei deren Überschreiten in allen Situationen in der Lage sind, das System in den risikominimalen Systemzustand zurückzuführen. Es ist durchaus fraglich, ob diese beiden Annahmen auch dann erfüllbar sind, wenn vollautomatisierte Systeme in nicht vollständig vom Entwickler bzw. Nutzer vorhersehbaren Situationen, bspw. hinsichtlich ihres Zustands und ihres Verhaltens kontrollierbaren Umgebungen eingesetzt werden.

Folgt man andererseits Russel und Norvig, dann stellt Autonomie ein Konzept dar, welches es intelligenten Agenten erlaubt, die ihnen vom Entwickler vorgegebene Wissensbasis anhand eigener Erfahrungen zu verändern und sich bei ihren Entscheidungen an den eigenen Erfahrungen – auch oder sogar ausschließlich! – zu orientieren. Auf diese Weise können die Einsatzmöglichkeiten *autonomisierter* Systeme erwiesenermaßen über die Einsatzmöglichkeiten *vollautomatisierter* Systeme hinaus ausgedehnt werden. Dies schließt grundsätzlich auch ein, dass ein Agent auf Basis eigener Erfahrungen bspw. die vom Entwickler festgelegte Länge der „ausreichenden Zeitreserve" zur Übernahme der Fahraufgabe verkürzen, oder die Definition „risikominimaler Systemzustand" verändern kann.[105]

In den folgenden Abschnitten führen wir in das Forschungsgebiet der Verteilten Künstlichen Intelligenz ein und erläutern die Zusammenarbeit kooperierender Softwareagenten anhand des Fallbeispiels „Autonomes Fahrzeug an der Mautstation" (Abschnitt 3.2). Danach arbeiten wir die grundlegenden Eigenschaften deliberativer Agenten heraus (Abschnitt 3.3) und erläutern die Grundkonzepte kooperativen Problemlösens (Abschnitt 3.5). Damit stellt Kapitel 3 die Grundlagen zur Untersuchung der Vorhersehbarkeit des Verhaltens agentenbasierter Softwaresysteme in Kapitel 4 zur Verfügung.

Universitäten verwendet. Bei Citeseer ist dieses Buch als Nr. 22 der „Most Cited Computer Science Publications" aufgeführt. Vgl. http://citeseer.ist.psu.edu/stats/citations (Abruf: 2015-02-21).

104 Hervorhebungen (fett, kursiv) wie im Original.

105 Es sei allerdings auch angemerkt, dass die Aussage (genauer: Behauptung) der beiden Autoren, Autonomie sei ein „[...] example of sound engineering practices", noch nicht abschließend beantwortet ist.

3.2 Das Forschungsgebiet der Verteilten Künstlichen Intelligenz (VKI)

3.2.1 Überblick

Die Künstliche Intelligenz befasst sich seit Anbeginn mit Aufgabenstellungen hoher Berechnungskomplexität.[106] Dazu zählen die Modellierung dynamischer Wissenswelten, die Entwicklung von Suchverfahren für Aufgaben, bei denen konventionelle Algorithmen den Dienst versagen, und der Umgang mit unsicherem, ungenauem, fehlerhaftem und fehlendem Wissen. Die daraus resultierenden Anforderungen an die Leistungsfähigkeit von Hard- und Softwaresystemen sind jedoch zunächst, wie das Scheitern der General-Problem-Solver-Vision zeigte, erheblich unterschätzt worden.[107]

Das Aufkommen leistungsfähiger Arbeitsplatzrechner Ende der 1970er-Jahre und die Möglichkeit zu deren weiträumiger Vernetzung wurden deshalb auch in der KI rasch als Chance begriffen, durch Modularisierung von Wissensbasen und Parallelisierung von Berechnungsprozessen bis dahin nicht lösbare Problemstellungen anzugehen und einen neuen Anlauf zur Entwicklung intelligenter Systeme zu unternehmen. Zugleich bot sich die Chance, eine zentrale konzeptionelle Herausforderung der damaligen KI-Forschungsansätze zu lösen: Die Intelligenz eines Individuums entsteht nach heutigem Wissen nicht nur „aus sich heraus" in einem von seiner Umwelt mehr oder minder abgeschotteten System, sondern wird wesentlich von den Interaktionen des Individuums mit seiner Umgebung (und den dort vorhandenen Systemen resp. Individuen) geprägt.[108] Innerhalb der sog. „single agent AI" konnte das bis dahin jedoch nicht adäquat abgebildet werden.

Bereits die ersten Prototypen – entwickelt von der Arbeitsgruppe um Victor Lesser mit dem sprachverstehenden System HEARSAY II[109] sowie von Smith/Davis mit dem C-Net zur Verkehrsüberwachung[110] – demonstrierten in überzeugender Weise die Eleganz ebenso wie das hohe Potenzial verteilter intelligenter Systeme. In der Folge entwickelte sich daraus als neue Teildisziplin der KI die Verteilte Künstliche Intelligenz (VKI), in deren Zentrum die Entwicklung und Bewertung unterschiedlicher

---

106 Gegenstand der Berechenbarkeitstheorie ist die algorithmische Lösbarkeit („Berechenbarkeit") mathematischer Aufgabenstellungen. Wichtige Fragestellungen umfassen insb. die Analyse der internen Struktur mathematischer Aufgabenstellungen sowie deren Klassifikation nach dem Grad ihrer Lösbarkeit bzw. Unlösbarkeit. Ein im weiteren Verlauf noch näher zu behandelndes Ergebnis der Berechenbarkeitstheorie ist die Unentscheidbarkeit des sog. „Halteproblems". Dies bedeutet, dass es kein allgemeines Verfahren gibt, mit dessen Hilfe beliebige Programme daraufhin untersucht werden können, ob sie bei einer bestimmten Eingabe jemals anhalten oder nicht. Siehe auch Abschnitt 4.4.1.
107 Vgl. Ferber (1995), S. 21 ff.
108 Ferber (1995), S. 23 ff.
109 Erman et al. (1980).
110 Vgl. Smith (1979), Smith/Davis (1981).

Möglichkeiten zur Verteilung – zunächst nur im Sinne einer Top-down-Zerlegung – von Aufgabenstellung, Wissensbasen und Problemlösungsverfahren stand. Die dabei entstandene *Makroperspektive* fokussierte vor allem auf Funktionalität, Struktur und Verhalten des Gesamtsystems. Das einzelne Teilsystem wurde dabei nur als einfaches unselbstständiges Modul angesehen.

Die Erforschung und Entwicklung verteilter problemlösender Systeme wurde bis Ende der 1980er-Jahre fast ausschließlich in den USA betrieben. Die weitere Entwicklung des Forschungsfeldes wurde deshalb dadurch etwas gebremst, dass die dort tätigen Forschergruppen bis Ende der 1980er-Jahre eine recht zurückhaltende Publikationspolitik betrieben.[111] Als ab etwa Mitte der 1980er-Jahre zunächst in Europa, dann in Japan ebenfalls damit begonnen wurde, Fragen der Kooperation intelligenter Agenten zu bearbeiten[112] wurden dort jeweils neue, vollständig eigenständige Forschungsansätze entwickelt.

Die aus diesen Arbeiten entstandene Mikroperspektive richtet ihr Interesse auf das in einen kooperativ organisierten Verbund involvierte Softwaresystem und dessen „Interesse" an Interaktionen mit anderen Systemen in seiner Umgebung. Dabei wird im Allgemeinen angenommen, dass das Einzelsystem unabhängig vom Verbund existiert und ‚bei Bedarf' bottom up mit anderen Softwaresystemen eine Zusammenarbeit eingeht. Die Entscheidung über den Eintritt in, die Beteiligung an und das Ausscheiden aus einer Kooperation liegt nicht mehr beim Gesamtsystem[113] – oder gar bei einem Systemadministrator, sondern bei dem einzelnen Softwareagenten. Diese seit 1988 als „agentenorientiert" bezeichnete Perspektive hat in der Folge erheblich an Bedeutung gewonnen und dominiert spätestens seit Mitte der 1990er-Jahre die wissenschaftliche Diskussion.

Insgesamt ergibt sich daraus die in Abbildung 3.1 dargestellte Gliederung des Forschungsgebiets. Bond und Gasser hatten die Verteilte Künstliche Intelligenz zunächst in Parallele Künstliche Intelligenz, Verteiltes Problemlösen und Multiagentensysteme untergliedert. Diese Einteilung wurde von Huhns[114] dahingehend ergänzt, dass der *kooperative Aspekt* des verteilten Lösens von Problemen sowie die Zurückführung des (Kooperativen) Verteilten Problemlösens und der Multiagentensysteme auf das Konzept des (intelligenten) Agenten weiter hervorgehoben wurde. Kooperative verteilte Problemlöser und Multiagentensysteme werden auch als „agentenbasierte" (VKI-)Systeme bezeichnet.

---

111 Diese Situation änderte sich erst mit dem Erscheinen der *Readings in Distributed Artificial Intelligence* (Bond/Gasser [1988]). Im Einführungsartikel zu diesem Buch wurde erstmals der Versuch unternommen, die grundlegenden Fragestellungen, Forschungskonzeptionen, Lösungsansätze und offenen Fragen der Verteilten Künstlichen Intelligenz im Zusammenhang darzustellen und zu bewerten.
112 Vgl. u. a. Klett (1989), Ferber (2000), Backstrom (1988), Doran (1987).
113 Dies wäre dann ein Multiagentensystem. Wenn das Gesamtsystem mitentscheiden kann, sprechen wir von einem kooperativen verteilten Problemlöser (Cooperative Distributed Problem Solver [CDPS]).
114 Vgl. Huhns (1991).

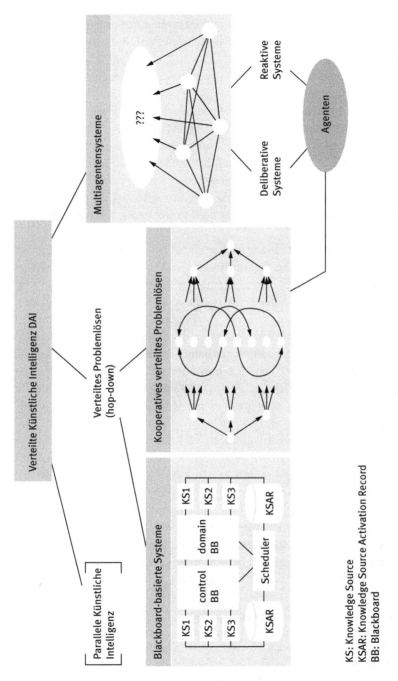

Abbildung 3.1: Teilgebiete der Verteilten Künstlichen Intelligenz.[115]

---

115 Grafik in Anlehnung an Huhns (1991).

Das Erkenntnisinteresse der **Parallelen Künstlichen Intelligenz** gilt v. a. der Verbesserung der Performanz von KI-Systemen durch Parallelisierung. Zu der für das Erkenntnisinteresse der Verteilten Künstlichen Intelligenz wichtigeren Frage der *kooperativen* Lösung von Problemen leistet sie nur geringe Beiträge. Sie stellt deshalb ein Randgebiet der Verteilten Künstlichen Intelligenz dar, das für unsere weiteren Betrachtungen keine Rolle spielt.

Verteiltes Problemlösen befasst sich mit der koordinierten Bearbeitung gegebener Aufgabenstellungen durch eine Menge lokal agierender „Problemlösungsknoten". Im einfachen Fall stellen diese in konventioneller Form spezifizierte, implementierte, getestete und in die Gesamtarchitektur eingefügte Softwarekomponenten dar. Dieser Systemtyp macht sich Methoden der Künstlichen Intelligenz zunutze (bspw. Wissensrepräsentation und heuristische Suchverfahren), um die Zerlegung einer Aufgabe in Teilaufgaben (top down) sowie die Suche nach und die Auswahl von deren Bearbeitung geeigneten Systemkomponenten zu erleichtern. Wie bei konventionell konzipierter und entstandener Software ist auch hier das Außenverhalten des Gesamtsystems vollständig definiert, die Verantwortung für Korrektheit, Zuverlässigkeit usw. liegt beim Entwickler. Abbildung 3.2 zeigt ein Beispiel:

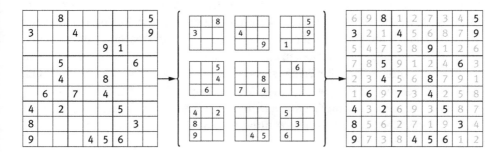

Abbildung 3.2: Verteiltes Problemlösen.[116]

Das Vorgehensmodell des Verteilten Problemlösens unterscheidet vier Phasen: In der *Analysephase* wird die Ausgangsaufgabe in mehrere voneinander unabhängig voneinander zu bearbeitende Teilaufgaben zerlegt. Diese werden in der *Allokationsphase* auf mehrere Einzelsysteme (Agenten) *verteilt*. In der *Problemlösungsphase* werden in unabhängig voneinander ablaufenden lokalen Arbeitsprozessen Ergebnisse für diese Teilaufgaben erarbeitet und an den Auftrag erteilenden Agenten zurückgegeben. Dieser fügt die erhaltenen Teilergebnisse in der *Synthesephase* zur einem Gesamtergebnis zusammen.

---

116 Quelle: Eigene Darstellung.

In Abbildung 3.2 beispielsweise wird ein 9×9-Sudoku in neun 3×3-Sudokus zerlegt, die zur lokalen Bearbeitung an mehrere „Problemlösungsknoten" übergeben werden. Die zwei Nebenbedingungen:

1. Keine Zahlendopplung in Zeilen oder Spalten
2. Alle Zahlen von 0–9 jeweils genau ein Mal in einem 3×3-Quadrat

sind lokal zunächst einfach zu erfüllen. Allerdings werden die lokalen Ergebnisse die auch global gültige 1. Nebenbedingung mangels Abstimmung zwischen den Teilaufgaben meist verletzen, woraus zusätzlicher Koordinationsaufwand erwächst.

Das Beispiel zeigt recht anschaulich, dass bei der Zerlegung der Gesamtaufgabe sichergestellt und bekannt sein muss, dass tatsächlich keine Abhängigkeiten zwischen den entstehenden Teilaufgaben bestehen. Sollten solche jedoch tatsächlich Abhängigkeiten bestehen, kann der daraus resultierende Koordinationsaufwand v. a. dann rasch sehr groß werden, wenn die globale Koordination in hierarchischen Strukturen erfolgt, die Abhängigkeiten im Koordinationsprotokoll unzureichend abgebildet sind oder die Problemlösungsknoten nicht über ausreichendes globales Wissen verfügen.

Ein naheliegender Lösungsansatz besteht dann darin, den Problemlösungsknoten Möglichkeiten einzuräumen, sich im Verlauf ihrer lokalen Problemlösungen untereinander abzustimmen, zu kooperieren. Dies setzt voraus, dass es sich bei diesen um **intelligente Softwareagenten** (kurz: Softwareagenten) handelt. Im Gegensatz zu den o. g. einfachen „Problemlösungsknoten" zeichnen sich Softwareagenten durch ein im Sinne der KI „intelligentes" Verhalten aus. Damit kann beim Einsatz von Softwareagenten der Fall eintreten, dass ihr Verhalten weder vom Softwareentwickler noch vom Eigentümer oder von ihrem Anwender in vollem Umfang vorhergesehen werden kann.

Die Zusammenarbeit intelligenter Agenten kann je nach konkreter Ausprägung entweder in Form des **kooperativen verteilten Problemlösens** oder als **Multiagenten-Problemlösen** erfolgen:[117]

> „Research in Distributed Problem Solving (DPS) considers how the work of solving a particular problem can be divided among a number of modules, or 'nodes', that cooperate at the level of dividing and sharing knowledge about the problem and about developing the solution [...] In a second area, which we call Multiagent Systems, research is concerned with coordinating intelligent behavior among a collection of (possibly pre-existing) autonomous intelligent agents how they can coordinate their knowledge, goals, skills, and plans jointly to take action or to solve problems."

Betrachten wir nun zunächst das kooperative verteilte Problemlösen. Gegeben seien zwei Sudokus, die von zwei verschiedenen Agenten bearbeitet werden sollen. Bei

---

117 Vgl. Bond/Gasser (1988), S. 3. – Zu beachten: Die Unterscheidung zwischen „Distributed Problem Solving" und „Cooperative Distributed Problem Solving" wurde erst 1991 von Huhns in die Literatur eingeführt. Der hier zitierte Begriff „Distributed Problem Solving" entspricht exakt dem von Huhns 1991 geprägten Begriff des „Cooperative Distributed Problem Solving", wie er auch in diesem Buch verwendet wird.

kooperativen Problemlösern können die Agenten bei Bedarf kooperieren. Im Gegensatz zum verteilten Problemlösen entscheidet dies nun nicht mehr der Entwickler, stattdessen liegt die Entscheidung nun bei den Agenten. Diese können sich für eine Zusammenarbeit entscheiden, ebenso aber auch dafür, ihre Aufgabe jeweils alleine zu lösen (Abbildung 3.3).

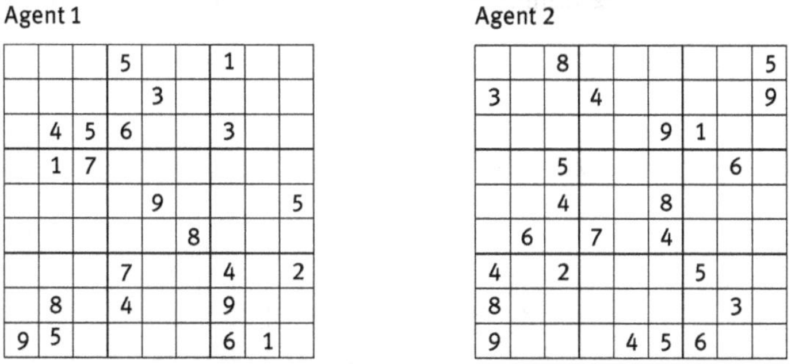

Agent 1

		5		1				
			3					
4	5	6		3				
1	7							
			9					5
				8				
		7		4	2			
8		4		9				
9	5			6	1			

Agent 2

	8							5
3		4						9
				9	1			
	5					6		
	4		8					
6		7	4					
4	2				5			
8						3		
9				4	5	6		

Abbildung 3.3: Zwei Sudokus, zwei intelligente Softwareagenten.[118]

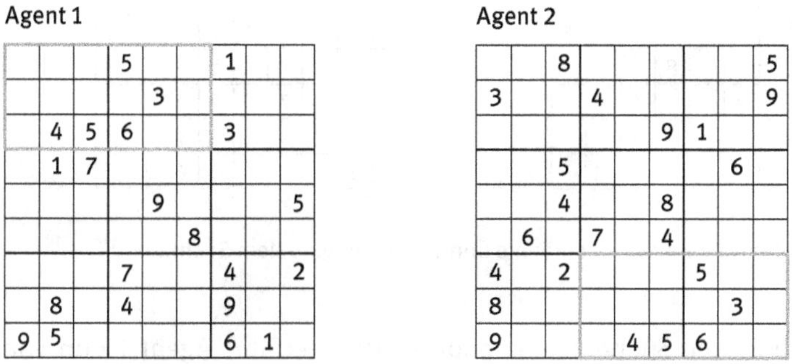

Agent 1

		5		1				
			3					
4	5	6		3				
1	7							
			9					5
				8				
		7		4	2			
8		4		9				
9	5			6	1			

Agent 2

	8							5
3		4						9
				9	1			
	5					6		
	4		8					
6		7	4					
4	2				5			
8						3		
9				4	5	6		

Abbildung 3.4: Identische Teilsuchräume.[119]

Nehmen wir an, Agent 1 unseres Beispiels würde bei Untersuchung der Aufgabenstellung zu dem Ergebnis kommt, die alleinige Bearbeitung sei zu aufwändig. Bei der Suche nach einem Kooperationspartner kommt er in Kontakt zu Agent 2, dem ebenfalls ein Sudoku zur Bearbeitung vorliegt. Nach kurzer Prüfung stellen beide Agenten ausreichende Ähnlichkeiten zwischen den ihnen übertragenen Aufgaben fest und beschließen, bei der Lösung der beiden Sudokus zusammenzuarbeiten. Die detailliertere Prüfung zeigt, dass die Sudokus einige identische Teilaufgaben enthalten (grau

118 Quelle: Eigene Darstellung.
119 Quelle: Eigene Darstellung.

umrandet in Abbildung 3.4). Daraufhin beschließen sie, die beiden Sudokus zu einem Gesamtsudoku als „globalem Suchraum" zusammenzuführen. Gleichzeitig behalten sie allerdings ihre Zuständigkeit für ihre jeweils eigenen Sudokus.

Für den gemeinsam zu bearbeitenden Suchbereich sind nun beide Agenten zuständig, und beide Agenten können aus ihrer Kooperation in diesem gemeinsamen Suchbereich andererseits unmittelbare Vorteile für die Bearbeitung der davon in horizontaler und vertikaler Richtung unmittelbar betroffenen Suchfelder gewinnen (Abbildung 3.5).

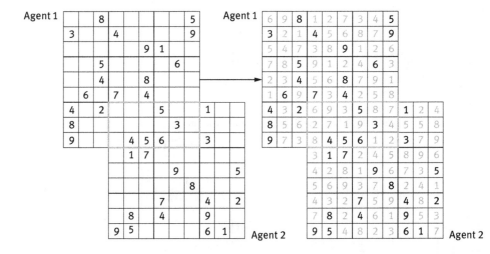

Abbildung 3.5: Zusammenführung lokaler Suchräume und Lösung in globalem Suchraum.[120]

Diese Kooperation erhöht die Sucheffizienz enorm: Bspw. erfährt Agent 1 nun von Agent 2, dass in seinem rechten unteren 3 × 3-Quadranten das freie Feld zwischen „5" und „6" nicht mit einer „4" oder einer „7" belegt werden kann, und Agent 2 erfährt umgekehrt von Agent 1, dass in der dritten Spalte des linken der beiden gemeinsamen Teilsuchräume nicht nur die „7", sondern auch die Zahlen „4", „8" und „9" nicht mehr für die Belegung der beiden noch freien Felder in Frage kommen.

Ganz anders stellt sich die Situation in einem offenen Multiagentenszenario dar (Abbildung 3.6). Dort treffen Agenten in einer gemeinsamen Umgebung zusammen und können sich aufgrund eigenen Entschlusses zu Agentenverbünden zusammenschließen. Diese oft nur temporär bestehenden „Gesamtsysteme" werden in der Literatur als **Multiagentensysteme (MAS)** bezeichnet.[121] MAS besitzen unabhängig von ihren Mitgliedern eine eigenständige Existenz und eine eigene Funktionalität, die

---

120 Quelle: Eigene Darstellung.
121 Vgl. auch Bond/Gasser (1988), Kap. 1.

sich aus den individuellen Problemlösungsfähigkeiten der Verbundmitglieder und den zwischen diesen bestehenden Kooperationsmöglichkeiten ergibt. Damit unterscheidet sich die MAS-Funktionalität grundlegend von der Gesamtheit der durch die Einzelsysteme bereitgestellten Funktionen.[122]

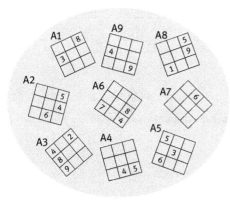

Abbildung 3.6: Multiagentensysteme.[123]

Nehmen wir nun an, die neun Agenten aus Abbildung 3.6 bilden in diesem Sinn ein Multiagentensystem und hätten sich entschieden, gemeinsam nach Möglichkeiten für eine Zusammenarbeit zu suchen, die jedem dieser Agenten – da ja alle auch eigene Ressourcen in den gemeinsamen Suchprozess investieren – einen alleine nicht erreichbaren Mehrwert verschafft. Da Sudokus sich durch strukturelle Symmetrie auszeichnen, neun (quadratische) 3 × 3-Sudokus sich sehr einfach einem ebenfalls quadratischen 9 × 9-Sudoku zusammenführen lassen und dabei sogar die oben genannten 1. und 2. Nebenbedingung mitgeführt werden kann, könnte durch die Zusammenarbeit in einem Multiagentensystem die in Abbildung 3.7 dargestellte Problemlösungssituation entstehen. Ergebnis wären in diesem Beispiel a) eine völlig neue Aufgabenstellung und b) ein Ergebnis für diese Aufgabe (sofern zumindest eine zulässige Lösung existiert).

---

122 Zu den Beziehungen zwischen den Problemlösungsfähigkeiten der einzelnen Agenten ohne bzw. bei Mitgliedschaft in einem Multiagentensystem sowie den Problemlösungsfähigkeiten eines Multiagentensystems mit bzw. ohne die Mitgliedschaft der einzelnen Agenten besteht noch erheblicher Forschungsbedarf.
123 Quelle: Eigene Darstellung.

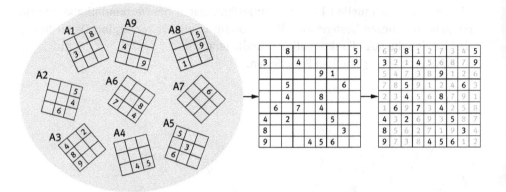

Abbildung 3.7: Emergentes Problemlösungsverhalten in Multiagentensystemen.[124]

3.2.2 Folgerungen: Kollektive Intelligenz

Kollektive Intelligenz bezeichnet die Fähigkeit eines aus mehreren Agenten bestehenden Gesamtsystems, sich flexibel auf veränderliche Anforderungen und wechselnde Umgebungssituationen einzustellen.

Bei verteilten und kooperativen verteilten Problemlösern liegt dies in den Händen und der Verantwortung des Entwicklers, die Ausprägung kollektiver Intelligenz ist vollständig unter seiner Kontrolle. In Multiagentensystemen dagegen ist die Ausbildung kollektiver Intelligenz eine Herausforderung für die Fähigkeiten zur Selbstorganisation

- aller einzelner Agenten,
- des Multiagentensystems als solchem
- und den Interaktionen zwischen Mikro- und Makroebene des Multiagentensystems.

Auf der Ebene der einzelnen Agenten entstehen bisher nicht ausreichend erforschte Autonomie-Phänomene, wenn diese über Lernfähigkeit verfügen. Erstreckt sich ihre Autonomie dann ausschließlich auf die Gestaltung des Lösungsweges? Oder kann auch der Fall eintreten, dass Agenten durch maschinelle Lernprozesse einerseits neue, bis dahin von ihnen nicht erreichbare Ergebnisse erarbeiten, und andererseits bisher zuverlässig erreichte Problemlösungsergebnisse verlernen, zukünftig also nicht mehr oder nur noch mit, ggf. erheblich, erhöhtem Aufwand erreichen können? Kann ein lernfähiger Agent auch das vom Entwickler implementierte Built-in-Knowledge überschreiben, ändern, löschen oder in einer anderen Weise außer Kraft setzen?

---

124 Quelle: Eigene Darstellung.

Hinsichtlich der Ebene des Multiagentensystems entstehen weitere Herausforderungen: Lernfähigkeit kann dort in zwei Richtungen erfolgen: top down durch das Multiagentensystem an die Agenten, bspw. durch Vorgabe verbindlicher Verhaltensregelungen, oder bottom up durch einzelne Agenten oder Agentengruppen, die bspw. bisher nicht bekannte Risiken, Best Practices u. ä. m. identifiziert haben und dieses Wissen in die MAS-globale Wissensbasis einbringen wollen.

An dieser Stelle ist auf einen wesentlichen Unterschied des diesem Buch zugrundeliegenden Multiagentensystem-Begriffs zur aktuellen wissenschaftlichen Literatur hinzuweisen. Der Einsatz von Multiagentensystemen in betrieblichen Anwendungen setzt aus einer ganzen Reihe von Gründen voraus,[125] dass MAS nicht nur aufgrund eines mehr oder minder zufälligen Zusammentreffens von Agenten im Internet ad hoc entstehen, temporär existieren und danach, womöglich ohne Spuren zu hinterlassen, „einfach" wieder zerfallen.

Wir gehen deshalb davon aus, dass auch Multiagentensysteme eine eigene Identität sowie eindeutig definierte Schnittstellen zu ihrer Umgebung besitzen und dass der Eintritt eines Agenten in ein Multiagentensystem einen formalen Prozess voraussetzt, um die Bedingungen des Ein- und Austritts des Agenten sowie dessen Mitwirkung an den internen Prozessen des Multiagentensystems vereinbaren.[126]

3.2.3 Fallbeispiel: Autonomes Fahrzeug an einer Mautstation

Das folgende Szenario handelt von autonomen Kraftfahrzeugen im öffentlichen Straßenverkehr. Konkret geht es um autonome Lastkraftwagen, die sich auf entsprechenden Vergabeplattformen als „maschinelle Auftragnehmer" um die Übernahme von Transportaufträgen bewerben und diese in vollem Umfang selbstständig durchführen.

Relevanz: Bereits seit vielen Jahren wird intensiv an der Entwicklung autonomer Kraftfahrzeuge gearbeitet. Nicht nur alle Autohersteller, sondern auch große IT-Unternehmen wie Google Inc. verfügen inzwischen über Prototypen mit Straßenverkehrszulassung für den Probebetrieb. Und nahezu unbemerkt von der öffentlichen Wahrnehmung haben sich bereits kleine Ingenieurbüros erste Kuchenstücke dieses lukrativen Markts erschlossen. So entwickelt und vertreibt bspw. die Götting KG[127] schon seit mehreren Jahren fahrerlose LKW und automatisierte Serien-Nutzfahrzeuge für den produktiven Einsatz auf nicht-öffentlichem Betriebsgelände. Und industrielle Carsharing-Anbieter kommunizieren wie selbstverständlich, dass die Carsharing-Fahrzeuge in nicht allzu ferner Zukunft per SMS zum Kunden „beordert" werden können und sich zur gegebenen Zeit selbstständig, natürlich vollgetankt, beim Kunden einfinden.

---

125 Bspw. interne/externe Revision, Compliance-Vorschriften, Dokumentationspflichten, Verrechnungsverfahren im Fall von auf MAS-Ebene anfallenden Kosten/Erträgen mit den einzelnen Agenten, vertragliche Regelungen, Haftung, usw.
126 Vgl. Kirn (1996).
127 http://www.goetting.de (Abruf: 2015-07-14). Aussagekräftige Videoclips siehe http://www.youtube.de mit dem Suchbegriff „Götting KG".

Das im Folgenden beschriebene System betrachtet einen kleinen Ausschnitt aus diesem Szenario: Informationsfindung und Entscheidung eines autonomen LKWs zwischen der Benutzung einer zwar mautpflichtigen, dafür aber trotz längerer Strecke im Allgemeinen schneller und gleichmäßiger zu befahrenden Bundesautobahn oder einer zwar mautfreien, dafür aber hinsichtlich Betriebskosten und Zeit mit sehr viel höherem Aufwand zu befahrenden Route quer durch eine Stadt. Als Beispiel betrachten wir dazu die BAB 3/BAB7 südlich bzw. östlich von Würzburg für mautpflichtige LKWs aus Richtung Frankfurt mit Zielrichtung Kassel (vgl. Abbildung 3.8).

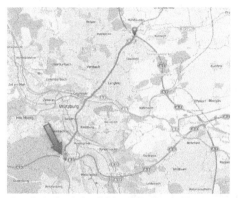 

Mautfreie Stadtdurchfahrt Würzburg   Mautpflichtige BAB 3/BAB 4

Abbildung 3.8: Mautfreie Stadtdurchfahrt vs. mautpflichtige BAB 3/BAB 7.[128]

Verkehrsteilnehmer unseres Szenarios sind autonome Lastkraftwagen (LKWs). Um ihre Funktion zu erfüllen, verfügen sie über Kommunikationsmöglichkeiten mit allen relevanten Akteuren (andere Verkehrsteilnehmer, Mautstelle, zuständige Polizeidirektion), über ein Gebührenerhebungssystem und über Informationsdienste zur Bereitstellung der von den verschiedenen Akteuren benötigten Informationen. Diese Dienste müssen vernetzt und ihre Interaktionen dynamisiert werden, während zugleich der Entscheidungs- und Handlungsautonomie der Akteure Rechnung getragen werden muss. Erreichen lässt sich dies durch Einsatz kooperativer intelligenten Softwareagenten zur Steuerung der LKWs. Bereits in diesem einfachen Szenario kooperieren mindestens fünf verschiedene Agenten (Abbildung 3.9).

– Der **ShippingCompany_Agent** vertritt den Disponenten der Spedition und erteilt den die LKWs steuernden Truck_Agents ihre Fahraufträge (Fracht, Ziel, Zeitfenster für die Ankunft, usw.). Diese halten den ShippingCompany_Agent jeweils zeitnah über Abweichungen vom Zeitplan oder der vorgesehenen Fahrtroute auf dem Laufenden.

---

128 Quelle: Eigene Darstellung mit Hilfe von OpenStreetMap.

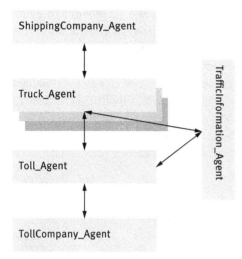

Abbildung 3.9: Architektur des Gesamtsystems.[129]

- Der **Truck_Agent** plant und realisiert seine Fahrtroute auf Basis der Vorgaben des ShippingCompany_Agent weitgehend selbstständig. Dazu greift er auf interne Daten zurück (bspw. Treibstoffreserven, Tankstellenkarte, Abnutzung von Verschleißteilen, absolvierte Betriebsstunden, Wartungsintervalle usw.) und erfragt verkehrsbezogene Informationen vom TrafficInformation_Agent.
- Der **TrafficInformation_Agent** stellt für alle Verkehrsteilnehmer auf Anfrage Informationen zur aktuellen und prognostizierten Verkehrslage zur Verfügung und greift zu diesem Zweck auf die unterschiedlichsten Informationsquellen zurück.
- Der für aus Richtung Frankfurt ankommende LKWs zuständige **Toll_Agent** befindet sich kurz vor der Abfahrt Würzburg-Heidingsfeld (blauer Pfeil in der rechten Karte). Er berechnet die Mautgebühren abhängig von den Vorgaben des Toll-Copmpany_Agent sowie der aktuellen und in nächster Zeit zu erwartenden Nachfrage von LKWs nach weiterer Befahrung der BAB 3 bis zum Biebelrieder Dreieck und von dort über die BAB 7 weiter nach Kassel. Die individuellen Planungsdaten erhält er direkt von den LKWs, die Prognoseinformationen vom TrafficInformation_Agent.
- Der **TollCompany_Agent** vertritt den Disponenten des Mautstraßen-Betreibers und erteilt dem Toll_Agent Vorgaben zur Berechnung der Mautgebühren. Die Toll_Agents halten den TollCompany_Agent jeweils über Mautgebühren-relevante Informationen wie bspw. Preise konkurrierender Verkehrswege-Anbieter) auf dem Laufenden.

---

129 Quelle: Eigene Darstellung.

Diesen fünf Agenten ist gemeinsam, dass sie ihre Aufgaben eingebettet in einen jeweils individuellen Kontext bearbeiten, der hier v. a. durch die Transportaufträge der Truck_Agents sowie die Dynamik des Verkehrsgeschehens auf den beiden Autobahnen, dem Biebelsrieder Dreieck sowie im Stadtgebiet von Würzburg definiert wird. Sie können andere Agenten in ihrer Umgebung identifizieren und sich mit diesen über die FIPA Agent Communication Language[130] verständigen. Schließlich können sie in einem gewissen Umfang auch selbsttätig Aktionen ausführen und damit den Zustand des Informationsraums verändern, wodurch sie (gegebenenfalls sogar gezielt) Einfluss auf ihre eigene ebenso wie auf die Umgebung aller anderen aktiven Agenten nehmen.

3.3 Kooperative intelligente Softwareagenten

3.3.1 Einführung

Die Verwendung des Begriffs Agent zur Bezeichnung von Softwaresystemen, die miteinander in unterschiedlicher Art und Weise interagieren, hat unseres Wissens zuerst Rosenschein in seiner 1985 erschienen Dissertation vorgeschlagen.[131] Im Gegensatz zum Begriff des ‚Knotens' in einem Verteilten Problemlöser[132] verwendete er den Begriff des Agenten für ein Softwaresystem, welches Autonomie[133] sowie die Fähigkeit zu problemlösendem Verhalten aufweist und innerhalb einer Gruppe von Agenten deshalb auf einem Rationalitätskalkül basierende Interaktionen planen und ausführen kann.

Erst Anfang der 1990er-Jahre ist innerhalb der Verteilten Künstlichen Intelligenz (VKI) eine, dann allerdings umso heftigere, Diskussion zum Begriff des Agenten entstanden. Es würde den Rahmen dieses Buchs sprengen, diese in verschiedenen Ländern inhaltlich zum Teil sehr unterschiedlich geführte Diskussion in allen ihren Facetten und Verästelungen wiederzugeben. Wir verweisen den Leser deshalb auf das Archiv des elektronischen DAI Digest (http://www.cs.cmu.edu/~softagents/DAIlist)[134] und zwar speziell auf die Ausgaben 45–48: dort hat im Sommer 1991 eine erste intensive Auseinandersetzung der damals führenden VKI-Forscher zu den Wurzeln und definitorischen Merkmalen des Agentenbegriffs stattgefunden. Diese sehr intensiv geführte Auseinandersetzung der VKI mit ihren eigenen Grundlagen hat sich in den Folgejahren in zahlreichen Beiträgen zu wissenschaftlichen Konferenzen und Zeit-

---

130 Foundation for Intelligent Physical Agents: FIPA 97 Specification Part 2: Agent Communication Language. 1997. Siehe auch: http://www.fipa.org/specs/fipa00018/OC00018.pdf (Abruf: 2015-08-28).
131 Rosenschein (1995).
132 Vgl. Smith (1979) sowie Smith/Davis (1981).
133 Zum Autonomiebegriff siehe oben, Kap. 3.1, sowie nachfolgend Kap. 4.
134 Vgl. Huhns (ed.): DAI-List Digest. Ohne Jahr.

schriften niedergeschlagen. Zusammenfassungen dieser Diskussion finden sich in der Literatur.[135] Kritisch anzumerken ist allerdings, dass die VKI selbst bisher nur wenig dafür getan hat, *operationalisierbare* Kriterien für die Abgrenzung ihres Agentenbegriffs zu entwickeln.

3.3.2 Ein einfaches Agentenmodell und ein Beispiel

Agenten existieren in einer Umgebung, aus der sie über ihre Sensorik (bspw. Tastatur, Maus, Kamera, Mikrofon, Temperaturfühler, Beschleunigungssensoren usw.) Informationen erhalten, diese intern auswerten und das Ergebnis über ihre Aktuatoren an ihre Umwelt zurückgeben.

Ein allererstes, noch sehr einfaches Agentenmodell ist in Abbildung 3.10 dargestellt:

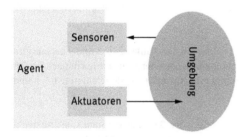

Abbildung 3.10: Einfaches Agentenmodell.[136]

Im nachfolgenden Beispiel soll der Softwareagent aus Abbildung 3.10 ein Sudoku bearbeiten. Diese Aufgabe könnte er bspw. bei manueller Eingabe der als Startwerte vorgegebenen Zahlen in eine Bildschirmmaske „sensorisch" erfassen. Seine Aufgabe besteht darin, den Lösungsraum nach einer zulässigen Lösung zu durchsuchen und diese, bspw. wiederum auf einem Bildschirm, auszugeben (Abbildung 3.11).

---

135 Vgl. beispielsweise Wooldridge/Jennings (1995), Franklin/Graesser (1996), Nwana (1996), Russel/Norvig (1995, S. 31–50) und Murch/Johnson (2000, S. 5–17).
136 Quelle: Eigene Darstellung.

Abbildung 3.11: Single Agent Problem Solving.[137]

Bereits eine erste Analyse dieser Aufgabe zeigt jedoch, dass einfache Suche im Sinne eines „trial and error" als Lösungsverfahren ungeeignet ist:

> Das Sudoku-Spiel unterscheidet belegte und freie Felder. In jedem 3×3-Kästchen müssen die noch freien Felder so belegt werden, dass anschließend alle 9 Felder mit paarweise unterschiedlichen Zahlen 1 ... 9 belegt sind.

> Im linken unteren 3×3-Kästchen bspw. sind vier Felder mit den Zahlen 2, 4, 8 und 9 belegt, fünf Felder sind noch frei. Nach den Gesetzen der Kombinatorik bestehen nun, wie leicht nachgeprüft werden kann, 5! = 120 Möglichkeiten[138], diese Felder mit den verbleibenden Zahlen 1, 3, 5, 6 und 7 zu belegen.

> Für das gesamte Spiel ergibt sich die potenzielle Größe[139] des Gesamtsuchraums G bei Ausrechnen der möglichen Reihenfolgen in den einzelnen 3×3-Kästchen von links oben nach rechts unten) durch:

$$
\begin{aligned}
G &= 7! \times 7! \times 6! \\
&\quad \times 6! \times 6! \times 8! \\
&\quad \times 5! \times 7! \times 6! \\
&= 5.040 \times 5.040 \times 720 \\
&\quad \times 720 \times 720 \times 40.320 \\
&\quad \times 120 \times 5.040 \times 720 \\
&= 1,66465164602618 \times 10^{29}
\end{aligned}
$$

---

137 Quelle: Eigene Darstellung.

138 Die Zahl der möglichen Reihenfolgen der Elemente einer n-elementigen Menge, bezeichnet als Permutation über n, berechnet sich nach der Formel: Anzahl der Permutationen = n! In unserem Beispiel definieren die freien Felder der neun 3×3-Kästchen die Stelligkeit der jeweiligen Menge. Die Zahl der Permutationen im Sudoku-Kästchen links unten beträgt dann 5! = $1 \times 2 \times 3 \times 4 \times 5$ = 120. Entsprechend gilt: 6! = 720, 7! = 5.040, und 8! = 40.320. Das Gesamtergebnis berechnet sich durch multiplikative Verknüpfung der insgesamt neun Teilergebnisse.

139 Der tatsächliche Suchraum wird begrenzt durch Anwendung der Sudoku-Spielregeln (vgl. die Erläuterungen zu 3.2) und ist deshalb je nach Startkonfiguration deutlich kleiner.

Natürlich kann dieser Suchraum von keinem Menschen mehr ausgewertet werden. Dies gilt allerdings auch für jeden beliebigen Höchstleistungsrechner spätestens dann, wenn man die Größe eines Sudoku nicht auf neun 3 × 3-Kästchen beschränkt – irgendwann scheitern auch der schnellste Suchalgorithmus und der schnellste Rechner!

Deshalb reduzieren die Sudoku-Spielregeln die rechnerische Komplexität des Spiels so weit, dass auch der Mensch Sudoku-Spiele erfolgreich lösen kann. Nicht für jede hochkomplexe Berechnungsaufgabe stehen jedoch vergleichbar effektive „Komplexitätsreduzierer" zur Verfügung. In diesen Fällen können heuristische Verfahren zur Durchsuchung von Lösungsräumen eingesetzt werden.[140]

Von besonderem Interesse ist dabei, ob bei der Zuweisung einer Aufgabe an einen Agenten vorauszusehen ist, ob diese überhaupt lösbar ist, ob der betreffende Agent diese Aufgabe lösen kann, ob für diese Aufgabe möglicherweise mehrere zulässige Lösungen existieren, und, sollte dies der Fall sein, ob der Agenten nur eine, oder mehrere, oder definitiv alle zulässigen Lösungen erarbeiten muss.

Im Folgenden werden wir nun zunächst die grundlegenden Konzepte einführen, die das Verhalten eines Agenten in softwaretechnischer Hinsicht bestimmen, bevor wir uns in Kapitel 4 mit Fragen der Autonomie und der Vorhersehbarkeit des Verhaltens von Softwareagenten befassen.

3.4 Grundlegende Konzepte des „intelligenten" Problemlösens

Softwareagenten planen, exekutieren und überwachen ihre Aktivitäten sowie die Dynamik ihrer Umwelt mithilfe von Methoden der Künstlichen Intelligenz (KI). Um das Verhalten von Softwareagenten juristisch beurteilen zu können, ist ein Grundverständnis dieser Methoden unverzichtbar.

Die moderne Softwaretechnik verfügt über zahlreiche Methoden und Werkzeuge für die Softwareentwicklung. Diese dienen einerseits dazu, den Entwicklungsprozess selbst zu unterstützen und fachlich sowie organisatorisch zu stabilisieren, und andererseits dazu, das zu entwickelnde Softwaresystem mit den erforderlichen technischen Eigenschaften auszustatten. Beim Einsatz in technischen Systemen dient Software im Allgemeinen der Automatisierung, daraus leiten sich dann unmittelbar auch die Anforderungen an die Eigenschaften der Software ab: exakte Spezifikationen und deren korrekte (1 : 1-)Umsetzung, Zuverlässigkeit und Robustheit, Skalierbarkeit und – vor allem anderen – exakt definiertes und damit präzise vorhersehbares „Außen"-Verhalten eines Systems (Output) bei gegebenem Input.

KI-Methoden sind Bestandteil dieses „Werkzeugkastens" eines Softwareentwicklers. Sie kommen bspw. dann zum Einsatz, wenn „konventionelle" algorithmenba-

---

140 Vgl. den Abschnitt über Heuristische Wissensverarbeitung in Kapitel 3.4.2.

sierte Problemlösungsverfahren aufgrund der Komplexität der Zusammenhänge scheitern oder wenn KI-Methoden es ermöglichen, die Komplexität von Berechnungsmodellen, Softwarearchitekturen und Source Code zu reduzieren. Bekannte Beispiele betreffen Systeme, die für einen Einsatz in unbekanntem Gelände oder für unvorhersehbare Situationen vorgesehen sind, wie bspw. das Durchfahren einer Wüste durch autonome Fahrzeuge, mobile Roboter als Helfer für den Einsatz bei Naturkatastrophen oder Softwaresysteme zur Durchsuchung und Analyse extrem großer Wissensräume.

3.4.1 Wissensrepräsentation

„Wissen" kann in intelligenten Systemen in unterschiedlicher Weise repräsentiert werden. Die bekannteste Form der Wissensrepräsentation sind Regeln (Grundform: „wenn A dann B" bzw. in Kurzform: $A \rightarrow B$). Die Menge der Regeln stellt die Wissensbasis des Agenten dar. Nimmt dieser über seine Sensorik nun bspw. die Information „entgegenkommendes Auto auf eigener Fahrspur" auf, sucht er in seiner Regelbasis nach den Regeln, die auf diese Information anwendbar sind.

Nehmen wir an, die Regelbasis enthalte drei auf eine konkrete Aufgabenstellung anwendbare Regeln (sog. Konfliktmenge):

– Regel R1: „Gegenverkehr auf meiner Fahrbahn → sofortige Vollbremsung",
– Regel R2: „Gegenverkehr UND Gegenfahrbahn frei → auf Gegenfahrbahn ausweichen"
– Regel R3: „Gegenverkehr UND Freifläche rechts der Fahrbahn → Fahrbahn nach rechts verlassen".

Im Fall R2 muss die Regelvoraussetzung „Gegenfahrbahn frei" per Sensorik verifiziert werden, bevor das Ausweichmanöver ausgelöst werden kann. Bei R3 muss zunächst der Term „Freifläche" durch geeignete Kriterien spezifizieren (bspw. weder Leitplanke, Fußgänger noch Graben zwischen Straße und Wiese) und deren Vorhandensein resp. Nutzbarkeit mithilfe der Fahrzeugsensorik verifizieren (bspw. Wiese auf gleicher Höhe wie Straße), bevor die Aktion „Fahrbahn nach rechts verlassen" ausgeführt wird.

Im Beispiel müsste sich der Agent also für eine der drei Regeln in der „Konfliktmenge" entscheiden. Welche der drei Regeln in der konkreten Situation am ehesten einen Unfall verhindern würde, können weder der Entwickler noch der Nutzer vorhersehen. Deshalb werden heuristische Verfahren zur Auswahl von Regeln in der Konfliktmenge verwendet. Typische Beispiele sind: „wähle die erste (letzte) Regel in der Liste", „wähle die Regel mit der bisher besten Statistik" oder „wähle eine Regel per Zufallsentscheidung".

Ganz offensichtlich ist das Verhalten des von einem Agenten gesteuerten Fahrzeugs also spätestens dann nicht mehr vorhersehbar, wenn der Fall auftreten kann, dass die Konfliktmenge mindestens zwei zur Ausführung geeignete Regeln umfasst. Genau dies zeichnet Wissensbasen intelligenter Systeme jedoch regelmäßig aus.

3.4.2 Heuristische Wissensverarbeitung

KI-Methoden werden v. a. dann eingesetzt, wenn
- die von einem Softwaresystem zu bearbeitende Aufgabe so *komplex* ist, dass der Entwickler das Gesamtproblem nicht ausreichend durchdringen kann, um die Berechnung der Lösung in allen erforderlichen Details zu konkretisieren,
- das für die Problemlösung benötigte Wissen zu umfangreich ist, um es im Zuge der Systementwicklung in vollem Umfang explizit in den Source Code aufnehmen zu können,
- das zu entwickelnde Softwaresystem in der Lage sein muss, auch mit empirisch relevanten „Wissensdefekten" wie unsicherem, unscharfem oder inkonsistentem Wissen umzugehen,
- das von der zu entwickelnden Software für die Problemlösung benötigte Wissen zum Zeitpunkt der Systementwicklung *fehlerhaft oder nicht vollständig* vorliegt und deshalb erst zur Laufzeit „zusammengetragen" und ausgewertet werden kann, oder
- Systeme benötigt werden, die sich aufgrund ihrer Lernfähigkeit an sich im Lauf der Zeit verändernde Einsatzbedingungen und Anforderungen anpassen können sollen.

In solchen Fällen spricht die Fachliteratur von „problemlösenden" Systemen und drückt damit aus, dass diese Systeme die Erarbeitung von Lösungen durch die Ausführung von Suchprozessen vornimmt, anstatt dazu, wie in konventionell entwickelten Softwaresystemen, Algorithmen auszuführen. Für diese und ähnlich gelagerte Herausforderungen hat die Künstliche Intelligenz (KI) eine Vielzahl von Methoden zur Wissensrepräsentation und -verarbeitung entwickelt. Allerdings unterscheiden sich diese Methoden hinsichtlich ihrer Verwendbarkeit für Automatisierungsaufgaben in wesentlichen Aspekten von den in der Automatisierungstechnik bisher verwendeten Modellen und Algorithmen.

Typisch ist bspw. der Einsatz von Heuristiken, um den Aufwand für eine Lösungssuche zu begrenzen. Dies kann dazu führen, dass bestimmte Lösungen, bspw. ein Optimum, vom Softwaresystem nicht gefunden werden können. So liefert die „Nearest Neighbour-Heuristik" im Beispiel von Abbildung 3.12 nur eine suboptimale Lösung für das dort beschriebene Problem des Handlungsreisenden (vgl. Abbildung 3.13), der ausgehend von Ort A alle weiteren Orte B–E anfahren und danach wieder nach A zurückkehren soll.

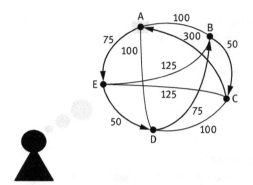

Abbildung 3.12: Nearest-Neighbour-Heuristik für das Problem des Handlungsreisenden.[141]

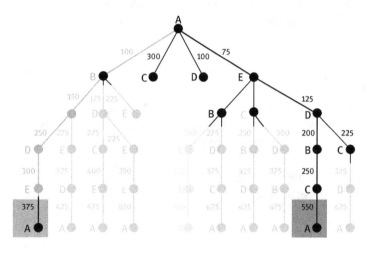

Abbildung 3.13: Suboptimalität der Nearest-Neighbor-Heuristik.[142]

Das Beispiel weist auf wesentliche Eigenschaften heuristischer Suchverfahren hin:

- Grundsätzlich erfolgt die Lösungssuche in Suchräumen. Suchräume bestehen aus Knoten und Kanten („Knotenverbindungen").
- Suchräume sind a priori nicht vollständig bekannt. Im Allgemeinen kennt der Agent nur die bereits besuchten Knoten und deren direkte Folgeknoten. In umfangreicheren Suchräumen muss er die ihm bekannten Knoten zur Laufzeit so weit „expandieren", bis er eine Lösung findet oder den Suchprozess als unergiebig abbrechen muss.

---

141 Quelle: Eigene Darstellung.
142 Quelle: Eigene Darstellung.

- Die Suche kann grundsätzlich nur entweder einen oder mehrere Knoten des Graphen oder aber einen bzw. mehrere Teilpfade des Graphen ermitteln, die den vom Benutzer vorgegebenen Suchkriterien genügen.
- Suchräume sind häufig nicht statisch, sondern können sich im Zeitablauf, oft auch sehr rasch, verändern. Dann sind Schlussfolgerungen, die zum Zeitpunkt t_1 abgeleitet werden, zu einem späteren Zeitpunkt t_2 möglicherweise nicht mehr gültig.[143]

3.4.3 Closed World Assumption und Open World Assumption

Beim Einsatz von KI-Methoden legt der Entwickler fest, für welche „domain of discourse", das Wissen des Systems angewendet werden kann und wie der Agent mit „außerhalb" seines Wissensmodells angesiedelten Sachverhalten umgehen soll. Zwei einfache Verfahren hierzu sind die *Closed World Assumption* und die *Open World Assumption*.

Closed World Assumption (CWA)

Bei Anwendung der CWA wird das KI-System jede Aussage über einen außerhalb des Wissensmodells liegenden Sachverhalt mit dem Wahrheitswert FALSE belegen und damit als nicht zutreffend bewerten.

Beispiel: Wenn eine Autohupe ausschließlich als Warnung vor einer Gefahr eingesetzt werden darf, dann ist der Umkehrschluss korrekt, dass ein wahrgenommenes Hupsignal auf eine bestehende Gefahr hinweist.
Die Nutzung dieses Wissens durch einen auf Basis der CWA realisierten Autoagenten zur Beantwortung der Frage *„Darf ich dem Hochzeitspaar mit einem Hupsignal viel Glück wünschen?"* wird damit zu dem korrekten Ergebnis *„nein"* führen.
Tatsächlich wird die Hupe in der Realität jedoch immer wieder als Glückwunsch an ein Brautpaar eingesetzt. Unser Autoagent würde einen solchen „Gratulationshupton" wegen der CWA jedoch als Gefahrensignal einstufen und seine Prädikat „gefährliche Situation" auf TRUE setzen – mit der Folge, sich dadurch ggf. selbst verkehrsgefährdend zu verhalten.

Wie dieses Beispiel zeigt, kann die Verwendung der CWA zu Fehlschlüssen und in der Folge möglicherweise zu einem Fehlverhalten des Agenten führen.

---

143 Diese Eigenschaft von Schlussfolgerungsverfahren wird als „Nichtmonotonie" bezeichnet.

Open World Assumption (OWA)

Die OWA versucht, dieses Problem zu vermeiden und belegt deshalb alle Aussagen mit dem Wahrheitswert TRUE, für die sie aus ihrer eigenen Wissensbasis nicht selbst eine Bestätigung ableiten kann.

Beispiel: Angenommen, wenn ein Name im Adressverzeichnis einer Gemeinde verzeichnet ist, kann über die betreffende Person auch eine Auskunft erteilt werden (*„wenn Person im Adressverzeichnis enthalten, dann Auskunft möglich"*). Sollte ein angefragter Name jedoch nicht im Adressverzeichnis stehen, würde die CWA wegen des Umkehrschlusses *„wenn Person **nicht** im Adressverzeichnis enthalten, dann **keine** Auskunft möglich"* zu einem Abbruch der Suche und damit zu einem möglicherweise unzutreffenden Ergebnis führen, da es Personen gibt, die sich nicht in das Adressverzeichnis einer Gemeinde eintragen lassen. Hier ist die Annahme der Weltabgeschlossenheit also nicht sinnvoll. Die OWA würde es hier dagegen erlauben, den Suchvorgang auf anderen Suchpfaden so lange fortzusetzen, bis entweder eine Auskunft zu der betreffenden Person möglich wird oder keine weiteren Suchmöglichkeiten mehr bestehen.

3.4.4 Maschinelles Lernen

Von intelligenten Systemen wird erwartet, dass sie grundsätzlich lernfähig sind, also ihr Wissen im Lauf der Zeit weiterentwickeln und bspw. an im Lauf der Zeit wahrgenommene Beobachtungen anpassen können. Damit werden einem intelligenten System eigenständige Veränderungen seiner Wissensbasis ebenso wie gegebenenfalls auch der ihm vom Entwickler ursprünglich vorgegebenen Entscheidungskriterien ermöglicht. Dies ist eine wichtige Voraussetzung für adaptives Verhalten und deshalb für viele KI-Anwendungen von Bedeutung. Allerdings besteht die Gefahr, dass im Lauf der Zeit damit zugleich die Möglichkeiten von Systementwicklern und Anwendern eingeschränkt werden, das Verhalten des Systems vorauszusehen und ggf. zu kontrollieren.

Dies lässt sich an einem einfachen Beispiel illustrieren. Gegeben sei ein Agent mit einer Regelbasis
- R1: $A \rightarrow B$
- R2: $B \rightarrow C$
- R3: $C \rightarrow D$

Bei Eingabe von „A", wird er über $A \rightarrow$ B, $B \rightarrow C$, $C \rightarrow D$ das Ergebnis „D" ermitteln. Entfernt der Agent durch einen Lernprozess jedoch R2: $B \rightarrow C$ aus der Wissensbasis, ist das Ergebnis „D" für ihn zukünftig nur noch bei expliziter Eingabe von C erreichbar.[144]

---

144 Bei danach erfolgenden Überprüfungen von Schlussfolgerungsprozessen wäre nicht einmal mehr nachzuweisen, dass „D" zu einem früheren Zustand tatsächlich durch die damals noch bestehende Regelverkettung $A \rightarrow B \rightarrow C \rightarrow D$ erreichbar gewesen war.

Würde er seiner Wissensbasis danach als neue Regel R4: $B \rightarrow A$ hinzufügen, wäre das Ergebnis bei Eingabe „A" eine unendliche Schlussfolgerung $A \rightarrow B \rightarrow A \rightarrow B$ usw.

Bereits diese einfachen Beispiele zeigen, dass die Lernfähigkeit intelligenter Systeme in nicht immer vorhersehbarer Weise zu Verhaltensänderungen von Agenten führen kann.

3.4.5 Weitere grundlegende Agenteneigenschaften

Softwareagenten weisen je nach Anwendungsgebiet, Entwicklungsperspektive und Design unterschiedliche Eigenschaften auf. Entsprechend zahlreich sind die Beiträge dazu in der Literatur.[145] Aus der Sicht des vorliegenden Buches sind insbesondere folgende Agenteneigenschaften von Bedeutung:

– **Rationalität:** Wurde 1985 erstmalig von Rosenschein[146] als wesentliche Eigenschaft intelligenter Agenten herausgearbeitet. Eine anschauliche Umschreibung rationalen Agentenverhaltens gibt Burkhard:[147] „Vernünftige Entscheidungen sollen mit ‚vernünftigem‘ Aufwand getroffen werden. Ziele sollen nur verfolgt werden, solange sie erreichbar sind."[148] Diese Charakterisierung entspricht der klassischen KI-Perspektive: Entscheidungen werden im Verlauf von Problemlösungsverfahren getroffen und dienen der weiteren Organisation von Suchprozessen. Aufwand und erwarteter Ertrag sollen dabei in angemessenem Verhältnis zueinander stehen – auch Wissen, Ressourcen und Erkenntnisfähigkeiten von Softwareagenten sind beschränkt. Ziele geben Anhaltspunkte für die Richtung der weiteren Suche. Da Suchräume nach Struktur und Ausdehnung im Allgemeinen nicht vollständig bekannt sind, werden Kriterien bzw. Verfahren benötigt, mit denen ein Suchverfahren abgebrochen werden kann, wenn die damit verbundene Erfolgserwartung zu stark abnimmt. Und letztendlich ist gerade bei Entwicklung und Einsatz von KI-Systemen oft der Fall gegeben, dass das benötigte Wissen nicht rechtzeitig, in der an sich benötigten Qualität etc. zur Verfügung steht und die Systeme trotz des dadurch bedingten Einsatzes von Heuristiken ein hinreichend zuverlässiges, robustes und sicheres Verhalten aufweisen müssen.

---

145 Beispielhaft verwiesen sei hier auf Ferber (1995), Wooldridge/Jennings (1995), Nwana (1996), Murch/Johnson (2000).
146 Rosenschein (1985).
147 Burkhard (1993).
148 Grundsätzlich kann auch ein noch so intelligentes Softwareystem aufgrund der Nichtentscheidbarkeit des Halteproblems nicht im Vorhinein wissen, ob ein Ziel überhaupt erreichbar ist. Im Lauf der Zeit kann ein System für einzelne Ziele jedoch durchaus Erfahrungswerte hinsichtlich der Wahrscheinlichkeit der Zielerreichung bspw. unter der Restriktion eines „sinnvoll" begrenzten Ressourceneinsatzes sammeln (Heuristik!) und auf diese Weise Suchpfade mit hoher Fehlschlag-Wahrscheinlichkeit vermeiden.

- **Intentionalität:** Eigenschaft von deliberativen Agenten, die vor allem dann hervorgehoben wird, wenn Agenten komplexe Zielsysteme besitzen. Dabei können operative, taktische und strategische Ziele sowie unterschiedlich konkret angestrebte Ziele (Wunsch, Wille, „Muss") differenziert werden.
- **Entscheidungsfähigkeit:** Setzt **Kompetenz** im organisationswissenschaftlichen Sinn voraus, also die formelle Zuständigkeit und die technischen Fähigkeiten, aufgrund eigenen „Entschlusses" **ohne menschliche Einwirkung** eine Entscheidung zu treffen.
- Sodann **Sensorik** (Fähigkeit) zur Erkennung und Bewertung eines gegebenen Entscheidungsbedarfs und **Ziele,** die mit den zu treffenden Entscheidungen adressiert werden sollen. Entscheidungsbedarfs-„Sensorik" und Ziele manifestieren den **„Willen"** eines Agenten. Liegt zusätzlich Kompetenz[149] vor, kann und wird der Agent im Bedarfsfall eigenständig Entscheidungen treffen. Im Bedarfsfall heißt: Die Bewertung von über die Sensorik aufgenommenen Informationen anhand seiner Ziele führt für den Agenten zu dem Ergebnis, eine Entscheidung zur Verbesserung seiner Zielerreichung treffen und diese Entscheidung anschließend in Handlung(en) umsetzen zu müssen.
- **Handlungsfähigkeit:** bezeichnet die Fähigkeit eines Agenten, eine getroffene Entscheidung in einen **Handlungsplan** (= Abfolge konkreter Aktionen) umzusetzen, diesen mittels seiner **Aktuatorik** real auszuführen und damit den Zustand seiner Umwelt gezielt zu verändern. Aus organisatorischer Sicht setzt dies analog zur Entscheidungskompetenz notwendiger Weise **Handlungskompetenz** voraus, also das Recht (und in betriebswirtschaftlicher Sicht auch die Pflicht!), bei Vorliegen der notwendigen technischen Fähigkeit des betreffenden Agenten, die von ihm geplanten Aktionen auch tatsächlich auszuführen.[150]

---

149 Kompetenz hier im organisationswissenschaftlichen Sinn verstanden als *Zuständigkeit.*
150 Die vorstehend verwendeten Begriffe Kompetenz, Rationalität, Autonomie, Wille und Entscheidung sowie, weiter unten, auch Nutzen, Agentengesellschaft, soziale Kompetenz usw. beschreiben in diesem Buch, soweit nicht anders gekennzeichnet, systemspezifische Eigenschaften technischer Systeme. Ihr Bedeutungsinhalt kann dabei in Anlehnung an organisationswissenschaftliche Definitionen gefasst sein (bspw. „begrenzte Rationalität"), sich im Einzelfall aber auch grundlegend davon unterscheiden. So bezeichnet bspw. der „Kompetenz"-Begriff der VKI nicht die organisatorische Zuständigkeit, sondern die Fähigkeit von Agenten, eine Aufgabe erfolgreich zu bearbeiten. Die inhaltliche Aussage dieser Begriffe bezieht sich dann also nicht auf soziale Individuen und Gesellschaften, sondern als seit Jahrzehnten erfolgreich etablierter Bestandteil der Informatik- und Robotikfachsprache auf technische Systeme.

3.5 Kooperatives Problemlösen: Heuristische Suche in verteilten Suchräumen

3.5.1 Grundmodell

Problemlösen hatten wir in Abschnitt 3.3.2 als (heuristische) Suche in Graphen eingeführt. Damit kann kooperatives Problemlösen in einfacher Form als kooperative Suche in verteilten Suchräumen definiert werden (Abbildung 3.14). Die verteilten Suchräume können top-down durch Zerlegung eines gegebenen Suchraums entstanden sein, oder aber die „privaten" Suchräume der einzelnen Agenten repräsentieren, die sich aufgrund individueller Entscheidungen zu einem Multiagentensystem zusammengefunden haben. Im ersten Fall beschreibt das Modell einen verteilten oder verteilt-kooperativen Problemlöser, im zweiten Fall ein Multiagentensystem.

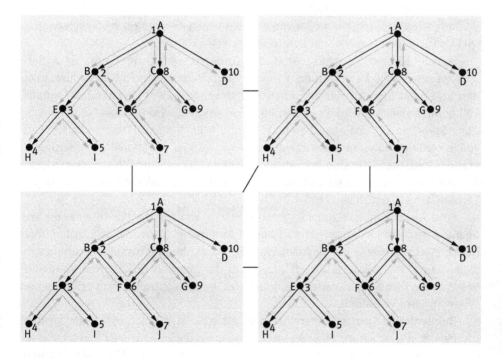

Abbildung 3.14: Kooperative Suche mehrerer Agenten.[151]

---

151 Quelle: Eigene Darstellung.

3.5.2 Soziale Fähigkeiten und Kooperationsstrategien von Softwareagenten

Ihre „sozialen Fähigkeiten" ermöglichen es Softwareagenten, jederzeit aktiv Beziehungen zu anderen deliberativen Agenten aufzubauen und mit diesen in Verbindung zu treten. Dazu müssen Softwareagenten andere Agenten in ihrer Umgebung identifizieren und „ansprechen" bzw. auf solche Ansprachen, bspw. eine Bitte um Auskunft zu einem bestimmten Sachverhalt, mit einer Antwort reagieren können. Das schließt ein, sich mit diesen gegebenenfalls auch über gemeinsame Ziele und deren kooperative Verfolgung sowie über bestehende Konflikte und Wege zu deren Auflösung zu verständigen.

Jeder Agent verfügt dazu über einen individuellen „Bekanntenkreis"[152]. Dieser Bekanntenkreis kann jederzeit erweitert, ebenso aber auch wieder eingeschränkt werden, bspw. durch Rückzug eines seiner Mitglieder aus dieser Beziehung, aber auch durch einfache technische Anlässe wie bspw. durch Störung/Verlust von Kommunikationskanälen. Daraus entstehen dynamische Abhängigkeiten für das individuelle Verhalten von Agenten, die weder von dem einzelnen Agenten noch von seinem Entwickler vorhergesehen oder gar kontrolliert werden können.

Soziale Fähigkeiten sind damit die Grundvoraussetzung dafür, dass Softwareagenten kooperieren können. Kooperation zwischen Agenten setzt Kommunikation und damit (in einem technischen Sinn) wechselseitiges „Verständnis" voraus. Soll bspw. auf eine Nachricht sinnvoll reagiert werden, wird nicht nur eine gemeinsame Sprache, z. B. die oben bereits eingeführte FIPA Agent Communication Language benötigt, sondern jeder Agent muss ebenso über ein Modell der Intentionen und des Verhaltens der ihm bekannten Agenten verfügen, um die von diesen empfangenen Informationen korrekt interpretieren und seinerseits in sinnvolles eigenes Verhalten umsetzen zu können.

Sind diese Voraussetzungen gegeben, dann können für die Interaktion von Agenten semantisch höherwertige Interaktionsformen (bspw. Dialogmuster unter Rückgriff auf Konzepte der linguistischen Sprechakttheorie) und Kooperationsstrategien entwickelt werden. Die wichtigsten in der Literatur diskutierten Kooperationsstrategien sind benevolentes, kompetitives, antagonistisches, strategisches und synergetisches Verhalten:

- **Benevolente Agenten** unterstützen in „selbstloser Weise" anfragende Agenten bei deren Bearbeitung einer Aufgabe und führen die ihnen von Dritten angetragenen Aufträge ggf. auch unter Zurückstellung eigener Sach- und Formalziele durch.
- **Kompetitive Agenten** stehen im Wettbewerb. Sie bewerben sich in Konkurrenz zueinander um knappe Ressourcen, um die Einwerbung von Aufträgen oder um Zuarbeit anderer Agenten zu ihren eigenen Aufgaben und Zielen.

---

152 In der VKI-Literatur als „acquaintances" bezeichnet.

- **Antagonistisches Verhalten** liegt vor, wenn Agenten sich konfliktorientiert verhalten und das Agieren anderer Agenten stören oder konterkarieren, um auf diese Weise zu verhindern, dass diese ihre Ziele erreichen.
- **Strategisches Verhalten** liegt vor, wenn Agenten ihre eigenen Absichten gezielt verschleiern, bspw. durch unwahre Auskünfte (auch: „lying agents").
- **Synergetische Kooperationsstrategien** stellen darauf ab, das eigene Verhalten mit anderen Agenten so zu koordinieren, dass zwar jeder Agent seine eigenen Ziele adressiert und dazu seine eigenen Pläne ausführt, der eigene Aufwand durch abgestimmtes Verhalten, bspw. koordinierte Abfolge individueller Aktivitäten jedoch reduziert (Minimum-Prinzip) oder bei gegebenem Aufwand der Grad der Zielerreichung erhöht wird (Maximum-Prinzip).

Über welche Kooperationsstrategien ein Agent verfügt, kann einerseits der Entwickler per Design und Implementierung konkret festlegen. Grundsätzlich möglich ist aber auch, dass Agenten aufgrund automatisierter Lernprozesse zusätzlich zu den vom Entwickler vorgegebenen auch eigene Kooperationsstrategien entwickeln sowie abhängig von ihrer Einschätzung der gegebenen Situation selbst entscheiden, welche der ihnen zur Verfügung stehenden Kooperationsstrategien sie im Einzelfall anwenden werden. Ein Beispiel sind „autonomisierte" Suchmaschinen, die Wortkombinationen aus der Häufigkeit der Anfragen von Nutzern bilden. Selbstverständlich ist es auch möglich, dass Kooperationsstrategien im Lauf von Kooperationsprozessen fallspezifisch angepasst oder komplett gewechselt werden – auch dies ggf. aufgrund (weitgehend) eigenständiger Entscheidung des betreffenden Softwareagenten.

3.5.3 Lokale Fähigkeiten, Kooperationsstrukturen und globale Systemeigenschaften

Im Gegensatz zu konventioneller Software, bei der ein System für eine a priori gegebene Aufgabenstellung top down entwickelt wird, existieren im Fall von Multiagentensystemen zuerst die Softwareagenten, die sich in einer gemeinsamen Umgebung (bspw. autonome Kraftfahrzeuge, die sich im Straßenverkehr begegnen) „bottom up" zusammenfinden, Kontakt zueinander aufnehmen[153] und auf diese Weise ein Multiagentensystem mit eigenen charakteristischen Eigenschaften ausbilden. Zur Laufzeit kann sich damit nicht nur das Verhalten des einzelnen Softwareagenten, sondern auch das Verhalten des gesamten Multiagentensystems in prinzipiell unvorhersehba-

---

153 In der VKI-Literatur werden diese Kontakte im übertragenen Sinn als „social relationships" bezeichnet. Die Menge der Softwareagenten, zu denen ein Agent A eigene soziale Beziehungen unterhält, wird auch als dessen Bekanntenkreis (engl.: acquaintances) bezeichnet. Darüber hinaus besteht natürlich auch die Möglichkeit, dass Agenten dadurch indirekt miteinander kommunizieren, über die sozialen Beziehungen anderer Agenten.

rer Weise verändern. So schreibt Ed Durfee zur Definition von Multiagentensystemen bereits im August 1991:[154]

> „[...] in MAS, the agents are not assumed to be facing problems beyond their individual capabilities, but because they share an environment, they still must deal with issues of coordinating to resolve conflicts between actions or to take advantage of the actions of others in achieving their goals. [...] Pushed toward the MAS extreme, we have the view of agents who could achieve their goals without any help, but need to coordinate to avoid interfering with each other. Or even more strongly in this direction, agents purposely lying to each other to maximize selfish utility at the expense of others by getting others to do more than they share."

Multiagentensysteme stellen also mehr oder minder lose gekoppelte Softwareartefakte dar, deren Außenverhalten ex ante nicht vorhersehbar und aus komplexitätstheoretischen Gründen im Allgemeinen auch nicht vollständig kontrollierbar ist. So hat bspw. der Eintritt eines Agenten in ein Multiagentensystem ebenso wie dessen Austritt regelmäßig nicht prognostizierbare Konsequenzen für das Verhalten des Gesamtsystems[155] (vgl. Abbildung 3.15).

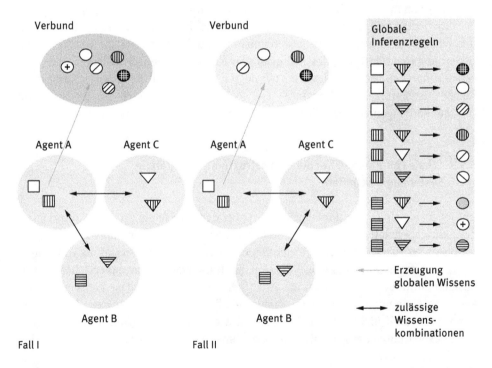

Abbildung 3.15: Lokale Fähigkeiten, Kooperationsstrukturen und globales Verhalten.[156]

---

154 Vgl. Durfee (1991).
155 Burkhard (1993).
156 Kirn (1996), S. 55.

Multiagentensysteme stellen damit eine neue Art von Softwaresystemen mit ganz spezifischen Eigenschaften dar. So ergibt sich regelmäßig erst nach ihrer Entstehung, ob überhaupt und ggf. wo, wann und unter welchen Umständen eine Aufgabenstellung existiert, die dieses System bearbeiten könnte – und ob das Multiagentensystem eine solche Aufgabe dann tatsächlich übernimmt. Und wenn Multiagentensysteme nach einiger Zeit wieder „zerfallen"[157], geht nicht nur ihre Funktionalität verloren, sondern im Allgemeinen auch die Nachvollziehbarkeit ihres bis dahin gegebenen Verhaltens (bspw. Log-Dateien). Multiagentensysteme sind deshalb bis heute nicht revisionsfähig. Dies kann die Beweislast für ihr Verhalten in zivil- oder strafrechtlichen Rechtsangelegenheiten erheblich erschweren, ggf. sogar vollständig verhindern und stellt bisher noch eine wichtige Hürde für den betrieblichen Einsatz von Multiagentensystemen in betrieblichen Anwendungen dar.

Multiagentensysteme besitzen also keine vom Entwickler oder Anwender a priori spezifizierte Funktionalität und auch keine eindeutig vorherzusehende Individualität hinsichtlich ihrer konkreten Zusammensetzung und ihres Verhaltens.[158] Ihr Verhalten wird nur indirekt von den Entwurfsentscheidungen der Entwickler bestimmt. Statt dessen sind für die Funktionalität von Multiagentensystemen neben den Eigenschaften der direkt involvierten Einzelagenten v. a. die technische „Geburtsumgebung", die Interaktionen der „Gründungsagenten" im Verlauf des „Gründungsprozesses" sowie die Ausführungsumgebung zur Laufzeit des Multiagentensystems von Bedeutung. Darüber hinaus können Multiagentensysteme Lernfähigkeit (im Sinne der Künstlichen Intelligenz) aufweisen,[159] durch fortlaufende Wahrnehmung ihrer internen Prozesse ebenso wie ihrer Umgebung und deren Veränderung neues Wissen generieren und über eine eigene Wissensbasis verfügen. Lernprozesse können dabei sowohl „bottom up" erfolgen, also ausgehend vom einzelnen „Mitgliedsagenten", aber auch „top down", ausgehend von einer Multiagenten-Organisationsstruktur, die Einfluss auf Wissen und Verhalten der „Mitgliedsagenten" nimmt.[160]

3.5.4 „Mikro-Makro-Link"

Treten Softwareagenten in ein Multiagentensystem ein, sind sie einem der konventionellen Softwaretechnik unbekannten Phänomen ausgesetzt: der dynamischen Ausbildung eines komplexen, in der Literatur als Mikro-Makro-Link[161] bezeichneten Bezie-

---

157 Bezeichnenderweise werden in der Literatur keine Verfahren diskutiert, mit denen ein Multiagentensystem „von außen" aufgelöst oder seine Ausführung „abgebrochen" werden kann.
158 Vgl. Burkhard (1993).
159 Vgl. Sen/Weiss (1999).
160 Vgl. Kirn (1996).
161 Der Begriff des Mikro-Makro-Links wurde von der Verteilten Künstlichen Intelligenz aus den Sozialwissenschaften übernommen und auf Systeme kooperierender Agenten übertragen. Vgl. Conte/Castelfranchi (1995), S. 4 ff.

hungsgeflechts zwischen der Menge der einzelnen Agenten einer Agentengesellschaft (Mikroebene), und der alle Agenten umfassenden Agentengesellschaft (Makroebene).[162] Die sich daraus dynamisch entwickelnden Wechselwirkungen bewirken, dass Agenten ihr Verhalten bei Eintritt in ein Multiagentensystem (top down) trotz expliziter Vorgabe von Verhaltenszielen durch Entwickler oder Anwender im Allgemeinen ändern, oder dass sich aus dem Zusammenwirken mehrerer, über die Zeit im Allgemeinen in wechselnder Zusammensetzung interagierender Agenten (bottom up) emergente Phänomene auf Ebene des Gesamtsystems ergeben.[163] Neben dem einzelnen Agenten muss also immer auch die in einem elektronischen Netzwerk insgesamt vorhandene sog. Agentengesellschaft betrachtet werden.

Betrachten wir noch einmal das Fallbeispiel I (Softwareagenten) aus Kapitel 2.5.3: Der dort betrachtete Vertriebsagent kann sein Verhalten nach Eintritt in ein Multiagentensystem oder eine Agentengesellschaft verändern, gleichzeitig erweitert er dann aber auch den Handlungsraum des betrachteten Multiagentensystems bzw. der betreffenden Agentengesellschaft. Beide Effekte lassen sich, wenn überhaupt, im Allgemeinen nur mit sehr viel Aufwand, und dann auch nur in relativ kleinen Szenarien vorhersagen.

3.6 Agentenarchitekturen

Der Entwicklung von Softwareagenten können unterschiedliche Softwarearchitektur-Modelle zugrunde liegen, Diese enthalten die für den jeweiligen Agententyp wesentlichen Softwaremodule und erlauben es, die vorgesehenen Agenteneigenschaften zunächst auf konzeptioneller Ebene in präformalisierter Weise festzulegen.

3.6.1 Mund-Kopf-Körper-Architektur

Ein häufig zitiertes, didaktisch anschauliches Agentenmodell zeigt Abbildung 3.16.

Das verkürzend als „Mund" bezeichnete Modul fasst die Kommunikationsfunktionen des Agenten zusammen, also „Fühler" zur Realisierung von Wahrnehmungsfähigkeit („sehen, hören und fühlen" – *Sensorik* im weitesten Sinn) und *Aktuatorik*, bspw. Möglichkeiten zum Versand von Nachrichten an andere Agenten oder physikalisch auszuführende Aktionen, um den Zustand der physikalischen Umwelt zu verändern.

---

162 Entsprechendes gilt für die Beziehungen zwischen den einzelnen Agenten eines Multiagentensystems (Mikroebene) und dem Multiagentensystem (Makroebene) als solchem.
163 Zu nennen sind unter vor allem synergetische Effekte, Konflikte und Rückkopplungen, vgl. v. Martial (1992); Burkhard (1993).

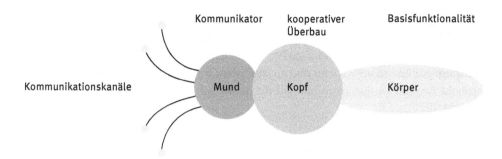

Abbildung 3.16: Mund-Kopf-Körper-Agentenmodell.[164]

Agenten benötigen eine Sensorik, da der Erfolg bei der Bearbeitung einer Aufgabe nicht zuletzt von den Eigenschaften und der Dynamik der Umwelt abhängt. Agenten können den Zustand ihrer Umwelt durch eigenes Handeln jedoch auch (gezielt) verändern; zu diesem Zweck verfügen sie über eine „Aktuatorik".

Der „Kopf" des Agenten enthält dessen „kognitive" Fähigkeiten. Neben dem Domänenwissen und dem Umweltmodell werden diese von einer Problemlösungskomponente bestimmt, die die in einer konkreten Situation möglichen Aktionen des Agenten ermittelt, bewertet und die am besten geeignet erscheinenden Aktionen durch Aktivierung der Aktuatorik ausführt.

Der „Körper" enthält die anwendungsbezogenen Funktionen eines Agenten. Während die Verteilte Künstliche Intelligenz dort zunächst lediglich Softwarefunktionen einbettet, werden im Agentenkörper inzwischen immer häufiger auch physikalische Systeme aller Art realisiert[165]. In diesen Fällen wird aus dem Softwareagent ein Wrapper-Agent, mithilfe dessen prinzipiell jedes beliebige technische System auf einfache Weise in einen Agenten im Sinne dieses Buchs transformiert werden kann.

In der Literatur werden zahlreiche Varianten des vorstehend skizzierten Agentenmodells diskutiert. Für unsere Überlegungen sind vor allem das deliberative Agentenmodell, die Beziehungen zwischen Agent und Umwelt, die sozialen resp. Kooperationsfähigkeiten von Agenten sowie die zwischen dem einzelnen Agenten und den ihn umgebenden Agenten bestehenden Beziehungen von Bedeutung.

3.6.2 Deliberatives Agentenmodell

Deliberative Agenten verfügen über die Fähigkeit, den über ihre Sensoren erhaltenen Input aus der Umgebung schlussfolgernd auszuwerten, anhand der von ihnen verfolgten Ziele einen ggf. bestehenden Handlungsbedarf zu ermitteln, für diesen einen

---

164 Vgl. Haugeneder/Steiner (1994).
165 Derartige Systeme werden als Cyber-Physical Systems bezeichnet.

ggf. aus mehreren Aktionen bestehenden Handlungsplan abzuleiten, diesen konkret auszuführen und die damit in ihrer Umgebung bewirkten Zustandsänderungen zu beobachten und, falls das angestrebte Ziel noch nicht erreicht sein sollte, weitere Handlungspläne zu entwickeln und auszuführen, bis der angestrebte Umweltzustand erreicht worden ist. Ein Grundmodell für deliberative Agenten ist in Abbildung 3.17 dargestellt.

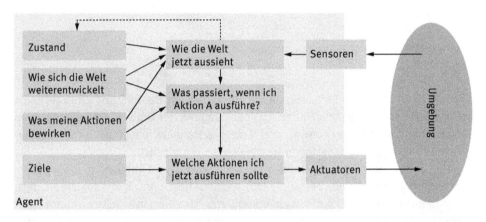

Abbildung 3.17: Grundarchitektur deliberativer Agenten.[166]

Dieses Modell betrachten wir nun etwas genauer: Im Vordergrund der Entwicklung eines Agentenmodells stehen die dynamischen Eigenschaften (das Verhaltenspotenzial) eines Softwareagenten. Dieses beschreibt die von einem Agenten prinzipiell auszuführenden Aktionsfolgen als Menge der Permutationen über der Menge der dem Agenten möglichen Einzelaktivitäten a_1 bis a_n. Diese Einzelaktivitäten fassen wir in drei Gruppen zusammen:[167]

1. Informationsaufnahme: Agenten „beobachten" ihre Umwelt mittels einer sog. „Sensorik", um dort die für sie relevanten Umweltinformationen als $S \in$ sensory_inputs zu identifizieren und durch eine geeignete Interpretation in „Wahrnehmungen" $P \in$ perceptions zu überführen:

sense: sensory_inputs → perceptions

Der **ShippingCompany_Agent** in Abschnitt 3.2.3 erhält von seinem Disponenten die an die Truck_Agents zu vergebenden Transportaufträge einschließlich aller für

166 In Anlehnung an Russell/Norvig (1995), Figure 2.11, S. 44.
167 Vgl. Burkhard et al. (2000).

die Vergabe relevanten Informationen, bspw. max. Transportkosten, Routen- und Ankunftszeit-bezogene Vorgaben, usw. Von den Truck_Agents erhält er Angebote zur Übernahme ausgeschriebener Transportaufträge.

Der **Truck_Agent** informiert sich auf Vergabeplattformen, elektronischen Märkten etc. über ausgeschriebene Transportaufträge. Während der Fahrt fragt er bei Systemen wie dem TrafficInformation_Agent und dem Toll_Agent die für ihn fahrtplanungsrelevanten Informationen ab.

Der **TrafficInformation_Agent** nimmt Anfragen der Truck_Agents sowie des Toll_Agent entgegen. Er nutzt diese zur Aktualisierung seines Wissens sowohl über zu erwartende Veränderungen der Verkehrssituation als auch zur Abschätzung der Nachfrage nach seinen Informationsleistungen.

Der **Toll_Agent** an der BAB-Abfahrt WÜ-Heidingsfeld erhält von den aus Richtung Frankfurt auf ihn zufahrenden Truck_Agents Preisanfragen für die Benutzung der BAB 3/BAB 7 in Richtung Kassel sowie Berechnungsvorgaben seines TollCompany_Agent. Nach eigenem Ermessen wird er von Zeit zu Zeit auch die kostenpflichtigen Dienste des TrafficInformation_Agent in Anspruch nehmen, um seine Preisberechnungsgrundlagen zu verbessern.

Der **TollCompany_Agent** wird einerseits vom Disponenten des Mautbetreibers instruiert, bspw. über anzuwendende Bepreisungsverfahren für den gebührenpflichtigen Streckenabschnitt und erhält andererseits von seinen Toll_Agents in regelmäßigem zeitlichen Abstand Informationen über die von diesen jeweils beobachteten lokalen Entwicklungen der Verkehrssituation, der Preise konkurrierender Anbieter und sonstiger für die Mauterhebung ggf. wesentlichen Informationen.

2. Informationsverarbeitung: Im nächsten Schritt aktualisieren die Agenten durch Ausführung von Schlussfolgerungsprozesse ihre internen Zustände IS $\in$ internal_states. Der Zustand IS_{neu} hängt im Allgemeinen vom Zustand IS_{alt} und der Wahrnehmung P ab:

reason: internal_states × perceptions → internal_states

Im Einzelnen sind davon das Umweltmodell E („environment_model"), das Zielsystem G („goals") sowie die bereits eingegangenen Verpflichtungen C („commitments" = Zusagen hinsichtlich zukünftig auszuführender Aktionen A $\in$ actions) des Agenten betroffen:

reason: (environment_model × goals × commitments) × perceptions
→ (environment_model × goals × commitments)

Eine besondere Rolle kommt den „commitments" zu. Diese enthalten alle von einem Agenten geplanten (und gegebenenfalls seiner Umwelt bereits mitgeteilten), bisher aber noch nicht ausgeführten Aktionen. Ergibt sich durch die Ausführung von

„reason" für den Agenten also ein Handlungsbedarf, dann konkretisiert sich dieser in einer Anpassung von C.

Der **ShippingCompany_Agent** erfährt über den Disponenten von einer auch zukünftig wohl kontinuierlich zunehmenden Zahl ausgeschriebener Frachtaufträge, analysiert diese Veränderung anhand der ihm bekannten Marktverhältnisse und schließt daraus auf zukünftig steigende Frachtpreise. Diese Schlussfolgerung führt zu einer entsprechenden Anpassung seines Umweltmodells E sowie seines Zielsystems G. Er leitet daraus neue mögliche Verpflichtungen c ∈ C für zukünftige Aktionen ab, bspw. Maßnahmen zur Erhöhung seiner Liquidität, um auch bei teurer werdenden Frachtraten handlungsfähig zu bleiben.

Der **TrafficInformation_Agent** überführt Benutzeranfragen und aus seinem Informationsraum evtl. gewonnene Zusatzinformationen zu einem neuen Zustand seines Umweltmodells E und aktualisiert in der Folge sein Zielsystem G. Daraus leitet er neue mögliche Verpflichtungen c ∈ C für zukünftige Aktionen ab, bspw. eine weitere Ausdifferenzierung seiner Stauprognosen.

Der **Toll_Agent** aktualisiert sein Umweltmodell in regelmäßigen Abständen durch Abfrage von Verkehrsprognosen beim *TrafficInformation_Agent*. Auf dieser Basis passt er sein Zielsystem G an und entwickelt für zukünftiges Handeln ggf. neue Committments c ∈ C für zukünftige Aktionen ab, bspw. tageszeitlich differenzierte Preisrabatte zur Erhöhung der Nachfrage nach Mautstreckennutzung.

Der **Truck_Agent** aktualisiert ausgehend von den Antworten des **Toll_Agent** auf seine Preisanfrage ebenfalls sein Zielsystem und definiert nun konkret die beiden möglichen Verpflichtungen (mautpflichtige BAB vs. mautfreie Stadtdurchfahrt) hinsichtlich der weiteren Fortsetzung seiner Fahrt. Neue Verkehrsinformationen können zu einer Aktualisierung seines Umweltmodells führen, ggf. mit in der Folge möglicherweise veränderter Routenentscheidungen.

Der **TollCompany_Agent** schließlich nutzt die fortlaufenden Rückmeldungen seiner Toll_Agents über die Verkehrsbelastungen der jeweiligen Autobahnabschnitte dazu, seine Modelle über die Straßenabnutzung regelmäßig zu aktualisieren, um daraus bspw. neue Committments bzgl. demnächst einzuplanender Straßenwartungsintervalle abzuleiten.

3. Aktionen: Im dritten Schritt führt der Agent die eingegangenen Verpflichtungen C durch Realisierung von Aktionen A ∈ actions in seiner Umwelt aus:

act: commitments → actions

Der **ShippingCompany_Agent** löst nun eine Anfrage zur Erhöhung seines Budgets für neu auszuschreibende Frachtaufträge an seinen Disponenten aus, um auch bei teurer werdenden Frachtraten weiterhin eine ausreichende Anzahl von Transportaufträgen erteilen zu können.

Der **TrafficInformation_Agent** bietet den Truck_Agents und dem Toll_Agent neue Formen der Stauprognosen an, die gegenüber dem bisherigen Standard weiter ausdifferenziert sind und bspw. den Anteil des Schwerlastverkehrs als eigenständiges Staurisiko ausweisen.

Der **Toll_Agent** offeriert seinen Kunden auf Basis eines neuen Preismodells tageszeitlich differenzierte Preisrabatte, um seinen Umsatz zu erhöhen und die Kundenbindung zu verbessern.

Der **Truck_Agent** stellt nach seiner Entscheidung für die mautfreie Stadtdurchfahrt fest, dass er aufgrund eines schweren Unfalls im Stadtgebiet in Kürze in einem Stau stehen wird. Er ändert seine Route so, dass er die Stadtroute schnellstmöglichst verlassen und in WÜ-Randersacker wieder auf die BAB 3 auffahren kann (Pfeil in Abbildung 3.18).

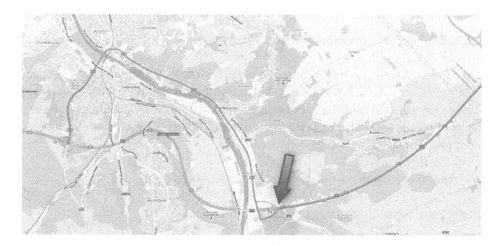

Abbildung 3.18: BAB-Auffahrt Würzburg-Randersacker.[168]

Der **TollCompany_Agent** schließlich nutzt die Ergebnisse der Verkehrsprognose für die nächsten acht Wochen zu einer Teilsperrung der BAB 3 zwischen WÜ-Heidingsfeld und WÜ-Randersacker, um schon länger erforderliche Reparaturarbeiten an der Asphaltdecke durchführen zu lassen.

Man beachte im Übrigen, dass die Aktion eines Agenten auch darin bestehen kann, für sich selbst eine neue Handlungsverpflichtung anzulegen. Das ist z. B. erforderlich, damit ein Agent auch die zukünftige Verfügbarkeit seiner Ressourcen planen und kontrollieren kann.

---

168 Quelle: Eigene Darstellung mit Hilfe von OpenStreetMap.

4. Zyklisches Verhaltensmodell: Zusammengefasst kann das Verhalten eines deliberativen Agenten damit in einem einfachen Verhaltenszyklus abgebildet werden:

```
repeat
    P := sense(S);
    IS_neu := reason(IS_alt, P);
    A := act(IS_neu)
forever;
```

Bereits mit diesem einfachen Modell können die grundlegenden Eigenschaften deliberativer Agenten analysiert werden. Im Fall einer konkreten Systementwicklung kann dieses Modell je nach Domäne, Anwendung und Systemdesign ggf. um weitere Eigenschaften ergänzt werden.

3.6.3 Exkurs: Reaktives Agentenmodell[169]

Ein Sonderfall – der in der Literatur allerdings breiten Raum einnimmt[170] – besteht, wenn Agenten weder über ein explizites Umgebungsmodell noch über ein eigenes Zielsystem verfügen. Aus der Perzeption wird dann direkt das Commitment abgeleitet. Im einfachsten Fall kann die Funktion „reason" dann als Auswahlanweisung bzw. durch Pattern Matching implementiert werden:

reason: commitments × perceptions → commitments

In der Folge vereinfacht sich das Verhaltensmodell zu:

```
repeat
    P := sense(S);
    C := reason(C, P);
    A := act(C)
forever;
```

Nicht alle Agenten unseres Szenarios müssen zwingend als deliberative Systeme realisiert werden. So könnten bspw. der *Toll_Agent* und der TollCompany_Agent aufgrund ihrer relativ einfachen Wissensverarbeitungsaufgaben auch als reaktives System implementiert werden, während sich das deliberative Agentenmodell für die Implementierung der anderen drei Agenten aufgrund von deren komplexeren Wissensverarbeitungsaufgaben besser eignet.

---

169 In der VKI-Literatur auch als reaktiver Agent bezeichnet.
170 Grundlegend Ferber (2000).

4 Herausforderung Autonomie: Überlegungen zur eingeschränkten Vorhersagbarkeit des Agentenverhaltens

4.1 Autonomie-Begriff

Der Begriff der *Autonomie* geht zurück auf gr. „autonomia" („autos" und „nomos") und bezeichnet die Möglichkeit zu selbstbestimmtem Verhalten, frei von externem Einfluss und externer Kontrolle. Mit anderen Worten: dass ein politisches, gesellschaftliches, ökonomisches oder in anderer Weise abgrenzbares System, oder auch ein Individuum über die eigenen Ziele, das eigene Handeln und die Nutzung eigener Ressourcen mit einer gewissen Selbständigkeit entscheiden kann.[171] Notwendige Voraussetzungen ist die Möglichkeit zur eigenständigen Entwicklung resp. Auswahl von Handlungsalternativen und deren Bewertung resp. Auswahl anhand eigener Präferenzen.

Für Entwicklung und Einsatz von Softwareagenten spielt, wie ein Blick in die Agentenliteratur rasch zeigt, das Konzept der Autonomie eine herausragende Rolle. Agenten verfügen über ein Mindestmaß an Autonomie und besitzen eigene Ziele, die auch in Konflikt mit den Zielen des Agentenentwicklers und des Agentenanwenders stehen oder im Lauf der Zeit (z. B. durch Lernprozesse) geraten können. Insb. setzt die für Softwareagenten charakteristische, eigenständige Entscheidungs- und Handlungsfähigkeit ein ausreichendes Maß an Autonomie voraus.[172] Und dies wiederum erfordert eine operationalisierbare Definition für die Autonomie von Agenten.

4.2 Vier Ebenen der Autonomie von Softwareagenten

Beschreibung und Analyse der Autonomie von Softwareagenten erfolgen auf vier voneinander unabhängigen Ebenen.

Autonomie als relationales Konzept beschreibt den Grad der Unabhängigkeit von gezieltem Einfluss Dritter. Rosenschein hat den Begriff der Autonomie deshalb dazu verwendet, verteilte Problemlöser (Distributed Problem Solver – DPS) und Multiagentensysteme (MA systems) voneinander zu unterscheiden[173]:

---

171 Da Autonomie nicht absolut sein kann, sondern immer bezogen auf einen ggf. wirkenden externen Einfluss definiert ist, wird in der Literatur auch der Begriff der „Teilautonomie" verwendet.
172 Siehe oben, Abschnitt 3.1.
173 Rosenschein, E. (1991).

> „In a DPS system, the agents might not help each other, but that was at some level the designer's choice. In a MA system, the agents might help each other (and might even have identical goals), but at some level that was not the designer's choice, it was not really under his control."

Er adressierte damit die Beziehung zwischen dem einzelnen Agenten und dem ihn umgebenden Verteilten Problemlöser bzw. Multiagentensystem. Im ersten Fall liegt diese Beziehung komplett – d. h. sowohl für das DPS als auch für alle einzelnen Agenten innerhalb des DPS – in den Händen des Systementwicklers. Im zweiten Fall stattet der Entwickler die Agenten lediglich mit der Fähigkeit aus, „bei Bedarf und Gelegenheit" mit anderen Agenten in eine Beziehung zu treten, zu interagieren. Gleichzeitig lässt sich daraus auch eine *Autonomie des Multiagentensystems* ableiten.

Dem liegt zunächst die Annahme zugrunde, dass der Entwickler des einzelnen Agenten vollständige Kontrolle über dessen Eigenschaften und Verhalten besitzt, und diese nach seinen eigenen Entscheidungen (*Autonomie des Entwicklers*) gewissermaßen „lokal" für diesen Agenten gestaltet. Tritt dieser jedoch in ein Multiagentensystem ein, dann kann der Entwickler allerdings nicht mehr, zumindest jedoch nicht mehr in vollem Umfang vorhersehen, zu welchem Zeitpunkt dieser mit anderen Agenten in Kontakt kommt, um welche Agenten es sich dabei handelt, was genau bei diesen Interaktionen geschehen wird und welche Konsequenzen sich daraus für das Verhalten seines eigenen Agenten sowie für die Eigenschaften und das Gesamtsystemverhalten des dabei entstehenden Multiagentensystems ergeben.

Hier knüpft der Autonomiebegriff von Wooldridge und Jennings an[174], die Softwareagenten dann als autonom bezeichnen,

> „(if they) operate without the direct intervention of humans or others, and have some kind of control over their actions and internal state."

Hier stattet der Entwickler seine Agenten im Hinblick auf deren zukünftige Interaktionen mit anderen Agenten und ihrer Umwelt ganz gezielt mit Autonomie-sichernden Funktionen aus. Diesen Autonomiebegriff bezeichnen wir als „*Autonomie by Design*".

Der Autonomie-Begriff von Russell und Norvig dagegen stellt auf die Lernfähigkeit intelligenter Agenten[175] und damit auf deren Wissens- und Erfahrungsbasis ab[176]. In diesem Fall stattet der Entwickler den Softwareagenten mit der Fähigkeit zum Lernen aus Erfahrungen aus, so dass dieser, ausreichende Anpassungszeit vorausgesetzt, seine Aufgaben auch in vielfältigen, unterschiedlichen Einsatzumgebungen erfolgreich ausführen kann. Diese Fähigkeit bezeichnen wir als „*epistemologische Autonomie*". Epistemologische Autonomie stellt eine Unterkategorie der oben bereits eingeführten „technischen Autonomie" dar.

---

174 Wooldridge/Jennings (1995), S. 2.
175 In ihrer spezifischen Eigenschaft als „Physical Symbol Systems", also als Systeme der symbolischen Künstlichen Intelligenz.
176 Russel/Norvig (1995), S. 35. Vgl. hierzu auch Abschnitt 3.1, S. 52 f.

Zusammenfassend können die vier Ebenen der Agentenautonomie wie folgt gegeneinander abgegrenzt werden:

- **Autonomie des Softwareentwicklers:** Softwareentwickler verfügen über zahlreiche, hinsichtlich ihrer mathematisch-formalen Eigenschaften sehr unterschiedliche Softwarearchitekturkonzepte und Programmiersprachenkonstrukte. Welche davon sie einzeln oder in Kombination miteinander einsetzen, findet ihre Grenzen lediglich in ggf. bestehenden unternehmensinternen Richtlinien für die Softwareentwicklung sowie den Gesetzen der Staaten, in denen die Softwareentwicklung stattfindet und in denen das Produkt später eingesetzt werden soll.
- **Autonomie by Design** betrachtet Autonomie als Bestandteil der Produktdefinition und liegt dann vor, wenn der Entwickler eines Softwareagenten diesen im Fall der Interaktion mit anderen Agenten, dem Nutzer sowie seiner Ausführungs- und Einsatzumgebung mittels Autonomie-sichernder Funktionen gegen externe Einflussnahme und Kontrolle schützt.
- **Technische Autonomie** adressiert die tatsächliche Realisierbarkeit intelligenten Verhaltens angesichts begrenzter Mittel, insb. hinsichtlich konkreter Ausstattung an Sensorik und Aktuatorik, Energie, Zeit und Speicherplatz. Eine wichtige Bedeutung besitzen heuristische Lösungsverfahren sowie die Möglichkeiten, Systemverhalten mehrdeutig zu spezifizieren. Eine Unterform der technischen Autonomie ist die *epistemologische Autonomie*. Diese bezeichnet die Lernfähigkeit eines Agenten, also dessen Fähigkeit, seine Wissensbasis aufgrund eigener Erfahrungen zu verändern und selbstständig an neue Erfordernisse anzupassen. Wichtige Entwicklungen zur epistemologischen Autonomie erfolgen derzeit vor allem in der Robotik.
- **Autonomie von Multiagentensystemen** bezeichnet die durch primäre und sekundäre konstitutive Prozesse[177] dynamisch entstehende Eigenschaft von Multiagentensystemen, partiell unabhängig von den einzelnen Systemmitgliedern eigenständige Problemlösungsfähigkeiten zu entwickeln und diese über ihren gesamten Lebenszyklus hinweg auch selbst verwalten zu können.

Für die Zielsetzung dieses Buches sind insbesondere die Autonomie by Design sowie die technische Autonomie von Bedeutung.

---

[177] Vgl. Kirn (1996).

4.3 Autonomie by Design

4.3.1 Soziale Autonomie

Einer der ersten Autoren, die sich detailliert mit der Autonomie von Softwareagenten auseinandergesetzt hat, war Castelfranchi[178]. Als Sozialwissenschaftler hat er sich v. a. mit den Beziehungen zwischen den Agenten eines Multiagentensystems bzw. einer Agentengesellschaft befasst und dabei das Konzept der „sozialen Autonomie" entwickelt. Diese umfasst vier Autonomie-Teilmodelle:

- **Kognitive Autonomie:** Agenten verfügen über Sensoren zur Aufnahme von Input aus ihrer Umgebung, über Mechanismen zur Verarbeitung des Inputs auf Basis der Beliefs[179] in ihrer Wissensbasis zur Ableitung von handlungsleitenden Schlussfolgerungen und über Aktuatoren zur Ausführung von Aktionen in ihrer Umgebung. Agenten verfügen dann über kognitive Autonomie, wenn sie keinem externen Einfluss auf ihre internen wissensverarbeitenden Prozesse ausgesetzt sind.
- **Zielautonomie:** Agenten leiten die operativ zu adressierenden Ziele durch Auswertung ihrer Beliefs und der ihnen vom Entwickler insgesamt vorgegebenen Zielfunktionen ab. Zielautonomie besteht dann, wenn die Agenten selbst die operativ zu adressierenden Ziele auswählen.
- **Ausführungsautonomie:** Ausgehend von den gewählten operativen Zielen wählen Agenten selbstständig die zur Erreichung der Ziele in Frage kommenden Aktionen aus, und entscheiden selbstständig sowohl über die Reihenfolge ihrer Ausführung als auch über die dazu einzusetzenden Aktuatoren.
- **Steuerungsautonomie:** Agenten steuern die Auswahl und Abfolge jedes einzelnen Arbeitsschritts zur Erreichung der ihnen insgesamt vorgegebenen sowie der von ihnen jeweils ausgewählten operativen Ziele selbst. Sie entscheiden selbst, wann sie ihre internen Prozesse starten und können durch externe Eingriffe[180] nicht direkt gezwungen werden, die Ausführung ihrer internen Prozesse zu unterbrechen.

---

178 Castelfranchi (1995), Castelfranchi (2000).
179 Der Begriff des „belief" ersetzte in der frühen VKI den aus den Logik-Programmiersprachen der „single agent artificial intelligence" stammenden Begriff des „Fakts", dem nur die Werte TRUE und FALSE zugewiesen werden konnten. In der VKI hatte sich dagegen schon rasch die Erkenntnis durchgesetzt, dass Agenten übereinander sowie über ihre Umwelt nur im Ausnahmefall so genau Bescheid wissen, dass TRUE und FALSE geeignete Bewertungen für ihr Wissen sein können. Um dies in den Modellen deutlich zum Ausdruck zu bringen, wurde der Begriff des „belief" als Annahme über die Umwelt eingeführt. Russel und Norvig (1995) gebührt der Verdienst, den Begriff des Beliefs in der „single agent AI" etabliert zu haben.
180 Abgesehen von der Betätigung einer ggf. vorhandenen „Stopp-Taste" zur Abschaltung des Stroms.

Diese an der Ausführung ageninterner Problemlösungsprozesse orientierte Autonomiekonzeption beschreibt Agenteneigenschaften, über die der Softwareentwickler beim Design des Agenten explizit entscheidet, und die er durch Spezifikation und Implementierung als Produkteigenschaft realisieren muss. In den Begriffen von Russel und Norvig ist Autonomie by Design ein Bestandteil des *„built-in knowledge"* eines Agenten.

4.3.2 Machine Intelligence Research Institute (MIRI)[181]

Der Forschungsansatz des Machine Intelligence Research Institute (MIRI) zielt auf „Aligning advanced AI with human interests"[182]. Gegenstand der Arbeiten sind agentenbasierte Systeme, die sich weitgehend eigenständig in ihren Welten bewegen und (weiter-)entwickeln können. Folgende Forschungsschwerpunkte werden dort adressiert:[183]

– **Realistische Weltmodelle:** Wie sollten die Zustände der physischen Welt in einem allgemein einsetzbaren problemlösenden System mathematisch so modelliert werden, dass sie in möglichst vielfältigen Einsatzszenarien zum Einsatz kommen können?
– **Logische Ungewissheiten und Widersprüche:** Wie können begrenzt-rationale Agenten Schlussfolgerungen ableiten, wenn Ungewissheit über die Konsequenzen ihrer Entscheidungsregeln und der Anwendung von Beliefs besteht?
– **Fehler-tolerante Agentenmodelle:** Wie können neue KI-Methoden entwickelt werden, die Online-Debugging und Ziel-Adjustierung ermöglichen?
– **Nutzenbewertung:** Wie können KI-Methoden bereitgestellt werden, die bei der gegebenen Komplexität menschlicher Präferenzen und Bewertungen sicherstellen, dass Agenten eigenständig die aus Sicht des Menschen richtigen Verhaltensziele entwickeln und adressieren?

Diese Ansätze adressieren v. a. modellierungsspezifische Fragen. Ihre Bedeutung für Fragen der Autonomie intelligenter Agenten gewinnen sie dadurch, dass die Möglichkeiten der Agenten zu intelligentem Verhalten unmittelbar davon abhängen, dass das ihnen dazu zur Verfügung stehende Wissen hinreichend vollständig, korrekt und widerspruchsfrei vorliegt und dass sie durch ihre Algorithmen in die Lage versetzt werden, dieses Wissen so auszuwerten, dass die Ergebnisse den Erwartungen und Notwendigkeiten ihrer menschlichen Nutzer auch tatsächlich entsprechen.

---

181 Bis 2013: Singularity Institute.
182 Vgl. https://intelligence.org/research/ (Abruf: 2015-05-26).
183 Vgl. https://intelligence.org/research/ (Abruf: 2015-05-26).

4.3.3 Weitere Vorschläge zur Autonomie by Design

Zahlreiche interessante Vorschläge zur Klassifikation, für das Design und die prakti-sche Nutzung von Autonomiekonzepten enthält insb. der Tagungsband des *1st Inter-national Workshop on Computational Autonomy*[184], beispielsweise:
- Belief-Autonomie[185]
- Schlussfolgerungs-Autonomie[186]
- Autonomie und Verantwortlichkeit[187]
- Autonomie im organisatorischen Kontext[188]
- Autonomie-bedingte Beziehungen zwischen Agenten[189] und
- Teamwork-Koordination und Autonomie.[190]

4.3.4 Zusammenfassung

Autonomie by Design stellt eine gewünschte und vom Hersteller nach dem Stand der Technik korrekt zu spezifizierende, zu implementierende und zu testende Produkt-eigenschaft dar. Diese beinhaltet für Dritte allerdings ein gewisses Risiko deshalb, da sie sich möglicherweise nicht immer wie vom Nutzer erwartet, sondern im Sinne ihres Entwicklers „eigenständig", ggf. also auch in nicht ohne Weiteres vorhersehba-rer Weise „überraschend" verhält.

4.4 Technische Autonomie

Entscheidungen über eigenes Handeln erfordert Kenntnisse über die prinzipi-ell möglichen Aktionen, deren Konsequenzen und mögliche Aktionsreihenfolgen sowie Möglichkeiten zur Bewertung derselben. Dazu ist Wissen über den eigenen internen Zustand sowie über den Zustand und die vorhersagbare Entwicklung der Umwelt erforderlich, wie es typischerweise von KI-Systemen verlangt wird. Planvol-les Handeln schließlich setzt neben dem dazu erforderlichen Wissen auch voraus, dass Agenten die Fähigkeit zur Erstellung und ggf. auch dynamisches Anpassen von Plänen besitzen, mit denen sie ihr Handeln auf ihre Ziele ausrichten bzw. ihre Ziele je nach deren aktueller Erreichbarkeit evtl. auch anpassen können.

---

184 Vgl. Nickles et al. (2004).
185 Barber/Park (2004).
186 Dastani et al. (2004).
187 Gouaich (2004).
188 Pacheco (2004).
189 Weigand/Dignum (2004).
190 Soon et al. (2004).

Um damit umgehen zu können, hat die Künstliche Intelligenz zahlreiche leistungsfähige Problemlösungsverfahren entwickelt. Diese zeichnen sich u. a. dadurch aus, dass sie auch bei fehlendem, fehlerhaften, unscharfem („fuzzy") oder unsicherem („probabilistischem") Wissen einsetzbar sind. Allerdings lassen sich dabei „Zuverlässigkeitsdefekte" der Software im Allgemeinen nicht ausschließen. Dies schränkt die Vorhersagbarkeit des Verhaltens von Softwareagenten ein. Systeme mit derartigen Eigenschaften bezeichnen wir als „technisch autonom".

Die daraus resultierenden Fragen sind bisher nicht nur in der juristischen Literatur und Rechtsprechung, sondern auch in mathematischer und softwaretechnischer Hinsicht unzureichend untersucht. So enthält bspw. das von Russel und Norvig[191] verfasste Standardwerk zur Künstlichen Intelligenz zwar zahlreiche Hinweise, warum und wann maschinelles Lernen ein unverzichtbares Verfahren sei, um bspw. ein selbstfahrendes Kraftfahrzeug mit allen den Funktionen und Verhaltensweisen auszustatten, die es zu einem zuverlässigen und für alle Verkehrsteilnehmer sicheren Verhalten befähigen.

Allerdings fehlen (nicht nur bei Russel und Norvig) bisher hinreichend präzise Definitionen und mathematische Formalisierungen der komplexitätstheoretischen und ggf. physikalischen[192] Zusammenhänge ebenso wie die für ein „Safe Engineering" von Autonomie erforderlichen Methoden und Werkzeuge[193]. Da auch die KI-bezogene Risikoforschung noch in den Kinderschuhen steckt,[194] stehen auch aus diesem Teilgebiet der Künstlichen Intelligenz noch keine ausreichenden Ergebnisse zur Verfügung[195].

Fazit: Zwar wird die Ausgestaltung technischer Autonomie eines Agenten damit zu einer vom Softwarehersteller zu verantwortenden Entwicklungsaufgabe. Allerdings steht zugleich fest, dass der Softwarehersteller im Fall technischer Autonomie schon per definitionem keine vergleichbar umfassenden Zugriffs- und Kontrollmöglichkeiten hinsichtlich des Außenverhaltens autonomer Systeme haben kann wie bei teil- oder vollautomatisierten Systemen. Die daraus resultierenden rechtlichen Fragestellungen sind bislang weder hinreichend untersucht noch gesetzlich bzw. durch die Rechtsprechung geklärt.

Die nachfolgenden Abschnitte dieses Kapitels dienen deshalb dazu, das Problem der unzureichenden Vorhersagbarkeit des Verhaltens intelligenter Softwareagenten anhand präformaler Beschreibungen einiger relevanter Ursachen zu illustrieren.[196]

---

191 Russel/Norvig (1995).
192 Diese sind wichtig bei der Betrachtung Cyber-physischer Systeme.
193 Auch nach dem Kenntnisstand der Verfasser dieses Buches existieren diese noch nicht.
194 Vgl. http://lesswrong.com/lw/cr6/building_the_ai_risk_research_community/ (Abruf: 2015-05-26).
195 Vgl. Yudkowsky et al. (2010).
196 Im Gegensatz zu dem in der Literatur oft üblichen Abstraktionsniveau (vgl. bspw. Nickles et al. [2004]) stellt der hier entwickelte Autonomiebegriff direkt auf die softwaretechnischen Eigenschaften ab, die die ggf. unzureichende Plan- und Vorhersagbarkeit des Agentenverhaltens verursachen.

4.4.1 Nichtentscheidbarkeit des Agentenverhaltens

Die Nichtentscheidbarkeit des Halteproblems[197] stellt für das Testen von Software eine erhebliche Herausforderung dar. So gilt aus Komplexitätsgründen für den allgemeinen Fall, dass der Code eines Programms nicht mittels eines automatisierten Verfahrens daraufhin überprüft werden kann, ob dessen Ausführung zuverlässig stoppt. Gängige Lösungen schränken die Komplexität des zu überprüfenden Code ein, bspw. durch Modultests (Test kleiner Systeme) anstatt Gesamtsystemtests oder dadurch, dass bestimmte Sprachkonstrukte in der Programmierung nicht verwendet werden dürfen.

Nun kommt es beim Einsatz von KI-Methoden in der Programmierung gerade darauf an, dem Agenten eine möglichst hohe Flexibilität und Selbständigkeit bei der Planung und Durchführung seiner Problemlösungsverfahren zu ermöglichen, so dass dieser auch in strukturell hochkomplexen, sehr dynamischen und durch fehlendes, fehlerhaftes, inkonsistentes und unscharfes Wissen geprägten Suchräumen mit der Aussicht auf Erfolg nach Lösungen für eine übernommene Aufgabe suchen kann. So zeigten die Erfahrungen zunächst in der LISP-Programmierung, später auch in der Programmierung großer Prolog-Systeme sehr schnell, dass wirklich erfolgreiche KI-Systeme die Mächtigkeit der zu ihrer Programmierung verwendeten Sprachen sehr weitgehend ausschöpfen.

Für Multiagentensysteme kommt erschwerend hinzu, dass sich dort Agenten zu temporären Systemen zusammenschließen, für die es gar keine a priori definierte Aufgabe und damit natürlich auch gar keine Testprozesse gibt. Sie entfalten ihre Funktionalität ausgehend von ihren Mitgliedern „bottom up" – und auch ihr Außenverhalten ist aufgrund der Nichtentscheidbarkeit des Halteproblems natürlich ebenfalls nicht prognostizierbar.

4.4.2 Vom Input zum Output, von den Sensordaten zur Aktuatorik: Surjektivität, Injektivität und Bijektivität des Agentenverhaltens

Agenten nehmen über ihre Sensorik – zunächst analog oder binär kodierte – Informationen aus ihrer Umgebung auf, transformieren diese in eine Wissensrepräsentationssprache, fügen das nun als explizit bezeichnete Wissen ihrem Umweltmodell hinzu und werten dieses hinsichtlich daraus zu ziehender Schlussfolgerungen gegen ihre

---

[197] Es gibt keinen Algorithmus, der für alle möglichen Algorithmen und beliebige Eingaben die Frage beantwortet, ob die Ausführung des betreffenden Algorithmus terminiert (Terminierungsbeweis). Das Halteproblem ist somit algorithmisch nicht entscheidbar. Wenn aber kein automatisiertes Verfahren existiert um festzustellen, ob die Ausführung eines Berechnungsverfahrens überhaupt endet, existiert auch kein automatisiertes Verfahren um das Resultat einer Berechnung vorherzusagen.

Ziele aus, um, sofern erforderlich, Handlungspläne aufzustellen und Aktivitäten ihrer Aktuatoren zur gezielten Veränderung ihrer Umwelt auszulösen.

Dieser recht komplexe Gesamtprozess kann unter Rückgriff auf die mathematische Modellierung von Funktionen auf eine vergleichsweise einfache Grundstruktur zurückgeführt werden: die Abbildung von Sensorinput auf Aktionen des Agenten in seiner Umwelt. Dabei sind drei Fälle zu unterscheiden: Surjektivität, Injektivität und Bijektivität (Abbildung 4.1).

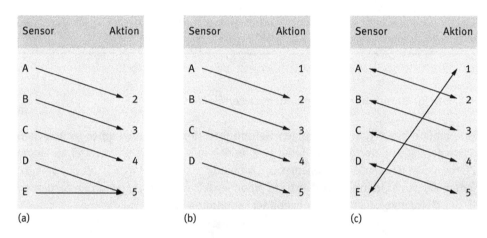

Abbildung 4.1: (a) Surjektivität, (b) Injektivität und (c) Bijektivität von Funktionen.[198]

Bei **Surjektivität** einer Funktion kann jede mögliche Aktion aus der Aktionsmenge (Abbildung 3.2 a.: {2, 3, 4, 5}) durch einen Sensorinput auch aufgerufen werden. Aktionen (Abbildung 3.2 a.: 5) können von verschiedenen Sensorsignalen (hier bspw.: D, E) ausgelöst werden. Bei Surjektivität ist im Allgemeinen also nicht ohne Weiteres festzustellen, welcher Input (bspw.: D oder E) nun genau eine Aktion ausgelöst hat. Es liegt allerdings fest, welcher Sensorinput für die Auslösung einer Aktion in Frage kommt und bei der rechtlichen Würdigung geprüft werden muss.

Bei **Injektivität** wird jede auszuführende Aktion von höchstens einem Sensorinput ausgelöst. Damit ist die Ursache-Wirkungsbeziehung (zunächst) eindeutig.

Injektive Funktionen können auch Aktionen enthalten, die von keinem Sensorinput ausgelöst werden. Dieser Fall kann bspw. dann eintreten, wenn ein Softwaresystem zunächst eine Aktion enthalten hatte (bspw. Aktion 1 in Abbildung 3.2 b), deren Aufruf bei einem Update jedoch aus dem Code entfernt worden war, ohne zugleich auch den Code dieser Aktion zu entfernen. Im ungünstigen Fall kann das dazu führen, dass diese Aktion unbeabsichtigt wieder aktiviert wird, bspw. wenn eine bestimmte

---

198 Quelle: Eigene Darstellung.

Speicherzelle durch irgendeine sonstige Aktivität desselben oder eines anderen Programms mit einem als Vorbedingung der „stillgelegten" Aktion definierten Wert belegt wird.

Bei **Bijektivität** führt jeder Input in eindeutiger Weise zu genau einer exakt festgelegten Aktion, alle Ursache-Wirkungsbeziehungen sind damit eindeutig definiert.

Fazit: Es ist anzunehmen, dass viele mit konventioneller Softwaretechnik entwickelte Systeme im Lauf ihres Lebenszyklus injektive Eigenschaften ausbilden. Dass sie also, bspw. durch nicht immer vollständig realisierte Wartungsprozesse, Funktionen beinhalten, die zwar bei Eingaben über die vorgesehenen Interfaces nicht mehr aufgerufen, allerdings durch Fehlbedienungen, Umgehungsaktionen oder unautorisierte externe Eingriffe gleichwohl (noch) ausgelöst werden können.

4.4.3 Nicht-Determiniertheit und Nicht-Determinismus

Automation basiert auf eindeutigen Definitionen des Verhaltens eines technischen Systems. Mit anderen Worten: Jeder theoretisch mögliche Systemzustand zu einem Zeitpunkt n ist in der Definitionsmenge „Zustand$_n$" erfasst und wird in eindeutiger, zu jedem Zeitpunkt identischer Weise auf einen jeweils exakt festgelegten Folgezustand in der Zielmenge „Zustand$_{n+1}$" abgebildet (Abbildung 4.2).

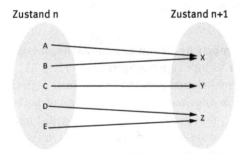

Abbildung 4.2: Eindeutige Beziehungen zwischen Ausgangs- und Folgezustand.[199]

Determiniertheit
Ein System heißt determiniert, wenn jeder mögliche Zustand n des Systems in eineindeutiger Weise auf einen Folgezustand n + 1 abgebildet wird:

Abbildung: Zustand n → Zustand n + 1.

---

199 Quelle: Eigene Darstellung.

An einen Algorithmus werden dabei vier wesentliche Anforderungen gestellt:
- **Finitheit:** Der Algorithmus ist in endlichem Text eindeutig beschreibbar.
- **Ausführbarkeit:** Jeder Schritt des Verfahrens muss tatsächlich ausführbar sein.
- **Dynamische Finitheit:** Der Algorithmus benötigt nur endlich viel Speicherplatz.
- **Terminierung:** Der Algorithmus benötigt nur endliche viele Schritte.

In Abschnitt 3.3.2 hatten wir bereits gezeigt, dass die Problemlösungsmethoden der Künstlichen Intelligenz diese Forderungen nicht vollständig erfüllen. So soll ein KI-System auch dann in der Lage sein, seine Aufgaben zu erfüllen, wenn ursprünglich geplante Lösungsschritte in einer konkreten Situation nicht ausführbar sind. Da Suchverfahren ggf. unendlich lange dauern können, sind die Kriterien der dynamischen Finitheit und der Terminierung nur dann gegeben, wenn der Abbruch eines zu lange laufenden Suchverfahrens durch das System selbst vorgenommen werden kann – dies sicherzustellen liegt in der Verantwortung des Entwicklers.

Darüber hinaus hat Abschnitt 3.3.2 gezeigt, dass Suchalgorithmen aufgrund der spezifischen Anforderungen an KI-Systeme im Allgemeinen nicht garantieren, bei denselben Voraussetzungen immer das gleiche Ergebnis zu liefern. Dies verletzt die Forderung der Determiniertheit – KI-Methoden zeichnen sich deshalb im Allgemeinen durch *nichtdeterminiertes Verhalten* aus.

Determinismus

Des Weiteren haben wir in Abschnitt 3.3.2 herausgearbeitet, dass die Auswahl der nächsten ausführenden Regel sowohl internen und externen, ggf. auch zufälligen Entscheidungen unterliegen kann. Damit ist auch die Forderung nach deterministischem Verhalten nicht erfüllt – KI-Methoden weisen im Allgemeinen also *nichtdeterministisches Verhalten* auf.

Multiagentensysteme

Aus den bereits genannten Gründen sind Determiniertheit und Determinismus auch auf der Ebene von kooperativen verteilten Problemlösern und Multiagentensysteme im Allgemeinen nicht gegeben. Diese zeichnen sich deshalb ebenfalls regelmäßig durch *nichtdeterminiertes* und durch *nichtdeterministisches Verhalten* aus.

4.4.4 Agent und Umwelt

Wie bereits erwähnt, können Agenten nicht losgelöst vom Status und Verhalten ihrer Umgebung modelliert werden, zugleich hängt ihr Verhalten (ebenso wie dasjenige von Multiagentensystemen) unmittelbar vom Verhalten (der Dynamik) ihrer Umwelt ab. In Anlehnung an Goodwin[200] bezeichnen wir die Gesamtheit von Agent und Umwelt deshalb als „Agentensystem".

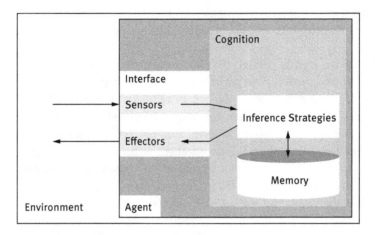

Abbildung 4.3: Agentensystem.[201]

Die Umgebung eines Agenten kann rein hard-/softwaretechnischer Natur sein (bspw. ein Rechnernetz oder das Internet), aber auch eine physikalische Umgebung, wie das Straßennetz im Fall autonomer Kraftfahrzeuge, der Luftraum bei Drohnen, oder eine Fertigungshalle mit allen dort befindlichen Personen und Maschinen. Dabei gilt: der Agent kann seine Umwelt immer nur in dem Umfang und der Qualität wahrnehmen, wie es ihm durch seine Sensorik möglich ist. Im Regelfall wird sich die Umwelt des Agenten aus seiner eigenen Sicht deshalb von der Sicht anderer Agenten oder auch des Menschen unterscheiden. Alle Subjekte, Objekte, Prozesse usw., die ein Agent nicht durch seine Sensorik erfassen kann, gehören, folgt man der CWA, deshalb definitionsgemäß nicht zu seiner Umwelt!

So könnte im obigen CWA-Beispiel der Autoagent bspw. den „Gratulationshupton" nur dann als Gefahrensignal einstufen, wenn er ihn tatsächlich über einen Akustiksensor wahrnimmt.[202] Wäre das nicht der Fall, würde er bei Anwendung der CWA selbst bei empirisch gegebener Hupwarnung das Gefahrenprädikat auf FALSE setzen und „in guter Absicht" möglicherweise einen Unfall mit dem Hochzeitsfahrzeug verursachen. Die OWA dagegen würde bei ansonsten gleicher Modellierung die Schlussfolgerung zulassen, dass es auch Objekte in der Umgebung geben kann, die noch nicht detektiert sind. Dementsprechend vorsichtig würde ein OWA-Agent sich dann verhalten. Im Grenzfall könnte er möglicherweise dauerhaft auf das Einfahren

---

200 Vgl. Goodwin (1993).
201 Vgl. Kirn (1996).
202 Nur dann kann Hupen Bestandteil seiner Umgebung sein (s. o.).

in eine Kreuzung verzichten – was im Allgemeinen wahrscheinlich ebenfalls nicht erwünscht sein dürfte.

Empirische Beispiele für diese Problematik gibt es inzwischen zuhauf: So hat 2014 bspw. eine Drohne in Niedersachsen die Verbindung zu ihrer Basisstation verloren und ist deshalb wie vorgesehen in den Modus „safe landing" gewechselt. Gelandet ist sie tatsächlich sicher – auf einer Autobahn in der Nähe von Braunschweig.[203] Anfang 2015 wurde von einem Roboterstaubsauger berichtet[204], dessen Nutzerin sich nach dessen Einschalten zum Schlafen gelegt hatte. Nach einigen Runden korrekten Bodensaugens hat er jedoch die langen herabhängenden Haare der Dame erreicht – diese konnte nur noch mit Hilfe Dritter von seiner „Attacke" befreit werden.[205]

Ein ganz anderer Aspekt betrifft die Umwelt selbst, konkret: das Verhalten der Umwelt. In den bisherigen in der Literatur beschriebenen Modellierungen wurde die Umwelt meist nur mit sehr einfachem Eigenverhalten modelliert. Auch dies kann mit dem Einzug der Digitalisierung in den öffentlichen Raum in Zukunft wohl nicht mehr als gegeben angenommen werden. So berichtet der MIT Technology Review in seiner Ausgabe vom 19. August 2014,[206] dass es dem Team von J. Alex Halderman der University of Michigan erfolgreich gelungen sei, sich im Rahmen eines Versuchs in mehr als 100 drahtlos gesteuerte Ampelsysteme einzuhacken. Dies kann, wie die Wissenschaftler auf dem 8th USENIX Workshop on Offensive Technologies (WOOR'14) berichteten, nicht nur zu „Green Lights Forever"[207] führen, sondern beinhaltet auch erhebliche Risiken für die zukünftig immer stärker durch digitale Systeme und Funk geprägten Verkehrsinfrastrukturen und Verkehrssysteme.

4.5 Fallbeispiel „Autonome Kraftfahrzeuge an einer Kreuzung"

Die Autoindustrie arbeitet seit Jahren intensiv am autonom fahrenden Kraftfahrzeug. Diese im öffentlichen Straßenverkehr einzusetzen setzt allerdings voraus, dass solche Fahrzeuge auch an im Verkehr üblichen Abstimmungen zwischen den Verkehrsteilnehmern mitwirken können. Ein solches Szenario ist u. a. in den Abbildungen 4.4/4.5 abgebildet. In dem dort beschriebenen Fall hängt das Ergebnis dieser Abstimmung, durchgeführt in Form eines die Verkehrsregeln umsetzenden Kooperationsverfahrens davon ab, welches Fahrzeug in welcher Reihenfolge mit welchem anderen Fahrzeug kommuniziert. Die tatsächliche Reihenfolge der Kommunikation zwischen den

---

203 http://www.faz.net/aktuell/gesellschaft/menschen/notlandung-minidrohne-auf-autobahn-392-bei-braunschweig-13000755.html (Abruf: 2015-08-29).
204 http://www.faz.net/aktuell/gesellschaft/staubsauger-roboter-verheddert-sich-im-haar-seiner-besitzerin-13418448.html (Abruf: 2015-08-29).
205 Zu den Risiken des Einsatzes von KI-Systemen vgl. auch Yudkowsky (2008), Yudkowsky et al. (2010).
206 Jacobs (2014).
207 So der Haupttitel ihres Beitrags zu diesem Workshop, siehe Ghena et al. (2014).

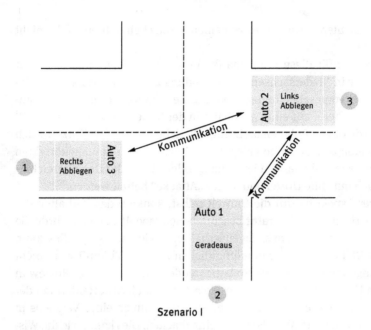

Abbildung 4.4: Einfahrreihenfolge Auto 3 – Auto 1 – Auto 2.[208]

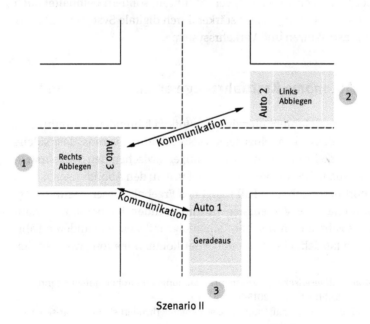

Abbildung 4.5: Einfahrreihenfolge Auto 3 – Auto 2 – Auto 1.[209]

---

208 Quelle: Eigene Darstellung.
209 Quelle: Eigene Darstellung.

Agenten hängt u. a. von kommunikationstechnischen Parametern wie der Verfügbarkeit von Kommunikationskanälen, den Signallaufzeiten und Synchronisierungszyklen, KFZ-internen Verarbeitungszeiten usw. ab. Sie kann also nicht a priori explizit festgelegt oder vorhergesagt werden.

Die technische Realisierung unseres Beispiels geht von als *benevolente* Agenten modellierten autonomen Fahrzeugen aus, die einen wettbewerblichen Konflikt (konkurrierender Zugriff auf die knappe Ressource Kreuzung) in „freundlicher Kooperation" auflösen. Die Kreuzung wird von allen Agenten als partiell nur exklusiv zu nutzende Ressource erkannt und akzeptiert. Alle Agenten befolgen zuverlässig die Verkehrsregeln, kommunizieren ihre Fahrtwünsche in korrekter Weise an die anderen Verkehrsteilnehmer und nehmen für sich keine Vorrangrechte (wie bspw. polizeiliche Einsatzfahrzeuge) in Anspruch.

Der Sachverhalt wird in den Abbildungen 4.4/4.5 illustriert. Drei Fahrzeuge sind gleichzeitig bereit, in die Kreuzung einzufahren. In dieser Situation kommen folgende, allen Agenten bekannte Verhaltensregeln zum Einsatz:

- R1: Wenn selbst Rechtsabbieger → Einfahrt in die Kreuzung erlaubt
- R2: Wenn Gegenverkehr links abbiegt UND eigene Fahrtrichtung geradeaus → Einfahrt in die Kreuzung erlaubt
- R3: Wenn Gegenverkehr geradeaus UND eigene Fahrtrichtung links abbiegen → warten
- R4: Wenn Fahrzeug von rechts → warten
- R5: Wenn kein Fahrzeug von rechts → fahren

Wie die beiden Abbildungen zeigen, hängt die Reihenfolge des Einfahrens der autonomen Fahrzeuge direkt von der – aus technischen Gründen nicht vorhersagbaren! – Reihenfolge der Interaktionen (der dynamisch entstehenden „Kooperationstopologie") zwischen den Agenten ab.

Ganz anders sähe das Szenario aus, wenn sich einer dieser Agenten antagonistisch, kompetitiv oder strategisch verhalten würde. Im antagonistischen Fall würde ein Agent versuchen, zumindest einen anderen Agenten an der Durchführung seiner Pläne (Weiterfahrt) zu behindern oder absichtlich einen Unfall herbeizuführen[210]. Dazu könnte strategisches Verhalten eingesetzt werden, also die gezielte Kommunikation irreführender (unwahrer) Informationen über die eigenen Absichten.

In einem kompetitiven Szenario könnten die Agenten versuchen, Preisverhandlungen über das Recht auf Einfahrt in die Kreuzung durchzuführen, anstatt die vor-

---

210 Vgl. hierzu auch die 2015 bei einem Rennen in der Deutschen Tourenwagenmeisterschaft vom Audi-Teamchef Wolfgang Ulrich an den Audi-Fahrer Timo Scheider erteilte Order, den vor diesem fahrenden Mercedes durch Auffahren von der Strecke zu schieben. http://www.focus.de/sport/videos/ zoff-zwischen-audi-und-mercedes-timo-schieb-ihn-raus-der-abschuss-skandal-in-der-dtm-im-original -video_id_4855596.html (Abruf: 2015-08-29).

gegeben Verkehrsregeln einzuhalten,[211] oder die Kreuzung könnte selbst als Agent mitwirken und die Reihenfolge der Einfahrtsrechte meistbietend verkaufen.

Die sich daraus ergebenden Kooperationsszenarien beinhalten ein hohes Risiko von Missverständnissen und in der Folge von Unfällen. Es stellt sich die berechtigte Frage, ob und welche Sicherheitsvorkehrungen möglich sind, um derartige Situationen durch geeignete Lösungen zuverlässig zu vermeiden. Sollten dennoch Schäden eintreten, oder sollte sich dieses technische Entwicklungsziel womöglich als nicht vollständig erfüllbar erweisen, dann werden auch in juristischer Hinsicht neue Antworten zu Fragen der Verschuldung, der Haftung und des Schadensersatzes benötigt[212].

4.6 Schlussfolgerungen

Sowohl die möglichen Einschränkungen der Vorhersagbarkeit des Verhaltens von Softwareagenten als auch die Möglichkeit ihrer Ad hoc-Vernetzung zu Multiagentensystemen werfen offenbar rechtliche Fragestellungen auf, die erheblich über das Konzept der „Automatisierung" hinausreichen. Welche rechtlichen Fragen sind also zu stellen, wenn Softwareagenten resp. die von ihnen gesteuerten Fahrzeuge, Maschinen etc. sowie die durch das Zusammenwirken von Agenten dynamisch entstehenden Multiagentensysteme zukünftig tatsächlich eine „technische Autonomie" aufweisen?

Da die dazu erforderlichen Methoden bereits seit Jahrzehnten existieren, weltweit zum Kernbestand der Ausbildung von Softwaretechnikern zählen[213], und auch Robotik und Autonomik bereits hohe Reifegrade erzielt haben, werden derartige Cyber-physikalische Systeme früher oder später auch zum Einsatz kommen. Auch dürfte es kaum möglich sein, das Aufkommen derartiger Systeme durch Regulierung zu verhindern – wie könnten bspw. technisch autonome Fahrzeuge an den Außengrenzen des Schengenraums zuverlässig identifiziert und sicher an ihrer „Einreise" gehindert werden?

Fassen wir zusammen:
– Intelligente Softwareagenten haben im Gegensatz zu konventionellen Anwendungssystemen ein „Eigenleben" mit eigenen Lern- und Problemlösungsfähigkeiten. Sind diese Eigenschaften von Softwareagenten vergleichbar mit den Eigen-

---

211 So z. B. realisiert im EU FP6-Projekt BREIN für ein Flughafenszenario.

212 Vgl. Müller-Hengstenberg/Kirn, MMR 2014, 225 und 307.

213 Nach Auskunft der Universität Berkeley zählt das auch hier verwendete Standardwerk Russel/ Norvig (1995) mit einem Marktanteil von > 90 % (> 1.100 Universitäten in > 100 Ländern) zu den weltweit am häufigsten eingesetzten Lehrbüchern der KI. http://aima.cs.berkeley.edu/2nd-ed/ (Abruf: 2015-08-29).

schaften von Menschen oder juristischen Personen? Sind diese Softwareagenten ebenso geschäftsfähig und handlungsfähig wie Menschen? Oder gibt es bedeutende tatsächliche oder rechtliche Unterschiede?

- Kann also ein intelligenter Softwareagent im juristischen Sinn selbst Träger von Rechten und Pflichten sein?
- Wenn Softwareagenten nicht die rechtliche Qualifikation eines Menschen oder einer juristischen Person besitzen, wer ist dann für die Handlungen von Softwareagenten verantwortlich? Verantwortlich kann eigentlich nur jemand sein, der die Handlungen von Softwareagenten in irgendeiner Weise steuert, überwacht bzw. diese „beherrscht".
- Nach dem Stand der Technik ist aber eine vollständige Kontrolle bzw. Überwachung aller Lern- und Problemlösungsfähigkeiten nicht möglich. Wer haftet dann dafür?
- Ist es zumutbar, das Verhalten intelligenter Softwareagenten trotz deren technischer Eigenständigkeit und der oben erwähnten Emergenz von Multiagentensystemen einer natürlichen Person zuzurechnen, die dann ggf. dafür haftet? Gibt es rechtliche Grenzen der Haftung, Erfüllungs- und Mangelhaftung, wenn der Eintritt von Störungen oder Mängeln objektiv nicht beherrschbar und vorhersehbar ist?
- Welche Bedeutung hat die Produzenten- bzw. Produkthaftung für die Agentensoftware, wenn der Eintritt einer Störung auf keinem rechtlichen Verschulden eines Menschen beruht?
- Welche Sicherheitsvorkehrungen sind nach dem Gesetz oder der Rechtsprechung erforderlich, um Schäden oder Verletzungen von Rechtsgütern zu vermeiden?

Literatur

Arbeitskreis Smart Service Welt (Hrsg.): SMART SERVICE WELT: Umsetzungsempfehlungen für das Zukunftsprojekt Internetbasierte Dienste für die Wirtschaft. Berlin, 3. Februar 2014.

Asimov, I.: Alle Roboter-Geschichten. Bastei-Lübbe, 1987.

Baber, K.S./Park, J.: Agent Belief Autonomy in Open Multi-agent Systems. In: Nickles, M./Rovatsos, M./Weiß, G. (eds.): Agents and Computational Autonomy: Potential, Risks, and Solutions. Lecture Notes in Computer Science, Springer, 2004, S. 7–16.

Backstrom, C.: A Representation of Coordinated Actions by Interval Valued Conditions. Technical Report LiTH-IDA-R-88-06, Department of Computer and Information Science, Linkoping University, Sweden 1988.

BASt 2012: http://bast.opus.hbz-nrw.de/volltexte/2012/587/pdf/F83.pdf, S. 31 (Abruf: 2014-11-23).

Beavers, G./Hexmoor, H.: Types and Limits of Agent Autonomy. In: Nickles, M./Rovatsos, M./Weiß, G. (eds.): Agents and Computational Autonomy: Potential, Risks, and Solutions. Lecture Notes in Computer Science, Springer, 2004, S. 95–102.

Boissie, O./Padget, J./Dignum, F./Lindemann, G./Matson, E./Ossowski, S./Sichman, J.S./Vázquez-Salceda, J. (eds.): Coordiation, Organizations, Institutions, and Norms in multiagent Systems. LNAI 3913. Springer 1998.

Bond, A./Gasser, L. (eds.): Readings in Distributed Artificial Intelligence. Morgan Kaufman Publishers, San Mateo, California, 1988.

Bradshaw, J.M./Feltovich, P.J./Jung, H./Kulkarni, S./Taysom, W./Uszok, A.: Dimensions of Adjustable Autonomy and Mixed-Initiative Interaction. In: Nickles, M./Rovatsos, M./Weiß, G. (eds.): Agents and Computational Autonomy: Potential, Risks, and Solutions. Lecture Notes in Computer Science, Springer, 2004, S. 17–39.

Brynjolfsson, E./McAfee, A.: The Second Machine Age – Work, Progress, and Prosperity in a Time of Brilliant Technologies. Norton & Company, 2014.

Bundesamt für Sicherheit in der Informationstechnik: https://www.bsi.bund.de/DE/Themen/CloudComputing/Grundlagen/Grundlagen_node.html (Abruf: 2015-05-20).

Bundesministerium für Wirtschaft und Technologie (Hrsg.): Aktionsprogramm Cloud Computing. Berlin, Oktober 2010. URL: http://www.trusted-cloud.de/media/content/aktionsprogramm-cloud-computing.pdf (Abruf: 2015-05-20).

Burkhard, H.-D./Andre, E./Wachsmuth, I.: Softwareagenten. Unveröffentlichter Arbeitsbericht, Humboldt-Universität Berlin, 2000.

Burkhard, H.-D.: Theoretische Grundlagen (in) der Verteilten Künstlichen Intelligenz. In: Müller, H.-J. (Hrsg.): Verteilte Künstliche Intelligenz — Methoden und Anwendungen. B.I. Wissenschaftsverlag, Mannheim et al. 1993, S. 157–189.

Carabelea, C./Boissier, O./Florea, A.: Autonomy in Multi-Agent Systems: A Classification Attempt. In: Nickles, M./Rovatsos, M./Weiß, G. (eds.): Agents and Computational Autonomy: Potential, Risks, and Solutions. Lecture Notes in Computer Science, Springer, 2004, S. 103–113.

Castelfranchi, C.: Guarantees for Autonomy in Cognitive Agent Architecture. ECAI-94 Proceedings of the Workshop on Agent Theories, Architectures, and Languages. Springer 1995, p. 56–70.

Castelfranchi, C.: Founding agent's autonomy on dependence theory. 14th European Conference on Artificial Intelligence. IOS Press, 2000, pp. 353–357.

Castelfranchi, C./Falcone, R.: Founding Autonomy: The Dialectics Between (Social) Environment and Agent's Architecture and Powers. In: Nickles, M./Rovatsos, M./Weiß, G. (eds.): Agents and Computational Autonomy: Potential, Risks, and Solutions. Lecture Notes in Computer Science, Springer, 2004, S. 40–54.

Castelfranchi, C./Falcone, R.: Trust Theory – A Socio-Cognitive and Computational Model. Wiley, 2010.

Castelfranchi, C./Tan, Y.H. (eds.): Trust and Deception in Virtual Societies. Springer, 2001.

Conte, R.; Andrighetto, G./Campennì, M (eds.): Minding Norms – Mechanisms and Dynamics of Social Order in Agent Societies. Oxford University Press, 2014.

Conte, R./Castelfranchi, C.: Cognitive and Social Action. UCL Press, London, United Kingdom 1995.

Corsten, H.: Dienstleistungsmanagement. Verlag Oldenbourg, 1997.

Cossentino, M./Zambonelli, F.: Agent Design from the Autonomy Perspective. In: Nickles, M./ Rovatsos, M./Weiß, G. (eds.): Agents and Computational Autonomy: Potential, Risks, and Solutions. Lecture Notes in Computer Science, Springer, 2004, S. 140–150.

Das, R./Hanson, J.E./Kephart, J. O./Tesauro, G.: Agent-Human Interactions in the Continuous Double Auction. IJCAI 2001, Seattle.

Dastani, M./Dignum, F./Meyer, J.-J.: Autonomy and Agent Deliberation. In: Nickles, M./Rovatsos, M./ Weiß, G. (Eds.): Agents and Computational Autonomy: Potential, Risks, and Solutions. Lecture Notes in Computer Science, Springer, 2004, S. 114–127.

Doran, J.: Distributed Artificial Intelligence and the Modeling of Sociocultural Systems. Technical Report CSM-87, Department of Computer Science, University of Essex, United Kingdom 1987.

Durfee, E.: Posting at DAI-List Digest, Friday, 2 August 1991, Issue No. 45. Download-Archiv unter: http://www.cs.cmu.edu/afs/cs/Web/Groups/AI/pubs/lists/dai-list/dailist/ (Abruf: 2015-07-15).

Erman, L.D./Hayes-Roth, F.A./Lesser, V.R./Reddy, D.R.: The HEARSEY-II-Speech-Understanding System: Integrating Knowledge to Resolve Uncertainty. ACM Computing Surveys, Vol. 12, No. 2, June 1980, pp. 213–253.

Europäischer Gerichtshof: Urteil vom 13. Mai 2014 zum Verbot der Verletzung der Privatsphäre durch Internet-Suchmaschinen. URL: http://curia.europa.eu/juris/document/document.jsf?text=& docid=152065&pageIndex=0&doclang=de&mode=req&dir=&occ=first&part=1&cid=248357 (Abruf: 2015-05-27).

Ferber, J. Multiagentensysteme – Eine Einführung in die Verteilte Künstliche Intelligenz. Reihe Agententechnologie, Band 1, Addison-Wesley, München 2000.

Ferstl, O./Sinz, E.: Grundlagen der Wirtschaftsinformatik. 6. Aufl., Oldenbourg 2008.

FIPA – Foundation for Intelligent Physical Agents: FIPA 97 Specification Part 2: Agent Communication Language. Publication date: 1997-10-10. Siehe auch: http://www.fipa.org/specs/fipa00018/ OC00018.pdf (Abruf: 2015-08-28).

Franklin, S./Graesser, A.: Is it an Agent, or Just a Program? A Taxonomy for Autonomous Agents. Proceedings 3rd International Workshop on Agent Theories, Architectures, and Languages, Budapest, 1996, pp. 193–206.

Ghena, B./Beyer, W./Hillaker, A./Pevarnek, J./Halderman, J.A.: Green Lights Forever: Analyzing the Security of Traffic Infrastructure. Proceedings of the 8th USENIX Workshop on Offensive Technologies (WOOT '14), August 2014. Gilbert, N.: Agent-Based Models. Sage Publications, 2008.

Goodwin, R.: Formalizing Properties of Agents. School of Computer Science, Carnegie Mellon University, TR CMU-CS-93-159, Pittsburgh, PA, May 1993.

Gouaich, A.: Requirements for Achieving Software Agents Autonomy and Defining Their Responsibility. In: Nickles, M./Rovatsos, M./Weiß, G. (eds.): Agents and Computational Autonomy: Potential, Risks, and Solutions. Lecture Notes in Computer Science, Springer, 2004, S. 128–139.

Gutenberg, E.: Grundlagen der Betriebswirtschaftslehre. Erster Band: Die Produktion. 21. Auflage, Springer-Verlag, Berlin u. a., 1973.

Hasenkamp, U./Kirn, St./Syring, M. (Hrsg.): CSCW — Computer Supported Cooperative Work. Addison-Wesley, Bonn et al., 1994.

Haugeneder, H./Steiner, D.: Ein Mehragenten-Ansatz zur Unterstützung kooperativer Arbeit. In: Hasenkamp, U./Kirn, St./Syring, M. (Hrsg.): CSCW – Computer Supported Cooperative Work. Addison-Wesley, Bonn et al., 1994, S. 203–229.

Hess, Th.: Implikationen der Prinzipal-Agent-Theorie für das Management von Unternehmensnetzwerken. Arbeitspapiere der Abteilung Wirtschaftsinformatik II, Univ. Göttingen, Nr. 3/1999.

Hilgendorf, E. (Hrsg.): Robotik im Kontext von Recht und Moral. Nomos, 2014.

Huhns, M. (ed.): DAI-List Digest. Ohne Jahr.
Download-Archiv unter: http://www.cs.cmu.edu/afs/cs/Web/Groups/AI/pubs/lists/dai-list/dailist/ (Abruf: 2015-07-15).

Huhns, M.: Informal Communication from August 2, 1991. DAI-List Digest, Friday, 2 August 1991, Issue No. 45.

Jacobs, S.: Researchers Hack Into Michigan Traffic Lights – Security flaws in a system of networked stoplights point to looming problems with an increasingly connected infrastructure. 19. August 2014. URL: http://www.technologyreview.com/news/530216/researchers-hack-into-michigans-traffic-lights/ (Abruf: 2015-07-15).

Jin, X./Liu, J.: From Individual Based Modeling to Autonomy Oriented Computation. In: Nickles, M./Rovatsos, M./Weiß, G. (eds.): Agents and Computational Autonomy: Potential, Risks, and Solutions. Lecture Notes in Computer Science, Springer, 2004, S. 151–169.

Kirn, St.: Gestaltung von Multiagentensystemen – ein organisationszentrierter Ansatz. Habilitationsschrift, Univ. Münster, 1996.

Kirn, St.: Organizational Intelligence and Distributed Artificial Intelligence. In: O'Hare, G.M.P./Jennings, N.R. (eds.): Foundations of Distributed Artificial Intelligence. Wiley, 1996.

Kirn, St./Herzog, O./Krallmann, H./Spaniol, O./Zelewski, St.: Intelligente Softwareagenten und betriebswirtschaftliche Anwendungsszenarien: Vorschlag zur Einrichtung eines DFG-Schwerpunktprogramms. Ilmenau 1999.

Kirn, St./Herzog, O./Lockemann, P./Spaniol, O. (eds.): Multiagent Engineering: Theory and Applications in Enterprises. Springer, International Handbooks on Information Systems. 2006.

Kirn, St./Müller-Hengstenberg, C.-D.: Intelligente (Software-)Agenten: Von der Automatisierung zur Autonomie? Verselbstständigung technischer Systeme. MMR - MultiMedia und Recht, C.H. Beck 2014, S. 225–232.

Klett, G.: Kooperierende Expertensysteme mit Kontraktnetzarchitektur. Dissertationsschrift. FernUniversität Hagen, 1989.

Klusch, M.: Toward Quantum Computational Agents. In: Nickles, M./Rovatsos, M./Weiß, G. (eds.): Agents and Computational Autonomy: Potential, Risks, and Solutions. Lecture Notes in Computer Science, Springer, 2004, S. 170–186.

Lehmann, M./Giedke, A: Cloud-Computing – technische Hintergründe für territorial gebundene rechtliche Analyse. CR 2013, 608, 611.

Lobo, S.: S.P.O.N. – Die Mensch-Maschine. http://www.spiegel.de/netzwelt/web/s-p-o-n-die-mensch-maschine-die-kommende-virtualisierung-a-813742.html. 7.2.2012 (Abruf: 2015-05-27).

Maheswaran, R.T./Tambe, M./Varakantham, P./Myers, K.: Adjustable Autonomy Challenges in Personal Assistant Agents: A Position Paper. In: Nickles, M./Rovatsos, M./Weiß, G. (eds.): Agents and Computational Autonomy: Potential, Risks, and Solutions. Lecture Notes in Computer Science, Springer, 2004, S. 187–194.

Matsuda, T. (1991): Organizational Intelligence: Coordination of Human Intelligence and Machine Intelligence. In: P. Bourgine/B. Walliser (eds.): Economics and Cognitive Science. Selected Papers from CECOIA 2, July 1990, Paris. Pergamon Press, 1991, pp. 171–180.

Mertens, P.: Schwierigkeiten bei IT-Großprojekten der Öffentlichen Verwaltung. Friedrich-Alexander-Universität Erlangen-Nürnberg, Wirtschaftsinformatik I. Arbeitsberichte 2012, wi14132.

Metcalfe, B.: Metcalfe's Law: A network becomes more valuable as it reaches more users, Infoworld, Oct. 2, 1995.

Moore, G.E.: Cramming more components onto integrated circuits. In: Electronics. 38, Nr. 8, 1965, S. 114–117.

Müller-Hengstenberg, C.D./Kirn, St.: Vertragscharakter des ASP-Vertrags. Neue Juristische Wochenschrift 60 (2007), S. 2370–2373.

Müller-Hengstenberg, C.-D./Kirn, St.: Intelligente (Software-)Agenten: Eine neue Herausforderung unseres Rechtssystems? Rechtliche Konsequenzen der „Verselbstständigung" technischer Systeme. MMR - MultiMedia und Recht, 2014, S. 307–313.

Müller, H.-J. (Hrsg.): Verteilte Künstliche Intelligenz – Methoden und Anwendungen. B.I. Wissenschaftsverlag, Mannheim et al., 1993.

Munroe, S./Luck, M.: Agent Autonomy Through the 3M Motivational Taxonomy. In: Nickles, M./Rovatsos, M./Weiß, G. (eds.): Agents and Computational Autonomy: Potential, Risks, and Solutions. Lecture Notes in Computer Science, Springer, 2004, S. 55–67.

Murch, R./Johnson, T.: Agententechnologie – Eine Einführung. Addison-Wesley, München et al., 2000.

NATO Science Committee (ed.): SOFTWARE ENGINEERING TECHNIQUES: Report on a conference sponsored by the NATO Science CommitteeSCIENCE COMMITTEE. Rome, Italy, October 27–31, 1969.

NATO Science Committee (ed.): SOFTWARE ENGINEERING: Report on a conference sponsored by the NATO SCIENCE COMMITTEE Science Committee. Garmisch, Germany, October 7–11, 1968.

Newell, A./Simon, H.A.: "Computer Science as Empirical Inquiry: Symbols and Search," Communications of the ACM. vol. 19, No. 3, S. 116, März, 1976.

Nickles, M./Rovatsos, M./Weiß, G. (Eds.): Agents and Computational Autonomy: Potential, Risks, and Solutions. Lecture Notes in Computer Science, Springer, 2004.

Nwana, S.: Software Agents: An Overview. Knowledge Engineering Review, 11 (1996) 3, pp. 205–244.

Pacheco. O.: Autonomy in an Organizational Context. In: Nickles, M./Rovatsos, M./Weiß, G. (eds.): Agents and Computational Autonomy: Potential, Risks, and Solutions. Lecture Notes in Computer Science, Springer, 2004, S. 195–208.

Palandt: BGB Kommentar. 74. Auflage, C.H. Beck Verlag, 2015.

Panait, L./Luke, S.: Cooperative Multi-Agent Learning: The State of the Art. Autonomous Agents and Multi-Agent SystemsVolume 11 Issue 3, November 2005, Pages 387–434.

Rasmusen, E.: Games and Information – An Introduction to Game Theory. Blackwell Publishing, 2005.

Rosenschein, J.: Rational Interaction: Cooperation Among Intelligent Agents. PhD thesis, Computer Science Department, Stanford University, Stanford, California March 1985.

Rosenschein, E.: Posting at DAI-List Digest, Monday, 12 August 1991, Issue No. 46. Download-Archiv unter: http://www.cs.cmu.edu/afs/cs/Web/Groups/AI/pubs/lists/dai-list/dailist/ (Abruf: 2015-07-15).

Russell, St.; Norwig, P: Artificial Intelligence – A Modern Approach. Prentice Hall. 1995.

Schillo, M./Fischer, K.: A Taxonomy of Autonomy in Multiagent Organisation. In: Nickles, M./Rovatsos, M./Weiß, G. (eds.): Agents and Computational Autonomy: Potential, Risks, and Solutions. Lecture Notes in Computer Science, Springer, 2004, S. 68–82.

Schirrmacher, F.: Ego: Das Spiel des Lebens. Karl Blessing Verlag, 2013.

Sen, S./Weiss, G.: Learning in Multiagent Systems. In: G. Weiß (ed.), Multiagent Systems. MIT Press, 1999, pp. 259–298.

Shoham, Y./Powers, R.: Multi-Agent Learning I: Problem Definition. In: Sammut, C./Webb, G. (eds.): Encyclopedia of Machine Learning. Springer, 2010.

Shoham, Y./Powers, R.: Multi-Agent Learning II: Algorithms. In: Sammut, C./Webb, G. (eds.): Encyclopedia of Machine Learning. Springer, 2010.

Smith, R./Davis, R.: Frameworks for Cooperation in Distributed Problem Solving. IEEE Transactions on Systems, Man and Cybernetics, SMC-11/1, 1981, pp. 61–70.

Smith, R.: A Framework for Distributed Problem Solving. Proceedings of the Sixth International Joint Conference on Artifical Intelligence (IJCAI-79). Tokyo, Japan August 1979, pp. 836–841.

So, R./Sonenberg, L.: Agents with Initiative: A Preliminary Report. In: Nickles, M./Rovatsos, M./ Weiß, G. (eds.): Agents and Computational Autonomy: Potential, Risks, and Solutions. Lecture Notes in Computer Science, Springer, 2004, S. 237–248.

Soon, S/Pearce, A./Noble, M.: A Teamwork Coordination Strategy Using Hierarchical Role Relationship Matching. In: Nickles, M./Rovatsos, M./Weiß, G. (eds.): Agents and Computational Autonomy: Potential, Risks, and Solutions. Lecture Notes in Computer Science, Springer, 2004, S. 249–260.

Szyperski, N./Klein, St.: Informationslogistik und virtuelle Organisationen. Die Betriebswirtschaft, 53. Jahrgang 1993, Heft 2, S. 187–208.

Toussaint, M./Ritter, H./Jost, J./Igel, C.: Autonomes Lernen – Antrag auf Einrichtung eines neuen DFG-Schwerpunktprogramms (Kurzversion). München, Bielefeld, Leipzig und Bochum, 28. Mai 2010.

v. Martial, F.: Coordinating Plans of Autonomous Agents. Lecture Notes in Artificial Intelligence No. 610, Springer-Verlag, Berlin et al., 1992.

Van Dyke Parunak, H./Brueckner: Dynamic Imputation of Agent Cognition. In: Nickles, M./Rovatsos, M./Weiß, G. (eds.): Agents and Computational Autonomy: Potential, Risks, and Solutions. Lecture Notes in Computer Science, Springer, 2004, S. 209–226.

Verhagen, H.: Autonomy and Reasoning for Natural and Artificial Agents. In: Nickles, M./Rovatsos, M./Weiß, G. (eds.): Agents and Computational Autonomy: Potential, Risks, and Solutions. Lecture Notes in Computer Science, Springer, 2004, S. 83–94.

Weigand, H./Dignum, V.: I am Autonomous, You are Autonomous. In: Nickles, M./Rovatsos, M./ Weiß, G. (Eds.): Agents and Computational Autonomy: Potential, Risks, and Solutions. Lecture Notes in Computer Science, Springer, 2004, S. 227–236.

Weiß, Daniel: Flexibilisierung synchronisationsdefekter Beschaffungsketten: Entwurf eines fachkonzeptuellen Datenmodells für Logistik-Anwendungssysteme am Beispiel mechatronischer Produkte in der Automobilwirtschaft. Dissertationsschrift, Univ. Hohenheim, 2014.

Weiss, G. (ed.): Multiagent Systems – A Modern Approach to Distributed Artificial Intelligence. MIT Press, 1999.

Weiss, G. (ed.): Multiagent Systems. 2nd Edition. MIT Press, 2013.

Witkowski, M./Stathis, K.: A Dialectic Architecture for Computational Autonomy. In: Nickles, M./ Rovatsos, M./Weiß, G. (eds.): Agents and Computational Autonomy: Potential, Risks, and Solutions. Lecture Notes in Computer Science, Springer, 2004, S. 261–273.

Wooldridge, M./Jennings, N.R.: Intelligent Agents: Theory and Practice. Knowledge Engineering Review, 10 (1995) 2, pp. 115–152.

Yudkowsky, E.: Artificial Intelligence as a Positive and Negative Factor in Global Risk. In: Bostrom, N./Ćirković, M.M. (eds.): Global Catastrophic Risks. 2008, S. 308–345.

Yudkowsky, E./Salamon, A./Shulman, C./Kaas, S./McCabe, T./Nelson, R.: Reducing Long-Term Catastrophic Risks from Artificial Intelligence. The Singularity Institute, San Francisco, CA, 2010.

Zeit Online: Die Krise mit der Kiste – Computerbenutzer verzweifeln an ihren Geräten. Die Entwickler verstehen nicht, warum. Das kostet Jahr für Jahr Milliarden. Eine Ursachenforschung. DIE ZEIT, 21.09.2006 Nr. 39. Zitiert nach: http://www.zeit.de/2006/39/Software-Qualität (Abruf: 2012-08-08).

Zerdick, A./Picot, A./Schrape, K./Artopé, A./Goldhammer, K./Lange, U./Vierkant, E./López-Escobar, E./Silverstone, R.: Die Internet-Ökonomie: Strategien für die digitale Wirtschaft. European Communication Council Report. Springer-Verlag Berlin u. a., 2001.
ZfO: Schwerpunktheft „Kollektive Intelligenz", 79. Jahrgang, Heft Nr. 6/2010.
Zuboff, S.: In the Age of Smart Machine: The Future of Work and Power. Basic Books, New York, N.Y. 1988.

Internet-Quellen ohne Autor/Herausgeber

http://cedifa.de/wp-content/uploads/2013/07/01-AdditiveFertigungsverfahren.pdf (Abruf: 2015-07-15)
http://de.wikipedia.org/wiki/Virtualität (Abruf: 2014-03-03)
http://de.wiktionary.org/wiki/virtuell (Abruf: 2014-03-03)
http://rfc791.de/2009/03/11/iso-osi-referenzmodell/ (Abruf: 2015-07-15)
http://www.autonomik.de/ (Abruf: 2012-12-28)
http://www.generativ.fraunhofer.de
http://www.golem.de/specials/virtualisierung/ (Abruf: 2015-07-15)
http://www.research.ibm.com/cognitive-computing/watson/index.shtml (Abruf: 2015-05-21)
http://www.sfb814.forschung.uni-erlangen.de/index.shtml (Abruf: 2015-07-15)
http://www.siemens.com/innovation/apps/pof_microsite/_pof-spring-2013/_html_de/additive-manufacturing.html (Abruf: 2015-07-15)
http://www.software-cluster.org/de/forschung/publikationen (Abruf: 2015-05-20)
http://www.software-cluster.org/de/forschung/themen/emergente-software (Abruf: 2015-05-20)
http://www4.informatik.uni-erlangen.de/DE/Lehre/WS09/V_BS/Uebungen/oostubs/assembler.shtml (Abruf: 2014-08-28)
https://www.bsi.bund.de/DE/Themen/CloudComputing/Grundlagen/Grundlagen_node.html (Abruf: 2015-05-20)
http://www.focus.de/sport/videos/zoff-zwischen-audi-und-mercedes-timo-schieb-ihn-raus-der-abschuss-skandal-in-der-dtm-im-original-video_id_4855596.html (Abruf: 2015-08-29)
http://aima.cs.berkeley.edu/2nd-ed/ (Abruf: 2015-08-29)
http://www.faz.net/aktuell/gesellschaft/menschen/notlandung-minidrohne-auf-autobahn-392-bei-braunschweig-13000755.html (Abruf: 2015-08-29)
http://www.faz.net/aktuell/gesellschaft/staubsauger-roboter-verheddert-sich-im-haar-seiner-besitzerin-13418448.html (Abruf: 2015-08-29)

Teil B: **Die rechtlichen Herausforderungen**

1 Einleitung

Der Einsatz der Informations- und Kommunikationstechnologien (ITK) – gleich auf welcher Technologiebasis – dient in der Regel der digitalen Abwicklung von administrativen und kommunikativen Vorgängen in unserer organisierten Gesellschaft, wobei der Mensch zunehmend als mitwirkende Person – vielfach nur noch als Ressource angesehen – eingespart wird. Es gibt daher kaum noch einen Rechtsbereich, der nicht durch die IT betroffen ist.[1]

Im Hinblick auf die vorstehend beschriebenen Entwicklungen der Informations- und Kommunikationstechnologie ist zunächst die alles umfassende entscheidende Frage zu stellen, ob und inwieweit der Mensch für alle Rechtsverhältnisse oder rechtlich relevantes Handeln im Rechtsverkehr bzw. in unserer Gesellschaft noch verantwortlich ist oder ob er schon teilweise aus der Verantwortung entlassen wurde und wer dann haftet.

Mit anderen Worten: Wer kann Rechtsträger bzw. Rechtssubjekt sein? Können Rechtssubjekte, also Träger von Rechten und Pflichten, nur Menschen oder auch andere Gebilde – bspw. ein Computer oder ein autonom handelnder Softwareagent – sein? Gibt es eine Verantwortung, die nicht nur Menschen oder juristische Personen, sondern auch Computer tragen? Welche Bedeutung und welche Rolle hat der Mensch noch in einer vernetzten digitalen Welt?

Stefan Kirn hat in Teil A Ziff. 2.5.2 eine Reihe von Fragen an die Rechtswissenschaft gestellt, die sich bei der Anwendung der neuen Informations- und Kommunikationstechnologien ergeben.

Nachfolgend wird in Teil B Ziff. 2 untersucht, welche grundsätzliche Rolle der Mensch und die von ihm geschaffenen Organisationen im gesamten Rechtsgeschehen in unserer Gesellschaft haben, und ob es Grenzen der „Automatisierung" unserer Gesellschaft gibt. Die Teile B Ziff. 2 und Ziff. 3 beschäftigen sich mit den vielfältigen rechtlichen Fragen der neuen Informations- und Kommunikationstechnologien, im Wesentlichen unter dem Gesichtspunkt der Verantwortlichkeiten und Haftung der Menschen, die Einfluss auf die technische Wertschöpfung haben. Klärungsbedürftig ist, ob und inwieweit diese neuen Technologien mit unserer Rechtsordnung verträglich sind oder kollidieren. Diese Betrachtungen umfassen nur einige wichtige ausgewählte Rechtsbereiche.

---

1 Krcmar, Informationsmanagement (2010), Kap. 2.1 S. 9; Zelewski, Einsatz von Expertensystemen (1989), S. 1; siehe Teil A Einleitung.

2 Die rechtliche Bedeutung von Willenserklärungen; Rechtsnatur von Computerbefehlen

In der Informations- und Kommunikationstechnologie wird grundsätzlich zwischen den Inhalten bzw. der rechtlichen Bedeutung der „Information" als Mitteilung und der Art der Kommunikation unterschieden. Die Information ist auf Inhalte bzw. gedankliche Vorstellungen gerichtet, die Kommunikation hat die Aufgabe, diese Vorstellung oder Nachricht genau oder annähernd an einer anderen Stelle wiederzugeben.[2] Aber gerade hier stellt sich die Frage nach der Verantwortung für die Inhalte und Art der Kommunikation.

Bei dem Einsatz der neuen ITK-Technologien, die heute schon in Teilen die Übertragung von menschlichen Handlungsweisen auf automatisierte Handlungs- und Entscheidungsträger (autonome Softwareagenten) vorsehen, stellt sich die Frage, ob diese technisch-kognitive Leistungsfähigkeit mit der menschlichen Leistungsfähigkeit in einer Weise vergleichbar ist, dass sie als eine eigene Verantwortlichkeit im Sinne unserer Rechtsordnung oder nur als eine assistierende bzw. unterstützende Rolle angesehen werden kann (bspw. die Fahrerassistentensysteme im Auto oder Flugzeug).

2.1 Wer sind die Rechtssubjekte nach unserer Rechtsordnung? Welche Handlungsfähigkeit haben sie?

2.1.1 Die natürliche Person

Im Mittelpunkt aller gesellschaftsrelevanten Vorgänge steht nach der Verfassung der Bundesrepublik Deutschland der Mensch als Rechtssubjekt. Das Grundgesetz (GG) bezeichnet in den Kerngrundrechten der Art. 1 und 2 die Menschenwürde und die sich daraus ergebende Handlungsfreiheit als die obersten Werte unserer Wertordnung.[3] Wesentliche Grundlage des Schuldrechts des Bürgerlichen Gesetzbuches (BGB) ist demzufolge die Privatautonomie des Menschen, wie dieses auch in § 1 BGB festgehalten ist. Diese Privatautonomie zeigt sich in der „Selbstgestaltung der Rechtsverhältnisse durch den Einzelnen nach seinem Willen".[4]

Rechts- und Pflichtsubjekte sind nach dem Grundgesetz „alle Wesen, die von Natur aus fähig sind, Interessen zu haben. Das sind nur Menschen." Das bedeutet, dass der Mensch mit Geburt Träger von Rechten und Pflichten im Sinne der Art. 1, 2

---

2 Baecker, Kommunikation, Grundwissen der Philosophie (2004), S. 62, 63.
3 Hömig/Antoni, GG (2013), Art. 1 Rdnr. 2, 10; Wolff/Bachof/Stober/Kluth, Verwaltungsrecht (2007), § 34 Rdnr. 9; BVerfGE 50, 290.
4 Schiemann in Staudinger/Eckpfeiler (2011), S. 44.

GG und des § 1 BGB ist.[5] Rechtssubjekt bedeutet das Recht und die Pflicht zu haben, selbst durch eigenes Handeln Rechtsfolgen herbeizuführen oder seine Verhaltensweise so einzurichten, dass andere Rechtsgüter nicht verletzt werden.[6]

So unterscheidet das BGB zwischen der Geschäfts- und Handlungsfähigkeit (§§ 1, 104 ff. BGB), Deliktfähigkeit (§§ 1, 823 ff. BGB) und das Strafrecht beruht auf der Straffähigkeit (§§ 15, 25 StGB). Beide Rechtsbereiche gehen von der Einsichtsfähigkeit des Menschen und der menschlichen Steuerungsfähigkeit des Willens aus. Gleiches gilt für das Führen eines Kraftfahrzeuges (§ 2 Abs. 4 StVG) oder eines Flugfahrtzeuges (§ 4 LuftfahrtG); beides ist im Prinzip nur natürlichen Menschen unter bestimmten Voraussetzungen vorbehalten

Auch die sog. Gefährdungshaftung ist keine vollkommen von dem menschlichen Verhalten unabhängige Haftung, sondern basiert auf der nach dem Stand von Wissenschaft und Technik möglichen Gefahrsteuerung durch den handlungsfähigen Menschen.[7] So wird in der Rechtsliteratur dargelegt, dass „Verletzungshandlungen (sei es als Handlung oder als Unterlassung) nur ein der Steuerung durch Bewusstsein und Willen unterliegendes und insofern grundsätzlich beherrschbares menschliches Verhalten ist".[8]

2.1.2 Die juristische Person und Personengesellschaft

Das Recht auf „freie Gruppenbildungen" wie die Gründung von Vereinen, Gesellschaften und auch von juristischen Personen des Privatrechts (nicht des öffentlichen Rechtes) ergibt sich aus dem Grundrecht der Vereins- und Koalitionsfreiheit (Art. 9 GG) und gewährleistet, dass jeder Bürger und jede juristische Person sich ohne Rücksicht auf die Rechtsform zu einem gemeinsamen Zweck freiwillig zusammenschließen oder einer organisierten Willensbildung unterwerfen kann. Dieser Vereinsbegriff umfasst alle Vereine und Gesellschaften.[9]

Aber auch juristische Personen des Privatrechts können Pflicht- und Rechtssubjekte sein, aber anders als bei natürlichen Personen (Menschen) entstehen diese Rechte erst durch einen Hoheitsakt (Gesetz oder freier Staatsakt). Dieser Hoheitsakt verleiht den juristischen Personen erst den Status von Pflicht- und Rechtssubjekten.[10]

---

5 Wolff/Bachof/Stober/Kluth, Verwaltungsrecht (2007), § 32 Rdnr. 2.

6 MünchKommBGB/Wagner (2013), § 823 BGB Rdnr. 53; Brox/Walker, BGB (2010), § 33 Rdnr. 702; § 34 Rdnr. 728.

7 MünchKommBGB/Wagner (2013), § 823 BGB Rdnr. 53 und Vor § 823 BGB Rdnr. 49, 56. Haber in Staudinger/Eckpfeiler (2008), S. 939; Brox/Walker, BGB (2010), § 33 Rdnr. 702; § 34 Rdnr. 728, 736.

8 MünchKommBGB/Wagner (2013), § 823 BGB Rdnr. 53.

9 Hömig/Bergmann, GG (2013), Art. 9 Rdnr. 1.

10 Wolff/Bachof/Stober/Kluth, Verwaltungsrecht (2007), § 32 Rdnr. 6; § 34 Kap. III Rdnr. 21; Saenger, Gesellschaftsrecht (2010), § 2 Rdnr. 11–15.

Juristische Personen sind „die von der Rechtsordnung als selbständige Rechtsträger anerkannten Personenvereinigungen wie z. B. eingetragene Vereine, Personalbzw. Kapitalgesellschaften sowie alle Behörden oder sonstige juristische Personen des öffentlichen Rechts wie Körperschaften, Anstalten oder Stiftungen des öffentlichen Rechts".[11]

Die Personengesellschaften wie bspw. die Gesellschaft des bürgerlichen Rechts (BGB-Gesellschaft) oder die offene Handelsgesellschaft (OHG) sind keine juristischen Personen; ihre Gründung beruht auf einem schuldrechtlichen Gesellschaftsvertrag, bei dem sich die Gesellschafter gegenseitig verpflichten und die Gesellschaft gemeinsam führen. Dennoch haben die Personengesellschaften eine gewisse Rechtsfähigkeit.[12]

Hier stellt sich die Frage, welche Verantwortung nach dem deutschen Rechtssystem eine natürliche oder juristische Person hat und ob diese Grundsätze auf eine technische Einrichtung übertragbar sind, die eine eigene Einsichts- und Steuerungsfähigkeit hat.

2.1.3 Die Gesellschaftsformen im Privatrecht

Grundsätzlich ist zunächst im Zivilrecht zwischen den Personengesellschaften und den Körperschaften zu unterscheiden.

Beide Gesellschaftsformen sind rechtsfähig und können Zuordnungssubjekte von Rechten und Pflichten sein, wie bspw. Inhaber von Vermögensrechten, Eigentum, Forderungen aus Schuldverträgen sowie Rechtssubjekte von Steuern wie Ertrags- und Körperschaftssteuern.

Personengesellschaften wie die BGB-Gesellschaft oder OHG sind „Schuldverhältnisse der Gesellschafter", die gesamthänderisch verbunden sind und die sich im Unterschied zu den Kapitalgesellschaften selbst verwalten (Mitgliederselbstverwaltung). Kraft dieser Gemeinschaft sind sie geschäftsführungs- und vertretungsberechtigt.[13]

Die juristischen Personen bzw. Kapitalgesellschaften wie AG, GmbH sind im Vergleich mit Personengesellschaften (BGB-Gesellschaft, OHG) weitgehend selbstständig und bestehen nicht aus einer Anzahl von persönlichen Gesellschaftern, sondern vielmehr von Kapitalgebern. Die juristische Person besteht nur aus Organen wie der Mitgliederversammlung, dem Aufsichtsrat und dem Vorstand.[14]

---

11 Brox/Walter, BGB (2010),§ 34 II Rdnr. 731, 735; Palandt/Ellenberger, BGB (2014), Einf. V § 21 Rdnr. 3.
12 Saenger, Gesellschaftsrecht (2010), § 3 Rdnr. 42, 49; BGH, Urt. v. 20.2.2002, III ZR 331/00, NJW 2002, 1207, 1208; Palandt/Ellenberger, BGB (2014), Einf. v. § 21 Rdnr. 2.
13 So Saenger, Gesellschaftsrecht (2010), § 3 Rdnr. 49.
14 MünchKommBGB/Ulmer (2004), Vor § 705 Rdnr. 1, 10 und 11. Saenger, Gesellschaftsrecht (2010), § 2 Rdnr. 12, 49 und § 156 Kap. 1 Rdnr. 520.

Die juristischen Personen bzw. Körperschaften erlangen aber erst kraft Gründungsakt und Eintragung ins Handelsregister diese selbstständige Rechtsfähigkeit. Ihre Vertretungsorgane ergeben sich nicht aus der Mitgliedschaft der Gesellschafter, sondern werden – unabhängig von der Mitgliedschaft – erst noch gemäß Satzung berufen.[15]

Daraus folgt, dass das Handeln der Organe von juristischen Personen nicht als ein Vertretungsverhältnis, sondern als eigenes „organschaftliches Eigenhandeln" anzusehen ist.[16]

2.1.4 Die juristische Person des öffentlichen Rechts

Die öffentliche Verwaltung im formellen und organisatorischen Sinne ist die „Gesamtheit der Glieder und Organe der Europäischen Union sowie der inneren staatlichen Organisation, die in der Hauptsache zur öffentlichen Verwaltung im materiellen Sinne bestellt sind." Davon zu unterscheiden sind die Organe der Gesetzgebung, Regierung und Rechtsprechung".[17]

Im Unterschied zu der Gründung von juristischen Personen des Privatrechts oder Vereinen, die durch einen Akt der Freiwilligkeit oder der Privatautonomie gegründet werden, ist die Organisation der öffentlichen Verwaltung gesetzlich vorgegeben und beruht auf der Verfassung Art. 30 GG oder Art. 83, 84 ff. GG (für die Bundesverwaltung), Art. 69, 70 der LV BW (für die Landesverwaltung Baden-Württemberg) und darauf beruhenden Verwaltungsvorschriften wie die Landesverwaltungsgesetze.[18]

Die Handlungsbefugnis der öffentlichen Verwaltung richtet sich nach der durch Bundes- und Landesverwaltungsgesetze bzw. der durch Gemeindeordnungen der Länder vorgegebenen Organisation, die wiederum auf den Vorschriften der Bundes- und Landesverwaltungen bzw. der Gemeindeordnungen beruht und nicht willkürlich ohne gesetzliche Grundlage geändert werden kann.[19]

Der Organverwalter handelt dabei jeweils aufgrund der gesetzlichen zugewiesenen Kompetenz im Namen des Organs und damit der Verwaltungsbehörde.

Demzufolge kann davon ausgegangen werden, dass die Personalgesellschaft oder alle juristischen Person jeweils Rechtssubjekte sind, die mit Handlungsrechten ausgestattet sind.

---

15 Beuthien, Gibt es eine organschaftliche Stellvertretung? NJW 1999, 1042,1043 und Beuthien, Zur Grundlagenungewissheit des deutschen Gesellschaftsrechts NJW 2005, 855, 857; MünchKommBGB/ Ulmer (2004), Vor § 705 Rdnr. 23.

16 BGH, Urt. v. 9.11.2002 – lwZR 4/01 – NJW 2002, 1194, 1195.

17 Wolff/Bachof/Stober/Kluth, Verwaltungsrecht (2007), § 3 Rdnr. 22.

18 Wolff/Bachof/Stober/Kluth, Verwaltungsrecht (2007), § 35 Rdnr. 12–15.

19 Wolff/Bachof/Stober/Kluth, Verwaltungsrecht (2007), § 35 Rdnr. 3, 12–15; Hömig/Risse, GG (2013), § 30 Rdnr. 1.

2.1.5 Verantwortlichkeiten, Wissenszurechnung und Vertretung

Grundsätzlich ist hier zwischen dem Träger der Haftung und der Wissenszurechnung zu natürlichen und juristischen Personen zu unterscheiden.

Normalerweise nimmt die natürliche Person ihre rechtsgeschäftlichen Erklärungen und Handlungen selbst wahr und haftet auch für die Inhalte und Rechtsfolgen. Sie kann aber auch einen Vertreter mit der Wahrnehmung ihre Aufgaben (§§ 164, 662, 675 BGB) beauftragen.

Der Vertreter gibt zwar eine eigene Erklärung ab, die aber – wie bei allen rechtsgeschäftlichen Erklärungen – unmittelbar für oder gegen den Vertretenen wirkt (§ 164 BGB). Daher kommt es bei Irrtümern oder Treu und Glauben auf die Kenntnis des Vertreters und nicht des Vertretenen an (§ 166 Abs. 1 BGB). Der Vertretene kann sich aber nicht der Verantwortung für Umstände entziehen, die er selbst kannte oder hätte kennen müssen. (§ 166 Abs. 2 BGB).

Schwieriger wird die Frage, ob und wem die Verantwortung für Handlungen einer juristischen Person zugerechnet wird. Die Frage ist im Rahmen dieses Beitrages wichtig, ob es für die Haftung von Handlungen einer juristischen Person erforderlich ist, dass die haftungsbegründende Verletzung durch eine natürliche Person (einem Menschen) erfolgte, die diese auch zu vertreten hat. Der Hintergrund der Frage ist, dass die §§ 164 BGB davon ausgehen, dass der Vertreter eine „andere Person" vertritt. Die satzungsmäßigen Organe einer juristischen Person sind aber „Bestandteil" der juristischen Person.[20]

Bei Handlungen von juristischen Personen ergibt sich die Haftung aus dem § 31 BGB bzw. den anderen Spezialvorschriften § 93 Abs. 1 AKTG bzw. § 43 Abs. 2 GmbHG. Hierbei ist stets ein Verschulden des Vorstandes bzw. Vorstandsmitglieds Voraussetzung für die Haftung.[21] Die speziellen Regelungen der § 78 Abs. 2 S. 3 AktG und § 35 Abs. 2 S. 3 GmbHG sehen zudem vor, dass es für die Wirksamkeit von Willenserklärungen gegenüber einer Aktiengesellschaft oder GmbH ausreicht, wenn diese Erklärungen gegenüber Mitgliedern des Vorstandes abgegeben worden sind. Hierzu ist anzumerken, dass die §§ 31 BGB, § 93 AktG, § 35 GmbH keine haftungsbegründenden Vorschriften sind, sondern nur die Zurechnung der Haftung festlegen. Die haftungsbegründenden Voraussetzungen ergeben sich aus den allgemeinen zivil- oder strafrechtlichen Vorschriften. Diese Haftung wird daher auch als „Repräsentantenhaftung" bezeichnet, weil durch Vorschriften die Haftung der juristischen Personen für das Handeln ihrer satzungsgemäßen Organe, wie Vorstand oder Geschäftsführung, geregelt wird.[22]

---

20 Ermann/Maier-Reimer, BGB (2011), Vor § 164 Rdnr. 14.
21 Palandt/Ellenberger, BGB (2015), § 31 Rdnr. 2.
22 Erman/Westermann, BGB (2011), § 31 Rdnr. 1; Beuthien, Gibt es eine organschaftliche Stellvertretung? NJW 1999, 1141, 1142.; a. A. Palandt/Ellenberger, BGB (2014), § 26 Rdnr. 3.

Die Meinungen in der Rechtsliteratur[23] sind in dieser Fragestellung geteilt, ob die Wissenszurechnung über § 166 BGB (Vertretungstheorie) oder § 31 BGB (Organtheorie) erfolgt.[24]

In der Rechtsliteratur[25] wird darauf hingewiesen, dass die Handlungen des Organs „Eigenhandlungen" der juristischen Person sind und daher die Rechtsfolgen dem Organ, und somit der Organisation zugerechnet werden. Gegen die Wissenszurechnung gemäß § 166 BGB spricht, dass ein eigenes Handeln der Körperschaft durch ihre Organe nicht als eine fremde Handlung im Sinne der Stellvertretung angesehen werden kann. Die Gesellschaftsorgane haben nicht die Eigenschaft einer „eigenständigen" Person, sondern werden mit Personen – also Menschen – besetzt. Für die Haftung von juristischen Personen ist daher alleine nur der § 31 BGB maßgeblich.[26]

Zwar besteht insofern ein Unterschied, dass bei einer Personalgesellschaft, bspw. eine Gesellschaft des bürgerlichen Rechts, im Prinzip nur die Gesamtheit der Gesellschafter zur Gesamtgeschäftsführung berechtigt ist.

Anders ist die Rechtslage bei einer Kapitalgesellschaft wie die Aktiengesellschaft; hier ist der Vorstand – und nicht die Aktionäre – allein zu rechtsgeschäftlichen Handlungen berechtigt.[27]

Nach der überwiegenden Rechtsauffassung[28] kann jedoch davon ausgegangen werden, dass der § 31 BGB für alle Arten von juristischen Personen einschließlich der öffentlichen Hand, wie öffentlich rechtliche Körperschaften oder private Kapitalgesellschaften direkt und auch grundsätzlich für Personalgesellschaften zur Anwendung kommt, wobei die Zurechnung von Wissen auch analog § 166 BGB erfolgen kann, wenn die Willenserklärungen privat zugesandt wurden. In diesem Zusammenhang ist die Entscheidung des Bundesgerichtshofs (BGH, Urt. v. 31.7.2003)[29] interessant, die sich mit der Frage beschäftigt, ob eine Willenserklärung, die nicht dem Organ der

---

23 Siehe den Meinungsstand bei Fleischer, NJW 2006, 3239, 3242; Beuthien, Gibt es eine organschaftliche Stellvertretung? NJW 1999, 1141 f.

24 Beuthien, Gibt es eine organschaftliche Stellvertretung? NJW 1999, 1141, 1142.

25 Wolff/Bachof/Stober/Kluth, Verwaltungsrecht (2007), § 35 Rdnr. 12–15; Ermann/Maier-Reimer, BGB (2011), Vor § 164 Rdnr. 14; Beuthien, Gibt es eine organschaftliche Stellvertretung? NJW 1999, 1141, 1142.

26 Erman/Westermann, BGB (2011), § 31 Rdnr. 9. Beuthien, Die Grundlagenungewissheit des deutschen Gesellschaftsrechts, NJW 2005, 855, 857; Brox/Walker, Allgemeiner Teil des BGB (2010), § 33 Rdnr. 702; § 34 Rdnr. 728, 746; BGH, Urt. v. 19.7.2007 – I ZR 137/04 – CR 2007, 728.

27 MünchKommBGB/Ulmer (2004), § 705 Rdnr. 254–257; Fleischer, Zur Privatsphäre von GmbH-Geschäftsführern und Vorstandsmitgliedernn: Organpflichten, organschaftliche Zurechnung und private Zurechnung, NJW 2006, 3239, 3242; BGH, Urt. v. 9.11.2002 – I ZR 4/01 – NJW 2002, 1194, 1195; Saenger, Gesellschaftsrecht (2010), Rdnr. 174, 571.

28 BGH, Urt. v. 24.2.2003 – II ZR 385/99 – NJW 2003, 1445 f.; Palandt/Ellenberger, BGB (2014) § 31 Rdnr. 3. Habermaeier in Staudinger/Eckpfeiler (2011) Kap. R, Rdnr. 33.

29 BGH, Urt. v. 31.7.2003 – III ZR 352/02 – NJW 2003, 3270.

Gesellschaft, sondern einem Organvertreter privat zugestellt wurde, nach § 31 BGB oder nach § 164 BGB zu bewerten ist. Der BGH hat hier den § 166 analog angewandt.[30]

Etwas anders ist die Rechtslage bei der öffentlichen Verwaltung, bei der nicht rechtsgeschäftliche Handlungen, sondern hoheitliche „Handlungen" wie Verwaltungsakte und Anordnungen im Vordergrund stehen. Hier gilt der Art. 33 Abs. 4 GG, nach dem die Ausübung hoheitlicher Befugnisse nur durch Beamte vorgenommen werden darf. Durch diese Verfassungsvorschrift soll die Kontinuität hoheitlicher Funktionen des Staates gewährleistet werden.[31] Bei obrigkeitlichen Handlungen finden die Grundsätze des Privatrechts keine unmittelbare Anwendung bspw. bei einem Eingriff in die Gewerbefreiheit durch eine Rechtsverordnung oder eine kommunale Satzung.[32] Bei pflichtwidrigem Hoheitshandeln durch Amtsträger haftet nach Art. 34 GG der Staat oder die Körperschaft, in deren Dienst die Amtsträger stehen.

Aber auch hier beruht letztlich jede Handlung auf einer Entscheidung einer natürlichen Person (Menschen), wie aus dem Art. 34 GG zu entnehmen ist.

Der Art. 34 GG sieht nämlich eine Haftung des Staates vor, wenn der Amtsträger in Ausübung seines öffentlichen Amtes vorsätzlich oder grobfahrlässig handelt und einem Dritten ein Schaden zugefügt wurde. Die Verwaltung von Unternehmen und Behörden basiert in der Regel auf einer arbeitsteiligen Organisation. Die einzelnen Organisationsabteilungen verfügen entsprechend ihrer Aufgabe nur über ein begrenztes Wissen. Was ist, wenn eine nicht zuständige Abteilung Kenntnis über einen Sachverhalt erhält, für den sie nicht zuständig ist?

Wie geschieht hier die Wissenszurechnung bei einer solchen arbeitsteiligen Organisation? In diesem Zusammenhang sind die Ausführungen des BGH (Urt. v. 2.2.1996)[33] zu der Frage maßgebend, wem bei einer organisatorischen Aufspaltung der gemeindlichen Funktionen das Wissen zugerechnet werden muss. Der BGH ist der Meinung, dass ein Bürger, der mit einer Gemeinde einen Vertrag schließt und ihr als Gemeinde ein Vertrauen entgegenbringt, im Prinzip nicht schlechter gestellt werden darf, als wenn der Vertrag nur mit einer natürlichen Person geschlossen worden ist. Auf der Grundlage des § 166 BGB kann jeder als „Wissensvertreter" angesehen werden, der nach der Arbeitsorganisation des Geschäftsherrn oder der Behörde dazu berufen war, als Repräsentant bestimmte Aufgaben zu erledigen; dabei braucht dieser nicht ausdrücklich als rechtsgeschäftlicher Vertreter oder „Wissensvertreter" bestellt zu sein. Maßgeblich ist das Aktenwissen der Organisation. Die Organisation ist verpflichtet,

---

30 Kritisch hierzu Fleischer, Zur Privatsphäre von GmbH-Geschäftsführern und Vorstandsmitgliedern: Organpflichten, organschaftliche Zurechnung und private Zurechnung, NJW 2006, 3239, 3242.
31 Hömig/Bergmann, GG (2013), § 33 Rdnr. 10.3.
32 Wolff/Bachof/Stober/Kluth, Verwaltungsrecht (2007), § 36 Rdnr. 14a. Hier spielt das Verschulden beim Erlass der Rechtsverordnung oder Satzung keine Rolle. Wolff/Bachof/Stober/Kluth, Verwaltungsrecht (2007) § 36 Rdnr. 22, § 49 Rdnr. 63.
33 BGH, Urt. v. 2.2.1996 – V ZR 239/94 – NJW 1996, 1339, 1340.

die Verfügbarkeit des Wissens zu organisieren. Es kommt hierbei darauf an, ob die betreffende Angelegenheit in den Aufgabenkreis der Stelle der Behörde fällt.[34]

In einer neuen Entscheidung (BGH Urt. v. 28.2.2012)[35] stellt der BGH aber darauf ab, ob der der Bedienstete der zuständigen Abteilung der Behörde Kenntnis von einem Sachverhalt erhält. Die Kenntnis einer anderen Abteilung, die für die Bearbeitung der Angelegenheit nicht zuständig ist, ist „ohne Belang".

Aus der vorstehenden Ausführung folgt, dass Personengesellschaften oder alle juristischen Personen nur dann für Schäden haften, wenn der Vorstand, ein Mitglied des Vorstandes oder ein verfassungsmäßig berufener Vertreter in Ausführung seiner Aufgabe seine Pflichten verletzt hat. Diese Haftung greift nach der wohl vorherrschenden Rechtsmeinung nicht nur bei Schadensersatzansprüchen, sondern bei der Zuordnung jeglichen rechtswidrigen Verhaltens.[36]

Folgerungen

Ein Computersystem, ein Softwareagent oder Multiagentensysteme verfügen nicht über die Qualifikation bzw. Eigenschaften eines rechtlich anerkannten Rechtssubjekts. Es ist keine Norm bekannt, die ein Computersystem, eine Software oder einen Softwareagenten als ein rechtsfähiges Rechtssubjekt anerkennt.[37]

Wie § 37 VwVfG zu entnehmen ist, haben diese technologischen Einrichtungen dieselbe rechtliche Qualifikation wie ein Telefon, Fax-Gerät oder ein elektronischer Rechner; sie sind alle technische Hilfsmittel.

Bei der Frage nach der Rechtsfähigkeit von Rechtssubjekten kommt es darauf an, ob diese Rechtssubjekte in freier Abwägung von Interessen Rechtsfolgen begründen können. Nach dem heutigem Stand der Wissenschaft und Technik verfügen nur natürliche Personen über die Eigenschaften, frei und selbstverantwortlich über unterschiedliche Interessen und Wertigkeiten abzuwägen und zu entscheiden.

Aus den §§ 31, 31a BGB, § 93 Abs. 2 AktG und § 43 GmbHG ist unzweifelhaft zu entnehmen, dass es keine Haftung einer juristischen Person ohne schuldhaftes Handeln des Organs und der mit der Wahrnehmung der Aufgaben des Organs beauftragten natürlichen Person gibt.[38] Die vorstehend aufgeführten Vorschriften über die persönliche Haftung von Vorstands- oder Organmitgliedern gehen stets von einem Verschul-

---

34 BGH, Urt. v. 20.10.2011 – III ZR 252/10 – MDR 2012, 151, Rdnr. 12; BGH, Urt. v. 28.2.2012 – VI ZR 9/11 – NJW 2012, 1789, 1790 Rz. 9, 12, 13; s. a. Ermann/Maier-Reimer, BGB (2011), § 166 Rdnr. 17 ff.

35 BGH, Urt. v. 28.2.2012 – VI ZR 9/11 – NJW 2012, 1789, 1790; a. A. Ermann/Maier-Reimer, BGB (2011), § 166 Rdnr. 21 f.

36 Hebermaier in Staudinger/Eckpfeiler (2008), S. 794.

37 So auch Sester/Nitschke, Software-Agent mit Lizenz, CR 2004, 548, 550.

38 Brox/Walker, BGB (2010), Rdnr. 748, 749, 750.

den eines Vorstandsmitglieds aus; dieses gilt auch bei der Verletzung von Amtspflichten bei der Ausübung eines öffentlichen Amtes [39]

Ein Rechtssubjekt, das abstrakt ohne irgendeine Form der verantwortlichen Mitwirkung oder „Mitverursachung" einer natürlichen Person, die handlungsfähig, d. h. deliktfähig und haftungsfähig ist, kennt unser Rechtssystem nicht.

Bezeichnend ist für diese Feststellung bspw. der Art. 33 Abs. 4 GG. Aus dieser Verfassungsvorschrift kann entnommen werden, dass hoheitliche Befugnisse nur durch einen Angehörigen des öffentlichen Dienstes, also einer natürlichen Person wahrgenommen werden dürfen und können. In diesem Zusammenhang ist besonders die institutionelle Garantie des Berufsbeamtentums zu sehen, die durch einen autonomen intelligenten Softwareagenten nicht wahrgenommen werden kann. Besonders deutlich wird dieses Prinzip durch die Ausübung des Richteramtes (Art. 92 GG), deren Ausübung nur einen Berufsrichter, also einer natürlichen Person vorbehalten ist.[40]

Dennoch übernimmt zunehmend die Computertechnik die Abwicklung von Geschäftsvorgängen oder von Verwaltungsverfahren bis hin zum Erlass von Verwaltungsakten bzw. die Steuerung von Verfahrensvorgängen oder die Steuerung des Straßenverkehrs durch selbsttätige, vom Verkehrsaufkommen abhängige Ampelschaltungen, jeweils unter Einsparung von menschlichen Ressourcen.

Es stellt sich daher die berechtigte Frage, wie weit unser Rechtssystem auf die verantwortliche Mitwirkung des Menschen verzichten kann bzw. welche Rolle und Verantwortung der Mensch in dieser digitalisierten Welt des Rechtsverkehrs hat bzw. in welchem Umfang eine Verantwortung zumutbar ist und welche Risiken für die Gesellschaft entstehen.

Im Hinblick auf die Breite und Vielschichtigkeit dieser Problemstellung kann sich die nachfolgende Untersuchung nur auf einige Rechtsgebiete beschränken, die für den normalen Rechtsverkehr von Bedeutung sind.

2.1.6 Rechtliche Schuldverhältnisse

Ein rechtliches Schuldverhältnis ist eine Sonderverbindung zwischen mindestens zwei Personen, in der die eine Person, der Gläubiger, berechtigt ist, von dem anderen, dem Schuldner, eine Leistung zu verlangen. Eine wichtige Voraussetzung ist, dass die Personen auch geschäftsfähig sind (§ 104 BGB), also die Einsichts- und Urteilsfähigkeit haben, Rechtsgeschäfte nach eigenem Willen in Kenntnis der Rechtsfolgen abzuschließen.[41]

---

39 Wolff/Bachof/Stober/Kluth, Verwaltungsrecht (2007), § 36 Rdnr. 12, § 55 Rdnr. 142, 145; Hömig/Antoni, GG (2013), Art. 34 Rdnr. 5.
40 Hömig/Bergmann, GG (2013), § 33 Rdnr. 9a, 10.
41 Erman/Müller, BGB (2011), Vor § 104 Rdnr. 1; Brox/Walker, BGB (2010), § 12 Rdnr. 259.

Bei Eingehung des Schuldverhältnisses haben die Beteiligten ihren Willensbildungsprozess soweit abgeschlossen, dass ein auf den Leistungsaustausch gerichteter Vertrag abgeschlossen werden kann. Die Festlegung des Inhalts des Vertrages unterliegt der Privatautonomie der Vertragsparteien.[42] Es kommt demnach maßgeblich auf die „korrespondieren" Willenserklärungen der Vertragspartner an. Vertragspartner können natürliche und juristische Personen sein.

Aus § 166 BGB ist aber zu entnehmen, dass es bei Verträgen mit juristischen Personen nicht auf den Willen des Vertretenen, also der juristischen Person, sondern des handelnden Vertreters bspw. des Geschäftsführers, Vorstandsmitglieds oder Prokuristen ankommt §§ 713, 714 BGB, §§ 53 f, 144 HGB; § 78 AktG).

Wie die kurzen Erläuterungen zeigen, kennt unser Zivilrecht keine Handlungen mit Rechtsfolgen, an denen nicht eine natürliche Person irgendwie verantwortlich mitgewirkt hat.

Die Haftungsrisiken des Zivil- und Deliktrechts basieren im Prinzip auf den Grundsätzen der Pflichtverletzung durch natürliche Personen.[43]

Eine Pflichtverletzung liegt nach der Rechtsliteratur bei einem objektiven Verstoß gegen vertragliche oder gesetzliche Pflichten vor, gleichgültig ob es sich um Haupt- oder Nebenpflichten handelt. Hierbei kommt es nicht in erster Linie darauf an, dass ein Schuldner die Pflichtverletzung zu vertreten hat. Die Pflichtverletzung umfasst somit alle Fälle der Leistungsstörung, der Schlecht- oder mangelhaften Leistung. Im Unterschied zum Strafrecht beruht der zivilrechtliche Schadensersatzanspruchs auf dem Grundsatz des Ausgleichs von Schäden. Das Ziel des Strafrechts ist demgegenüber die Vergeltung begangenen Unrechts und Prävention.[44]

Nur bei der Geltendmachung von Schadensersatz kommt es auf ein Verschulden der handelnden Person im Sinne der §§ 276, 823 ff. BGB an.[45]

Nach der Rechtsliteratur[46] dient der Schadensersatz dem Ausgleich des Schadens, der dem Geschädigten entstanden ist. Mit Recht wird in der Rechtsliteratur[47] angemerkt, dass die Bedeutung des Schadensersatzes in der zunehmend technisierten Welt sich verändert hat.

Das ursprüngliche Abwicklungsverhältnis zwischen Schädiger und Geschädigten wurde vielfach durch „kollektive Schadenstragungssysteme" ersetzt.

Die mit der zunehmenden Technisierung entstandenen neuen Risiko- und Haftungssituationen wurden vielfach durch Spezialgesetze wie bspw. das Produkt-,

---

42 Busche in Staudinger/Eckpfeiler (2011), Kap. F Rdnr. 24 ff; Palandt/Grüneberg, BGB (2014), Einleitung § 241 Rdnr. 3.
43 Kaiser in Staudinger/Eckpfeiler (2015), Kap. I Rdnr. 2; Vieweg in Staudinger/Eckpfeiler (2011), Kap. J Rdnr. 124.
44 MünchKommBGB/Wagner (2004), Vor § 823 Rdnr. 36, 37; Hager in Staudinger/Eckpfeiler (2015), Kap. T Rdnr. 102.
45 Erman/Westermann, BGB (2011), Vor §§ 275–292, Rdnr. 1.
46 Vieweg in Staudinger/Eckpfeiler (2015), Kap. J Rdnr. 8 f.
47 Vieweg in Staudinger/Eckpfeiler (2015), Kap. J Rdnr. 10.

Atom- und Umwelthaftungsgesetz geregelt, bei denen das Vorliegen eines Verschuldens als Haftungsvoraussetzung für einen Schadensersatzanspruch durch die verschuldensunabhängige Gefährdungshaftung ersetzt wurde, bspw. in § 7 STVG oder in der Produkthaftung (§§ 1, 4 ProdHaftG) und in § 26 Umweltschadensgesetz. Allerdings bezieht sich die Verantwortlichkeit und Haftung immer auf natürliche bzw. juristische Personen.[48]

Wie oben bereits kurz dargestellt, ermöglicht die Softwareagenten-Technologie, dass einzelne rechtlich relevante Handlungen in einer Wertschöpfungskette autonom ohne Mitwirkung des Menschen ausgeführt bzw. gelöst werden.

Kirn[49] beschreibt die Konzeption und die Forschungsgebiete dieser neuen Technologie, vielfach als künstliche Intelligenz bezeichnet, und hebt folgende grundsätzliche Eigenschaften des *eigenständigen Aufgabenträgers* hervor:

– Die Wahrnehmbarkeit, die erforderliche Übernahme von Aufgaben und Orientierung in der Umgebung.
– Die Fähigkeit, die in der sich ständig ändernden Umgebung aufgenommenen Informationen eigenständig ohne menschliche Mitwirkung zu verarbeiten bzw. umzusetzen. Eine dynamische Anpassungsfähigkeit ist erforderlich.
– Die Problemlösungsfähigkeit, d. h. ein „reflexives Verhalten", schlussfolgernde Prozesse zu durchlaufen, auszuwerten und umzusetzen.
– Ein reaktives Verhalten, auf Reize oder Anregungen der Umgebung zu reagieren.

Eine bedeutende Ausprägung von autonomen Verhaltensweisen ist die Neuroinformatik, die mit Hilfe künstlicher neuronaler Netze, Vorgänge im menschlichen Hirn nachzuvollziehen versucht. Die Lernfähigkeit dieser Softwareagenten wird beispielsweise bei Prognosen für Banken (Kurse, Risiken, Kundenverhalten) oder im Handel (Umsätze, Käuferverhalten) eingesetzt.[50]

In der IT-Fachliteratur[51] wird folgendes Beispiel einer Versorgungskette aufgeführt:

Ein Produzent produziert Blumen. Die Blumen werden an Großhändler und von diesen an Einzelhändler verkauft, die wiederum die Blumen an ihre Kunden verkaufen. Zwischen den einzelnen Akteuren werden elektronisch nach Bedarf alle Verträge geschlossen und die gesamten Geschäftsprozesse – einschließlich der Rechtsfolgen – werden bei Schlechtlieferung über Softwareagenten ohne menschliche Mitwirkung

---

48 Koch, Internet-Recht (2005), Teil III § 3a, S. 100; Vieweg in Staudinger/Eckpfeiler (2011), Kap. J, Rdnr. 8 f; s. a. Diederichsen, Grundfragen zum neuen Umwelthaftungsschadens, NJW 2007, 3377, 3380 f.
49 Teil A Ziff. 3.4.1; Sorge, Softwareagenten (2006), S. 7 u. 8. Kirn, Integration von Organisation von Informationssystemen: Benötigen wir eine Re-Vitalisierung des maschinellen Aufgabenträgers? Arbeitsbericht Nr. 2 Oktober 1996 der Technische Universität Ilmenau, Fakultät Wirtschaftswissenschaften, Institut Wirtschaftsinformatik (1996), Oeconomicum, Ilmenau, S. 28, 29, 37; Zelewski, Einsatz von Expertensystemen in den Unternehmen (1989), S. 16, 134.
50 Stahlknecht/Hasenkamp, Einführung in die Wirtschaftsinformatik (2005), S. 432; Teil A Ziff. 3.2.1.
51 Sorge, Softwareagenten (2006), S. 74, 75.

abgewickelt. In dem Beispiel wird auch ein Vertragsagent beschrieben, der Funktionen wie Vertragsmanagement und Entscheidungsmethoden über Rücktritt und Vertragsstrafe ohne Mitwirkung eines Menschen enthält.[52]

Wenn diese Bedingungen erfüllt sind, kann technisch der Ein- bzw. Verkaufsprozess autonom ohne menschliche Mitwirkung über die Agenten abgewickelt werden.

Wie oben bereits aufgezeigt, ist nach *Zeleweski*[53] stets zu unterscheiden, ob eine konventionelle Datenverarbeitung vorliegt, die „keine Kenntnisse über sachliche Inhalte hat", oder ob es sich um autonome Softwareagenten handelt, die „aufgrund ihrer Wissensbasis gerade solche Kenntnisse über die Sachzusammenhänge eines Problems und dessen Lösung haben".

Aus dieser Erkenntnis ergibt sich, dass die Algorithmen der autonomen Softwareagenten derartig programmiert sind, dass die Funktionen, Kommunikationsbeziehungen und Entscheidungsparameter des gesamten Geschäftsprozesses keine Mitwirkung eines Menschen mehr voraussetzen. Wichtig ist aber, dass nicht der Mensch, sondern der autonome Softwareagent aufgrund seiner Lernfähigkeit eine geeignete Problemlösung findet.

Im Unterschied zu einer konventionellen Datenverarbeitung „entscheidet" der Softwareagent aufgrund seiner Kenntnisse über den Lagerbestand, was an die Händler verteilt oder was auf einem Internetmarkt für Blumenhändler nach dem günstigsten Angebot zugekauft wird.

Schwieriger wird es, wenn autonome Softwareagenten in Netzen (Clouds) eingebunden sind und die Nutzung basiert auf unterschiedlichen externen „Technikbündeln", bspw. auf unterschiedlichen Softwareanwendungen, die zudem technischen Aktualisierungen und Optimierungen unterliegen.[54]

Wenn unterschiedliche Einsatzvoraussetzungen bestehen bzw. die Anerkennung von unterschiedlichen Vertrags- und Lizenzbedingungen und Vergütungssätzen und Datenschutzbestimmungen erforderlich ist, wie lässt sich der Umfang autonomer Funktionsbündel (Softwareagenten) definieren? Wenn dem Anwender von „Cloud Computing" wegen der verteilten IT-Ressourcen in der Regel überhaupt nicht bekannt ist, welche IT-Ressourcen er nutzt, so stellt sich die Frage, wie die Rechtsverhältnisse begründet bzw. vereinbart werden. Wie lassen sich diese autonomen, „rein technologisch handelnden und entscheidenden" Softwareagenten mit dem Handlungs- und Verantwortungsprinzip des Zivil- und Strafrechts in Einklang bringen?

In den nachfolgenden Ausführungen des Teil B Ziff. 2.2 wird zunächst nicht zwischen den Inhalten von Mitteilungen, Willenserklärungen und der Bedeutung der Kommunikation unterschieden. Hier geht es um die Frage, was eine Willenserklärung ist, wer eine solche Erklärung abgeben kann und welche Anforderungen zu beachten sind.

---

52 Sorge, Softwareagenten (2006), S. 89 ff.
53 Zelewski, Einsatz von Expertensystemen in den Unternehmen (1989), S. 18.
54 Krcmar, Informationsmanagement (2010), Kap. 7.3.4.4, 7.4.4.5, S. 671 ff.

2.2 Die Bedeutung der Willenserklärung und Anfechtung

Alle Handlungen unseres Gesellschaftslebens beruhen im Wesentlichen immer auf der Willensbasis eines Menschen, die das äußere Kausalgeschehen steuert. Dabei ist zwischen der Handlung als reinem Kausalvorgang und dem Willensimpuls zu unterschieden. *Welzel* beschreibt den strafrechtliche Handlungsbegriff wie folgt: „es gibt keine finale Handlung an sich, sondern nur eine Handlung in Bezug auf die vom Verwirklichungswillen gesetzten Folgen, wobei die Handlung aber vom menschlichen Willen gelenkt oder gesteuert wird."[55]

Daraus folgt, dass grundsätzlich die Rechtswirksamkeit von Rechtsgeschäften auf dem Parteiwillen bzw. dem Willen einer natürlichen Person beruht.

Eine Willenserklärung ist demnach eine Willensäußerung einer natürlichen Person, die auf die Erzielung einer Rechtsfolge gerichtet ist. Die Willenserklärung muss nicht immer einen Vertragsabschluss betreffen, sondern kann sich auch andere verbindliche, rechtlich relevante Erklärungen bzw. Äußerungen wie den Verzicht auf Forderungen, die Abtretung von Forderungen, Fristsetzungen oder Mahnungen beziehen.[56] Der Prozess der Willenserklärung eines Menschen ist ein sehr komplexer Vorgang, der sich überwiegend im Gehirn ggf. zusammen mit Gefühlen eines Menschen abspielt. Diese inneren Vorgänge des Erklärenden sind naturgemäß für außenstehende Menschen nicht erkennbar. Deshalb stellt unsere Rechtsordnung grundsätzlich auf die „äußere Erscheinung" des Willens – also auf die Erklärung im Rechtsverkehr und das dadurch geschaffene Vertrauen – ab.[57] In der Rechtsliteratur[58] wird demzufolge zwischen den geäußerten Willen (objektiven Willen) und dem internen Willen (subjektiven Willen) unterschieden. Der innere Tatbestand vollzieht sich auf drei Arten: aus dem Handlungswillen, dem Erklärungsbewusstsein und dem Geschäftswillen. Der äußere Tatbestand besteht aus der Erklärungshandlung. Nur der geäußerte Wille kann eine Rechtsfolge herbeiführen.[59]

Für die Rechtswirksamkeit einer Willenserklärung ist der innere Wille (Handlungs-, Erklärungs- und Geschäftswille) unabdingbar erforderlich, wie bspw. aus den Anfechtungsrechten gemäß §§ 119 BGB zu ersehen ist.[60]

Wie ist die Rechtslage, wenn bei einem „äußeren Verhalten" kein Erklärungsbewusstsein vorliegt? Als Beispiel dient vielfach das unbewusste Handaufheben während einer Versteigerung: der Teilnehmer wollte sich nur am Kopf kratzen, der Auktionator versteht diese Bewegung als neues Angebot.

---

55 Welzel, Das deutsche Strafrecht (1960), § 8 S. 28, 29, 31, 33, 34; Lackner/Kühl, StGB (2014) Vor § 13 Rdnr. 24, § 15 Rdnr. 19.
56 Palandt/Ellenberger, BGB (2014), Überbl. Vor § 104 Rdnr. 6, 7.
57 Lehmann, BGB (1960), § 23 S. 124; Brox/Walter, BGB (2010), § 2 Rdnr. 28.
58 Schiemann in Staudinger/Eckpfeiler (2011), Kap. C, Rdnr. 8 u. 202; Brox/Walker, BGB (2010), Rdnr. 137, 412.
59 Erman/Müller/Arnold, BGB (2011), § 119 Rdnr. 2, 3.
60 Brox/Walker, BGB (2010), § 4 Rdnr. 82 f., § 18 Rdnr. 1, 411 f., 416 f.

Nach dem Rechtsschrifttum, insbesondere nach der Rechtsprechung des BGH,[61] geht es grundsätzlich um den Schutz des Vertrauens des Erklärungsempfängers in die Verhaltensweise eines Erklärenden im Rechtsverkehr. Dabei macht es keinen Unterschied, ob der Erklärende etwas anders oder gar nichts rechtsverbindlich erklären wollte. Unerheblich ist auch, ob der Erklärende etwas erklärte, was seinem Willen nicht entsprach und ob er diesen „Irrtum" verschuldet hat. Maßgeblich ist, dass der Erklärende sich sein „falsches äußeres Verhalten" im Rechtsverkehr zurechnen lassen muss. Der Erklärende kann sein fehlendes Erklärungsbewusstsein nicht der Geltung der Willenserklärung entgegensetzen, wenn er *„fahrlässig nicht erkannt hat, dass sein Verhalten als Willenserklärung aufgefasst werden könnte und wenn der Empfänger es tatsächlich so verstanden hat".* Die „Willensäußerung" ist grundsätzlich rechtsbindend. Nur ausnahmsweise gesteht die Rechtsordnung dem Erklärenden ein Anfechtungsrecht zu.[62]

Diese Rechtsfolge steht nicht im Widerspruch zu dem grundgesetzlich geschützten Selbstbestimmungsrecht des Menschen. Der BGH[63] weist daraufhin, dass, *die Privatautonomie der Gestaltung in der Selbstbestimmung durch die Möglichkeit der Anfechtung ausreichend gesichert" ist* und wendet den§ 119 Abs. 1 Alt. 2 BGB analog an. Die Gesetzgebung hat aber nur in einer Reihe von „Irrtumsfällen" ein Anfechtungsrecht vorgesehen (§§ 119 f., 1314 ff., 2078, 2080 ff. BGB), sodass nur ausnahmsweise die Rechtswirksamkeit des Rechtsgeschäftes, nicht aber die Haftung für den verursachten Vertrauenstatbestand aufgehoben wird.[64] Daher drohen dem Anfechtenden für die Verletzung des Vertrauens in die „Willenserklärung" Schadensersatzansprüche gemäß § 122 BGB, es sei denn, der Anfechtungsgegner hat den Grund der Nichtigkeit der Willenserklärung gekannt oder in Folge von Fahrlässigkeit nicht erkannt. Der § 122 schützt das Vertrauensverhältnis des Erklärungsempfängers in den objektiven Erklärungstatbestand, basierend auf dem Veranlassungsprinzip und setzt kein Verschulden voraus.[65] Der § 118 BGB findet nur Anwendung, wenn eine nicht ernstlich erklärte Willenserklärung vorliegt. In dem geschilderten Fall wollte der Teilnehmer aber überhaupt keine Erklärung abgeben. Eine Willenserklärung würde mangels Erklärungsbewusstsein nicht vorliegen. Es käme nur eine Haftung wegen fehlerhaften Verhaltens, also wegen Verschuldens gemäß §§ 281, 311 BGB in Betracht.

Auf den ersten Anblick erscheint die Anerkennung einer objektiven Willenserklärung ohne Erklärungsbewusstsein als ein Argument dafür, dass Computersoftware oder autonom handelnde Agentensysteme sehr wohl eine verbindliche Willenserklä-

---

61 BGH, Urt. v. 29.11.1994 – XI ZR 175/93 – NJW 1995, 953 und Urt. v. 19.2.2002 – V ZR 17/02 – NJW 2002, 3629, 2631.

62 Brox/Walker, BGB (2010), § 18 Rdnr. 1.

63 BGH, Urt. v. 19.2.2002 – V ZR 17/02 – NJW 2002, 3629, 3631; s. hierzu Schiemann in Staudinger/ Eckpfeiler (2011), Kap. C, Rdnr. 202.

64 Palandt/Ellenberger, BGB (2014), § 119, Rdnr. 4; Erman/Arnold, BGB (2011), § 119 Rdnr. 1; s. a. Brox/ Walker, BGB (2010), § 16 Rdnr. 375 ff.

65 Erman/Arnold, BGB (2011), § 122 Rdnr. 1.

rung abgehen können, ohne von dem menschlichen Willen abhängig zu sein. Aber sowohl nach der Rechtsprechung als auch nach der Rechtsliteratur[66] hängt die „Verbindlichkeit" bzw. Anfechtbarkeit einer solchen Willenserklärung davon ab, ob diese durch eine fahrlässige Handlung einer natürlichen Person verursacht wurde, bspw. die Unterzeichnung einer Bürgschaftserklärung, ohne diese vorher gelesen zu haben; hier besteht weder ein Inhalts- noch Erklärungsirrtum.[67] Mit anderen Worten, das Anfechtungsrecht schafft die Möglichkeit, eine auf einem unbewussten (nicht verschuldeten) Irrtum beruhende Willenserklärung unter bestimmten Voraussetzungen „aus der Welt zu schaffen".[68]

Zunächst ist aus den oben aufgeführten Prinzipien des Zivil- und Deliktrechts zu entnehmen, dass ohne Mitwirkung einer geschäftsfähigen natürlichen Person kein Rechtsgeschäft wirksam abgeschlossen werden kann.[69]

Diese Feststellung geht deutlich sowohl aus den §§ 104 ff. BGB als auch aus den Anfechtungsvorschriften des § 119 ff. BGB hervor. Ein Computer oder eine Computersoftware hat keinen Geschäfts- und Handlungswillen im Sinne des Art. 1, 2 GG in Verbindung mit den §§ 1 ff. und den §§ 119 ff. BGB, sondern agiert auf einer „vorgegebenen Befehlsstruktur". Fraglich könnte sein, ob diese Feststellung auch für autonome Softwareagenten gilt. Diese Frage wird nachfolgend noch behandelt.

2.2.1 Die elektronische Willenserklärung

Unter einer elektronischen Willenserklärung wird allgemein verstanden, dass die Willenserklärung von einem Computer bzw. durch eine Computersoftware automatisiert erstellt und elektronisch an einen Empfänger übersandt wird.[70] Da die Computersoftware keine handlungsfähige Rechtspersönlichkeit ist, handelt es sich nicht um eine Willenserklärung des Computers oder der Computersoftware.

Die rechtliche Qualifizierung von „elektronischen Willenserklärungen" wird in der Rechtsprechung und im Rechtsschrifttum ausführlich bei den Fragen der Irrtumsanfechtung sowie den Internetauktionen erörtert.[71] So hat der BGH bspw. bei der Internetauktion und somit bei automatisierten Entscheidungsakten auf Treu und Glauben und auf das Verständnis der Verkehrssitte bzw. auf den typischen Ablauf

---

66 Palandt/Ellenberger, BGB (2014), §119 Rdnr. 9; Brox/Walker, BGB (2010), § 18 Rdnr. 1; BGH, Urt. v. 18.12.2001 – XI ZR 156/012 – NJW 2002, 956, 957.
67 BGH, Urt. v.18.12.2001 – XI ZR 156/012 – NJW 2002, 956, 957.
68 Brox/Walker, BGB (2010), § 18 Rdnr. 1.
69 Palandt/Ellenberger, BGB (2014), Einf. zu § 116 Rdnr. 1; Schiemann in Staudinger/Eckpfeiler (2011), S. 46.
70 Sorge, Softwareagenten (2006), Kap. 3.1.1, S. 24.
71 BGH, Urt. v. 7.11.2001 – VIII ZR 13/01 – CR 2002, 213; BGH, Urt. v. 3.11.2004 – VIII ZR 375/03 – CR 2004, 53; Hören, Internet- und Kommunikationsrecht (2012), Rdnr. 426 f.

des Versandhandels im Internet und somit auf den erzeugten Vertrauenstatbestand abgestellt, der allerdings jeweils von einer natürlichen Person verursacht worden ist.

Die wohl vorherrschende Rechtsmeinung und Rechtsprechung[72] stellen allgemein, wohl auch bei autonom handelnden bzw. entscheidenden Softwareagenten, auf die natürliche Person ab, die für die Aktionen des Agenten ursächlich ist bzw. die die Befehle bzw. die Prozess- und Befehlsstruktur geschaffen und in Aktion gesetzt hat.[73] Das OLG Hamm führt dazu in einer Entscheidung vom 12.1.2004[74] aus:

> *Da aber der Rechner Befehle ausführt, die zuvor mittels Programmierung von Menschenhand festgelegt worden sind, hat jede automatisch erstellte Computererklärung ihren Ursprung in einer menschlichen Handlung, die von dem Erklärenden veranlasst wurde und die auf seinen Willen zurückgeht. Auch Computererklärungen sind daher als Willenserklärung dem jeweiligen Betreiber zuzuordnen.*

In diesem Zusammenhang ist insbesondere eine Entscheidung des BGH[75] vom 16.10.2012 (Online-Flugbuchung) sehr aufschlussreich:

> *Nicht das Computersystem, sondern die Person(oder das Unternehmen), die es als Kommunikationsmittel nutzt, gibt die Erklärung ab oder ist Empfänger der abgegeben Erklärung. Der Inhalt der Erklärung ist mithin nicht danach zu bestimmen, wie sie das automatische System voraussichtlich deuten und verarbeiten wird, sondern danach wie sie der menschliche Adressat nach Treu und Glauben und der Verkehrssitte verstehen darf ...*

Auch das Anfechtungsrecht nach §§ 119 ff BGB lässt sich nicht mit einer Recht begründenden Willenserklärung durch eine Computersoftware in Einklang bringen.

Die Regelung des Irrtums im BGB geht von einem „Mehrphasenmodell" aus. Jeder Wille bildet sich aufgrund einer bestimmten Motivation, wobei der Wille sich letztlich in Form von Zeichen und Worten äußert. Falls bei der Umsetzung der Motivation bzw. des darauf basierenden Willen durch eine für den Rechtsverkehr erkennbare bzw. vernehmbare Äußerung ein Fehler auftritt, kann gemäß § 119 BGB wegen Inhaltsirrtums angefochten werden. Gleiches gilt, wenn ein Erklärungsbote eine Nachricht falsch übermittelt (§ 120 BGB). Ein Irrtum bei der Motivbildung unterliegt nicht dem Anfechtungsrecht.[76] Die Anfechtung wegen arglistiger Täuschung (§ 123 BGB) setzt ein bewusstes Verhalten des Täuschenden in der Weise voraus, dass bei dem Getäuschten durch die Täuschungshandlung eine unrichtige Vorstellung über Tatsachen oder andere nachprüfbare Umstände hervorgerufen wird.[77]

---

72 LG Köln, Urt. v. 16.4.2002 – 9 S 289/02 – MMR 2003, 481.

73 So Koch, Internet-Recht (2005), § 3 III 1 b.

74 OLG Hamm, Urt. v. 12.1.2004 – 13 U 165/03 – NJW 2004, 2601.

75 BGH, Urt. v. 16.10.2012 – V ZR 73/12 – NJW 2013, 598, 599, Rdnr. 17.

76 Schiemann in Staudinger/Eckpfeiler (2015), Kap. C Rdnr. 180 f.

77 Schiemann in Staudiner/Eckpfeiler (2015), Kap. C, Rdnr. 180 f.

Bei Computererklärungen gibt es unterschiedliche Überlegungen. Eine Überlegung geht dahin, dass diese elektronische übermittelte Willenserklärung den Charakter eines Stellvertreters hat. Eine andere Meinung betrachtet den Computer nur als eine übermittelnde Einrichtung bzw. Botenfunktion im Sinne des § 120 BGB.[78] Ein Stellvertreter im Sinne der §§ 164, 166 BGB kann nur eine geschäftsfähige Person sein. Ein Bote braucht nicht unbedingt eine geschäftsfähige Person sein; die Übermittlung kann auch über ein technisches Medium erfolgen. Daher hat die Boteneigenschaft größere Ähnlichkeit mit dem Vorgang der Übermittlung von elektronischen Willenserklärungen.[79]

Alle diese rechtlichen Überlegungen sind sehr problematisch, weil die programmtechnische Generierung von Willenserklärung auf unterschiedlichen Technologien beruhen kann. Die Computersoftware kann beispielsweise deterministisch programmiert sein, sodass aufgrund konkreter Vorgaben eine konkret vorgegebene Entscheidung erfolgt, bspw. auf ein Kaufangebot eine Annahme erfolgt. Technisch ist es aber auch möglich, dass elektronische „Aktionen bzw. Entscheidungen" durch Softwareagenten oder Multiagentensysteme nicht deterministisch abgewickelt werden, bspw. Berechnung und Festlegung der Höhe und Anflugdaten für die Landung eines Flugzeuges durch die Flugsicherung oder die Kontrolle der Beladung eines Lastwagens mit Erdaushub sind von Umwelt-, Wetter oder sonstigen Informationen abhängig.

In allen Fällen handelt es sich auch um digitale „Steuerbefehle", die aufgrund von betrieblichen oder organisatorischen Anforderungen vorgedacht, in einer IT-technischen Architektur konzipiert und anschließend programmiert sind. Aber der Algorithmus wurde gewissermaßen flexibel, d. h. anpassungsfähig gehalten.[80] Wenn beispielsweise der übermittelnde Computer aufgrund eines Softwarefehlers einen falschen Computerbefehl und damit eine falsche Willenserklärung verursacht, kann das IT-System mangels Rechts- bzw. Geschäftsfähigkeit nicht nach § 179 BGB dafür haften, wohl aber kann die übertragende Willenserklärung in Form eines Computerbefehls nach §§ 119 ff. BGB angefochten werden, weil eine „richtige" Erklärung auf dem Weg zum Empfänger durch einen Softwarefehler verfälscht wurde. Es handelt sich dann um einen Irrtum in der Erklärungshandlung im Sinne des § 119 I BGB oder entsprechend dem § 120 BGB um eine falsche Übermittlung durch einen Art „Boten".[81] Scha-

---

78 Cornelius, Vertragsabschluss durch autonome elektronische Agenten, MMR 2002, 353–355; Hoeren, Internet- und Kommunikationsrecht (2012), S. 296 f.; Heun, Die elektronische Willenserklärung, CR 1994, 595, 596.
79 Brox/Walker, BGB (2010), Rdnr. 520.
80 S. hierzu Teil A Ziff. .4.4.3.
81 So BGH, Urt. v. 21.1.2005 – VIII ZR 79/04 – CR 2005, 355, 356; Hoeren, Internet- und Kommunikationsrecht (2012), S. 296 f.; a. A. Redeker, IT-Recht (2012), Rdnr. 859, der den Fehler im System als Mangel bei der Erklärungsvorbereitung ansieht, die nicht zur Anfechtung nach § 119 BGB berechtigt. S. a. Cornelius, Elektronische Agenten, MMR 2002, 353, 355; a. A. LG Köln, Urt. v. 16.4.2003 – 9 S 289/02 – CR 2003, 329. Erman/Arnold, BGB (2011), 119 Rdnr. 22.

densersatzpflichtig im Sinne des § 122 BGB ist in diesem Fall die Person, die den Computer für die Übermittlung der Willenserklärung einsetzte.

Der Gedanke des Vertrauensschutzes bei elektronischen Willenserklärungen erfährt eine weitere Unterstützung durch die Rechtsprechung zu Internetauktionen.[82] In zwei Entscheidungen des BGH vom 7.11 2001 und 3.11 2004[83] fungierte das digitale Auktionshaus aufgrund der Allgemeinen Geschäftsbedingungen als Empfangsvertreter der wechselseitigen Teilnehmer im Sinne der §§ 164 f BGB. Die Parteien stritten in diesen Rechtsfällen darum, welche Verbindlichkeit die per Mausklick erzeugten Willenserklärungen haben.

Nach Ansicht des BGH[84] ist es unerheblich, *„ob sich Bekl.[Autor: der Anbieter] bei der Abgabe seiner Willenserklärung und der Freischaltung der Angebotsseite des verbindlichen Charakters seiner Erklärung bewußt war.Trotz fehlenden Erklärungsbewußseins (Rechtsbindungswillens, Geschäftswillens) liegt eine Willenserklärung vor, wenn der Erklärende [...] bei Anwendung der im Verkehr erforderlichen Sorgfalt hätte erkennen und vermeiden können, dass seine Willenserklärung nach Treu und Glauben und der Verkehrssitte als Willenserklärung aufgefasst werden durfte."*

Eine Verfälschung der Willenserklärungen infolge eines Fehlers in Computerprogrammen, lag in diesen Fällen der sog. Online-Auktionen nicht vor. Der Vertragsabschluss erfolgte ordnungsgemäß aufgrund von automatisierten „wechselseitigen Erklärungen der Parteien als Empfangsvertreter der Parteien". Hier geht es um die Frage der Verbindlichkeit und des Vertrauensschutzes bei automatisierten Willenserklärungen, wenn nach dem objektiven Verständnis der Teilnehmer am Rechtsverkehr der äußere Eindruck der Erklärungen als verbindlich aufgefasst werden muss. Der „Schutz des redlichen Verkehrs" hat dann Vorrang vor dem inneren Willen oder Erklärungsbewusstsein des Erklärenden.[85]

Da autonome Softwareagenten weder rechts- noch geschäftsfähig sind, dürfte es höchst zweifelhaft sein, ob die Irrtumslehre bzw. das Anfechtungsrecht nach §§ 119 ff. BGB auf Willenserklärungen von autonomen Agenten anwendbar ist, weil das Mehrphasenmodell der Irrtumslehre auf autonom handelnde Softwareagenten nicht anwendbar ist, was noch ausführlich zu erörtern ist.

Verteilte künstliche Intelligenz im philosophischen, neurobiologischen Sinne

Die Überlegungen über die Handlungs- und Geschäftsfähigkeit von Computersoftwaresystemen bzw. autonomen Softwareagenten erinnern sehr an die Diskussion

---

82 BGH, Urt. v. 7.11.2001 – VIII ZR 13/01 CR – 2002, 213; BGH, Urt. v. 3.11.2004 – VIII ZR 375/03 – CR 2004, 53; Hören, Internet- und Kommunikationsrecht (2012), Rdnr. 296 f.

83 BGH, Urt. v. 7.11.2001 – VIII ZR 13/01 – NJW 2002, 363; BGH, Urt. v. 3.11.2004 – VIII ZR 375/03 – CR 2004, 53.

84 BGH, Urt. v. 7.11.2001 – VIII ZR 13/01 –NJW 2002, 362.

85 S. hierzu Lehmann, Allgemeiner BGB (1960), § 23, S. 124.

der Philosophen, der Molekularbiologen, Neurophysiologen und Theologen über die Frage, ob der Mensch einen freien Willen hat.

Hawking/Mlodinow merken dazu an, dass „jüngere neurowissenschaftliche Experimente die Auffassung bestätigen, dass unser materielles, den unbekannten naturwissenschaftlichen Gesetzen unterworfenes Gehirn – nicht irgend eine Instanz außerhalb dieser Gesetze – unser Handeln bestimmt." Alles ist den Gesetzen der Chemie und Physik unterstellt.[86]

Das Thema der Willensfreiheit des Menschen ist ein Thema, das die Philosophen seit Jahrhunderten beschäftigt. Zu nennen sind hier John Locke, Rene Descartes, Immanuel Kant, Thomas Hobbes und Pierre-Simon Laplace.[87] Unter Willensfreiheit wird in der Philosophie „die Freiheit zum Wählen und zum Handeln", also die Fähigkeit zur „hindernisüberwindenden Willensbildung" verstanden.[88] *Kant* sieht im „subjektiven Willen den einzig denkbaren Ursprung freier Selbstbestimmung, falls der Wille von der Vernunft bestimmt wird".[89] Im Hinblick auf die Lernfähigkeit von Softwareagenten ist die Auffassung *Kants* wichtig, dass die Vernunft eine „denkerische Potenz darstellt, die nicht auf das von den Sinnen dargereichte Wahrnehmungspotenzial angewiesen ist".[90] Die sog. „Deterministen" (wie *Laplace* und *Popper*) sind hierbei der Meinung, dass der gesamte Weltlauf ein für alle Mal alternativlos festgelegt ist.[91] *Küng* weist mit Recht daraufhin, dass „Biologen erklären, wie die Chemie und die Physik des Gehirns funktionieren. Aber niemand weiß bisher, wie es zur Ich-Erfahrung kommt und wie das Gehirn Bedeutungen hervorbringt". *Küng* merkt hier auch an, dass das Strafrecht in Frage gestellt würde, wenn alle Fähigkeiten des Menschen, sich frei und richtig zwischen Recht und Unrecht zu entscheiden, bezweifelt würden.[92] In der Strafrechtsliteratur bestehen zwar auch unterschiedliche Meinungen über die „Willensfreiheit des Menschen". Vorherrschend gehen die Meinungen aber davon aus, dass die Grundlage unserer Rechts- und Gesellschaftsordnung die Selbstverantwortung des Menschen ist, weil die Willensfreiheit des Menschen weder naturwissenschaftlich beweisbar noch widerlegbar ist. Der Mensch ist für die „Ordnung seiner Daseinsgestaltung als verpflichtenden Lebenssinn selbst verantwortlich".[93]

Die Ähnlichkeit der Diskussionen in beiden aufgezeigten Wissenschaftsbereichen besteht in der Fragestellung, ob alle menschlichen Willenserklärungen und -handlungen – ähnlich wie die Entscheidungs- und Lösungsfähigkeiten von auto-

---

86 So Hawking/Mlodinow, Der Große Entwurf (2010), S. 52 f.; s. a. die ausführliche Darstellung der unterschiedlichen Meinungen bei Küng, Der Anfang aller Dinge (2008), S. 193 ff.
87 Keil, Willensfreiheit und Determinismus (2009), S. 23 ff.
88 Keil, Willensfreiheit und Determinismus (2009), S. 23.
89 Vossenkuhl, Die Fragen der Philosophie (2003), S. 27, 297.
90 Möbuß, Schopenhauer für Anfänger – Die Welt als Wille und Vorstellung, S. 66.
91 Keil, Willensfreiheit und Determinismus (2009), S. 23.
92 Küng, Der Anfang aller Dinge (2008), S. 197.
93 Lackner/Kühl, StGB (2014), Vor § 13 Rdnr. 24, 26; Keil, Willensfreiheit und Determinismus (2009), S. 96; Welzel, Das deutsche Strafrecht (1960), § 20 Nr. 1 S. 126.

nomen intelligenten Agenten – ausschließlich auf deterministischen physikalischen und biologischen Gesetzmäßigkeiten beruhen, oder ob es trotz der Biologie und der Physik noch einen freien Willen und eine freie Handlungsfähigkeit des Menschen gibt. Wie das Zusammenspiel von kognitiven Fähigkeiten und der durch die Umwelt, Erziehung und Erfahrungen gebildeten Charaktereigenschaften der Menschen ist, und wie diese Eigenschaften „beeinflussbar" sind, ist letztlich wissenschaftlich noch nicht geklärt.[94]

Im Unterschied zu den „ganzheitlichen" philosophischen Betrachtungen stellt insbesondere die Rechtsordnung auf das „Erscheinungsbild" von Handlungen bzw. Verhaltensweisen im Rechtsverkehr bzw. gegenüber deren Teilnehmern ab.

Die verteilte künstliche Intelligenz im verfassungsrechtlichen Sinne

Das Grundgesetz der Bundesrepublik Deutschland stellt – wie auch die Verfassung anderer Staaten, bspw. Frankreich, Italien, USA usw. – die Würde des Menschen und die freie Willensfähigkeit des Menschen in den Art. 1 und 2 GG als das höchste schutzwürdigste Rechtsgut unserer Weltordnung dar. *Dürig*[95] beschreibt diese normative Aussage des subjektiven Verfassungsrechts wie folgt: *„Jeder Mensch ist Mensch kraft seines Geistes, der ihn abhebt von der unpersönlichen Natur und ihn aus eigener Entscheidung dazu befähigt, seiner selbst bewusst zu werden, sich selbst zu bestimmen und die Umwelt zu gestalten."*

Demzufolge ist für die Willensfreiheit eines Menschen maßgeblich, dass der Mensch die Konsequenzen seines Handels abschätzen kann, um eine Entscheidung mit Hilfe vernünftiger Überlegungen treffen zu können. Ein wesentlicher Bestandteil des „vernünftigen Verhaltens" ist auch die „Impulskontrolle".[96] Nach der Verfassung der Bundesrepublik Deutschland, insbesondere nach Art. 19 Abs. 2 GG, sind die Grundrechte unabdingbare Grundlage unserer Rechtsordnung. Im Mittelpunkt der „Wesensgehaltsgarantie" stehen die in Art. 1 und Art. 2 GG aufgeführten Grundrechte der Würde und der Handlungsfreiheit des Menschen als unverzichtbare und unabänderliche Grundrechte der Menschen. Diese Bezogenheit auf die natürliche Person darf nicht durch Gesetze bis zur Bedeutungslosigkeit ausgehöhlt werden. So hat das Bundesverfassungsgericht[97] festgestellt, dass Strafbarkeit im Sinne des Art. 103 Abs. 2 GG immer ein schuldhaftes Verhalten voraussetzt. Dieser Grundsatz wurzelt in den Art. 1 und Art. 2 GG.[98]

---

94 S. hierzu Cording/Roth, Zivilrechtliche Verantwortung über die neurobiologischen Grundlagen und Voraussetzungen für reflektiertes Handeln, NJW 2015, 26, 29.
95 Maunz/Dürig/Herzog, GG (1973), Art. 1 Rdnr. 17 f.; so auch Hömig/Seifert, GG (2005), Art. 1 Rdnr. 4.
96 Cording/Roth, Zivilrechtliche Verantwortung, NJW 2015, 26, 27, 29; s. hierzu auch BGH, Urt. v. 5.12.1995 – XI ZR 70/95 – NJW 1996, 918 f.
97 BVerfG, Beschl. v. 6.7.1994 – 2 BvR 855/94 – NJW 1995, 248.
98 S. hierzu auch Wolff/Bachof/Stober/Kluth, Verwaltungsrecht (2007), § 43 Rdnr. 9; BVerfG, Beschl. v. 6.7.1994 – 2 BvR 855/94 – NJW 1995, 248.

Nach Art. 19 Abs. 3 GG gelten zwar die Grundrechte auch für juristische Personen des Privatrechts, „soweit ihrem Wesen nach anwendbar"; diese Einschränkung bedeutet aber, dass Grundrechte wie Art. 1 (Würde des Menschen) und Art. 2 (Handlungsfreiheit) hier keine Anwendung finden.[99]

Täter und Teilnehmer einer Straftat können nur natürliche Personen sein. Daher können juristische Personen keine Täter im Sinne des Strafrechts (§ 15 StGB) sein und mit Freiheitsstrafen belegt werden.[100] *Welzel* drückt das in seinem Lehrbuch „Das Deutsche Strafrecht" wie folgt aus: „*Der Gegenstand strafrechtlicher Normen ist somit das menschliche Verhalten, d. h. die der Fähigkeit zu zweckhafter Willenslenkung unterstehende körperliche Aktivität oder Passivität des Menschen.*"

Die Zurechnung des Handelns der öffentlichen Verwaltung geschieht immer im Hinblick auf das wahrgenommene Amt.[101] Die Leistungsfähigkeit und Qualifikation der öffentlichen Verwaltung hängt von dem Verwaltungspersonal ab.[102] Die Regelungen des Art. 34 GG und des § 31 BGB zeigen das grundsätzliche Verständnis auf, dass die natürliche Person im Mittelpunkt staatlichen und rechtsgeschäftlichen Geschehens steht. Im Rechtsschrifttum wird gelegentlich auf die Ansicht von *Savigny* (1870) hingewiesen, dass juristische Personen keine eigene Willens- und Handlungsfähigkeit haben und daher Ähnlichkeiten mit unmündigen Kindern aufzeigen und nur durch die verfassungsmäßigen Personen vertreten werden können.[103]

In einem alten Lehrbuch von 1921 heißt es: „*Recht ist die auf dem Willen einer Gemeinschaft beruhende, schlechthin verbindliche Ordnung menschlichen Zusammenlebens*".[104] Demnach basieren konzeptionell die gesetzlichen Vorschriften über Willenserklärung, Vertragsabschlüsse, Anfechtung und Schadensersatzansprüche auf den grundgesetzlichen Vorgaben des § 19 Abs. 2 GG, dass die Grundrechte, wie die Handlungsfreiheit bzw. die freie bewusste Willensentscheidung des Menschen, im Wesensgehalt nicht angetastet werden dürfen.[105] Die Vorschriften über die Geschäftsfähigkeit (§ 104 f BGB) verdeutlichen, dass eine verbindliche Willensbildung nur dann vorliegen kann, wenn der Mensch über eine eigene Einsichts- und Urteilsfähigkeit verfügt.[106]

Schon aus diesen vielfältigen Gesichtspunkten kann es keine „technisch basierte Willensfreiheit" bzw. eigene Rechtsfähigkeit von autonomen Softwareagenten geben.

---

99 Hönig/Antoni, GG (2013), Art. 19, Rdnr. 5, 9, 10; Busche in Staudinger/Eckpfeiler (2008), S. 188; BVerfG, Urt. v. 19.2.1993 – 2 BvR1551/92 – NJW 1993, 2167.

100 Wolff/Bachof/Stober/Kluth, Verwaltungsrecht (2007), § 43 Rdnr. 20b; Lackner/Kühl, StGB (2014), § 14 Rdnr. 1a; *Welzel* drückt das in seinem Lehrbuch aus: Das deutsche Strafrecht (1960), § 7 S. 27. Siehe Schmidt, Strafrecht (2015), Rdnr. 554.

101 Wolff/Bachof/Stober/Kluth, Verwaltungsrecht (2007), § 36 Rdnr. 12–14.

102 Wolff/Bachof/Stober/Kluth, Verwaltungsrecht (2007), § 5 Rdnr. 10, § 34 Rdnr. 20b.

103 S. hierzu die Zitate von Beuthien, Gibt es eine organschaftliche Stellvertretung? NJW 1999, 1142.

104 Enneccerus/Kipp/Wolf, BGB (1921), § 30, S. 69 f.

105 Busche in Staudinger/Eckpfeiler (2008), S. 188.

106 Brox/Walker, BGB (2010), § 12 Rdnr. 259.

Selbst wenn die intelligenten Softwareagenten Lösungsfähigkeiten wie ein Mensch aufzeigen würden, würde, wie vorstehend erläutert, das Grundbekenntnis der Verfassung keine Anerkennung einer Rechtspersönlichkeit mit Rechtsfähigkeit für diese Softwareagenten rechtfertigen.[107]

Die oben zitierten Beiträge merken aber deutlich an, dass die intelligenten Softwareagenten, insbesondere entsprechend der Aufgaben und Prozesse, die Menschen in der Regel durchführen, programmiert sind und von diesen in den organisatorischen Ablauf integriert werden, ohne dass eine menschliche Mitwirkung noch notwendig ist. Damit ist letztlich jeder intelligente Agent einem Programmierer bzw. Planer zu zuordnen.

Die verteilte künstliche Intelligenz im technischen Sinne/Softwareagenten

Die hier erörterte Fragestellung, ob die „Verantwortung" in Form einer eigenen Rechtsfähigkeit für individuelle Entscheidungen bei intelligenten Softwareagenten zur Durchführung von Teilaufgaben bspw. bei der Feststellung der Bonität eines Kreditnehmers oder der Wechselkursrisiken eine „konzeptionelle Nähe mit Menschen" aufweist, wird unterschiedlich bewertet.

Schirrmacher[108] weist auf die kritischen Meinungen verschiedener Autoren, dass Automaten vielfach geeigneter sind als Menschen: *„Es gibt Besseres als den Menschen, wenn man Geschäfte machen will. Man muss den Menschen nur dazu bringen, den automatisierten Agenten mit mehr Legitimation und Autorität auszustatten"*. Das Zukunftsprojekt des Bundesministeriums für Wirtschaft „Industrie 4.0"[109] zeigt sich menschenfreundlicher und soll vielmehr dazu dienen, dem Menschen und der Gesellschaft eine neue Qualität der Interaktionen zwischen Computer und Mensch zu verschaffen, in dem der Computer immer mehr „menschliche Aufgaben" sinnvoll unterstützt.

Es kann nicht übersehen werden, dass selbstständig handelnde Softwareagenten „aufgrund eigener Intelligenz" zur Lösung von komplexen Problemen befähigt sind, die „eine gewisse Rationalität besitzen und nicht zuletzt ein den menschlichen Problemlösungsfähigkeiten angenähertes Schlussfolgerungsverhalten aufweisen".[110]

Kirn weist aber mit Recht darauf hin, dass die intelligenten Softwareagenten bestimmte Teilaufgaben zur selbstständigen Durchführung übernehmen, wenn auch der Mensch für ihren Einsatz verantwortlich bleibt. Alle diese selbstständigen Teilauf-

---

107 Cornelius, Vertragsabschluss durch autonome elektronische Agenten, MMR 2002, 353, 354.
108 Schirrmacher, EGO-Das Spiel des Lebens (2013), S. 148.
109 Bundesministerium für Wirtschaft, Autonomik für die Industrie 4.0 (Oktober 2012), http://www. bmwi.de/DE/THEMEN/Industrie/industrie/industrie-4-0 (letzter Abruf: 29.10.2015); Bräutigam/Klindt, Industrie 4.0, das Internet der Dinge und Recht, NJW 2015, 1137.
110 Kirn, Integration von Organisation von Informationssystemen: Benötigen wir eine Re-Vitalisierung des maschinellen Aufgabenträgers? Technische Universität Ilmenau (1996), S. 28 f., 37; Cornelius, Vertragsabschluss durch autonome elektrische Agenten, MMR 2002, 353, 355.

gaben sind in die Gesamtorganisation eingebettet und letztlich von der Planung von Menschen abhängig und „gesteuert".[111] Dabei muss ein intelligenter Softwareagent in der Lage sein, Situationen, die durch Veränderungen seiner Umgebung entstehen und seine Ziele positiv oder negativ beeinflussen können, wahrzunehmen und in seine vom Programm eingeräumte Abwägung der Aktionen einzubeziehen.[112]

Softwareagenten beruhen grundsätzlich auf technischen Gesetzmäßigkeiten bzw. Algorithmen. Allerdings werden hierbei die Aktionsfähigkeiten der Softwareagenten (reflexives Verhalten, auch Reaktivität oder Proaktivität genannt)[113] weitgehend autonom und so flexibel gestaltet, dass sich Funktionalität und ihr Verhalten aufgrund geänderter Umweltbedingungen ändern oder anpassen können. Dazu ist erforderlich, dass die mathematischen Gesetzmäßigkeiten entsprechend konzipiert und programmiert werden.[114]

Mit anderen Worten heißt das, dass ein Computerprogramm eine „Verarbeitungsvorschrift" bzw. ein Algorithmus ist, der aus einer deterministisch programmierten Folge von Befehlen besteht, die im Maschinencode des Rechners formuliert werden und die Fähigkeit haben, bestimmte Aufgaben genau wie vorgesehen auszuführen. Die einzelnen Handlungsschritte sind zu jedem Zeitpunkt genau definiert. Der Algorithmus liefert unter denselben Voraussetzungen stets dasselbe Ergebnis.[115] Grundsätzlich stellt sich hier die Frage, ob überhaupt solche technischen Abläufe bzw. Befehlsfolgen als solche – also ohne menschlichen Einfluss – überhaupt eine Ähnlichkeit mit rechtsrelevanten Erklärungen eines Menschen haben, die auf freien, vernünftigen und angemessenen Abwägungen von subjektiven und objektiven Gesichtspunkten in Bezug auf einen konkret vorliegenden Sachverhalt beruhen. Schließlich beruht die Fähigkeit zur Problemlösung auf einem flexiblen Algorithmus. Der Mensch hat zwar Einfluss auf die Gestaltung des flexiblen Algorithmus, gibt aber seinen Einfluss durch die eingeräumte Autonomie der kooperativen verteilten Problemlösungen und Multiagenten sozusagen auf. Autonome Softwareagenten unterscheiden sich, von der nicht autonom programmierten Computersoftware dadurch, dass sie über eine Lernfähigkeit, d. h. die intelligente Anpassungsfähigkeit an Benutzerverhalten ver-

---

111 Kirn, Integration von Organisation und Informationssystem: Benötigen wir eine Re-Vitalisierung des maschinellen Aufgabenträgers? Technische Universität Ilmenau (1996), S. 44, 46, 49; Kirn/Müller-Hengstenberg, Intelligente (Software-)Agenten: Von der Automatisierung zur Autonomie, MMR 2014, 255.

112 So Woodridge/Jennings, N. R. 1995, Intelligent Agent, Theory and Practice in: The Knowledge Engineering Review 10 (2) S. 155 ff.

113 Sorge, Softwareagenten (2006), Kapt. 2.2.2, S. 7 f.

114 Kirn, Kooperierende Intelligente Softwareagenten, Wirtschaftsinformatik Nr. 44 (2002), S. 1, 5, 6.

115 S. in Teil A Ziff. 3.1, 3.2, 3.3.

fügen.[116] *Kirn*[117] erläutert, dass Softwareagenten, die je nach Ihrer Gestaltung kooperativ verteilte Problemlöser oder Multiagentensysteme sein können, jeweils über ein eigenständiges, autonomes Verhalten verfügen, das weder vom Entwickler noch vom Eigentümer oder Anwender vorausgesehen werden kann. In Teil A Ziff. 4.5 wird sehr schön der Ablauf des „Entscheidungsprozesses" beschrieben, wobei die Abwägung der Entscheidung auf den Informationen durch die Sensorik und auf den programmierten Zielen beruht. Demnach ist klärungsbedürftig, ob einer „Willenserklärung", die lediglich von einem Computer „produziert" wird, ohne dass bei der „Produktion" eine Abwägung im Sinne eines Erklärungsbewusstseins erfolgt, ein rechtlich relevantes „Verhalten" beigemessen werden kann. Die Antwort hängt sicherlich davon ab, inwieweit die Programmabläufe von Menschen gesteuert werden bzw. mit welcher Autonomie bzw. mit welchen „Freiheiten" und auch mit welchem Risiko der Empfänger der Willensäußerung des Computers oder Softwareagenten rechnen musste.[118]

Bei der zivilrechtlichen Verantwortung und Haftung wird nach der herrschenden „Äquivalenztheorie" zwischen der naturwissenschaftlichen Kausalität und der Zurechenbarkeit nach der Lehre vom Schutzzweck unterschieden.[119] Keine Zurechenbarkeit liegt vor, wenn es sich um typische „Lebensrisiken" handelt oder kein Verschulden vorliegt.[120] Eine Antwort ist in der Rechtsprechung zu finden. So vertritt der BGH[121] in einer Entscheidung vom 16.10.2012 (Online-Flugbuchung) die Auffassung: „*Nicht das Computersystem, sondern die Person, die es als Kommunikationsmittel nutzt, gibt die Erklärung ab.*"

In der Rechtsliteratur[122] wird hierzu angemerkt, dass Computererklärungen von autonom handelnden Softwareagenten nicht von einem Menschen dezidiert vorgegeben sind, sondern dass die Erklärungen auf einer eingeräumten, eigenen Logik beruhen. Der Mensch ist vielmehr nun Initiator des Prozesses der „Erarbeitung" einer Problemlösung bzw. einer Computererklärung, bei deren Ausgestaltung der Softwareagent über einen mehr oder weniger großen Gestaltungsspielraum verfügt.

---

116 Kirn, Kooperierende intelligente Softwareagenten, Wirtschaftsinformatik Nr. 44 (2002), S. 57–60; Sorge, Softwareagenten (2006), Kap. 2.2.3; Cornelius, Vertragsabschluss durch autonome elektronische Agenten, MMR 2002, 353–355; Koch, Internet-Recht (2005), § 3 III 1b; Heckmann, Internetrecht (2007), Kap. 4.1 Rdnr. 38 ff; Sester/Nitschke, Software-Agent mit Lizenz, CR 2004, 545, 549.
117 Teil A Ziff. 3.1, 3.2, 3.3.
118 Härting, Internetrecht (2014), Rdnr. 407; BGH, Urt. v. 16.10.2012 – X ZR 37/12 – NJW 2013, 598, Rdnr. 18.
119 Schmidt, Schuldrecht (2014), Rdnr. 885, 887; Vieweg in Staudinger/Eckpfeiler (2015), Kap. J Rdnr. 124; BGH, Urt. v. 26.2.2913 – VI ZR 116/12 – NJW 2013, 1679, Rz. 12, ein zufälliger Zusammenhang genügt nicht, es bedarf noch einer wertenden Betrachtung „nach dem Schutzzweck".
120 Schmidt, Schuldrecht (2014), Rdnr. 888; Erman/Schiemann, BGB (2011), § 823 BGB, Rdnr. 152; MünchKommBGB/Wagner (2004), § 823 Rdnr. 283.
121 BGH, Urt. v. 16.10.2013 – X ZR 37/12 – NJW 2013, 598 f., Rz. 17; s. hierzu den Meinungsstand in der Literatur bei Sorge, Softwareagent (2006), Ziff. 3.1, S. 24 ff.
122 Sester/Nitschke, Software-Agent mit Lizenz, CR 2004, 545, 550; Nitske, Verträge unter Beteiligung von Softwareagenten, S. 55–57, 91 f.

Mit Recht wird im Rechtsschrifttum[123] angemerkt, dass mit zunehmender „Verselbstständigung", also Autonomie des Softwareagenten, der Wille des Nutzers einflusslos wird. Dem Programmierer bzw. dem Nutzer der Softwareagenten ist bei kooperativ verteilten Softwareagenten oder Multiagenten die Dimension der Autonomie des autonom handelnden Softwareagenten unbekannt. Der Programmierer und auch der Nutzer sind, je nach dem Umfang der eingeräumten Autonomie, nicht mehr in der Lage, Art und Umfang der Lernfähigkeit der Softwareagenten insbesondere bei kooperativen Softwareagenten – wie diese von *Kirn* Teil A Ziff. 3.1. des Buches beschrieben wird – abzuschätzen. Diese Unkenntnis kann aber den Programmierer oder Nutzer nicht vollständig von jeglicher Verantwortung freistellen. Der BGH[124] hat mehrfach die Auffassung vertreten, dass nicht außer Acht gelassen werden darf, dass die Teilnehmer im Rechtsverkehr trotz fehlendem Erklärungsbewusstsein geschützt werden müssen, wenn fahrlässig Vertrauenstatbestände geschaffen wurden. Daraus kann entnommen werden, dass Erklärungen oder Handlungen eines Softwareagenten, die im Rechtsverkehr einen Vertrauenstatbestand erzeugen, als rechtsverbindlich anzusehen sind.

Was bedeuten diese Ausführungen für das Anfechtungsrecht? Wie bereits schon erwähnt, schafft das Anfechtungsrecht nach § 119 BGB die Möglichkeit, eine auf einem unbewussten (nicht verschuldeten) Irrtum beruhende Willenserklärung unter bestimmten Voraussetzungen „aus der Welt zu schaffen".[125] Voraussetzung ist aber, dass der Irrtum auf einer unbewusst falschen oder fehlenden Vorstellung des Erklärenden über die Wirklichkeit beruht. Ein Irrtum liegt nicht vor, wenn der Erklärende die Möglichkeit bewusst in Kauf nimmt, dass seine Vorstellung falsch oder lückenhaft ist.[126]

Von einem Teil des Schrifttums[127] wird die Meinung vertreten, dass für ein Erklärungsbewusstsein – und damit für einen Willen – schon vage Vorstellungen über den Erklärungsinhalt ausreichen. Demzufolge wird bezüglich Handlungen oder Erklärungen von Softwareagenten argumentiert, dass der Nutzer von autonomen Softwareagenten sich bewusst die Lösungsfreiheit und das damit verbundene Risiko von nicht vorhersehbaren Reaktionen oder Lösungen zurechnen lassen will; daher muss er auch dafür einstehen. *Sorge*[128] ist daher der Auffassung, dass solche Computer-

---

123 Nitschke, Verträge unter Beteiligung von Softwareagenten (2010), S. 58.

124 BGH, Urt. v. 29.11.1994 – XI ZR 175/93 – NJW 1995, 953 und Urt. v. 19.2.2002 – V ZR 17/02 – NJW 2002, 3629, 2631.

125 Brox/Walker, BGB (2010), § 18 Rdnr. 1.

126 Erman/Arnold, BGB (2011), § 119 Rdnr. 18.

127 So wohl Redeker, IT-Recht (2012), Rdnr. 859; anders wohl Sester/Nitschke, Software-Agent mit Lizenz zum...? CR 2004, 545, 550; und auch Sorge, Softwareagenten (2006), Kap. 3.1.3 und 3.1.4, S. 28; ähnlich wohl Hoeren, Internet- und Kommunikationsrecht (2012), S. 296, 297; Redeker, IT-Recht (2012), Rdnr. 859; Cornelius, Vertragsabschluss durch autonome elektronische Agenten, MMR 2002, 353, 355; Sester/Nitschke, Software-Agent mit Lizenz zum...? CR 2004, S. 548, 551.

128 Sorge, Softwareagenten (2006), Kap. 3.1.4, S. 28.

erklärungen von autonomen Softwareagenten ausnahmsweise anfechtbar sind, die einem geistig vernünftigen Menschen nicht unterlaufen. Diese Rechtsmeinungen berücksichtigen aber nicht, dass – wie *Kirn*[129] darlegt – die Autonomie bspw. das Problemlösungsverhalten von kooperierenden Softwareagenten oder Multiagenten vielfach ein Maß erreichen kann, das weder von einem Programmierer noch Nutzer vorausgesehen werden kann. In diesen Fällen kann nicht von einem Mindestmaß eines Erklärungsbewusstseins ausgegangen werden. Es fehlt ein „finaler Erklärungswille" bzw. ein final auf einen Handlungserfolg gerichteter Willensakt, der als eine „normale Bestimmbarkeit einer Person aufgrund von vernünftigen Erwägungen" anzusehen ist.[130]

Die Erklärung kann demzufolge nicht gemäß § 119 BGB angefochten werden, weil die Erklärung des Softwareagenten nicht als unbewusste Abweichung vom Willen angesehen werden kann.[131]

Diese Rechtsmeinungen berücksichtigen aber nicht, dass die Autonomie der Softwareagenten ein Maß erreichen kann, das von keinem Programmierer oder Nutzer vorgesehen sein kann und somit auch nicht ein Mindestmaß eines Erklärungsbewusstseins angenommen werden kann. Es können nämlich Reaktionen oder Entscheidungen erzeugt werden, die außerhalb der zugrunde gelegten Zielrichtung des Softwareagenten liegen können, wie bspw. im Börsen-Crash-Fall der New Yorker Börse am 6.5.2010. Es stellt sich dann die Frage, ob diese unvorhersehbaren und nicht gewollten Reaktionen noch als „vom Willen oder der Risikobereitschaft umfasst" angesehen und dem Betreiber des Börsensystems zugerechnet werden können.[132] Diese Lernfähigkeit und Freiheit der Problemlösung, insbesondere bei kooperativen Softwareagenten oder Multiagenten, übersteigen im Einzelfall das Vorstellungsvermögen.

Die Rechtsprechung[133] und das Rechtsschrifttum[134] gehen von folgenden Unterscheidungen aus. Liegt eine Verfälschung des Erklärten vor, so ist dieses als Irrtum in der Erklärungshandlung also bei der Äußerung anzusehen, weil die Willensbildung abgeschlossen und der Fehler „auf dem Weg zum Empfänger" entstanden ist und daher gemäß §§ 119, 120 BGB anfechtbar ist. Der BGH betont jedoch, dass eine Verfälschung nur vorliegt, wenn von dem ursprünglich richtig Erklärten abgewichen

---

129 Teil A Ziff. 3.2. und 3.3.
130 Palandt/Ellenberger, BGB (2015), § Einführung v. §§ 116 Rdnr. 2, 3. Cording/Roth, Zivilrechtliche Verantwortung, NJW 2015, S. 26 f.; BGH, Urt. v. 5.12.1995 – XI ZR 70/05 – NJW 1996, 918, 919. BGH, Urt. v. 24.4.2008 – AZR 347/07 – NJW 2009, 251 Rz. 53.
131 Erman/Arnold, BGB (2011), § 119 Rdnr. 18. BGH, Urt. v. 29.11.1994 – XI ZR 175/93 – NJW 1995, 953 und Urt. v. 19.2.2002 – V ZR 17/02 – NJW 2002, 3629, 3631.
132 Sester/Nitschke, Software-Agent mit Lizenz zum...? CR 2004, 548, 551; Nitschke, Verträge unter Beteiligung von Softwareagenten (2010), S. 91; Sorge, Softwareagenten (2006), Kap. 3.1.4, S. 28 f.
133 BGH, Urt. v. 26.1.2005 – VIII ZR 79/04 – CR 2005, 355 f.; a. A. LG Köln, Urt. v. 16.4.2003 – 9 S 289/02 – CR 2003, 329.
134 Erman/Arnold, BGB (2011), § 119 Rdnr. 22; BGH, Urt. v. 26.1.2005 – VIII ZR 79/04 – CR 2005, 355 f.

wird, d. h. wenn die Willensbildung bereits abgeschlossen war. Die Eingabe von falschen Daten oder die Verwechslung von Marktkonzepten (die Eingabe von Gold- statt Silberoptionsscheinen) ist demgegenüber ein unbeachtlicher Motivationsirrtum und berechtigt nicht zu Anfechtung.[135]

In diesem Zusammenhang stellt sich aber auch die Frage, ob oder inwieweit die Vorschriften über die Irrtumsanfechtung gemäß §§ 119 ff. BGB auf elektronisch bzw. durch Computer oder auch auf durch autonom handelnde Softwareagenten erzeugte Willenserklärungen angewandt werden können. Es mag zwar beim Einsatz von autonomen Softwareagenten ein Handlungs- und Geschäftswille seitens des Nutzers oder Programmierers vorliegen. Es dürfte aber mehr als zweifelhaft sein, ob bei derart offenen Problemlösungen wie bei kooperativen Problemlösungen wie bspw. im Börsenbereich auf der Grundlage von heuristischen Verfahren bereits das für eine Anfechtung erforderliche Erklärungsbewusstsein vorliegt.[136]

Es kann hierbei vorkommen, dass Softwareagenten infolge ihrer autonomen Lern- und Problemlösungsfähigkeiten zu unvorhersehbaren Entscheidungen kommen können, die sich erst später im Rahmen ihrer eigenständigen Aufgabenfunktion herausstellen und die bei der Kenntnis dieser Probleme vermieden worden wären, aber bei der Programmierung und den Tests nicht vorhergesehen werden konnten.[137]

Kirn beschreibt ausführlich im Teil A Ziff. 3.2.2 und 3.4 des Buches die Funktionsweise und die Problematik beim Einsatz von Multiagentensystemen.

In dem Rechtsschrifttum[138] herrscht Unsicherheit darüber, ob die Programmlogik bzw. ein heuristisches Verfahren bspw. bei Suchmaschinen Bestandteil des Willensäußerungsprozesses ist oder nur der Phase der Willensbildung (Motivationsphase) angehört. Ein unbeachtlicher Motivationsirrtum liegt bspw. vor, wenn ein Erklärender sich falsche Vorstellungen über die Rechtsfolgen einer Erklärung macht. Einschlägig ist hier eine Entscheidung des BGH vom 30.6.2009.[139] Danach lag kein Anfechtungsrecht wegen eines Erklärungsirrtums, sondern nur ein unbeachtlicher Motivirrtum vor, weil der „Erklärende" bei der Erstellung seines Computersystems an ein bestimmtes geschäftliches Bezugssystem (Verwechselung oder Nichtbeachtung des Bezugssystems von Goldoptionsscheinen mit Silber-Optionsscheinen) nicht

---

135 BGH, Urt. v. 30.6.2009 – XI ZR 364/08 – NJW-RR 2009, 1541, Rz. 31.

136 Härting, Internetrecht (2014), Rdnr. 390–392; Sester/Nitschke, Software-Agent mit Lizenz zum...? CR 2004, 548, 550; Sorge, Softwareagenten (2006), Kap. 3.1.3 und 3.1.4, S. 27–30.

137 S. Redeker, IT-Recht (2012), Rdnr. 859; Heckmann, Internetrecht (2007), Kap. 4.1, Rdnr. 18 f.; Koch, Internet-Recht (2007), § 3 III 1b, S. 101. Kirn/Müller-Hengstenberg, Intelligente (Software-) Agenten: Von der Automatisierung zur Autonomie, MMR 2014, 255; a. A. hierzu Sorge, Softwareagenten (2006), Kap. 3.1.3, S. 30; ähnlich Nitschke, Verträge unter Bedingungen von Softwareagenten (2010), S. 89.

138 Erman/Arnold, BGB (2011), § 119 Rdnr. 22; Schiemann in Staudinger/Eckpfeiler (2015), Kap. C Rdnr. 188.

139 BGH, Urt. v. 30.6.2009 – XI ZR 364/08 – NJW-RR 2009, 1541, Rz. 10.31; so auch die Hinweise zum Motivirrtum bei Computerprogrammen in BGH, Urt. v. 21.1.2005 – VIII ZR 79/04 – CR 2005, 355 f.; anders wohl Sorge, Softwareagenten (2006), Kap. 3.1.3 und 3.1.4, S. 27–30.

gedacht und auch in der Software-Architektur nicht berücksichtigt hat. Es kommt demnach darauf an, ob bei der Willensbildung ein falsche Vorstellung oder ein Fehler begangen wurde.

Gegen die Zulässigkeit einer Anfechtung nach § 119 BGB spricht, dass die Ursachen für mögliche unerwartete Reaktionen bzw. Willenserklärungen bereits in der Konzeptions- bzw. Entwicklungsphase durch die eingeräumte Autonomie der Lernfähigkeit entstehen. Wenn in dem oben zitierten Beispiel von *Kirn* die Sensorik erst aufgrund der erhaltenen Informationen den Entscheidungsbedarf erkennt und dann entsprechend seinem Ziel zu einem Ergebnis führt, dann ist der Vorgang noch in dem Zustand der „Willensbildung" und noch nicht abgeschlossen. Falls bei der Erfassung der Information dann bspw. eine falsche Information, ggf. eine unbekannte Art der Information, aufgenommen wird, ist dieser Umstand mit einer Falscheingabe vergleichbar und fällt somit in die Vorbereitungsphase der Softwareentwicklung bzw. des Einsatzes des Softwareagenten. Damit handelt es sich in der Regel um einen unbeachtlichen Motivationsirrtum. Gleiches gilt auch bei der heuristischen Wissensverarbeitung, bei der ggf. das zur Problemlösung benötigte Wissen unvollständig ist.[140]

Nach der hier vertretenen Meinung wäre es sehr bedenklich, allein aufgrund von allgemeinen Vorstellungen über die Arbeitsweise von autonomen Softwareagenten ein beachtliches Erklärungsbewusstsein und einen Äußerungswillen zu unterstellen und ein Anfechtungsrecht einzuräumen. Wenn kooperative Softwareagenten in übergreifende Systeme oder Netze eingebunden sind, wird zwar der Grundsatz des Vertrauens in die „geäußerten" Erklärungen oder Handlungen im Rechtsverkehr stark erschüttert und zu unkalkulierbaren Unsicherheiten führen. Die Irrtumslehre ist aber eine Ausnahmeregelung von dem Grundsatz „pacta sunt servanda" (Verbindlichkeit der Vertragsvereinbarungen) und sollte daher begrenzt bleiben.

Zusammenfassend kann festgestellt werden, dass elektronische Willenserklärungen gemäß §§ 119 ff. BGB durch den Betreiber einer Computersystems anfechtbar sind, wenn die durch die Software generierte Willenserklärung aufgrund eines Fehlers der Software falsch ist, d. h. einen falschen Preis angibt. In diesen Fällen war der Computersoftware programmtechnisch ein konkretes Ergebnis vorgegeben, sodass ein Erklärungsirrtum vorliegt.[141] Der Umstand, dass die autonomen Verhaltensweisen von kooperativen Softwareagenten oder Multiagenten als unbeachtlicher Motivationsirrtum anzusehen sind, bedeutet allerdings nicht, dass der Ersteller oder Betreiber des Softwareagenten auch von der zivilrechtlichen Haftung befreit wird. Es entfällt lediglich sein Anfechtungsrecht bezüglich seiner Erklärung.

Softwareagenten sind in der Regel in ein Geschäftsmodell eingebunden und nehmen dabei gewisse Aufgaben selbstständig, ohne menschliche Mitwirkung wahr. Damit bleibt es trotz aller Selbständigkeit eine „technische Hilfsfunktion", die in

---

140 S. Teil A Ziff. 4.5.
141 BGH, Urt. v. 26.1.2005 – VIII ZR 79/04 – CR 2005, 355 f; Nitschke, Verträge unter Beteiligung von Agenten (2010), S. 55–57, 89 f.

irgendeiner Weise von dem menschlichen Willen bzw. von der Steuerung des für den Geschäftsprozess verantwortlichen Menschen – zumindest im weitesten Sinne kausal – abhängig ist.[142] Unabhängig von den speziellen Anfechtungsrechten ist daher stets zu prüfen, ob eine Haftung nach vertraglichen oder außervertraglichen Vorschriften in Betracht kommt, wobei die Frage, ob eine Unmöglichkeit der Vermeidung von unerwarteten und nicht vorhersehbaren Leistungsergebnissen im Sinne der §§ 275 und 311a BGB vorliegt, von Bedeutung ist.[143]

Im Hinblick auf diese rechtlichen Unklarheiten ist es nicht verwunderlich, dass im öffentlichen Verwaltungsrecht durch die §§ 3a, 37 Abs. 5 VwVfG insofern Klarheit für das Verwaltungshandeln geschaffen wurde, als in diesen Vorschriften bestimmt wurde, dass die EDV-Einrichtung selbst keine behördliche „inhaltliche" Willenserklärung abgeben kann, sondern der Verwaltungsakt mit Hilfe elektronischer Einrichtungen, also in elektronischer Form, erlassen werden kann. Soweit ein Verwaltungsakt elektronisch erlassen wird, muss ein der Signatur zugrunde liegendes qualifiziertes Zertifikat die erlassende Behörde erkennen lassen.[144] Es handelt sich hierbei nicht um eine elektronisch erzeugte, sondern nur um eine elektronisch übermittelte Willenserklärung.[145]

In diesem Zusammenhang ist auch der § 6a BDSG zu erwähnen, der keine automatisierten Einzelentscheidungen erlaubt, ohne dass der Betroffene Einfluss nehmen konnte. Gleiches gilt nach dem Beamtenrecht (§ 114 Abs. 4 BBG und § 67b Abs. 4 SGB X).[146]

2.2.2 Weitere Aspekte der Verantwortung und Haftung bei Rechtsgeschäften

Die rechtliche Bewertung von Computererklärungen oder -handlungen im Rechtsverkehr ist nicht nur bei der Frage der Anfechtbarkeit wichtig. Vielmehr stellt sich die Frage nach der allgemeinen rechtlichen Verbindlichkeit und Haftung von Computererklärungen oder -handlungen im Rechtsverkehr insgesamt, bspw. bei Aufträgen oder Abschlüssen und Durchführung von Verträgen oder auch bei außervertraglichen Rechtsverhältnissen. Aus der Haftungskonzeption des § 122 BGB kann entnommen werden, dass es bei Frage der Berechtigung, eine Willenserklärung anzufechten,

---

142 Kirn, Integration von Organisation und Informationssystem: Benötigen wir eine Re-Vitalisierung des maschinellen Aufgabenträgers? Technische Universität Ilmenau (1996), S. 44, 46, 49; Sorge, Softwareagenten (2006), Kap. 3, S. 27–29; zweifelnd Redeker, IT-Recht (2012), Rdnr. 858, 859.
143 S. hierzu Nitschke, Verträge unter Beteiligung von Softwareagenten (2010), S. 64 f.; BGH, Urt. v. 16.5.2014 – V ZR 181/13 – MDR 2014, 891, Rz. 23.
144 Mauer, Allgemeines Verwaltungsrecht (2011), § 18.
145 Wolff/Bachof/Stober/Kluth, Verwaltungsrecht (2007), § 6 Rdnr. 32, § 36 Rdnr. 12.
146 Wolff/Bachof/Stober/Kluth, Verwaltungsrecht (2007), § 5 Rdnr. 24, § 36 Rdnr. 12; Gola/Schomerus, BDSG (2010), § 6a Rdnr. 2a; Mauer, Allgemeines Verwaltungsrecht (2011), § 18.

darauf ankommt, wer der „Initiator" oder Auslöser der elektronischen Willenserklärung ist oder wer den Zugang zum Internet für rechtsverbindliche Erklärungen nutzte.

Gilt diese Haftungskonzeption auch bei vertraglichen Rechtsgeschäften? Die Frage der Verantwortlichkeit und auch Verbindlichkeit von Computererklärungen stellt sich insbesondere bei der Eingehung von Rechtsgeschäften im Internet. Der Vertragsabschluss erfolgt nicht direkt zwischen den Vertragspartnern, sondern über Telekommunikationsnetzwerke bzw. Internetanschlüsse. Der jeweilige Zugang zu dem Internet ist nur über IP-Adressen möglich, die jedoch nur eine anonyme nummerische Zahlenfolge sind und sich ständig ändern können.[147] Die jeweils zugeordnete Person ist damit nicht erkennbar.[148] Im Rechtsschrifttum[149] werden mehrere Modelle erörtert: ein „Geschäft des Namensträgers oder ein Handeln im fremden Namen, eine Anscheinsvollmacht, ein Geschäfts für den, wen es angeht". Auch hier stellt sich die Frage, ob im Hinblick auf den verursachten Vertrauenstatbestand des Erklärungsempfängers stets der Inhaber eines Internetanschlusses bzw. eines passwortgeschützten Zugangs für die Handlungen oder Erklärungen von unbefugten Dritten nach den Grundsätzen der Anscheins- oder Duldungsvollmacht dem Erklärungsempfänger oder Rechtsinhaber der geschützten Rechtsgüter gegenüber einzustehen hat.

Interessant und aufschlussreich ist eine Entscheidung des BGH vom 11.3.2009[150] über die Verantwortung des Inhabers eines Mitgliedskontos bei eBay. Dort heißt es u. a.:

> Die *Kontrolldaten und das Passwort [...] ermöglichen demnach als ein besonderes Identifikationsmittel [...] ein Handeln unter einem bestimmten Namen nach außen hin. Die Identifikationsfunktion der Zugangsdaten geht dabei weit über die Verwendung etwa eines Briefpapiers [...] hinaus [...]. Im Hinblick darauf besteht eine generelle Verantwortung und Verpflichtung des Inhabers [...], seine Kontaktdaten so unter Verschluss zu halten, dass von ihnen niemand Kenntnis erlangt.*

Zudem heißt es im Leitsatz:

> *[...] muss sich der Inhaber des Mitgliedskontos [...] im Falle einer Vertrags- oder Schutzrechtsverletzung [...] so behandeln lassen, als ob er selbst gehandelt hätte.*

In einer neuen BGH-Entscheidung vom 11.5.2011[151] relativiert der BGH gewissermaßen seine Entscheidung vom 11.3.2009, indem er die unbefugte Nutzung eines eBay-

---

147 Stahlknecht/Hasenkamp, Einführung in die Wirtschaftsinformatik (2005), Kap. 4.3.4; Redeker, IT-Recht (2012), Rdnr. 1075; Nietsch, Datenschutzrechtliches Gebot zur Vergabe dynamischer IP-Adressen in IPv6, CR 2011, 783 f.

148 BGH, Urt. v. 12.5.2010 – I ZR 121/08 – CR 2010, 458, 459, Rz. 15.

149 Heckmann, Internetrecht (2007), Kap. 4.3, Rdnr. 62; Hoeren, Internet- und Kommunikationsrecht (2012), S. 297; LG Frankfurt, Urt. v. 28.2.1997 – 2/19 O 359/96 – CR 1997, 739.

150 BGH, Urt. v. 11.3.2009 – I ZR 114/06 – CR 2009, 450, Rz. 17, 18.

151 BGH, Urt. v. 11.5.2011 – VIII ZR 289/09 – NJW 2011, 2421, 2422, Rz. 18 f; Borges, Rechtsscheinhaftung im Internet, NJW 2001, 2400; Hofmann, Entwicklung des Internetrechts, NJW 2011, 2623, 2626.

Kontos zum Abschluss eines Vertrages durch einen Fremden nicht dem Kontoinhaber zurechnet, nur weil dieser die Zugangsdaten nicht ausreichend geschützt hat. Die Begründung im Unterschied zu dem BGH-Urteil vom 11.03.2009 lautet: *„Während beim Deliktrecht der Schutz absoluter Rechte Vorrang vor den Interessen des Schädigers genießt, ist bei der Abgabe von auf den Vertrag gerichteten Erklärungen eine Einstandspflicht desjenigen, der eine unberechtigte Nutzung eines passwortgeschützten Mitgliedskonto ermöglichst hat, nur dann gerechtfertigt, wenn die berechtigten Interessen des Geschäftspartners schutzwürdiger sind als seine eigenen Belange“.* In der WLAN-Entscheidung vom 12.5.2010[152] hat der BGH im Hinblick auf eine Haftung eines privaten Anschlussinhabers für eine Urheberrechtsverletzung eine Haftung des Inhabers einer IP Adresse abgelehnt, weil die IP Adresse „keine zuverlässige Auskunft über die Person gibt, die zu einem konkreten Zeitpunkt einen bestimmten Internetanschluss nutzt". Dennoch sieht die BGH-Entscheidung eine Verpflichtung des Anschlussinhabers vor, für eine marktübliche Sicherheit des Anschlusses zu sorgen, die aber nicht ständige Anpassungen nach dem Stand der Technik erfordern.

Noch weiter gehen die Entscheidungen bei missbräuchlicher Nutzung eines Internetanschlusses durch Familienangehörige. Hier konstatiert der BGH[153] keine Verpflichtung des Anschlussinhabers, die Familienangehörigen zu überwachen.

Anders ist die Rechtslage nach Ansicht des BGH bei einem eBay-Mitgliedskonto. Nach dieser Entscheidung muss sich der Inhaber des Mitgliedskontos so behandeln lassen, als habe er selbst gehandelt, wenn er das Konto nicht hinreichend vor dem Zugriff Dritter geschützt hat, weil die Verwahrung der Zugangsdaten eine selbstständige Verpflichtung ist.

Für die Frage der rechtlichen Verantwortlichkeit stellen die vorstehenden gerichtlichen Entscheidungen auf den Vertrauenstatbestand bzw. auf den objektiven „äußeren Willenstatbestand" ab, den die elektronischen Handlungen auslösen. Einige gerichtliche Entscheidungen gehen so weit, dass Hotelbesitzer für die missbräuchliche Nutzung von Internetanschlüssen, die über marktübliche Sicherungen verfügen, nicht haften.[154] Diese Tendenz wird auch in zwei anderen Entscheidungen des BGH vom 29.4.2011 und vom 19.11.2011 sichtbar.[155] Auch diese Entscheidungen stellen auf den Vertrauenstatbestand ab, der durch das Einstellen von Fotografien als Thumbnails in einer Suchmaschine entstanden ist, obwohl keine ausdrückliche Zustimmung des Rechtsinhabers zur Wiedergabe vorlag. In der Entscheidung vom 19.11.2011 heißt es: *„Der Senat hat ausgeführt, dass der Urheber, der eine Abbildung eines urheberrechtlichen geschützten Werkes ins Internet einstellt, ohne technisch mögliche Vorkehrungen gegen das Auffinden und Anzeigen dieser Abbildungen durch die Such-*

---

152 BGH, Urt. v. 12.5.2010 – I ZR 121/08 – CR 2010, 458 f., Rz. 15.

153 BGH, Urt. v. 8.1.2014 – I ZR 169/12 – NJW 2014, 2360 Rz. 25–27.

154 Borges, Haftung des Internetanschlussinhaber, NJW 2014, 2305, 2308.

155 BGH, Urt. v. 29.4.2010 – I ZR 69/08 – CR 2010, 463, Rz. 29; BGH, Urt. v. 19.10.2011 – I ZR 140/10 – NJW 2012, 1886, Rz. 18.

maschine zu treffen, durch schlüssiges Verhalten seine (schlichte) Einwilligung in die Wiedergabe der Abbildung [...] erklärt. " Gerade im Hinblick auf die im Internet ablaufenden Geschäftsprozesse, bei denen teilweise jegliche wahrnehmbare persönliche Transparenz der Vertragspartner fehlt, erfährt der Gesichtspunkt des erzeugten Vertrauenstatbestandes schon aus Gründen der Rechtssicherheit eine zunehmende Bedeutung. Die Notwendigkeit dieses neuen Rechtsschutzes zeigt sich insbesondere bei den autonomen Softwareagenten bzw. Multiagentensystemen. Diese technologischen Einrichtungen unterscheiden sich anscheinend dadurch, dass die Softwareagenten ohne menschliche Einwirkungen automatisierte Handlungen, Erklärungen und Entscheidungen bewirken, die zumindest bei der Bildung von rechtsverbindlichen Entscheidungen mitwirken können bspw. Wechselkursdaten ohne weitere menschliche Mitwirkung.[156]

Der Zugang von Willenserklärungen

Die technischen und rechtlichen Zusammenhänge von Computererklärungen werden im Rechtsschrifttum unter dem Aspekt erörtert, ob der Zugang einer Willenserklärung in Form von Fax, E-Mail oder Videokonferenz oder „Chat" als Willenserklärung unter Anwesenden im Sinne des § 147 Abs. 1 BGB oder als Willenserklärung unter Abwesenden im Sinnes des § 147 Abs. 2 BGB angesehen werden kann. Willenserklärungen unter Abwesenden können nämlich bis zum rechtswirksamen Zugang noch nach § 130 Abs. 1 BGB widerrufen werden.[157]

Die maßgebliche Unterscheidung der Willenserklärung unter Anwesenden oder Abwesenden ist, ob die Willenserklärungen von Person zu Person gemacht werden und ob eine sofortige Annahme bzw. sofortige Rückfragen möglich sind.[158] Die gesetzliche Vorschrift des § 147 Abs.1 BGB erkennt Willenserklärungen über Telefon oder sonstige technische Einrichtungen, soweit diese von Person zu Person erfolgen, als Erklärungen unter Anwesenden an.

Es kommt also sehr auf die Umstände des Einzelfalls an, welche Art des Zugangs erfolgt. Wenn der Gesetzgeber die Willenserklärung über das Telefon oder sonstige technische Einrichtungen als Erklärung unter Anwesenden ansieht, dann ist eine persönliche Anwesenheit nicht unbedingt erforderlich, vielmehr ist eine direkte Kenntnisnahme der Erklärung maßgeblich, die nicht einmal mündlich abgegeben sein muss, bspw. die Abgabe eines Angebots. Wenn also zwei Personen über einen Chat direkt kommunizieren, ist die Anwesenheit gegeben. Anders liegt der Fall, wenn

---

156 Kirn, Integration von Organisation von Informationssystemen: Benötigen wir eine Re-Vitalisierung des maschinellen Aufgabenträgers? Technische Universität Ilmenau (1996), S. 45 f.; Cornelius, MMR 2002, 353, 355.

157 Heckmann, Internetrecht (2007), Kap. 4.1 Rdnr. 22 ff.; Palandt/Ellenberger, BGB (2014), § 147 Rdnr. 5.

158 Palandt/Ellenberger, BGB (2014), § 147 Rdnr. 5; Schiemann in Staudinger/Eckpfeiler (2011), S. 56.

ein Fax oder eine E-Mail gesandt wird; in diesem Fall kann diese Art der Erklärungen auf einem Speicher des Fax-Geräte oder des E-Mail Servers gelangen und bedarf noch des Abrufs.[159]

Wann liegt eine rechtsverbindliche Willenserklärung vor?

Interessant sind die Ausführungen des BGH.[160] Zunächst stellt der BGH fest, dass eine Willenserklärung eine Äußerung ist, die auf einen rechtsgeschäftlichen Erfolg gerichtet ist. Dabei kann die Äußerung eine konkrete Erklärung oder auch ein schlüssiges Verhalten sein.

Im vorliegenden „Auktionsfall" hat der BGH nicht allein die Freischaltung der Angebotsseite auf dem Bildschirm, sondern auch „die Erklärung" einbezogen, die der Anbieter durch seine Allgemeinen Geschäftsbedingungen bezweckt hat. Wenn dabei der Anbieter ein anderes Erklärungsbewusstsein (Rechtsbindungs- und Geschäftswillen) gehabt haben sollte, so ist aber für die Willenserklärung maßgeblich, „ob bei der Anwendung der im Rechtsverkehr erforderlichen Sorgfalt der Anbieter hätte erkennen können, dass seine Äußerung nach Treu und Glauben und der Verkehrssitte als Willenserklärung (Angebotsannahme) aufgefasst werden durfte". Der Provider wurde in den Entscheidungen als Empfangsvertreter des Anbieters gesehen.

Die Willenserklärungen sind auch hierbei in Form von Befehlen von Anbietern ins Internet gestellt worden. Sie können damit bestimmten Menschen zugeordnet werden, die in dieser Form ihren Willen äußern wollen. Der BGH stellt also nicht auf eine „Computer-Entscheidung" als autonomen Akt ab, sondern auf den Vertrauenstatbestand, den der Anbieter durch die in den Computer eingegebenen Entscheidungsparameter geschaffen hat.[161] Auch die Rechtsprechung von anderen Gerichten[162] kommen zu keinem anderen Ergebnis. In beiden Fällen wurde ein Kaufvertrag über das Internet geschlossen, wobei die Annahmeerklärung des Verkäufers über einen „Auto-Reply" erfolgte.

In der Entscheidung des LG Köln[163] heißt es sehr aufschlussreich: *„Die Erklärung ist, obgleich automatisiert auf Grund vorheriger Programmierung (also mittels „Auto Reply") abgegeben, der Beklagten (Verkäufer) als eigene Willenserklärung zuzurechnen, weil der eingesetzte Rechner nur Befehle ausführt, die zuvor mittels Programmierung von Menschenhand festgelegt wurden, und die Erklärung deshalb ihren Ursprung*

---

159 Koch, Internet-Recht (2005), § 3 III, 1g S. 112; Heckmann, Internetrecht (2007), Kap. 4.1 Rdnr. 22 ff.; Palandt/Ellenberger, BGB (2014), § 147 Rdnr. 5.
160 BGH, Urt. v. 7.11.2001 – VIII ZR 13/1 – CR 2002, 213–215.
161 Cornelius, Vertragsabschluss durch autonome elektronische Agenten, MMR 2002, 353, 355; Koch, Internet-Recht (2005), § 3 III, 1k, S. 119.
162 LG Köln, Urt. v. 16.4.2002 – 9 S 289/02 – CR 2003, 613, 615; OLG Frankfurt, Urt .v. 20.1.2002 – 9 U 94/02 – MMR 2003, 451.
163 LG Köln, Urt. v. 16.4.2002 – 9 S 289/02 – CR 2003, 613, 615; s. a. BGH, Urt. v. 26.1.2005 – VIII ZR 79/04 – CR 2005, 355 f.

in einer von der Beklagten veranlassten und auf ihren Willen zurückgehenden Handlung hat." Gleiches sagt auch eine Entscheidung des OLG Frankfurt[164] aus.

Der BGH[165] formuliert in einer Entscheidung vom 16.10.2012 (Online-Flugbuchung) die Verantwortung wie folgt:

> *Nicht das Computersystem, sondern die Person (oder das Unternehmen), die es als Kommunikationsmittel nutzt, gibt die Erklärung ab oder ist Empfänger der abgegebenen Erklärung. Der Inhalt der Erklärung ist mithin nicht danach zu bestimmen, wie sie das automatische System voraussichtlich deuten und verarbeiten wird, sondern danach wie sie der menschliche Adressat nach Treu und Glauben und der Verkehrssitte verstehen darf [...]*

Es gibt zwar in der Fachliteratur[166] vereinzelte Versuche, über das Phänomen der „künstlichen Intelligenz" Annäherungen zu einer natürlichen Person bzw. zu einer eigenen Rechtspersönlichkeit zu konstruieren. Dabei kommt es nach diesen Auffassungen aber darauf an, ob das Verhalten eines autonom handelnden Softwareagenten dem einer Person ähnelt, die sich bewusst ist, dass seine Handlung zum Abschluss eines Vertrages führen kann. Es wird hierbei argumentiert, dass die automatische Willenserklärung bereits eine menschliche Willenserklärung in der Weise verkörpert, dass der Empfänger darauf vertrauen kann, dass der Ersteller der automatischen Willenserklärung sich die „erzeugte" Erklärung als eigene bindende Willenserklärung zurechnen lassen will. Andererseits wird aber auch zu berücksichtigen sein, dass die Betreiber von autonomen Softwareagenten über kein zurechenbares bewusstes, soziales Verhalten verfügen können, insbesondere, wenn unerwartet atypische Fallkonstellationen eintreten.[167]

Wie bereits vorstehend in Teil B Ziff. 2.1.3 angemerkt, ist der Grad der Autonomie der Softwareagenten wie der Umfang der Lern- Anpassungsfähigkeit für die Frage von Bedeutung, ob und in welchem Umfang von einem zurechenbaren, bewussten Verhalten eines Menschen ausgegangen werden kann.

Die Fragen der Zurechenbarkeit und Haftung werden ausführlich in Teil B Ziff. 3.3.3 erörtert.

---

164 OLG Frankfurt, Urt. v. 29.1.2002 – 9 U 94/02 – CR 2003, 450, 451.

165 BGH, Urt. v. 16.10.2013 – X ZR 37/12 – NJW 2013, 598 f., Rdnr. 17; s. hierzu den Meinungsstand in der Literatur bei Sorge, Softwareagenten (2006), Ziff. 3.1, S. 24 ff.

166 S. hierzu die Literatur bei Cornelius, Vertragsabschluss durch autonome elektronische Agenten, MMR 2002, 353, 355; Sorge, Softwareagenten (2006), Kap. 3.3.1, S. 34.

167 So Hoeren, Internet- und Kommunikationsrecht (2012), S. 282, 289; s. hierzu die Literatur bei Cornelius, MMR 2002, 353, 355; s. hierzu ausführlich mit Hinweisen auf weitere Literaturstellen Sorge, Softwareagenten (2006), 3.3.1, S. 34.

2.2.3 Darlegungs- und Beweislast

Die Frage, wer die Darlegungs- und Beweislast hat, ist dann von Bedeutung, wenn die Existenz oder der rechtzeitige Zugang einer Willenserklärung bestritten wird.

Hier gilt der Grundsatz, dass derjenige, der die Willenserklärung in Frage stellt, die Fakten dafür zu beweisen hat.[168] Gleiches gilt bei dem Zugang einer Willenserklärung. Derjenige, der sich auf den Zugang der Willenserklärung beruft, ist dafür beweispflichtig. Derjenige, der Schadensersatz wegen des Vertrauens auf die angefochtene Willenserklärung nach § 122 BGB verlangt, hat die Darlegung- und Beweislast für die Nichtigkeit der Willenserklärung und den dadurch verursachten Schaden. Der Anfechtende hat dann aber die Darlegungs- und Beweislast dafür, dass der Erklärungsgegner die Nichtigkeit oder Anfechtbarkeit der Willenserklärung kannte oder fahrlässig nicht erkannt hat (§ 122 Abs. 2 BGB).[169]

Diese an sich einfachen Grundsätze der Darlegungs- und Beweislast lassen sich nicht so einfach auf Willenserklärungen anwenden, die durch Computerprogramme oder Internetanwendungen erzeugt werden, weil in vielen Fallgestaltungen eine Identifizierung der erklärenden und verantwortlichen Person nur unter erschwerten Umständen möglich ist. Es ist bspw. nur eine Telefon-, Fax-, Mitgliedskontonummer oder eine Anschluss- oder IP-Adresse bekannt, die aber nicht mit dem tatsächlichen Nutzer identisch sein muss. Wie in Teil B Ziff. 2.2.2 ausführlich dargelegt, tendiert die Rechtsprechung[170] bei durch Computerprogramme erzeugten Willenserklärungen zu einem Schutz des Vertrauens des Erklärungsempfängers in die Verhaltensweise eines Erklärenden.[171] Dabei macht es keinen Unterschied, ob der Erklärende etwas anders oder gar nichts rechtsverbindlich erklären wollte.

Der „Erklärende" kann nach Auffassung des BGH diesen objektiven Erklärungstatbestand nur durch eine Anfechtung nach §§ 119 ff BGB unwirksam machen. Dies bedeutet nichts anderes, als dass der Anfechtende auch die Beweislast hat.

Eine ähnliche Tendenz der Rechtsprechung bezüglich der Darlegungs- und Beweislast ist bei der missbräuchlichen Nutzung von Internetzugängen erkennbar, wenn die tatsächlich handelnde Person bzw. der Erklärende oder Handelnde nicht identifizierbar ist. Der durch die Erklärung „Betroffene" hat zunächst nur die Anschluss- bzw. Mitgliedskontonummer zu beweisen.[172] Mit dieser Rechtsprechung wird ein gewisser Vertrauensschutz in der Weise geschaffen, dass die Erklärungsempfänger oder auch die Geschädigten durch eine Rechtsverletzung im Internet zunächst

---

168 Palandt/Ellenberger, BGB (2015), § 119 Rdnr. 32.
169 Palandt/Ellenberger, BGB (2014), § 130 Rdnr. 21, § 119 Rdnr. 32.
170 BGH, Urt. v. 7.11.2001 – VIII ZR 13/01 – CR 2002, 213; Hören, Internet- und Kommunikationsrecht (2012), S. 296 f.; Koch, Internetrecht (2005), § 3 b, S. 118.
171 BGH, Urt. v. 29.11.1994 – XI ZR 175/93 – NJW 1995, 953 und Urt. v. 19.2.2002 – V ZR 17/02 – NJW 2002, 3629, 2631; s. hierzu auch Koch, Haftung für die Weiterverbreitung von Viren durch E-Mails, NJW 2004, 801, 803, 807.
172 BGH, Urt. v. 8.1.2014 – ZR 169/12 – NJW 2014, 2360 Rz. 18.

einmal die Inhaber von Internetanschlüssen oder Marktplätzen, wenn auch teilweise nur in begrenztem Umfang, „in Anspruch" nehmen können.[173] Aber wie bei der IP-Adresse hat der Inhaber der Anschlüsse die sekundäre Beweislast, dass entweder die Voraussetzungen für eine Anscheinsvollmacht nicht vorliegen oder ausreichende Vorkehrungen zur Vermeidung einer missbräuchlichen Nutzung des Internetzugangs getroffen wurden.[174] Positiv ist also zu vermerken, dass die Darlegungs- und Beweislast der Nutzer des Internets bzw. des Empfängers von computergenerierten Willenserklärungen oder Rechtshandlungen in einem Beweisverfahren durch die Gerichte tendenziell erleichtert werden.[175]

In diesem Zusammenhang ist auch die Haftung nach § 45i TKG interessant. Nach dieser Vorschrift wird der Teilnehmer an einem TK-Dienst von seiner Entgeltpflicht frei, wenn er nachweist, dass er die TK-Leistung nicht in Anspruch genommen hat. Wieder etwas anders wird die Haftung eines EC-Karteninhabers im Falle einer missbräuchlichen Nutzung der Karte durch Dritte in §§ 675u–w BGB geregelt.

Im Rechtsschrifttum[176] wird ausführlich erörtert, welche digitale Dokumentation als Beweismittel für einen Augenschein im Sinne des § 371 Abs. 1 Satz 2 ZPO ausreicht. Der § 371 Abs. 1 Satz ZPO verlangt als Voraussetzung für einen Augenschein-Beweis, dass die Computerdatei vorgelegt wird, aus der sich die Erklärungen, Absendung und der Zugang nachvollziehen lassen. In der Rechtsliteratur[177] wird mit Recht auf das Problem aufmerksam gemacht, dass diese Dokumentation in der Regel beim Prozessgegner gespeichert sein wird. Als Beweismittel wohl nicht ausreichend sind Fax-Protokolle, nicht unsigniert eingegangene E-Mails sowie Identifikationsmerkmale wie IP-Adresse, Ebay-Mitgliedsnummer und Passwort.[178] Lediglich qualifizierte elektronische Signaturen reichen für eine Vermutung im Sinne der §§ 371 Abs. 1 Satz 2, 371a ZPO aus.[179]

Das geplante De-Mail-Gesetz der Bundesregierung (Reg. Beschluss vom 13.10.2010) ist ein Schritt in die richtige Richtung und dient dem Ziel einer rechtssicheren Kommunikation im Internet.[180] Das De-Mail-Gesetz löst aber nicht die Beweis-

---

173 S. hierzu Hoeren, Internet- und Kommunikationsrecht (2012), S. 296 f.; OLG Hamm, Urt. v. 16.11.2006 – 28 U 84/06 – NJW 2007, 611.

174 Palandt/Ellenberger, BGB (2014), § 172 Rdnr. 18.

175 Heckmann, Internetrecht (2007), Kap. 1.8 Rdnr. 28.

176 Redeker, IT-Recht (2012), Rdnr. 905; BGH, Urt. v. 7.11.2001 – VIII ZR 13/01 – CR 2002, 213; BGH, Urt. v. 3.11.2004 – VIII ZR 375/03 – CR 2004, 53; Hören, Internet- und Kommunikationsrecht (2012), S. 303 f.

177 Redeker, IT-Recht (2012), Rdnr. 117.

178 Hoeren, Internet- und Kommunikationsrecht (2012), S. 303. Redeker, IT Recht (2012), Rdnr. 906 u. 907.

179 BGH, Urt. v. 21.12.2010 –VI ZB 28/10 – CR 2011, 322; Spindler, Das De-Mail-Gesetz, ein weiterer Schritt zum sicheren E-Commerce, CR 2011, 309, 315; BGH, Urt. v. 11.5.2011 – VIII ZR 289/09 – CR 2011, 455 f.; BGH, Urt .v. 12.5.2010 – I ZR 121/08 – NJW 2010, 458, 459. Roßnagel, Der Beweiswert von E-Mail, NJW 2003, 1209.

180 Roßnagel, Rechtsfragen für einen sicheren elektronischen Rechtsverkehr, CR 2011, 23, 29.

probleme, die bei der Verletzung von Rechtsgütern im Internet bspw. auf Internetforen entstehen. Hier geben die Regelungen des Telemediengesetzes (§§ 7 ff. TMG) eine gewisse Rechtssicherheit.

Die Schwierigkeiten der Beweisführung sind beträchtlich höher, wenn falsche Erklärungen von Servern oder Softwareagenten verursacht worden sind, die in einer externen oder hybriden Cloud-Infrastruktur eingebunden sind.

Die Haftung und Beweislast der Cloud-Computing-Anbieter wird in dem nachfolgenden Teil B Ziff. 3.7erörtert.

2.3 Zusammenfassung

Die unabdingbar grundsätzliche Verantwortung des Menschen für alle Rechtshandlungen und Entscheidungen in unserer Gesellschaft bedeutet nicht, dass intelligente Softwareagenten mit der Möglichkeit autonomer Entscheidungsbildung keinen Platz in unserem Rechtssystem haben. Der technische Fortschritt wird durch diese Erkenntnis in keiner Weise begrenzt werden. Entscheidend ist vielmehr, dass alle Informationen, Mitteilungen bzw. Handlungen und Entscheidungen von Computern, Rechnern oder intelligenten Softwareagenten einem Menschen zugeordnet werden, dem auch die Verpflichtung zur zumutbaren Verkehrssicherheit und Kontrolle obliegt. Dieses gilt auch dann, wenn ein autonom handelnder Softwareagent Umweltsachverhalte eigenständig erfassen, analysieren und verarbeiten kann und Entscheidungsfähigkeiten hat.

Wenn in solchen Fällen die Entscheidungen der Softwareagenten nicht vorhersehbar bzw. überraschend sind, und kein Anfechtungsrecht nach §§ 119 ff. BGB besteht, heißt das aber nicht, dass „Programmierer" damit auch grundsätzlich von der Verantwortung freigestellt werden, weil dieser die „autonomen Entscheidungen" oder Reaktionen der Softwareagenten nicht voraussehen konnte. Schließlich hat er in voller Kenntnis der Technologie den Softwareagenten mit den Eigenschaften von nicht voraussehbaren Aktionen „geschaffen" bzw. im Rechtsverkehr eingesetzt. Diese Haftungsfragen werden in dem Teil B Ziff. 3.3.5 ausführlich erörtert.

Grundsätzlich kann man zur Zeit noch davon ausgehen, dass es wohl auch nicht das Ziel der Automatik als autonomes System ist, einen Ersatz-Menschen zu entwickeln, sondern die Gesellschaft und damit den Menschen in einer immer komplexer werdenden Welt zu unterstützen.[181] Dieses Verständnis wird in dem Förderprogramm des Bundesministers für Wirtschaft und Technologie „Autonomik für Industrie 4.0"

---

181 Bräutigam/Klindt, Industrie 4.0, das Internet der Dinge und Recht, NJW 2015, 1137. Kirn, Integration von Organisation und Informationssystemen: Benötigen wir eine Re-Vitalisierung des maschinellen Aufgabenträgers? Technische Universität Ilmenau (1996), S. 44, 46, 49.

deutlich,[182] das folgendes Ziel verfolgt: *„Die Frage ist, wie wir menschliche Arbeit durch neue Möglichkeiten der Technik sinnvoll unterstützen können und wie die Zufriedenheit und Produktivität der Menschen – z. B. durch höhere Flexibilität und mehr Selbständigkeit in der Arbeitsorganisation – steigern können."*

Dabei sind alle Aspekte der technischen, aber auch der rechtlichen Verantwortung zu bedenken und ggf. entsprechend den Gefahren der neuen Technologien anzupassen. Es stellt sich insbesondere die Frage nach der Verantwortung für Vertrauenstatbestände sowie nach der „Verschuldenshaftung" (§§ 280, 281, 276 ff. BGB). Auch der Grundgedanke der Gefährdungshaftung ist zu beachten, der vorsieht, dass derjenige, der eine „typischerweise gefährliche Sache besitzt oder ein typischerweise gefährliches Verhalten an den Tag legt, für die Schadensfolgen aufkommen muss, wenn sich das typische Risiko verwirklicht".[183] Dieses Prinzip ist in einer Reihe von gesetzlichen Bestimmungen verankert bspw. in § 7 STVG, § 26 AtomG, §§ 1 ff. HPflG oder §§ 1, 4 ProdHaftG, § 8 BDSG, § 2 UmweltHG usw.

Rechtlich relevante Erklärungen oder Handlungen ohne irgendeinen Bezug auf eine verantwortliche natürliche Person kennt unser Rechtssystem nicht. Ein autonom „intelligent" agierender Multiagent ist keine eigene Rechtspersönlichkeit und kann daher nicht rechtsverbindlich handeln. Nach der Methode der adäquaten Kausalität ist jedoch in jedem Einzelfall zu klären, welche Handlung einer natürlichen Person ursächlich oder mitursächlich für den Ablauf der Handlungsweise der Softwareagenten ist und wem diese zurechenbar ist. Die reine Kausalität bedeutet aber noch keine rechtliche Verantwortung mit Haftungsfolgen. Die rechtliche Verantwortung setzt zusätzlich die Verletzung von vertraglichen oder sonstigen zumutbaren Pflichten voraus. Hierbei kommt es immer auf eine objektive Betrachtungsweise an, ob ein Verhalten pflichtwidrig war.[184]

---

182 Bundesminister für Wirtschaft und Technologie, Autonomik für Industrie 4.0, Stand Oktober 2012, www.bmwi.de/DE/Thema7Indutrie-4-0 (letzter Abruf: 25.7.2015); s. hierzu die Eingrenzung: Diederichsen, Grundfragen zum neuen Umweltschadensgesetz, NJW 2007, 3377, 3380.
183 Erman/Schiermann, BGB (2011), Vor § 823 Rdnr. 5.
184 Erman/Westermann, BGB (2011), Vor 3 § 275–298 Rdnr. 1 und § 276 Rdnr. 10.

3 Verantwortlichkeiten und Haftung beim Einsatz von neuen Technologien bei IT-Anwendungen – Auswirkung auf die Wertschöpfungskette

3.1 Die rechtsgeschäftlichen Handlungen

3.1.1 Was sind rechtsgeschäftliche Handlungen?

Bei einem Rechtsgeschäft geht es nicht nur um den Vertragsabschluss, d. h. um die Vereinbarung bzw. um die korrespondierenden Willenserklärungen über einen Vertragsabschluss, sondern auch um Rechte und Pflichten, die mit der Durchführung des Vertrages verbunden sind und die zu Handlungen und Aktionen, aber auch zu Unterlassungen verpflichten können, um den Vertrag ordnungsgemäß und sorgfältig zu erfüllen. Es handelt sich hier um eine Vielzahl von Pflichten, deren Verletzung eine Reihe von Haftungstatbeständen auslöst wie bspw. die Gewährleistung, d. h. die Lieferung einer mangelfreien Sache oder Schadensersatz für Nicht- oder Schlechterfüllung. Das Rechtsgeschäft ist von dem gesetzlichen Schuldverhältnis (§ 823 BGB) zu unterscheiden.

Wie bereits in Teil A Einleitung ausgeführt, bestehen heute mit der zunehmenden Technisierung, insbesondere durch die ITK-Technologie, nicht nur Rechte und Pflichten zwischen einem Gläubiger und einem Schuldner, sondern zwischen einer Vielzahl von mitwirkenden Dienstanbietern, wie bspw. verschiedene Teledienstanbieter und Anbieter von Telekommunikationsdiensten oder Dienstanbieter in einer Cloud-Infrastruktur, die aber nicht nicht immer durch ein direktesVertragsverhältnis verbunden sind. Auf diese Weise können auch Sicherungs- und Fürsorgepflichten gegenüber Personen oder Sachen bestehen, die nicht in den direkten Verantwortungsbereich eines Vertragspartners fallen, die auch nicht immer vertraglich vor Leistungserbringung vereinbart werden, sondern wie bei einer Cloud-Infrastruktur oder bei Apps durch die Nutzung von verteilten IT-Ressourcen entstehen.[185]

Es geht also hierbei um die Fragen, welche Haftungsrisiken bestehen bei der Nutzung neuer Technologien. Sind diese Risiko technisch kontrollierbar, wie können diese Risiken begrenzt werden und welche Auswirkung haben diese Haftungsrisiken auf die Wertschöpfung bzw. die Wertschöpfungskette?

Wie schon ausgeführt, hat die unternehmensübergreifende Wertschöpfung das Ziel, alle an einem Wertschöpfungsprozess beteiligten Partner wirtschaftlich optimal zu koordinieren. Bei IT-Anwendungen bedeutet dieses, dass bspw. Lieferanten,

---

[185] MünchKommBGB/Wagner (2004), § 823 Rdnr. 227 f.; Redeker, IT-Recht (2012), Rdnr. 1047; Marly, Praxishandbuch Softwarerecht (2013), Rdnr. 1137, 1173; Bettinger/Scheffelt, Application Service Providing, Vertragsgestaltung und Konflikt-Management, CR 2001, 729, 737.

Händler und Kunden ihre Geschäftsprozesse über IT-Anwendungen unter Einsparungen von Ressourcen optimal verknüpft werden.[186] Dies ist eine betriebswirtschaftliche Beschreibung der Wertschöpfung. Dieses Ziel der Wertschöpfung kann jedoch nur erreicht werden, wenn alle rechtlichen Anforderungen eingehalten oder vereinbart werden. Wenn bspw. eine optimale Wertschöpfung durch ein Outsourcing von IT-Leistungen oder durch ein „Application Service Providing" erreicht werden kann, bedarf es dazu u. a. der erforderlichen Nutzungs- bzw. Lizenzrechte an der Software und klarer Datenschutzregelungen. Ohne diese Klärungen oder Vereinbarungen kann der Wertschöpfungsprozess nicht realisiert werden.

Für die nachstehenden rechtlichen Bewertungen ist folgendes Fallbeispiel relevant: Produkte, wie bspw. unterschiedliche Parfümsorten, werden in unterschiedliche Flaschen mit unterschiedlichen Etiketten in einem mehrstufigen Prozess über einen autonomen Softwareagenten gefüllt und dem Käufer geliefert. Ein weiteres Beispiel: Ein Kunde bestellt eine bestimmte Art von Blumen in einem Blumengeschäft (Händler), das die gewünschten Farb- oder Artenkombinationen zusammenstellt und liefert. Das Blumengeschäft bezieht bei allen Blumen nur ein beschränktes Sortiment über einen Großhändler. Je nach Bestand und Aufträgen, ordert das Blumengeschäft jeden Tag weitere Blumen von dem Großhändler, der täglich seinen Blumenbestand im Lager prüft, ggf. die Preise neu disponiert und je nach Marktlage oder Auftragseingang weitere Blumen oder Sortimente auf dem Markt von Blumenzüchtern bezieht. Parallel dazu erfolgt die kaufmännische Abwicklung.

Die Abwicklung der Aufträge, die Disposition, Lieferung und Rechnungsstellung durch den Großhändler erfolgt alternativ:
a) über ein eigenes IT-Anwendungssystem,
b) in ausgelagerter Form über einen „Application Service Provider" oder über einen „Cloud Provider",
c) über ein Softwareagenten eines unabhängigen Marktforums (Provider) für Blumengeschäfte, Angebote von Blumenzüchtern bzw. -lieferanten im Internet, der über das preisgünstigste Blumenangebot entscheidet.

Es bestehen im Prinzip folgende, voneinander unabhängige Vertragsverhältnisse:
– Der Kunde und das Blumengeschäft (Händler).
– Das Blumengeschäft (Händler) und der Großhändler.
– Der Großhändler und der Dienstanbieter (Internetplattform/Marktplatz).
– Der Dienstanbieter (Internetplattform) und die Blumenzüchter bzw. -lieferanten auf dem Markt.

---

186 Krcmar, Informationsmanagement (2010), Kap. 7.1 S. 598, 599; Stahlknecht/Hasenkamp, Einführung in die Wirtschaftsinformatik (2005), Kap. 7.3.1.4, S. 365 f.

Betriebswirtschaftlich handelt es sich im Prinzip um unterschiedliche Geschäftsprozesse: Warenwirtschaft, Filialwirtschaft, Logistik und Lagerverwaltung. Der Geschäftszweck verlangt jedoch, dass diese Geschäftsprozesse zusammenwirken. Die Aufgabe der Informationstechnologie ist es nun, für diese Geschäftsprozesse eine geeignete IT-Systemarchitektur zu entwickeln und betrieblich umzusetzen.[187] Viele dieser vertragsbezogenen „Handlungen" können über unterschiedliche IT-basierende Architekturmodelle realisiert werden. Diese Architekturmodelle werden in erster Linie nicht durch den Vertrag, sondern von der Unternehmensstrategie und den damit verbundenen Geschäftsprozessen und der Wirtschaftlichkeit bestimmt.[188] Der Vertrag hat nur eine umsetzende, klarstellende und rechtlich bindende Aufgabe.

Die technischen Konzepte sind für die IT-Umsetzung heute sehr vielgestaltig. Zu denken ist an die Application Service Providing oder den Web Service oder auch das Cloud Computing, wobei für IT-Leistungsbereiche auch „intelligente Softwareagenten" eingesetzt werden können, die ggf. von externen Providern zur Verfügung gestellt werden.[189] Auch bei Softwareagenten erfolgt die digitale oder elektronische Abwicklung der Aufgaben bzw. Funktionen auf der Basis eines Algorithmus; mit anderen Worten: diese Abwicklung erfolgt durch „Steuerbefehle", die die betrieblichen oder organisatorischen Anforderungen in eine IT-basierende Architektur umsetzen und programmieren. Die Autonomie hängt schließlich von dem programmtechnisch eingeräumten Grad der Lösungs- und Entscheidungsfähigkeit der Softwareagenten ab.

3.1.2 Die Haftungsrisiken der rechtsgeschäftlichen Handlungen

Bezüglich der Frage nach dem Rechtscharakter der rechtsgeschäftlich erforderlichen Handlungen kann auf die Ausführungen über die elektronische Willenserklärung verwiesen werden. Diese elektronischen Handlungen haben keinen eigenen Rechtscharakter, sondern sind immer den dafür verantwortlichen Personen zuzuordnen. Wie bereits vorstehend schon ausführlich behandelt, ist es durchaus technisch machbar, dass die technische Architektur, also die Funktionsweise von Computerprogrammenbzw. Softwareagentensystemen, von Menschen deterministisch unterschiedlich, d. h. deterministisch oder nicht deterministisch, geplant und realisiert werden. So ist es möglich, dass intelligente, selbstständig agierende Softwareagenten bzw. Multiagentensysteme bspw. Lagerbestände und Dispositionen selbstständig prüfen, die Bonität eines Kunden bewerten oder Angebote auf Marktplätzen über das Internet eruieren und einholen. Auch die autonomen Softwareagenten beruhen auf einem Algorithmus,

---

187 Krcmar, Informationsmanagement (2010), Kap. 2.2.3, S. 44 ff.
188 Krcmar, Informationsmanagement (2010), Kap. 2.3.5 und 2.3.6, S. 44 ff.
189 Wooldridge, Intelligent Agents: The Key Concepts (2002), S. 151 ff; Krcmar, Informationsmanagement, (2010), Kap. 7.4.3, S. 690.

der von einem Menschen erstellt wird. Der Unterschied zu herkömmlichen deterministischen Anwendungsprogrammen besteht in der Flexibilität des Algorithmus, d. h. der Anpassungs- und Reaktionsfreiheit.[190] Hier besteht insbesondere aus haftungsrechtlicher Sicht ein Problem, wenn autonome Softwareagenten aufgrund von nicht vorgesehenen Umweltdaten Entscheidungen treffen, die zwar systemlogisch, aber zu überraschend neuen ggf. nicht beabsichtigten Ergebnissen führen.

Es könnte argumentiert werden, dass nicht die technische Architektur des IT-Programms mangelhaft, sondern der Einfluss der Umweltdaten auf die Reaktion oder Lösung des Softwareagenten unerwartet bzw. nicht geplant oder im Algorithmus nicht vorgesehen ist.

Hier stellt sich die berechtigte Frage, ob diese unerwartet falsche Reaktion der Software ein Mangel ist, die dem Software-Architekten oder Provider zugeordnet werden kann und für die dieser nach den Kriterien der Verschuldenshaftung einzustehen hat.

Es ist hier einmal an die rechtsgeschäftliche, deliktische Haftung zu denken. Eine vertragliche Haftung könnte in Betracht kommen, wenn eine Verletzung von vertraglich vereinbarten Pflichten bzw. Nichterfüllung, Schlechterfüllung bzw. ein Mangel vorliegt, der von einem Vertragspartner im Sinne des §§ 276 ff. BGB zu vertreten ist.

Nach den Aspekten der Produzenten- bzw. Produkthaftung (§ 823 BGB, § 1 Abs. 2 Nr. 5 ProdHaftG) könnte ausnahmsweise eine Haftung in Betracht kommen, wenn der Mangel auf dem Umstand beruht, dass die Architekten oder Programmierer die Software für den Agenten nicht mit aller gebotenen Sorgfalt nach dem Stand der Wissenschaft und Technik entwickelt und auch ausgetestet haben und dadurch Leben, Körper, Gesundheit oder Sachen verletzt worden sind. Allerdings entfällt nach § 1 Abs. 2 Nr. 5 ProdHaftG nur dann die Haftung für Entwicklungsrisiken, wenn „bestimmte Risiken des Produktes im Zeitpunkt des Inverkehrbringens nach dem Stand der Wissenschaft und Technik nicht erkannt werden konnten". Anders ist die Situation, wenn die Entwicklung als nicht vollständig beherrschbar gilt.[191] Ähnlich gestaltet sich die Haftung nach dem Atomgesetz. Nach § 26 Abs. 1 Satz 2 AtomG entfällt auch hier eine Haftung, wenn der Besitzer eines Kernspaltungsstoffes bei der Anwendung jeder, nach den Umständen gebotenen Sorgfalt einen Schaden nicht vermeiden konnte. Auf diese Aspekte wird in Teil B Ziff. 3.6 näher eingegangen.

Ebenso kompliziert kann die Rechtslage sich gestalten, wenn bei der Durchführung bzw. Erfüllung eines Vertrages unterschiedliche fremde Dienstleister als „Erfüllungshilfen" eingebunden werden, deren Leistungen auf unterschiedlichen „Technikbündeln" bzw. IT-Ressourcen (Hardware oder Software) beruhen, die zudem noch laufend technisch und funktional durch Release oder Updates geändert werden.[192]

---

190 S. Teil A Ziff. 4.4; Koch, Internet-Recht (2005), § 3 III 1 b, S. 100; Sorge, Softwareagenten (2006), Kap. 3.3.3, S. 36.

191 Kullmann, ProdHaftG (2010), § 1 Rdnr. 63, 64.

192 Krcmar, Informationsmanagement (2010), S. 681 ff.

Für die Einschätzung des Haftungsrisikos ist grundsätzlich die Frage von Bedeutung, welche Vertragsart für die rechtliche Einordnung in Betracht kommt. Abgesehen von dem technischen Problem des reibungslosen Zusammenwirkens aller Komponenten, ergibt sich auch eine Vielzahlzahl von rechtlichen Problemen, die im Wesentlichen in Fragen der Verantwortlichkeiten, der Leistungen und der Haftung bestehen.

Je mehr Vertragspartner in einem „IT-Projekt" mitwirken, umso schwieriger gestalten sich erfahrungsgemäß die Fragen der technischen Architektur (Art und Umfang der Leistungen), Vertrags- und Lizenzbedingungen und Vergütungssätze und Datenschutzbestimmungen.[193]

Wie bereits schon aufgezeigt, sind die rechtlichen Beziehungen bspw. zwischen dem Händler oder Großhändler und Kunden sowie zwischen dem mit der administrativen Durchführung beauftragten IT-Dienstleister bspw. in einer Cloud-Infrastruktur sehr unterschiedlich. Es gibt keinen einheitlichen Vertrag, der alle Leistungserbringer und -empfänger umfasst. Vielmehr gibt es eine Vielzahl von Verträgen mit unterschiedlichen Leistungsinhalten. Eine weltweite Verteilung der Aufgaben und Durchführung der Informationsverarbeitung auf viele IT-Anbieter mit unterschiedlichen Aufgabenstellungen, IT-Systemen und Technologien setzt andere Maßstäbe für die Verantwortlichkeiten der Leistungserbringer und -empfänger bzw. für alle Beteiligten an den über ein Netz angebotenen und in Anspruch genommenen Informationsdiensten als bisher in einer Rechenzentrumsumgebung gehandhabt.

Die Rechtsbeziehungen sind in solchen Informations- und Kommunikationsnetzen sehr komplex. In dem Rechtsschrifttum wird von einer „Mehr-Fronten-Stellung" gesprochen und gefragt, wer für die Abstimmung der verschiedenen Rechtsbeziehungen, insbesondere die Haftungsregelungen, verantwortlich ist bzw. wer diese Koordination übernimmt.[194] Zu berücksichtigen ist hierbei, dass es nicht nur vertragliche Rechtsbeziehungen, sondern auch außervertragliche gesetzliche Verpflichtungen gibt, wie bspw. das Datenschutzgesetz, Telekommunikationsrecht, Medienrecht oder Produkthaftungsrecht. Die Vielgestaltigkeit der Rechtsverhältnisse, die in vielen Fällen heute weltweit bestehen, stellt die IT-Welt vor teilweise nicht überschaubare Haftungsrisiken. Die Realisierung von Wertschöpfungsprozessen kann ohne Klärung und Vereinbarung einer Reihe von rechtlichen Fragen nicht erzielt werden.

Nachfolgend werden einige wichtige Rechtsbereiche aufgezeigt, die für die Wertschöpfung von vernetzten und autonomen Systemen wichtig sind.

---

[193] Stahlknecht/Hasenkamp, Einführung in die Wirtschaftsinformatik (2005), Kap. 6.5.2.1 und 6.5.2.2, S. 258 ff.

[194] Bettinger/Scheffelt, Application Service Providing, Vertragsgestaltung und Konflikt-Management, CR 2001, 729, 737.

3.2 Die Bedeutung der „Corporate Compliance"

Es stellt sich daher die Frage, wie die komplexe Rechtslage am besten angegangen wird. Ein denkbarer Ansatz ist das rechtliche Risikomanagement bei komplexen IT-Anwendungen.

Die Verteilung oder Auslagerung von unternehmerischen oder organisatorischen Aufgaben hat nicht zur Folge, dass der auslagernde oder die Aufgaben verteilende Unternehmer bzw. IT-Dienstanbieter damit auch seine unternehmerischen Risiken auf andere Schultern überträgt oder aufteilt. Der Umfang der Risikobedingungen und Risikoträger wird nur komplexer und damit schwieriger. Der gesamte Verantwortungs- und Haftungsrahmen[195] wird unter dem Thema der „Corporate Compliance" in der Rechtswissenschaft behandelt.

Was ist unter „Corporate Compliance" zu verstehen? Das Thema „Compliance" kommt aus dem angelsächsischen Bereich und verfolgt an sich einen selbstverständlichen positiven Zweck, nämlich die Einhaltung von Gesetzen und damit die Gesetzestreue durch Unternehmen. Im Hinblick auf die vielen Haftungsrisiken im heutigen Rechtsverkehr erfordert die „Compliance" geeignete Maßnahmen, bspw. eine eigens dafür in einem Unternehmen etablierte Organisation, die alle erforderlichen Maßnahmen trifft, um den Haftungsrisiken eines Unternehmens bzw. eines leitenden Organs bspw. durch Verstöße gegen das Gesellschafts-, Kartell-, Produkthaftungs- oder Umweltrecht zu begegnen.[196] Damit umfasst der „Compliance"-Gedanke in ganzer Breite alle Aktivitäten eines Unternehmens oder auch einer Behörde, die Haftungsrisiken eines Unternehmens oder einer Behörde verhindern sollen.

Dieser breite Verantwortungsrahmen umfasst aber nicht die Verpflichtung, Sicherungs- oder Fürsorgemaßnahmen zu treffen, um Gefahren aus der Sphäre Dritter für andere Personen oder Rechtsgüter Dritter, zu denen keine Verbindung zu dem verpflichteten Unternehmen bestehen, abzuwehren.[197]

Das Thema „Corporate Compliance" wurde durch das Gesetz über Kontrolle und Transparenz (KonTraG) im Unternehmensbereich vom 5.3.1998 zu einem wichtigen Thema in Unternehmen. Bekanntlich bezweckt dieses Gesetz eine Erweiterung der Haftung von Vorständen in Unternehmen (§ 91 Abs. 2 und § 93 Abs. 1 AktG und § 43 Abs. 1 GmbHG). Bei der jährlichen Bilanz ist nach §§ 285 Nr. 3, 289, 315 HGB als Anlage eine prüffähige Risikobewertung einschließlich einer Aussage zu zukünftigen Risiken beizufügen.[198]

---

195 Schaefer/Baumann, Compliance-Organisation und Sanktionen bei Verstößen, NJW 2011, 3601; BGH, Urt. v. 29.8.2008 – 2 ETR 587/07 – NJW 2009, 89, 91 und Urt. v. 17.7.2009 – 5 StR 194/06 – NJW 2009, 3173, 3175.

196 Hauschka, Compliance, Compliance-Manager, Compliance-Programme: Eine geeignete Reaktion auf gestiegene Haftungsrisiken für Unternehmen und Management, NJW 2004, 257.

197 MünchKommBGB/Wagner, Schuldrecht (2004) § 823 Rdnr. 237.

198 Schaefer/Baumann, Compliance-Organisation und Sanktionen bei Verstößen, NJW 2011, 3601.

Die „IT-Compliance" umfasst nach allgemeinem Verständnis alle erforderlichen Maßnahmen zur Vermeidung von Verstößen des Unternehmens gegen Gesetze und zur Früherkennung von Risiken, die mit oder durch die Anwendung der Informations- und Kommunikationstechnologie entstehen können, wie bspw. Ausfallrisiken eines IT-Systems, das bspw. im Krankenhaus oder bei der Flugsicherung eingesetzt wird. Dazu gehören weiterhin u. a. Datenschutz, Datensicherung, Urheberrecht, Anforderungen der Produzenten- und Produkthaftung und das Telekommunikations- und Telemediengesetz. In der Fachliteratur der Wirtschaftsinformatik wird die mögliche „Ubiquität der IT für alle Geschäftsprozesse" der Unternehmen und für alle Verwaltungsprozesse der öffentlichen Verwaltung aufgezeigt.[199] Gerade im Hinblick auf diese „Ubiquität" und den damit verbundenen Gefahren ist ein effizientes Risikomanagement unabdingbar zum Schutz der Menschen und Unternehmen erforderlich.

Natürlich bezieht sich diese Verpflichtung, Gesetz und Recht zu beachten, immer auf das Recht und die Gesetze, in dem die jeweils Verpflichteten ihre Standorte oder Heimat haben.

Bei weltweit handelnden Unternehmen besteht jedoch die Pflicht, auch die Gesetze der Staaten einzuhalten, in dem sie einen Geschäftsbetrieb haben oder Geschäfte betreiben. Zu denken ist hierbei an die Verpflichtungen nach dem „Sarbanes-Oxley-Act 2002" (SOX) oder an § 25a Abs. 2 KWG bei Auslagerungen von Aktivitäten und Prozessen von Finanzdienstleistungsunternehmen.[200]

Problematisch kann es werden, wenn die jeweils staatlichen Gesetze sehr unterschiedlich sind, wie bspw. bei dem Datenschutzgesetz (siehe hierzu unten Teil B Ziff. 3.5.2.)

BITKOM weist in einem Leitfaden IT-Risiko- und Chancenmanagement 2005 (Seite 16 ff.) darauf hin, dass IT-Risiken die „Liquidität und den Unternehmenswert nachhaltig beeinträchtigen können". Dazu ist in jedem Unternehmen oder einer sonstigen Organisation ein IT-Compliance-Management-System zu etablieren, das der Früherkennung und Absicherung von Risiken der IT-Systeme, der Geschäftsprozesse sowie der verarbeiteten Daten dient wie bspw. die bankrechtlichen Vorschriften von Basel III.[201] Für die Frage der Haftung für unzureichende Sicherheitsvorkehrungen und Verstöße kommt es darauf an, wer im Rahmen der umfassenden Compliance-

---

[199] Lensdorf, IT-Compliance – Maßnahmen zur Reduzierung von Haftungsrisiken von IT-Verantwortlichen, CR 2007, 413 f.; Koch, IT-Projektrecht (2007), Rdnr. 612, 624 ff.; BITKOM, Cloud Computing – Was Entscheider wissen müssen (2010), S. 88, https//www.bitkom.org/Bitkom/Publikation/Publikat (letzter Abruf: 27.7.2015); Peter in Schneider/v. Westphalen, Softwareerstellungsverträge (2006), Kap. G Rdnr. 22 f.; Schaefer/Baumann, Compliance-Organisation und Sanktionen bei Verstößen, NJW 2011, 3601.

[200] Lensdorf, IT-Compliance – Maßnahmen zu Reduzierung von Haftungsrisiken von IT-Verantwortlichen, CR 2007, 413 f.

[201] BITKOM, Cloud Computing – Was Entscheider wissen müssen (2010), S. 91 www.bitkom.org/Bitkom/Publikatioen/Publika (letzter Abruf: 27.7.2015); Lensdorf, IT-Compliance – Maßnahmen zur Reduzierung von Haftungsrisiken von IT-Verantwortlichen, CR 13, 414.

Haftung der eingebundenen Unternehmen oder Organisationen für die Sicherheit der Wirtschaftsgüter im weitesten Sinne sowie für die Legalität der Nutzung dieser Güter verantwortlich ist.[202]

Die Corporate Compliance ist keine „Einbahnstraße", sondern umfasst alle in einem Rechtsgeschäft oder Geschäftsprozess im weitesten Sinne beteiligten Unternehmen oder Personen, weil in jedem Rechtsgeschäft die Beteiligten nicht nur Rechte, sondern auch Pflichten oder auch Nebenpflichten (§ 241 BGB) haben. In der Literatur[203] wird als Beispiel der Schutzbereich des Mietvertrages erwähnt. In diesen Schutzbereich können auch Dritte einbezogen werden, die nicht Vertragspartner des Mietvertrages sind, wenn nach dem Inhalt des Mietvertrages auch Dritte mit dem Mietobjekt in Berührung kommen können, bspw. bei Eigentümern von Möbeln, die in angemieteten Lagerräumen eines Speditionsunternehmens gelagert werden. So ist bspw. nicht nur der Hersteller von Software oder der Anbieter von IT-Dienstleistungen für die Sicherheit seiner Leistungen oder Produkte, sondern auch der Erwerber oder Nutzer dieser Dienstleistungen und Produkte für Missbräuche und Gefahren für den Menschen oder Unternehmen bzw. Dritte verantwortlich.[204]

Dieses Grundverständnis hat auch der BGH in einer Entscheidung[205] vom 19.7.2012 klar zum Ausdruck gebracht. Danach hat zwar der Anschlussinhaber eines Zugangs zu Telekommunikationsdiensten „seine Belange selbst wahrzunehmen", indem er verpflichtet ist, angemessene Maßnahmen zur Verhinderung des Missbrauchs eines Anschlusses durch Dritte zu treffen, dennoch ist der Telekommunikationsanbieter „aufgrund seiner überlegenen Sachkunde" verpflichtet, seine Kunden vor Manipulationsmöglichkeiten durch Dritte zu warnen. Auch die Form und die Art der Kommunikation sind nicht von der menschlichen Steuerung unabhängig, auch wenn es manches Mal den Anschein hat.[206] Dieser Rechtsgedanke zieht sich wie ein roter Faden, wie in diesem Beitrag noch ausgeführt wird, durch alle Rechtsbereiche, wie bspw. beim Datenschutz und der Produzenten- und Produkthaftung.

Für die Wertschöpfung bedeuten diese fundamentalen Rechtsgrundsätze, dass der gesamte Kommunikationsprozess, der mit der Willensbildung und Willensäußerung verbunden ist, immer einer verantwortlichen natürlichen Person zuzuordnen ist. Wie noch in dem Teil B Ziff. 3.3 ausführlich dargestellt wird, ist auch die Kommunikation als Ausdruck der Individualität einer natürlichen Person anzusehen.

Beispielsweise richten sich die Verpflichtungen und Verantwortlichkeiten nicht allein an die Beteiligten eines Rechtsgeschäftes über den Kauf, die Miete oder die Erstellung einer IT-Software, in deren Mittelpunkt im Wesentlichen die Ordnungsmäßigkeit, Mangelfreiheit und Einsatzfähigkeit der Software oder des IT-Systems steht.

---

202 S. Huber in Staudinger/Eckpfeiler (2011), Kap. D, Rdnr. 44, 47.

203 Erman/Lützenkirchen, BGB (2011), § 535 Rdnr. 183, 186.

204 OLG Schleswig, Urt. v. 15.09.2011 – 16 U 140/10 – JurisPR-ITR 22/2011, Anm. 6.

205 BGH, Urt. v. 19.7.2012 – III ZR 71/12 – MDR 2012, 1273.

206 Baecker, Kommunikation: Grundwissen Philosophie (2004), S. 81, 99.

Vielmehr umfasst die Compliance-Haftung auch Sorgfaltspflichten von Unternehmen, die durch den Einsatz ihrer IT-Systeme, Anwendungen oder Dienstleistungen, bspw. bei der Nutzung von persönlichen oder vertraulichen Daten gegenüber Dritten, bestehen, die also nicht unmittelbar an dem Rechtsgeschäft beteiligt waren. So kann der Plattformbetreiber eines B2B-Marktplatzes u. U. gegenüber einem Dritten nach dem Telemediengesetz (§ 7 ff TMG) haftbar sein, wenn auf der Plattform rechtswidrige Inhalte gespeichert und verbreitet werden.[207]

Solche Verpflichtungen bestehen insbesondere bei der Nutzung von „Fremdsystemen" für die eigene Auftragsverarbeitung bspw. der Nutzung von Application Server Provider-Systemen, von Cloud-Systemen, Internetplattformen (Marktplätze) und auch bei den Smartphones. Es besteht für jeden Beteiligten an einem Netzwerk oder an einer Plattform die Verpflichtung, ausreichende Maßnahmen zum Datenschutz und zur Datensicherung zu treffen, nicht nur für den System-Provider, sondern auch für den Nutzer der Systeme.[208] Es geht bei diesen Maßnahmen nicht nur um den Schutz der Rechte Dritter, sondern nach dem Compliance Verständnis auch um die Verhinderung von Ansprüchen Dritter gegen das Unternehmen oder die Behörde.[209] Die Sorgfaltspflichten nach dem Handels- und Gesellschaftsrecht dienen der Sicherung des Unternehmens und verpflichten zur Vorsorge gegen alle unternehmensgefährdenden Risiken.[210]

Die Risikobetrachtung kann demnach nach unterschiedlichen Themen erfolgen, nämlich nach dem Vertragsrecht, dem Urheberrecht, dem Datenschutzgesetz oder dem Produkthaftungsgesetz.

3.3 Vertragliche Themen

3.3.1 Ausgangsfall

Gehen wir von unserem Beispiel (Teil B Ziff. 3.1) aus. Bei dem Händler besteht eine rege Nachfrage nach einer bestimmten Sorte von Blumen bspw. Tulpen im Frühling. Das System des Händlers zeigt frühzeitig an, wenn das Warenlager über weniger als 1000 Tulpen verfügt. Der Händler ordert daraufhin vom Großhändler über sein System die Lieferung von weiteren 1000 roten Tulpen zu den vereinbarten Preisen. Der gesamte Auftrags-, Order-, Dispositions- und Abrechnungsprozess erfolgt über IT-Systeme.

---

207 BeckFormB IT-Recht/Rasmussen-Bonne (2012), K 5 Nr. 18, S. 663.
208 Redeker, IT-Recht (2012), Rdnr. 838, 840a und 840b.
209 S. hierzu die Ausführungen von Lensdorf, IT-Compliance – Maßnahmen zur Reduzierung von Haftungsrisiken von IT-Verantwortlichen, CR 2007, 414, 417; Lehnsdorf/Steger, IT-Compliance in Unternehmen, ITB 2006, 206, 207; Koch, IT-Projektrecht (2007), Kap. G4 Rdnr. 631, 632.
210 Koch, IT-Projektrecht (2007), Kap. G3 Rdnr. 624.

Aufgrund eines Softwarefehlers

a) des Systems des Großhändlers,

b) des Systems eines mit der Abwicklung des WWS beauftragten „Application Service Providers" oder eines „Cloud Providers" oder

c) von Softwareagenten einer Internetplattform für Blumenmarktkäufe

werden dem Kunden lediglich 100 gelbe statt 1000 rote Tulpen geliefert.

3.3.2 Rechtliche Risiko- und Haftungslage

Die wesentlichen Anspruchsgegenstände und Rechtsfolgen der Haftung in rechtsgeschäftlichen und deliktischen Bereichen sind unterschiedlich:[211]

Im rechtsgeschäftlichen Bereich geht es um die Verletzung von vertraglichen Pflichten, d. h., dass die vereinbarte Ware oder Leistungen mit den vereinbarten Leistungsmerkmalen zur vereinbarten Zeit nicht erbracht werden und damit der versprochene und vereinbarte Leistungserfolg nicht eingehalten wird.[212] Es geht folglich um Nicht- oder Schlecht- oder verspätete Erfüllung bzw. um mangelhafte Leistungen durch einen Vertragspartner (den Schuldner) und um die Rechtsansprüche des anderen Vertragspartners (des Gläubigers). Die Anspruchsgrundlagen sind auf das jeweilige konkrete Vertragsverhältnis begrenzt.

Die Ziele der Rechtsfolgen sind im Prinzip:

– die vertragsgemäße Erfüllung, Nacherfüllung, Minderung

– Rücktritt vom Vertrag

– Ausgleich von Schäden durch die Leistungsstörungen

Im außervertraglichen Bereich geht es um die Haftung für rechtswidrige Verletzungen von allgemeingeschützten Rechtsgütern wie Eigentum, Leben, Sachen oder sonstige Rechte und gilt also gegenüber jedermann.

Die Ziele der Rechtsfolgen sind im Prinzip:

– Verhaltenssteuerungsfunktion zur Vermeidung von Schäden

– Schadensausgleich für die durch die Verletzung von vertraglichen oder gesetzlich geschützten Rechten entstanden Schäden

---

211 Hütte/Hütte Schuldrecht (2012), Kap. 2 Rdnr. 16; Huber in Staudinger/Eckpfeiler (2011), Kap. D Rdnr. 8 ff.

212 Benicke/Hellwig, Das System der Schadensersatzhaftung wegen Leistungspflichtverletzung, NJW 2014, 1697 f.

Die wesentlichen Rechtsfolgen wie Nacherfüllung, Minderung oder Rücktritt oder Ansprüche auf Störungsbeseitigung setzen kein Verschulden voraus.[213]

Schadensersatzansprüche setzen sowohl im rechtsgeschäftlichen (§ 276 BGB) als auch im deliktischen Bereich (§ 823 Abs. 1 BGB) ein Verschulden voraus, also Vorsatz und Fahrlässigkeit (§§ 241, 276, 823 BGB). Vorsatz heißt das Wissen und Wollen der Tatbestandsverwirklichung; bei der Fahrlässigkeit ist maßgeblich wie sich ein ordentlicher und gewissenhafter Verkehrsteilnehmer in der konkreten Situation verhalten würde. Bei den Anforderungen an die Sorgfalt sind die jeweiligen Verkehrskreise und Handlungstypen zu beachten.[214]

Die nachfolgenden Ausführungen beziehen sich nur auf den Ausgangsfall und zunächst einmal auf die rechtsgeschäftlichen Haftungen und in einem späteren Kapitel auf die deliktische Haftung. Hierbei ist von Bedeutung, ob die Leistungen von dem Schuldner (Auftragnehmer) alleine, von mehreren Schuldnern (Konsortien oder Arbeitsgemeinschaft) oder zusätzlich von Unterlieferanten erbracht werden. Folgende Vertragsverhältnisse sind zu betrachten:
a) das Vertragsverhältnis zwischen dem Kunden und dem Händler,
b) das Vertragsverhältnis zwischen dem Händler und Großhändler,
c) das Vertragsverhältnis des Großhändlers zu dem „Application Service oder Cloud Provider".
d) Das Vertragsverhältnis zwischen dem Großhändler und dem Dienstanbieter der Internetplattform, die alle Angebote, Aufträge bzw. Bestellungen über autonome Softwareagenten abwickelt.
e) das Vertragsverhältnis zwischen dem Großhändler und den Blumenlieferanten.

3.3.3 Überblick IT-Verträge

IT-Verträge

Die IT-Verträge, insbesondere bei Internetanwendungen, sind so vielgestaltig wie die unterschiedlichen Geschäftsmodelle der Internetdienste. Es wundert daher nicht, dass die Vertragsarten oder der Vertragszweck durch technische Bezeichnungen beschrieben werden wie bspw. Webdienste, Access-Provider oder Content-Provider-vertrag, Chat-, App- oder Facebook-Verträge, natürlich auch Verträge zwischen Softwareagenten. Die technischen Bezeichnungen alleine reichen vielfach nicht aus, zu erkennen, welche Vertragsart des BGB zur Anwendung kommt.

Es ist eine bekannte Tatsache, dass im IT-Bereich sehr unterschiedliche Leistungen angeboten werden und zwar vielfach in Leistungsbündeln von Hardware, Soft-

---

213 S. hierzu Looschelders, Schuldrecht (2012), 7. Teil, Rdnr. 1167 f.; Hager in Staudinger/Eckpfeiler (2011), Kap. T, Rdnr. 112 f., 1480; Looschelders, Schuldrecht (2012), Rdnr. 85; Palandt/Bassenge, BGB (2014), § 1004 Rdnr. 13; Dreier/Schulze, UrhG (2009), § 97 Rdnr. 48.
214 Erman/Westermann, BGB (2011), § 276 Rdnr. 7, 8, 10.

ware und Dienstleistungen. Der Leistungsrahmen umfasst den Verkauf oder die Miete der Hardware, Überlassung, Anpassung an die betrieblichen Anforderungen oder Erstellung von Software, sowie die sich ständig weiterentwickelnden Dienstleistungen im Internet.[215] Auch die ITK-Technologie- und Entwicklungsmethoden haben sich erheblich geändert. Wie bereits in Kapitel A Ziff. 3.1 erwähnt, spricht die IT-Fachwelt nur noch von „Virtualisierung". Die „Virtualisierung" der IT-Ressourcen hat zu einer Trennung von realen Ressourcen und virtuellen Ressourcen geführt, die eine effiziente ökonomische Verteilung der IT-Ressourcen bezweckt. Durch die Einfügung von logischen Softwareschichten ist es möglich, den Bedarf auf unterschiedliche Server zu verteilen. Die Daten sind also nicht mehr physisch auf einem Server gespeichert.[216]

Diese Technologie hat zur Folge, dass ITK-Technikbündel nicht mehr bei einem Rechen- oder Servicezentrum installiert sind, sondern auf mehrere Serviceanbieter verteilt werden können. Cloud Computing ermöglicht die dynamische Zuschaltung von virtuellen und realen Basistechniken je nach dem aktuellen Bedarf und eröffnet damit eine ungeahnte Skalierbarkeit von IT-Ressourcen. Diese Verteilung bedeutet auch, dass die Abwicklung von Geschäftsprozessen auf verteilten Servern von unterschiedlichen Serviceanbietern erfolgt.[217] Eine fast gleiche Situation liegt bei Verträgen zwischen Softwareagenten vor.

Es handelt sich nicht mehr um ein Rechtsverhältnis mit einem Anbieter bzw. einem Rechenzentrum, sondern um Rechtsverhältnisse mit einer Vielzahl von Anbietern mit unterschiedlichen Komponenten.[218] Aufgrund der jeweiligen Angebote handelt es sich um unterschiedliche Rechtsverhältnisse.[219]

Bei der Auswahl der richtigen Vertragsart ist zu beachten, dass allen Vertragstypen, die im BGB wie Mietvertrag, Kaufvertrag, Werk- oder Dienstverträge geregelt sind, jeweils ein „Leitbild einer Normstruktur für einen gerechten Interessensaustausch" als „Gerechtigkeitsmaßstab" zugrunde liegt, welches die unterschiedlichen Leistungsstrukturen und die unterschiedlichen Schutzinteressen der Vertragspartner je Vertragsart angemessen berücksichtigt und schützt.[220] Dieser Rechtsgedanke ist in

---

215 Koch, Web Services als neue IT-Vertragsleistung, ITBR 3/2007, 71; Schuster/Reichl, CR 2010, 38 f.; Pohle/Ammann, Über den Wolken... – Chancen und Risiken des Cloud Computing, CR 2009, 273.

216 Lehmann/Giedke, Cloud Computing – technische Hintergründe für die territorial gebundene rechtliche Analyse, CR 2013, 608, 610.

217 Krcmar, Informationsmanagement (2010), Kap. 7.4.4.1, S. 693.

218 Krcmar, Informationsmanagement (2010), Kap. 5.4.1.3, 7.4.4.1, S. 343 f.

219 Redeker, IT-Recht (2012), Rdnr. 1192; Müller-Hengstenberg/Kirn,Vertragscharakter des Application Service Providing, NJW 2007, 2370, 2371; Krcmar, Informationsmanagement (2010), Kap. 7.4.5.1, S. 701.

220 So BVerf, Urt. v. 19.10.1993 – 1 BvR 567/89 – NJW 1994, 36, 38; Coester in Staudinger/Eckpfeiler (2011), Kap. E Rdnr. 48, 52.

dem § 307 BGB als allgemeiner Maßstab für die Ausgewogenheit von Allgemeinen Vertragsbedingungen manifestiert worden.[221]

Unter Berücksichtigung dieser Aspekte gehen die Rechtsprechung und die überwiegende Rechtsliteratur a) bei der zeitlich befristeten Nutzung von Hardware und auch Standardsoftware von den Vorschriften des Mietrechts, b) bei dem Erwerb von Hardware und Standardsoftware (bei der dauerhaften Überlassung einer Software auf einem Datenträger) von den Vorschriften des Kaufrechts als angemessene Leitbilder aus.[222] Pflege- und Wartungsverträge werden von einer überwiegenden Rechtsmeinung als Werkvertrag angesehen, weil diese Leistungen der Aufrechterhaltung des betrieblichen Einsatzes der Hardware und Standardsoftware dienen.[223]

Ausgangspunkt für die rechtliche Einordnung waren zunächst die Lieferungen von Hardware oder Software sowie die Anpassung einer Standardsoftware an die Anforderungen eines Kunden. Bei diesen Leistungen wird heute überwiegend das Kauf- oder Werkvertragsrecht zugrunde gelegt.[224]

Im Hinblick auf die Abgrenzungen von Kauf- und Werkvertrag sind die Ausführungen des Landgerichts Nürnberg-Fürth in einer Entscheidung vom 16.12.1991[225] interessant. Das Landgericht betont: Wenn eine vorgefertigte Standardsoftware gegen ein einmaliges Entgelt auf Dauer zur freien Verfügung überlassen wird, so sind die Vorschriften über den Kauf anwendbar. Aber ein Grenzfall liegt vor, wenn die Standardsoftware mit individuellen Änderungen oder Ergänzungen ausgestattet wird. Der Schwerpunkt der Standardsoftware liegt im **Kaufrecht**, wenn nur vorgegebene Parameter des Programms den individuellen Bedürfnissen angepasst werden. **Werkvertragsrecht** findet Anwendung, wenn das Programm mit individuellen Veränderungen ausgestattet wird.

Schwieriger wird die vertragliche Einordnung bei Internetverträgen. Die zunehmende Vielfalt von unterschiedlichen IT-Leistungen in Angebotssituationen erschwert die klare Zuordnung zu den im Bürgerlichen Gesetzbuch aufgeführten Vertragstypen. Daher entwickelte die Rechtsprechung und Rechtsliteratur den Vertragstyp **„atypische bzw. gemischte_Verträge"**, bei denen verschiedene Normstrukturen (z. B. Kauf-, Miet-, Werk- und Dienstvertrag) Berücksichtigung fanden.[226] Dabei stellt der

---

221 BVerfG, Urt. v.19.10.1993 – 1 BvR 567/89 – NJW 1994, 36, 38; Oechsler in Staudinger/Eckpfeiler (2011), Kap. M Rdnr. 27; Erman/Roloff, BGB (2011), Vor §§ 307–309 Rdnr. 11.

222 BGH, Urt. v. 12.1.2000 – VIII ZR 299/98 – NJW 2000, 1415; Redeker, IT-Recht (2012), Rdnr. 596.

223 Redeker, IT-Recht (2012), Rdnr. 648.

224 OLG Düsseldorf, Urt. v. 10.12.1993 – 17 U 33/93 – CR 1994, 351; OLG Celle, Urt. v. 22.11.1995 – 13 U 111/95 – CR 1996, 539; OLG Karlsruhe, Urt. v. 16.8.2002 – 1 U 250/01 – CR 2003, 95; OLG Koblenz, Urt. v. 10.7.1992 – 2 U 510/89 – CR1994, 359; OLG Karlsruhe, Urt. v. 16.8.2002 – I U 250/01 – CR 2003, 95; LG Köln, Urt. v. 16.7.2003 – 90 O 68/01 – CR 2003, 246; OLG Koblenz, Urt. v. 19.9.2007 – 1 U 1614/05 – CR 2008, 148; LG Landshut, Urt. v. 20.8.2003 – 2 HKQ 2392/02 – CR 2004, 19; OLG Hamm, Urt. v. 8.2.2007 – 1 U 1614/05 – CR 2008, 77; OLG München, Urt. v. 23.12 2009 – 20 U 3515/09 – CR 2010, 156 f.

225 LG Nürnberg-Fürth, Urt. v. 16.12.1991 – 9 Q 5720/90 – CR 1992, 336.

226 Oechsler in Staudinger/Eckpfeiler (2008), S. 548.

BGH zunächst auf den Vertragszweck ab, wie dieser aus einer objektivierten Kunden-erwartung zu entnehmen ist. Im Interesse einer Vereinfachung der Vertragstypisie-rung neigt die Rechtsprechung bei einer Vielfalt von unterschiedlichen Leistungen dazu, im Rahmen einer „Schwerpunktbetrachtung" aller Leistungen eines Vertrages unter dem Blickwinkel des Auftraggebers bzw. Kunden die **prägende Leistung zu ermitteln** und den dafür passenden Vertragstyp zugrunde zu legen, d. h. dass alle Leistungen im Wesentlichen dem Kauf-, Dienst- oder Werkvertragsrecht unterlie-gen.[227]

Beispielsweise hat der BGH[228] in seiner Entscheidung vom 23.3.2005 einmal bei einem Vertrag mit einem „Access-Provider" einen Dienstvertrag als prägende Leis-tung angesehen. Bei einem Vertrag mit einem „Application Service Provider" hat der BGH[229] mit Urteil vom 15.11.2006 als prägende Leistung die mietvertragliche Überlas-sung bezeichnet, weil die Software auf einem Datenträger (Server) eine bewegliche Sache ist und für mietrechtliche Gebrauchsüberlassung an der Software eine Besit-zeinräumung nicht erforderlich ist. Der BGH vertritt hierbei die Auffassung, dass im Rahmen der Vertragsanalogie ergänzend auf ähnliche Vertragstypen des BGB zurück-gegriffen werden kann, wie bspw. bei Finanzierungsleasing auf das Mietrecht.[230] Wegen der „Ähnlichkeiten" der Leistungen und den damit verbundenen ausgewo-genen Schutzinteressen hat daher der BGH[231] nicht gezögert, auf den ASP-Vertrag Mietrecht anzuwenden, auch wenn keine Besitzeinräumung stattfindet. In diesem Zusammenhang ist die Entscheidung des EuGH vom 3.7.2012[232] interessant, die über die Frage der urheberrechtlichen Erschöpfung bei online übertragener Computersoft-ware ergangen ist. Die Entscheidung postuliert, dass der in der Richtlinie 2009/24 verwandte Begriff „Verkauf" nicht auf die nationalen Rechtsvorschriften abstellt, sondern ein „autonomer Begriff des Unionsrechts" ist. Der „Verkauf" umfasst aus lizenzrechtlicher Sicht „sämtliche Formen der Vermarktung eines Erzeugnisses". Die

---

227 BGH, Urt. v. 7.3.2002 – III ZR 12/01 – NJW 2002, 1571; BGH, Urt. v. 4.3.2010 – III ZR 79/09 –NJW 2010, 1449 Rz. 16 f.; OLG Hamm, Urt. v. 2.8.2007 – 12 U 26/07 – CR 2008, 77; Bettinger/Scheffelt, Ap-plication Service Providing, Vertragsgestaltung und Konflikt-Management, CR 2002, 729; Spindler/ Klöhn, Neue Qualifikationsprobleme im ECommerce, CR 2003, 81; Spindler, Einflüsse der Reform des Schuldrechts im Telekommunikationsrecht, CR 2004, 203, 206; Schuster, Der Telekommunikations-vertrag, CR 2006, 444; Hoeren, IT-Vertragsrecht (2007), Rdnr. 143 f.; BGH, Urt. v. 8.10.2009 – III ZR 93/09 – CR 2010, 109 Rdnr. 17 (Videoportal); BGH, Urt. v. 4.3.2010 – III ZR 79/09 – NJW 2010, 1449 Rdnr. 16, 26; Pohle/Ammann, Über den Wolken... – Chancen und Risiken des Cloud Computing, CR 2009, 273.
228 BGH, Urt. v. 23.3.2005 – III ZR 338/04 – NJW 2005, 2076.
229 BGH, Urt. v. 15.11.2006 – XII ZR 120/04 – NJW 2007, 2394.
230 BGH, Urt. v. 29.10.2008 – VIII ZR 258/07 – NJW 2009, 575, 577 Rz. 17.
231 BGH, Urt. v. 15.11.2006 – XII ZR 120/04 – NJW 2007, 2394 f.
232 EuGH, Urt. v. 3.7.2012 – Rs C 128/11 – NJW 2012, 2565 Rdnr. 40, 49; BGH, Urt. v. 3.2.2011 – I ZR 129/08 – CR 2011, 223 Rz. 11–13; s. hierzu Müller-Hengstenberg/Kirn Vertragscharakter des Application Service Providing, NJW 2007, 2370, 2373.

Aussage ist beachtlich. Es kann daher einer Einzelmeinung im Rechtsschrifttum[233] nicht gefolgt werden, dass der EuGH damit grundsätzlich den Erwerb von Software als „Kaufvertrag" anerkannt hat, zumal der Unionsbegriff auch andere Formen der Vermarktung umfasst (siehe Teil B Ziff. 3.4.3 zum Thema „Erschöpfung").

Es ist also von Bedeutung, welche „Leitideen einer Normenstruktur" den einzelnen Vertragstypen des BGB zugrunde liegen. So sind „aus der Natur und dem Zweck des konkreten Vertrages" und aus der Interessenlage der Vertragsparteien die Gerechtigkeitserwartungen abzuleiten, die sich in der Leitlinie einer Normenstruktur wiederfinden.[234]

Vertragsarten im Internet

Im Hinblick auf die Vielzahl von unterschiedlichen Geschäftsmodellen bei der Internetnutzung gibt es keinen einheitlichen Internetvertrag. Jedes Geschäftsmodell, wie bspw. der Accessprovider-, Webhost-, Plattform- oder der Cloud-Vertrag, beruht auf unterschiedlichen Interessenlagen.

In zwei anderen Entscheidungen (Urteil vom 4.3.2010 und vom 27.1.2011) hat der BGH[235] dem „Internet-System-Vertrag" die werkvertraglichen Leistungen als prägende Leistung zugrunde gelegt. Alle Vertragsarten haben unterschiedliche Haftungsregelungen. Die Gewährleistungsvorschriften des Mietvertrages sind anders gestaltet als die des Kauf- und Werkvertrages. Beim Dienstvertrag gibt es keine Gewährleistungshaftung, weil kein Erfolg geschuldet wird. Besonders beachtenswert ist, dass beim Mietvertrag nach § 535 Abs. 1 S. 2 BGB eine Verpflichtung des Vermieters besteht, den Mietgegenstand während der Mietzeit ständig im vertragsmäßigen Zustand zu erhalten. Das Problem ist, dass Software nicht fehlerfrei ist und eine ständige Verfügbarkeit nicht gewährleistet werden kann.[236] In dem Rechtsschrifttum[237] wird jedoch anerkannt, dass die Garantiehaftung nach § 536a BGB vertraglich ausgeschlossen werden kann. Im Schrifttum wird daher empfohlen, stets bei einem Access-Provider und einem ASP-Vertrag ein „Service Level Agreement" (SLA) zu vereinbaren, um vertraglich klarzustellen, was unter der Aufrechterhaltung des vertragsmäßigen Zustands zu verstehen ist. Wenn nun ein SLA in einem Internet-Service-Vertrag vereinbart ist,

---

233 Schneider/Spindler, Der Erschöpfungsgrundsatz bei gebrauchter Software, CR 2014, 213 f; kritisch hierzu Haberstumpf, Der Handel mit gebrauchter Software im harmonisierten Urheberrecht, CR 2012, 561, 565.

234 Oechsler in Staudinger/Eckpfeiler (2011), Kap. M, Rdnr. 34.

235 BGH, Urt. v. 8.10.2009 – III ZR 93/09 – CR 2010, 109 Rz. 17. BGH, Urt. v. 4.3.2010 – III ZR 79/09 – NJW 2010, 1449 Rz. 16, 26; BGH Urt. v. 27.1.2011 – VII ZR 133/10 – CR 2011, 176 f., Rz. 9.

236 Marly, Praxishandbuch Softwarerecht (2014), Rdnr. 1437; Pohle/Ammann, Über den Wolken… – Chancen und Risiken des Cloud Computing, CR 2009, 273, 275; OLG Düsseldorf , Urt. v. 18.10.1990 – 6 U 71/87 – CR 1992, 724.

237 Pohle/Ammann, Über den Wolken… – Chancen und Risiken des Cloud Computing, CR 2009, 273, 275.

stellt sich die Frage, ob sich dadurch der Vertragscharakter ändert. Lediglich einzelne Leistungszusagen, wie eine konkrete Verfügbarkeit und Performance als Erfolgselement, können einen werkvertraglichen Charakter haben.[238]

Der Hintergrund dieser Empfehlung ist, dass der BGH in der ASP-Entscheidung vom 15.11.2006[239] die Meinung vertreten hat, dass die unterschiedlichen Leistungen sich nicht unter einen Vertragstyp zusammenfassen lassen. Nach Auffassung des BGH stellt aber bei einem „Application Service Providing" die Softwareüberlassung die wesentliche bzw. prägende Leistung des Vertrages dar; weitere Leistungen wie Pflege des Programms, Datensicherung können anderen Vertragstypen wie Dienst- und Werkverträgen zugeordnet werden, ohne die prägende mietvertragliche Gebrauchsüberlassung in Frage zu stellen.[240] Der BGH[241] stellt hierbei darauf ab, dass jeweils die „sachnächsten" Vorschriften anzuwenden sind, soweit diese Anwendung nicht im Widerspruch zum Gesamtvertrag steht.

Wieder anders hat der BGH in zwei anderen Fällen entschieden. Im ersten Fall (BGH-Urteil vom 8.10.2009)[242] unterhielt eine Partnerschaftsagentur ein Partner-Portal im Internet, auf dem sich ihre Kunden vorstellten. Zu diesem Zweck fertigte eine Partneragentur Videos über die Kunden an. Der BGH vertritt die Auffassung, dass der Schwerpunkt des Vertrages die dauerhafte Bereitstellung und Pflege des Videos war und somit ein Dienstvertrag vorlag.

In dem zweiten Fall verpflichtete sich ein Service-Unternehmen für einen Kunden unter einer gewünschten Domain eine individuelle Webseite zu erstellen und diese im Internet bereitzustellen und zu unterhalten. Der BGH (Urteil vom 4.3.2010)[243] ist der Meinung, dass die Verpflichtung des Service Providers, die Webseite so zu gestalten, dass diese jederzeit abrufbar ist, eine werkvertragliche Verpflichtung ist. In einer weiteren Entscheidung des BGH (Urteil vom 27.1.2011) hat der BGH erneut den Internet-Systemvertrag als Werkvertrag bestätigt.[244]

Gerade die vorstehend aufgeführte Rechtsprechung des BGH[245] zu Internet-Leistungen verdeutlicht, dass eine generelle Vertragstypisierung für Internet-Leistungen kaum möglich ist, weil die Leistungen und die vertragsprägenden Schwerpunkte der

---

238 Bräutigam, SLA in der Praxis alles klar? CR 2004, 248 f; s. hierzu Braun, Die Zulässigkeit von Service Level Agreements am Beispiel der Verfügbarkeitsklausel (2006), S. 30 f.
239 BGH, Urt. v. 15.11.2006 – XII ZR 120/04 – NJW 2007, 2394.
240 So auch im Ergebnis Braun, Die Zulässigkeit von Service Level Agreements am Beispiel der Verfügbarkeitsklausel (2006), S. 31 f.; kritisch Müller-Hengstenberg/Kirn, Vertragscharakter der Application Service Verträge, NJW 2007, 2370 f.
241 BGH, Urt. v. 19.12.2001 – XII ZR 233/99 – NJW 2001,1336 f.
242 BGH, Urt. v. 8.10.2009 – III ZR 93/09 – CR 2010, 109.
243 BGH, Urt. v. 4.3.2010 – III ZR 79/09 – NJW 2010, 1449 Rz. 16, 26.
244 BGH, Urt. v. 27.1.2011 – VII ZR 133/10 – CR 2011, 176 f. Rz. 9.
245 BGH, Urt. v. 4.3.2010 – III ZR 79/09 – NJW 2010, 1449 Rz. 16, 26; BGH, Urt. v. 4.3.2010 – III ZR 79/09 – NJW 2010, 1449 Rz. 16, 26.

Leistungen von Fall zu Fall unterschiedlich sein können, wenn auch in allen Fällen eine Internetplattform zur „Abrufbarkeit" eine Rolle spielt.

Plattformverträge, Apps

Die wirtschaftlichen Plattformen dienen sehr unterschiedlichen Zwecken. In der Regel übernehmen die Plattformbetreiber gegenüber allen Nutzern die Verpflichtung, eine funktionsfähige Internetplattform zur Nutzung zur Verfügung zu stellen, die dem Nutzer einen Internetzugang über eine Schnittstelle ermöglicht, die Plattform pflegen und aktualisieren. An dem „Geschäft", welches mittels der Plattform erfolgt, haben die Betreiber der Plattform in der Regel keinen Anteil.[246] So dienen mal sie der Kommunikation (E-Mail-Dienste, Google-Dienste, Apps, Facebook) oder auch als Marktplatz für Geschäftsvermittlungen oder Abschlüsse oder Auktionen. Soweit sie überwiegend der Kommunikationsvermittlung dienen, liegt wohl ein dienstvertragliches Rechtsverhältnis vor.[247] Demzufolge sind auch die Vertragsarten sehr unterschiedlich bspw. Maklerverträge, Dienst- oder auch Kaufverträge.[248]

Auslegungsprobleme entstehen dadurch, dass viele Vertragsabschlüsse nur über oder mit dem Betreiber der Plattform erfolgen und die Anbieter der Dienstleistungen oder Apps nicht deutlich einbezogen werden. Es wird daher die Meinung[249] vertreten, dass für den Vertragsabschluss auf den „objektivierten Empfängerhorizont" abzustellen ist und daher der Plattform-Betreiber als Vertragspartner des Kunden anzusehen ist, weil der Plattformbetreiber gegenüber dem Kunden allein als Handelnder auftritt, die Rechnungsabwicklung übernimmt und seine Allgemeinen Geschäftsbedingungen zugrunde legt.[250] Es geht hier im Prinzip um den bereits erläuterten Vertrauensschutz, der durch diese Handlungsweise im Rechtsverkehr erzeugt wird.[251] In der Regel handelt es sich bei dem Angebot von Apps um einen Kaufvertrag. Soweit in diesen Verträgen mit dem Plattformbetreiber von einem unmittelbaren Erwerb der Apps vom Anbieter ausgegangen wird, sind solche Regelungen wegen der Unklarheit nach § 305c BGB und wegen Änderungsvorbehalten, Ausschlüssen der Haftung

---

246 BeckFormB IT-Recht/Rasmussen/Bonne (2012), Kap. K 5, S. 654; Alpert, Virtuelle Marktplätze im Internet; Typische Haftungsrisiken des Anbieters von B2B Portalen, CR 2001, 604, 606; Koch, Web Services als neue IT-Vertragsleistung, ITRB 2007, 71 f.

247 So Mantz/Sassenberg, Rechtsfragen beim Betrieb von öffentlichen WLAN-Hotspots, NJW 2014, 3537, 3539.

248 Redeker, IT-Recht (2012), Rdnr. 1090, 1095, 1103; Härting, Internetrecht (2014), Rdnr. 769; BeckFormB IT-Recht/Rasmussen/Bonne (2012), Kap. K 5, S. 654; Alpter, Virtuelle Marktplätze im Internet – Typische Haftungsrisiken des Anbieters von B2B Portalen, CR 2001, 604, 606.

249 Marly, Praxishandbuch Softwarerecht (2014), Rdnr. 1173; Baumgartner/Ewald, Apps und Recht (2013), Rdnr. 41, 45; Härtung, Internetrecht, Rdnr. 483.

250 Baumgartner/Ewald Apps und Recht (2013), Rdnr. 30, 44 f; Marly, Praxishandbuch Softwarerecht (2014), Rdnr. 1170, 1173.

251 BGH, Urt. v. 16.10.2012 – V ZR 73/12 – NJW 2013, 589 Rz. 17.

des Betreibers nach § 307 BGB unwirksam.[252] Soweit andere IT-Leistungen, wie bspw. Verbindung zu Zugangsnetzen wie Google Dienste oder Cloud Dienste, angeboten werden, liegt möglicherweise auch ein Geschäftsbesorgungsvertrag oder Dienstvertrag vor, weil hier der Zugang zu den vermittelten Diensten den Schwerpunkt der Leistung bildet.[253] Bei der vertraglichen Einordnung dieser „Zugangs-Leistungen" ist auf die Grundsätze der BGH-Entscheidung vom 23.3.2005 (Access-Provider Entscheidung) abzustellen.[254]

Maßgeblich ist demnach, wie transparent das Dreiecksverhältnis zwischen Kunde, Betreiber und Anbieter in dem Vertrag gestaltet ist. Denkbar ist, dass der Plattform-Betreiber lediglich als Vertreter des App-Anbieters auftritt und dessen AGB anbietet.

Soziale Netzwerke bspw. Facebook, Twitter, Nettlog, Chat-Dienste

Soziale Netzwerke dienen dem Zweck, den Nutzern bzw. losen Nutzergemeinschaften eine Plattform für ihre Kommunikation oder Informationen zur Verfügung zu stellen. Sie dienen in der Regel nicht der Vermittlung von Vertragsangeboten. Die Nutzung ist vielfach sogar unentgeltlich.[255] Fraglich ist, ob auch dann ein Werkvertrag anzunehmen ist, wenn nur Hardware und Betriebssoftware oder wie beim „Facebook"-Chat-Dienst oder bei Twitter eine Plattform mit einer Betriebssoftware den Nutzern zur Verfügung gestellt wird. Es kommt hier darauf an, ob der Betreiber mit der Plattform auch eine Verpflichtung zur „Abrufbarkeit" von Diensten verbindet oder schlicht nur eine Plattform zur Nutzung zur Verfügung stellt. Im ersten Fall liegt eine werkvertragliche Leistung vor. Im zweiten Fall steht der Gebrauch der Plattform und Betriebssoftware zwecks eigenverantwortlichen „Downloading" von „Apps" im Vordergrund, was eher für einen Mietvertrag oder auch für einen Dienstvertrag spricht, je nachdem welche Aufgabe nach dem Vertragszweck und bei einer Schwerpunktbetrachtung prägend ist. Insbesondere bei der technischen Bereitstellung einer technischen Plattform über Netze sind die grundsätzlichen Ausführungen des BGH über den Vertragstyp des Access Provider zu beachten, nach denen der Aufbau von Netzverbindungen ein Dienstvertrag ist.[256] Soweit die Nutzung unentgeltlich ist, ist von einem Auftrag im Sinne des § 667 BGB auszugehen.[257] Dieser prägenden Bewertung steht nicht ent-

---

252 Kremer, Vertragsgestaltung bei Entwicklung und Vertrieb von Apps für mobile Endgeräte, CR 2011, 669, 771; Gützmacher, Das Recht des Softwarevertriebs, ITRB 2003, 199, 203.
253 Baumgartner/Ewald, Apps und Recht (2013), Rdnr. 28; Redeker, IT-Recht (2012), Rdnr. 1076 ff.
254 BGH, Urt. v. 23.3.2005 – III ZR 338/04 – NJW 2005, 2076; Kremer, Vertragsgestaltung bei Entwicklung und Vertrieb von Apps für mobile Endgeräte, CR 2011, 769.
255 https://wikipedia.org/wiki/Soziales_Netzwerk_(Internet) (letzter Abruf: 3.8.2015); Redeker, IT-Recht (2012), Rdnr. 1171.
256 BGH, Urt. v. 23.3.2005 – III ZR 338/04 – NJW 2005, 2076; Mantz/Sassenberg, Rechtsfragen beim Betrieb von öffentlichen WLAN-Hotspots, NJW 2014, 3537 f.
257 Redeker, IT-Recht (2012), Rdnr. 1174.

gegen, dass einzelne Leistungen gesondert zwischen Anbietern und Anwendern geschlossen werden können.[258]

Mobile Endgeräte (Smartphones)

Wieder anders ist die Rechtslage bei den mobilen Endgeräten, insbesondere bei den Smartphone Betreibern. Diese stellen in der Regel das mobile Endgerät mit einer Betriebssoftware ohne weitere Leistungen von anderen Anbietern zur Verfügung. Die technische Ausstattung besteht bspw. aus Funktionen wie Mobil-Telefon, Webbrowsing, E-Mail, Datenspeicherung, mobiles Zugangsgerät (Enterprise Mobility Client) sowie Vertriebsplattform mit einer Betriebssoftware mit Zugang zu Apps. Welche Anwendungen der Kunde nun nutzen, downloaden will, liegt in seiner Verantwortung. Die Betreiber sehen sich vielfach in ihren jeweiligen Allgemeinen Geschäftsbedingungen nur als Vermittler an, erklären sich auch nur für den Betrieb ihrer Betriebssoftware verantwortlich und schließen im Übrigen die Verantwortung für die Anbieter auf dem Smartphone aus.[259] Die mitgelieferte Betriebssoftware – bspw. API – erlaubt bzw. vermittelt lediglich den Zugriff auf andere Plattformen (bspw. auf Telefondienste, auf Apps bspw. Musikbörse, Spielfilme usw.). Aber die Betreiber schließen in ihren Allgemeinen Geschäftsbedingungen – wie bspw. AGB von Google – jede Verantwortung für die Leistungen und Inhalte Dritter aus.[260] Das Rechtsschrifttum[261] geht dennoch überwiegend davon aus, dass der Vertrag zwischen dem Kunden und dem Betreiber abgeschlossen wird (siehe die weiteren Erläuterungen in Teil B Ziff. 3.3.3).

Es wird wohl bezüglich des Endgerätes und der Betriebssoftware in der Regel ein Kaufvertrag vorliegend. Möglicherweise liegt auch ein Geschäftsbesorgungsvertrag für die weiteren Leistungen, bspw. Zugang zu Nutzung von Software oder weiteren IT-Leistungen, vor.[262]

---

258 Voigt/Alich, Facebook-Like-Button und Co. – Datenschutzrechtliche Verantwortlichkeit der Webseitenbetreiber, NJW 2011, 3541, 3543; Hoeren, Vertragsrecht und AGB-Klauseln (Juni 2008), Kap. E-Commerce, Rdnr. 29 ff.; BGH, Urt. v. 4.3.2010 – III ZR 79/09 – NJW 2010, 1449 Rdnr. 17, 26; Marly, Praxishandbuch Softwarerecht (2014), Rdnr. 1173; s. a. BGH Urt. v. 18.11.2008 – XII ZR 120/04, NJW 2007, 2394, 2395 Rz. 13, 19, 21; Redeker, IT-Recht (2012), Rdnr. 1173, der die Zurverfügungstellung der technischen Plattform als Werkvertrag ansieht, weil nicht die technische Plattform, sondern die Möglichkeit sich im Internet darzustellen, prägend ist.

259 S. Kremer, Vertragsgestaltung bei Entwicklung und Vertrieb von Apps für mobile Endgeräte, CR 2011, 769 ff.; Lutzi, Aktuelle Rechtsfragen zum Handel mit Gegenständen in Computerspielen, NJW 2012, 2070 f.

260 Marly, Praxishandbuch Softwarerecht (2014), Rdnr. 1169.

261 Baumgartner/Ewald, Apps und Recht (2013), Rdnr. 30, 44 f; Marly, Praxishandbuch Softwarerecht (2014), Rdnr. 1163, 1174 f.

262 Kremer, Vertragsgestaltung und Entwicklung von Apps für mobile Endgeräte, CR 2011, 769.

Es wird wohl bezüglich des Endgerätes und der Betriebssoftware in der Regel ein Kaufvertrag vorliegen. Möglicherweise liegt auch Geschäftsbesorgungsvertrag für die weiteren Leistungen, bspw. Zugang zu Nutzung von Software oder weiteren IT-Leistungen, vor.[263]

Cloud Computing-Anwendungen

Gerade beim „Cloud Computing" besteht eine breite Palette von standardisierten Leistungsangeboten, die über eine virtuelle Cloud-Infrastruktur je nach Bedarf in Anspruch genommen werden können.[264] Das Konzept des „Cloud Computing" kann als „dienstbasierte Nutzung skalierbarer Computerressourcen, wie bspw. Speicher, Rechenleistungen und Anwendungen", zusammengefasst werden, wobei die Dienstanbieter für die Bereitstellung der Ressourcen und der Kunde für die Nutzung der Dienste verantwortlich sind. Der Kunde kann über eine Infrastruktur auf die Dienste bzw. Server oder andere IT-Ressourcen anderer Dienstanbieter je nach Bedarf zugreifen bzw. die dort nutzen.[265] Diese neue Technologie unterscheidet sich von der bisher üblichen Rechen- oder Servicezentrumsphilosophie, dass für die Anwendungen keine physisch bestimmten Prozessoren und Rechner sowie Lizenzsoftware reserviert sind.

Das Konzept der Virtualisierung besteht in der „Trennung der realen Ressourcen von den virtuellen Ressourcen."[266] Nach Krcmar[267] bedeutet die Virtualisierung „dieTechnik einer Softwareschicht zum Multiplexen von unter der Softwarewareschicht liegenden Ressourcen für über der Softwareschicht laufende Programme und Systeme. Mulitplexen bedeutet, dass die Softwareschicht die Ressourcen für alle Programme und Systeme bereitsstellt und kein Programm oder System die alleinige Hoheit besitzt".[268]

Müller-Hengstenberg/Kirn[269] weisen darauf hin, dass das Cloud Computing „eine Form der rasch fortschreitenden Dezentralisierung und Virtualisierung" in der IT-Welt ist, bei der die physische Zuordnung der Server oder der Software für die Abwicklung von IT-basierenden Aufgaben keine Bedeutung mehr hat. Die Kern-Aufgabe der Virtualisierung bildet das IT-Ressourcen-Management, dessen primäre Aufgabe das Verteilen von Servern und Computerprogrammen unter einer Vielzahl von Nutzern

---

263 Kremer, Vertragsgestaltung und Entwicklung von Apps für mobile Endgeräte, CR 2011, 769.
264 Hasso-Plattner-Institut, Technischer Bericht 44/2011: Virtualisierung und Cloud Computing, S. 30 ff., www.hpi.uni-potsdam.de/fileadmin/hpi/TechnischeBerichte/HPI_44_virtual (letzter Abruf: 27.7.2015).
265 Tietz/Blichmann/Hübsch, Cloud-Entwicklungsmethoden, Informatik-Spektrum (2011), 354, 356.
266 Krcmar, Informationsmanagement (2010), Kap. 5.3.1.3 S. 317.
267 Krcmar, Informationsmanagement (2010), Kap. 5.3.1.3 S. 317.
268 Teil A, Ziffer 2.2.
269 Müller-Hengstenberg/Kirn, Vertragscharakter des Application Service Providing, NJW 2007, 2370, 2373.

ist.[270] *Kirn* schildert in Teil A Ziff. 2.2, insbesondere in Ziff. 2.2.2.3, sehr ausführlich die Technologie der Virtualisierung im Verhältnis zur realen physischen Basis. Die physische Zuordnung von Hardware und Software für bestimmte Kunden hat damit keine Bedeutung mehr.[271]

Beim Cloud Computing nimmt das virtualisierte Betriebssystem die Hardwareanforderung (bspw. Anforderung von Speicherplatz, Übertragungskanal, Prozesskapazität etc.) entgegen und leitet diese, je nach Bedarf, dynamisch an im Netzwerk verfügbare und aktuell freie Ressourcen weiter. Ein wichtiges Wesensmerkmal ist hierbei, dass in einer Cloud nicht mehr die Daten bzw. die Verarbeitungsvorgänge einem bestimmten festgelegten, physisch lokalisierbaren Server zugeordnet werden. Der Kunde hat daher keinerlei Kenntnis davon, wo und welche Server geografisch eingesetzt werden; die Daten können auf mehreren ggf. auch variablen Server liegen und verarbeitet werden.[272] Der Betreiber der Cloud-Infrastruktur kann zwar über eine Router-Software die Verbindungen zu Servern und Software in einem gewissen Umfang nachverfolgen. Da es aber keine gesicherten Plattformstandards gibt, ist die Nachverfolgung bzw. die Überprüfbarkeit von Protokolldateien auch für den Betreiber der Cloud-Infrastruktur nicht gesichert.[273]

In der IT-Fachliteratur[274] werden in Cloud Computing angebotene IT-Ressourcen bzw. Technikbündel in drei Ebenen wie folgt kategorisiert:

- „Infrastructure as Service": Bereitstellung von Plattformen, Rechenleistungen usw. als Basis
- „Plattform as Service": Bereitstellung von Entwicklungs- und Laufzeitumgebungen, z. B. für datenintensive Webanwendungen usw.
- „Software as Service": Bereitstellung von kompletten Anwendungen, wie bspw. Geschäftsanwendungen, die vom Kunden angepasst werden können.

---

270 Krcmar, Informationsmanagement (2010), Kap. 5.3.1.3 S. 317.

271 Müller-Hengstenberg/Kirn, Vertragscharakter des Application Service Providing, NJW 2007, 2370, 2373; Lehmann/Giedke, Cloud Computing – technische Hintergründe für die territorial gebundene rechtliche Analyse, CR 2013, 608, 611 f.; Hasso-Plattner-Institut, Technischer Bericht 44/2011: Virtualisierung und Cloud Computing, S. 8–12, 26 ff. und S. 41–43, www.hpi.uni-potsdam.de/fileadmin/hpi/TechnischeBerichte/HPI_44_virtual (letzter Abruf: 27.7.2015).

272 Krcmar, Informationsmanagement (2010), Kap. 7.4.4.1 S. 693 f.

273 Bundesamt für Sicherheit in der Informationstechnologie, Sicherheitsempfehlungen für Cloud Computing Anbieter (Februar 2012), Kap. 6 S. 46, Kap. 7 S. 50, 57, Kap. 9 S. 57, www.bsi.bund.de/SharedDocs/Downloads/DE/BSI (letzter Abruf: 27.7.20125); Hasso-Plattner-Institut, Technischer Bericht 44/2011: Virtualisierung und Cloud Computing, S. 30 ff., S. 41–43, www.hpi.uni-potsdam.de/fileadmin/hpi/TechnischeBerichte/HPI_44_virtual (letzter Abruf: 27.7.2015).

274 Hasso-Plattner-Institut, Technischer Bericht 44/2011: Virtualisierung und Cloud Computing, S. 30 ff., www.hpi.uni-potsdam.de/fileadmin/hpi/TechnischeBerichte/HPI_44_virtual (letzter Abruf: 27.7.2015).

Wie aus der Marktanalyse des Hasso-Plattners-Instituts sowie aus Angeboten im Internet bspw. von T-Systems, Citrix[275] hervorgeht, werden lediglich standardisierte Leistungen über Schnittstellen angeboten, die der Kunde nach seinem Bedarf nutzen bzw. einsetzen kann. Damit trägt in der Regel nicht der Dienstanbieter, sondern der Kunde die Verantwortung für den Einsatz des Anwendungssystems.

Es ist hierbei zu unterscheiden, ob alle Leistungen in einem Unternehmen bzw. Unternehmenskonzern oder Unternehmensverbund (Private Clouds/Private Community Cloud) oder von vielen unabhängigen externen Anbietern (Public Clouds) standardisiert angeboten werden. Im Gegensatz zum „Public Cloud" kann bei der „Private Cloud" dem Nutzer eine „abgeschottete, individualisierte IT-Umgebung", die über ein „Private Network" verbunden ist, zur Verfügung gestellt werden.[276]

Der Leitfaden von BITKOM 2010 zum Cloud Computing[277] beschäftigt sich u.a mit der vertraglichen Einordnung von Cloud Computing Leistungen und kommt auch zu dem Ergebnis, dass zwar eine überwiegende Tendenz der Leistungen zum Miet- und Dienstvertrag besteht, es aber auf die jeweils vereinbarte Leistungsart bzw. auf die „Ausprägung der Leistungen" ankommt und auch einzelne Leistungsbündel unter das Werkvertragsrecht fallen können. BITKOM neigt dazu, dass in der Regel ein Generalunternehmervertrag mit einem Provider vorliegt, der die Einbindung anderer Provider koordiniert.

Einige Rechtskommentatoren[278] sind der Meinung, dass beim „Cloud Computing" eine große Ähnlichkeit mit dem „Application Service Providing" (ASP) besteht, weil als prägende Vertragsleistung die befristete Überlassung von IT-Ressourcen (wie bspw. Server, Speicher, Software, Werkzeuge usw.) anzusehen ist. Der vertraglichen Qualifizierung als Mietvertrag steht – wie bei dem „Application Provider Service" – nicht entgegenstehen, dass kein Besitz, sondern nur Online Zugänge zu den einzelnen IT-Ressourcen geschaffen werden.[279]

Andere Auffassungen im Rechtsschrifttum[280] weisen darauf hin, dass der Betreiber einer Cloud-Infrastruktur, der keine weiteren IT-Ressourcen zur Verfügung stellt,

275 Lehmann/Giedke, Cloud Computing – technische Hintergründe für die territorial gebundene rechtliche Analyse, CR 2013, 608, 611 f.; Hasso-Plattner-Institut, Technischer Bericht 44/2011: Virtualisierung und Cloud Computing, S. 31, 41, 46 ff., www.hpi.uni-potsdam.de/fileadmin/hpi/Technische Berichte/HPI_44_virtual (letzter Abruf: 27.7.2015).

276 BITKOM, Cloud Computing – Was Entscheider wissen müssen (2010), S. 18 f., https://www.bitkom.org/Bitkom/Publikatioen/Publikat (letzter Abruf: 27.7.2015); BSI, Cloud Computing Grundlagen, https://www.bsi.bund.de/SharedDocs/Downloads/DE/BSI (letzter Abruf: 27.7.2015).

277 BITKOM, Cloud Computing – Was Entscheider wissen müssen (2010), S. 39 f., www.bitkom.org/Bitkom/Publikatioen/Publikat (letzter Abruf: 27.7.2015).

278 Pohle/Ammann, Über den Wolken...– Chancen und Risiken des Cloud Computing, CR 2009, 273 ff.; BITKOM, Cloud Computing –Was Entscheider wissen müssen (2010), 39 ff., www.bitkom.org/Bitkom/Publikatioen/Publikat (letzter Abruf: 27.7.2015); Schuster/Reichl, Cloud Computing & SaaS – Was sind die wirklichen Fragen, CR 2010, 38, 40.

279 BGH, Urt. v. 15.11.2006 – XII ZR120/04 – NJW 2007, 2394 f.

280 Marly, Praxishandbuch Softwarerecht (2014), Rdnr. 1092.

dennoch ggf. wegen seines faktischen Handelns als Generalunterunternehmer dafür verantwortlich ist, dass die Ressourcen allgemein einsatzfähig sind, bspw. die Interoperabilität mit mobilen Geräten (Smartphones). So wird in der Rechtsliteratur u. a. die Auffassung vertreten, dass in einem solchen Fall ein Werkvertrag vorliegt.

Es gibt im Rechtsschrifttum[281] aber auch Meinungen, die als prägende Leistung den Steuerungsaufwand der „Cloud"-Ressourcen ansehen und daher einen Dienstvertrag zugrunde gelegen. In der IT-Fachliteratur[282] wird hier von der sog „Orchestrierung" der Dienstleistungen gesprochen, die aber in der Verantwortung des Auftraggebers liegt. Wie oben bereits dargestellt, stellen die Anbieter von Cloud-Infrastrukturen im Prinzip eine Reihe von IT-Ressourcen zur Verfügung, die der Auftraggeber nach seinem Bedarf konfigurieren kann.[283] Für die vertragliche Einordnung ist von Bedeutung, dass bei einer Cloud im Prinzip die IT-Ressourcen zum zeitlich befristeten Gebrauch in standardisierter Form einer Vielzahl von Kunden zur Verfügung gestellt werden. Diese zeitlich begrenzte Bereitstellung entspricht zwar dem Wesen des Mietvertrages. Anders als bei dem ASP-Vertrag besteht jedoch keine feste physische Zuordnung der in Anspruch genommenen IT-Ressourcen und damit keine eindeutige Transparenz, wo die Daten physisch gespeichert bzw. lokalisierbar sind, verarbeitet werden und wer dafür verantwortlich ist. Für die interessengerechte Anwendung des Mietvertragsrechtes ist zumindest ein Gebrauch eines transparenten „Mietgegenstandes" erforderlich, der die wesentlichen Schutzrechte des Mieters, nämlich „Gewährleistungsrechte" nach §§ 535 ff BGB ermöglicht, was bei einer Public Cloud nicht der Fall ist. Für einen Mietvertrag werden zudem die damit verbundenen umfangreichen IT-Dienstleistungen nicht berücksichtigt.[284]

Die prägende Auflage der Cloud ist das IT-Ressourcen-Management, das jeweils nach der Ausgestaltung des Einzelfalls ein Dienst- oder auch Werkvertrag (bspw. bei einem SLA) sein kann.[285]

---

281 Redeker, IT-Recht (2012), Rdnr. 1131; s. a. Mantz/Sassenberg, Rechtsfragen beim Betrieb von öffentlichen WLAN-Hotspots, NJW 2014, 3537 f.

282 Krcmar, Informationsmanagement (2010), Kap. 7.4.5.2 S. 702.

283 Hasso-Plattner-Institut, Technischer Bericht 44/2011: Virtualisierung und Cloud Computing, S. 46 ff., www.hpi.uni-potsdam.de/fileadmin/hpi/TechnischeBerichte/HPI_44_virtual (letzter Abruf: 27.7.2015).

284 Pohle/Amman, Über den Wolken...– Chancen und Risiken des Cloud Computing, CR 2009, 273 ff.; BITKOM, Cloud Computing – Was Entscheider wissen müssen (2010), S. 31 f., www.bitkom. org/Bitkom/Publikatioen/Publikat (letzter Abruf: 27.7.2015); Kremer, Vertragsgestaltung bei der Entwicklung und dem Vertrieb von Apps für mobile Endgeräte, CR 2012, 769, 773; Marly, Praxishandbuch Softwarerecht (2009), Rdnr. 1092.

285 Hasso-Plattner-Institut, Technischer Bericht 44/2011: Virtualisierung und Cloud Computing, S. 26 ff, 31, 41–43, www.hpi.uni-potsdam.de/fileadmin/hpi/Technische Berichte/HPI_44_virtual (letzter Abruf: 27.7.2015).

Verträge mit Softwareagenten

Wie bereits ausgeführt, kommt eine vertragliche Haftung nur in Betracht, wenn ein Vertragspartner seine Leistungen nicht wie im Vertrag vereinbart erfüllt. Soweit autonome Softwareagenten zur Lösung von Problemen eingesetzt werden – bspw. Bonitätsprüfungen bei Bankkrediten (Kreditscoring) oder als diagnostische Hilfe in der Medizin – wird kein konkretes Ergebnis vorgegeben. Die Auswertung erfolgt auf der Grundlage der Wissensdatenbank und Lösungsalgorithmen des Softwareagenten Vertraglich ist lediglich ein Lösungsverhalten, aber keine konkrete Lösung vereinbart.[286]

Solche Verträge können jeweils nach ihrer Aufgabenstellung ein Dienst- oder Werkvertrag sein. Nach der bereits zitierten BGH-Rechtsprechung[287] kommt es für die Unterscheidung der beiden Vertragsarten darauf an, ob ein bestimmtes Arbeitsergebnis geschuldet wird. In der Rechtsliteratur[288] wird hierzu angemerkt, dass der Begriff des werkvertraglichen Erfolges weit zu verstehen ist; zumindest muss ein Endergebnis geschuldet werden. Es könnte bei einem Softwareagenten die Fähigkeit zur Problemlösung bspw. eine Bewertung der Kreditfähigkeit als „Erfolgsversprechen" angesehen werden. Die Verweigerung eines Kredits aufgrund einer negativ verlaufenden Bonitätsprüfung ist kein Erfüllungsmangel, wenn die algorithmische Prüfungslogik aufgrund der vorhandenen Wissensbasis korrekt eingehalten wurde bzw. der Softwareagent sich Rahmen der eingeräumten Entscheidungsfreiheit hielt. Das Ergebnis schließt nicht aus, dass der Kredit aufgrund anderer Bewertungsfaktoren, die nicht einbezogen bzw. dem Softwareagenten unbekannt waren, vergeben werden konnte.[289]

Zwischenergebnis

Unter dem Begriff „Dezentralisierung und Virtualisierung" wird allgemein verstanden, dass die IT-Ressourcen intelligent auf verschieden Dienstleister verteilt werden und zwar in einer abstrahierten Art.[290]

Diese Vertriebsart bedeutet aus rechtlicher Sicht, dass nicht mehr nur ein singuläres Rechts- bzw. Vertragsverhältnis mit einem IT-Anbieter vorliegt, wie es in den Anfangszeiten der Datenverarbeitung bei Rechenzentren der Fall war, sondern eine Vielzahl von Rechtsverhältnissen zwischen dem Anwender und den verschiedenen

---

286 BGH, Urt. v. 28.1.2014 – VI ZR 156/13 – NJW 2014, 1235 Rdnr. 34; Schneck, Rating (2008), S. 103 ff.; Wojcik, Zivilrechtliche Haftung von Ratingagenturen nach europäischem Recht, NJW 2013, 2385, 2387.
287 BGH, Urt. v. 6.6.2013 –VI ZR 355/12 – NJW 2013, 3022 Rz. 10; BGH, Urt. v. 28.1.2014 – VI ZR 156/13 – NJW 2014, 1295 Rz. 34; Schneck, Rating (2008), S. 103 ff.; Wojcik, Zivilrechtliche Haftung von Ratingagenturen nach europäischem Recht, NJW 2013, 2385, 2387.
288 Wietfeld, Die Rolle von Verkehrssicherungspflichten bei der Abgrenzung von Dienst- und Werkverträgen, NJW 2014, 1206, 1209; kritisch: Najork, Der Facility Management Vertrag, NJW 2008, 2881, 2882 (hiernach sind auch Wartungspflichten Gegenstand eines Dienstvertrags).
289 BGH, Urt. v. 28.1.2014 – VI ZR 156/13 – NJW 2014, 1235 Rz. 34 (Schufa).
290 Krcmar, Informationsmanagement (2010), Kap. 5.3.1.3 S. 317.

Dienstanbietern im „Cloud Computing" vorliegen, die den einzelnen Vertragspartnern nicht einmal mehr bekannt sind. In einem solchen Netzwerk kann es sich um
mehrere Dienstanbieter in einem Unternehmen bzw. Konzern handeln, die über eine
VPN verbunden sind.

Der grundsätzliche Unterschied einer virtualisierten Cloud-Infrastruktur im Vergleich zu einem konventionellen Outsourcing oder ASP-Rechtsverhältnis besteht
darin, dass die IT-Ressourcen nicht in einem Rechen- oder Servicezentrum installiert,
sondern weltweit auf unterschiedliche Dienstanbieter verteilt sind. Durch diese fast
unbegrenzte Skalierbarkeit wird es einem Cloud Kunden ermöglicht, je nach Bedarfsfall die Anzahl der benötigten IT-Ressourcen bspw. Server dynamisch und zudem
noch wirtschaftlich zu erhöhen. Die Notwendigkeit einer vorherigen Festlegung der
benötigten IT-Ressourcen entfällt. Allerdings fehlen somit auch die technische Transparenz und damit die Kontrolle der genutzten Ressourcen.[291]

Dem Grundkonzept des besonderen Schuldrechts widerspricht es, dass in einem
Rechtsverhältnis die Vertragspartner und die Leistungsgegenstände sich „in einer
Wolke" befinden, die Vertragspartner sich nicht kennen und auch unbekannt ist, wer
und wo welche Leistungen erbringt.[292]

Das Interesse des Anwenders oder Kunden ist wohl im Wesentlichen darauf
gerichtet, dass ihm geeignete IT-Ressourcen zur Verfügung gestellt werden, mit
denen er seine betrieblichen Aufgaben durchführen kann. Es fragt sich, ob ein Cloud-
Kunde daran interessiert ist oder inwieweit ein Cloud-Kunde doch einige technische
Angaben über die von ihm genutzten Cloud-Ressourcen erhalten sollte. Viele Providern oder Anbietern von „Public oder Hybrid Cloud Computing Anwendungen"
haben auch keinen Zugang zu detaillierten Leistungsbeschreibung der einbezogenen
IT-Ressourcen.[293]

Die vertragliche Typisierung der Leistungsarten wie Cloud Computing, Smartphone oder Facebook hat eine entscheidende Auswirkung auf das Haftungsrisiko, auf
das bereits in dem Teil B 3.3.5 ausführlich hingewiesen wurde.

---

291 Redeker, IT-Recht (2012), Rdnr. 1127; Müller-Hengstenberg/Kirn, Vertragscharakter des Service
Application Provider Vertrages, NJW 2007, 2370, 2373; Lehmann/Giedke, Cloud Computing – technische Hintergründe für die territorial gebundene rechtliche Analyse, CR 2013, 608, 610.
292 Bundesministerium für Wirtschaft und Technologie, Studie trusted Cloud, Aktionsprogramm
Cloud Computing (Oktober 2010), S. 14, http://www.bmwi.de/BMWI/Redaktion/Publikationen (letzter Abruf: 27.7.2015).
293 Tietz/Blichmann/Hübsch, Cloud-Entwicklungsmethoden, Informatik-Spektrum (2011), 345, 353;
Müller-Hengstenberg/Kirn, Vertragscharakter des Application Service Providing, NJW 2007, 2370,
2373; Bundesministerium für Wirtschaft und Technologie, Studie Trusted Cloud, Aktionsprogramm
Cloud Computing (Oktober 2010), S. 14, www.bmwi.de/BMWI/Redaktion/Publikationen (letzter
Abruf: 27.7.2015); Bundesamt für Sicherheit in der Informationstechnologie Sicherheitsempfehlungen
für Cloud Computing Anbieter (Februar 2012), S. 20, www.bsi.bund.de/SharedDocs/Downloads/DE/
BSI (letzter Abruf: 27.7.2015).

3.3.4 Kriterien für die Abgrenzung der Vertragsarten bei IT-Dienstleistungen

In Ziffer 3.3.1 wurde dargestellt, dass die Rechtsprechung[294] und damit auch das Rechtsschrifttum bei der „Vertragstypologie" von unterschiedlichen Leistungen eine „Schwerpunktbetrachtung" anstellen und dabei die prägende Vertragsleistung ermitteln. Hierbei ist der Wille der Vertragsparteien, was der Vertrag bezwecken soll, maßgeblich. Mit anderen Worten kommt es auf die „Kundenerwartung" an.

Die Bedeutung der Kundenerwartung bei IT-Verträgen

Die bereits zitierte Rechtsprechung zum „Access-Provider- oder ASP-Vertrag oder zum Internetvertrag stellt für die vertragliche Einordnung in erster Linie auf den Willen der Vertragsparteien, insbesondere auf die „verobjektivierte Kundenerwartung" ab. Diese „verobjektivierte Kundenerwartung" rechtfertigt es, dass alle einzelnen Leistungen, gleich welcher Art und gleichgültig, ob Teile der Leistungen von einzelnen Unterlieferanten als Erfüllungsgehilfen erbracht werden, einem Vertragstyp zugeordnet werden, der die „verobjektivierte Kundenerwartung" verkörpert.[295] Wenn bspw. die Kundenerwartung dergestalt ist, dass für einen Kunden die Erstellung einer eigenen Webseite und deren Abrufbarkeit auf einer Internetplattform der Kern des Kundenauftrages ist, so sind alle auf diesen Erfolg gerichteten Leistungen werkvertragliche Leistungen. Anders ist die Rechtslage wenn der Kunde nur daran interessiert ist, dass der Internetprovider eine Plattform bietet, auf der seine Webseite der Öffentlichkeit angeboten werden kann. (Dienstvertrag).

So ist auch bei Cloud-Computing Verträgen die Frage zu stellen, welchen Zweck verfolgt der Kunde mit der Nutzung von Cloud- Computing Anwendungen.

Erwartet der Kunde, dass er die angebotenen standardisierten IT-Ressourcen ohne individuelle Modifikationen für die Abwicklung von betrieblichen Aufgaben nutzen kann oder erwartet der Kunde, dass die „Cloud Computing" Technikbündel so spezifisch gestaltet sind und angeboten werden, dass die Abwicklung seiner betrieblichen Aufgaben gesichert ist. Erfahrungsgemäß sind die Interessen von Kunden beim Einsatz von Cloud-Infrastrukturen ebenso unterschiedlich wie bei anderen Arten der Informationstechnologie.

Die Bedeutung der „Beherrschbarkeit" des Erfolgseintritts

Es kommt in der täglichen Praxis oft vor, dass aus dem Vertrag die „verobjektivierte Kundenerwartung" nicht eindeutig zu entnehmen ist.

Es ist aber Hinblick auf die im Vergleich zum Dienstvertrag weitaus umfänglichere Haftung des Werkunternehmers äußerste Vorsicht geboten, das Werkvertrags-

---

294 BGH, Urt. v. 4.3.2010 – III ZR 79/09 – NJW 2010, 1449 Rz. 16 f.
295 BGH, Urt. v. 4.3.2010 – III ZR 79/09 – NJW 2010, 1449 Rz. 16 f.

recht ohne klare „Indizien" oder Klärung des wirklichen Parteiwillens bei einem Rechtsverhältnis anzuwenden. Der BGH[296] hat in einer grundlegenden Entscheidung in einem solchen Fall die Frage gestellt, ob der Werkunternehmer – hier bei einer Forschungsarbeit – mit einer gewissen Wahrscheinlichkeit den Eintritt eines Erfolges erwartet und er daher das Risiko des Erfolgseintritts übernommen hat. Auf die Abnahmefähigkeit der Werkleistung kommt es nicht an (§ 646 BGB).

Falls keine Vereinbarungen über die Übernahme des Erfolgseintritts getroffen wurden und der Eintritt eines Erfolges mit erkennbaren Unwägbarkeiten verbunden ist, kommt es auf die Sicht eines vernünftigen Bestellers an, ob in einem solchen Fall die Übernahme eines Risikos erwartet werden kann. Es kommt somit sehr auf die Beherrschbarkeit des Erfolgsrisikos an. Die Beherrschbarkeit hängt dabei davon ab, ob der Erfolgseintritt nicht allein von dem Unternehmer, sondern von weiteren Umständen abhängt, die der Unternehmer nicht beeinflussen kann.[297]

Im Rechtsschrifttum[298] wird ausführlich erörtert, welche Probleme bei der Anwendung des Gedankens der Beherrschbarkeit als Abgrenzungskriterium für Dienst- und Werkverträge bestehen. Es ist zwar einsichtig, dass eine Haftung für einen Erfolg nur dann vertretbar ist, wenn der Erfolg „unter normalen Verhältnissen beherrschbar ist". Was heißt aber „Erfolg"? Ein unbeherrschbares Risiko besteht nach der überwiegenden Meinung des Rechtsschrifttums,[299] wenn der Erfolgseintritt nicht allein von dem Schuldner abhängt, sondern „trotz ordnungsgemäßer wissenschaftlicher Anstrengung nicht beeinflussbar ist".

Dieser Gedanke der Beherrschbarkeit wurde vom BGH sowohl in der Access Provider Entscheidung[300] als auch in der Internetentscheidung[301] geprüft. Es ging in beiden Entscheidungen jeweils um die Frage, ob ein Provider einen jederzeitigen Zugriff auf das Internet garantieren kann. Der BGH hat in beiden Entscheidungen angemerkt, dass ein jederzeitiger Zugriff technisch nicht möglich ist und daher auch den Kundenerwartungen nicht entspricht.

Kundenerwartungen und Beherrschbarkeit beim Cloud-Computing
Es kann hier die Meinung vertreten werden, dass es dem Kunden bei der Nutzung von „Cloud Computing" nicht darauf ankommt, konkret die technischen Einzelheiten

---

296 BGH, Urt. v. 16.7.2002 – X ZR 27/01 – NJW 2002, 3323, 3324; s. a. BGH, Urt. v. 6.6.2013 – VI ZR 355/12 – NJW 2013, 3022 f Rz. 9; Koch, Die Haftungsfreizeichnung in Forschungs- und Entwicklungsverträgen (2009), S. 53.
297 Koch, Die Haftungsfreizeichnung in Forschungs- und Entwicklungsverträgen (2009), S. 53.
298 Teichmann, Empfiehlt sich eine Neukonzeption des Werkvertragsrechtes? Gutachten zum 55. Juristentag 1984, A 23; Koch, Die Haftungsfreizeichnung in Forschungs- und Entwicklungsverträgen (2009), S. 53.
299 Koch, Die Haftungsfreizeichnung in Forschungs-und Entwicklungsverträgen (2009), S. 53.
300 BGH, Urt. v. 23.3.2005 – III ZR 338/04 – NJW 2005, 2076.
301 BGH, Urt. v. 4.3.2010 – III ZR 79/09 – NJW 2010, 1449 Rz. 16 f.

und Funktionen aller verfügbaren IT-Ressourcen im Sinne der Systemdokumentation zu kennen. Nach *Krcmar*[302] besteht das Interesse des Kunden oder Teilnehmers vielmehr darin, die „Qualitäts- und Kostenvorteile für ein Unternehmen zu nutzen, die durch die Flexibilisierung der „dynamischen Virtualisierung von IT-Technikbündeln abhängig vom jeweiligen Bedarf" erzeugt werden. Das Kundeninteresse ist also im Wesentlichen auf eine ökonomische „Abwicklung von Geschäftsprozessen" gerichtet. Die dafür erforderliche flexible Nutzung von bereitgestellten IT-Ressourcen und Dienstleistungen für einen bestimmten Zeitraum wird sozusagen als selbstverständlich vorhanden zugrunde gelegt. Diese Nutzungsart hat ohne Zweifel eine gewisse Ähnlichkeit mit dem Application Service und somit mit einem „Miete ähnlichen Gebrauch".[303]

Nicht zu übersehen ist, dass die Cloud-Technologie auch eine gewisse Ähnlichkeit mit den Telefondiensten bzw. mit dem Telekommunikationsvertrag (Fest- und Mobildienste) hat. Diese Dienste werden ebenfalls den Telekommunikationsteilnehmern standardisiert zu einer zeitlich befristeten Nutzung zur Verfügung gestellt. Der Telekommunikationsteilnehmer hat ebenfalls keine Kenntnisse über die technischen Einzelheiten der Telekommunikationsvermittlung; er hat auch keinen Einfluss auf die Vermittlungstechnik. Die Erwartung der Telekommunikationsteilnehmer ist schlicht nur, dass eine Vermittlung des Gesprächs stattfindet.[304] Die ständige höchstrichterliche Rechtsprechung sieht aber hier den Telekommunikationsvertrag als Dienstvertrag an.[305] Diesem Grundgedanken folgend hat der BGH in der Access-Provider-Entscheidung[306] ebenfalls den Dienstvertrag zugrunde gelegt und dabei bemerkt, dass ein „jederzeitiges Zustandekommen der Verbindung" aus technischen Gründen nicht versprochen werden kann. Mit dieser Einschränkung trägt der BGH dem Gedanken der Beherrschbarkeit Rechnung und schließt eine Erfolgsverantwortung im Sinne des Werkvertrages aus.

Maßgeblich ist für die Ermittlung der „richtigen Leitidee" einer Norm die Erwartungshaltung der Vertragsparteien, wie diese in den konkreten Vereinbarungen im Vertrag zum Ausdruck kommt.[307]

---

302 Krcmar, Informationsmanagement (2010), Kap. 7 4.5.2 S. 702; Tietz/Blichmann/Hübsch, Cloud-Entwicklungsmethoden, Informatik-Spektrum 2011, S. 345, 353.
303 Pohle/Amman, Über den Wolken... – Chancen und Risiken des Cloud Computing, CR 2009, 273, 275; Bräutigam, Optimale Konkretisierung von Umfang und Qualität geschuldeter Einzelleistungen beim IT-Outsourcing, CR 2004, 248.
304 Schuster, Der Telekommunikationsvertrag, CR 2006, 444, 446.
305 BGH, Urt. v. 22.11.2001 – III ZR 5/01 – CR 2002, 107; BGH, Urt. v. 23.3.2005 – III ZR 338/03 – CR 2005, 816; Petri/Göckel, Vertragsstruktur des Internet-Backbone-Betreibers, Backbone-Access, CR 2002, 329, 332; Redeker, IT-Recht (2012), Rdnr. 2076, 2078.
306 BGH, Urt. v. 23.3.2005 – III ZR 338/04 – NJW 2005, 2076.
307 Oechsler in Staudinger/Eckpfeiler (2011), Kap. M Rdnr. 22, 25, 36; Ulmer/Brandner/Hensen/Fuchs, AGB Recht (2006), § 307 Rdnr. 275 f.

Erfreulich ist, dass die BGH-Rechtsprechung[308] sich zunehmend nicht mehr gezwungen sieht, sich bei der vertraglichen Einordnung von IT-Leistungen eng an den gesetzlichen Wortlaut zu halten. Im Vordergrund steht hierbei vielmehr das Ziel, ein vertragliches Leitbild zugrunde zu legen, das dem Parteiwillen entspricht und den Schutzinteressen der Vertragspartner am besten gerecht wird. Im Rahmen dieser Abwägungen hat der BGH den gesetzlichen Anforderungen, wie dem Besitz beim Mietvertrag oder dem Personenbezug beim Dienstvertrag, kein „entscheidendes Gewicht" für die vertragliche Einordnung mehr verliehen. Diese Gesichtspunkte sprechen zunächst dafür, die Bereitstellung von IT-Ressourcen in der Cloud als eine Art mietvertraglichen Gebrauchs anzusehen. Der Kunde weiß nur, dass mittels eines Browsers über die Schnittstellen einer Cloud-Infrastruktur auf weitere benötigte IT-Ressourcen – bspw. weitere Server oder zusätzliche Lizenzsoftware –zugriffen bzw. diese dort genutzt werden können.

Wie bereits erläutert, obliegt die Verantwortung für die Zusammenstellung bzw. die sog. „Orchestrierung" der benötigten Leistung in einer Cloud im Prinzip bei dem Kunden.

Das IT-Fachschrifttum[309] weist auf die vielfachen Probleme des sog. „Ubiquitious Computing Bereichs" hin. Diese Technologie setzt homogene Hardware und Software voraus. Der IT-Markt ist aber heute noch von vielen unterschiedlichen Firmen-Standards geprägt, die die Implementierung von Cloud-Strukturen erschweren.

Das *Bundesamt für Sicherheit*[310] merkt dazu an, dass Voraussetzung für die Nutzung einer Cloud, die „von der Allgemeinheit oder einer größeren Gruppe wie eine Industriebranche" genutzt werden soll, über eine „allgemein nutzbare Infrastruktur" verfügen sollte. In dem Aktionsprogramm des Bundesministers für Wirtschaft und Technologie vom Februar 2010[311] wird dazu eine größere Standardisierung der Schnittstellen und Formate gefordert.

Es stellt sich daher die Frage, welche Kenntnisse benötigt ein Kunde über die „Cloud", um die angebotenen IT-Ressourcen für seinen Gebrauch zu konfigurieren und wer ist dafür verantwortlich?

Ein Kunde benötigt Informationen über die grundsätzliche funktionelle Ausrichtung der Cloud, wie bspw. Zugangsdaten zur Cloud-Infrastruktur, angebotener Service, Zugang zum Internet, E-Mail-Dienste, Selbstverwaltungstools, Backups, Verschlüsselungsmethoden, Datensicherroutinen und Notfalldienste und Management Software und auch Verfügbarkeit der Hardwareplattform. Probleme entstehen, wenn

---

308 S. die Ausführungen BGH, Urt. v. 4.3.2010 – III ZR 79/09 – NJW 2010, 1449, 1452 Rdnr. 16 f.

309 Krcmar, Informationsmanagement (2010), Kap. 7.3.4.4 S. 682 f.; Hasso-Plattner-Institut, Technischer Bericht 44/2011: Virtualisierung und Cloud Computing, S. 31, 39. www.hpi.uni-potsdam.de/fileadmin/hpi/Technische (letzter Abruf: 27.7.2015).

310 Bundesamt für Sicherheit von der Informationstechnik, Cloud Computing Grundlagen, www.bsi.bund.de/SharedDocs/Downloads/DE/BSI (letzter Abruf: 27.7.2015).

311 BMWI, Aktionsprogramm Cloud Computing, www.bmwi.de/BMWI/Redaktion/Publikationen (letzter Abruf: 27.7.2015).

Kunden spezifische Anforderungen wie bspw. beim Datenschutz stellen müssen, weil die Cloud-Anbieter bspw. ihre Leistungen für eine Vielzahl von Kunden in einer gewissen Abstraktheit anbieten; sie wissen nicht, welche Kunden ihre Daten auf ihren Servern verarbeiten.[312]

Welche Vertragsart kann der Kunde erwarten? Von grundsätzlicher Bedeutung ist die vertragliche Qualifizierung des „Application Service Provider" als Mietvertrag durch den BGH,[313] der sich nicht daran gestört hat, dass keine Besitzeinräumung, sondern nur eine zeitlich befristete Online-Gebrauchsüberlassung erfolgt.

In der Rechtsliteratur[314] wird mit Recht bezweifelt, ob der Mietvertrag für die ASP-Leistungen wirklich der geeignete Vertragstyp ist, weil nicht lediglich IT-Ressourcen wie Hardware und darauf installierte Software zur Nutzung zur Verfügung gestellt werden; vielmehr werden vom Betreiber noch gezielte Dienstleistungen erbracht, um eine wirtschaftliche Nutzung zu ermöglichen.

Ist also die Sachlage beim Cloud Computing anders? Eine generelle Aussage ist kaum möglich, weil es unterschiedliche Arten von Clouds gibt. Der Anwendung des Mietvertragsrechtes steht nach dem BGH (ASP-Entscheidung)[315] zunächst nicht entgegen, dass „keine Besitzverschaffung" erfolgt. Auch der Gebrauch der Cloud-IT-Ressourcen durch eine Vielzahl von Kunden steht wohl der Anwendung des Mietvertragsrechtes nicht entgegen, zumal dem Vermieter nach §§ 536 f. BGB die Substanzerhaltungspflicht obliegt.[316] Problematischer ist aber, dass nach §§ 535, 542 BGB bei „Erhaltungs- oder Modernisierungsmaßnahmen" die Mieter vorher zu informieren sind.[317] Wie soll das bei bei Updates und neuen Versionen in einer Public Cloud geschehen? In dem vom BGH entschiedenen Fall einer ASP-Anwendung[318] stellt der Application Service Provider Softwareanwendungen und Dienstleistungen auf seinem Server für eine begrenzte Zeit Kunden zur Verfügung. Damit verfügt der ASP-Betreiber über ein einsatzfähiges und für diesen auch kontrollierbares (beherrschbares) Anwendungssystem, das somit auch gebrauchsfähig im Sinne des § 535 BGB ist.

Anders ist die Situation bei einer Public Cloud. Hier verfügt der Infrastruktur-Betreiber nicht über eine eigene „IT-Systemlandschaft". Vielmehr stellen die an die virtuelle Cloud-Infrastruktur angeschlossenen Dienstanbieter IT-Ressourcen nach dem jeweiligen Bedarf der Nutzer oder Kunden zur Nutzung zur Verfügung. Die Betreiber der Infrastruktur „vermitteln" lediglich diese Dienste. Der „Mietgegenstand" ist

---

312 BMWI, Trusted Cloud, Datenschutzrechtliche Lösung für Cloud Computing (Oktober 2012), S. 8, www.bmwi.de/BMWI/Redaktion/Publikationen (letzter Abruf: 27.7.2015); Pohle/Amman, Über den Wolken... – Chancen und Risiken des Cloud Computing, CR 2009, 273, 275.
313 BGH, Urt. v. 15.11.2006 – XII ZR120/04 – NJW 2007, 2394, 2395.
314 Müller-Hengstenberg/Kirn, Vertragscharakter des Service Application Provider Vertrages, NJW 2007, 2370, 2371; s. Redeker, IT-Recht (2012), Rdnr. 1131.
315 BGH, Urt. v. 15.11.2006 – XII ZR 120/04 – NJW 2007, 2394, 2395.
316 Palandt/Weidekaff, BGB (2015), § 535 Rdnr. 14.
317 Erman/Lützenkirchen, BGB (2011), § 554, Rdnr. 9.
318 BGH, Urt. v. 15.11.2006 – XII ZR 120/04 – NJW 2007, 2394, 2395.

also nicht bei einem Vermieter lokalisiert, sondern ist virtuell auf mehrere Server an unterschiedlichen Lokationen von unterschiedlichen Dienstanbietern („Vermietern") verteilt, die ggf. den Kunden nicht mitgeteilt oder bekannt sind. Bei dem Beginn der Nutzung der Cloud ist offen, inwieweit eine Skalierbarkeit erforderlich ist, ob der Kunde die externen Ressourcen überhaupt nutzen muss. *Krcmar*[319] charakterisiert die Situation dahingehend, dass die Kontrolle über Struktur, Funktionalitäten und Inhalte nicht mehr mit wenigen strategischen Partnern geteilt wird, sondern auf viele XaaS Anbieter übertragen wird. Damit ändern sich auch die bisher üblichen Verantwortlichkeiten, die nur schwer zu kontrollieren sind.

Bei der Nutzung einer solchen virtualisierten Cloud-Infrastruktur stellt sich also die Frage, wie die „Tauglichkeit zum vertragsgemäßen Gebrauch" im Sinne des § 535 BGB festgestellt werden kann, wenn die Lokalisation der IT-Ressourcen sowie der Umfang der genutzten Dienste mangels nicht ausreichender Protokolldaten nicht voraussehbar und kontrollierbar ist und sich nach dem jeweiligen Bedarf flexibel und dynamisch ändert.[320] Zudem unterliegen die IT-Ressourcen, bspw. Software im Rahmen der Wartung und Pflege, einer ständigen Änderung in Form von Updates oder neuen Versionen, die auch die Gebrauchsfähigkeit in der Cloud in Frage stellen können.

Hier besteht die schon erwähnte Ähnlichkeit zu den Telekommunikationsdiensten. Nach dem BGH[321] hat der Telefondienstbetreiber die Pflicht, *„den Zugang zu dem öffentlichen Telekommunikationsnetzwerk zu eröffnen und zu ermöglichen unter Aufbau abgehender und die Entgegennahme ankommender Telefonverbindungen mit anderen Teilnehmern eines Telefonfest- oder Mobilfunknetzes Sprache und sonstige Daten auszutauschen."*

Der Telefondienstbetreiber kann jedoch *„nicht einen bestimmten Erfolg, das jederzeitige Zustandekommen einer Verbindung in das Internet mit einer bestimmten Daten-*

---

319 Krcmar, Informationsmanagement (2010), Kap. 7.4.5.4 S. 704 f.

320 Palandt/Grüneberg, BGB (2015), Einl. zu § 328 Rdnr. 10; Bundesministerium für Wirtschaft und Technologie, Studie Trusted Cloud, Aktionsprogramm Cloud Computing (Oktober 2010), S. 13, 14, www.bmwi.de/BMWI/Redaktion/Publikationen (letzter Abruf: 27.7.2015); Bundesamt für Sicherheit in der Informationstechnik, Sicherheitsempfehlungen für Cloud Computing Anbieter (Februar 2012), Kap. 2 S. 20 f., Kap. 6, S. 47, Kap. 7, S. 70., www.bsi.bund.de/SharedDocs/Downloads/DE/BSI (letzter Abruf: 27.7.2015); Lehmann/Giedke, Cloud Computing – technische Hintergründe für die territorial gebundene rechtliche Analyse, CR 2013, 608, 611.

321 BGH, Urt. v. 4.3.2004 – III ZR 96/03 – NJW 2004, 1590 f.; so auch Koch, Internet-Recht (2005), § 1, 4 bb, S. 45 f.; BGH, Urt. v. 23.3.2005 – III ZR 338/04 – NJW 2005, 2076.

übertragungsgeschwindigkeit versprechen [...]".[322] Daher legt die ständige Rechtsprechung des BGH[323] bei Telekommunikationsverträgen den Dienstvertrag zugrunde.

In der Rechtsliteratur[324] wird bezweifelt, ob das Kriterium der Beherrschbarkeit sich für eine Abgrenzung des Dienstvertrages vom Werkvertrag eignet, weil es keine allgemeinen Maßstäbe für die Anforderungen an einen „Erfolg" gibt und es auf den einzelnen Fall ankommt. Es kommt schließlich auf den vereinbarten Zweck des Vertrages und die damit verbundene Risikoübernahme an.[325] Der BGH[326] wendet das Kriterium der „Unwägbarkeit des Eintritts des Erfolges" nur in dem Fall an, wenn die Auslegung der Vereinbarungen keinen eindeutigen Willen der Vertragsparteien erkennen lässt.

Auch bei einer Public Cloud kann, wie bei einem Access-Provider, eine jederzeitige Nutzung der über Netze zum Internet erreichbaren IT-Ressourcen nicht zugesichert werden. Die Betreiber einer virtuellen Cloud-Infrastruktur haben weder Einfluss auf die Verfügbarkeit der Netze noch auf die wirtschaftliche Nutzbarkeit aller in der Cloud angebotenen IT-Ressourcen, sodass Garantien von Eigenschaften der Nutzung vielfach infolge mangelnder Standardisierung bzw. mangelnder Portabilität und Interoperabilität nicht möglich sind.[327] Nicht zu verkennen ist, dass auch Änderungen der Software in Form von Updates oder neuen Versionen nicht von dem Betreiber der Cloud-Infrastruktur, sondern von den jeweils angeschlossenen Dienstanbietern, ohne Abstimmung mit den Betreibern der Cloud-Infrastruktur, veranlasst werden.[328] Insofern bestehen starke Zweifel an einer „Beherrschbarkeit" der Cloud-Leistungen durch den Betreiber einer Cloud-Infrastruktur, die große Ähnlichkeiten mit den technischen Risiken der Telekommunikationsdienste hat. Sicherlich ist es möglich, gewisse Leistungsmerkmale in Form eines Service Level Agreements zu vereinbaren,

---

322 BGH, Urt. v. 23.3.2005 – III ZR 338/04 – NJW 2005, 2076. Schuster, Der Telekommunikationsvertrag, CR 2006, 444, 446; Petri/Göckel, Vertragsstruktur des Internet-Backbone-Betreibers, Backbone-Access, CR 2002, 329, 332; Munz, Vertragsrecht und AGB Klauseln, Telekommunikation (September 2007), Kap. I.1 Rdnr. 3–8; Redeker, IT-Recht (2012), Rdnr. 2076, 2078; Fuchs in Ulmer/Brandner/Hensen, AGB (2006), § 307 Rdnr. 62, 63.
323 BGH, Urt. v. 23.3.2005 – III ZR 338/04 – NJW 2005, 2076.
324 Teichmann, Empfiehlt sich eine Neukonzeption des Werkvertragsrechts? Gutachten zum 55. Deutschen Juristentag (1984), S. A 23.
325 MünchKommBGB/Soergel (2004), § 631 Rdnr. 12 f.; Koch, Haftungsfreizeichnung bei Forschungs- und Entwicklungsverträgen (2008), S. 57 f.; Richardi in Staudinger/Eckpfeiler (2011), Kap. P Rdnr. 11 f.
326 BGH, Urt. v. 16.7.2002 – X ZR 27/01 – NJW 2002, 3323 f.;
327 Hasso-Plattner-Institut der Universität Potsdam, Technischer Bericht 44/2011: Virtualisierung und Cloud Computing; Marktübersicht, S. 33, 40 f., 43, www.hpi.uni-potsdam.de/fileadmin/hpi/TechnischeBerichte/HPI_44_virtual (letzter Abruf: 27.7.2015).
328 S. hierzu Hasso-Plattner-Institut, Technischer Bericht 44/2011: Virtualisierung und Cloud Computing, S. 33, 40 f., 43, www.hpi.uni-potsdam.de/fileadmin/hpi/TechnischeBerichte/HPI_44_virtual (letzter Abruf: 27.7.2015).

wie bspw. Skalierbarkeit, Datenverwaltung oder Netzwerkzugänge.[329] Es ist mehr als zweifelhaft, ob solche geringfügigen allgemeinen Anforderungen für eine Beherrschbarkeit, die wohl auch dem Leitbild des Mietvertrages zugrunde liegen, ausreichen.[330] Die in § 535 BGB zugrunde gelegte Gebrauchsfähigkeit kann in einem solchen Fall einer Public Cloud von dem Betreiber einer Public Cloud-Infrastruktur wohl kaum technisch eingeräumt werden. Im Hinblick auf das Vertragsverhältnis der Kunden mit dem Dienstanbieter der Cloud-Infrastruktur ist doch sehr zweifelhaft, ob hier der Mietvertrag der richtige Vertragstyp ist.

Angesichts dieser faktischen Schwierigkeiten kann der Dienstanbieter einer virtuellen Public Cloud-Infrastruktur keine bestimmte Erfolgszusage bzw. Zusagen über die Gebrauchseigenschaften der gesamten Cloud-Struktur mit Haftungsfolgen machen. Es muss aus grundsätzlichen Erwägungen bezweifelt werden, dass die „Leistungsstrukturen" dem normativen Leitbild des Mietvertrages bzw. einem angemessenen Interessenausgleich und damit der Vertragsgerechtigkeit entsprechen. Eine nach § 536a Abs. 1 BGB verschuldensunabhängige Haftung des Vermieters bzw. des Betreibers der Infrastruktur einer „Public Cloud" kann in Anbetracht der Tatsache, dass der Betreiber der Cloud-Infrastruktur keinen Einfluss auf den Server und die Software der externen IT-Dienstleister hat, als unzumutbar im Sinne der §§ 275 Abs. 2, 311a Abs. 2 BGB, ggf. auch als sittenwidrig im Sinne des § 138 BGB angesehen werden, wenn der Anbieter technisch überfordert wird.[331] Natürlich erlaubt der verfassungsrechtliche Grundsatz der Vertragsfreiheit, dass Dienstanbieter weitergehende, speziell auf den Bedarf eines Kunden abgestimmte vertragliche Zusagen unter Einschluss der Cloud-Architektur – sozusagen als Generalunternehmer – im Sinne des § 631 BGB machen können. Solche Zusagen erfordern jedoch aus haftungsrechtlichen Gründen, dass für den Anbieter der Cloud-Infrastruktur alle angeschlossenen nutzbaren IT-Ressourcen wie bei einem Unterlieferanten transparent sind. Die schwierige Problematik der Erfüllungskriterien, des Beweises von Mängeln bei der Abnahme und Gewährleistung würde sich bei der Zugrundelegung des Dienstvertrages erübrigen.[332]

Es dürfte auch einleuchten, dass die Anbieter von allgemeinen IT-Leistungen, wie Hardware oder Prozessoren, die lediglich über eine Schnittstelle der Cloud-Inf-

---

[329] Hasso-Plattner-Institut, Technischer Bericht 44/2011: Virtualisierung und Cloud Computing, S. 39, 41, 43, www.hpi.uni-potsdam.de/fileadmin/hpi/TechnischeBerichte/HPI_44_virtual (letzter Abruf: 27.7.2015).
[330] Emmerich in Staudinger/Eckpfeiler (2011) , Kap. O, Rdnr. 21, 24, 37; Hoeren, Big Data (2014), S. 94 f.
[331] BVerfG, Urt. v. 19.10.1993 – 1 BvR 567/89 – NJW 1994, 36, 38; Oechsler in Staudinge/Eckpfeiler (2011), Kap. M Rdnr. 27; Erman/Roloff, BGB (2011), Vor §§ 307–309 Rdnr. 11; Erman/Palm/Arnold, BGB (2011), § 138 Rdnr. 16, 21; s. a. Teichmann, Empfiehlt sich eine Neukonzeption des Werkvertragsrechtes? Gutachten A zum 55. Juristentag (1984), A 23; BGH, Urt. v. 20.7.2005 – VIII ZR 342/03 – NJW 2005, 3284, 3285; Koch, Haftung für die Weiterverbreitung von Viren durch E-Mail, NJW 2004, 801, 807; Palandt/Ellenberger, BGB (2015), § 138 Rdnr. 36.
[332] Ähnlich Redeker, IT-Recht (2012), Rdnr. 1130 f.

rastruktur an einer anderen Lokation nutzbar sind, nicht dazu neigen, ihre Dienstleistung als Erfüllungsgehilfen eines Providers anzubieten. Vielmehr erbringen sie eine eigene Leistung ohne irgendwelche anderen technischen Abhängigkeiten, wie der Parkettplattenhersteller in Bezug zum Parkettleger-Betrieb.[333] Eine gewisse Ähnlichkeit besteht auch mit einer Internetplattform als „Marktplatz" für Geschäftsabschlüsse. Der Dienstbetreiber für die Internetplattform kann daher nicht ohne weiteres für die Geschäftsabschlüsse des Kunden als verantwortlich angesehen werden. Es kommt darauf an, ob er als alleiniger Vertragspartner oder als Vermittler oder Vertreter des Anbieters auftritt.[334]

Ein Teil des Rechtschrifttums und der Rechtsprechung[335] neigt dazu, eine Geschäftsbesorgung im Wesentlichen als dienstvertragliche Leistung anzusehen. Es wird zwar im Rechtsschrifttum[336] eingewandt, dass der Dienstvertrag in seinen Vorschriften, insbesondere im Hinblick ein Schutzbedürfnis, zu personenbezogen sei. Der BGH[337] ist jedoch diesem Gedanken, insbesondere bei den Telekommunikationsleistungen, in ständiger Rechtsprechung nicht gefolgt. Obwohl diese Telekommunikationsleistungen werkvertraglichen Charakter haben, geht der BGH davon aus, dass eine rechtlich garantierte Zielvorstellung nicht erwartet werden kann. Die Anwendung des Dienstvertragsrechts hat wegen der geringeren gesetzlichen Haftung des Dienstanbieters eine positive Auswirkung auf die Wertschöpfung bei der Anwendung neuer Technologien. Letztlich kommt es aber auf den konkret abgeschlossenen Vertrag und die damit verbundene Erwartungshaltung der Vertragsparteien an.

Anders ist die Rechtslage möglicherweise bei Private Clouds. Bei „Private Clouds", bspw. in einem Unternehmen oder Konzern, geht es vielfach nur um die ökonomische Verteilung von konkreten physisch lokalisierbaren IT-Ressourcen, die in einem fest begrenzten Nutzerkreis, wie bspw. in einem Konzernunternehmen, an mehreren Orten installiert sind und somit jederzeit identifizierbar und kontrolliert sind. Diese Art der „Private Clouds" entspricht im Prinzip dem Rechenzentrum oder Servicezentrum eines Unternehmens, das die gesamten IT-Aufgaben des Unternehmens abwickelt.[338]

---

333 Redeker, IT-Recht (2012), Rdnr. 1071 f.

334 Redeker, IT-Recht (2012), Rdnr. 1180 f.

335 Koch, Weltweit verteiltes Rechnen im Grid Computing, CR 2006, 42, 46 f.; Redeker, IT-Recht (2012), Rdnr. 1145; BGH, Urt. v. 8.10.2009 – III ZR 93/09 – CR 2010, 109 f.

336 Schuster, Der Telekommunikationsvertrag, CR 2006, 444, 451.

337 BGH, Urt. v. 23.3.2005 – III ZR 338/04 – NJW 2005, 2076. So auch im Prinzip Schuster, Der Telekommunikationsvertrag, CR 2006, 444, 452.

338 S. BITKOM, Cloud Computing – Was Entscheider wissen müssen (2010), S. 31, www.bitkom.org/Bitkom/Publikatioen/Publikat (letzter Abruf: 27.7.2015); Bundesminister für Wirtschaft und Technologie, Aktionsprogramm Cloud Computing, Was ist Cloud Computing? (Oktober 2010), S. 10 ff., www.bmwi.de/BMWI/Redaktion/Publikationen (letzter Abruf: 27.7.2015).

Auch beim Rechen- oder Servicezentrum besteht in der Rechtsschrifttum[339] keine Einigkeit, ob hier Werkvertragsrecht oder nur Mietrecht analog zur Anwendung kommt. Wenn es die „objektivierte Kundenerwartung" ist, dass lediglich ein betriebsfähiges IT-System zur Abwicklung von IT-Aufgaben zum Gebrauch zur Verfügung gestellt werden soll, dann liegt nach Ansicht des BGH[340] Mietvertrag vor.[341] Die Erwartungshaltung eines Kunden ist wohl in solchen Fällen, dass das Servicezentrum über ein betriebsbereites Anwendungssystem mit allen für die Abwicklung der Aufgaben erforderlichen IT-Ressourcen verfügt oder ggf. entsprechend anpasst, diese verwaltet, pflegt ändert und für die Aufbereitung der richtigen Datenformate, Qualitätssicherung, Speicherung und Rechenoperationen verantwortlich ist. Weiterhin erwartet der Kunde, dass das Servicezentrum die E-Mail Dienste organisiert, Webseiten oder Domainadressen erstellt. In solchen Fällen liegt es nahe, dass ein Werkvertrag vorliegt, weil nicht die einzelnen Dienste, sondern die erfolgreiche Abwicklung von Aufgaben Ziel des Vertrages ist.[342]

Es stellt sich dann aber die Frage, ob hier der Begriff „Private Cloud" (in den Wolken) noch richtig ist, wenn die IT-Ressourcen weitgehend identifizierbar sind und Softwareagenten oder Multiagentensysteme letztlich autonom entscheiden, welche IT-Ressourcen im Unternehmen genutzt werden.

Service Level Agreement (SLA)

In der Literatur[343] wird vielfach empfohlen, die Schwierigkeiten der vertraglichen Einordnung durch ein Service Level Agreement" (SLA) mit klaren Leistungszusagen und Rechtsfolgen, wie bspw. mit einer Vertragsstrafe, zu umgehen. *„Unter Service-Level-Agreement werden kennzahlenbasierte Vereinbarungen eines Dienstleistungsanbieters mit einem Kunden bezüglich der zu gewährleistenden Servicequalität verstanden."*[344]

Krcmar[345] weist mit Recht hierbei darauf hin, dass Dienstleistungen Qualitätsstandards fehlen und festgelegt werden müssen.

---

339 Redeker, IT-Recht (2012), Rdnr. 786 f.; Marly, Praxishandbuch Softwarerecht (2009), Rdnr. 1089, der von einem typengemischten Vertrag ausgeht; Müller-Hengstenberg/Kirn, Vertragscharakter des Application Service Providing, NJW 2007, 2370, 2372.
340 BGH, Urt. v. 23.3.2005 – III ZR 338/04 – NJW 2005, 2076.
341 Müller-Hengstenberg/Kirn, Vertragscharakter des Application Service Providing, NJW 2007, 2370, 2372; Redeker, IT-Recht (2012), Rdnr. 1131, der die Anwendung des Dienstvertrages vorzieht.
342 Müller-Hengstenberg/Kirn, Vertragscharakter des Application Service Providing, NJW 2007, 2370, 2373.
343 Pohle/Amman, Über den Wolken...– Chancen und Risiken des Cloud Computing, CR 2009, 273, 275; Bräutigam, SLA – In der Praxis alles klar? CR 2004, 248; s. a. Krcmar, Informationsmanagement (2010), Kap. 6.4.4 S. 490.
344 Krcmar, Informationsmanagement (2010), Kap. 6.4.4 S. 490; Braun, Die Zulässigkeit von Service Level Agreements am Beispiel der Verfügbarkeitsklausel (2006), S. 4.
345 Krcmar, Informationsmanagement (2010), Kap. 6.4.4 S. 490.

Es stellt sich somit die Frage nach dem Zweck des SLA. Dient das SLA nur der Messung der Leistungsqualität oder regelt es auch Art und Umfang der Leistungen. Das SLA hängt konzeptionell von den vereinbarten Leistungen in einem Vertrag. bspw. über den mietweisen Gebrauch einer Software in einem Servicezentrum, ab und dient in erster Linie der Messung der Qualität der in dem „Hauptvertrag" vereinbarten Leistungen. Die grundsätzliche Leistungspflicht, bspw. die Anpassung einer Software an die Anforderungen eines Kunden, ergibt sich zunächst nur aus dem Hauptvertrag, bspw. dem Miet-, Kauf- oder Werkvertrag über ein Softwaresystem. Aus diesem Grund sind die Leistungspflichten aus einem SLA nicht deckungsgleich mit den Gewährleistungsvorschriften und qualifizieren sich vielmehr als Nebenabreden im Sinne des § 241 BGB mit der Rechtsfolge des § 280 Abs. 1 BGB im Falle der „Schlechterfüllung".[346]

Der BGH hat daher in der ASP-Entscheidung[347] ausgeführt, dass weitere Leistungen wie Pflege des Programms oder Datensicherung zwar anderen Vertragstypen wie Dienst- und Werkverträgen zugeordnet werden können, ohne aber die prägende mietvertragliche Gebrauchsüberlassung in Frage zu stellen.

Ein weiteres rechtliches Hindernis könnte bei der Vereinbarung eines SLA sein, dass einseitig von Kunden geforderte Eigenschaften, bspw. Verfügbarkeit des Cloud-Computing-Netzes, technisch kaum steuerbar, kontrollierbar bzw. unzumutbar sind, weil keine Transparenz der gesamten Performance besteht.[348] Diese Unzumutbarkeit der Leistung und die Zwangslage könnten einmal eine wucherische Ausbeutung im Sinne des § 138 BGB oder eine missbräuchliche Ausnutzung einer marktbeherrschenden Stellung im Sinne des § 19 Abs. 1 GWB sein und zur Unwirksamkeit der vertraglichen Regelung führen.[349]

Regelungen über Fernabsatzverträge und elektronischen Geschäftsverkehr

Bei allen über das Internet abgeschlossenen Verträgen zwischen Verbrauchern (§ 13 BGB) und Unternehmern sind die Vorschriften über den Rechtsverkehr im Internet (§§ 312b–312f BGB) zu beachten.[350] Diese Vorschriften sehen vor, dass vor jedem Vertragsabschluss umfangreiche Informationen, die Geschäftsbedingungen und Vergütungen vorliegen. Zudem räumen sie den Verbrauchern das Recht ein, den Vertrag

---

346 Braun, Die Zulässigkeit von Service Level Agreements am Beispiel der Verfügbarkeitsklausel (2006), Kap. IV, 2 und 6, S. 48, 56.

347 BGH, Urt. v. 15.11.2006 – XII ZR 120/04 – NJW 2007, 2394.

348 Bundesministerium für Wirtschaft und Technologie, Trusted Cloud Studie, Das Normungs- und Standardisierungsumfeld von Cloud Computing (2012), S. 2, www.bmwi.de/BMWI/Redaktion/ Publikationen (letzter Abruf: 27.7.2015).

349 Braun, Die Zulässigkeit von Service Level Agreements am Beispiel der Verfügbarkeitsklausel (2006), Kap. V, S. 90–92; Erman/Palm/Arnold, BGB (2011), § 138 Rdnr. 16, 21; Palandt/Ellenberger, BGB (2015), § 138 BGB, Rdnr. 36b.

350 Marly, Praxishandbuch Softwarerecht (2014), Rdnr. 841 f., 855.

innerhalb einer Frist von zwei Wochen nach Vertragsabschluss, maximal 12 Monate und 14 Tage zu widerrufen (§§ 355 Abs. 2, 356 Abs. 3 BGB).

Die Einhaltung dieser Vorschriften dürften bei Apps, Public Cloud-Infrastrukturen und Softwareagenten schwierig, ggf. kaum möglich sein, weil der Vertragsabschluss in der Regel bereits mit dem Abruf der Apps oder mit der Nutzung von IT-Ressourcen von Dienstanbietern zustandekommt. Bei Softwareagenten stellt sich zudem die Frage, ob ein Softwareagent überhaupt ein Teledienstleister im Sinne der §§ 312b ff., § 7 TMG sein kann, da dieser keine rechtsfähige Person ist.[351]

Für die Anwendung der §§ 312b ff. BGB kommt es darauf an, ob ein Vertrag vor Lieferung der Computersoftware geschlossen wird oder der Vertragsabschluss mit dem „Abruf" bzw. mit der Nutzung der Computersoftware erfolgt, ob die Computersoftware mittels eines Datenträgers oder online erworben wird und ob der Datenträger versiegelt bzw. technische Schutzmaßnahmen vorsieht oder nicht. Weiterhin ist von Bedeutung, ob – wie bei der Cloud-Infrastruktur – keine Lieferung oder Erwerb der Software erfolgt, sondern die Nutzung nur auf einem System des Dienstanbieters zeitlich befristet erfolgt. Der § 312a Abs. 2 (n.F) in Verbindung mit Art. 246 Abs. 2 EGBGB sieht vor, dass die Informationspflichten gemäß Abs. 1 des Art. 246 EGBGB bei Geschäften des täglichen Lebens oder bei der sofortigen Erfüllung mit Vertragsabschluss entfallen. Es ist jedoch sehr zweifelhaft ist, ob die Bereithaltung von Cloud-Leistungen oder Apps als ein Geschäft des täglichen Lebens angesehen werden kann.

Problematisch ist ebenfalls die Rechtslage, ob ein Widerspruchsrecht des Verbrauchers besteht. Wenn ein Kunde (Verbraucher) Computersoftware entweder über Telekommunikations- oder Telemediendienste online auf seinen Server lädt, so ist eine Rückgängigmachung und Rücksendung der Computersoftware in der Regel nicht mehr möglich. In solchen Fällen entfällt nach § 356 Abs. 5 BGB das Widerrufsrecht. Soweit es sich um eine Dienstleistung handelt, entfällt nach § 312g Abs. 2 Nr. 8 BGB ebenfalls das Widerrufsrecht.[352] Der Begriff Dienstleistung wird in dem Rechtsschrifttum unterschiedlich weit ausgelegt.[353] Der Hintergrund dieser Regelungen war, dass der „Erwerb" von Videoaufzeichnungen oder Software mittels Online-Übermittlung in der Regel ohne Schutzmechanismus erfolgt, sofort genutzt werden bzw. werden kann und eine Rückgabe vor einer Nutzung dadurch nicht mehr möglich ist.[354]

Nach dem 13.6.2014 besteht aufgrund des Gesetzes vom 14.6.2013 (BT-Drucksache 17/12637) eine neue Rechtslage. Die §§ 312–312k BGBwurden neu gefasst.

---

351 S. Sorge, Softwareagenten (2006), Kap. 3 S. 40 f.; Baumgartner/Ewald, Apps und Recht (2013) Rdnr. 148 f., 172.

352 So BT-Drucks. 14/2658 v. 8.2.2000, S. 44; Marly, Praxishandbuch Softwarerecht (2014), Rdnr. 841, 855; Härting, Internetrecht (2014), Rdnr. 1029.

353 Mankowski, Apps und fernabsatzrechtliches Widerspruchsrecht, CR 2013, 508, 512.

354 BT-Drucks. 17/1267 v. 6.3.013, S. 36; Manowski, Apps und fernabsatzrechtliches Widerrufsrecht, CR 2013, 508, 511; Marly, Praxishandbuch Softwarerecht (2014), Rdnr. 841 f., 855.

Der § 312 Abs. 2 Ziff. 11 BGB sieht vor, dass die Vorschriften über das Fernabsatzgeschäft auf Verträge zur Nutzung einer einzelnen vom Verbraucher hergestelltem Telefon-, Internet- und Telefaxverbindung Anwendung nur begrenzt auf § 312a Abs. 1, 2, 3, 4 und 6 BGB n. F. findet.

Der § 312g BGB regelt einige Fällen, in denen kein Widerspruchsrecht besteht. Dazu gehört die Lieferung von Computersoftware in einer versiegelten Packung, wenn die Versiegelung nach Übersendung entfernt wird.

Nach § 356 Abs. 5 BGB erlischt das Widerspruchsrecht, wenn mit der Lieferung von nicht auf einem körperlichen Datenträger befindlichen digitalen Inhalten begonnen wurde, nachdem der Verbraucher dazu seine Zustimmung erklärt hat und gleichzeitig seine Kenntnis von dem Verlust des Widerspruchsrechtes bestätigt.[355] Apps werden in der Regel auf Veranlassung des Kunden durch Anklicken des Buttons sofort online übermittelt. Mit der Online-Übermittlung ist eine sofortige Nutzung möglich. Der Vertrag ist mit der Übermittlung erfüllt. Das bedeutet, dass eine Rücksendung der „Leistungen" nicht möglich ist. Nach § 312d Abs. 4 Nr. 1 BGB a. F. war ein Widerruf faktisch ausgeschlossen bzw. nicht sinnvoll.[356] Der neue § 356 BGB erschwert diese Rechtslage dadurch, dass der Verbraucher vor dem Abruf die Belehrung des Verkäufers abgerufen haben muss.[357] Nach Auffassung von *Mankowski*[358] sind die Anbieter gut beraten, zunächst immer eine Test- oder Demoversion zu liefern, die nach einer begrenzten Zeit ihre Nutzbarkeit verliert.

Bei Cloud-Leistungen werden dem Kunden in der Regel keine IT-Leistungen geliefert, vielmehr nutzt er die IT-Ressourcen auf der IT-Infrastruktur der Anbieter. Der große ökonomische Vorteil der Cloud ist, dass der Kunde selbst kein eigenes IT-System erwerben muss, sondern der Kunde über eine virtualisierte Cloud-Infrastruktur eines Dienstanbieters IT-Ressourcen anderer Dienstanbieter nach seinem Bedarf zusammenstellen („orchestrieren") und auf externen Systemen (IaaS) nutzen kann.[359]

Die Anforderungen der Belehrung, des Widerrufs und der Rücksendung stellen sich daher bei den IT-Ressourcen der Cloud nicht, weil bei Verträgen über die Nutzung von Telefon-, Internet- und Faxverbindungen die Vorschriften über die Belehrung und das Widerspruchsrecht – mit Ausnahme der Vorschriften über Entgelte im Sinne des § 312a BGB – nach § 312 Abs. 2 Nr. 11 BGB nicht anwendbar sind.

---

355 Manowski, Apps und fernabsatzrechtliches Widerrufsrecht, CR 2013, 508, 513; Marly, Praxishandbuch Softwarerecht (2014), Rdnr. 856; Wendehorst, Das neue Gesetz zur Umsetzung der Verbraucherrichtlinie, NJW 2014, 577, 583.
356 Härtung, Internetrecht (2014), Rdnr. 1029; Marly, Praxishandbuch Softwarerecht (2014), Rdnr. 855; kritisch Baumgartner/Ewald, Apps und Recht (2013), Rdnr. 176 f.
357 Mankowski, Apps und fernabsatzrechtliches Widerrufsrecht, CR 2014, 508, 514.
358 Mankowski, Apps und fernabsatzrechtliches Widerrufsrecht, CR 2014, 508, 514.
359 Hasso-Plattner-Institut, Technischer Bericht 44/2011: Virtualisierung und Cloud Computing, Kap. 3 S. 28 ff., www.hpi.uni-potsdam.de/fileadmin/hpi/Technische Berichte/HPI_44_virtual (letzter Abruf: 27.7.2015).

Anders ist die Rechtslage nur in den Fällen, in denen mittels einer Cloud Verträge über die Leistungen geschlossen werden. Hier stellen sich im Prinzip dieselben Fragen wie bei Apps.[360] In diesem Fall dürfte es sehr problematisch sein, wenn die Dienstanbieter einer virtuellen Public Cloud-Infrastruktur nicht in der Europäischen Union, sondern irgendwo auf der Welt lokalisiert sind, wo die europäischen Richtlinien (E-Commerce) und damit die §§ 312 ff BGB keine Anwendung finden. Selbst wenn die externen Dienstanbieter in der EU ansässig sind, sind die Adressaten bzw. die Kunden sowie die Art der Nutzung der angebotenen IT-Ressourcen nicht bekannt. Woher soll der Dienstanbieter seine Verpflichtung zu Informationen nach § 312e und § 132 g BGB erkennen? Fraglich ist auch, welcher Dienstanbieter hat die erforderlichen Informationen beim elektronischen Geschäftsverkehr nach § 312g BGB zu erbringen, wenn ein Kunde die virtualisierten IT-Ressourcen von unterschiedlichen Dienstanbietern nutzt.[361]

Bei Softwareagenten, die für automatisierte Vertragsabschlüsse eingesetzt werden, stellen sich ähnliche Fragen wie bei der Public Cloud. Das Rechtsschrifttum[362] stellt bei Softwareagenten zunächst auf die Rechtsprechung über Willenserklärungen durch Computer ab, nach der nicht der Computer, sondern die Person verantwortlich ist, die den Softwareagenten als „Kommunikationsmittel einsetzt.[363] Im dem Rechtsschrifttum[364] wird angemerkt, dass ein Zielkonflikt mit dem Verbraucherschutz besteht, wenn die Informationen nach §§ 312g und f BGB lediglich einem selbstständig entscheidenden Softwareagenten zugeht, der kein Verbraucher im Sinne des § 13 BGB ist.

Es liegt sehr nahe, dass hier dieselben Grundsätze wie bei Willenserklärungen durch Computer gelten, die in der BGH vom 16.10.2012[365] in einer Entscheidung vom wie folgt beschrieb: *„Nicht das Computersystem, sondern die Person (oder das Unternehmen), die es als Kommunikationsmittel nutzt, gibt die Erklärung ab oder ist Empfänger der abgegeben Erklärung. Der Inhalt der Erklärung ist mithin nicht danach zu bestimmen, wie sie das automatische System voraussichtlich deuten und verarbeiten wird, sondern danach wie sie der menschliche Adressat nach Treu und Glauben und der Verkehrssitte verstehen darf [...]".*

---

360 Palandt/Grüneberg, BGB (2015), § 312 Rdnr. 19; BGH, Urt. v. 16.3.2006 – III ZR 152/05 – NJW 2006, 1971, 1974.

361 Hasso-Plattner-Institut, Technischer Bericht 44/2011: Virtualisierung und Cloud Computing, S. 33. www.hpi.uni-potsdam.de/fileadmin/hpi/Technische (letzter Abruf: 27.7.2105).

362 Sester/Nitschke, Softwareagent mit Lizenz, CR 2004, 548, 553.

363 OLG Hamm, Urt. v. 12.1.2004 – 13 U 165/03 – NJW 2004, 2601; BGH, Urt. v. 16.10.2012 – V ZR 73/12 – NJW 2012, 598.

364 Sester/Nitschke, Softwareagent mit Lizenz, CR 2004, 548, 553.

365 BGH, Urt. v. 16.10.2012 – V ZR 73/12 – NJW 2013, 598 Rz. 17 f.; kritisch hierzu Sester/Nitschke, Softwareagent mit Lizenz, CR 2004, 548, 554, die das Instrument des widersprüchlichen Verhaltens nur in krassen Ausnahmefälle anwenden wollen.

Diese Rechtsansicht[366] entspricht konzeptionell der Rechtslage beim Zugang von E-Mails. Hierbei wird auf die Ankunft der Erklärung im Machtbereich des Empfängers sowie auf die Möglichkeit der Kenntnisnahme abgestellt. Es reicht aus, dass die Mail auf dem Server des Providers gespeichert und abrufbar ist. Allerdings stellt der Softwareagent nicht auf die Kenntnisnahme durch die Person ab, die ihn für Vertragsabschlüsse eingesetzt hat. In Anlehnung an die vorstehend zitierte Rechtsprechung des BGH liegt es nahe, dass der Provider des Softwareagenten die Verantwortung dafür trägt, wie mit eingegangenen Erklärungen umgegangen wird.[367]

Zwischenergebnis

Eine umfassende „Leitidee" für einen Vertragstyp für IT-Leistungen im Sinne der Grundsätze des § 307 BGB („Vertragsordnung als Gerechtigkeitsmaßstab"[368]) ist im Hinblick auf die vielen unterschiedlichen Kombinationen von IT-Ressourcen nicht möglich. Es ist unumgänglich, in jeden Einzelfall einen Schwerpunkt der Leistungen und die damit verbundenen Haftungsrisiken zu ermitteln. Hierbei ist auch stets die Frage der technischen Zumutbarkeit des Haftungsrisikos zu berücksichtigen.

3.3.5 Die einzelnen Haftungsrisiken

Die unterschiedliche Vertragstypisierung basiert nicht zuletzt auf der Tatsache, dass je nach Art der Leistungen unterschiedliche Schutzinteressen der Vertragsparteien vorliegen, die auch unterschiedliche Anforderungen an das Haftungssystem erfordern.

Das in Teil B Ziff. 3.1 aufgeführte Beispiel machtdie unterschiedlichen Vertrags- und auch Rechtsverhältnisse deutlich.Wie bereits in Teil B Ziff. 3.3.2 ausgeführt, ist bei den Haftungsrisiken grundsätzlich zwischen der rechtsgeschäftlichen und der deliktischen Haftung zu unterscheiden. Nachfolgend werden zunächst die rechtsgeschäftlichen Haftungsrisiken und anschließend die deliktischen Haftungsrisiken aufgezeigt.

Kunde und Händler

Hierbei ist zunächst einmal grundsätzlich festzustellen, dass sowohl zwischen dem Kunden und Händler als auch zwischen dem Händler und Großhändler jeweils ein Kaufvertrag im Sinne des § 433 BGB vorliegt. Weiterhin haben sowohl der Händler gegenüber seinem Kunden sowie der Großhändler gegenüber dem Händler ihre

---

366 Härting, Internetrecht (2014), Rdnr. 417 f.; Redeker, IT-Recht (2012), Rdnr. 864 f.
367 Ähnlich Sorge, Softwareagenten (2006), Kap. 3.5 S. 41.
368 Coester in Staudinger/Eckpfeiler (2011), Kap. E Rdnr. 52.

Pflichten jeweils nicht vertragsgemäß erfüllt. Somit liegt in beiden Vertragsverhältnissen jeweils eine Verletzung von vertraglichen Pflichten vor. Der Kunde und der Händler haben jeweils gegenüber ihren Vertragspartnern gemäß §§ 433, 437, 634 oder auch § 536 BGB Ansprüche auf Nacherfüllung, Minderung des Kaufpreises und können sogar vom Vertrag zurücktreten.

Für die Risikobetrachtung ist wichtig, dass diese Rechte zunächst dem Kunden und dann auch dem Händler zustehen, auch wenn den Händler oder Großhändler kein Verschulden trifft.[369]

Der Anspruch auf Nacherfüllung bzw. Nachbesserung ist jedoch dann ausgeschlossen, wenn eine Nacherfüllung bzw. Nachbesserung nicht möglich ist, weil ein nicht behebbarer Mangel im Sinne der §§ 275, 311a BGB vorliegt. Durch diesen Wegfall der „Primärleistungspflicht", d. h. der Leistungspflicht ist die Geltendmachung von Schadensersatzansprüchen nicht „automatisch" ausgeschlossen; es kommt darauf an, ob der Schuldner die Unmöglichkeit zu vertreten hat.[370]

Bei den in Teil B Ziff. 3.1 beschriebenen Fallbeispielen ist davon auszugehen, dass der Händler den Mangel nicht selbst verursacht hat. Vielmehr beruht die Ursache der Falscherfüllung auf einem Fehler einer Computersoftware
a)   des Großhändlers
b)   des vom Großhändler eingesetzten „Application Service oder der Cloud Provider"
c)   des vom Großhändler zur Abwicklung des Auftrages einbezogenen Anbieters der Internetplattform bzw. der von diesem eingesetzten kooperierenden Softwareagenten.

Zunächst ist jeweils zu prüfen, ob der Fehler durch eine Fehlbedienung des IT-Systems durch den Großhändler, des Providers oder durch einen technischen Fehler der Computersoftware verursacht worden ist.[371] Es stellt sich die Frage, ob sich das Haftungsrisiko des Großhändlers gegenüber dem Händler durch den Einsatz von IT zur Abwicklung von Aufträgen ändert oder sogar je nach Art der gewählten IT-Anwendungstechnologie ausfällt.

---

369 Beckmann in Staudinger/Eckpfeiler (2008) S. 576.
370 Lorenz, Rücktritt, Minderung und Schadensersatz wegen Sachmängeln nach dem neuen Kaufrecht; was hat der Verkäufer zu vertreten? NJW 2002, 2497, 2500; Benicke/Hellwig, Das System der Schadensersatzhaftung wegen Leistungspflichtverletzungen, NJW 2014, 1697, 1698; Looschelders, Schuldrecht (2012), § 4 Rdnr. 93; OLG Karlsruhe, Urt. v. 14.9.2004 – 8 U 97/04 – NJW 2005, 989; s. BGH, Urt. v. 22.6.2005 – VIII ZR 281/04 – NJW 2005, 2856, 2858.
371 S. Beispiele bei Marly, Praxishandbuch Softwarerecht (2009), Rdnr. 1485 ff.

Rechtsgeschäftliche Haftungsrisiken (Mängelhaftung) des Großhändlers beim Einsatz von IT-Systemen

Wie ist die Rechtslage, wenn der Großhändler die Aufträge der Händler mittels eines eigenen IT-Systems abwickelt? Die zunächst wichtigste Voraussetzung ist die Klärung der Frage, wem die Pflichtverletzung zuzurechnen bzw. wer für sie verantwortlich ist. Es ist im Rechtsschrifttum[372] herrschende Meinung, dass derjenige, der zur Abwicklung seiner Vertragspflichten technische Geräte bzw. Telefon, Computersoftware einsetzt, für eine ordnungsgemäße Vertragserfüllung verantwortlich ist. Das OLG Hamm[373] beschreibt diese Verantwortung wie folgt: *„Da aber der Rechner Befehle ausführt, die zuvor mittels Programmierung von Menschenhand festgelegt worden sind, hat jede automatisch erstellte Computererklärung ihren Ursprung in einer menschlichen Handlung, die von dem Erklärenden veranlasst wurde und die auf seinen Willen zurückgeht. Auch Computererklärungen sind daher als Willenserklärung dem jeweiligen Betreiber zuzuordnen".*

So heißt es in einer Entscheidung des BGH[374] vom 16.10.2012 (Online-Flugbuchung): *„Nicht das Computersystem, sondern die Person (oder das Unternehmen), die es als Kommunikationsmittel nutzt, gibt die Erklärung ab: Der Inhalt der Erklärung ist mithin nicht danach zu bestimmen, wie sie das automatische System voraussichtlich deuten und verarbeiten wird, sondern danach wie sie der menschliche Adressat nach Treu und Glauben und der Verkehrssitte verstehen darf [...]"*

Gilt diese Aussage auch, wenn der Großhändler für die Abwicklung kein eigenes IT-System einsetzt, aber einen Service-Provider (Application Service Provider) beauftragt oder eine virtuelle Cloud-Infrastruktur dafür nutzt? Gilt diese Zuordnung der Verantwortlichkeit auch beim Einsatz von autonomen Softwareagenten?

Bei der Geltendmachung von Erfüllungs- bzw. Haftungsansprüchen ist zwischen der rechtsgeschäftlichen und der deliktischen Haftung zu unterscheiden. Die Geltendmachung der gesetzlichen Rechtsbehelfe ist ausschließlich davon abhängig, ob der Vertragspartner (Schuldner) seine in einem Vertrag vereinbarten Pflichten nicht einhält bzw. verletzt. Unbeachtlich ist zunächst hierbei, ob die Pflichtverletzung durch Computersysteme oder Service Provider verursacht worden ist, die der andere Vertragspartner (Schuldner) zur Erfüllung seiner vertraglichen Verpflichtungen einsetzt. Der Gläubiger, bspw. der Käufer, hat in einem solchen Fall nach einer Fristsetzung die Wahl, weiterhin auf Erfüllung zu bestehen, die Vergütung zu mindern oder

---

372 Redeker, IT-Recht (2012), Rdnr. 858; Lienhard, Missbräuchliche Internet-Dialer, NJW 2003, 3592, 3593; Koch, Internet-Recht (2005), § 3, Nr. 1 b S. 101; Palandt/Grüneberg BGB (2015), § 278 Rdnr. 11; Erman/Westermann, BGB (2011), § 278 Rdnr. 25.

373 OLG Hamm, Urt. v. 12.1.2004 – 13 U 165/03 – NJW 2004, 2601.

374 BGH, Urt. v. 16.10.2013 – X ZR 37/12 – NJW 2013, 598, 599 Rdnr. 17 f.; s. hierzu den Meinungsstand in der Literatur bei Sorge, Softwareagenten (2006), Kap. 3.1 S. 24 ff.

den Vertrag aufzuheben. Auf ein Verschulden des Schuldners (Verkäufers) kommt es hierbei nicht an.[375]

Anders ist die Rechtslage, wenn Schadensersatz verlangt wird. Denn Schadensersatzansprüche können nur geltend gemacht werden, wenn auf Seiten des Schuldners ein „Verschulden" (Vertretenmüssen) nach §§ 280, 276 BGB oder eine Garantie bzw. Beschaffungsgarantie vorliegt. Gleiches würde sich auch aus dem § 478 BGB, ergeben, wenn kein Händler, sondern lediglich ein Verbraucher im Sinne der §§ 475 ff BGB den Auftrag erteilen würde.

Wie ist die Rechtslage, wenn der Großhändler keine eigenen Anwendungssysteme hat, sondern seine Geschäftsprozesse über einen Service-Anbieter abwickelt? Wenn der Großhändlers sich zur Abwicklung seiner vertraglichen Pflichten eines Service-Providers bedient, dann ist dieser Erfüllungsgehilfe des Großhändlers im Sinne des § 278 BGB, der keine eigene Verpflichtung wahrnimmt, sondern im Auftrag die Erfüllung des Großhändlers übernimmt.[376] Dem Kunden bzw. Händler gegenüber haftet aufgrund des Vertrages nur der Großhändler für alle Pflichtverletzungen, die entweder der Großhändler selbst oder dessen Erfüllungsgehilfen schuldhaft verursacht haben.[377] Hierbei haftet der Großhändler also nicht nur für eigene Pflichtverletzungen, sondern nach § 278 BGB auch für die Schlechtleistungen bzw. Pflichtverletzungen seiner Erfüllungsgehilfen. Der § 278 BGB stellt also nicht auf ein „Verschulden" des Großhändlers, sondern des Erfüllungsgehilfen ab. Haftungsrechtlich handelt es sich hierbei um eine Einstandshaftung des Großhändlers. Der Großhändler (Schuldner) hat nach § 278 BGB ein „Verschulden" seines Erfüllungsgehilfen wie eigenes Verschulden zu vertreten. Das Verschulden im Sinne des § 278 BGB bezieht sich immer nur auf die vertraglichen Pflichten des Großhändlers (Schuldners) zu seinem Kunden, weil zwischen dem Erfüllungsgehilfen und dem Kunden (hier dem Händler) kein Vertragsverhältnis besteht.[378]

Diese Haftung für den Erfüllungsgehilfen nach § 278 BGB ist aber nicht mit den Fällen zu verwechseln, in denen Leistungen von „Dritten" erbracht werden, die nicht in Erfüllung einer fremden Schuld, sondern in Erfüllung einer Verpflichtung (nämlich des Dritten) erbracht werden. Der Apotheker, der ein Medikament entsprechend dem ärztlichen Rezept liefert, ist kein Erfüllungsgehilfe des Arztes; der Hersteller von Parkettstäben oder der Betreiber eines Warenanbieterportals sind keine Erfüllungsgehilfen der Verkäufer oder Anbieter. Denn nach der Rechtsprechung des BGH[379] ist der reine Lieferant eines Verkäufers bzw. eines Händlers kein Erfüllungsgehilfe im Sinne

375 Kaiser in Stauniger/Eckpfeiler (2011), Kap. I Rdnr. 2–4.

376 Marly, Praxishandbuch Softwarerecht (2009), Rdnr. 1092; Redeker, IT-Recht (2012), Rdnr. 1082 f.

377 Vieweg in Staudinger/Eckpfeiler (2008), S. 427; Marly, Praxishandbuch Softwarerecht (2009), Rdnr. 1092.

378 S. hierzu auch Weller, Verantwortlichkeit für Herstellerfehler, NJW 2012, 2313, 2315.

379 BGH, Urt. v. 15.7.2008 – VIII ZR 2011/07 – NJW 2008, 2837 Rz. 29 und BGH, Urt. v. 2.4.2014 – VIII ZR 46/13 – NJW 2014, 2183 Rz. 31–33; kritisch Bacher, Ersatzlieferungen nach Einbau der mangelhaften Kaufsache, MDR 2014, 629, 633; BGH, Urt. v. 2.4.2014 – VIII ZR 46/13 – NJW 2014, 2183 Rz. 31, 37.

des § 278 BGB, weil eine solche Haftung für fremdes Verschulden zu einer ungemessenen Verschärfung der Haftung des Verkäufers führen würde. Gleiches gilt in der Regel für alle Werklieferanten. In diesen Fällen übernimmt nach der vorherrschenden Rechtsmeinung der Auftraggeber nicht gemäß § 278 BGB die Haftung für das Verschulden der Lieferanten.[380]

Der BGH[381] hatte einen Fall zu entscheiden, in dem ein Hausverwalter eines Mietwohnhauses ein Fachunternehmen mit der Beseitigung eines Frostschadens in einer Mietwohnung beauftragt hat. Das Fachunternehmen hatte durch unsachgemäße „Auftaumaßnahmen" einen Schaden in der Mietwohnung verursacht. Die Frage war, ob das Fachunternehmen ein Erfüllungsgehilfe des Hausverwalters war. Nach Ansicht des BGH waren die mangelhaften Arbeiten des Fachunternehmens dem Hausverwalter nicht als Fremdverschulden im Sinne des § 278 BGB zuzurechnen. Der Hausverwalter war nicht für die Beseitigung des Frostschadens, sondern nur dafür verantwortlich, dass ein geeignetes Fachunternehmen mit der Beseitigung des Schadens ausgesucht und beauftragt wurde. Gleiches gilt für einen Makler, der kein Erfüllungsgehilfe des Verkäufers ist.[382] Allerdings stellt sich hier die Frage nach der Haftung für eine sorgfältige Auswahl bspw. des eingeschalteten Fachunternehmens (§ 664 BGB).[383] Zu beachten ist bei dieser Art der Vermittlung, dass ein Vertrag über die vermittelten Leistungen zwischen dem Kunden und dem Unternehmen erfolgen muss.

Es liegt nahe, dass diese Voraussetzungen des Vertragsabschlusses bei externen „Clouds" mit einer Vielzahl von unbekannten Providern sehr schwer praktizierbar sind. Der § 278 BGB findet auch dann keine Anwendung, wenn der Gläubiger, also hier der Händler, dem Großhändler gestattet, die gesamte Leistungspflicht auf einen Dritten zu übertragen. Hier handelt es sich um die Übertragung einer entgeltlichen Geschäftsbesorgung (§ 664 BGB). Im Falle einer Übertragung der Geschäftsbesorgung auf einen Dritten gemäß § 664 BGB trifft den Großhändler lediglich eine Verantwortung für die richtige Auswahl des Dritten, aber keine Erfüllungshaftung.

Eine solche Übertragung der gesamten Aufgabenerfüllung liegt in der Regel bei der Abwicklung von Geschäftsprozessen über den APS-Provider nicht vor.[384] In der

---

380 Erman/Westermann, BGB (2011), § 278 Rdnr. 13, 16, 18, 27; Palandt/Grüneberg, BGB (2015),§ 278 Rdnr. 39; Keiser, Pflichten im Rückgewährschuldverhältnis und Schadenersatz wegen Sachmangels, NJW 2014, 1473, 1475; s. hierzu die andere Meinung: Weller, Verantwortlichkeit für Herstellerfehler, NJW 2012, 2313, 2315; BGH, Urt. v. 19.6.2009 – V ZR 93/08 – NJW 2009, 2674, 2676; BGH, Urt. v. 15.7.2008 – VIII ZR 211/07 – NJW 2008, 2837, 2840.
381 BGH, Urt. v.11.11.1999 – II ZR 98/99 – NJW 2000, 947 f.; Palandt/Grüneberg, BGB (2015), § 254 Rdnr. 55; Palandt/Bassenge, BGB (2015), § 27 Rdnr. 1; s. hierzu auch BGH, Urt. v. 6.11.2012 – VI ZR 174/11 – NJW 2013, 1002 Rdnr. 13, 15.
382 OLG Stuttgart, Beschl. v. 24.1.2011 – 13 U 148/10 – MDR 2011, 284.
383 Looschelders, Schuldrecht (2012), Rdnr. 804, 809; Palandt/Sprau, BGB (2014), § 664 Rdnr. 5.
384 Marly, Praxishandbuch Softwarerecht (2009), Rdnr. 1092; s. hierzu BGH, Urt. v. 15.7.2008 – VIII ZR 211/08 – NJW 2008, 2837, 2840, der die Lieferung von Materialen (Parkettstäben) als eigene Ver-

Rechtsliteratur[385] wird die Auffassung vertreten, dass der Appplication Service Provider als Erfüllungsgehilfe des Auftraggebers im Sinne des § 278 BGB anzusehen ist. Wenn also der Großhändler seine Aufträge über einen ASP abwickelt, so umfasst eine Haftung nach § 278 BGB nicht nur seine Hauptpflichten, sondern auch die Neben- und Schutzpflichten.[386]

Rechtsgeschäftliches Haftungsrisiko (Mängelhaftung) beim „Cloud Computing"?

Wenn also der Großhändler Serviceleistungen von Dienstanbietern einer Cloud-Infrastruktur mehr Speicherplatz oder zusätzliche Standardsoftware von Drittanbietern in Anspruch nimmt, die diese allgemein in der Cloud-Infrastruktur gegen Entgelt zur Nutzung bzw. zum Abruf zur Verfügung stellen, so geschieht dieses nicht in dem Verständnis, dass hier der Provider oder Drittanbieter diese Leistungen dem Großhändlers auf einer physischen Basis zur alleinigen Nutzung und Abwicklung von Geschäftsprozessen zur Verfügung stellt.

Eine Cloud besteht in der Regel aus IT-Ressourcen wie Prozessorkapazität, Speicher, Betriebssysteme, Applikationen, die weltweit verteilt sind und von unterschiedlichen Dienstanbietern zur Verfügung gestellt werden. Infolge der Standardisierung dieser Technikbündel lassen sich bspw. je nach Bedarfsfall die Anzahl der Server problemlos erweitern. Gleiches gilt für die Nutzung der Computersoftware. Man nennt dieses Phänomen dynamische Skalierbarkeit.[387] In der Rechtsliteratur[388] werden in diesem Zusammenhang als Beispiele die Telefonanschlüsse oder Netzkomponenten aufgeführt. Die Telekom erfüllt hier nur eine eigene, allerdings allgemeine Pflicht, nämlich die ferntechnische Übertragungsfähigkeit von Signalen über ihre Netze und zwar vollkommen unabhängig davon, welche Kommunikations- und Teledienste Kunden dabei in Anspruch nehmen. Es wäre lebensfremd, die Telekom als Erfüllungsgehilfe im Sinne des § 278 BGB anzusehen, deren Tätigkeit darauf gerichtet ist, die „Schuld" ihrer Kunden zu erfüllen.[389] Aber der Telekommunikationsanbieter hat mit allen ihren Nutzern jeweils getrennte Verträge abgeschlossen.

In der Access-Provider-Entscheidung[390] hat der BGH das Problem der Garantie eines jederzeitigen Zugriffs auf das Internet dadurch gelöst, dass er statt des Miet- oder Werkvertragsrechtes, den weniger haftungsrechtlich „riskanten " Dienstvertrag

---

pflichtung und nicht als eine Erfüllungspflicht für einen Dritten im Sinne des § 278 BGB ansieht; s. BGH, Urt. v. 2.4.2014 – VIII ZR 46/13 – NJW 2014, 2183 Rdnr. 31–33.

385 Bettinger/Scheffelt, Application Service Providing, Vertragsgestaltung und Konflikt-Management, CR 2001, 729, 737; Marly, Praxishandbuch Softwarerecht (2009), Rdnr. 1092.

386 Ermann/Westermann, BGB (2011), § 278 Rdnr. 22.

387 Lehmann/Giedke, Cloud Computing – technische Hintergründe für die territorial gebundene rechtliche Analyse, CR 2013, 608, 610; s. Teil A Ziff. 2.4.

388 Redeker, IT-Recht (2012), Rdnr. 1084; Palandt/Grüneberg, BGB (2014), § 278 Rdnr. 34.

389 Palandt/Grüneberg, BGB (2014), § 278 Rdnr. 10; Ermann/Westermann, BGB (2011), § 278 Rdnr. 22.

390 BGH, Urt. v. 23.3.2005 – III ZR 338/04 – NJW 2005, 2076.

zugrunde gelegt. Gewährleistungsansprüche gibt es im Dienstvertragsrecht nicht. Schadensersatz kann nur bei Pflichtverletzungen gemäß §§ 280 ff. BGB geltend gemacht werden, wenn der Dienstleister diese zu vertreten hat.[391] Wenn der Dienstanbieter in der Cloud-Infrastruktur als Generalunternehmer auftritt, so werden im Rechtsschrifttum[392] die weiteren Dienstanbieter/Provider der Cloud-Infrastruktur als Erfüllungsgehilfen im Sinne des § 278 BGB bewertet.

Diese Rechtsauffassung ist bei „Public oder Hybrid Clouds" allerdings problematisch. Es bedarf daher einer grundsätzlichen Betrachtung der rechtlichen Eigenschaften eines Erfüllungsgehilfen im Sinne des § 278 BGB, wenn weitere Provider in einer Cloud-Infrastruktur ihre Dienste anbieten. Es ist zu unterscheiden, ob ein Dienstanbieter einer Cloud-Infrastruktur – wie im Anlagen- oder Baubereich üblich – eine Generalunternehmerschaft mit der vollen Gesamthaftung für ein funktionsfähiges Werk einschließlich aller „Subprovider" übernimmt oder nur eine Kooperations- bzw. Beauftragungsfunktion übernimmt, die aber keine Gesamthaftung für Funktions- und Einsatzfähigkeit aller in der Cloud erbrachten Dienste enthält.[393]

Dem „Erfüllungsgehilfen" im Sinne des § 278 BGB liegt der Grundgedanke zugrunde, dass innerhalb eines Schuldverhältnisses der Schuldner dem Gläubiger gegenüber die Haftung für alle Leistungen, auch für fremde Leistungen übernimmt und somit die volle Verantwortung für die Erfüllung beim Schuldner verbleibt.[394] Nach der mittlerweile ständigen Rechtsprechung des BGH[395] ist der Lieferant eines Verkäufers bzw. eines Händlers kein Erfüllungsgehilfe im Sinne des § 278 BGB, weil eine solche Fremdhaftung zu einer ungemessenen Verschärfung der Haftung des Verkäufers führen würde. Gleiches gilt auch für den Werklieferanten. Es liegt nahe, die Dienstanbieter von standardisierten IT-Ressourcen bspw. von Servern ebenfalls nicht als Erfüllungsgehilfen im Sinne des § 278 BGB anzusehen, wenn diese Angebote nicht speziell auf einen bestimmten Werkerfolg von Dienstanbietern gerichtet sind und ähnlich wie der Lieferant einer Ware lediglich Standard-IT-Ressourcen zur Nutzung bereitstellt.

Der § 278 BGB findet aber keine Anwendung, wenn der Schuldner sich lediglich verpflichtet, einen Dritten zu beauftragen.[396] Eine Auftragsübertragung im Sinne

---

391 Looschelders, Schuldrecht (2012), § 28 Rdnr. 566.

392 BITKOM, Cloud Computing – Was Entscheider wissen müssen (2010), S. 35. www.bitkom.org/Bitkom/Publikatioen/Publikat (letzter Abruf: 27.7.2015); Marly, Praxishandbuch Softwarerecht (2009), Rdnr. 1092.

393 MünchKommBGB/Busche (2004), § 631 Rdnr. 34 f.

394 Olzen in Staudinger/Eckpfeiler (2011), Kap. M Rdnr. 15.

395 BGH, Urt. v. 15.7.2008 – VIII ZR 2011/07 – NJW 2008, 2837 Rdnr. 29; BGH, Urt. v. 2.4.2014 – VIII ZR 46/13 – NJW 2014, 2183 Rdnr. 31–33; kritisch Bacher, Ersatzlieferungen nach Einbau der mangelhaften Kaufsache, MDR 2014, 629, 633.

396 Palandt/Grüneberg, BGB (2015), § 278 Rdnr. 17.

des § 664 BGB liegt nach der einschlägigen Rechtsprechung[397] dann vor, wenn der Dienstleister sich nur verpflichtet sieht, die „Geschäftsbesorgung" – also die Zurverfügungstellung von anderen oder weiteren IT-Technikbündeln – durch andere Dienstanbieter zu vermitteln und keine eigene Erfüllungsverpflichtung übernimmt. Eine Übertragung der Geschäftsbesorgung im Sinne des § 664 BGB liegt in solchen Fällen vor, in denen das zu besorgende Geschäft typischerweise oder entsprechend einer Verkehrssitte erkennbar nicht durch den Beauftragten selbst , sondern durch einen Dritten erfolgt, weil die Art des Geschäftes es verlangt, dass der Auftragnehmer sich Dritter bedienen muss.[398] Bei der Cloud ist charakteristisch, dass die einzelnen „IT-Ressourcen" wie Server, Software oder Dienstleistungen von unterschiedlichen Dienstanbietern erbracht werden. Ein Dienstanbieter einer Cloud-Infrastruktur bietet nach allgemeinem Verständnis auch die IT-Ressourcen anderer Dienstanbieter an. Dadurch wird eine elastische Skalierbarkeit ermöglicht.

Aber welchen rechtlichen Charakter haben die Angebote? Stellen die Dienstanbieter, bspw. von Speicherplatz oder zusätzlichen Servern, ihre IT-Ressourcen zusammen zwecks Erfüllung eines Rechtsgeschäfts des Betreibers einer Cloud-Infrastruktur als Unterlieferant zur Verfügung oder handelt es sich um ein allgemeines Bereithalten von IT-Ressourcen in Cloud Netzen ohne Bezug auf konkrete übergeordnete Rechtsgeschäfte? Im ersten Fall ist eine Generalunternehmerschaft im Sinne des § 631 BGB denkbar. Im zweiten Fall liegt es nahe, dass der Betreiber der Infrastruktur über seine Steuerung- und Management-Software Zugänge zu anderen IT-Ressourcen koordiniert, ohne eine Ergebnisverantwortung zu übernehmen.

Wie in Teil B Ziff. 3.3.4 aufgezeigt, stellen heute IT-Anbieter einen Katalog von „Diensten" bereit und überlassen das „Konfigurieren" bzw. die „Orchestrierung" dem Kunden. In einer solchen Fallkonstellation liegt wohl keine Generalunternehmerschaft vor. Da der Zugang zu den „Diensten" über eine virtuelle Cloud-Infrastruktur erfolgt, werden die Dienste zumindest „vermittelt". Letztlich kommt es auf die Vereinbarung im Vertrag an. Wenn hier Unklarheiten bestehen, bedarf es einer Auslegung des Vertrages nach §§ 133, 167 BGB. Bei der Auslegung des Vertrages ist u. a. auch an die Grundsätze der Anscheins-/Rechtsscheinvollmacht zu denken.

Die Anscheins-/Rechtsscheinvollmacht soll das Vertrauen in einen im Rechtsverkehr gesetzten „Rechtsschein" einer Bevollmächtigung bzw. Vertretung schützen und setzt voraus, dass der Rechtsschein bei pflichtgemäßer Sorgfalt des Vertretenen hätte vermieden werden können.[399] Die Grundsätze der Anscheins-/Rechtsvollmacht

397 BGH, Urt. v. 17.12.1992 – III ZR 133/91 – NJW 1993, 1705; s. a. Erman/Berger, BGB (2011), § 664 Rdnr. 3; Weller, Die Verantwortlichkeit des Händlers für Herstellerfehler, NJW 2012, 2312, 2316.
398 Erman/Berger, BGB (2011), § 664 Rdnr. 3.
399 Palandt/Ellenberger, BGB (2015), § 171 Rdnr. 11; BGH, Urt. v. 10.1.2007 – VIII ZR 380/04 – NJW 2007, 987, 989; Erman/Maier-Reimer, BGB (2011), § 171 Rdnr. 16.

gelten aber nur begrenzt auf das Vertragsrecht. Im Übrigen müssen schon sehr konkrete Umstände vorliegen, die aus objektiver Sicht als Vollmacht zu bewerten sind.[400]

Allerdings stellt sich hier die Frage nach der Haftung für eine sorgfältige Auswahl, bspw. des eingeschalteten Fachunternehmens (§ 664 BGB).[401] In diesem Zusammenhang erörtert eine Mindermeinung im Rechtsschrifttum[402] die Frage, ob in solchen Fällen nicht auch ein Vertrag mit Schutzwirkung zugunsten Dritter vorliegt, der den Nutzer berechtigt, direkt den Subprovider in Anspruch zu nehmen.

Was bedeuten diese Ausführungen für die Verantwortung und Rolle der Dienstleister (Provider) in einer Cloud-Infrastruktur? Es ist zweifelhaft, ob grundsätzlich davon ausgegangen werden kann, dass ein Dienstanbieter/Provider die Verantwortung bzw. ein Erfüllungsrisiko für die Dienstleistungen anderer Dienstanbieter/Provider im Sinne des § 278 BGB übernimmt, wenn er mit diesen keinen Vertrag geschlossen hat, diese nicht kennt bzw. auf diese in einer „unbekannten Wolke" zugreifen muss.[403] Es kommt also sehr auf den Einzelfall an. Falls klare vertragliche Vereinbarungen fehlen, so ist zumindest zu bedenken, ob der Betreiber einer Cloud-Infrastruktur und auch die in der virtuellen Cloud-Infrastruktur einbezogenen Dienstanbieter durch die Abrufbarkeit eines gesamten technischen Angebots von IT-Ressourcen einen gewissen schutzwürdigen Vertrauenstatbestand erzeugen, auch wenn ihnen der Wille zu einem gemeinsamen abgestimmten Angebot fehlt. Die oben erwähnten Grundsätze der Anscheinsvollmacht dienen einem gewissen Schutz des Rechtsverkehrs. Ausreichend für diesen „Schutz" wäre es, wenn Kunden ohne Beschränkungen, Vorwarnung oder Nutzungshinweise die Nutzung der Cloud-Infrastruktur und über die Infrastruktur abrufbaren Dienste anderer Dienstanbieter eröffnet wird.[404] Die Auslegung kann ergeben, dass der Betreiber der Cloud-Infrastruktur als Vertreter der anderen Dienstanbieter handelt oder diese nur vermittelt hat.

Einen weiteren Denkansatz bilden die Kooperationen oder Arbeitsgemeinschaften, die es aber unabdingbar notwendig machen, dass ausreichende Absprachen zwischen allen Dienstanbietern/Providern über die technischen Voraussetzungen des Zusammenwirkens von IT-Ressourcen getroffen werden, die einen Werkerfolg ermöglichen oder absichern, weil in der Regel keine ausreichende Standardisierung für das Zusammenwirken der IT-Ressourcen existiert.[405] Es dürfte schwierig sein, Sorgfaltsmaßstäbe für eine sorgfältige Auswahl von „Public Cloud" Providern zu entwickeln, weil der Zweck der Inanspruchnahme von unterschiedlichen IT-Ressourcen gerade

---

400 BGH, Urt. v. 16.3.2006 – III ZR 152/05 – NJW 2006, 1971 f.; BGH, Urt. v. 19.12.2014 – V ZR 194/13 – NJW 2015, 1510 Rz. 11.
401 Looschelders, Schuldrecht (2012), Rdnr. 804, 809; Palandt/Sprau, BGB (2014), § 664 Rdnr. 5.
402 Bettinger/Scheffelt, Application Service Providing, CR 2001, 729, 734.
403 So auch Redeker, IT-Recht (2012), Rdnr. 1077, 1084.
404 S. hierzu die Ausführungen von Erman/Maier-Reimer, BGB (2011), § 171 Rdnr. 13.
405 Tietz/Blichmann/Hübsch, Cloud-Entwicklungsmethoden, Informatik-Spektrum 2011, S. 354, 356; Müller-Hengstenberg/Kirn, Vertragscharakter des Application Service Providing, NJW 2007, 2370 f.; Redeker, IT-Recht (2012), Rdnr. 1127; Krcmar, Informationsmanagement (2010), Kap. 7.4.5.4, S. 706.

darin liegt, aus ökonomischen Gründen eine unbekannte Vielzahl von Dienstleistern/Providern einzubeziehen. Die Anforderungen an die Auswahlhaftung können in Anbetracht der unzureichenden Transparenz und Standardisierung der verfügbaren und auch einsetzbaren IT-Ressourcen nur sehr niedrig sein.

Die Projektgruppe des Forschungsprojektes „Trusted Cloud" des Bundesministers für Wirtschaft und Technologie[406] hat hierzu einige Empfehlungen erarbeitet, die aber selbst nach der Einschätzung der Projektgruppe schwierig umzusetzen sind.

Anders ist möglicherweise die Sach- und Rechtslage bei einer „Private Cloud", bei der sich innerhalb eines Unternehmens eine effiziente, standardisierte, virtualisierte Betriebsumgebung unter der Kontrolle des Kunden befindet und somit die erforderliche und bewertbare Transparenz der IT-Ressourcen sichergestellt werden kann. Die Private Cloud soll eine bessere wirtschaftliche Nutzung der in einer „geschlossenen Gruppe" vorhandenen IT-Ressourcen ermöglichen.[407] Als weitere denkbare Vertragsarten für das „Zusammenwirken der IT-Ressourcen in einer virtuellen Infrastruktur kommen Arbeitsgemeinschaften oder eine Gesellschaft des bürgerlichen Rechts in Betracht. Es dürfte aber an einem gemeinschaftlich definierten Aufgabeziel mangeln.[408]

Im Rechtsschrifttum[409] wird als weitere denkbare Gestaltungsmöglichkeit ein „parallel arbeitender Unternehmer" genannt, die unabhängig voneinander IT-Ressourcen unterschiedlicher Art dem Nutzer zur Verfügung stellen und in keinem „gesamtschuldnerischen Vertragsverhältnis" zu einem Kunden stehen. Der § 278 BGB findet in solchen Rechtsverhältnissen keine Anwendung, auch wenn nur ein Provider die Koordination der Einbindung im Netz übernimmt. Es bedarf hierzu aber klarer vertraglicher Regelungen. Falls in einer „Private Cloud" die Geschäftsprozesse eines Nutzers bspw. eines Konzernunternehmens über eine intranetbasierende virtuelle Cloud-Infrastruktur abgewickelt werden, so liegt es nahe, die Grundsätze der Rechtsprechung[410] zum Internetvertrag anzuwenden. Grundsätzlich ist jeder Cloud-

---

406 Bundesamt für Sicherheit in der Informationstechnik, Sicherheitsempfehlungen für Cloud Computing Anbieter (Februar 2012), S. 20 f., www.bsi.bund.de/SharedDocs/Downloads/DE/BSI (letzter Abruf: 27.7.2015).
407 BITKOM, Cloud Computing – Was Entscheider wissen müssen (2010), S. 18, www.bitkom.org/ Bitkom/Publikatioen/Publikat (letzter Abruf: 27.7.20159; Kcrmar, Informationsmanagement (2010), Kap. 3 S. 537 und Kap. 7.4.4.1 S. 692.
408 MünchKommBGB/Busche (2004), § 631 Rdnr. 33.
409 S. hierzu ausführlich MünchKommBGB/Busche (2004), § 631 Rdnr. 40.
410 BGH, Urt. v. 7.3.2002 – III ZR 12/01 – NJW 2002, 1571; OLG Hamm, Urt. v. 2.8.2007 – 12 U 26/07 – CR 2008, 77; Bettinger/Scheffelt, Application Service Provinding: Vertragsgestaltung und Konflikt-Management, CR 2002, 729; Spindler/Klöhn, Verträge über die Verschaffung digitaler Informationen als Kaufvertrag, Werkvertrag, Verbrauchergüter? CR 2003, 81; Spindler, Einflüsse der Reform des Schuldrechts im Telekommunikationsrecht, CR 2004, 203, 206; Schuster, Der Telekommunikationsvertrag, CR 2006, 444; Hoeren, IT-Vertragsrecht (2007), Rdnr. 143 f.; BGH, Urt. v. 8.10.2009 – III ZR 93/09 – CR 2010, 109 Rdnr. 17 (Videoportal) und LG Düsseldorf, Urt. v.19.2.2009 – 21 S 53/08 – CR 2010, 78; Pohle/ Ammann, Über den Wolken...– Chancen und Risiken des Cloud Computing, CR 2009, 273.

Anbieter aufgrund der verfassungsrechtlich garantierten Vertragsfreiheit frei, die Art seines Rechtsgeschäftsmodells, seine Leistungen und damit seine Verantwortlichkeit frei zu bestimmen, soweit sich die Vertragsbedingungen im Rahmen des Leitbildes der prägenden Vertragsstruktur bzw. des zugrunde liegenden normativen Leitbildes halten.[411] Das bedeutet, ein Cloud-Anbieter kann in der Regel nicht rechtlich gezwungen werden, eine bestimme Art von Leistungen zu bestimmten Vertragsbedingungen zu kontrahieren, es sei denn, dass bestimmte Ausnahmesituationen im kartellrechtlichen Sinne (§§ 19, 20 GWB) vorliegen.[412]

Diese Vertragsfreiheit ist nicht zu verwechseln mit dem von einem Marktteilnehmer im rechtsgeschäftlichen Bereich verursachten Vertrauenstatbestand oder Rechtsschein. Wenn keine eindeutigen Vereinbarungen über die Leistungen und Vertragsart vorliegen, ist die Auslegung des Vertrages (§§ 133, 157 BGB) maßgeblich.[413] In diesem Sinne sind bei der rechtlichen Bewertung der „Rolle" der Dienstleister/Provider in einer „Cloud- Computing-Kette" folgende Kriterien zu bewerten:

a) Ob ein Dienstanbieter eine virtuelle Cloud-Infrastruktur mit skalierbaren IT-Ressourcen zur Abwicklung der Geschäftsprozesse eines Kunden anbietet und Leistungseigenschaften in einem Service Level Agreement anbietet. In diesem Fall ist davon auszugehen, dass die weiteren Dienstanbieter zumindest nach den Grundsätzen der Anscheinsvollmacht als Erfüllungsgehilfen im Sinne des § 278 BGB anzusehen sind, sodass die Annahme eines Werkvertrags bzw. Generalunternehmervertrags vertretbar ist.

b) Ob ein Dienstanbieter einer virtuellen Cloud-Infrastruktur die skalierbaren Möglichkeiten der Nutzung von weiteren IT-Ressourcen aufzeigt, dem Kunden aber die Konfiguration (Orchestrierung) der IT-Ressourcen überlässt, den Kunden aber beim Netzzugang und der Verwaltung der Daten sowie bei der Nutzung der IT-Ressourcen unterstützt. In diesem Fall liegt ein Dienstvertrag vor.

Rechtsgeschäftliche Haftungsrisiken (Mängelhaftung) beim Einsatz von autonomen Softwareagenten

Soweit der Großhändler für die Abwicklung seiner vertraglichen Pflichten verschiedene selbstständige, autonome Softwareagenten einsetzt, die entweder in dem Rechenzentrum des Großhändlers oder bei einem anderen Drittanbieter installiert sind, so haben diese selbstständig handelnden Softwareagenten selbst nicht die rechtliche Qualität eines Erfüllungsgehilfen im Sinne des § 278 BG; diese rechtliche Qualität können nicht „technische Hilfsmittel", sondern nur der Provider bzw. der Betreiber der Softwareagenten haben, soweit diese eine natürliche oder juristische

---

411 Busche in Staudinger/Eckpfeiler (2011), Kap. F, Rdnr. 5, 9.
412 Bechtold, GWB (2010), § 20 Rdnr. 56; Palandt/Ellenberger, BGB (2015), § 138 Rdnr. 36; Marly, Praxishandbuch Softwarerecht (2014), Rdnr. 1076 f.
413 BGH, Urt, v. 4.3.2010 – III ZR 79/09 – NJW 2010, 1449 Rz. 16.

Person sind. Demnach ist festzuhalten, dass Softwareagenten keine Rechtspersonen sind.[414] Insofern ist auch eine Anlehnung an einen Agenten- oder Kommissionsvertrag (§ 383 HGB) nicht möglich.[415] Es gelten hier die bereits erwähnten Grundsätze des BGH und OLG Hamm,[416] dass Mängel der Softwareagenten demjenigen zuzurechnen sind, der die Erklärung, also die Handlungen verursacht hat. Aus dieser Rechtsprechung ist zu entnehmen, dass grundsätzlich bei allen Falsch- oder Schlechtlieferungen, die durch Softwareagenten verursacht worden sind, die Rechtsbehelfe für Mängelansprüche gegenüber dem jeweiligen Vertragspartner geltend gemacht werden können.

Wenn also infolge eines Softwarefehlers des Softwareagentensystems des Großhändlers falsche Blumen mit einer falschen Stückzahl an den Händler oder an den Kunden geliefert werden, so kann der kann der Kunde, aber auch der Händler jeweils aufgrund der geschlossenen Kaufverträge Nacherfüllung, d. h. die richtige Lieferung verlangen oder ggf. auch vom Vertrag zurücktreten. Die Geltendmachung dieser Ansprüche dürfte keine grundsätzlichen Probleme aufwerfen, weil diese Rechte kein „Vertretenmüssen" (Verschulden) des Schuldners voraussetzen.[417]

Ausnahmsweise können aber Mängelbeseitigungs- bzw. Nachbesserungsrechte nach dem Kauf-, Miet- oder Werkvertragsrecht (§§ 434, 634, 535, 536, 536a, 311a BGB) gemäß § 275 I und II BGB ausgeschlossen sein, wenn der Mangel objektiv nicht mit oder nur mit unzumutbar hohen Kosten behebbar ist, bspw. wenn die bestellte Ware nicht mehr auf dem Markt verfügbar ist oder wenn ein Auftrag, der über einen Softwareagenten abgewickelt werden sollte, sich durch Zeitablauf erledigt hat.[418] Das Rücktrittsrecht sowie Ansprüche auf Schadensersatz bleiben aber unter den jeweiligen gesetzlichen Voraussetzungen bestehen.[419] Nur ausnahmsweise haftet ein Vermieter nach § 536a BGB für einen Mangel ohne Verschulden, wenn der Mangel bei Vertragsabschluss vorhanden war.

Zunächst ist zu klären, ob überhaupt eine Verletzung einer vertraglichen Verpflichtung vorliegt. Eine unerwartete oder vertraglich nicht vereinbarte Problemlö-

---

414 Palandt/Grüneberg, BGB (2015), § 278 Rdnr. 11; Redeker, IT-Recht (2012), Rdnr. 969 f.; Koch, Internet-Recht (2005), § 3, Nr. 1. b, S. 101; Heckmann, Internetrecht (2007), Kap. 4.1 Rdnr. 18; Cornelius, Vertragsabschluss durch autonome elektronische Agenten, MMR 2002, 353, 355.

415 Baumbach/Hopt, HGB (2010), § 383 Rdnr. 3; Palandt/Weidenkaff, BGB (2015), § 480 Rdnr. 7.

416 BGH, Urt. v. 16.10.2013 – X ZR 37/12 – NJW 2013, 598 f, Rz. 17; OLG Hamm, Urt. v. 12.1.2004 – 13 U 165/03 – NJW 2004, 2601.

417 BGH, Urt. v. 21.12 2011 –VIII ZR 70/08 – NJW 2012, 1073, 1076 Rz. 27, 29; Jaensch, Der Umfang der kaufrechtlichen Nacherfüllung, NJW 2012, 1925, 1927; Schall, Anwendbarkeit des Sachmangelrechts, NJW 2011, 343, 346.

418 Hütte/Hütte, Schuldrecht (2012), Kap. B Rdnr. 367 ff.; Lorenz, Rücktritt, Minderung und Schadensersatz wegen Sachmängeln nach dem neuen Kaufrecht; was hat der Verkäufer zu vertreten? NJW 2002, 2497, 2502; s. a. BGH, Urt. v. 21.12.2011 –VIII ZR 70/08 – NJW 2012, 1073 Rdnr. 27, 29.

419 Looschelders, Schuldrecht (2012), § 4 Rdnr. 106, 117; Müller-Hengstenberg/Kirn, Intelligente (Software-)Agenten: eine neue Herausforderung unseres Rechtssystems? MMR 2014, 307.

sung aufgrund eines heuristischen Verfahrens ist keine Abweichung von den vertraglichen Leistungspflichten. Es wird in der Regel kein konkretes Ergebnis, sondern nur eine Lösungsfähigkeit vereinbart. Beispielsweise wird beim Kredit-Scoring (Bonitätsprüfung) einer Bank, das durch einen Softwareagenten durchgeführt wird, lediglich als „Eigenschaft" die Fähigkeit einer autonomen Bonitätsprüfung vereinbart, die Lösungswege und Ergebnisse werden aber verständlicherweise offen gelassen.

Betrachtet man den berühmten Börsen Crash an der Börse von New York am 6.5.2010, so stellt sich die berechtigte Frage, ob ein Mangel der Funktionsfähigkeit der Computersoftware vorliegt oder ob es sich um unbekannte „Ergebnisse" der „Sozialfähigkeiten" der Softwareagenten handelt, die es ermöglichen, jederzeit aktiv Beziehungen zu anderen „deliberativen Agenten" aufzubauen, mit diesen in Verbindung zu treten und Lösungen zu generieren (Teil A Ziff. 3.5.2 u. 3.6.2). Es stellt sich stets die Frage, liegt ein Konzeptions- bzw. Programmierungsfehler vor oder hält sich das „unerwartete Ergebnis" im Rahmen des bewusst eingeräumten „flexiblen Algorithmus" und ist somit kein Fehler der Software. Zudem stellt sich die Frage, welchen Einfluss hat der Mensch hierbei bzw. ist eine menschliche Einflussnahme überhaupt vorgesehen? Maßgebliche Voraussetzung für eine Pflichtverletzung im Sinne der §§ 434, 634, 536, 536a BGB ist grundsätzlich, dass eine Leistungspflicht oder ein Leistungserfolg im Vertrag vereinbart wurde, der nicht eingehalten wurde. Wenn aber eine konkrete Problemlösung oder ein konkretes Ergebnis nicht vereinbart, sondern offen gehalten wurde, dann kann auch keine Abweichung (Mangel) von der vereinbarten Leistung vorliegen.

Bei Softwareagenten ist zu unterscheiden, ob Softwareagenten je nach Ihrer Gestaltung ein „einfacher Problemlöser oder kooperativ verteilte Problemlöser oder Multiagentensysteme" sind. Bei einfachen Problemlösern erfolgt die Bearbeitung von Aufgaben über eine Reihe von lokal agierenden Problemlösungsknoten, die in eine getestete Gesamtarchitektur implementiert sind. Bei den verteilten Problemlösern oder Multiagenten verfügen diese jeweils über ein eigenständiges autonomes Verhalten, das weder vom Entwickler noch vom Eigentümer oder Anwender vorausgesehen werden kann.[420]

Kirn[421] beschreibt ausführlich den Ablauf des Entscheidungsprozesses: *„Die Bewertung von über die Sensorik aufgenommen Informationen anhand seiner Ziele führt zu dem Ergebnis, eine Entscheidung zu treffen".* Demzufolge liegt keine Pflichtverletzung vor, wenn autonom handelnde Softwareagenten für die Lösung von Optimierungsmodellen bei komplexen Aufgabenstellungen heuristische Verfahren anwenden. In diesen Fällen können keine konkreten Lösungsziele vorgegeben werden.

Der Einsatz von Softwareagenten bedeutet jedoch nicht grundsätzlich, dass die Ziele offen gelassen werden müssen. In der Produktion können Softwareagenten bzw. kognitive Systeme mit unterschiedlichen Befugnissen über den Produktionsverlauf

---

420 S. hierzu Teil A Ziff. 3.2.1. dieses Buches.
421 S. Teil A Ziff. 3.6.2 dieses Buches.

ausgestattet werden, die aber zu einem definierten Ziel der Endproduktion führen. Sehr anschaulich ist hierfür das Beispiel des Forschungszentrums für Künstliche Intelligenz.[422] In einer Pilotanlage füllen Anlagen verschiedener Hersteller Flüssigseife in Plastikflaschen mit verschieden Duftnoten und Aufklebern. Bei zeitlichen Verschiebungen, bspw. durch ein unvorhergesehenes Hindernis, kann der Softwareagent die Reihenfolge der Verarbeitung so ändern, dass die gesamte Produktion noch rechtzeitig erfolgt. Anders ist die Sachlage beim Kredit-Scoring oder bei Börsensystemen, bei denen keine konkreten Ziele vorgegeben werden; die „Ergebnisse" dieser Softwareagenten werden in der Regel mit kooperierenden Agentensystemen erarbeitet.[423] Entscheidend ist hierbei alleine, ob die Softwareagenten sich im Rahmen der programmierten Schlussfolgerungstechniken halten.[424] Das Thema des Vertragsgegenstandes ist nicht mit der Unvermeidbarkeit von Fehlern bei der Computersoftware im Rahmen der Gewährleistung zu verwechseln. Die Rechtsprechung hat dieses Faktum nicht als rechtfertigendes Argument für eine Beschränkung der Mängelhaftung anerkannt. Dabei wurde die Zumutbarkeitsschwelle der Nachbesserung nach §§ 439, Abs. 3, 635 Abs. 3 BGB von dem Grad der Komplexität und dem Umfang des Aufwandes abhängig gemacht.[425] In diesem Fällen lagen aber jeweils Funktionsmängel der Hardware oder Software vor. In einigen Entscheidungen hat sich die Rechtsprechung bei Störungen der Software mit der Frage auseinandergesetzt, ob die Störungsursache überhaupt ein Mangel der Software ist. Das OLG Oldenburg[426] hat in einer Entscheidung die Auffassung vertreten, dass eine konzeptionell veraltete oder nicht dem Standard entsprechende Softwarefunktionalität kein Mangel ist. Auch die fehlende Eigenschaft einer Scannerkasse, Daten auf einen anderen Rechner „online" so zu übertragen, dass sie ohne Anpassungen durch ein Warenwirtschaftssystem verarbeitet werden könne, ist nach Auffassung des OLG Köln[427] kein Mangel. Die Funktionen waren eben nicht vorgesehen oder vereinbart. Das OLG Stuttgart[428] ist sogar der

---

422 Schröder, Die vierte industrielle Revolution, Wealth Management Werte! Nr. 8 2013, Deutsche Asset & Wealth Management, S. 66 ff.; s. a. Universität Paderborn, Softwareagenten (1999), S. 3, www. uni-paderborn.de/cs/jevox/Seminar/Softwareagenten.pdf. (letzter Abruf: 29.7.2015).
423 S. hierzu den Prozess beim Rating Schneck, Rating (2008), S. 100 ff, 128; Wojcik, Zivilrechtliche Haftung von Ratingagenturen nach europäischen Recht, NJW 2013, 2385, 2388.
424 Universität Paderborn, Softwareagenten (1999), S. 1, www.uni-paderborn.de/cs/jevox/Seminar/ Softwareagenten.pdf. (letzter Abruf: 29.7.2015);
425 BGH, Urt. v. 19.12.2012 – VIII ZR 96/12 – MDR 2013, 258 f.; Marly, Praxishandbuch Softwarerecht (2009), Rdnr. 1362, 1373 mit Hinweisen auf die Rechtsprechung; s. die differenzierte Auffassung von Heussen, CR 2004, 1 ff.; OLG Düsseldorf, Urt. v. 18.10.1990 – 6 U 71/87 – CR 1992, 724; s. zum Begriff BGH, Urt. v. 13.1.2011 – III ZR 87/10 – NJW 2011, 756 f.; so Müller-Hengstenberg/Kirn Intelligente (Software-)Agenten: eine neue Herausforderung unseres Rechtssystems? MMR 2014, 307.
426 OLG Oldenburg, Urt. v. 24.4.1991 – 12 O 204/90 – NJW 1992, 1771; LG Freiburg, Urt. v. 14.6.2007 – 3 S 423/06 – CR 2008, 556.
427 OLG Köln, Urt. v. 21.2.1992 – 19 U 220/91 – NJW 1992, 1771 ; s.a. Marly, Praxishandbuch Softwarerecht (2009), Rdnr. 1441, 1445 f. mit kritischen Anmerkungen.
428 OLG Stuttgart, Urt. v. 12.9.1985 – 7 U 280/84 – CR 1986, 381 f.

Meinung, dass es bei Computersoftware keinen „standardisierten oder gewöhnlichen Gebrauch gibt"; diese Auffassung mag im Jahr 1986 noch zutreffen, aber heute im Jahre 2016 nicht mehr.[429]

Letztlich kommt es darauf an, ob die Leistungseigenschaften der Softwareagenten vereinbart sind oder einer üblichen Beschaffenheit entsprechen. Wenn die Betreiber von „nicht deterministischen" autonomen Softwareagenten mit ihren Kunden keine Vereinbarungen über die Ergebnisse der Nutzung der Softwareagenten getroffen haben, dürfte es mehr als fragwürdig sein, ob ein Mangel vorliegt, wenn eine Software sich nicht zwangsläufig „wie erwartet" (deterministisch), sondern im Sinne ihres Entwicklers und Nutzers „eigenständig", ggf. also auch in nicht ohne Weiteres vorhersehbarer Weise „überraschend" verhält, wenn also die Ergebnisse anders als erwartet ausfallen. Eine unerwartete Bonitätsbewertung bei Banken oder eine sonstige Problemlösung aufgrund eines eigenständig ablaufenden Lern- und Problemlösungsprozesses, der nicht durch Menschen oder Programmvorgaben beeinflusst ist, hat nicht die Qualität eines Mangels, wenn die Lösung auf einem ordnungsmäßig programmierten Algorithmus basiert.[430]

Diese Möglichkeit wurde bisher nicht im Zusammenhang mit autonomen Softwareagenten in der Rechtsprechung behandelt. Die Frage, ob eine wirtschaftliche Unmöglichkeit im Sinne des § 275 Abs. 1 der ggf. § 275 Abs. 2 BGB (Unzumutbare Anstrengungen) in Verbindung mit § 311a BGB vorliegen kann, wurde offen gelassen.[431] Interessant sind hierzu die Ausführungen des BGH in einer Entscheidung vom 16.5.2014, in der es um die Bruchfestigkeit einer Fassade geht.

Der BGH[432] stellte fest, dass ein Ausschluss von Nickelsulfid-Einschlüssen nach dem Stand der Technik nicht möglich ist und daher ein Schadensersatz nach § 275 und nach § 311a BGB entfällt, weil ein Leistungshindernis von Beginn eines Vertrages vorhanden ist, welches objektiv nicht zu verhindern war. In dieser Entscheidung wurde von einem Schadensersatzanspruch abgesehen, weil der Mangel nicht vorhersehbar und daher nicht vermeidbar war.

Ähnlich ist die Rechtslage nach der Rechtsliteratur[433] bei Viren bei der Weiterverbreitung von E-Mails. Das Problem von unerwarteten Problemlösungen bei der

---

429 S. hierzu ausführlich Krcmar, Informationsmanagement (2010), Kap. 4.5.3.3 S. 173 ff.

430 So Müller-Hengstenberg/Kirn, Intelligente (Software-)Agenten: eine neue Herausforderung unseres Rechtssystems, MMR 2014, 307.

431 BGH, Urt. v. 19.12.2012 – VIII ZR 96/12 – MDR 2013, 258 f.; Marly, Praxishandbuch Softwarerecht (2009), Rdnr. 1362, 1373 mit Hinweisen auf die Rechtsprechung; s. die differenzierte Auffassung von Heussen, Unvermeidbare Softwarefehler, CR 2004, 1 ff.; OLG Düsseldorf, Urt. v. 18.10.1990 – 6 U 71/87 – CR 1992, 724; s. zum Begriff BGH, Urt. v. 13.1.2011 – III ZR 87/10 – NJW 2011, 756 f.; BGH, Urt. v. 16.5.2014 – V ZR 181/13 – MDR 2014, 891 Rz. 23.

432 BGH, Urt. v. 16.5.2014 – V ZR 181/13 – MDR 2014, 892 Rz. 23–27; s. BGH, Urt. v. 22.6.2005 – VIII ZR 281/04 – NJW 2005, 2853.

433 LG Köln, Urt. v. 21.7.1999 – 20 S/5 – NJW 1999, 3206; Koch, In Haftung für die Weiterverbreitung von Viren durch E-Mail, NJW 2004, 801, 806; Marly, Praxishandbuch Softwarerecht (2014), Rdnr. 1539.

Nutzung von autonomen Softwareagenten ist nicht mit der Unvermeidbarkeit von Fehlern der Computersoftware zu verwechseln, weil ein flexibler Algorithmus eines Softwareagenten weder ein Konzeptions- noch Programmierfehler ist.

3.3.6 Schadensersatzansprüche bei Rechtsgeschäften

Schwierig wird es nicht, wenn es um Erfüllungs- bzw. Nachbesserungsansprüche, Minderung der Vergütung oder um Rücktritt vom Vertrag, sondern um Ansprüche auf Schadensersatz geht. Voraussetzung für eine Pflichtverletzung ist, dass die vertraglich vereinbarten Leistungen, Merkmale oder Fristen nicht eingehalten wurden. Soweit es sich um eine Verletzung einer vertraglichen Pflicht handelt, kommt eine Haftung auf Ersatz eines Schadens nach §§ 276, 281, 331a BGB nur in Betracht, wenn der Schuldner eine Pflichtverletzung zu vertreten hat oder eine verschuldensunabhängige Beschaffungsgarantie eingeräumt hat. Eine Beschaffungsgarantie liegt nur vor, wenn Verkäufer oder Werkunternehmer eine deutlich und unmissverständlich bindende „Gewähr für die Beschaffenheit einer Sache" abgeben.[434] Daher kann nicht jede Leistungs- oder Eigenschaftsbeschreibung als Übernahme einer verschuldensunabhängigen Beschaffungsgarantie bewertet werden.

Was heißt aber „zu vertreten hat"? Nach § 276 BGB haftet der Schuldner für eine Pflichtverletzung, die er durch ein vorwerfbares Verhalten (Fahrlässigkeit oder Vorsatz) verursacht hat oder wenn er eine entsprechende Beschaffungs- oder Haltbarkeitsgarantie abgegeben hat. Eine Haftung besteht auch, wenn eine „Einstandspflicht" im Sinne des § 278 BGB besteht.[435] Soweit ein Verschulden (Vorsatz und Fahrlässigkeit) erforderlich ist, kommt es darauf an, dass entweder der Verkehrsteilnehmer in voller Kenntnis und in vollem Bewusstsein der Rechtswidrigkeit die Pflichtverletzung begeht oder in Kauf nimmt (Vorsatz), oder sich nicht „wie ein ordentlicher und gewissenhafter Verkehrsteilnehmer in der konkreten Situation verhält" (Fahrlässigkeit). Es kommt also im Wesentlichen darauf an, ob Verkäufer, Händler oder Unternehmer die Kenntnis oder Fähigkeiten haben, den missbilligenden Erfolg vorauszusehen und zu vermeiden. Hierbei spielt die Sorgfaltspflicht der jeweiligen Verkehrskreise auch eine Rolle. Maßgeblich ist, ob der Verkehrsteilnehmer nach einer „ex-ante Betrachtung" die erforderliche und zumutbare Sorgfalt gewissenhaft und umsichtig angewandt

---

434 BGH, Urt. v. 29.11.2006 – VIII ZR 92/06 – NJW 2007, 1346, 1348; OLG Karlsruhe, Urt. v. 14.9.2004 – 8 U 97/04 – NJW 2005, 989; Lorenz, Rücktritt, Minderung und Schadensersatz wegen Sachmängeln nach dem neuen Kaufrecht; was hat der Verkäufer zu vertreten? NJW 2002, 2497, 2502.
435 Erman/Westermann, BGB (2011), § 276 Rdnr. 2.

hat.[436] Es kann auch einmal ein erhöhter Sorgfaltsmaßstab bestehen, wenn bei einer Sache ein erhöhtes Risiko besteht bspw. eine umfangreiche Nachforschungspflicht.[437]

Nach der Rechtsprechung des BGH[438] ist zunächst davon auszugehen, dass nicht jeder abstrakten Gefahr begegnet werden kann. Ein allgemeines Verbot, andere nicht zu gefährden, wäre unrealistisch, insbesondere, wenn es sich nur um eine abstrakte Möglichkeit handelt. Was bedeuteen diese Anforderungen für eine Haftung eines Großhändlers oder Händlers, wenn er seinen Auftragsbestand durch IT-Systeme oder über ein Servicehaus abwickelt?

Die Sorgfaltsvorkehrungen der Softwarehändler, Serviceprovider bspw. ASP, Cloud-Computing und Kunden sowie Nebenpflichten

Zunächst ist mit der herrschenden Rechtsmeinung[439] davon auszugehen, dass der Vertragspartner – also nach dem oben gewählten Fallbeispiel der Großhändler –, der den Auftrag über ein eigenes Computersystem oder über ein Servicehaus abwickelt, zwar nicht für Fehler der eingesetzten Software einzustehen hat, aber für die vertragliche Nichterfüllung in Anspruch genommen werden kann, bspw. durch Nacherfüllung oder Minderung. Der Großhändler haftet aber nicht für Schadensersatz, weil er die Nichterfüllung im Sinne des § 276 BGB nicht zu vertreten hat. Das Softwarehaus, das Lizenzen an einer Standardsoftware verkauft, ist in der Regel kein Erfüllungsgehilfe des Lizenznehmers bzw. Käufers im Sinne des § 278 BGB und somit auch nicht des Application Service Providers und des Betreibers von virtuellen Cloud-Infrastrukturen.

Für den Käufer einer Computersoftware besteht nur bei Handelsgeschäften im Sinne des § 343 HGB die Verpflichtung, die gelieferte Ware, soweit dieses „nach dem beim ihm ordnungsgemäßen Geschäftsgang tunlich" ist, auf Fehler zu untersuchen (§ 377 BGB). Diese Vorschrift besagt aber nur, dass der Käufer die Gewährleistungsrechte verliert, wenn er dieser Verpflichtung nicht nachkommt und ein Mangel eintritt. Diese Vorschrift gilt[440] nicht für private Kaufgeschäfte, Miete und im Prinzip für reine Werkverträge.

Aus dem § 377 HGB sowie aus den §§ 433 ff. BGB ergeben sich jedoch keine allgemeinen Prüfungspflichten eines Käufers bei der Lieferung einer Ware. Der BGH[441]

---

436 So Erman/Westermann, BGB (2011), § 276 Rdnr. 10; Schmidt, Schuldrecht (2014), Rdnr. 543 f., 546 f.

437 So OLG Karlsruhe, Urt. v. 14.9.2004 – 8 U 97/04 – NJW 2005, 989 f.

438 BGH, Urt. v. 31.10.2006 – VI ZR 223/05 – NJW 2007, 762 f; Erman/Kindl BGB (2011), § 311a Rdnr. 7.

439 BGH, Urt. v. 19.6.2009 – V ZR 93/08 – NJW 2009, 2674, 2676; OLG Köln, Urt. v. 21.12.2005 – 11 U 46/05 – MDR 2006, 926; Palandt/Weidekaff, BGB (2014), § 437 Rdnr. 37; Erman/Grunewald, BGB (2011), § 437 Rdnr. 26; kritisch Weller, Verantwortlichkeit für Herstellerfehler, NJW 2012, 2313, 2315; Klees, Der Hersteller als Erfüllungsgehilfe, MDR 2010, 305, 307.

440 Baumbach/Hopt, HGB (2010), § 377, Rdnr. 2, 3, 25.

441 BGH, Urt. v. 23.1.2008 – VIII ZR 246/06 – NJW 2008, 1147.

geht sogar so weit, dass ein Käufer beim Auftreten von Mangelsymptomen keine Verpflichtung hat, zu klären, ob ein Mangel vorliegt. Er ist lediglich gehalten zu klären, ob die Ursache des Symptoms im Verantwortungsbereich des Verkäufers liegt. Ein direkter Haftungsanspruch des Käufers gegenüber dem Lieferanten des Händlers (Verkäufers) bzw. dem Hersteller der Software besteht bekanntlich nach den Vorschriften der §§ 434 ff. bzw. 634 ff. BGB nicht. Nur dann, wenn Anhaltspunkte für einen Mangel vorliegen – bspw. bei einem Gebrauchtfahrzeug werden Unfallspuren festgestellt oder wenn ein Produkt erkennbar mit gewissen Gefahren verbunden ist –, bestehen für den Verkäufer Prüfungs- und Testpflichten oder eine Produktbeobachtungspflicht, und zwar nicht nur aufgrund des § 3 ProdHaftG.[442] Es gibt zwar im Rechtsschrifttum[443] die Meinung, dass diese „haftungsrechtliche Erleichterung zugunsten des Herstellers/Lieferanten einen unangemessenen Vorteil" bedeutet, weil der Käufer den Hersteller nicht direkt wegen Schadensersatz in Anspruch nehmen kann. Demgegenüber wird im Rechtsschrifttum[444] jedoch die Meinung vertreten, dass eine Haftung des Händlers für einen Mangel der vertriebenen Ware eine unangemessene Überforderung bedeuten würde, weil der Händler keine Kontrolle und keinen Einfluss auf die Entwicklung und den Produktionsprozess hat.

Eine Haftung der Servicehäuser, Händler und Provider von Internet-Dienstleistungen für Mängel der genutzten oder vertrieben Software oder von Dritten entwickelten Softwareagenten wäre untragbar, weil die Softwarehersteller aus verständlichen betrieblichen Geheimhaltungsgründen allen Dritten den Zugang zu den Entwurfsmaterialen oder dem Entwicklungs-Knowhow berechtigterweise verhindern. IT-Verträge sind aber heute nicht nur Kauf- oder Werkverträge, sondern vielfach Miet- oder Dienstleistungsverträge, die unterschiedliche Sorgfaltspflichten beinhalten. Der Service Application Provider oder auch der Betreiber einer virtuellen Cloud ist verpflichtet, dass sie ihre bereit gehaltene System-Infrastruktur nach § 535 f. BGB in einem zum vertragsgemäßen Gebrauch geeigneten Zustand überlassen und während der Mietzeit erhalten. Der Dienstleister hat seine Dienste mit der erforderlichen Sorgfalt zu erbringen.

Die Anforderungen an die eventuellen Sorgfaltspflichten der Händler, an Servicehäuser oder Provider sind naturgemäß unterschiedlich, aber in jedem Fall anderer Art als an die Entwickler der Computersoftware.[445] Daraus folgt auch, dass eine Vermeidung und Haftung für Produktmängel der Software für die Käufer oder Nutzer von

---

442 Erman/Grunewald, BGB (2011), § 433 Rdnr. 31 § 437 Rdnr. 25 f.; Palandt/Weidenkaff, BGB (2014), § 433 Rdnr. 30; BGH, Urt. v. 23.1.2008 – VIII ZR 246/06 – NJW 2008, 1147; Lenz, Produkthaftung (2014), Rdnr. 224 f.
443 So die Ausführungen Weller, Verantwortlichkeit für Herstellerfehler, NJW 2012, 2313, 2315.
444 So die Ausführungen Klees, Der Hersteller als Erfüllungsgehilfe, MDR 2010, 305, 307.
445 BGH, Urt. v. 19.6.2009 – V ZR 93/08 – NJW 2009, 2674, 2676. OLG Köln, Urt. v. 21.12.2005 – 11 U 46/05 – MDR 2006, 926; Palandt/Weidekaff, BGB (2012), § 437 Rdnr. 37; Erman/Grunewald, BGB (2011), § 437 Rdnr. 26. Kritisch Weller, Verantwortlichkeit für Herstellerfehler, NJW 2012, 2313, 2315. Klees, Der Hersteller als Erfüllungsgehilfe, MDR 2010, 305, 307.

Lizenzsoftware eigentlich auch eine unmögliche Leistung im Sinne der § 275 Abs. 1 bzw. §§ 439 Abs. 3, 635 Abs. 3, 311a BGB ist. Den reinen Dienstanbieter trifft in der Regel keine Produzenten- oder Produkthaftung.

Fraglich ist aber, ob abgesehen von dem reinen Verkauf von Softwarelizenzen bei einem Betrieb von Servicezentren wie bspw. beim Application Service Providing oder Cloud-Diensten Verkehrssicherungspflichten, wie bspw. Prüf- und Kontrollpflichten, bestehen.[446] Die Dienstanbieter haben aber zunächst eine Auswahlverantwortung und ggf. auch Prüfungs- und Sorgfaltsverpflichtungen bezüglich der von ihnen eingesetzten IT-Ressourcen, auch wenn diese nicht von ihnen, sondern von Dritten erstellt worden sind. Dies gilt insbesondere, wenn die Dienstanbieter ihre Leistung aufgrund eines Werkvertrages oder eines Service Level Agreements erbringen, weil hier eine vertraglich vereinbarte eigene funktionsbezogene Gewährleistungs- oder Garantiehaftung besteht.[447] *Heussen*[448] sieht folgende Kriterien als Grenze für eine Haftung bzw. für ein „Verschulden" (vertreten zu haben) eines Herstellers von Computersoftware:

– ob die Grenze der zumutbaren Vermeidungskosten erreicht ist,
– ob es klare Hinweise auf Restrisiken gibt,
– ob der Hersteller die Unvermeidbarkeit beweisen kann.

Diese Kriterien stellen für die Frage, ob ein Mangel „zu vertreten" ist, auf zumutbare Verkehrssicherungspflichten des Wiederverkäufers, aber auch des Käufers bzw. des Nutzers oder Kunden ab. Unklar ist hier jedoch, ob die Unvermeidbarkeit subjektiv zu verstehen ist oder diese ähnlich wie bei der Produkthaftung ist, soweit sie auf den Stand von Wissenschaft und Technik abhebt. *Heussen* stellt im Prinzip darauf ab, ob die Software nach dem Stand der Technik entwickelt wurde. Die Produkthaftung stellt vielmehr darauf ab, ob der Mangel nach dem Stand von Wissenschaft und Technik nicht erkannt und vermieden werden konnte.[449] Es fragt sich, ob damit die oben zitierte Rechtsprechung des BGH über die Haftungsfreistellung des Händlers für Mängel der vom Verkäufer gelieferten Software insofern eine Korrektur erfährt, weil auch der Käufer und Nutzer der Computersoftware zumutbare Sicherheitsvorkehrungen vor dem Einsatz der Computersoftware zu treffen hat, um die betriebliche Einsatzbereitschaft aufrechtzuerhalten und funktionelle Störungen zu vermeiden. Es ist in der Rechtsliteratur[450] unbestritten, dass eine optimale Sicherheit nicht verlangt

---

446 Erman/Grunewald, BGB (2011), BT, § 437 Rdnr. 26; BGH, Urt. v. 19.6.2009 – V ZR 93/08 – NJW 2009, 2674, 2676.
447 Weller, Verantwortlichkeit für Herstellerfehler, NJW 2012, 2313, 2315; Redeker, IT-Recht (2012) Rdnr. 1081, 1082; Müller-Hengstenberg/Kirn, Vertragscharakter des Application Service Providing, NJW 2007, 2370, 2372.
448 Heussen, Unvermeidbare Softwarefehler, CR 2004, 1, 9.
449 Lenz, Produkthaftung (2014), Rdnr. 393 f.
450 Hager in Staudinger/Eckpfeiler (2011), Kap. T Rdnr. 608, 620; Kullmann, Produkthaftung (2010), § 1 Rdnr. 63 f.

werden kann. Selbst die Produzentenhaftung nach § 823 BGB sieht eine Haftung für sog. Ausreißer vor.

Die allgemeine Erkenntnis, dass Computersoftware technisch nicht fehlerfrei sein kann, darf aber nicht dahin verstanden werden, dass es zwecklos ist, Vorkehrungen zur Mängelerkennung und deren Behebung zu machen. Diese Erkenntnis bedeutet nicht, dass Mängel der Computersoftware grundsätzlich von jedem Anwender hingenommen werden müssen; dies würde zu einem rechtlich unzulässigen Haftungsausschluss führen.[451] Das wäre ein verhängnisvoller Irrtum! Die Erkenntnis verlangt vielmehr, dass die Fehlerhaftigkeit der Computersoftware und die damit teilweise verbundenen hohen Risiken, wie Ausfall der Systeme durch Systemfehler, Eingriffe in das Netz (bspw. Steuerung von Produktionsprozessen im Pharmakonzernen), aber auch in der Automobilindustrie den Käufer oder Anwender zu erhöhten Auswahl-, Test- und Sicherungsmaßnahmen auffordert. Die Haftung bezieht sich nicht auf Mängel der Software, sondern auf eine Prüfungspflicht und auf die Erkennbarkeit und Vermeidbarkeit durch Sicherungsmaßnahmen seitens des Dienstanbieters.[452]

Die §§ 275, 311a BGB zeigen sehr deutlich die Grenzen einer Haftung des Dienstanbieters für mögliche und zumutbare Sorgfaltspflichten beim Einsatz von Anwendungssoftware zur Abwicklung seiner Geschäftsprozesse auf. Wenn ein Mangel oder betriebliche bzw. funktionale Störungen – trotz angemessener Sicherheitsvorkehrungen – objektiv nach dem Stand von Wissenschaft und Technik nicht behebbar und vermeidbar sind, kommt es nach Auffassung des BGH[453] darauf an, ob die Erkennung des Mangels überhaupt technisch möglich ist (§ 275 Abs. 1 BGB) oder eine „überobligationsmäßige Anstrengung" und damit einen unzumutbaren Aufwand bedeutet (§ 275 Abs. 3 BGB).[454] Der BGH[455] hat die Grenzen der Möglichkeit und Zumutbarkeit mehrfach im Hinblick auf die Vorschriften der §§ 439 Abs. 3, 635 Abs. 3 BGB und die Möglichkeiten eines Schadensersatzes aufgezeigt. Diese Kriterien gelten insbesondere für einen Haftungsausschluss nach § 311a Abs. 2 BGB, der auf die Kenntnis oder Vorhersehbarkeit von Mängeln, d. h. auf die Leistungshindernisse bzw. Funktionsuntauglichkeit abstellt, die technisch nicht gewährleistet werden können.[456] Die Vorhersehbarkeit hängt von der zu beachtenden Sorgfalt ab. Es ist zu klären, ob der Verkehrsteilnehmer den Mangel bei einer ordentlichen und gewissenhaften sowie auch

---

451 BGH, Urt. v. 12.12.2000 – XI ZR 138/00 – CR 2001, 181.

452 Koch, IT-Projektrecht (2006), Kap. G 3 Rdnr. 624; Lenz, Produkthaftung (2014), Rrdnr. 219.

453 BGH, Urt. v. 24.3.1992 – VI ZR 210/91 – NJW 1992, 1678; Hütte/Hütte, Schuldrecht (2012), Rdnr. 380; BGH, Urt. v. 13.1.2011 – III ZR 87/10 – NJW 2011, 756 Rdnr. 10; BGH, Urt. v. 19.12.2012 – VIII ZR 96/12 – NJW 2013, 258, Rz. 27 f; BGH, Urt. v. 8.5.2014 – VII ZR 203/11 – MDR 2014, 891, Rz. 23, 27.

454 So im Prinzip Koch, Haftung für die Weiterverbreitung von Viren durch E-Mail, NJW 2004, 801, 807; s. auch Schall, Anwendbarkeit des Sachmängelrechts, NJW 2011, 343, 346.

455 S. BGH, Urt. v. 22.6.2005 – VIII ZR 281/04 – NJW 2005, 2856, 2858; BGH, Urt. v. 11.10.2012 – VII ZR 179/11 – NJW 2013, 370 f. Rz. 11; BGH, Urt. v. 19.12.2012 – VIII ZR 96/12 – MDR 2013, 258 f, Rz. 28; BGH, Urt. v. 11.10 2012 – VII ZR 179,11 – NJW 2013, 370 f., Rz. 11.

456 BGH, Urt. v. 8.5.2014 – VII TR 203/01 – NJW 2014, 891 Rz. 14, 23.

zumutbaren Sorgfalt nach einer objektiven Betrachtung der Verkehrskreise hätte erkennen und vermeiden können.[457]

Wie schon vorstehend ausgeführt, sind die Dienstleister von Web-Services wie Application Service Provider, die Provider von Plattformen (IaaS) oder die Betreiber von virtuellen Cloud-Infrastrukturen in der Regel nicht die Entwickler der Computersoftware, sondern Dienstanbieter und daher eher mit den Händlern zu vergleichen. Wie bereits ausgeführt, sind die Lieferanten der eingesetzten Computersysteme bzw. Softwareagenten keine Erfüllungsgehilfen im Sinne des § 278 BGB. Fehler des Computersystems haben sie daher auch nicht zu verantworten. Ihre Verantwortung für die Verkehrssicherheit entspricht wesensmäßig eher der Verantwortung der Händler. Wie im Teil Ziff. B 3.3.3 aufgezeigt, sind gerade bei Cloud-Infrastrukturen die Möglichkeiten von Sicherungsvorkehrungen – je nach Ausgestaltung der Cloud, bspw. bei einer „Public Cloud" – sehr begrenzt.

Es gibt zwar eine Reihe von Empfehlungen und DIN-Normen über die Anforderungen an die Entwicklung von Computersoftware, bspw. ISO 9000 oder des Bundesamtes für Sicherheit in der Informationstechnologie Sicherheitsanforderungen für Cloud-Computing-Anwendungen (Februar 2012),[458] aber es fehlen klare allgemein verbindliche Richtlinien für Qualitätsmanagement von Cloud-Computing-Anwendungen oder Softwareagenten.[459] Die großen Schwierigkeiten von Wissenschaft und Technik, qualitativ geeignete und sichere Sicherheitsvorgaben für die sich ständig weiterentwickelnden Technologien zu entwickeln, wirft schon die Frage auf, ob es sich hier um ein allgemeines Lebensrisiko handelt, dass die Nutzer der Technologie hinnehmen oder hinzunehmen haben.[460] Deutlich wird dieses Phänomen gerade bei der vielfachen sorglosen Nutzung von Facebook und Apps. Die verschuldensunabhängige Haftung spielt bei Rechtsgeschäften fast keine Rolle. Eine Ausnahme besteht im Mietrecht (§ 536a BGB) und zwar bei einem Mangel, der bei Abschluss eines Mietverhältnisses vorliegt.

Demnach obliegt dem Geschädigten die mühsame Pflicht zu beweisen, dass der Vertragsgegner, der Händler oder Provider vertragliche Sorgfaltspflichten verletzt hat, die zu einem Schaden geführt haben. Nach § 280 Abs. 2 BGB gibt es aber eine Erleichterung für den Schadensgläubiger; das Verschulden des Verursacher des Schadens wird zunächst vermutet, vorausgesetzt, dass der Schadensgläubiger die Ursache des Schadens beweisen kann. Dem Schädiger obliegt dann die sekundäre Beweislast, dass er den Schaden nicht zu vertreten hat. Weiterhin hilft § 311a Abs. 2 BGB, dass der

---

457 Erman/Westermann, BGB (2011), § 276 Rdnr. 10 und Erman/Kindl, BGB (2011), § 311a Rdnr. 7.
458 www.bsi.bund.de/SharedDocs/Downloads/DE/BSI (letzter Abruf: 27.7.2015).
459 Preißner, Projekterfolg durch Qualitätsmanagement (2006), Kap. 3, S. 57 ff.; Krcmar, Informationsmanagement (2010), Kap. 4.5, S. 222 f.
460 Gleß/Weigand, Intelligente Agenten und das Strafrecht, ZSTW 2014, 126 (3), S. 27; Erman/Ebert, BGB (2011), Vor § 249 Rdnr. 69; s. hierzu BGH, Urt. v. 4.5.1993 – VI ZR 283/92 – NJW 1993, 2234.

„Verursacher" die Darlegungs- und Beweislast hat, dass der Gläubiger die Kenntnis von dem Leistungshindernis hatte oder hätte haben können.

Es ist demnach erkennbar, welche Schwierigkeiten bei der Beweislast für alle Vertragsparteien, insbesondere bei externen Clouds und auch bei Softwareagenten bestehen. Auf die Beweislage wird nachstehend in Teil B Ziff. 3.7 noch eingegangen.

Haftung bei der Verletzung von Nebenpflichten

Neben dem Erfüllungsanspruch, den Ansprüchen wegen Mängeln gibt es auch noch Nebenpflichten im Sinne des § 241 BGB, die im Falle der Verletzung bzw. Nichtbeachtung Schadensersatzansprüche begründen können. So haben Hostprovider die Verpflichtung, für den Fall des Datenverlusts Datensicherungsmaßnahmen (Back-up der Website) zu treffen.[461] So hat in unserem Beispiel der Großhändler oder Händler das Datenschutzgesetz und die damit verbundenen Sicherungspflichten zu beachten, soweit personenbezogene Daten wie Kundendaten oder Kundenprofile bei den Erfüllungsleistungen verwandt werden.

Wenn der Großhändler IT-Systeme oder Computersoftware für die Abwicklung von vertraglichen Leistungen einsetzt, dann hat er dafür zu sorgen, dass diese IT-Systeme, einschließlich der Computersoftware, nicht nur für den vertraglich vereinbarten Einsatz geeignet sind , sondern auch hierbei die erforderliche technische Sicherheit gewährleisten.[462] Der Systembetreiber ist verpflichtet, die Systeme auf dem aktuellen technischen Stand zu halten und pflegen, warten zu lassen und seine Kunden frühzeitig über technische Probleme zu informieren. Bei Application Service Providern hat der Betreiber ggf. die Anwenderdaten zu pflegen oder auch den Anwendersupport zu geben. Zudem haftet der Provider dafür, dass er über die urheberrechtlichen Nutzungsrechte verfügt.

Ein Beispiel für die technische Sicherungspflicht ist die Datensicherheit. Nach der Rechtsprechung zur Datensicherung ist angesichts der „mannigfaltigen Gefahren eines Datenverlustes" die Datensicherheit „eine Selbstverständlichkeit", die ein Softwareanbieter bei der Implementierung seiner Software zu prüfen hat.[463] Auch die Virenprüfung gehört zu den Sicherheits- und Prüfpflichten eines Softwareanbieters.[464]

Grundsätzlich besteht beim Einsatz von IT-Systemen einschließlich von Softwareagenten oder auch beim Betrieb einer Cloud-Infrastruktur die Verpflichtung zu einer sorgfältigen Auswahl, Sicherung, Pflege und Überwachung der eingesetzten

---

461 LG Duisburg, Urt. v. 25.7.2014 – 22 O 102/12 – CR 2014, 753.
462 Koch, Internet-Recht (2005), § 3, Nr. 1 k, S. 119, § 11 A, S. 525; Erman/Lützenkirchen, BGB (2011), § 535 Rdnr. 184.
463 OLG Karlsruhe, Urt. v. 20.12.1995 – 10 U 123/95 – CR 1996, 348; OLG Köln, Urt. v. 2.2.1996 – 19 U 223/95 – CR 1996, 407; BGH, Urt. v. 2.7.1996 – X ZR 64/96 – CR 1996, 663.
464 Marly, Praxishandbuch Softwarerecht (2009), Rdnr. 877, 1471.

IT-Systeme und Softwareagenten oder Internetdienste sowie eine Reihe von weiteren Sicherheitsaspekten und vor allem sind die Verantwortlichkeiten dafür zu beachten, die nachfolgend in Teil B 3.5.3 unter dem Kapitel Freiheit und Grenzen des Datenverkehrs sowie in dem Teil B 3.6.2 Produzenten- und Produkthaftung aufgezeigt werden.

Für das vorliegende Beispiel ist demnach von Bedeutung, ob der Großhändler oder seine Angestellten bei sorgfältiger Überwachung des IT-Systems die Fehler hätten erkennen und beseitigen können. Diese Sorgfalts- oder Überwachungspflichten sind Nebenpflichten im Sinne des § 241 BGB. Bei der Verletzung dieser Nebenpflichten finden die allgemeinen Haftungsvorschriften nach §§ 276, 278, 280 ff. BGB Anwendung. Der Großhändler hat sich vor der Beauftragung stets zu vergewissern, ob die als Erfüllungsgehilfen beauftragten Subdienstleister bzw. Systembetreiber bzw. Provider die vorstehend erwähnten Datenschutz- und Sicherheitspflichten einhalten, auch wenn diese wiederum weitere Unterlieferanten – ggf. über Softwareagenten – in den Erfüllungsprozess einbezogen haben.

Im Rechtsschrifttum[465] wird neuerdings vereinzelt angemerkt, dass Sicherheitsanforderungen bspw. im Produktions-, Verkehrs- oder auch im medizinischen Bereich von so großer Bedeutung sein können, dass die Charakterisierung dieser Anforderungen als „Nebenpflicht" nicht der Bedeutung dieser Pflichten gerecht wird. Auch wenn bspw. bei Public-Cloud-Diensten eine Erfolgszusage im werkvertraglichen Sinne nicht zumutbar sein sollte, so können die Sicherheitsanforderungen dennoch von „prägender Bedeutung" sein, sodass aus haftungsrechtlicher Sicht das Werkvertragsrecht dennoch zur Anwendung kommen sollte. Diese Rechtsmeinung verkennt, dass Sicherheitsvorkehrungen keinen eigenen Zweck verfolgen, sondern immer auf Leistungen bezogen sind, mit deren Erbringung Risiken verbunden sind.

Die Kunden bzw. Auftraggeber sind für den ökonomischen Einsatz und die Auswahl der Anbieter sowie für ihre Daten, und deren Sicherheit verantwortlich. Dieses Verständnis liegt auch den Vorschriften für die Haftungserleichterungen von Providern im Internet des Telemediengesetzes (§ 8 ff. TMG) zugrunde. Es ist die Aufgabe der Kunden, ihre wirtschaftlichen Ziele des Einsatzes des IT-Systems zu beschreiben. Die Aufgabe der Anbieter ist es grundsätzlich, dafür eine technische Lösung anzubieten. Allerdings haben die Anbieter aufgrund ihrer Erfahrungen eine Beratungspflicht gegenüber den Kunden. Die Musterverträge der öffentlichen Hand für die IT-Beschaffung (herausgegeben vom Bundesministerium des Inneren)[466] gehen sogar weiter und schreiben in den Ziffern 1.1 und 2.4 EVB-IT-Systeme bzw. Ziffern 1.1 und 2.3 EVB-IT-Systemlieferungen vor, dass der Auftragnehmer für die „Herbeiführung der Betriebsbereitschaft" der Systeme alleine verantwortlich ist. Wie aus dem amtlichen Nutzungshinweisen zur EVT-Systeme Ziff. 4.7.1 hervorgeht, fällt

465 Wietfeld, Die Rolle von Verkehrssicherungspflichten bei der Abgrenzung von Dienst- und Werkverträgen, NJW 2014, 1206 f., 1209.
466 Bundesministerium des Inneren, www.cio.bund.de/DE/IT-Beschaffung/EVB-IT (letzter Abruf: 1.8.2015).

unter den Begriff der Betriebsbereitschaft nicht nur eine technische Verantwortung, sondern die Verantwortung der Umsetzung eines Pflichtenheftes. Diese Verantwortung kann ein Auftragnehmer bei internetbasierten Leistungen bzw. bei Application Service Providing und insbesondere bei Clouds nicht mehr übernehmen, weil diese Systeme nicht speziell aufgrund eines Pflichtenheftes für einen Kunden entwickelt werden, sondern weitgehend standardisierte Leistungen für eine Vielzahl von Kunden darstellen. Damit verlagert sich das technische Einsatzrisiko zunehmend auf die Kunden oder Auftraggeber. Diese haben die angebotenen Systemkonstellationen auf ihre Anforderungen zu prüfen und zu übernehmen, damit eine erhöhte Leistungsverantwortung.[467]

In diesem Zusammenhang hat sich auch eine Rechtsprechung über die Verantwortung der Inhaber von Internetanschlüssen entwickelt, auf die in diesem Buch noch eingegangen wird.[468] Auch für das IT-Sicherheitsmanagement ist der Kunde mitverantwortlich, weil diese Maßnahmen nicht nur die IT-Systeme, sondern die gesamte Systemumgebung umfassen.[469] Damit reduziert er seine eventuelle Mithaftung in Schadensfällen gemäß § 254 BGB.[470]

3.3.7 Haftung bei außervertraglichen Rechtsverhältnissen

Die deliktische Haftung nach §§ 823, 1004 BGB, § 97 Abs. 2, § 4 MarkenG, §§ 17, 18 UWG ist auf die Verletzung von gesetzlich geschützten Rechtsgütern gerichtet und setzt neben dem Verletzungstatbestand, die Rechtswidrigkeit, und beim Ersatz des Schadens Vorsatz oder Fahrlässigkeit im Sinne des § 276 BGB voraus. Sie kennt aber im Unterschied zur vertraglichen Haftung keine Fremdhaftung im Sinne des § 278 BGB oder Haftung aufgrund einer Garantie.[471]

Der Geschäftsherr haftet für eine sorgfältige Auswahl und Überwachung der Verrichtungsgehilfen; Voraussetzung ist aber, dass der Verrichtungsgehilfe einem Dritten rechtswidrig einen Schaden zugefügt hat.[472]

Die Vorschriften über eine verschuldensunabhängige Haftung der Gefährdungshaftung (§ 2 Abs. 1, 2, § 3 HPflG, § 7 STVG, § 33 LuftVG, § 89 Abs. 2 WHG, § 1 UmweltHG,

---

467 BGH, Urt. v. 16.12.2003 – X ZR 129/1 – CR 2004, 490 f.; Redeker, IT-Recht (2012), Rdnr. 307; s. Müller-Hengstenberg/Kirn, Vergabe von IT-Leistungen (2013), S. 87, 100 f.; Kirn/Müller-Hengstenberg, Die EVB-IT-Systeme – ein Mustervertrag mit Risiken? CR 2009, 69.
468 Borges, Haftung des Internetanschlussinhabers für Urheberrechtsverletzungen durch Dritte, NJW 2014, 2305.
469 Koch, IT-Projekt (2007), Kap. D, Rdnr. 415 ff.
470 Entscheidung des OLG Celle, Urt. v. 20.2.1991 – 6 U 15/90 – CR 1999, 610; OLG Hamm, Urt. v. 8.2.2007 – 12 U 26/07 – CR 2008, 77 f.; Redeker, IT-Recht (2012), Rdnr. 412.
471 Erman/Westermann, BGB (2011), § 276 Rdnr. 2; Erman/Schiemann, BGB (2011), Vor § 823 Rdnr. 4.
472 Palandt/Sprau, BGB (2013), § 831; Rdnr. 1, 3, 8; BGH, Urt. v. 12.7.1994 – V ZR 280/04 – NJW 1996, 3205, 3207.

§§ 7, 18 STVG, § 1 Abs. 2 ProdHaftG, § 8 BDSG) können bei dem vorerwähnten Beispiel außer Betracht bleiben, weil der Gesetzgeber keine entsprechende gesetzliche Ausnahmehaftung für Softwareagenten vorgesehen hat.[473] Die Gefährdungshaftung basiert immer auf dem Gedanken der „Gefährlichkeit" der Produkte für Menschen und Sachen und der Verantwortung, die gefährliche Sache in den Verkehr gebracht zu haben.[474]

Der Gesetzgeber hat im Hinblick auf die in der Regel bestehende Schwierigkeit des Nachweises des Verschuldens entweder Beweiserleichterungen (§§ 832, 839 Abs. 3 BGB, § 7 BDSG) vorgesehen oder auf ein Verschulden verzichtet, aber teilweise die Möglichkeit der Exkulpation (§ 2 ProdHaftG, § 7 Abs. 2 StVG) oder auch keine Exkulpation (§ 8 BDSG) zugestanden.[475] Die Haftung ist jedoch unterschiedlich ausgestaltet und bezieht sich aber immer auf denjenigen, der die gefährliche Sache in den Verkehr bringt oder die gefährliche Handlung durchführt. Vereinzelt wird zwar die Rechtsmeinung vertreten, dass der Hersteller nur für Schäden einzustehen hat, die im Herstellerprozess verursacht wurden, nicht aber für Schäden, die durch die Nutzung entstehen.[476]

Die außervertragliche Haftung sieht als Rechtsfolge einen Beseitigungs- und Unterlassungsanspruch als „Präventionsfunktion", ohne Verschulden und den Ersatz des Schadens nur bei Verschulden als „Ausgleichfunktion" vor. Bei diesen Rechtsfolgen hat die Schadensverhütung (Beseitigung und Unterlassung) Vorrang vor dem Ersatz des Schadens.[477] Der Unterlassungsanspruch nach §§ 823, 1004 BGB setzt jedoch eine Wiederholungsgefahr voraus.

Grundsätzliche Voraussetzung für eine Haftung aus unerlaubter Handlung (§§ 823 ff. BGB) sowie aus der Produkt- oder Produzentenhaftung ist, „dass der Schädiger durch sein Verhalten in adäquat-kausaler und objektiv zurechenbarer Weise" ein Rechtsgut des § 823 Abs. 1 BGB verletzt hat und dass dadurch ein Schaden entstanden ist. Nach der Adäquanzlehre ist eine Ursache kausal, wenn der Erfolg nach der allgemeinen Lebenserfahrung nicht außerhalb aller Wahrscheinlichkeit ist.[478] Weitere Voraussetzung ist, dass eine Rechtswidrigkeit und keine Rechtsfertigungsgründe vorliegen.[479]

---

473 Looschelders, Schuldrecht (2012), Rdnr. 1447; so Müller-Hengstenberg/Kirn, Intelligente (Software-)Agenten: eine neue Herausforderung unseres Rechtssystems? MMR 2015, 307.
474 S. hierzu Diederichsen, Umweltschadensgesetz, NJW 2007, 3377, 3380.
475 Looschelders, Schuldrecht (2012) Rdnr. 1169; Erman/Schiemann, BGB (2011) Vor § 823 Rdnr. 5. Hager in Staudinger/Eckpfeiler (2011), Kap. T Rdnr. 108.
476 S. hierzu Diederichsen, Umweltschadensgesetz, NJW 2007, 3377, 3380.
477 Hager in Staudinger/Eckpfeiler (2011), Kap. T Rdnr. 112; Looschelders, Schuldrecht (2012), Rdnr. 1430, 1434 f.
478 Schmidt, Schuldrecht (2014), Rdnr. 885. BAG, Urt. v. 24.4.2008 – AZR 347/07 – NJW 2009, 251 Rz. 53.
479 Looschelders, Schuldrecht (2012), Rdnr. 1173 f.

Bei der Rechtswidrigkeit ist nach der wohl herrschenden Rechtsmeinung[480] zwischen den unmittelbaren und mittelbaren Eingriffen in ein geschütztes Rechtsgut zu unterscheiden. Der Hintergrund dieser Unterscheidung ist die viel diskutierte Frage, ob das Konzept der Rechtswidrigkeit auf der „Lehre des Erfolgsunrechts" oder der „Lehre des Verhaltensunrechts" beruht. Unmittelbare Eingriffe wie eine Körperverletzung sind ohne weiteres rechtswidrig, sofern kein Rechtfertigungsgrund wie Notwehr vorliegt. Bei einem mittelbaren Eingriff wird der rechtswidrige Erfolg durch ein Verhalten oder Unterlassen herbeigeführt, es sein denn, es liegt ein Rechtfertigungsgrund vor. Hier spielen die Sorgfaltspflichten eine maßgebende Rolle. Wie bereits ausführlich erläutert, verfügen Computersysteme, Clouds, Softwareagenten über keine eigene Handlungs- und Geschäftsfähigkeit. Es kommt daher nach der Rechtsprechung[481] entscheidend auf das Verhalten oder die Handlungen der Entwickler, Nutzer bzw. Anwender an, was nachfolgend noch eingehend erörtert wird.

Die Frage der Rechtswidrigkeit wurde ausführlich in der „Autocomplete-Entscheidung" des BGH[482] erörtert, die sich mit der Haftung des Betreibers einer Internet-Suchmaschine für Suchwortergänzungen beschäftigt. In dieser Entscheidung erörtert der BGH die Frage, ob eine rechtswidrige Persönlichkeitsverletzung vorliegt, wenn unwahre Wortverknüpfungen durch eine „algorithmusgesteuerte Suchsoftware" herbeigeführt werden und ob ggf. Rechtfertigungsgründe vorliegen. Der BGH ging zunächst von der grundsätzlichen Feststellung aus, dass das Entwickeln und die Verwendung von Suchvorschlägen in Form von Softwareagenten eine geschützte wirtschaftliche Tätigkeit im Sinne der Art. 2 und 14 GG ist. Wenn es hierbei jedoch zu Verletzungen von geschützten Rechtsgütern kommt, kommt es nach Ansicht des BGH auf eine Güter- und Interessenabwägung an.[483] Nicht jede negative Tatsache oder Äußerung bedeutet eine Verletzung des Persönlichkeitsrechtes (Art. 1 GG), wenn beispielsweise im Einzelfall die Grundrechte der Handlungsfreiheit und Meinungsfreiheit (Art. 2, 5 GG) ein höheres Schutzinteresse genießen. Allerdings dürfen nach der Meinung des BGH unwahre Behauptungen unter dem Gesichtspunkt der Meinungsfreiheit (Art. 5 GG) nicht hingenommen werden. Anders ist die Abwägung bei einem Ärzteportal, das über die Leistungen der Ärzte Auskunft gibt. Hier überwiegt nach Ansicht des BGH[484] bei der Güterabwägung nach § 29 Abs. 2 BDSG das Kommunikationsinteresse gegenüber dem Persönlichkeitsrecht, weil das Portal den Patien-

---

480 MünchKommBGB/Wagner (2013), § 823 Rdnr. 5–7; Palandt/Sprau BGB (2015), § 823 Rdnr. 24, 36; BGH, Urt. v. 12.2.1996 – V ZR 280/94 – NJW 1996, 3205, 3207.

481 BGH, Urt. v. 16.10.2012 – X ZR 3/12 – NJW 2013, 598 f. Rdnr. 17; s. hierzu den Meinungsstand in der Literatur bei Sorge, Softwareagenten (2006), Ziff. 3.1 S. 24 ff., Ziff 9.2.2 S. 118.

482 BGH, Urt. v. 14.5.2013 – VI ZR 269/12 – NJW 2013, 2348 f. Rz. 21 (Autocomplete-Entscheidung).

483 S. hierzu auch BVerfG, Beschl. v. 25.1.2012, NJW 2012, 1500 Rz. 33; BGH, Urt. v. 17.12.2013 – VI ZR 211/12 – NJW 2014, 2029, 2032 Rz. 26; s. hierzu ausführlich Milstein, Search Engine Bais Rechtsproblem, CR 2013, 721, 725.

484 BGH, Urt. v. 23.9.2014 – VI ZR 358/13 – NJW 2015, 489 Rz. 26–28, 35 (Bewertung eines Zahnärzteportals).

ten erforderliche Information über die Leistungen von Ärzten zur Verfügung stellt. In diesem Zusammenhang ist erwähnenswert, dass der EuGH in der Google-Suchmaschinenentscheidung bei Verletzung von Datenschutzrechten von einer solchen Abwägung – in Abweichung zu einer früheren Entscheidung – in überraschender Weise absah.[485] Das Bundesverfassungsgericht verlangt in ständiger Rechtsprechung jedoch eine solche Abwägung zwischen den nach dem Grundgesetz geschützten Rechten.[486] Der BGH und auch der EuGH sind in den oben zitierten Entscheidungen jeweils von der Rechtswidrigkeit der Verletzung ausgegangen.

Die Rechtsprechung zeigt deutlich die Problemstellungen der Zurechenbarkeit einer Rechtsverletzung. bei internetbasierenden Dienstleistungen und bei Softwareagenten auf.

Wer haftet für Rechtsverletzungen, wenn Aufgaben über Internetplattformen, Cloud-Infrastrukturen, die von vielen Kunden für unterschiedliche Aufgaben genutzt werden oder durch einen autonomen Softwareagenten abgewickelt und dabei geschützte Rechtsgüter verletzt werden? Die Klärung der Haftung ist insbesondere bei der Nutzung von Internetdiensten und autonomen Softwareagenten schwierig. Soweit Dienstanbieter im Telemedienbereich handeln, sind die §§ 7 ff. TMG hilfreich. Diese Haftung wird in Teil B Ziff. 3.5.4 ausführlich erörtert.

Haftung beim Einsatz von Anwendungssystemen in ausgelagerten Rechenzentren (ASP)

Falls durch den Systemmangel, bspw. die Funktionsuntauglichkeit der Software, Datenbestände des Händlers oder der Kunden beschädigt oder vernichtet werden, trifft den Service-Anbieter, auch wenn hier keine direkten vertraglichen Beziehungen mit dem Geschädigten vorliegen, eine deliktische Haftung gemäß §§ 823 BGB oder § 1 ProdHaftG.[487]

Hat bspw. der Kunde die bestellten Blumen vertragsgemäß erhalten, wurden aber seine personenbezogenen Daten ohne seine Einwilligung an Dritte für Werbezwecke weitergegeben, so entstehen dem Kunden direkt Ansprüche wegen Unterlassung oder Schadensersatz gegenüber dem Schädiger, dem Händler oder Großhändler bzw. Unterlieferanten bzw. dem Betreiber des Softwareagenten zu.

---

485 EuGH, Urt. v. 13.5.2014 – Rs.C-131/13 – MMR 2104, 445 Rz. 74; anders der EuGH, Urt. v. 24.11.2011 – Rs. C-170/10 – CR 2012, 33, 36 Rz. 49.
486 BVerfG, Beschl. v. 25.1.2012 – 1 BvR 2499/09 u. 1 BvR 2503/09 – NJW 2012, 1500 Rz. 33.
487 So Koch, Internet-Recht (2005), § 11, A und B; OLG Karlsruhe, Urt. v. 7.11.1995 – 3 U 15795 – NJW 1996, 200 f.; Spindler, IT-Sicherheit und Produkthaftung – Sicherheitslücken, Pflichten der Hersteller und der Softwarenutzer, NJW 2004, 3145 Nr. 1; Marly, Praxishandbuch des Softwarerechts (2009), Rdnr. 1823.

Daraus ist zu ersehen, dass bei der IT-Sicherheit weitgehende Mitwirkungspflichten des Anwenders bestehen.[488] Weitere Mitwirkungspflichten sind in Teil B Ziff. 3.3.6 aufgeführt. Im Falle einer Verletzung dieser vertraglichen Mitwirkungspflichten kommt eine außervertragliche Haftung nur in dem Fall in Betracht, wenn durch die verletzende Handlung gleichzeitig ein geschütztes Rechtsgut, wie ein Persönlichkeitsrecht oder Urheberrecht, verletzt wird.

Außervertragliche Haftung der IT-Dienstleister

Die Kernfrage ist die Zurechenbarkeit einer rechtswidrigen Rechtsverletzung. Im Zivilrecht wird nach der herrschenden Äquivalenztheorie zwischen der naturwissenschaftlichen Kausalität und der Zurechenbarkeit nach der Lehre vom Schutzzweck unterschieden.[489] Keine Zurechenbarkeit liegt vor, wenn es sich um typische „Lebensrisiken" handelt und kein Verschulden im Sinne des §§ 823, 276 BGB vorliegt.[490] Allerdings ist stets zu prüfen, ob nicht besondere Verkehrssicherungspflichten in Betracht kommen.[491]

Wenn über die Nutzung bspw. eines Access oder Host-Dienstanbieters, einer Internetplattform oder eines Marktplatzes (bspw. Musik, Bücher, Zeitungen, Zahnärzte, Flugdienste usw.) Rechtsverletzungen begangen werden, so ist hier zwischen Kausalität und Zurechenbarkeit zu unterscheiden. Es haftet derjenige, dem die Verletzung in Sinne der rechtswidrigen Handlung zugerechnet werden kann.

Der BGH[492] hat mehrfach in Fällen außervertraglicher Haftung eines Störers nach § 823 BGB bzw. nach § 8 TMG die Meinung vertreten, dass derjenige als „Veranlasser" zu bezeichnen ist, der *„in irgendeiner Weise willentlich und adäquat an der Herbeiführung der rechtswidrigen Beeinträchtigung mitgewirkt hat, sofern der in Anspruch Genommene die rechtliche Möglichkeit zur Verhinderung der Handlung hatte. Dem Anspruch steht nicht entgegen, dass dem in Anspruch Genommenen die Kenntnis der die Tatbestandmäßigkeit und die Rechtswidrigkeit begründenden Umstände fehlt. Ebenso ist ein Verschulden nicht erforderlich"*.

---

488 Spindler, IT-Sicherheit und Produkthaftung – Sicherheitslücken, Pflichten der Hersteller und der Softwarenutzer, NJW 2004, 3145 f.; MünchKomm/WagnerBGB (2004),§ 823 Rdnr. 561 f.; Gola/Schomerus, BDSG (2010), § 11 Rdnr. 26 f.

489 Schmidt, Schuldrecht (2014), Rdnr. 885, 887; Vieweg in Staudinger/Eckpfeiler, BGB (2011), Kap. J Rdnr. 124; BGH, Urt. v. 26.2.2013 – VI ZR 116/12 – NJW 2013, 1679 Rz.12 „ein zufälliger Zusammenhang genügt nicht, es bedarf noch einer wertenden Betrachtung nach dem Schutzzweck".

490 Schmidt, Schuldrecht (2014), Rdnr. 888; Erman/Schiemann, BGB (2011), § 823 Rdnr. 152; MünchKommBGB/Wagner (2004), § 823 Rdnr. 283.

491 Looschelders, Schulrecht (2012), § 57 Rdnr. 1174 f.

492 BGH, Urt. v. 22.10.2010 – ZR 139/08 – CR 2011, 259; BGH, Urtv. 16.5.2013 – I ZR 216/11 – MMR 2014, 55; BGH, Urt. v. 14.5.2013 – VI ZR 269/12 – MMR 2013, 535 (Suchmaschinen für Wörterergänzungen); BGH, Urt. v. 12.7.2012 – I ZR 18/11 – MMR 2013,185; BGH, Urt. v. 31.8.2011 – 28 O 362/10 – CR 2011, 751 f; s. Härting, Internetrecht (2014), Rdnr. 2156.

Diese Definition bezieht sich auf natürliche bzw. juristische Personen. Voraussetzung ist natürlich, dass eine Wiederholungsgefahr besteht. Der BGH geht hierbei zunächst von der Kausalität im Sinne der Adäquanztheorie aus, die aber noch keine „Verantwortung" oder Zurechenbarkeit bedeutet, wenn es um die Abwägung von mehreren Rechtsgütern geht.

Wenn man diese Rechtsprechung zur Störerhaftung (§ 8 TMG) im Zusammenhang mit den Ausführungen in Kapitel Teil B. Ziff. 3.3.7 über die Vertrauenstatbestände und Haftungsfragen bewertet, so kommt es für eine Haftung wohl grundsätzlich darauf an, ob es sich um eine Verletzung handelt, die letztlich auf einen einsichtsfähigen Menschen oder auf einen „nicht einsichtsfähigen" Computer zurückzuführen ist. Bei der Frage der Kausalität und Zurechenbarkeit spielen die Grundsätze der Entscheidung des BGH[493] vom 16.10.2012 (Online-Flugbuchung) eine Rolle, die die grundsätzliche Verantwortung des Menschen aufzeigen, die Computer für die Abwicklung von Rechtsgeschäften Computersoftware bzw. digitale Intelligenz gleich welcher Art einsetzt.[494] *„Nicht das Computersystem, sondern die Person, die es als Kommunikationsmittel nutzt, gibt die Erklärung ab"*.

Bei der Frage der Rechtswidrigkeit unterscheidet der BGH weiterhin zwischen einer allgemeinen Verkehrssicherungspflicht (bspw. im Wettbewerbsrecht) und den zumutbaren Prüf- und Kontrollpflichten ab Kenntnis der Rechtsverletzung nach der Störerhaftung (§ 7 ff. TMG).[495] Eine zurechenbare Pflichtverletzung liegt nach Ansicht des BGH nur vor, wenn eine Rechtsverletzung durch die Nichtbeachtung einer bestehenden Prüf- bzw. Kontrollpflicht erfolgt und eine Wiederholungsgefahr besteht. Der BGH[496] warnt vor einer Haftungsausdehnung „über Gebühr auf Dritte" (Internetbetreiber), die die Rechtsverletzung nicht selbst vorgenommen haben. Damit werden enge Grenzen der Zurechenbarkeit sowohl für Unterlassens- als auch für Schadensersatzansprüche gesetzt.[497]

Mit anderen Worten, der „Dreh- und Angelpunkt" der Zurechenbarkeit und damit der Haftung ist das Bestehen einer Prüf- und Kontrollpflicht im Rahmen der Zumutbarkeit, soweit Hinweise auf eine Rechtsverletzung vorliegen.[498]

---

493 BGH, Urt. v. 16.10 2012 –X ZR 37/12 – NJW 2013, 598 f, Rz. 17; s. hierzu den Meinungsstand in der Literatur bei Sorge, Softwareagenten (2006), Ziff. 3.1 S. 24 ff., Ziff 9.2.2 S. 118.

494 LG Köln, Urt. v. 16.4.2002 – 9 S 289/02 – CR 2003, 613, 615; s. a. BGH, Urt. v. 26.1 2005 – VIII ZR 79/04 – CR 2005, 355 f.; so auch OLG Frankfurt, Urt. v. 29.1.2002 – 9 U 94/02 – CR 2003, 450 f.

495 BGH, Urt. v. 11.3.2004 – I ZR 304/01 – CR 2004, 764 und Urt. v. 12.7.2007 – I ZR 18/04 – CR 2004, 728 Rz. 20, 36; Gounalaki, Rechtliche Grenzen der Autocomplete-Funktion von Google, NJW 2013, 2321, 2323.

496 BGH, Urt. v. 12.7.2012 – I ZR 18/11 – NJW 2013, 784 f. (Alone in the Dark); BGH, Urt. v. 14.5.2013 – VI ZR 269/12 – CR 2013, 459, 461; s. a. Gounalaki, Rechtliche Grenzen der Autocomplete-Funktion von Google, NJW 2013, 2321.

497 Gounalaki, Rechtliche Grenzen der Autocomplete-Funktion von Google, NJW 2013, 2321, 2323.

498 S. hierzu Härting, Internetrecht (2014), Rdnr. 2167 f.

Der Umfang der Prüf- und Kontrollpflichten ist nach der Rechtsprechung mehr als unklar und unsicher.[499]

Zunächst hat der BGH[500] mehrfach die Meinung geäußert, dass die Geschäftsmodelle eines File-Hosting-Dienstes oder einer automatisierten Suchmaschine keine gefährliche Anwendung sei, aber die Gefahr einer rechtsverletzenden Nutzung fördert und daher dem Betreiber dieser Dienste Prüfungspflichten obliegen. Das OLG Hamburg[501] bemerkt in einem ähnlichen Fall ausdrücklich eingrenzend, dass eine solche Gefahr nur besteht, wenn das Geschäftsmodell des Internetanbieters gezielt auf Rechtsverletzungen ausgerichtet ist.

Neue Entscheidungen des AG Hamburg-Mitte vom 10.6.2014. und des AG Hamburg vom 24.6.2014 lehnen eine Prüfpflicht des Betreibers von Hotel WLAN und Ferienwohnungen WLAN grundsätzlich ab.[502] Auch das KG Berlin[503] sieht für den Betreiber eines Internet-Portals zur Bewertung von Beherbergungsbetrieben keine allgemeine Prüfpflicht vor.

Zu den Anforderungen an Sorgfalts- und Prüfungspflichten vermerkt der BGH[504] sehr pauschal, dass es sich um technisch und wirtschaftlich zumutbare Maßnahmen handeln kann und führt ohne technisch nachvollziehbare Begründung Einzelmaßnahmen wie bspw. Wortfilter, Linksammlung oder Sicherheitskopien auf.

Es verwundert daher nicht, dass die Rechtsprechung,[505] die zu den oben erwähnten Unterlassungsansprüchen ergangen ist, Schadenssatzansprüche in der Regel mit der Begründung abgelehnt hat, dass in der Regel nicht nachzuweisen war, dass der Anschlussinhaber „entweder Täter oder Teilnehmer einer Rechtsverletzung" war. Da es sich um deliktische Rechtsansprüche handelte, ist für die Geltendmachung von Schadensersatzansprüchen ein Verschulden erforderlich, also dass „Kenntnisse des Veranlassers über die objektiven Tatumstände und ein Bewusstsein der Rechtswidrigkeit" vorliegen.

---

499 So auch Härting, Internetrecht (2014), Rdnr. 2155.

500 BGH, Urt. v. 12.7.2012 – I ZR 18/11 – NJW 2013, 784 f., Rz. 22 (Alone in the Dark).

501 OLG Hamburg, Urt. v. 29.11.2012 – 3 U 216/06 – CR 2013, 806, 809.

502 AG Hamburg Mitte, Urt. v. 10.6.2014 – 25b C 431/12 – CR 2014, 536; OLG München, Urt. v. 29.9.2011 – 29 U 1747/11 – CR 2012, 126; s. a. Borges, Haftung des Internetanschlussbetreibers, NJW 2014, 2305, 2308.

503 KG, Urt. v. 16.4. 2013 – 5 U 63/12 – CR 2014, 333, 335.

504 BGH, Urt. v. 12.7.2012 – I ZR 18/11 – CR 2013, 190, 193; BGH, Urt. v. 15.8.2013 – I ZR 80/12 – MDR 2013, 1296 f; s. kritische Anmerkungen von Redeker, IT-Recht (2012), Rdnr. 1305; Härting, Internetrecht (2014), Rdnr. 2165.

505 BGH, Urt. v. 23.9.2003 – VI ZR 335/02 – NJW 2003, 3764 f.; EuGH, Urt. v. 12.7.2011 – Rs. C-324/09 – CR 2011, 597, Rz. 119; Redeker, IT-Recht (2012), Rdnr. 1298; s. den ausführlichen Beitrag Müller-Hengstenberg/Kirn, Intelligente (Software-)Agenten: eine neue Herausforderung unseres Rechtssystems? MMR 2014, 307.

Zumindest ist für die Geltendmachung von Ansprüchen erforderlich, dass der Provider auf Rechtsverletzungen hingewiesen worden ist.[506]

Schadensersatzansprüche sind nach der grundsätzlichen Entscheidung des EuGH vom 12.7.2011[507] nur denkbar, wenn eine haftungsbegründende Pflicht zu Sicherheitsvorkehrungen besteht. Der EuGH formuliert dieses wie folgt: „dass *dem Dienstanbieter etwaige Tatsachen und Umstände bekannt waren, auf deren Grundlagen ein sorgfältiger Wirtschaftsteilnehmer die Rechtswidrigkeit seiner fraglichen (d. h. rechtsverletzenden) Verkaufsangebote hätte feststellen müssen.*" Zudem müssen die Prüfverfahren sich in einem zumutbaren Rahmen halten.[508]

Außervertragliche Haftung bei Public Clouds

Wie bereits Teil B Ziff. 3.3.3 dargestellt, sind bei einer Public Cloud IT-Ressourcen nicht in einem Rechen- oder Servicezentrum installiert, sondern weltweit über eine virtuelle Cloud-Infrastruktur auf unterschiedliche Dienstanbieter verteilt. Dadurch wird es einem Cloud Kunden ermöglicht, je nach Bedarfsfall die Anzahl der benötigten IT-Ressourcen, bspw. Server, dynamisch zu erhöhen. Eine vorherige Festlegung der IT-Ressourcen erübrigt sich. Die technische Transparenz der Einbeziehung von externen Servern kann nur begrenzt über eine Router-Software festgestellt werden. Die Router-Software macht aber keine genauen Angaben darüber, wo Daten lokalisierbar sind und verarbeitet werden.[509]

Bei einer außervertraglichen Haftung fragt es sich, ob der Betreiber einer Cloud-Infrastruktur „willentlich adäquat-kausal" mitursächlich für die Rechtsverletzung ist, weil externe Dienstanbieter den Kunden über eine Schnittstelle ihre Server oder Software zur Nutzung bereitstellen. Eine Haftung als Mittäter (§ 830 BGB) oder Gehilfe (§ 831 BGB) kommt in der Regel nicht in Betracht, weil der Betreiber der Cloud-Inf-

---

506 BGH, Urt. v. 12.7.2012 – I ZR 18/11 – CR 2013, 190; Urt. v. 15.8.2012 – I ZR 80/12 (File-Hosting), MDR 2013, 1286 Rdnr. 19, 28; BGH, Urt. v. 19.3.2013 – VI ZR 93/12 – CR 2013, 462 Rz. 17; s. Redeker, IT-Recht (2012), Rdnr. 1279, 1285, 1287 ff., 1294, 1298; Hoeren, Internet- und Kommunikationsrecht (2012), S. 426 ff; EuGH, Urt. v. 17.7.2011 – Rs. C-324/09 – MMR 2011, 596 Rz. 119; s. hierzu die Anmerkung von Rössel, CR 2011, 589 sowie BGH, Urt. v. 12.11. 2009 – I ZR 166/07 – MMR 2010, 556.
507 EuGH, Urt. v. 17.7.2011 – Rs. C-324/09 – MMR 2011, 596 Rz. 119; BGH, Urt. v. 29.4.2010 – I ZR 69/08 – MMR 2010, 475; BGH, Urt. v. 19.10.2012 – I ZR 140/10 – NJW 2012, 1886; Hoeren, Internet- und Kommunikationsrecht (2012), S. 439, 443 f.
508 EuGH, Urt. v. 17.7.2011 – Rs C-324/09 – MMR 2011, 596 Rz. 119; BGH, Urt. v. 22.7.2010 – I ZR 139/08 – MMR 2011, 172; s. hierzu Härting, Internetrecht (2014), Rdnr. 2146, 2153.
509 Redeker, IT-Recht (2012), Kap. D Rdnr. 1127; Müller-Hengstenberg/Kirn, Vertragscharakter des Application Service Providing, NJW 2007, 2370, 2373; Lehmann/Giedke, Cloud Computing – technische Hintergründe für die territorial gebundene rechtliche Analyse, CR 2013, 608, 610; Hasso-Plattner-Institut, Technischer Bericht 44/2011: Virtualisierung und Cloud Computing, S. 33, 40 f., 43, www.hpi.uni-potsdam.de/fileadmin/hpi/Technische (letzter Abruf: 27.7.2015).

rastruktur weder ausreichende Kenntnisse über Einzelheiten der Verarbeitung von Daten auf externen Servern hat noch bewusst an einer Rechtsverletzung mitwirkt.[510]

Außervertragliche Haftung bei Softwareagenten

Die Schwierigkeit der außervertraglichen Haftung liegt bei Softwareagenten in der Zurechenbarkeit der rechtswidrigen Verletzung.

Wer hat die Verletzung begangen bzw. wem ist die Verletzung zu zurechnen? Zunächst zu klären, welche Software-Technologie zur Abwicklung von Geschäftsprozessen eingesetzt wurde. *In der Wirtschaftsinformatik*[511] wird nämlich auf die Unterschiede der konventionellen Datenverarbeitung und der autonomen Softwareagenten hingewiesen. Die konventionelle Datenverarbeitung führt – anders als die autonomen Softwareagenten – mittels Computerprogrammen Aufgaben eines Auftraggebers aus, die aber „keine eigenen Kenntnisse über den sachlichen Inhalt" erfordern. Demgegenüber benötigen autonome Softwareagenten „eine Wissensbasis", um die eigenen Kenntnisse über die Sachzusammenhänge eines Problems zu lösen. Autonome Softwareagenten können auch über eine autonome Lernfähigkeit verfügen, d. h. ihr eigenes Verhalten kann sich durch die Interaktionen mit der Umwelt und anderen Softwareagenten verändern.[512] Wie bereits erwähnt, unterscheidet *Kirn*,[513] ob Softwareagenten je nach Ihrer Gestaltung ein „einfacher Problemlöser oder kooperativ verteilte Problemlöser oder Multiagentensysteme" sind. Bei einfachen Problemlösern erfolgt die Bearbeitung von Aufgaben deterministisch, d. h. über eine Reihe von lokal agierenden Problemlösungsknoten, die in einer getesteten Gesamtarchitektur implementiert sind. Die jeweils anzuwendenden Regeln und Schritte sind durch den Algorithmus genau definiert. Bei den verteilten Problemlösern oder Multiagenten verfügen diese jeweils über ein eigenständiges autonomes Verhalten, das weder vom Entwickler noch vom Eigentümer oder Anwender vorausgesehen werden kann. Der Algorithmus ist in einem bestimmten Umfang flexibel programmiert. Die Anpassungen von Lösungsparametern eines flexiblen Algorithmus sind im Rahmen einer geänderten Wissensbasis möglich.[514] *Kirn* beschreibt[515] sehr schön den Ablauf des

510 S. hierzu OLG Hamburg, Beschl. v. 13.5.2013 – 5 W 41/13 – CR 2013, 803, 805. BGH, Urt. v. 12.2.1996 – V ZR 280/94 – NJW 1996, 3205, 3207. Siehe Schirmbacher/Engelbrecht, Suchmaschinenoptimierung, CR 2015, 659 (663).
511 So Zelewski, Einsatz von Expertensystemen in den Unternehmungen (1989), S. 18.
512 Kirn, Kooperierende intelligente Softwareagenten, Wirtschaftsinformatik Nr. 44 (2002), S. 57–60; s. a. Teil A Ziff. 4.5, Cornelius, Vertragsabschluss durch autonome elektronische Agenten, MMR 2002, 353, 354, 355; Koch, Internet-Recht (2005), § 3 III 1b; Heckmann, Internetrecht (2007), Kap. 4.1 Rdnr. 38 ff.; Sester/Nitschke, Software-Agent mit Lizenz, CR 2004, 545, 549.
513 Teil A Ziff. 3.3.
514 Teil A Ziff. 3.1 und 4.5.
515 Teil A Ziff. 3.2.

Entscheidungsprozesses: *„Die Bewertung von über die Sensorik aufgenommen Informationen anhand seiner Ziele führt zu dem Ergebnis, eine Entscheidung zu treffen"*.

Bei einer Rechtsverletzung, die durch eine autonome Reaktion bzw. Entscheidung eines intelligenten Softwareagenten – ohne menschliche Einwirkung – erfolgt, bspw. durch eine „anrüchige" Wortkombination einer „automatisierten" Suchmaschine, stellt sich die Frage nach der Verantwortlichkeit.[516] Auch hier sind die adäquate Kausalität und die Zurechenbarkeit zu prüfen. Soweit es sich um einfache, deterministisch programmierte Softwareagenten handelt, die in ein Gesamtsystem mit vorgegebenen Abläufen integriert sind, dürfte die Feststellung der adäquaten Kausalität und damit ggf. der Zurechenbarkeit nicht schwierig sein, weil Entwickler, Eigentümer und Anwender in der Regel feststellbar sind. Anders ist die Situation bei kooperativ verteilten Systemlösern oder Multiagenten, die bei komplexen Systemen eingesetzt werden. *Kirn*[517] merkt hierzu an, dass der Entwickler in der Regel wegen der Komplexität nicht in der Lage ist, eine berechenbare Lösung aufzuzeigen. Das Verhalten der Softwareagenten, insbesondere der Multiagenten, lässt sich wohl nicht vorhersehen. Schwierig, wenn nicht sogar unmöglich, ist es, die adäquate Kausalität und Zurechenbarkeit noch später festzustellen, wenn diese Softwareagenten – bspw. Multiagentensystem – in einer „offenen Umwelt" temporär agieren bzw. handeln und Entscheidungen treffen.[518]

So war die Klärung der Ursachen in dem berühmten Börsencrash an der Börse von New York am 6.5.2010 schwierig, ob ein Mangel der Funktionsfähigkeit der Computersoftware vorlag oder ob es sich um unbekannte Probleme der „sozialen Fähigkeiten" der Softwareagenten handelte, die auf unterschiedlichen Lernfähigkeiten und Lösungsmodellen beruhen. Welchen Einfluss hat der Mensch hierbei?[519]

Die Rechtsliteratur und die Rechtsprechung haben sind bisher – soweit bekannt – nicht dem Phänomen der Softwareagenten-Technologie auseinandergesetzt. Lediglich die sog. vollautomatisierten Suchmaschinen waren Gegenstand der Rechtsprechung. In diesem Zusammenhang ist die unterschiedliche Rechtsprechung vieler Obergerichte[520] zu „vollständig automatisch agierenden" Suchmaschinen interessant, die die Unsicherheit der Rechtsprechung insgesamt verdeutlicht.

---

516 Siehe hierzu: AG Frankfurt, Urt. 16.12.2014 – 30 C 280/14 – CR 2015,337 und LG Köln, Urt. 11.5.2015 – 28 O 11/15 – CR 2015, 616. Kirn/Müller-Hengstenberg, Intelligente (Software-)Agenten: Von der Automatisierung zur Autonomie, MMR 2014, 255; Müller-Hengstenberg/Kirn, Intelligente (Software-)Agenten: eine neue Herausforderung unseres Rechtssystems? MMR 2014, 307.
517 Teil A Ziff 3, 4 und 4.2.
518 Teil A Ziff 3.4.
519 Die Ausführungen beruhen auf Müller-Hengstenberg/Kirn, Intelligente (Software-)Agenten: eine neue Herausforderung unseres Rechtssystems? MMR 2014, 307.
520 OLG Hamburg, Urt. v. 20.7.2007 – 7 U 126/06 – MMR 2007, 315; OLG München, Urt. v. 29.9.2011 – 29 U 1747/11, CR 2011, 126; OLG Hamburg, Beschl. v. 2.9.2004 – 5 W 106/04 – NJW 2005, 442; OLG Hamburg, Urt. v. 29.11.2012 – 3 U 216/06 – CR 2013, 807; OLG Stuttgart, Urt. v. 17.1.2008 – 2 U 12/07 – NJOZ 2008, 5001; Härting, Internetrecht (2014), Rdnr. 2209.

Ausgangpunkt der ständigen Rechtsprechung des BGH[521] für die „Zurechenbarkeit" ist, dass der Betreiber *„in irgendeiner Weise willentlich und adäquat an der Herbeiführung der rechtswidrigen Beeinträchtigung mitgewirkt hat, sofern der in Anspruch Genommmene die rechtliche Möglichkeit zur Verhinderung der Handlung hatte. Dem Anspruch steht nicht entgegen, dass dem in Anspruch Genommenen die Kenntnis der die Tatbestandmäßigkeit und die Rechtswidrigkeit begründenden Umstände fehlt. Ebenso ist ein Verschulden nicht erforderlich".*

Überwiegend neigen die Obergerichte dazu, die „voll automatisierten" Suchmaschinenbetreiber nicht für die Ergebnisse des Suchlaufs verantwortlich zu machen, weil sich die Betreiber weder die Inhalte zu Eigen machen noch im Hinblick auf die Menge der Daten kontrollieren, geschweige denn irgendwelche Kenntnisse haben können. Die Obergerichte sehen zwar ein gewisse adäquate Zurechenbarkeit, verneinen die Rechtswidrigkeit bzw. eine Prüfungspflicht, weil die Haftung für die Verletzung von Rechtsgütern nicht „über Gebühr auf Dritte erstreckt werden soll".[522]

Anders ist die Auffassung des BGH in einer Entscheidung vom 14.5.2013.[523] Der BGH unterscheidet, ob der Betreiber von Suchmaschinen *„vollkommen passiv dem rein technischen automatischen"* Geschehen *„gegenübersteht, d. h. dass die Suchmaschine „x beliebige ergänzende Suchvorschläge" erzeugt oder ob „ein Algorithmus gesteuertes Suchprogramm auf inhaltlich weiterführende Suchvorschläge angelegt"* ist. Im letzten Fall rechnet der BGH die Störung oder Rechtsverletzung dem Betreiber der Suchmaschinen als „eigene Information" im Sinne des § 7 TMG zu. Diese Begründung des BGH ist aus technischer und damit auch aus rechtlicher Sicht fragwürdig. *Kirn*[524] beschreibt die Wesensmerkmale von autonomen Softwareagenten wie folgt:

„Softwareagenten verwenden Methoden der Künstlichen Intelligenz, um die ihnen gestellten Aufgaben zu bearbeiten, ihr eigenes Verhalten zu planen und auszuführen sowie um Voraussagen über das Verhalten ihrer Umwelt zu treffen" [...] An andere Stelle heißt es dann weiter: *„Dabei können die Kooperationsstrategien im Lauf von Kooperationsprozessen fallspezifisch angepasst oder komplett gewechselt werden – auch dies ggf. aufgrund (weitgehend) eigenständiger Entscheidung des betreffenden Softwareagenten."*

Wie schon erwähnt beruhen autonome Softwareagenten auch auf einem Algorithmus, der aber flexibel programmiert ist.

521 BGH, Urt. v. 14.5.2013 – VI ZR 269/12 – MMR 2013, 535 Rz. 34 (Suchmaschinen für Wörterergänzungen); BGH, Urt. v. 12.7.2012 – I ZR 18/11 – MMR 2013, 185; BGH, Urt. v. 31.8.2011 – 28 O 362/10 – CR 2011, 751 f.; s. Härting, Internetrecht (2014), Rdnr. 2156.
522 OLG München I, Urt. v. 7.4.2011 – 4 HK O 14409/09 – CR 2012, 126, 128; AG Hamburg-Mitte, Urt. v. 10.6.2014 – 25b C 431/13 – CR 2014, 536. A. A. LG Leipzig, Urt. v. 16.12.2014 – 1 HK O 1295714 – CR 2015, 397.
523 BGH, Urt. v. 14.5.2013 – VI ZR 269/12 – MMR 2013, 535 Rz. 16; EuGH, Urt. v. 12.7.2011 – Rs. C-324/09 – CR 2011, 597, 604 Rz.115, 116, 119, 123; BGH, Urt. v. 4.2.2010 – I ZR 51/08 – MMR 2010, 700 (PowerBall); BGH, Urt. v. 12.11.2009 – I ZR 166/07 – MMR 2010, 556 (Marions Kochbuch).
524 Teil A Ziff. 3.1 u. 3.5.2.

Der BGH verkennt, dass es keinen „sich neutral verhaltenden Softwareagenten" gibt. Jeder Softwareagent wird für eine bestimmte Aufgabe programmiert. Der Programmierer kann dabei einen mehr oder weniger flexiblen Algorithmus im Programm vorsehen.[525] Aus den Ausführungen des EuGH vom 23.3.2010,[526] ergibt sich ein besseres Verständnis, was mit der Formulierung *„rein technischer automatischer und passiver Art"* wohl gemeint ist, nämlich, *„dass der Anbieter weder Kenntnis noch Kontrolle über die weitergeleiteten oder gespeicherten Informationen hat"*. Dieses Verständnis präzisiert der EuGH[527] in einer anderen Entscheidung über die Weiterverwendung wesentlicher Teile einer Datenbank über eine „spezialisierte Metasuchmaschine". Dort heißt es, dass *„die Ausführung einer bestimmten Suchanfrage einschließlich der Darstellung der Suchergebnisse an den Endnutzer durch die spezialisierte Metasuchmaschine automatisch entsprechend ihrer Programme erfolgt, ohne dass der Betreiber in diesem Stadium eingreift. In diesem Stadium wird nur der Endnutzer tätig, der seine Suchanfrage eingibt."*

Das Verständnis der BGH-Entscheidung wird zunächst dadurch erschwert, dass Begriffe wie „voll automatisiert" und „Algorithmus gesteuert" verwendet werden, die in der Wirtschaftsinformatik[528] nicht erkennen lassen, von welcher Art eines autonomen Softwareagenten der BGH und EuGH ausgehen. Wie schon erwähnt, beruhen alle Programme auf einem Algorithmus. *Kirn* erläutert in Teil A Ziff. 3.4 die vom BGH verkannten Unterschiede von Autonomie und Automatisierung und die heuristischen Verfahren von kooperierenden Softwareagenten. Die Fachliteratur[529] geht bei Suchprogrammen von „problemlösenden" Systemen aus, die die Erarbeitung von Lösungen von komplexen Aufgaben durch die Ausführung von Suchprozessen vornehmen, anstatt dazu konventionell entwickelte Softwaresysteme einzusetzen. Diese Erarbeitung von Lösungen kann über verteilte autonome Softwareagenten erfolgen. *Kirn*[530] weist hier darauf hin, dass *„beim Einsatz von Softwareagenten der Fall eintreten kann, dass ihr Verhalten weder vom Softwareentwickler noch vom Eigentümer oder von ihrem Anwender in vollem Umfang vorhergesehen werden kann."* Wie bereits vorstehend ausgeführt, kommt es im Wesentlichen darauf an, ob die Softwareagenten deterministisch oder nicht deterministisch programmiert wurden. Mit anderen Worten, handelt es sich um einen *„einfachen Problemlöser oder um kooperativ verteilte auto-*

---

525 Zelewski, Einsatz von Expertensystemen in Unternehmen (1998), S. 22 ff.; Krcmar, Informationsmanagement (2010), Kap. 3.2.5 S. 96 f.
526 EuGH, Urt. v. 23.3.2010 – C-326/08 bis C-238/08 – NJW 2010, 2029 Rz. 113, 116.
527 EuGH, Urt. v. 19.12.2013 – Rs. C-202/12 – CR 2014, 156, 158 Rz. 28.
528 Schilling, Softwareagenten Universität Paderborn, S. 3, 7 f., www.uni-paderborn.de/cs/jevox/Seminar/Software (letzter Abruf: 2.8.2015).
529 Kirn, Teil A Ziff. 3.2.1 und 3.3.3.
530 Kirn, Teil A Ziff. 3.2.1.

nome Problemlöser oder Multiagentensysteme".[531] Für *Müller-Hengstenberg/Kirn*[532] ist nicht nachvollziehbar, dass der BGH einen Eingriff in ein *„Algorithmus gesteuertes Programm"* des Suchmaschinenbetreibers sieht, wenn ein Softwareagentensystem in Kooperation mit anderen Softwareagenten aufgrund von heuristischen Verfahren Möglichkeiten von Wortkombinationen nach den „häufigsten Eingaben" sucht und das Ergebnis als Suchvorschläge aufzeigt. Das benötigte Wissen war offensichtlich so komplex und unvollständig, dass unerwünschte Wortkombinationen nicht vorhersehbar und vermeidbar waren.

Der vom BGH (Rz. 26) gewählte Ansatz einer Unterscheidung, dass es darauf ankommt, ob eine Lösung „rein technischer, automatischer und passiver Art" ist oder ob eine Lösung durch ein Programm des Suchmaschinenanbieters erfolgt, ist aus technischer Sicht irritierend.[533] Der Gestaltungsfreiraum der kooperativen Softwareagenten bei der Problemlösung hätte subtiler bewertet werden müssen.

Das KG Berlin beschreibt in einer Entscheidung vom 16.4.2013[534] nachvollziehbar, wann der Betreiber eines Internetportals in die Bewertung von Informationen eingreift. Eine zurechenbare statistische Auswertung der eingegangen Bewertungen reicht nicht aus, wenn der Betreiber von den Ergebnissen keine Kenntnis hat. Nach dieser Entscheidung ist die automatisierte statistische Auswertung von Hotel-Bewertungen Dritter durch ein Hotel-Bewertungs-Portal von Hotels als Handlungen von „Außenstehenden" anzusehen. Verantwortlich ist demnach gemäß § 8 TMG nicht der Betreiber des Portals. Im Übrigen merkt das LG Hamburg in einer Entscheidung vom 28.4.2008[535] an, dass *„mit dem Suchergebnis sich für den Nutzer jedenfalls dann keine inhaltliche Aussage verbindet, wenn darin [...] nicht ganze Sätze der gefundenen Seite, sondern lediglich einzelne Worte („Schnipsel") aufgeführt werden."*

Klärungsbedürftig wäre gewesen, ob der Webhersteller selbst – in voller Kenntnis des Inhalts der Webseite – die Webseite ins Internet zum Abruf ggf. zur weiteren Verarbeitung durch Dritte gestellt hat, sodass diese Webseite für jede Suchmaschine abrufbar war. Der Webhersteller hat möglicherweise eher als der Suchmaschinen-Betreiber Kenntnisse von den Inhalten der von ihm veröffentlichen Website und daher eine größere Sorgfaltspflicht gehabt, es sei denn, dass er diese Daten ebenfalls über eine Suchmaschine erhalten hat.[536] Es muss allerdings angemerkt werden, dass die Art, wie autonome Softwareagenten in der Praxis genutzt werden, sehr unter-

---

531 Schilling, Softwareagenten Universität Paderborn S. 3, 7 f., www.uni-paderborn.de/cs/jevox/ Seminar/Software (letzter Abruf: 2.8.2015). Kirn, Teil A Ziff. 3.2. u. 3.4.
532 S. den ausführlichen Beitrag von Müller-Hengstenberg/Kirn, Intelligente (Software-)Agenten: eine neue Herausforderung unseres Rechtssystems? MMR 2014, 307.
533 EuGH, Urt. v. 13.5.2014 – Rs. C-131/12 – MMR 2104, 445 Rz. 33 f ; Nolte, Das Recht auf Vergessenwerden mehr als nur Hype, NJW 2014, 2238, 2239.
534 KG, Urt. v. 16.4.2013 – 5 U 63/12 – CR 2014, 533 f.
535 OLG Hamburg, Urt. v. 28.4.2006 – 324 O 993/05 – CR 2007, 330 f; ebenso OLG München, Urt. v. 29.9.2011 – 29 U 1747/11 – CR 2012, 126, 128.
536 A. A. Nolte, Das Recht auf Vergessenwerden mehr als nur ein Hype, NJW 2014, 2238 f.

schiedlich ist. Demnach ist auch der Grad der „Autonomie" der Softwareagenten unterschiedlich. Es kann im Einzelfall sicherlich zweifelhaft sein, ob gezielte Abfragen nach bestimmten Begriffen für einen bestimmten Zweck noch als autonome Problemlösung angesehen werden können, wenn die Zielvorgaben durch den Algorithmus bestimmt sind.[537] Fragwürdig ist daher vielmehr die Argumentation des BGH (Rz 26), dass die Verarbeitung von Abfragedaten in einem Programm kein rein technischer, automatischer und passiver Vorgang ist. Es kommt alleine darauf an, ob auch die Verarbeitung eine Problemlösung einer Aufgabe darstellt, die nun nicht mehr beim Entwickler, sondern stattdessen bei den Agenten autonom, ohne menschliche Mitwirkung, entschieden wird.[538] Für eine technische Bewertung des Suchmaschinenagenten ist insbesondere auf die Komplexität der Aufgabestellung, auf die Autonomie der Entscheidungsfindung, die Unvollständigkeit des erforderlichen Wissens sowie die Schwierigkeit der Entwicklung einer berechenbaren Lösung abzustellen.[539] Ein großes, nicht überschaubares und nicht lösbares technisches Problem könnte insbesondere auch bei der Verwendung von komplexen Datenmengen bestehen, die auf Webseiten von unterschiedlichen Dienstanbietern gespeichert sind. In solchen Fällen kann mangelnde Heterogenität der Daten einen nicht vorhersehbaren Einfluss auf die Struktur und Auswahl von Daten und damit auf die Lösungsqualität haben.[540] Maßgeblich ist alleine der Grad der Autonomie sowie die Lern- und Entscheidungsfreiheit im Zusammenspiel mit andern kooperativen Softwareagenten und ob diese Autonomie mit einen nicht vorhersehbaren „Reaktions- und Entscheidungsrisiken" verbunden ist.[541] Eine „Einflussnahme" des Anwenders oder Programmierers kann eigentlich nur vorliegen, wenn der „Erfolg" bzw. die Auswahl von Wörtern zielbewusst durch die Programmierung vorgegeben wird und die Problemlösung nicht autonom durch den Softwareagenten erfolgt. Der Unterschied wird durch eine Entscheidung des Bundesverfassungsgerichts vom 7.11.2003[542] verdeutlicht, dass Ranglisten über Interviews nur dann als wertende Äußerung und nicht als eine reine Tatsachenbehauptung anzusehen sind, wenn diese nicht wertfrei rein statistisch wiedergegeben werden.

---

537 Schilling, Softwareagenten Universität Paderborn, S. 3, 7 f, www.uni-paderborn.de/cs/jevox/ Seminar/Software (letzter Abruf: 27.7.2015); s. hierzu Schröder, Die vierte industrielle Revolution, Werte. Deutsche Asset & Wealth Management Nr. 8 (2013), Deutsche Bank, S. 64.

538 S. hierzu Domschke/Scholl (2006), Heuristische Verfahren, Wirtschaftsfakultät der Friedrich Schiller-Universität Jena, Ziff. 2.2; www.wiwi.uni-jena.de/papers/wp-sw0806.pdf (letzter Abruf: 3.8.2015). Bedenken haben auch: Gounalaki, Rechtliche Grenzen der Autocomplete-Funktion von Google, NJW 2013, 2321, 2324; Härting, Internetrecht (2014), Rdnr. 2085. Schirmbacher/Engelbrecht, Suchmaschinenoptimierung, CR 2015, 659.

539 Krcmar, Informationsmanagement (2010), Kap. 3.2.4, 3.2.5 S. 86 f.

540 Hoeren, Big Data und Recht (2014), S. 3 ff.

541 BGH, Urt. v. 14.5.2013 – VI ZR 269/12 – MMR 2013, 535 Rz. 25. BGH, Urt. v. 16.5.2013 – I ZR 216/11 – CR 2014, 50 Rz. 34.

542 BVerfG, Beschl. v. 7.11.2002 – I BvR 580/02 – NJW 2003, 277.

Im Hinblick auf die technischen Zweifel ist die Konzentration eines Haftungskonzepts auf die Möglichkeiten der Sicherheitsvorkehrungen, wie es das IT-Sicherheitsgesetz vom 17.6.2015 vorsieht, zu begrüßen. Diese Fokussierung wird dem Gesichtspunkt der Rechtssicherheit besser gerecht, weil „Programmierer" und Nutzer der IT-Technologie nicht grundsätzlich aus der Verantwortung genommen werden dürfen, selbst wenn die Handlungen von Softwareagenten nicht vorhersehbar bzw. überraschend sind. Es könnte eingewandt werden, dass Programmierer in voller Kenntnis der Technologie den Softwareagenten mit den Eigenschaften von nicht voraussehbaren Aktionen „geschaffen" haben oder die Nutzer die Softwareagenten in Kenntnis dieser „Eigenschaften" für ihre Aufgaben einsetzen. Deshalb sind sie auch dafür voll verantwortlich.[543] Diese Argumentation verkennt, dass es bei gewissen sehr komplexen Aufgabenstellungen mit riesigen Datenmengen – wie *Kirn*[544] beispielsweise ausführt – keine bessere technische Methode gibt, als unter Anwendung von heuristischen Verfahren, optimale Lösungsmöglichkeiten zu finden, die vorher nicht bekannt oder vorhersehbar sind. Solche Risiken bestehen auch, wenn verteilte Softwareagenten kooperativ bei Problemlösungen zusammenwirken.

Unser Rechtsystem basiert nun einmal weitgehend auf dem Grundprinzip der rechtlichen Verantwortung natürlicher Personen und stellt dabei darauf ab, dass Risiken von einsichtigen und pflichtbewussten Menschen erkannt und vermieden werden können, soweit dieses zumutbar ist.[545] In diesem Zusammenhang stellt sich die Frage der Zumutbarkeit von Prüf- bzw. Kontrollmöglichkeiten. Die bereits erläuterte Rechtsprechung des BGH[546] sieht keine uneingeschränkte Haftung für Störungen vor, sondern macht diese von Zumutbarkeitsaspekten wie die Verletzung von Sorgfalts- oder Prüfungspflichten abhängig. Auch nach der allgemeinen Rechtsauffassung anderer Gerichte reicht die reine Kausalität für eine Störungshaftung nicht aus. Im Interesse einer Begrenzung der Haftung fordert der BGH, dass der Betreiber trotz Kenntnis von Verletzung von Rechtsgütern keine oder keine ausreichenden Sicherheitsvorkehrungen getroffen bzw. Prüfungspflichten verletzt hat.

Die Frage, welche Sicherheitsvorkehrungen getroffen werden können, ist bei autonomen Softwareagenten sehr schwierig zu beantworten. Wie von *Kirn* in Teil A Ziff. 3.2. und 4 ausgeführt, wird im Schrifttum der Wirtschaftsinformatik[547] darauf hingewiesen, dass es nach dem heutigen Stand der Technik kaum möglich ist, für

---

543 S. hierzu Sorge, Softwareagenten (2006), Ziff. 3.1.3 S. 26; Cornelius, Vertragsabschluss durch autonome elektronische Agenten, MMR 2002, 353, 355.
544 Teil A Ziff. 3.2 und 4 des Buches.
545 Brox/Walker, BGB (2010), § 33 Rdnr. 704, § 34 Rdnr. 728. MünchKomm/Wagner (2013), § 823 BGB Rdnr. 18, 60, 242, 337, 340; Palandt/Sprau, BGB (2015), § 823 BGB Rdnr. 24, 28, 95; BGH, Urt. v. 12.2.1996 – V ZR 280/94 – NJW 3205, 3207.
546 Siehe Fn. 541; s. Übersicht Gounalakis, Rechtliche Grenzen der Autocomplete-Funktion von Google, NJW 2013, 2321, 2323.
547 Sorge, Softwareagenten (2006), Kap. 2.2. 2. S. 8 und Kap. 9.2.2 S. 117; Kirn, Kooperierende intelligente Softwareagenten, Wirtschaftsinformatik Nr. 44 S. 53–63.

alle möglichen Problemlösungen auch Vorkehrungen zu treffen, weil autonome Softwareagenten nach einem „eigenen Lernprozess" Problemlösungen aufzeigen. *Kirn/ Müller-Hengstenberg*[548] beschreiben ausführlich, dass diese Softwareagenten in der Lage sind, im Laufe der Zeit ihr Anpassungs- und Kooperationsverhalten zu verändern und auch über die ursprünglich vom Entwickler vorgesehene Funktionalität hinausgehen. Dies gilt insbesondere bei Softwareagenten, die eigenständig aufgrund nicht deterministischer Verfahren Problemlösungen erzeugen.

Auch das IT-Sicherheitsgesetz vom 12.6.2015 führt zu keinen anderen Erkenntnissen, weil auch hier auf die Möglichkeiten und Zumutbarkeit von Sichermaßnahmen abgestellt wird. Die oben erörterte BGH-Entscheidung wie auch die sonstige Rechtsprechung[549] haben sich bisher nur andeutungsweise mit den Möglichkeiten und der Zumutbarkeit im Sinne der § 275 Abs. 1 und Abs. 2 BGB von Sicherheitsvorkehrungen und Prüfungspflichten bei voll autonomen Softwareagenten oder Suchmaschinen auseinandergesetzt. Es ist auch zweifelhaft, ob sich die mehrfach geforderte Filtersoftware als eine allgemein zuverlässige Sicherheitsvorkehrung erweist.[550] Interessant ist in diesem Zusammenhang eine Entscheidung des OLG Düsseldorf[551], die zu den Anforderungen an die Datensicherheit anmerkt, dass alle Sicherungen einem „raschen Wandel des Standes der Technik" unterliegen und ständig angepasst werden müssen.

Dieser ständige Wandel der Technik erschwert aber auch die Festlegung von orientierbaren Sicherheitsanfoderungen und damit möglichweise auch die Haftung für unzureichende Sicherheitsvorkehrungen. Hierbei ist zu bedenken, dass technische Sicherheitsvorkehrungen der Computerprogramme vielfach weltweit entwickelt werden und nicht immer bekannt und öfters wegen ihrer Effektivität unumstritten sind.

Der BGH[552] führt in einer Entscheidung, wenn auch in einer anderen Fallkonstellation, die Gesichtspunkte für eine objektive Unmöglichkeit im Sinne des § 275

---

548 Kirn/Müller-Hengstenberg, Intelligente (Software-)Agenten – von der Automatisierung zur Autonomie? MMR 2014, 255.

549 So auch BGH, Urt. v. 11.3 2009 – I ZR 114/06 – MMR 2009, 341 (Ebay Mitgliedskonto); a. A. OLG Frankfurt, Urt. v. 20.12.2007 – 11 W 58/07 – CR 2008, 243 (Überwachungspflicht der Eltern) und BGH, Urt. v. 11.5.2011 – VIII ZR 289/09 – MMR 2011, 447 und BGH, Urt. v. 12.7.2012 – I ZR 18/11 – NJW 2013, 784 Rz. 28; siehe Hoeren, Internet- und Kommunikationsrecht (2012), S. 433 f. u. 440 f.; Redeker, IT-Recht (2012), Rdnr. 1319 ff.

550 BGH, Urt. v. 12.7.2012 –I ZR 18/11 – CR 2013, 192 f. = MMR 2013, 294, 296; BGH, Urt. v. 16.5.2013 – I ZR 216/11 – CR 2014, 50 = MMR 2014, 55, 58; Erman/Ebbing, BGB (2011), § 1004 Rdnr. 127, 135; s. den ausführlichen Beitrag von Müller-Hengstenberg/Kirn, Intelligente (Software-)Agenten: eine neue Herausforderung unseres Rechtssystems? MMR 2014, 307.

551 OLG Düsseldorf, Urt. v. 30.12.2014 – I 22 U 130/14 – CR 2015, 390.

552 BGH, Urt. v. 13.1.2011 – III ZR 87/10 – NJW2011, 756 f.; BGH, Urt. v. 23.6.2005 – VIII ZR 281/04 – NJW 2005, 2852, 2864; BGH, Urt. v. 16.5.2014 – V ZR 181/13 – MDR 2014, 891 Rdnr. 23; OLG Düsseldorf, Urt. v. 18.10.1990 – 6 U 73/87 – CR 1992, 724; s. die kritischen Anmerkungen von Hoeren zu BGH, Urt. v. 12.7.2012 (Alone in the Dark) – I ZR 18/11 – MMR 2013, 185.

Abs. 1 BGB auf, die auch bei autonomen Softwareagenten wesensmäßig vorliegen. Es kommt darauf an, ob „nach den Naturgesetzen oder dem Stand von Wissenschaft und Technik" die Reaktionen der autonomen Softwareagenten kontrollierbar bzw. steuerbar sind. Im Rechtsschrifttum[553] ist anerkannt, dass wenn ein Virus in einem Computerprogramm trotz Sicherheitsvorkehrungen nicht vermeidbar ist, kein Verschulden vorliegt. Dies gilt auch für die Homogenität von komplexen Daten.[554] Es fragt sich aber, ob dennoch ein Anspruch auf Unterlassen oder Beseitigung von „Störungen" vertretbar ist, weil für solche Ansprüche ein Verschulden nicht vorausgesetzt wird. In Anlehnung an die oben zitierte BGH-Entscheidung ist nach dem heutigen Stand von Wissenschaft und Technik ein Virenbefall eines Computersystems nicht ausschließbar. Aufgetretene Störungen können zwar behoben werden, aber weitere Störungen sind nicht absolut vermeidbar. Man kann hier zu der Auffassung kommen, dass es sich hierbei um allgemeine Lebensrisiken handelt, mit denen jeder Nutzer der IT-Technologie rechnen muss.[555]

Unterstützung findet diese Meinung in der Rechtsprechung zu Unfällen durch automatisch schließende Türen. In einer Entscheidung des OLG Düsseldorf vom 6.9.2006[556] heißt es: *„Da eine jeglichen Schadensfall ausschließende Verkehrssicherung nicht erreichbar ist und auch die berechtigten Verkehrserwartungen nicht auf einen Schutz von allen denkbaren Gefahren ausgerichtet sind, beschränkt sich die Verkehrssicherungspflicht auf [...] Maßnahmen, die nach den Gesamtumständen zumutbar sind und die ein vernünftiger und umsichtiger, in vernünftigen Grenzen vorsichtiger Mensch für notwendig und ausreichend hält [...]."* Dann heißt es weiter: *„haftungsbegründend wird die Nichtabwendung einer Gefahr erst dann, wenn sich vorausschauend für einen sachkundiges Urteil die naheliegende Möglichkeit ergibt, dass Rechtsgüter anderer Personen verletzt werden können."* Die Entscheidung kommt zu dem Schluss, dass ein Fahrgast in der Lage sein muss, sich auf Einrichtungen wie automatisch schließende Türen einzustellen und schließt in Abwägung der Betriebshaftung und des Verschuldens des Verletzten daher eine Haftung des Betreibers der Bahn aus. Nach dieser Entscheidung ist die Haftung von den üblichen vorhandenen Kenntnissen von Bürgern über die Funktionsweise von automatischen Türen abhängig. Aus dieser und den anderen Entscheidungen kann zumindest der Grundtenor entnommen werden, dass im Hinblick auf die zunehmende Digitalisierung bzw. Automatisierung fast alle Gebrauchsgegenstände, wie Autos oder Haus- oder Haushaltstechnik, von den Nutzern gewisse Kenntnisse über die Funktionsweise und Risiken der automatisier-

---

553 Koch, Haftung für die Weiterverbreitung von Viren durch E-Mail, NJW 2004, 801, 807.

554 Hoeren, Big Data und Recht (2014), S. 4, 5; BGH, Urt. v. 16.5.2014 – V ZR 181/13 – MDR 2014, 891 Rdnr. 23.

555 Gleß/Weigand, Intelligente Agenten und das Strafrecht, ZSTW 2014, 126 (3): S. 27; Erman/Ebert, BGB (2011), Vor § 249 Rdnr. 69; s. hierzu BGH, Urt. v. 4.5.1993 – VI ZR 283/92 – NJW 1993, 2234.

556 OLG Düsseldorf, Urt. v. 6.9.2006 – I 19 U 10/06 rkr. – MDR 2007, 524; KG Berlin, Urt. v. 15.1.2004 – 22 U 66/03 rkr. – MDR 2004, 937; OLG Koblenz, Urt. v. 15.3.2000 – U 778/89 – MDR 2000, 1375.

ten Techniken und eine gewisse Sorgfalt erwartet werden kann, um einen Ausgleich für Schäden durch die automatisierte Technik erhalten zu können. Eine vergleichbare Situation ist bei den zunehmend automatisierten Kraftfahrzeugen zu beobachten (siehe Teil B Ziff. 3.4.2).

Es stellt sich die Frage, ob diejenigen, die Vorteile der „Vollautomatisierung", besser der Autonomie der Softwareagenten in Anspruch nehmen, auch in gewissen zumutbaren Rahmen das Haftungsrisiko übernehmen müssen.

Die Sicherheitsvorkehrungen bei Softwareagenten

Wie vorstehend ausgeführt, kommt es für die Haftung wegen einer Rechtsverletzung entscheidend auf die Zurechenbarkeit und Rechtswidrigkeit an. Da Verletzungen nicht direkt durch einen Menschen, sondern mittelbar über IT-Systeme erfolgen, sind Verhalten und Handlungen der Entwickler, Nutzer und Kunden von maßgeblicher Bedeutung. Die Rechtsprechung stellt daher auf Sorgfalts- bzw. Prüf- und Kontrollpflichten ab, soweit solche zumutbar sind.

Es ist wohl unbestritten, dass der Einsatz von autonom agierenden Softwareagenten besondere Vorkehrungen zur Vermeidung von Schäden erfordert, weil autonome Softwareagenten ein „Eigenleben" haben, das vielfach nicht voraussehbar und vermeidbar ist. Es geht hier also um eine allgemeine Verkehrssicherpflicht im Sinne des § 823 BGB. Nur die Haftung von Dienstleistern für fremde Informationen im Netz erfährt nach § 7 ff. TMG gewisse Erleichterungen.[557]

Wie *Kirn*[558] in diesem Buch beschreibt, ist der Einsatz von Softwareagenten in einem Anfangsstadium und mit vielen Problemen behaftet. Nach dem heutigen Stand der Wissenschaft und Technik sind unvorhersehbare Aktionen und Problemlösungen von Softwareagenten nicht vorhersehbar und vermeidbar. Auch umfangreiche Tests können die Möglichkeiten von unvorhersehbaren Problemlösungen, wie sie in einem Beitrag von *Kirn/Müller-Hengstenberg*[559] beschrieben sind, nicht ausschließen. Es gibt sicherlich keine allgemeingültigen Anforderungen an Verkehrssicherungspflichten, bspw. an den Testumfang.[560] Die Verkehrssicherungsmaßnahmen sind sicherlich von der Art und dem Umfang der Nutzung und der damit potenziell möglichen Gefahren abhängig, bspw. bei der Verarbeitung von personenbezogen Daten oder Börsendaten.[561]

Bei Computersoftware – aber insbesondere bei autonomen Softwareagenten usw. – dürfte es sehr schwierig sein, alle potenziell möglichen Verzweigungen und

---

557 Gounalaki, Rechtliche Grenzen der Autocomplete-Funktion von Google, NJW 2013, 2321, 2323.
558 Teil A Ziff. 3.1 und 3.4.1 u. 4.3.4.
559 Kirn/Müller-Hengstenberg, Intelligente (Software-)Agenten: Von der Automatisierung zur Autonomie, MMR 2014, 255.
560 Stahlknecht/Hasenkamp, Wirtschaftsinformatik (2005), 4.3.4 (S. 113) und 5.5 (S. 203).
561 Hager in Staudinger/Eckpfeiler (2011), Kap. T, II Rdnr. 606–608.

Alternativen von Lösungen vor dem Einsatz auszutesten. Dabei müssen sich die Sorgfaltsmaßnahmen im Rahmen des Zumutbaren halten. Gerade bei der Verwendung von komplexen, nicht heterogenen Daten bestehen große Probleme für die Erkennung und Homogenisierung dieser Datenmengen.[562] Nichts anderes fordert im Übrigen das IT-Sicherheitsgesetz vom 12.6.2015 (§ 8a). Nach den vorstehenden Ausführungen hat der Betreiber eines autonomen Softwareagenten einen Schaden dann „zu vertreten", wenn er nach dem Stand der Technik übliche oder zu erwartende Qualitätsmaßnahmen vernachlässigt hat, die eine störungsfreie Arbeitsweise des Softwareagenten absichern sollen.

Der technische Bericht des Hasso-Plattner-Instituts der Universität Potsdam von 2011 zur Virtualisierung und Cloud-Computing zeigt die Vielfalt der technischen Probleme bei Software as Service in einer Cloud auf, die ebenso bei Softwareagenten, insbesondere bei kooperierenden autonomen Softwareagenten auftreten können. Die Themen Schnittstellen, Syntax sowie Semantik der Daten, in denen die Datensätze von Anwendungen angelegt werden, sind vielfach nicht bekannt oder erkennbar und erschweren daher die Festlegung von Sicherheitsvorkehrungen.[563] Die bisherige Rechtsprechung[564] zeigt sich weitgehend unsicher, welche Sicherheitsmaßnahmen angemessen und zumutbar sind. Wortfilter und konventionelle Überprüfung sind sicherlich keine ausreichenden Anregungen und könnten auch im Einzelfall für das Geschäftsmodell belastend sein, was die Rechtsprechung aber vermeiden möchte.

Eine wichtige Voraussetzung für einen „verschuldeten" Schaden ist, ob der Anwender des Softwareagenten diese „Gefahr" voraussehen konnte und durch Vorkehrungen hätte vermeiden können. In diesem Zusammenhang ist, ähnlich wie bei der Produkthaftung, zu klären, ob der Betreiber der autonomen Softwareagenten alle nach dem derzeitigen Stand der Wissenschaft und Technik erforderlichen Sicherheitsmaßnahmen unternommen hat, Fehlentscheidungen der intelligenten Softwareagenten zu vermeiden. Hier ist an ausreichende Tests der Softwareagenten mit vorhersehbaren Datenkombinationen zu denken. Im Hinblick auf all diese Probleme der Fehlererkennung und -vermeidung sind Vorstellungen über eine Art Gefährdungshaftung für autonome Softwareagenten verständlich, nach der derjenige, der *„typischerweise gefährliche Sachen besitzt oder ein typischerweise gefährliches Verhal-*

---

562 Hager in Staudinger/Eckpfeiler (2011), Kap. T, II Rdnr. 606–608; Hoeren, Big Data und Recht (2014), S. 3.
563 Hasso-Plattner-Institut, Technischer Bericht 44/2011: Virtualisierung und Cloud Computing, Ziff. 3.1.3, www.hpi.uni-potsdam.de/fileadmin/hpi/Technische (letzter Abruf: 27.7.2015); Hoeren, Big Data und Recht (2014), S. 3 ff.
564 BGH, Urt. 12.7. 2012 – I ZR 18/11 – MMR 2013, 185 mit der kritischen Anmerkung von Hoeren; BGH, Urt. v. 14.5.2013 – VI ZR 269/12 – NJW 2013, 2346; BGH, Urt. v. 16.5.2013 – I ZR 216/11 – NJW 2014, 50 Rdnr. 47, 54; Gounalkis, Rechtliche Grenzen der Autocomplete-Funktion von Google, NJW 2014, 2321, 2324; Bräutigam/Klindt, Industrie 4.0, das Internet der Dinge und Recht, NJW 2015, 1137, 1142; Spindler, IT-Sicherheit und Produkthaftung – Sicherheitslücken, Pflichten der Hersteller und der Softwarenutzer, NJW 2004, 3145 f.

ten an den Tag legt, für die Schadensfolgen aufzukommen sollte, wenn sich das typische Risiko verwirklicht"[565] Eine Ausnahme besteht nur dann, wenn die Risiken nach dem Stand von Wissenschaft und Technik nicht bekannt oder erkennbar waren und sich auch nach längerer Zeit des Einsatzes keine auffälligen Risiken zeigten.[566] Zu beachten ist, dass nach der Rechtsprechung des BGH[567] der Einsatz von Computern, Cloud-Computing oder Softwareagenten nicht als Gefahrenquelle oder gefährliche Sache angesehen wird.

Wie in Teil B Ziff. 2.1. ausgeführt, steht der Mensch im Mittelpunkt der Werteordnung unserer Verfassung (Art. 1, 2, 3, 5 GG) die ihm Privatautonomie garantiert, d. h. das Recht der Selbstgestaltung der Rechtsverhältnisse nach seinem Willen. Als Träger von Rechten und Pflichten[568] ist er berechtigt, selbst durch eigenes Handeln Rechtsfolgen herbeizuführen. Aber er ist auch verpflichtet, seine Verhaltensweise so einzurichten, dass andere Rechtsgüter nicht verletzt werden.[569] Diese Rechte und Pflichten gelten auch, wenn der Mensch dazu Hilfsmittel wie Werkzeuge, Maschinen, Telekommunikationseinrichtungen, Computer zu seiner Unterstützung einsetzt. Er ist nur befreit, wenn er gemäß §§ 276 Abs. 1 S. 2, § 827, 828 BGB nicht zu einer freien Willensentscheidung fähig ist.

Schon aus dieser grundgesetzlichen Sicht ist der Mensch für jede Art der Nutzung oder des Einsatzes von Computern, Internetdiensten und autonomen Softwareagenten verantwortlich. Dieser Gedanke geht verständlich aus der Entscheidung des LG Köln[570] hervor: *„Die Erklärung ist, obgleich automatisiert auf Grund vorheriger Programmierung (also mittels „Auto Reply") abgegeben, der Beklagten (Verkäufer) als eigene Willenserklärung zu zurechnen, weil der eingesetzte Rechner nur Befehle ausführt, die zuvor mittels Programmierung von Menschenhand festgelegt wurden, und die Erklärung deshalb ihren Ursprung in einer von der Beklagten veranlassten und auf ihren Willen zurückgehende Handlung hat."* Auch autonome Softwareagenten werden von Menschen programmiert und erhalten von diesen einen flexiblen Algorithmus, der die Software befähigt, autonom, ohne weitere menschliche Einwirkung Lösungen zu finden oder Entscheidungen zu treffen.

Es ist jedoch zweifelhaft, ob aus dem Grundgesetz eine so allgemeine soziale Schutzpflicht entnommen werden kann. In dem Rechtsschrifttum[571] besteht Einigkeit

---

565 Erman/Schiemann, BGB (2011), Vor § 823 Rdnr. 5.

566 Kullmann, ProdHaftG (2010), § 1 Rdnr. 69. BAG, Urt. v. 14.4.2008 – 8 AZR 347/07 – NJW 2009, 251 Rz. 53.

567 BGH, Urt. v. 12.7.2012 – I ZR 18/11 – NJW 2013, 784 f. (Alone in the Dark).

568 Wolff/Bachof/Stober/Kluth, Verwaltungsrecht (2007), § 32 Rdnr. 2;

569 MünchKommBGB/Wagner (2013), § 823 BGB Rdnr. 53; Brox/Walker (2010), § 33 Rdnr. 704; § 34 Rdnr. 728.

570 LG Köln, Urt. v. 16.4.2002 – 9 S 289/02 – CR 2003, 613, 615; s. a. BGH, Urt. v. 26.1.2005 – VIII ZR 79/04 – CR 2005, 355 f.

571 Koch, Haftung für die Weiterverbreitung von Viren durch E-Mails, NJW 2004, 801, 803; Huber in Staudinger/Eckpfeiler (2011), Kap. D. Rdnr. 50.

darüber, dass es keine generelle Pflicht gibt, andere vor Schäden zu bewahren. Lediglich wenn eine konkrete Gefahr von einer Sache ausgeht, besteht für den Besitzer oder Eigentümer, also für die Person, die die Sache „beherrscht", die Verpflichtung, Vorkehrungen zur Vermeidung des Gefahreneintritts zu treffen. Die Vorschriften der §§ 275, 276, 823, 827, 828, 1004 BGB zeigen die Grenzen der Verantwortlichkeit bzw. der verantwortlichen Zurechenbarkeit auf.[572] Zudem entspricht der Vorrang der Schadensverhütung (Beseitigung und Unterlassung) vor dem Ersatz des Schadens bei den Rechtsfolgen dem Grundsatz der Verhältnismäßigkeit des Art. 20 GG, der auf die mildeste Möglichkeit des Erreichens des verfolgten Zwecks abstellt.[573] Es kommt somit in jedem Einzelfall auf die Erkennbarkeit der Probleme und auf die technischen Möglichkeiten von Sicherungsmaßnahmen nach dem Stand von Wissenschaft und Technik an.

Überlegenswert sind im Hinblick auf die fortschreitende technologischen Entwicklungen, die dem Menschen sicherlich Vorteile bringen, ob nicht in einem gewissen Umfang ein allgemeines Lebensrisiko besteht, nach dem der Nutzer oder Kunde des Softwareagenten ein gewisses Risiko der Nutzung übernommen hat, also eine Art mitwirkendes Verschulden im Sinne des § 254 BGB oder sogar ein Übernahmeverschulden vorliegt, welches den Betreiber des autonomen Softwareagenten entlasten könnte, wenn der Kunde diese technische Situation der Softwareagenten bei Vertragsabschluss kannte und sozusagen in Kauf genommen hat.[574]

Für die Frage der Haftung könnten die Vorschläge der *Projektgruppe des Forschungsprojektes „Trusted Cloud" des Bundesministers für Wirtschaft und Technologie*[575] in Betracht kommen, die ein Authentisierungsverfahren für den Einsatz von Cloud-Infrastrukturen empfehlen. Ein weiterer denkbarer Ansatz für die Anforderungen an die Verkehrssicherheit der autonomen Softwareagenten sind die Sicherheitsanforderungen des Bundesamtes für Sicherheit in der Informationstechnik für Cloud Computing Anbieter vom Februar 2012 (Kapitel 6 bis 10).[576] Diese Vorschläge haben den Vorteil, dass sie nicht auf Fälle der Produzenten- und Produkthaftung begrenzt sind, sondern für alle Arten von IT-Leistungen anwendbar sind. Diese Haftungsvorstellungen sind das Grundverständnis des IT-Sicherheitsgesetzes vom 12.6.2015, das

---

572 BGH, Urt. v. 16.5.2014 – V ZR 181/13 – MDR 2014, 891 Rdnr. 23.

573 Jarass/Pieroth, GG (2011), § 20 Rdnr. 83 f.; Hager in Staudinger/Eckpfeiler (2011), Kap. T Rdnr. 112; Loosschelders, Schuldrecht (2012), Rdnr. 1430, 1434 f.

574 Erman/Westermann, BGB (2011), § 276, Rdnr. 10; Koch, Haftung für die Weiterverbreitung von Viren durch E-Mails, NJW 2004, 801, 803.

575 Bundesminister für Wirtschaft und Technologie, Sicherheitsempfehlungen für Cloud Computing Anbieter (Februar 2012), S. 20, www.bmwi.de/BMWI/Redaktion/Publikationen (letzter Abruf: 27.7.2015); Bundesamt für Sicherheit in der Informationstechnik, Sicherheitsempfehlungen für Cloud Computing Anbieter (Februar 2012), S. 20 f., www.bsi.bund.de/SharedDocs/Downloads/DE/BSI (letzter Abruf: 27.7.2015).

576 S. den ausführlichen Beitrag von Müller-Hengstenberg/Kirn, Intelligente (Software-)Agenten: eine neue Herausforderung unseres Rechtssystems? MMR 2014, 307.

leider nur für einen begrenzten Anwenderkreis gilt und keine konkreten Sicherheits-maßnahmen aufzeigt.[577] Eine Haftung für autonome Softwareagenten sollte zunächst auf dem Grundsatz der adäquaten Kausalität und Zurechenbarkeit beruhen. Maß-geblich ist für eine Haftung immer, ob ein Verstoß gegen zumutbare und mögliche Verkehrssicherungspflichten vorliegt. Dabei kommt es sicherlich bei dem Nutzer oder Anwender dieser neuen Technologie darauf an, was objektiv für einen verant-wortungsbewussten und einsichtigen Menschen möglich und zumutbar ist. Erschwe-rend ist sicherlich, dass technische Möglichkeiten einem „rasanten Wandel des Standes der Technik" unterliegen, der nicht leicht zu verfolgen ist. (OLG Düsseldorf, Urt. v. 30.12.2014) Zusammenfassend ist demnach in Bezug auf den Fall Teil B Ziff. 3.1 festzustellen: Wenn die mangelhafte Leistung auf einem Mangel der Systemsoft-ware entweder des Großhändlers oder des Unterlieferanten beruht, so gilt gegenüber dem jeweiligen Käufer die gleiche Haftungskette. Der Einsatz des IT-Systems bzw. von Softwareagenten ist lediglich als technisches Hilfsmittel der Erfüllungshandlungen anzusehen und begründet keinen eigenständigen Haftungstatbestand.[578]

Störer-Haftung der Internetdienstanbieter nach dem Telemedienrecht

Durch das Gesetz über die rechtlichen Rahmenbedingungen für den elektronischen Geschäftsverkehr vom 14.12.2001 (BGBl. 2001, S. 3721)[579] wurden erstmalig für die Dienstanbieter im Netz wie Provider Rahmenbedingungen für die Haftung geschaf-fen, die in einem gewissen Umfang die Verantwortlichkeit für Rechtsverstöße ein-schränkt. Von besonderer Bedeutung ist das Telemediengesetz (TMG), das auf der EG-Richtlinie 2000/31/EG basiert.

Das TMG hat keine eigene Haftungsbegründungsfunktion, sondern klärt sozusa-gen im Vorfeld, ob die Haftung eines Dienstanbieters nach den allgemeinen gesetz-lichen Vorschriften des Zivil-, Straf- und Verwaltungsrechts, bspw. wegen Verletzung des Persönlichkeitsrechts (§ 823 Abs. 1 BGB) infolge der Haftungsprivilegierung, nach dem TMG ausgeschlossen wird.[580]

Dieses Gesetz ist von dem Telekommunikationsgesetz (TKG) zu unterscheiden, das nur auf Anbieter von technischen Einrichtungen oder Systemen anwendbar ist, die als Nachrichten identifizierbare elektromagnetische oder optische Signale senden, übertragen, empfangen, steuern oder kontrollieren können (§ 3 Nr. 23 TKG).

---

577 Heinickel/Feiler, Der Entwurf für ein IT-Sicherheitsgesetz – europäischer Kontext und die Bedürf-nisse der Praxis, CR 2014, 708. Siehe auch OLG Düsseldorf, Urt. v. 30.12.2014 – I-22 U 139/14 – CR 2015, 390.

578 Koch, Internet-Recht (2005), § 3 III, 1 b.

579 Neuste Fassung vom 26.2.2007, BGBl. S. 179.

580 Hoeren, Internet- und Kommunikationsrecht (2012), S. 696 f.; Heckmann, Internetrecht (2007), Kap. 1.7 Rdnr. 62; Haug, Internetrecht (2010), Rdnr. 272, 287 f.

Das TKG sieht keine Haftungserleichterung, wohl aber eine Haftungsbegrenzung für Vermögensschäden vor (§ 44a Abs. 1 TKG: höchstens 12.500 Euro pro Endbenutzer).[581]

Das KG Berlin[582] betont ausdrücklich, dass das Haftungsprivileg des Hostproviders auch im Strafrecht anwendbar ist, auch bei einem bedingten Vorsatz, nicht jedoch bei positiver Kenntnis von dem strafrechtlichen Handeln. Demzufolge ist zunächst von den allgemeinen gesetzlichen Voraussetzungen für eine Haftung nach dem BGB (bspw. §§ 241, 276, 823 BGB) auszugehen. Die Rechtsprechung, insbesondere der BGH, wendet aber die Haftungserleichterung des § 10 TMG nur auch auf Schadensersatzansprüche und nicht auf

Ansprüche auf Unterlassung oder Beseitigung der Störung an, bei denen sich die Haftung auf die Einhaltung von allgemeinen Verhaltens- oder Sorgfaltspflichten bezieht. Wie bereits ausgeführt, begrenzt der BGH auch eine Haftung für Unterlassen auf die Verletzung einer zumutbaren Prüfpflicht ab dem Zeitpunkt der Kenntnis von Rechtsverletzungen.[583] Das TMG dient dem Schutz der Teilnehmer von Kommunikationsdiensten und dient der Klarstellung von Verantwortlichkeiten bei diesen Diensten.

Bekanntlich stellen die Dienstleister nicht nur technisch oder organisatorische Mittel zur Verfügung, sondern unterstützten die Teilnehmer an den Kommunikationsdiensten in vielfacher Weise.[584] Sie eröffnen durch ihre Infrastruktur bzw. Plattform eine „Gefahrenquelle".[585]

Die TMG dienen der Klarstellung und Erleichterung der Haftung der Dienstanbieter also von Access- oder Host-Providern oder Content-Anbietern, wenn über ihre Plattformen oder Infrastruktur fremde Inhalte übermittelt oder gespeichert werden. Diese Dienstanbieter trifft nach § 7 Abs. 2 TMG zunächst keine allgemeine Überwachungs- bzw. Kontrollverpflichtung der fremden Inhalte.[586] Grundsätzlich ist der Dienstanbieter nur für eigene und nicht für fremde Informationen verantwortlich (§ 7 Abs. 1 TMG). Nach der Rechtsprechung des BGH[587] besteht erst dann eine Prüfungspflicht, wenn ein Hinweis auf eine konkrete Rechtsverletzung gegeben wurde. Für fremde Informationen ist der Dienstanbieter auch nicht verantwortlich, es sei denn,

---

581 S. im Einzelnen Mantz/Sassenberg, Rechtsfragen beim Betrieb von öffentlichen WLAN-Hotspots, NJW 2014, 3537 f.

582 KG Berlin, Beschl. v. 28.8.2014 – 4 Ws 712714-141 AR 363/14 – NJW 2014, 3798 Rdnr. 16.

583 BGH, Urt. v. 11.3.2004 – I ZR 304/01 – CR 2004, 764 f; BGH, Urt. v. 14.5.2013 – VI ZR 269/12 – NJW 2014, 459 Rz. 20; Hoeren, Internet- und Kommunikationsrecht (2012), S. 24; Härting, Internetrecht (2014), Rdnr. 2145; Gounalaki, Rechtliche Grenzen der Autocomplete-Funktion von Google, NJW 2013, 2321.

584 Heckmann, Internetrecht (2007), Kap. 1.7. Rdnr. 4–8.

585 BVerG, Urt. v. 27.2.2008 – I BvR 370/07, 1 BvR 595/07 – NJW 2008, 822. Rz.178 u. 179.

586 Redeker, IT-Recht (2012), Rdnr. 1276; Härting, Internetrecht (2014), Rdnr. 2074.

587 BGH, Urt. v. 12.7.2012 – I ZR 18/11 – CR 2013, 190; a. A. OLG Hamburg, Urt. v. 21.11.2013 – 5 U 68/10 – CR 2014, 522 f., das eine fallabhängige Prüfungspflicht befürwortet.

dass der Dienstanbieter die Adressaten oder die Informationen ausgewählt bzw. verändert hat (§§ 8–10 TMG).

Dienstanbieter im Sinne des § 2 TMG ist jeder, der eigene oder fremde Telemedien zur Nutzung bereithält oder den Zugang zur Nutzung vermittelt. Demnach umfasst das TMG jeden Betreiber von Internetauftritten und Internetservern (Access-, Content-Provider, Internetforen, Webdienste usw.) und von Diensten. So ist der „Application Service Provider" ein Dienstanbieter im Sinne des § 2 Nr. 1 TMG.[588] Auch die Anbieter von Diensten von Softwareagenten sind Dienstanbieter.

Umstritten und höchst fragwürdig ist in der Rechtsprechung und auch im Rechtsschrifttum,[589] ob die Betreiber von Suchmaschinen eigene oder fremde Inhalte im Sinne des §§ 7, 8 TMG vermitteln, zumal nicht der Programmierer, sondern die Nutzer durch die Häufigkeit ihrer Anfragen die Wortkombinationen der autonomen Suchmaschine bewirken.[590] So spricht nach Ansicht der Oberlandesgerichte München und Hamburg gegen einen „eigenen Inhalt" der Umstand, dass bspw. die Suchwortkombinationen sich ausschließlich aufgrund der Anfragen der „fremden Nutzer" bilden und die Betreiber technisch nicht in der Lage sind, alle möglichen Inhalte zu kennen, zu prüfen und sich zu eigen zu machen. Wie bereits erwähnt, neigt der BGH[591] zu der Meinung, dass es sich um eigene Inhalte des Betreibers der Suchmaschine handelt, weil die Verknüpfung der Begriffe nicht durch Dritte, sondern durch die Suchmaschine erfolgt. Interessant ist in diesem Zusammenhang eine Entscheidung des OLG Köln[592] über die Haftung von fremden Inhalten, auf die über einen elektronischen Link zugegriffen wird. Zu der Frage, ob der Linksetzer sich die fremden Inhalte zu eigen gemacht hat, wird folgendes ausgeführt: *„Vielmehr bleibe zu fragen, ob aus der Sicht eines objektiven Betrachters nach der Art der Datenübernahme, ihrem Zweck und der konkreten Präsentation davon ausgegangen werden müsse, dass sich der Äußernde (also der Linksetzer) derart mit den Inhalten identifiziere, dass er die Verantwortung hierfür übernehmen wolle."*

Auch das KG Berlin[593] sieht eine automatisierte statistische Auswertung von Bewertungen durch Dritte durch Hotel-Bewertungs-Portale nicht als eigene Inhalte des Portal-Betreibers an. Soweit die Möglichkeiten von Kombinationen von Begriffen

---

588 Haug, Internetrecht (2010), Rdnr. 49; Marly, Praxishandbuch Software (2009), Rdnr. 1084.
589 BGH, Urt. v. 14.5.2013 – VI ZR 269/12 – NJW 2013, 2348 f. OLG München, Urt. v. 7.4.2011 – 4 HKO 14409/09 – CR 2012, 126.; OLG München, Urt. v. 29.9.2011 – 29 U 1747/11 – CR 2012, 126 f.; OLG Hamburg, Urt. v. 13.11.2009 – 7 W 125/09 – MMR 2010, 85 und Urt. v. 29.11.2012 – 3 U 216/06 – CR 2013, 607; Hoeren, Internet- und Kommunikationsrecht (2012), S. 433 f.
590 Ebenso kritisch OLG Hamburg, Urt. v. 29.11.2012 – 3 U 216/06 – CR 2013, 807; s. den ausführlichen Beitrag von Müller-Hengstenberg/Kirn, Intelligente (Software-)Agenten: eine neue Herausforderung unseres Rechtssystems? MMR 2014, 307.
591 BGH, Urt. v. 14.5.2013 – VI ZR 269/12 – MMR 2013, 535 (Suchmaschinen für Wörterergänzungen); BGH, Urt. v. 12.7.2012 – I ZR 18/11 – MMR 2013, 185; s. Härting, Internetrecht (2014), Rdnr. 2156.
592 OLG Köln, Urt. v. 19.2.2014 – 6 U 49/13 – CR 2014, 390, 392.
593 KG Berlin, Urt. v. 16.4.2013 – 5 U 63/12 – CR 2014, 333, 336.

nicht begrenzt sind, kann der Betreiber von Suchmaschinen weder Kenntnis von den einzelnen Kombinationen haben noch sich mit diesen inhaltlich identifizieren. Interessant ist auch die Entscheidung des AG Hamburg-Mitte,[594] nach der der Betreiber eines Hotels als reiner Provider im Sinne des § 8 TMG anzusehen ist, der für die Rechtsverletzungen durch Hotelgäste nicht haftet. Wie bereits vorstehend in Ziff. 3.3.7 angemerkt, bewertet die Rechtsprechung allgemeine „programmtechnische Vorgaben" bei automatisierten Suchmaschinen sehr undifferenziert. Es kann hierzu nur nochmals auf die Ausführungen von *Kirn*,[595] die über die Determiniertheit von Computerprogrammen und dem Nicht-Determinismus von autonomen Softwareagenten, kooperativen verteilten Problemlösungen und Multiagenten hingewiesen werden. Danach ist der Einfluss des Betreibers bei solchen Suchmaschinen bzw. Softwareagenten in der Regel gering, wenn nicht unmöglich. Die Verwendung eines Statistikprogramms als Eingriff des Betreibers anzusehen, ist technisch äußerst fragwürdig, weil das Statistikprogramm von der autonomen Lernfähigkeit des Softwareagenten abhängig ist, welches ggf. durch autonome Anpassung erfolgt. Die Problemlösungen beruhen bei kooperativen autonomen Softwareagenten nicht auf eigenen Inhalten. In dieser Hinsicht sind die Ausführungen des OLG Hamburg[596] über die Sicherheitsanforderungen interessant, die auf die Umgehungsmöglichkeiten von technischen Schutzmaßnahmen wie Filterung, IP-Sperre usw. hinweisen, weil in der Regel damit das Fernmeldegeheimnis (Art. 10 GG, § 88 TKG) ohne gesetzliche Eingriffsnorm tangiert würde. Das Telemediengesetz dient bei solchen Dienstleistungen einer ausgewogenen Regelung der Verantwortung.

Soweit nach den §§ 7 bis 10 TMG eine Verantwortung des Providers vorliegt, ist zu prüfen, ob der Provider (Störer) wegen Verletzung von geschützten Rechtsgütern bspw. von Persönlichkeits-, Urheber- oder Markenrechten haftet. Wie bereits eingangs erwähnt, regeln die §§ 7 bis 10 TMG nach der ständigen Rechtsprechung des BGH[597] lediglich Schadensersatzansprüche, aber nicht Ansprüche auf Beseitigung und Unterlassung nach §§ 823, 1004 BGB oder § 97 UrhG. Der EuGH[598] wendet demgegenüber Art. 14 Abs. 1 der Richtlinie 2000/11 auch auf Unterlassungsansprüche an. Der BGH wird sich dieser Ansicht des EuGH wohl anschließen müssen. Unter Umständen können diese Ansprüche auch gegenüber Providern geltend gemacht werden, die technische Hilfsfunktionen als unterstützende Leistungen, bspw. File-Hosting,

---

594 AG Hamburg-Mitte, Urt. v. 10.6.2014 – 25b C 431/13 – CR 2014, 536.
595 Teil A Ziff. 4.4.3.
596 OLG Hamburg, Urt. v. 21.11.2013 – 5 U 68/10 – CR 2014, 522, 526.
597 BGH, Urt. v. 11.3.2004 – I ZR 304/01 – CR 2004, 764 f.; BGH, Urt. v. 14.5.2013 – VI ZR 269/12 – NJW 2013, 2346; s. hierzu Härting, Internetrecht (2014), Rdnr. 2132, 2136.
598 EuGH, Urt. v. 12.7.2011 – Rs. C-324/09 (L'Oreal), CR 2013, 597, 605; mit Anmerkung Volkmann; EuGH, Urt. v. 24.11.2011 – Rs. C-70/11 – CR 2012, 33; s. a. Borges, Die Haftung des Internetanschlussinhabers für Urheberrechtsverletzungen durch Dritte, NJW 2014, 2305, 2309.

zur Verfügung stellen.[599] Der § 7 Abs. 2 TMG besagt, dass der Dienstanbieter keine Prüfungspflicht bezüglich der von ihm lediglich weitergeleiteten Inhalte hat. So hat der BGH[600] auch in seinen Entscheidungen eine „Überwachungspflicht allgemeiner Art" ausgeschlossen. Wie bereits vorstehend erörtert, ist der Dienstanbieter verpflichtet, geeignete Maßnahmen zur Verhinderungen von Rechtsverletzungen im technisch und wirtschaftlich zumutbaren Rahmen zu treffen, sobald der Dienstanbieter Kenntnis von Verletzungshandlungen hat.

Bei „Cloud-Computing"-Anwendungen dürfte die Feststellung bzw. der Beweis schwierig sein, ob ein Provider den Anforderungen des TMG entsprochen hat, insbesondere, wenn der Provider im Ausland ansässig ist. Daher ist jeder Provider aufgrund seiner vertraglichen Pflichten (§§ 241, 280 BGB) oder seinen Verkehrssicherungspflichten (§ 823 Abs. 1 BGB) verantwortlich dafür, dass alle – bei der Abwicklung seiner vertraglichen Pflichten eingesetzten – Erfüllungsgehilfen sich im Rahmen der gesetzlichen Vorschriften halten. Nichts anderes gilt, wenn autonom handelnde Softwareagenten eingesetzt werden. Auch wenn der Computer bestimmte Auswertungen scheinbar eigenständig vornehmen kann, hat er doch – bedingt durch die Programmierung – einen begrenzten bzw. flexiblen „Lösungsspielraum". Der Computer stellt aber keine eigene Rechtsperson dar, verfügt damit auch über keinen eigenen Willen und keine Eigenverantwortung.[601] Nach § 3 Nr. 6 TKG bzw. nach § 2 Nr. 1 TMG können nur natürliche oder juristische Personen, die geschäftsmäßig Telekommunikations- oder Telemedienleistungen erbringen, Dienstanbieter sein.[602] Diese Tatsache bedeutet für die autonomen Softwareagenten, dass zunächst einmal der Betreiber eines Softwareagenten für den Einsatz von Softwareagenten im Internet verantwortlich im Sinne der §§ 7 ff TMG ist, weil diese Softwareagenten nicht geschäfts- und handlungsfähig sind. Schwierig wird die Rechtslage, wenn kooperierende Softwareagenten autonome Lösungen ohne Kenntnis des Betreibers erarbeiten. Handelt es sich dann noch um eigene Inhalte des Dienstanbieters? Handelt es sich in diesen Fällen noch um Informationen im Sinne der §§ 7, 8 ff TMG oder nur um Tatsachen? Die Meinungen des OLG Köln[603] und des KG Berlin sprechen solchen autonomen Lösungen den Charakter von Informationen ab. Es kommt hier wohl darauf an, was das Wesensmerkmal einer Information ist. Eine Nachricht unter Menschen?[604] Letztlich geht es wohl um Daten oder Dateien, die über das Internet-Netz transportiert werden. Bei der Frage, ob

---

599 BGH, Urt. v. 11.5.2011 – VIII ZR 289/09 – CR 2011, 753 f.; BGH, Urt. v. 12.7.2012 – I ZR 2010 – CR 2013, 150.
600 BGH, Urt. v. 12.7.2012 – I ZR 18/11 – CR 2013, 192 f.; BGH, Urt. v. 15.8.2013 – I ZR 80/12 – MDR 2013, 1296.
601 Koch, Internet-Recht (2005), § 3 b S. 101 f.; Heckmann, Internetrecht (2007), Kap. 4.1 Rdnr. 18.
602 Heckmann, Internetrecht (2007), Kap. 1.7 Rdnr. 42; s. a. Redeker, IT-Recht (2012), Rdnr. 103 f.
603 OLG Köln, Urt. v. 19.2.2014 – 6 U 49/13 – CR 2014, 390, 392; KG Berlin, Urt. v. 16.4.2013 – 5 U 63/12 – CR 2014, 333, 336.
604 Krcmar, Informationsmanagement (2010), Kap T 2.2 S. 15; Gitt, Am Anfang war die Information (2002), S. 142.

es sich um eigene oder fremde Informationen handelt, geht es wohl um die Frage, wer ist der Ersteller, der Eigentümer oder Nutzungsberechtigte ist.[605] Diese Fragen werden in Teil B Ziff. 3.5.1 behandelt.

3.3.8 Schlussfolgerungen

Die Schwierigkeit, dass die vertragliche Einordnung und damit der Umfang der vertraglichen Verantwortung und Haftung von einer Reihe von Faktoren, die vorstehend aufgezeigt werden, abhängig sind, ermöglicht vielfach nur eine teilweise gesicherte Rechtslage. Die Rechtlage hat sicherlich einen Einfluss auf die Wahl bzw. Gestaltung der Schöpfungskette. Je mehr aus ökonomischen oder auch aus ökologischen Gründen IT-Ressourcen in nicht transparenter oder auch kontrollierbarer Weise verteilt werden, erhöht sich das Risiko, dass der Kunde oder auch der Dienstleister bei Mängeln oder Schlechtleistungen über keine ausreichenden oder über nicht durchsetzbare Haftungsansprüche verfügt.

Es ist nicht zu übersehen, dass, wie auch in der Rechtsliteratur[606] angemerkt wird, die heutigen gesetzlichen Vorschriften des Miet-, Kauf-, Werk- und Dienstvertragsrechts trotz aller Novellierungen dem Vertragsverständnis und den Vertragstypen des Allgemeinen Preußischen Landrechts im Grunde entsprechen und ein dringender Revisionsbedarf besteht.[607] Wie vorstehend ausgeführt (siehe Teil B Ziff. 3.3.3), sieht sich daher die Rechtsprechung vielfach gezwungen, von einer engen Auslegung der gesetzlichen Vorschriften abzugehen. Der Revisionsbedarf ergibt sich insbesondere aus den vielen, teilweise sehr unterschiedlichen Dienstvertragsarten. So bestehen heute aufgrund der vielen Schutzgesetze, wie bspw. Betriebsverfassungsgesetz, Kündigungsschutzgesetz, Urlaubsgesetz und Tarifverträge, große Unterschiede zwischen einem Arbeitsverhältnis und einem freien selbstständigen Dienstvertragsverhältnis, wie bspw. beim Beratungsvertrag.[608]

Es dürfte fraglich sein, ob es ausreicht, dass es nur noch ein Dienstvertragsrecht geben soll, das zwischen abhängigen oder selbstständigen Diensten unterscheidet.[609] In der Rechtsliteratur[610] wird mit Recht angemerkt, dass jede Tätigkeit, über die ein Werkvertrag abgeschlossen werden kann, zum Gegenstand eines Dienstvertrages gemacht werden kann. Dies gilt jedoch nicht in allen Fällen für einen Dienstvertrag. Es könnte rechtliche oder tatsächliche Gründe geben, die es unmöglich machen einen

---

605 Redeker, Information als eigenständiges Rechtsgut, CR 2011, 634.
606 Teichmann, Empfiehlt sich eine Neukonzeption des Werkvertragsrechts, Gutachten zum 55. Deutschen Juristentag (1984), S. A 19 f.
607 Erman/Edenfeld, BGB (2011), § 611 Rdn. 9; so Looschelders, Schuldrecht (2012), § 27 Rdnr. 543.
608 So Looschelders, Schuldrecht (2012), § 27 Rdnr. 546.
609 Teichmann, Empfiehlt sich eine Neukonzeption des Werkvertragsrechts? Gutachten zum 55. Deutschen Juristentag (1984), S. A 24.
610 Erman/Edenfeld, BGB (2011), § 611 Rdnr. 16.

Erfolg zu garantieren. Ein Dienstvertragsrecht, welches die Risiken der Anbieter und der Nutzer in angemessener Weise regelt und keine unzumutbaren „Kraftanstrengungen" verlangt, bspw. Gewährleistungsrechte für eine erfolgreiche Abwicklung der Geschäftsprozesse, wäre eine denkbare Lösung, die die technologische Wertschöpfung des Internets nicht behindert, sondern gewisse rechtliche Sicherheit verleiht. Das vertragliche Leitbild sind dann die qualifizierten technischen Maßnahmen zur Eröffnung der Informations- und Kommunikationsabwicklungen. Die Vielgestaltigkeit und weltweite Formen der Internetdienste setzten den Vertragspartnern bzw. den „Leistungserbringern" und „Leistungsabnehmern" Grenzen der Transparenz und Einflussnahme und damit auch Grenzen der Haftung. Das kann aber nicht dazu führen, dass ein rechtsfreier Raum hingenommen werden muss. Wenn schon die Leistungen über das Internet nicht oder nur begrenzt transparent und kontrollierbar sind und ggf. keine Garantien für bestimmte Eigenschaften mehr gegeben werden können, dann sollte im Interesse der Rechtssicherheit zumindest der Einsatz dieser Technologien im Rechtsverkehr von bestimmten Sicherheitsanforderungen abhängig gemacht werden. Für Cloud-Anwendungen gibt es bereits bestimmte Vorstellungen, bspw. die Sicherheitsanforderungen des Bundesamtes für Sicherheit in der Informationstechnik Sicherheitsempfehlungen für Cloud Computing Anbieter vom Februar 2012 (Kapitel 6 bis 10).[611] Interessant ist auch das Konzept für ein IT-Sicherheitsgesetz.[612] Diese Gedanken gelten auch für Softwareagenten.

Ein Zertifizierungskonzept für den Einsatz dieser Geschäftsmodelle im Rechtsverkehr wäre hier dringend geboten. Es versteht sich dann von selbst, dass die Einhaltung dieser Sicherheitspflichten durch die Dienstanbieter – ähnlich der Rechtsprechung zur Störungshaftung – zu Haftungserleichterungen führen kann.

3.3.9 Lösung des Beispiels

Für das in Kapitel 3.1 aufgeführte Beispiel bedeuten diese Ausführungen:
1. Unbestritten liegt ein Kaufvertrag zwischen Kunden und Blumenhändler vor.
2. Unbestritten liegt auch ein Kaufvertrag zwischen Blumenhändler und Großhändler vor.
3. Unbestritten liegt auch ein Kaufvertrag zwischen dem Großhändler und Blumenlieferanten vor.
4. Problematischer ist der Vertrag zwischen Großhändler und Provider, der ein geeignetes Angebot auf dem Markt finden und einen Abschluss mit dem Groß-

---

611 Bundesamt für Sicherheit in der Informationstechnik,www.bsi.bund.de/SharedDocs/Downloads/DE/BSI (letzter Abruf: 27.7.2015); s. den ausführlichen Beitrag von Müller-Hengstenberg/Kirn, Intelligente (Software-)Agenten: eine neue Herausforderung unseres Rechtssystems? MMR 2014, 307.
612 Heinickel/Feiler, Der Entwurf für ein IT-Sicherheitsgesetz – europarechtlicher Kontext und die eigentlichen Bedürfnisse der Praxis, CR 2014, 708.

händler vermitteln soll. Schwerpunkt der Leistung des Providers war die Präsenz und Abrufbarkeit einer Auswahl von geeigneten Blumenlieferanten auf seiner Internet-Plattform. Dieser Gesichtspunkt spricht für einen Werkvertrag. Es gibt aber auch Rechtsmeinungen, die ein reines Vermittlungsgeschäft ähnlich einem Makler annehmen. Fraglich ist, ob der Provider im Hinblick auf das Rechtsverhältnis des Blumenhändlers oder Kunden als Erfüllungsgehilfe des Großhändlers im Sinne des § 278 BGB angesehen werden kann. Wenn er nur die Internetplattform für die Vertragsanbahnung zwischen Händler und Lieferanten zur Verfügung stellt, dann ist der Provider wohl kaum als Erfüllungsgehilfe anzusehen. Die Rechtsfolge ist, dass der Provider für Falschlieferung nicht haftet. Der Großhändler haftet auch ggf. nur für die falsche Beauftragung der Blumen.

3.4 Nutzungs- und Verwertungsrechte

Ein weiteres Thema, das sich in solchen komplexen, netzbasierenden IT-Anwendungssystemen ergibt, ist die Frage, ob und inwieweit die jeweils Beteiligten berechtigt sind, die auf den verschiedenen Systemen bzw. Servern gespeicherte Software zu nutzen, verbreiten, vervielfältigen oder zu vermarkten. Unabhängig von dieser Frage ist zu klären, wer Eigentümer der Informationen oder Daten ist, die die Software nutzt oder erzeugt. Diese Unterscheidung wird nachfolgend in Teil B Ziff. 3.5.1 ausführlich erläutert.

Beispiel: Der Groß- und der Einzelhändler wickeln ihre betrieblichen Geschäftsprozesse wie die Beschaffung, Lagerhaltung und Verkauf entweder über Servicezentren oder über einen „Application Service Provider oder über eine virtuelle Cloud-Infrastruktur eines Providers" ab. Beide Dienstleister stellen ein – für diese Geschäftsprozesse erforderliches – Warenwirtschaftssystem mit Software und Hardware und zur Nutzung zur Verfügung. Die Aufgabe des Urheberrechts ist es, die persönlich schöpferische Leistung des Urhebers zu schützen und zudem die wirtschaftliche Verwertung seines Werkes zu sichern.[613]

Welche Werkarten dem Schutz des Urhebergesetzes unterliegen, ist in § 2 Abs. 1 UrhG aufgeführt. Darunter fallen Werke der Literatur, Wissenschaft und Kunst. Nach § 2 Abs. 1 Nr. 1 UrhG gehören auch Computerprogramme zu den geschützten Werken. Es wird zwar vereinzelt in der Rechtsliteratur[614] bezweifelt, dass ein Computerprogramm konzeptionell einem Werk der Kunst, Wissenschaft und Literatur ähnelt. Diese Einzelmeinungen sehen Computersoftware vielmehr als ein „Ingenieurswerk" an. Es mag zwar zutreffend sein, dass Softwareentwicklungen gewissermaßen auf ingeni-

---

613 Rehbinder, UrhR (2010), Rdnr. 168 f.
614 Bartsch, Software als Rechtsgut, CR 2010, 553, 556.

eursartigen Vorgehensweisen beruhen,[615] aber die Softwareentwicklungsprozesse werden überwiegend durch betriebswirtschaftliche Anforderungen bestimmt.[616] In der Wirtschaftswissenschaft[617] wird daher diese Vorgehensweise als „angewandte Informatik" bezeichnet, die ihre Wurzeln in der Wirtschaftswissenschaft hat.

Voraussetzung für den Schutz des Urheberrechts ist jedoch, dass die in § 2 des UrhG aufgeführten Werkarten persönliche geistige Schöpfungen sind. Es reicht also nicht aus, dass eine Darstellung technischer Art im Sinne des § 2 Nr. 7 UrhG vorliegt. Zusätzlich ist ein persönlicher Schaffensvorgang mit einer gewissen Qualität erforderlich. Das Werk muss gewisse individuelle Züge haben, die nicht eine Neuheit sein müssen. Es muss aber erkennbar eine Beziehung zwischen Schöpfer und Werk bestehen.[618] Das Urheberrecht schützt die Interessen des Urhebers dadurch, dass es diesem die ausschließlichen Rechte der Verwertung zuordnet. Durch dieses Verwertungsrecht wird auch das Recht des Urhebers an der wirtschaftlichen Verwertung gesichert.[619] Die Vorschriften der §§ 7, 15, 31 ff, 69a ff. UrhG beschreiben sehr konkret, welche Rechte dem Urheber zustehen; nämlich die ausschließlichen Nutzungs- und Verwertungsrechte.

Aufgrund einer Reihe von EU Richtlinien (EU Richtlinie 91/250/WWG vom 14.5.1991, vom 22.5.1991 und vom 11.3.1996) wurden in den §§ 69a ff. UrhG spezielle Regelungen für Computersoftware geschaffen, die den Rechtsschutz für Computerprogramme unter Berücksichtigung der besonderen Computertechnologie deutlicher und angemessen regeln. Die Regelungen überlagern die allgemeinen („klassischen") Verwertungsrechte (Begr. BReg BT-Drucksache XII/4022, S. 8).[620] Diese Spezialrechte umfassen im Wesentlichen die Verwertungsrechte. Zu beachten ist jedoch, dass für alle anderen Werke, die keine Computersoftware sind, weiterhin die allgemeinen Vorschriften des Urheberrechts im Geltungsbereich der Bundesrepublik Deutschland gelten.

3.4.1 Verhältnis Urheberrecht und Vertrag

Das Urheberrecht regelt lediglich, wie über die Nutzungsrechte verfügt werden kann; sie werden daher als Verfügungsrechte bezeichnet. Das Urheberrecht regelt jedoch nicht das zugrunde liegende Verpflichtungsgeschäft, also den Vertrag. Die Verwertungs- und Nutzungsrechte geben keine schuldrechtliche Vertragsart vor. Es stehen daher alle Vertragstypen des BGB wie Kauf-, Miet- oder Werkvertrag zur Wahl. Daher

---

615 Lesshaft/Hasenkamp, Einführung in die Wirtschaftsinformatik (2005), Kap. 6.1.2 S. 212.

616 Krcmar, Informationsmanagement (2010), Kap. 4.5.4.1.

617 Mertens/Bodendorf/Picot/Schumann/Hess, Grundzüge der Wirtschaftsinformatik (2005), S. 3.

618 Dreier/Schulze, UrhG (2013), § 2 Rdnr. 19, 20, 23; Rehbinder, UrhR (2010), § 6 Rdnr. 37, 66.

619 Rehbinder/Peukert, Urheberrecht (2015), Rdnr. 143, 145, 413.

620 Wandtke/Bullinger/Grützmacher, UrhG (2009), Vor §§ 69a ff. Rdnr. 6.

spricht die Rechtsliteratur hier von dem Abstraktionsprinzip des Urheberrechts. Das Urheberrecht hat den Charakter eines Verfügungsgeschäfts. Das BGB regelt demgegenüber das schuldrechtliche Verpflichtungsgeschäft.[621] Welcher Vertrag zur Anwendung kommt, richtet sich somit nach den jeweiligen vertraglichen Vereinbarungen. Demzufolge haben die Vertragsparteien eine vertragliche Vereinbarung entsprechend dem Vertragszweck und den gesamten Umständen zu treffen. Der urheberrechtliche Nutzungsvertrag wird vielfach als ein Vertrag eigener Art angesehen, weil Kernbestimmungen des Urhebergesetzes bei allen Vereinbarungen zu beachten sind, wie bspw. das Recht auf eine angemessene Vergütung (§ 32 Abs. 3 UrhG) oder das Nachforderungsrecht (§ 32a UrhG) oder das Rückrufrecht (§ 41 UrhG).[622]

Es ist demnach immer zunächst zu klären, welche Leistungen das Servicezentrum dem Kunden gegenüber vertraglich zu erbringen hat und welche Verwertungs- und Nutzungsrechte an der Computersoftware dazu benötigt werden. So hat der BGH[623] in einer Entscheidung erörtert, welche Vertragsart bei einen „Application Service Provider-Vertrag" (ASP) anzuwenden ist. Dabei ist der BGH nur sehr pauschal auf die Nutzungsart eingegangen. Er sah als wesentliche Verpflichtung des Betreibers die Onlinenutzung einer Anwendersoftware des Providers für eine begrenzte Zeit an. Nach Ansicht des BGH ist bei dieser Nutzungsart das Mietrecht als angemessener Vertragstyp anzusehen.[624] Der BGH hat sich somit nur pauschal mit dem Verpflichtungsgeschäft, nicht aber mit den urheberrechtlichen Verfügungsrechten auseinandergesetzt. Eine Erörterung der urheberrechtlichen Nutzung- und Verwertungsrechte fand nicht statt. Aufgrund der vertraglichen Einordung als Mietvertrag liegt es nahe, von einem zeitlich befristeten Nutzungsrecht im Sinne des § 69c Nr. 3 UrhG (Vermietung) auszugehen.

Dieses Beispiel zeigt, dass für diese Nutzung zunächst eine vertragliche Vereinbarung über diese Art der Nutzung und die damit gegebenenfalls ergänzenden Serviceleistungen wie die Verwaltung der Daten, Einrichtung von E-Mail-Diensten oder eine Internetpräsenz zu treffen ist.[625]

3.4.2 Grundprinzip der Nutzungs- und Verwertungsrechte

Das Urheberrecht schützt grundsätzlich das Interesse des Urhebers an der Verwertung seines schöpferischen Werkes und sieht daher vor, dass die Bestimmung der Verwertungsarten dem Urheber vorbehalten bleibt. Damit wird die wirtschaftliche

---

621 Dreier/Schulze, UrhG (2013), Vor § 31 UrhG, Rdnr. 3 f.
622 Rehbinder, UrhR (2010), Rdnr. 602, 605; Dreier/Schulze, UrhG (2013), Vor § 31 Rdnr. 4 ff.
623 BGH, Urt. v. 15.11.2006 – XII ZR 120/04 – NJW 2007, 2394 f.
624 Rehbinder/Peukert, UrhG (2015), Rdnr. 912–917; Hoeren, IT-Vertragsrecht (2007), Rdnr. 511; Koch, IT-Projektrecht (2007), Kap. F 3, Rdnr. 581, 590, 601, 602.
625 Koch, IT-Projektrecht (2007), Kap. F.3 Rdnr. 583.

Beteiligung des Urhebers an der Nutzung und Verwertung gesichert. Anders als beim sachenrechtlichen Eigentum wird im Urheberecht das persönliche Verhältnis des Urhebers zu seinem Werk besonders geschützt, wie bspw. das Rückrufrecht nach § 42 UrhG zeigt.[626] Den Kern des Urheberrechts bilden also die Regelungen der Verwertungs- und Nutzungsrechte, die die Verwertungsmöglichkeiten eines geschützten Werkes unter Beteiligung des Urhebers aufzeigen.

Nutzungsart und -umfang (§ 31 UrhG)

Die Interessen des Urhebers an einer wirtschaftlichen Verwertung seines Werkes werden am besten dadurch geschützt, dass das UrhG dem Urheber das Recht einräumt, die Art, den Umfang, den Inhalt, den Ort und die Zeit der Nutzung und Verwertung festzulegen. So können Beschränkungen der Verwertungsarten festgelegt werden, bspw. eine Vermarktung nur über den Fachhandel oder die Einräumung von Lizenzen an einer Computersoftware auf einem physischen Datenträger.[627] In diesen Fällen ist ein Online-Vertrieb ausgeschlossen. Es können einfache und ausschließliche Nutzungsrechte eingeräumt werden, die aber ohne Zustimmung des Rechtsinhabers nicht an Dritte weiter übertragen oder eingeräumt werden können.

Eine wichtige „Schutzvorschrift" ist der § 31 Abs. 5 UrhG (der sog. Zweckübertragungsgrundsatz). Wenn keine Vereinbarung über die Nutzungsrechte vorliegt bzw. unklar oder offen ist, ob und welche Nutzungs- und Verwertungsrechte der Urheber einem Dritten eingeräumt hat, so bestimmt der § 31 Abs. 5 UrhG, dass die Nutzungsrechte sich nur auf den „von den Parteien zugrunde gelegten Vertragszweck" erstrecken. Diese Vorschrift dient der Sicherung des Interesses des Urhebers an den wirtschaftlichen Erträgen aus der Verwertung seines Werkes, wenn keine oder nur unzureichende Vereinbarungen über die Nutzungsrechte vorliegen. Diese Vorschrift ist eine „Auslegungsregel", ist aber keine „Leitbildfunktion" für eine angemessene vertragliche Regelung im Sinne des § 307 BGB.[628]

Über den Vertragszweck hinausgehende Nutzungsrechte sind jedoch im Vertrag genau zu bezeichnen, ansonsten gelten diese nicht als vereinbart.[629] Diese **Zweckübertragungslehre** besagt im Prinzip, dass *„der Urheber im Zweifel keine weiteren Rechte überträgt, als es der Vertragszweck erfordert"*. Die Zweckübertragungslehre ist auf alle Regelungen des Urheberrechts anwendbar.[630]

---

626 Rehbinder, UrhG (2010), Rdnr. 100, 192.
627 Rehbinder/Peukert, UrhR (2015), Rdnr. 916.
628 So BGH, Urt. v. 31.5.2012 – I ZR 73/10 – MDR 2012, 983 f.
629 Dreier/Schulze, UrhG (2013), § 31 Rdnr. 105, 110, 114, 125.
630 Dreier/Schutze, UrhG (2013), § 31 Rdnr. 114, 118.

Verwertungsrechte (§§ 15 ff, 69c ff UrhG)

Die Einräumung oder Übertragung von Verwertungsrechten (Vervielfältigung, Bearbeitung und Weiterverbreitung, ggf. öffentliche Zugänglichmachung) bedürfen auch der Zustimmung des Urhebers.

Allerdings gibt es einen Unterschied zwischen der körperlichen und unkörperlichen Verwertung von Werken (§ 15 UrhG). Unter körperlicher Verwertung ist die Vervielfältigung, Verbreitung und Ausstellung von Werken in körperlicher Form und unter unkörperlicher Verwertung ist die öffentliche Wiedergabe von Werken in unkörperlicher Form, die das Vortrags-, Ausführungs- und Senderecht sowie die öffentliche Zugänglichmachung umfasst, zu verstehen. Alle diese Rechte stehen unter dem Vorbehalt der Zustimmung des Urhebers. Lediglich bei der Verbreitung von körperlichen Werken findet eine Erschöpfung des Zustimmungsrechtes nach § 17 Abs. 2 UrhG oder § 69c Abs. 1 Ziff. 3 UrhG statt, wenn das Original oder ein Vervielfältigungsstück des Werkes im freien Warenverkehr veräußert werden. Für die Computersoftware gelten die speziellen Vorschriften der §§ 69a ff. UrhG.

Was ist unter dem Begriff „Computerprogramm" zu verstehen? In mehreren Entscheidungen hat sich der Europäische Gerichtshof (EuGH) mit dieser Frage auseinandergesetzt. In der Entscheidung vom 22.12.2010[631] hat der EuGH die Auffassung vertreten, dass die grafische Benutzeroberfläche keine Ausdruckform eines Computerprogramms im Sinne des Art. 1 Abs. 2 der Richtlinie 91/250/EWG (§ 69a UrhG) ist. In einer späteren Entscheidung vom 2.5.2012[632] hat der EuGH seine Auffassung dahin gehend erweitert, dass auch Funktionalitäten, Programmiersprachen, Dateiformate keine Ausdrucksformen des Computerprogramms sind. Ausdrucksformen sind nach Ansicht des EuGH nur der Objektcode und der Quellcode sowie das Entwurfsmaterial eines Computerprogramms.

Schutzfähig sind demnach nur die Regeln zur technischen Verarbeitung als Befehle und Befehlsfolgen an den Computer, wie diese im Objekt- und Quellcode bzw. in den Entwurfsmaterialien sich darstellen. Die Benutzeroberfläche bzw. die Funktionalitäten eines Computerprogramms sind das Resultat bzw. das Ziel der technischen Verarbeitung (durch Befehle oder Befehlsfolgen), die durch die Eingabe bzw. Ausgaben bezweckt werden.[633] Keine Computerprogramme im Sinne des § 69a UrhG sind bspw. Algorithmen, auf HTML, XML, WML basierenden Webseiten sowie die Benutzeranleitungen und Pflichtenhefte.[634]

Wenn auch keine Schutzfähigkeit als Computerprogramms gegeben ist, ist immer zu prüfen. ob nicht ein Schutz aus anderen Werken nach § 2 UrhG in Betracht kommt.[635]

---

631 EuGH, Urt. v. 22.12.2010 – Rs. C-393/09 – CR 2011, 221 Rz. 35, 41.

632 EuGH, Urt. v. 3.5.2012 – Rs. C-406/10 – CR 2012, 428 Rz. 38 f.

633 S. hierzu die Anmerkung zum EuGH von Heymann, CR 2012, 431; Spindler, Grenzen des Softwareschutzes, CR 2012, 417; Wandtke/Bullinger/Grützmacher, UrhG (2009), § 69a Rdnr. 24 f.

634 Wandtke/Bullinger/Grützmacher, UrhG (2009), § 69a Rdnr. 13, 18, 28.

635 Wandtke/Bullinger/Grützmacher, UrhG (2009), § 69a Rdnr. 14.

Der § 69c UrhG regelt gesondert und speziell die Vervielfältigungs-, Bearbeitungs-, Verbreitungsrechte sowie das Recht der drahtgebundenen oder drahtlosen Wiedergabe eines Computerprogrammes.

Eine Besonderheit der speziellen Vorschriften für die Computersoftware ist die Regelung des § 69d Abs. 1 UrhG, die die Zustimmungsbedürftigkeit der Verwertungsrechte für den Fall aufhebt, dass die Verwertungsart für den „bestimmungsgemäßen Gebrauch" erforderlich ist. Während der Zweckübertragungsgrundsatz des § 31 Abs. 5 UrhG sich mehr auf die Verwertungsinteressen des Urhebers bezieht, will der § 69d UrhG zusätzlich überwiegend die Interessen des Nutzers an einer „normalen" Nutzung des Computerprogramms schützen.[636] Der „bestimmungsgemäße Gebrauch" geht somit über den Schutzzweck des § 31 Abs. 5 UrhG (Zweckübertragungslehre) hinaus und kann sich sowohl aus vertraglichen Regelungen als auch aus „dinglich wirkenden Nutzungsbeschränkungen ergeben." Von Bedeutung ist insbesondere auch der wirtschaftliche und technische Nutzungszweck, bspw. bei einer Client Server-Architektur, die u. a. zu einer besseren Delegierbarkeit von Aufgaben an dezentrale Stellen und zu größerer Flexibilität bzw. Erweiterungsfähigkeit der IT-Ressourcen führen kann.[637] Folgende Beispiele hierfür werden im Schrifttum und in der Rechtsprechung[638] genannt. Soweit das Laden, Anzeigen und Ablaufen, Übertragen und Speichern eines Programms in den Arbeitsspeicher oder auf Speichermedien eine Vervielfältigung erfordert, bedarf es der Zustimmung des Urhebers nach § 69c Nr. 1 UrhG. In der Regel gehören diese Vervielfältigungen zum „Normalgebrauch" und sind daher als bestimmungemäßer Gebrauch anzusehen.[639] Gleiches gilt bei einer Client-Server-Software, die mit einer Mehrplatzlizenz verbunden ist; hier gehört die parallel arbeitende Nutzung der Software durch eine Anzahl von Nutzern zum bestimmungsgemäßen Gebrauch. Dieser „Normalgebrauch" wird vielfach auch als ein „abredefester Kern" der Nutzungsrechte bezeichnet.[640] Auch die Fehlerbehebung, die Sicherheitskopie und – im begrenzten Umfang – die Dekompilierung bedürfen nach §§ 69d, 69e UrhG keiner Zustimmung des Urhebers.

3.4.3 Nutzungs- und Verwertungsrechte bei Computersoftware

Diese speziellen Vorschriften des Urheberrechts §§ 69a ff. UrhG gelten nur für Computerprogramme.

---

636 Dreier/Schulze, UrhG (2013), § 69d Rdnr. 5.
637 Dreier/Schulze, UrhG (2013), § 69d Rdnr. 7; Stahlknecht/Hasenkamp, Einführung in die Wirtschaftsinformatik (2005), Kap. 4.4 S. 127.
638 Dreier/Schulze, UrhG (2013), § 69c Rdnr. 8; OLG Karlsruhe, Urt. v. 10.1.1996 – 6 U 40/95 – CR 1996, 341; OLG Düsseldorf, Urt. v. 20.3.1996 – 12 O 849/93 – CR 1996, 737.
639 Wandtke/Bullinger/Grützmacher, UrhG (2009), § 69d Rdnr. 9.
640 Dreier/Schulze, UrhG (2013), § 69d Rdnr. 12; OLG Düsseldorf, Urt. v. 20.3.1996 – 12 O 849/93 – CR 1996, 737.

Bezogen auf den oben dargestellten Fall ist also in der Regel zwischen den urheberrechtlichen Nutzungsrechten an der Computersoftware, die der Händler oder Großhändler

a) auf eigenen Systemen,

b) in einem Servicezentrum (bspw. ASP) oder

c) über einen Provider (Cloud) nutzt

und an den mittels Computersoftware erzielten Ergebnissen, bspw. die Feststellung des aktuell ermittelten Warenbestands, eines Händlers zu unterscheiden.

Die nachfolgenden urheberrechtlichen Erläuterungen umfassen in erster Linie die Rechtsfragen, die mit der Nutzung von Lizenzsoftware auf eigenen oder fremden Systemen entstehen. Eine urheberrechtliche Bewertung der Ergebnisse der technischen Verarbeitung durch Computersoftware erfolgt nur insoweit, als diese zur Verdeutlichung der Rechtsprobleme bei der Nutzung von Computersoftware erforderlich ist.

Grundsätzliche Anmerkungen zur Nutzung von Computersoftware

Im Rechtsschrifttum[641] wird ausführlich die Urheberrechtslage beim Outsourcing, bspw. in Form von „Application Service Providing" (ASP), „Grid- und Cloud Computing" erörtert. Ausgangspunkt der urheberrechtlichen Betrachtungen ist, dass jede Nutzung einer Computersoftware zunächst einmal grundsätzlich der Zustimmung des Rechtsinhabers bedarf, gleichgültig, ob die Software als Standardsoftware oder als speziell erstellte oder individuell angepasste Software einem Kunden per Datenträger oder über das Internet bzw. einem Netz zur Verfügung gestellt wird. Gleiches gilt für alle Verwertungsarten.

Die Berechtigungen der Nutzung und Verwertungen gemäß dem Urheberrecht ergeben sich, wie vorstehend erläutert, aus einer entsprechenden vertraglichen Vereinbarung.[642] Wie eingangs dargestellt, zeichnen sich moderne Softwareengineering-Methoden dadurch aus, dass durch die Virtualisierung die *„Trennung der realen Ressourcen von den virtuellen Ressourcen ermöglicht wird".*[643] Das *Hasso-Plattner-Institut* beschreibt die Virtualisierung wie folgt: *„Eine virtuelle Maschine wird aus Softwarekomponeten gebildet [...] Auf einem echten Rechner können mehrere virtuelle*

---

641 S. Bettinger/Scheffelt, CR 2001, 727, 733; Huppertz, Handel mit Second Hand Software, CR 2006, 145, 147; Wandtke/Bullinger/Grützmacher, UrhR (2009), § 69d Rdnr. 13; Dreier/Schulze, UrhG (2013), § 69d Rnr. 8; Gützmacher, Lizenzgestaltung für neue Nutzungsformen, CR 2011,679, 703 f.

642 Dreier/Schulze, UrhG (2013), § 69d Rdnr. 7. Dreier/Schulze, UrhG (2013), § 69d Rdnr. 6 u. 7; Marly, Praxishandbuch Softwarerecht (2009), Rdnr. 1080.

643 Kirn, Teil A Ziff. 2.2; Krcmar, Informationsmanagement (2010), Kap. 5.3.1.3 S. 317.

Maschinen gleichzeitig laufen, die sich die physikalischen Resourcen teilen müssen."[644] So basieren ASP-Systeme in der Regel auf Client-Server-Architekturen, bei denen die Netzwerk- bzw. Client-Server-Software eine Mehrfachnutzung funktional vorsieht. Dabei kann alternativ das Programm auf einem Terminalserver ablaufen, welches von einem Kunden (Client) aufgerufen und genutzt wird. Es können aber auch Teile des Programms auf einen Server des Kunden (Client) geladen werden.[645] Die Steuerung des Einsatzes der IT-Ressourcen erfolgt über einen „Virtual Machine Monitor".[646]

Im ersten Fall bleibt das Programm auf dem System (Host) des ASP, der Kunde nutzt das Programm nur im Host, ohne dass eine Vervielfältigung auf dem Server des Kunden erforderlich ist. Auch wenn der Kunde die Benutzeroberfläche auf sein System lädt, liegt nicht unbedingt eine Vervielfältigung im Sinne des § 69c Abs. 2 UrhG vor. Der EuGH[647] sieht einen urheberrechtlichen Schutz der Benutzeroberfläche nur dann als gerechtfertigt an, wenn die *„Anordnung oder spezifische Konfiguration aller Komponenten"* nicht durch die *„technische Funktion vorgegeben"* ist, sondern das *„Kriterium der Originalität"* erfüllt.

Im zweiten Fall werden Teile des Programms auf den Kunden(Client)-Server „übertragen". Damit liegt eine Vervielfältigung von Teilen des Programms im Sinne des § 69c Nr. 1 UrhG vor, die eigentlich der Zustimmung des Rechtsinhabers bedarf, es sei denn diese Vervielfältigung ist zum bestimmungsgemäßen Gebrauch der Software im Sinne des § 69d Abs. 1 UrhG erforderlich und per Lizenz auch gestattet.

Gleiches gilt auch, wenn infolge der Virtualisierung die Betriebssystem- oder Anwendungssoftware in Form von mehreren Instanzen durch verschiedene Kunden genutzt wird, weil die Software mehrfach im Arbeitsspeicher geladen bzw. vorgehalten werden muss. Nach der herrschenden Rechtsmeinung[648] ist der Softwareersteller berechtigt, die Anzahl der Instanzen, die über die Virtualisierung-Software genutzt werden, festzulegen.

Nach dem EuGH[649] erhält der Kunde bei der Online-Übertragung, die eine Vervielfältigung ist, ein Recht an der Kopie der heruntergeladenen Software. Demnach benötigt der Kunde jeweils eine Lizenz des Rechtsinhabers der genutzten Lizenzsoft-

---

644 Hasso-Plattner-Institut, Technischer Bericht 44/2011: Virtualisierung und Cloud Computing, Ziff. 2.1, S. 13, www.hpi.uni-potsdam.de/fileadmin/hpi/Technische (letzter Abruf: 27.7.2015). Kirn, Teil A Ziff. 2.2.2.1.
645 Huppertz, Handel mit Second Hand Software, CR 2006, 145, 148.
646 S. hierzu die Einzelheiten Kirn, Teil A Ziff. 2.11; Krcmar, Informationsmanagement (2010), Ziff. 5.3.1.3 S. 317; s.a. Lehmann/Giedke, Cloud Computing – technische Hintergründe für die territorial gebundene rechtliche Analyse, CR 2013, 608 f.
647 EuGH, Urt. v. 22.12.2010 – Rs. C-393/09 – CR 2011, 221, Rz. 42.
648 Grützmacher, Software-Urheberrecht und Virtualisierung, ITBR 2011, 193 f.
649 EuGH, Urt. v. 3.7.2012 – Rs.C-128/11 – NJW 2012, 2565 Rz. 81, 84 f.; Schneider/Spindler, Der Kampf um die gebrauchte Software-Revolution im Urheberrecht? CR 2012, 489, 494; Kubach, Musik aus zweiter Hand – ein neuer digitaler Trödlermarkt, CR 2013, 279 f.

ware, auch wenn er nur Teile der Software befristet nutzt.[650] Die technische Virtualisierung der IT-Ressourcen darf aber nicht zu einer rechtlichen Aufspaltung des in einem Lizenzvertrag eingeräumten Nutzungsumfanges führen. Dieses Verbot kann auch aus der Entscheidung des EuGH[651] gefolgert werden. In diesem Zusammenhang sind auch die Regelungen über die öffentliche Zugänglichmachung (§ 19a, § 69c Nr. 4 UrhG) zu beachten. Danach bedarf es stets der Zustimmung des Rechtsinhabers, dass eine Computersoftware einer Vielzahl von Kunden öffentlich zur Nutzung zugänglich gemacht wird. Die „Verwertungshandlung" umfasst hier nur die Zugänglichmachung bzw. die Bereitstellung eines Werkes. Diese öffentliche Zugänglichmachung bedeutet aber nicht, dass damit auch das Recht der Vervielfältigung oder des „Downloading" eingeräumt wird. Wenn keine ausdrückliche Genehmigung vorliegt, kann sich diese Zustimmung auch durch schlüssiges Verhalten des Rechtsinhabers nach Treu und Glauben ergeben. Im Übrigen ist zwischen der öffentlichen Zugänglichmachung und der Verwertungshandlung zu unterscheiden. Der § 69d UrhG findet hier keine Anwendung.[652] Eine schuldrechtliche Frage ist, ob der Betreiber des Service-Zentrums nicht den Anschein einer Berechtigung erweckt hat.

In diesem Zusammenhang ist auf die Entscheidung des BGH vom 3.11.2004,[653] ob der *„Erklärende bei Anwendung der im Verkehr erforderlichen Sorgfalt hätte vermeiden können, dass seine Willenserklärung nach Treu und Glauben und der Verkehrssitte als Willenserklärung aufgefasst werden kann".* Diese Aussage bedeutet, dass für die Frage der Rechtseinräumung maßgeblich ist, ob der Rechtsinhaber durch die Art und Umstände der öffentlichen Zugänglichmachung den Anschein einer vermeidbaren Zustimmung verursacht hat. Im Rechtsschrifttum[654] wird die Meinung vertreten, dass aus der technischen Möglichkeit einer Netzwerk- bzw. Client-Software, dass mehrere Kunden gleichzeitig diese Software nutzen und vervielfältigen können, nicht die Einräumung des Rechts der Nutzungsmöglichkeit durch eine beliebige Anzahl von Kunden gefolgert werden kann.

Nutzung von „ausgelagerter" Computersoftware
Diese Thematik ist insbesondere bei der Auslagerung der IT-Ressourcen an ein externes Rechen- oder Servicezentrum von Bedeutung. Die erteilte Netzwerk- bzw. Client-Server Software-Lizenz umfasst nicht das Recht der Auslagerung von IT-Ressourcen an Dritte insbesondere der Computersoftware, weil diese Nutzung der Software in

---

650 Grützmacher, Software-Urheberrecht und Virtualisierung, ITRB 2011, 193 f.
651 EuGH, Urt. v. 3.7.2012 – Rs. C-128/11 – NJW 2012, 2565 Rdnr. 86.
652 OLG München, Urt. v. 7.2.2008 – 29 U 3520/07 – CR 2009, 500 f.; Wandtke/Bullinger/Grützmacher, UrhG, (2009), § 69c Rdnr. 52; Dreier/Schulze, UrhG (2013), § 19a Rdnr. 11, § 69c Rdnr. 36; Marly, Praxishandbuch Softwarerecht (2009), Rdnr. 1087; Wandtke, Urheberrecht (2012), Kap. 3. Rdnr. 129.
653 BGH, Urt. v. 3.11.2004 – VII ZR 375/03 – CR 2004, 53; BGH, Urt. v. 19.10 2011 – ZR 140/00 – MDR 2012, 662; Wandtke, Urheberrecht (2012), Kap. 3 Rdnr. 129.
654 Dreier/Schulze, UrhG (2013), § 69d Rdnr. 8.

einem externen Rechenzentrum oder ASP-Betrieb eine technisch-wirtschaftlich selbstständige Nutzungsart ist.[655] Dazu bedarf es einer ausdrücklichen Zustimmung des Rechtsinhabers (§§ 31 Abs. 1, 19a, 69c Nr. 4 UrhG). Bei „Public Cloud Computing" Anwendungen ist die Lage noch etwas komplexer, weil der Provider dem Nutzer u. a. auch den Zugang zu anderen Anbietern eröffnet, ohne dass in der Regel zwischen dem Nutzer und den anderen „vermittelten" Anbietern eine vertragliche Vereinbarung über die Nutzung- und Verwertungsrechte vorliegt.

Es gibt somit eine Vielzahl von Nutzern bzw. „Nutzer-Fronten":

(a) Kundendaten: Einmal die Front des Kunden, der Daten zur Nutzung, ggf. auch zur Verarbeitung und Datenverwaltung (d. h. zur Bearbeitung, Vervielfältigung und Speicherung) auf die Systeme eines Providers, Subproviders, eines Application Service Providers oder einer Cloud-Infrastruktur überträgt. Es geht hier also um Verarbeitung seiner Daten auf einem „fremden System".

Urheberrechtlich stellt sich die Frage, ob ein Kunde seine Daten selbst auf dem System des Providers verarbeiten will oder ob der Provider diese Daten im Auftrag des Kunden verarbeitet. Nur im ersten Fall benötigt der Provider (ASP) eine entsprechende Lizenz/Nutzungsrecht des Rechtsinhabers (§§ 31 Abs. 1 UrhG), weil der Kunde mit der Bearbeitung seiner Daten ggf. auch Vervielfältigungshandlungen auf dem System des Providers durchführen muss. (§§ 16, 23 UrhG).

Soweit der Betreiber einer Cloud-Infrastruktur einem Kunden externe IT-Ressourcen anderer Dienstanbieter zur Nutzung zur Verfügung stellt, bedarf es hierzu der ausdrücklichen Zustimmung des jeweiligen Rechtsinhaber der Software, dass die Software in einer Cloud nicht nur von dem Lizenznehmer, sondern auch von Dritten auf dem Server des Lizenznehmers genutzt werden darf. Es liegen somit ggf. Vervielfältigungshandlungen im Sinne des § 69c Nr. 1 UrhG und eine öffentliche Zugänglichmachung im Sinne des § 19a UrhG vor.[656] Diese Aspekte werden nachfolgend im Einzelnen noch erläutert.

(b) Nutzung der IT-Technologie: Weiterhin besteht eine breite, nicht transparente „Front" der Provider und Subprovider dadurch, dass einzelne Leistungsbündel wie Infrastrukturen, Werkzeuge, Entwicklungsumgebungen und komplette Anwendungssoftware zur zeitlich begrenzten Nutzung den Kunden von unterschiedlichen Providern zur Verfügung gestellt werden. Die arbeitsteilige Aufteilung von Leistungsbündeln auf mehrere Dienstanbieter oder Provider führt zu der Frage, welche Nutzungsrechte bzw. Lizenzen der jeweilige Dienstleister benötigt. Dabei

---

655 Wandtke/Bullinger/Grützmacher, UrhG (2014), § 69d Rdnr. 13; Dreier/Schulze, UrhG (2013), § 31 Rdnr. 46, § 69d Rdnr. 8; Bettinger/Scheffelt, Application Service Providing, Vertragsestaltung und Konflikt-Management, CR 2001, 727, 733.
656 Dreier/Schulze, UrhG (2013), § 31 Rdnr. 46; Wandtke/Bullinger/Grützmacher, UrhG (2014),§ 69d Rdnr. 13; Marly, Praxishandbuch des Softwarerechts (2014), Rdnr. 1151.

ist zu klären, ob der Provider den Kunden lediglich die Nutzung der Software von einem Subprovider „vermittelt" oder Teile der Leistungsbündel selbst stellt.[657] Beispiel: Der Provider stellt selbst die Infrastruktur, aber die Entwicklungsumgebung und Anwendungssoftware wird von einem anderen Provider zur Verfügung gestellt. Zunächst ist grundsätzlich davon auszugehen, dass alle erforderlichen Nutzungs- und ggf. Verwertungsrechte an der jeweiligen Software jeweils der Zustimmung der Rechtsinhaber der Software bedürfen. Das heißt, dass jeder Provider bzw. Dienstleister, der eine fremde Software anderen zur Nutzung und Verwertung zur Verfügung stellt, die Zustimmung des Rechtsinhabers benötigt.

In der Rechtsliteratur[658] wird erörtert, ob die Einräumung der Nutzung der Software auf dem Server des Providers überhaupt eine „urheberrechtlich relevante Handlung" ist, weil der Provider bereits per Lizenz nutzen bzw. vervielfältigen darf und alle Nutzungshandlungen im eigenen Arbeitsspeicher zum bestimmungsgemäßen Gebrauch gehören. So hat auch das OLG München[659] die Meinung vertreten, dass die öffentliche Zugänglichmachung nicht notwendigerweise die Übermittlung von Programmteilen enthalten muss. Eine Überlassung in körperlicher Form ist nicht erforderlich.

Der BGH hat in einer Grundsatzentscheidung vom 22.4.2009[660] in einem vergleichbaren Fall („Online-Videorekorder") ausgeführt, dass *„Hersteller der Vervielfältigung derjenige ist, der diese körperliche Festlegung technisch bewerkstelligt. Dabei ist ohne Bedeutung, ob er sich dabei technischer Hilfsmittel bedient, selbst wenn diese von Dritten zur Verfügung gestellt werden."*

Cloud Computing

Die Nutzung von Software in einer Cloud-Infrastruktur ist ohne Zweifel eine eigenständige wirtschaftliche Nutzungsart im Sinne des § 31 Abs. 1 UrhG. Darin dürfte es eigentliche keine Zweifel mehr geben, weil dieses Konzept eine bisher nicht gekannte Skalierbarkeit der IT-Ressourcen ermöglicht.[661] Daher gehört Cloud Computing nicht

---

657 S. hierzu Grützmacher, Das Recht des Softwarevertriebs, ITRB 2003, 199.
658 Bettinger/Scheffelt, Application Service Providing, CR 2001, 729, 734; kritisch Grützmacher, Lizenzgestaltung für neue Nutzungsformen im Lichte des § 69d UrhG, CR 2011, 696, 704; Wandtke/Bullinger/Grützmacher, UrhG (2014), § 69c Rdnr. 66; offen Dreier/Schulze, UrhG (2013), § 69c Rdnr. 36; Pohle/Ammann, Über den Wolken... – Chancen und Risiken des Cloud Computing, CR 2009, 273, 276.
659 OLG München, Urt. v. 7.2.2008 – 29 U 3520/07 – CR 2009, 500, 502.
660 BGH, Urt. v. 22.4.2009 – IZR 216/06 – CR 2009, 598, Rz. 16, 18; s. a. Niemann, Shift der urheberrechtlichen Verwertungsrechte in der arbeitsteiligen digitalen Welt, CR 2009, 661.
661 Hasso-Plattner-Institut, Technischer Bericht 44/2011: Virtualisierung und Cloud Computing, Ziff. 4.6, S. 6, www.hpi.uni-potsdam.de/fileadmin/hpi/Technische (letzter Abruf: 27.7.2015).

zum bestimmungsgemäßen Gebrauch im Sinne des § 69d UrhG.[662] Im Hinblick auf das geschützte Interesse des Urhebers an seiner wirtschaftlichen Beteiligung an der Nutzung seiner Werke neigt das Rechtsschrifttum[663] überwiegend dazu, dass „Cloud Computing" (wie auch ASP, GRID) eine eigene wirtschaftliche Nutzungsart ist, die es erlaubt, dass vielen Kunden über eine virtuelle Cloud-Infrastruktur der „Zugriff" zur Nutzung einer Lizenzsoftware anderer Dienstanbieter eröffnet wird, die ggf. selbst nur über Lizenzrechte an der Software verfügen. Für eine besondere wirtschaftlich eigenständige Nutzungsart im Sinne des § 31 Abs. 1 UrhG einer „Public Cloud" spricht, dass die Nutzung von IT-Ressourcen eine erheblich umfangreichere wirtschaftliche Nutzungsmöglichkeit abdeckt als andere Arten des „Outsourcings" bspw. die ASP.[664] Bei der „Public Cloud" besteht kein begrenzter Nutzerkreis. Im Prinzip bieten hier Dienstanbieter mittels einer virtuellen Cloud-Infrastruktur über eine Schnittstelle Server oder eine darauf installierte Standardbetriebssoftware zur Nutzung für eine unbekannte Anzahl von Nutzern mit dem Risiko der Nutzbarkeit für eine Kundenanwendung und Verfügbarkeit an.[665] Die Nutzung der virtuellen Software erfolgt flexibel und bedarfsabhängig ohne von der Größe einer fest zugeordneten physischen Basis abhängig zu sein.[666] Die „Privat Cloud" ist im Gegensatz zur Public Cloud auf einen überschaubaren, kontrollfähigen Umfang (bspw. auf ein Unternehmen, Organisation usw.) begrenzt. Daraus folgt, dass es für die Nutzung einer Cloud-Infrastruktur und für die über eine Schnittstelle verfügbare weitere Lizenzsoftware jeweils pro Kunde der Zustimmung des Lizenzgebers nach §§ 31, 69c UrhG bedarf.[667]

---

662 Marly, Praxishandbuch Softwarerecht (2014), Rdnr. 1151; Wandtke/Bulllinger/Grützmacher, UrhG (2014), § 69d Rdnr. 13; Dreier/Schulze, UrhG (2013), § 31 Rdnr. 46; Pohle/Ammann, Über den Wolken…– Chancen und Risiken des Cloud Computing, CR 2009, 273, 276.

663 Wandtke/Bulllinger/Grützmacher, UrhG (2014), § 69d Rdnr. 13; Dreier/Schulze, UrhG (2013), § 31 Rdnr. 46, § 69c Rdnr. 36a; Grützmacher, Lizenzgestaltung für neue Nutzungsformen im Lichte von § 69d UrhG, CR 2011, 703 f.

664 Ähnlich Grützmacher, Lizenzgestaltung für neue Nutzungsformen im Lichte des § 69d UrhG, CR 2011, 696, 704; offen Dreier/Schulze, UrhG (2013), § 69c Rdnr. 36a, § 31 Rdnr. 46.

665 BITKOM, Cloud Computing – Was Entscheider wissen müssen (2010), S. 18 f.; Bundesministerium für Wirtschaft und Technologie, Aktionsprogramm Cloud Computing, Oktober 2010; S 11 f., www.bmwi.de/BMWI/Redaktion/Publikationen (letzter Abruf: 27.7.2015); Grützmacher, Lizenzgestaltung für neue Nutzungsformen im Lichte des § 69d UrhG, CR 2011, 696, 704; Grützmacher, Das Recht des Softwarevertriebs, ITRB 2003, 199.

666 BITKOM, Cloud Computing – Was Entscheider wissen müssen (2010), S. 18 f., www.bitkom.org/Bitkom/Publikatioen/Publikat (letzter Abruf: 27.7.2015); Bundesministerium für Wirtschaft und Technologie, Aktionsprogramm Cloud Computing, Oktober 2010; S. 11 f., www.bmwi.de/BMWI/Redaktion/Publikationen (letzter Abruf: 27.7.2015); Grützmacher, Lizenzgestaltung für neue Nutzungsformen im Lichte des § 69d UrhG, CR 2011, 696, 704; Grützmacher, Das Recht des Softwarevertriebs, ITRB 2003, 199; Lehmann/Giedke, Cloud Computing – technische Hintergründe für die territorial gebundene rechtliche Analyse, CR 2014, 608, 610.

667 Niemann, Shift der urheberrechtlichen Verwertungsrechte in der arbeitsteiligen digitalen Welt, CR 2009, 661; Redeker, IT-Recht (2012), Rdnr. 70; Bierekoven, Lizenzierung in der Cloud, ITBR 2010, 42 f.; Pohle/Amann, Über den Wolken… – Chancen und Risiken des Cloud Computing, CR 2009,

Der Dienstanbieter einer virtuellen Cloud-Infrastruktur, der lediglich den Zugang zu der Lizenzsoftware über eine Schnittstelle zur Verfügung stellt bzw. vermittelt, benötigt für die Eröffnung des Zugangs keine Zustimmung des Lizenzgebers (Urhebers), wenn es sich nur um eine temporäre Zwischenspeicherung im Sinne des § 44a UrhG handelt. Die Vervielfältigungshandlungen dürfen aber keine eigenständige wirtschaftliche Bedeutung haben und ein „integraler und wesentlicher Teil eines technischen Verfahrens" sein.[668] Voraussetzung des § 44a UrhG ist jedoch, dass der Rechtsinhaber der Bereitstellung im Internet zugestimmt hat. In diesem Fall geht die herrschende Rechtsmeinung davon aus, dass der Rechtsinhaber auch konkludent einer Zwischenspeicherung, also Vervielfältigung in einem Browser oder Proxy-Server durch einen Distributoren und Zwischenhändler zugestimmt hat.[669] Der § 44a UrhG findet aber keine Anwendung bei Computerprogrammen, die eine spezielle, aber dem § 44a entsprechende Regelung in den §§ 69c Nr. 2, 69d UrhG erhalten haben.[670]

Wenn aber Software von Dienstanbietern online auf einem Server zum Abruf in der Öffentlichkeit – und nicht für einen Kunden – bereitgestellt werden, sind die Vorschriften über die Zugänglichmachung nach den §§ 19a, 69 Nr. 4 UrhG zu beachten, die eine Zustimmung des Rechtsinhabers zum Abruf erfordern. Dabei ist zu beachten, dass der § 19a UrhG nur für unkörperliche Verwertungen in der Öffentlichkeit im Sinne des § 15 Abs. 3 UrhG anwendbar ist, zu denen die Onlineübertragung gehört und der keine Erschöpfung kennt.[671] Der § 19a UrhG ist nur bei einer öffentlichen Zugänglichmachung anwendbar.[672] Der Begriff der Öffentlichkeit ergibt sich aus § 15 Abs. 2 UrhG.[673] Die Öffentlichkeit im Sinne des § 15 Abs. 3 UrhG liegt nur dann nicht vor, wenn der Zugang nur bestimmten Personen, die miteinander persönlich verbunden sind, eröffnet wird. Der ASP-Betrieb oder Filesharing-Systeme und Cloud-Infrastrukturen sind daher technische und keine persönliche Verbindungen.[674]

Liegt diese Zustimmung nach § 19a UrhG nicht vor, so ist es grundsätzlich nicht zulässig, dass eine Kopie einer Computersoftware auf ein System des Abrufenden heruntergeladen und dort mit der Rechtsfolge vervielfältigt wird, dass eine Erschöpfung

---

273, 276; kritisch Bundesministerium des Wirtschaft und Technologie, Studie trusted Cloud, Lizensierungsbedarf beim Cloud Computing, 2012, S. 5 bei mandantenfähiger Software, www.bmwi.de/BMWI/Redaktion/Publikationen (letzter Abruf: 27.7.2015).

668 EuGH, Urt. v. 4.10.2011 – Rs. C-403/08, Rs. C-439/08 – CR 2012, 36, 42 (160); Dreier/Schulze, UrhG (2013), § 44a Rdnr. 1, 22.

669 Wandtke/Bullinger/v. Welser, UrhG (2009), § 44a Rdnr. 9; Pohle/Amann, Über den Wolken...– Chancen und Risiken des Cloud Computing, CR 2009, 273, 276; Koch, Client Access License – Abschied von der Softwarelizenz? ITRB 2011, 42, 44.

670 Dreier/Schulze, UrhG (2013), § 69c Rdnr. 9.

671 Hauck, Gebrauchthandel mit digitalen Gütern, NJW 2014, 3616, 3618.

672 Wandtke/Bullinger/Grützmacher, UrhG (2014), § 69c Rdnr. 66.

673 Wandtke/Bullinger/Heerma, UrhG (2014), § 15 Rdnr. 25.

674 Wandtke/Bullinger/Grützmacher, UrhG (2014), § 69c Rdnr. 54. Kritisch Niemann, Shift der urheberrechtlichen Verwertungsrechte in der arbeitsteiligen digitalen Welt, CR 2009, 661, 663. Marly, Praxishandbuch Softwarerecht (2014), Rdnr. 1132.

im Sinne des § 69c Nr. 3 UrhG eintreten kann (so § 69c Nr. 4 UrhG), es sei denn, dass ein Sachverhalt wie bei nachfolgend aufgezeigtem Ausnahmefall „Vorschaubilder/ Thumbnail" vorliegt. Gleiches gilt auch bei anderen Werken, die Computersoftware sind, bspw. bei Hörbüchern (§ 17 Abs. 2 UrhG)[675]

Da im Cloud Computing in der Regel eine Nutzung von IT-Ressourcen nur zeitlich befristet in Betracht kommt, wird eine Erschöpfung im Sinne des § 69c Nr. 3 UrhG wohl kaum in Betracht kommen. Erwägenswert ist, ob die Nutzung der Lizenzsoftware auf externen Servern durch die eingeräumte Lizenz oder nach § 69d UrhG abgedeckt ist, sodass von einer Zustimmung des Rechtsinhabers absehen werden kann. Nach § 69d UrhG ist erforderlich, dass die Nutzungshandlungen für den bestimmungsgemäßen Gebrauch der Computersoftware notwendig sind.

Der bestimmungsgemäße Gebrauch der Computersoftware ist aus dem vertraglichen Zweck und den sonstigen vertraglichen Umständen zu entnehmen.[676] Mit anderen Worten: Der § 69d UrhG *„garantiert dem Anwender einen zwingenden Kern urheberrechtlich relevanter Nutzungen, die für die vertragsgemäße Verwendung des Programms unerlässlich sind".*[677] Interessant ist die Definition des Berechtigten im Lichte der Rechtsprechung und des Rechtsschrifttums.[678] Berechtigte im Sinne des § 69d Abs. 1 UrhG sind nicht nur „Erwerber" des Computerprogramms im Sinne der § 69c Nr. 3 UrhG, sondern auch Dritte, denen der Anwender die Ausübung seiner Rechte überlassen hat, ohne die Rechte auf Dritte zu übertragen. Beispiele sind die Schulungen über die Nutzung der Programme oder Fehlerbeseitigungen.[679]

Umstritten ist, ob diese Ausnahmeregelung des § 69d Abs. 1 UrhG auch auf die öffentliche Zugänglichmachung nach §69c Nr. 4 in Verbindung mit § 19a UrhG anwendbar ist [680]Eine Ausweitung des Begriffs des Berechtigten ist nicht ganz unproblematisch. Unbestritten sind gewisse Nutzungshandlungen, die eine Vervielfältigung erforderlich machen. Als Beispiel ist die Fehlerbeseitigung zu benennen, die zu dem schützenwerten Kern der Software (Quellcode und Entwurfsmaterial) in einem

---

675 S. hierzu OLG München, Urt. v. 7.2.2008 – 29 U 3520/07 – CR 2009, 500 f.; BGH, Vorlagebeschluss v. 3.2.2011 – I ZR 129/08 – CR 2011, 223, 225 f.; Spindler, CR 2008, 69 f.; Dreier/Schulze, UrhG (2013), § 69c Rdnr. 36a; Grützmacher, Lizenzgestaltung für neue Nutzungsformen im Lichte des § 69d UrhG, CR 2011, 696, 704; s. a. OLG München, Urt. v. 9.5.2008 – 29 U 3520/07 – CR 2009, 500 f.

676 Dreier/Schulze, UrhG (2013), § 69d Rdnr. 7; Wandtke/Bullinger/Grützmacher (2009), § 69d Rdnr. 7–9; Grützmacher, Lizenzgestaltung für neue Nutzungsformen im Lichte des § 69d UrhG , CR 2011, 485, 487 f.

677 OLG Düsseldorf, Urt. v. 29.5.2001– 20 U 166/00 – CR 2002, 95 f.

678 OLG Düsseldorf, Urt. v. 29.5.2001 – 20 U 166/00 – CR 2002, 95 f.; BGH, Urt. v. 24.2.2000 – I ZR 1241/97 – CR 2000, 656, 657; Grützmacher, Lizenzgestaltung für neue Nutzungsformen im Lichte des § 69d UrhG, CR 2011, 485, 489.

679 Wandtke/Bullinger/Grützmacher, UrhG (2014), § 69c Rdnr. 51 f.; BGH, Urt. v. 24.2.2000 – I ZR 1241/97 – CR 2000, 656; OLG Düsseldorf, Urt. v. 29.1.2001 – 20 U 166/00 – CR 2002, 95, 97.

680 Dreier/Schulz, UrhG (2013), § 69d Rdnr. 10; so auch – allerdings modifizierend – Wandtke/ Bullinger/Grützmacher, UrhG (2014), § 69c Rdnr. 58; a. A. Dreier/Schulze, UrhG (2013), § 69c Rdnr. 10.

bestimmten Umfang gehören. Es geht hier im Prinzip um die Nutzbarkeit der Software, die vertraglich zugesagt wurde.

Wenn aber ein Dienstanbieter einem Kunden die Nutzung einer virtuellen Cloud-Infrastruktur mit einem Internetzugang zu anderen IT-Ressourcen, wie einem Server oder Software von anderen Dienstanbietern, einräumt, so ist er nach § 19 a UrhG bzw. § 69c Nr. 4 UrhG nur dazu berechtigt, wenn ihm der Rechtsinhaber der Software zuvor die Einräumung von Nutzungsrechten zugunsten Dritter grundsätzlich gestattet hat.[681] Wie bereits vorstehend ausgeführt, kann aus der technischen Möglichkeit eines Netzwerks bzw. einer Cloud, dass mehrere Kunden die Software auf einem externen Server nutzen können, nicht gefolgert werden, dass der Softwareersteller bzw. Lizenzgeber diesem Nutzungsumfang zugestimmt hat.[682] Maßgeblich ist, ob der Lizenzgeber rechtsgeschäftlich seine Einwilligung zur Nutzung gegeben hat, wobei eine einfache oder konkludente Einwilligung ausreicht. Aber auch hier ist zu prüfen, ob schuldrechtlich die Voraussetzungen für eine Anscheinsvollmacht vorliegen. Im Einzelfall dürfte es schwierig sein, die Voraussetzungen für eine eindeutige Anscheinsvollmacht zu rekonstruieren. Es geht hier schließlich um den Schutz von urheberrechtlich geschützten Werken, die eine gewisse konkrete Beweislage für die Zustimmung oder für ein konkludentes zustimmendes Verhalten erfordert, welche nach objektiver Betrachtung und Verkehrsanschauung als Zustimmung angesehen werden kann.[683]

Einen Lösungsansatz zeigen die Entscheidungen des BGH vom 29.4.2010 und vom 19.11.2011 auf.[684] Die Entscheidung des BGH[685] betrifft die Haftung des Betreibers einer Suchmaschine, der Abbildungen von Werken, die Dritte ins Internet gestellt haben, als „Vorschaubilder" (Thumbnails) in die Trefferliste seiner Suchmaschinen aufgelistet hat: *„Der Senat hat ausgeführt, dass der Urheber, der eine Abbildung eines urheberrechtlichen geschützten Werkes ins Internet einstellt, ohne technisch mögliche Vorkehrungen gegen das Auffinden und Anzeigen dieser Abbildungen durch die Suchmaschine zu treffen, durch schlüssiges Verhalten seine (schlichte) Einwilligung in der Wiedergabe der Abbildung [...] erklärt."* Der BGH ist also der Auffassung, dass für eine berechtige Nutzung nicht unbedingt eine rechtsgeschäftliche Einwilligung vorliegen muss. Für die Rechtfertigung der urheberrechtlichen Handlung reicht es aus, dass eine „schlichte Einwilligung", d. h. eine objektive Erklärungshandlung aus der Sicht des Empfängers vorliegt, ohne einen auf eine Rechtsfolge gerichteten Willen zu

---

681 Koch, Client Access License – Abschied von der Softwarelizenz? ITRB 2011, 42, 44; Dreier/Schulze, UrhG, (2013), § 69c Rdnr. 36a; OLG München, Urt. v. 7.2.2008 – 29 U 352/07 – CR 2009, 500 f.

682 Dreier/Schulze, UrhG (2013), § 69d Rdnr. 8; Koch, Das Recht des Softwarevertriebs, ITRB 2003, 199.

683 Hüsch, Thumbnails in Bilderbuchmaschinen, CR 2010, 452, 456.

684 BGH, Urt. v. 29.4.2010 – I ZR 69/08 – CR 2010, 463; BGH, Urt. v. 19.10.2011 – I ZR 140/10 – NJW 2012, 1886.

685 BGH, Urt. v. 29.10.2010 – I ZR 69/08 – MMR, 2010, 475, 477; BGH, Urt. v. 19.10.2011 – I ZR 140/10 – MMR 2012, 602, 605.

haben. Für einen solchen Willen spricht, dass der Urheber des geschützten Werkes keine technischen Blockierungen zum Schutz seines Werkes nutzte. *Hüsch*[686] weist mit Recht daraufhin, dass diese Entscheidung auf dem Grundsatz des „venire contra factum proprium" beruht und die Zweckübertragungslehre nach § 31 Abs. 5 UrhG umgeht, die bei unklaren Vereinbarungen den Urheber schützt. Diese Rechtsprechung des BGH kann nur begrüßt werden, weil sie auf einen Vertrauensschutz der Anwender bzw. Kunden von Internetdiensten abstellt, die zunehmend nicht in der Lage sind, die Rechtmäßigkeit von Angeboten zu erkennen. Dies gilt insbesondere bezüglich der über eine Cloud-Infrastruktur bereit gestellten IT-Ressourcen von externen Dienstanbietern. Der gedankliche Ansatz von *Hüsch* ist jedoch richtig, dass der von Anbietern im Internet erzeugte Vertrauenstatbestand nach den Grundsätzen von Treu und Glauben nach § 242 BGB schutzbedürftig ist. Die Auffassung des BGH steht nicht im Widerspruch zu der Zweckübertragungslehre nach § 31 Abs. 5 UrhG, weil im vorliegenden Fall durch die Cloud-Infrastruktur ein Vertrauenstatbestand erzeugt wurde, der von dem sorgfältig handelnden Betreiber der Cloud in der Regel auch erkannt werden konnte. Wer Bilder oder sonstige geschützte Werke über eine Suchmaschine ins Internet stellt, muss sich nach Ansicht des BGH der dadurch erzeugten objektiven Erwartungshaltung der Nutzer bewusst sein. Es ist durchaus zumutbar, mögliche Nutzungsformen, die der Dienstanbieter nicht beabsichtigt, technisch auszuschließen.[687]

Eine Ausnahme von dem ausschließlichen Recht der Zustimmung der Verwertung besteht im Falle einer Erschöpfung. Wird das Original oder ein Vervielfältigungsstück eines Werkes mit Zustimmung des Rechtsinhabers im Gebiet der Europäischen Union im Wege der Veräußerung in den Verkehr gebracht, so ist die Weiterverbreitung mit Ausnahme der Vermietung ohne Zustimmung des Rechtsinhabers zulässig (§ 17 Abs. 2 UrhG). Diese Vorschrift betrifft nur körperliche Werke (§ 15 Abs. 1 Ziff. 2 UrhG). Diese Vorschrift wurde auch in den speziellen Vorschriften des Urheberrechtsgesetzes für Computerprogramme übernommen (§ 69c Abs. 2 Nr. 3 UrhG).

Die Rechtsprechung lehnte es daher ab, auf den Onlineerwerb von Computersoftware die Vorschriften über die Erschöpfung anzuwenden.[688]

Auf Vorlage des BGH ändert der EuGH die Rechtslage durch die Auslegung des Art. 4 I und Art. 5 I der europäischen Richtlinie 2009/24/EG dahingehend, dass ein Weiterverkauf ohne Zustimmung des Rechtsinhabers zulässig ist, wenn ein Nutzer oder Kunde online Computersoftware gegen eine einmalige Vergütung zur dauer-

---

686 Hüsch, Thumbnails in Bilderbuchmaschinen, CR 2010, 452, 456; ähnlich Dreier/Schulze, UrhG (2013), §1 Rdnr. 14; kritisch Härting, Internetrecht (2014), Rdnr. 1246.
687 Marly, Praxishandbuch Softwarerecht (2009), Rdnr. 56; OLG Jena, Urt. v. 27.2.2008 – 2 U 319/07 – MMR 2008, 408 f.
688 LG München, Urt. v. 15.3.2007 – 7 O 7061/06 – CR 2007, 356, 358; OLG München, Urt. v. 3.7.2008 – 6 U 2759/07 – CR 2008, 551; s. hierzu die Ausführungen BGH, Urt. v. 17.2.2013 – I ZR 129/08 – CR 2014, 168 Rz. 30, 31, 43.

haften Nutzung erwirbt. Hier ist die grundlegende Entscheidung des EuGH vom 3.7.2012[689] zu beachten. Danach gilt der Grundsatz der Erschöpfung des Verbreitungsrechtes nicht nur, wenn der Urheber die Kopien seiner Software auf einem Datenträger (CD-ROM oder DVD) vermarktet, sondern auch dann, wenn er sie durch Herunterladen von seiner Internetseite verbreitet; das gilt auch für alle Updates bei der Wartung. Im Prinzip geht es dem EuGH darum, den Schutz des geistigen Eigentums an den Computerprogrammen zu begrenzen, um eine "Abschottung der Märkte zu vermeiden". Der BGH[690] hat die Rechtsprechung des EuGH mit der Entscheidung vom 17.7.2013 übernommen. Wie der EuGH hat auch der BGH zur Definition des Begriffs „Verkauf" nicht auf nationale Rechtsvorschriften Bezug genommen, sondern einen *„autonomen Begriff des Unionsrechts"* zugrunde gelegt, der anders als im deutschen Recht nicht auf das Eigentum, sondern auf die Einräumung eines unbefristeten Nutzungsrechtes an einer nichtkörperlichen Programmkopie abstellt. Nach der Auffassung des BGH handelt es sich bei einem Onlineerwerb nicht um einen „Weiterverkauf von Lizenzrechten", sondern um den Erwerb einer „erschöpften Programmkopie" mit dem Recht zur bestimmungsgemäßen Nutzung des Computerprogramms (§ 69d UrhG).[691] Es handelt sich nicht um ein „physikalisch festgelegtes Vervielfältigungsstück", sondern – wie *Redeker*[692] meint – um ein „virtuelles Exemplar der Software", also nicht um ein „körperlich festgelegtes Werk" im Sinne des § 17 Abs. 2 UrhG. Wie aus § 17 Abs. 2 UrhG hervorgeht, kommt eine Erschöpfung nur bei körperlichen Werken und nicht bei unkörperlichen Werken in Betracht.[693]

Das OLG Hamm weist in einer späteren Entscheidung[694] darauf hin, dass diese Grundsätze der Erschöpfung eine Spezialregelung für die Computersoftware sind und nicht auf alle anderen Arten von Online-Übertragungen – bspw. Hörbücher, Musikwerke usw. – anwendbar sind; nur die speziellen Vorschriften über die Nutzung von Computersoftware (§§ 69a ff. UrhG) haben das Nutzungsrecht auf den „bestimmungsgemäßen Gebrauch" erweitert (§ 69d Abs. 1 UrhG).

Daraus folgt, nur wenn die Software dauerhaft gegen eine Einmalvergütung im Wege der Veräußerung in den Verkehr gebracht worden ist, dann erschöpft sich nach § 69c Nr. 3 UrhG das Verbreitungsrecht des Urhebers. Das heißt, dass das ausschließliche Recht der Verbreitung nach §§ 31, 69c UrhG sich nur auf die Erstverbreitung der

---

689 EuGH, Urt. v. 3.7.2012 – Rs. C-128/11 (Used Soft/Oracle), NJW 2012, 2565 Rz. 40, 41, 62, 78, 79, 85; s. hierzu Schneider/Spindler, Der Kampf um die gebrauchte Software-Revolution im Urheberrecht, CR 2012, 489.

690 BGH, Urt. v. 17.7.2013 – I ZR 129/08 – NJW 2014, 761 Rz. 35, 36, 40, 46.

691 S. hierzu die kritischen Anmerkungen von Marly, Handel mit Gebrauchtsoftware, CR 2014, 145.

692 Redeker, Das Konzept der digitalen Erschöpfung – Urheberrecht für die digitale Welt, CR 2014, 73, 75.

693 S. hierzu den kritischen Beitrag von Haberstumpf, Der Handel mit gebrauchter Software im harmonisierten Urheberrecht, CR 2012, 561, 565.

694 OLG Hamm, Urt. v. 15.5.2014 – 22 U60/12 – NJW 2014, 3659, 3664; Hauck, Gebrauchthandel mit digitalen Gütern, NJW 2014, 3616.

konkret heruntergeladenen Programmkopie bezieht.[695] Allerdings ist, wie bereits vorstehend zu den „virtuellen Nutzungsrechten" ausgeführt, der Onlineerwerb von „abgespalteten" Nutzungsrechten nicht zulässig.[696]

Zusammenfassend ist festzuhalten, dass eine Erschöpfung aber nicht eintritt, wenn ein Kunde für die Abwicklung seiner Geschäftsprozesse den Dienst von „Application Service Providern" oder „Cloud Computing Dienstanbietern" nur zeitlich befristet in Anspruch nimmt. Die Ausdehnung der Erschöpfungswirkungen auf den Onlineerwerb kann insofern als positiv angesehen werden, weil dadurch die Freiheit des Dienst- und Warenhandels gefördert wird. Die Rechte des Urhebers werden im Hinblick auf den Wandel des Rechtsverkehrs zum digitalen Rechtsverkehr nicht angemessen geschützt.[697] Diese Rechtslage bedeutet wohl aber keine höchstrichterliche Anerkennung, dass beim Erwerb von Computersoftware grundsätzlich das Kaufrecht zur Anwendung kommt. Die Begründung von EuGH und BGH basiert auf einem „autonomen Begriff des Unionsrechts", der wohl mit dem deutschen Nutzungsrecht eher vergleichbar ist.[698]

Nutzung von Lizenzsoftware, Apps auf mobilen Endgeräten, Smartphones, usw.

Schwierig wird es, wenn – wie im Fall von Plattformen, mobilen Endgeräten oder Smartphones – der Betreiber über seine „Touchscreens" den Zugang zu vielen Anbietern eröffnet. Hier ist in Praxis sehr fraglich, welche Rolle und Verantwortung der Betreiber hat. Handelt der Betreiber als „Verkäufer" oder Generalunternehmer bzw. als Handelsvertreter im Sinne des § 54 Abs. 1 HGB als Vermittler oder nur als reiner technischer Internetforen-Betreiber, der keine Handelsvollmacht besitzt.[699] Es ist hier trennscharf zu unterscheiden, ob der Betreiber nur die technische Einrichtung des Smartphones, technische Plattform oder eine Betriebssoftware, Anwendungssoftware oder sonstige Leistungen wie ein Hostprovider anbietet.[700] Der Betreiber muss sich zunächst die erforderlichen Nutzungs- und Vermarktungsrechte an den Apps

---

695 Nordemann, AGB-Kontrolle von Nutzungsrechtseinräumungen durch den Urheber, NJW 2012, 2312; Haberstrumpf, Der Handel mit gebrauchter Software und die Grundlagen des Urheberrechts, CR 2009, 345, 348; s. auch BGH, Urt. v. 6.7.2000 – I ZR 244/97 – NJW 2000, 3571, 3572.

696 S. hierzu OLG Frankfurt, Urt. v. 18.12 2012 – 11 U 68/11 – CR 2013, 148, 152; Marly, Handel mit Gebrauchtsoftware, CR 2014, 145, 149 (keine Aufspaltung bei Volumenlizenz über eigenständige Lizenzprogramme).

697 Wandtke, Urheberrecht (2010), Rdnr. 62.

698 BGH, Urt. v. 17.7.2013 – I ZR 129/08 – NJW 2014, 761 Rdnr. 36; s. hierzu Müller-Hengstenberg/Kirn Vertragscharakter des Application Service Providing, NJW 2007, 2370, 2373; a. A. wohl Schneider/ Spindler, Der Kampf um die gebrauchte Software-Revolution im Urheberrecht, CR 2012, 489.

699 Grützmacher, Das Recht des Softwarevertriebs – eine Gegenüberstellung verschiedener Vertriebsformen, ITRB 2003, 199 ff.

700 Koch, Internetrecht (2005), § 5 1 b S. 153; EuGH, Urt. vom 17.7.2011 – Rs. C-324/09 – CR 2011, 598, 604 f.; Heckmann, Internetrecht (2007), Kap. 1.7 Rdnr. 222; Redeker, IT-Recht (2012), Rdnr. 1103.

vom Rechtsinhaber einräumen lassen. Dabei enthalten die Vermarktungsrechte in der Praxis regelmäßig wohl nur die Einräumung von nicht ausschließlichen Lizenzen (§ 31 Abs. 2 und Abs. 3 ff. UrhG), weil die urheberrechtlichen Rechtsinhaber sich verständlicherweise die Vermarktung durch die Einräumung weiterer Lizenzen vorbehalten.[701] Urheberrechtlich ist jedoch davon auszugehen, dass es sich bei Apps in der Regel um Computersoftware im Sinne des § 69a UrhG handelt. Die Weiterverbreitung und die öffentliche Zugänglichmachung der Apps auf der Plattform (App-Store) des Betreibers bedürfen daher grundsätzlich gemäß §§ 69c Abs. 3 UrhG und 19a in Verbindung mit § 69c Nr. 4 UrhG der Zustimmung des Rechtsinhabers bzw. Urhebers. Soweit die Apps (bspw. App-Spiele) in einer Datenbank gespeichert sind, bedarf es ggf. noch der Zustimmung nach § 87 b UrhG.[702]

Allerdings trifft den Betreiber schon eine allgemeine Haftung für die auf seinem Forum bereitgestellten Angebote: Diese Haftung wird in Teil B Ziff. 3.3.7 im Rahmen der Störerhaftung noch ausführlich erörtert.[703] Der Kunde muss sich also darauf verlassen können, dass der Provider berechtigt ist, alle für die Nutzung im Einzelfall erforderlichen Nutzungs- und Verwertungsrechte einzuräumen. Das heißt, dass er mit den Subanbietern die entsprechende Vereinbarung getroffen hat. Ein gutgläubiger Erwerb von Nutzungsrechten gibt es im Urheberrecht nicht.[704] Der § 69d Abs. 1 UrhG verleiht dennoch eine gewisse Sicherheit, dass ein „abredefester Kern" garantiert wird.[705]

Nutzung von Lizenzsoftware durch Softwareagenten/Schutz von Datenbanken

Zunächst ist zu klären, ob Softwareagenten als schutzfähige Computerprogramme im Sinne des § 69a UrhG anzusehen sind, sodass für die Nutzung- und Verwertungsrechte die §§ 31f UrhG, insbesondere die §§ 69a, 69c und 69d UrhG gelten.

Die europäischen Urheberrechtsregelungen sehen ein Werk nur dann als schutzfähig an, wenn eine geistige Schöpfung eines Menschen vorliegt.[706] Deshalb ist stets auch bei einem softwaregenerierten Computerprogramm zu prüfen, ob das generierte Programm eine Ausdrucksform eines Programms ist oder – ähnlich wie bei einem autonomen Agenten – nach einem von einem Programmierer vorgegebenen Algorithmus abläuft. Es kommt hierbei nicht auf das Ergebnis der Abläufe an. Hierbei ist stets die Gesamtstruktur der Programme danach zu bewerten, ob diese insgesamt

---

701 Baumgartner/Ewald, Apps und Recht (2013), Rdnr. 391 ff.; Redeker, IT-Recht (2012), § 1176.

702 So Marly, Praxishandbuch Softwarerecht (2014), Rdnr. 1166.

703 Kremer, Vertragsgestaltung bei der Entwicklung und Vertrieb von Apps für mobile Endgeräte, CR 2011, 769.

704 Dreier/Schulze, UrhG (2013), § 31 Rdnr. 24.

705 Dreier/Schulze, UrhG (2013), § 69d Rdnr. 12; OLG Düsseldorf, Urt. v. 20.3.1996 – 12 O 849/93 – CR 1996, 737; Koch, Das Recht des Softwarevertriebs, ITRB 2003, 199, 202.

706 Wandtke/Bullinger/Grützmacher (2009), § 69a Rdnr. 32 f; Redeker, IT-Recht Kap. A, II Rdnr. 15.

eine schöpferische geistige Leistung des Programmierers darstellt.[707] Klärungsbedürftig ist, ob der Softwareagent, die Wissensdatenbank oder die Problemlösungen, die durch die Softwareagenten autonom erstellt werden, überhaupt als schöpferische Werke im Sinne des § 2 Abs. 1 und 2 UrhG anzusehen werden können.

In dem Rechtsschrifttum[708] ist unbestritten, dass die „Werkschöpfung" ein Realakt bzw. ein Werkstück ist. Dabei ist es unbeachtlich, ob die Erstellung des Werkes auf „Zufallsereignissen" oder nicht kontrollierten Eingriffen von Maschinen beruht. Demzufolge sind auch technische „Big Data" zunächst nur jeweils ein technisch bestehendes oder erzeugtes Werkstück. Der Schutz des Urheberrechts wird erst aufgrund dieses Gesetzes originär der werkschöpfenden Person gewährt. Danach verfügen nur natürliche Personen über einen „individuellen menschlichen Geist" im Sinne des § 2 UrhG. Juristische Personen, Computersysteme oder Softwareagenten scheiden daher als Werkschöpfer aus. Maschinen oder Computer, Roboter und sonstige Automaten sind nur „Hilfsmittel" des Urhebers.[709] Aus diesen rechtlichen Aspekten ist für die Frage der Anwendung des Urheberrechts auf Softwareagenten nicht von Bedeutung, ob eine „Werkschöpfung" durch einen Menschen, ein Computerprogramm oder durch Roboter geschaffen wurde. Von Bedeutung ist aber alleine, ob es sich um eine „individuelle geistige Wertschöpfung" einer natürlichen Person handelt. Es ist hierbei gleichgültig, ob und welche Hilfsmittel der Urheber bei der Schaffung des Werkes verwandt hat. Daraus kann gefolgert werden, dass es auch außerhalb des Urheberrechts „immaterielle Werke" geben kann, die nur mangels Gestaltungshöhe nicht schutzfähig sind.

Kann demzufolge davon ausgegangen werden, dass die Softwareagenten oder auch Roboter, die ein „reales Werk" oder eine Software erstellen, eine geistige Werkschöpfung eines Menschen sind, weil diese auf einer bestimmten Planung und einer vorgegebenen Architektur bzw. auf einem flexiblen Algorithmus eines Menschen beruhen? In diesem Fall wäre nur noch zu prüfen, ob diese „Werke" über eine „gewisse Gestaltungshöhe" (eine individuell geistige Schöpfung eines Menschen) nach § 2 Abs. 2 UrhG verfügen. Es kann hier argumentiert werden, dass die programmtechnische Freiheit der Anpassung des Lösungsverfahrens von einem Programmierer, also von einem Menschen, vorgegeben wurde. Demnach würde auch dieser als der geistige Urheber der Änderungsfähigkeit im Sinne des § 2 Abs. 2 UrhG angesehen werden können. Die Offenheit des Lösungsverfahrens und die Anpassungsfähigkeit von Softwareagenten stehen dem menschlichen Schöpfungsgedanken nicht entgegen. Denn nach der Rechtsliteratur[710] braucht eine Schöpfung noch nicht abgeschlos-

---

707 S. Beispiele bei DeWachter, Software Written By Software is Copyright Still the Appropriate Tool to Protect IT? CR1 2010, 12, 14; Dreier/Schulze, UrhG (2013), § 69a Rdnr. 17 f., 21.

708 Wandtke/Bullinger/Thum, UrhG (2014), § 7 Rdnr. 3 und § 2 Rdnr. 16, 17.

709 Wandtke/Bullinger/Thum, UrhG (2014), § 7 Rdnr. 8; Dreier/Schulze, UrhG (2013), § 7 Rdnr. 2.

710 Wandtke/Bullinger/Blum, UrhG (2104), § 7 Rdnr. 4.

sen sein; sie kann sich auch kontinuierlich in weiteren Schritten unter unterschiedlichen Annahmen fortentwickeln.

Kirn schildert in Teil A Ziff. 3.2.1 folgenden Ablauf bei kooperativen autonomen Softwareagenten: „*Das Vorgehen bei verteilten Problemlösungen unterscheidet vier Phasen: In der Analysephase wird die Ausgangsaufgabe in mehrere unabhängig voneinander zu bearbeitende Teilaufgaben zerlegt. Diese werden in der Allokationsphase auf mehrere Einzelsysteme (Agenten) verteilt. In der Problemlösungsphase werden in unabhängig voneinander ablaufenden lokalen Arbeitsprozessen Ergebnisse für diese Teilaufgaben erarbeitet und an den Auftrag erteilenden Agenten zurückgegeben. Dieser fügt die erhaltenen Teilergebnisse in der Synthesephase zu einem Gesamtergebnis zusammen [...]*" Ein naheliegender Lösungsansatz besteht auch darin, den Problemlösungsknoten Möglichkeiten einzuräumen, sich im Verlauf ihrer lokalen Problemlösungen untereinander abzustimmen, zu kooperieren. Von besonderem Interesse ist dabei, ob bei der Zuweisung einer Aufgabe an einen Agenten vorauszusehen ist, ob diese überhaupt lösbar ist, der betreffende Agent diese Aufgabe lösen kann und ob für diese Aufgabe möglicherweise mehrere zulässige Lösungen existieren und, sollte dies der Fall sein, ob der Agent nur eine oder mehrere oder definitiv alle zulässigen Lösungen erarbeiten muss." *Kirn*[711] fährt an andere Stelle dann fort: „*Von intelligenten Systemen wird erwartet, dass sie grundsätzlich lernfähig sind, also ihr Wissen im Lauf der Zeit weiterentwickeln und bspw. an im Lauf der Zeit wahrgenommene Beobachtungen anpassen können.*" Zu beachten ist, dass der vorstehende Ablauf der Lösungs- und Entscheidungsschritte ohne menschliche Mitwirkung erfolgt, also autonom ist. Aus urheberrechtlicher Sicht werden mehrere „reale Werke" (bspw. Lösungsparameter) der einzelnen Softwareagenten durch die kooperativ zusammenwirkenden autonomen Softwareagenten auf ihre Lösungseignung abgeglichen, ausgewählt und ggf. mit anderen Lösungsparametern verbunden, sodass ein „neues reales Werk" (Lösungsvorschlag) vorliegt. Es ist hierbei davon auszugehen, dass jedes reale Werk nach einem vorgegebenen flexiblen Algorithmus abläuft, der von einem Programmierer erstellt wurde. Urheber sind demnach die Programmierer der jeweiligen Einzelsysteme bzw. der jeweiligen autonomen Softwareagenten. Die Auswahl eines Lösungsweges kann als ein neues Werk in Form einer Miturheberschaft der Programmierer aller beteiligten Softwareagenten angesehen werden, wenn der Algorithmus adaptiert wird. Urheberrechtlich ist somit zu unterscheiden, ob der Algorithmus für die Problemlösung der Softwareagenten angepasst bzw. verändert wird oder ob eine Aufgabenlösung vorliegt, wie bspw. bei Suchprogrammen eine gesuchte Wortkombinationen.

Wie bereits erläutert, sind nach der Rechtsprechung des EuGH[712] nur die Regeln zur technischen Verarbeitung als Befehle und Befehlsfolgen an den Computer, wie

---

711 Teil A Ziff. 3.4.4 des Buches.
712 EuGH, Urt. v. 3.5.20122 – Rs. C-406/10 – CR 2012, 428; s. hierzu die Anmerkung zum EuGH, von Heymann, CR 2012, 431; Spindler, Grenzen des Softwareschutzes, CR 2012, 417; Wandtke/Bullinger/Grützmacher, UrhG (2009), § 69a Rdnr. 24 f.

diese sich im Objekt- und Quellcode bzw. in den Entwurfsmaterialien darstellen, als Computerprogramm in Sinne des § 69a UrhG schutzfähig. Die Benutzeroberfläche bzw. die Funktionalitäten eines Computerprogramms sind das Resultat bzw. das Ziel der technischen Verarbeitung (durch Befehle oder Befehlsfolgen), die durch die Eingabe bzw. Ausgaben bezweckt werden. Funktionalitäten, Programmiersprachen, Dateiformate sind keine Ausdrucksformen eines Computerprogramms.[713]

Es dürften wohl keine Zweifel bestehen, dass autonome Softwareagenten als Computersoftware in Sinne des § 69a UrhG anzusehen sind.[714] Das Rechtsschrifttum[715] unterscheidet aber bei Expertensystemen und neuronalen Netzen zwischen der Wissensdatenbank einerseits und den Dialogkomponenten sowie den Interferenzmaschinen andererseits. Lediglich die Dialogkomponenten und Interferenzmaschinen unterliegen dem Schutz als Computerprogramm im Sinne des § 69a UrhG, weil diese die Regeln für Problemlösungen und autonomes Verhaltensweisen enthalten. Nach dem Rechtsschrifttum[716] fällt die Wissensdatenbank nicht unter die speziellen Vorschriften der Computerprogramme nach §§ 69a f. UrhG, sondern unter den urheberrechtlichen Schutz als Datenbank im Sinne des § 87a ff UrhG. Danach gehören zum „Wissensmodell" die „Ein- und Ausgabenschichten, die Verbindungsstruktur, die abgelegten Lernergebnisse" und Daten. Das Rechtsschrifttum übersieht hierbei, dass – wie *Kirn* oben ausführt – die „ Lernergebnisse" adaptierte oder angepasste Problemlösungen sein können, die als Algorithmus programmiert und insofern als Computerprogramme im Sinne des § 69a UrhG anzusehen sind, soweit sie persönliche geistige Werke im Sinne des § 2 Abs. 2 UrhG sind.[717] Lernen bedeutet nicht nur das Sammeln und Auswerten von Fakten, sondern auch die Einbeziehung anderer Lösungsmöglichkeiten und Techniken.[718] Letzteres ist wohl keine Datensammlung im Sinne des § 87a ff. UrhG. Soweit die kooperierenden autonomen Softwareagenten ihre jeweiligen flexiblen Algorithmen nutzen, handelt es sich um Vervielfältigungshandlungen oder auch um eine Bearbeitung (§ 69c Nr. 1 u. Nr. 2 UrhG), die aber wohl zum bestimmungsgemäßen Gebrauch im Sinne des § 69d Abs. 1 UrhG gehören. Der § 19a UrhG dürfte wohl kaum zur Anwendung kommen, weil diese „Lernergebnisse" in der Regel nicht der Öffentlichkeit im Sinne des § 15 Abs. 3 UrhG zugänglich gemacht werden.

---

713 EuGH, Urt. v. 3.5.2012 – Rs. C-406/10 – CR 2012, 428.
714 Teil A Ziff. 3.2.1.
715 Wandtke/Bullinger/Grützmacher, UrhG (2014), § 69a Rdnr. 20; § 87a Rdnr. 96; Dreier/Schulze, UrhG (2013), § 69a Rdnr. 12.
716 Wandtke/Bullinger/Grützmacher, UrhG (2014), § 69a Rdnr. 20.
717 S. hierzu die Beispiele für den Programmcharakter von Problemlösungen Kirn, Teil A Ziff. 3.3.1 und 3.3.2; s. a. Universität Paderborn, Softwareagenten (1999), S. 1 f., 5, www.uni-paderborn.de/cs/jevox/Seminar/Softwareagenten.pdf (letzter Abruf: 29.7.2015).
718 S. a. Universität Paderborn, Softwareagenten (1999), S. 1 f., 5, www.uni-paderborn.de/cs/jevox/Seminar/Softwareagenten.pdf (letzter Abruf: 29.7.2015); s. hierzu ausführlich Krcmar, Informationsmanagement (2010), Kap. 7.2.3.1 S. 640, Kap.7.2.3.1.2 S. 644 und Kap. 7.2.3.1.5 S. 648.

Einzelne Daten des Wissensmodells können sehr unterschiedlicher Art sein und unterschiedliche Inhalte haben. Sie erfüllen nicht alle die Voraussetzungen des § 2 Abs. 1 Nr. 7 und Abs. 2 UrhG und sind daher nicht schutzfähig.[719] Lediglich die Struktur oder das Raster, in dem das Wissen gesammelt wird, unterliegt dem Schutz des Datenbankherstellers nach § 87a UrhG. Die Sammlung und Erfassung bzw. Verarbeitung der Daten oder des Lösungsmodells unterliegt jedoch nicht dem Schutz des Datenbankherstellers im Sinne des § 87a UrhG.[720]

Was bedeutet der Schutz der Datenbank nach § 87b UrhG? Der § 87b Abs. 1 UrhG dient dem Schutz der Investition in den Aufbau oder in die Struktur einer Datenbank und nicht dem Schutz der Investition der Datengenerierung. Hierbei ist es gleichgültig, ob die einzelnen Elemente der Datenbank geschützte Werke im Sinne des Urheberrechts sind. Maßgeblich ist, dass die Auswahl und die Anordnung der in der Datenbank enthaltenen Daten eine gewisse „Originalität" haben.[721]

Der Datenbankhersteller hat danach das ausschließliche Recht, die Datenbank insgesamt oder wesentliche Teile der Datenbank zu vervielfältigen, zu bearbeiten, zu verbreiten oder öffentlich wiederzugeben. Zulässig sind aber die Verbreitung und Wiedergabe von unwesentlichen Teilen, wenn diese Handlungen einer normalen Auswertung der Datenbank nicht zuwiderlaufen oder die Interessen des Datenbankerstellers nicht unzumutbar beeinträchtigen.

Welche Bedeutung hat die Vorschrift für Softwareagenten? Hierfür ist die Rechtsprechung und das Rechtsschrifttum[722] zu automatisierten Internet-Suchmaschinen interessant. Solche automatisierten Suchmaschinen, mit denen bspw. neuste Nachrichten, Wetterdienstdaten oder Flugverbindungen gesucht werden, werden heute allgemein als Datenbank im Sinne des § 87a UrhG angesehen.[723] Aus dieser Rechtsprechung kann geschlossen werden, dass bei einem Softwareagenten in der Regel davon ausgegangen werden kann, dass diese dem Schutz des Datenbankherstellers im Sinne der §§ 87a, 87b UrhG unterliegen, weil diese eine Sammlung der Daten nach einer mathematischen Gesetzmäßigkeit, d. h. nach selbst aufgestellten Methoden und Systematiken enthalten.[724] Die Softwareagenten sind derart programmiert, dass

---

[719] Koch/Schnupp, Expertensysteme als Gegenstand von Entwicklungsverträgen und Schutzrechten (III), VR 1989, 975, 977.

[720] Wandtke/Bullinger/Grützmacher, UrhG (2014), § 69a Rdnr. 20; § 87a Rdnr. 2 f., 96; Dreier/Schulze, UrhG (2013), § 69a Rdnr. 12.

[721] Wandtke, Urheberrecht (2012), Kap. 7, Rdnr. 129; EuGH, Urt. v. 1.3.2012 – C 604/10 – NJW 2012, 1783.

[722] S. zu dem Themenkreis Wandtke/Bullinger/Thum, UrhG (2014), § 87a Rdnr. 96; Dreier/Schulze, UrhG (2013), § 87a Rdnr. 7; OLG Hamburg, Urt. v. 18.8.2010 – 5 U 62/09 – CR 2010,47 ff.; EuGH, Urt. v. 19.12.2013 – Rs. C-202/12 – CR 2014, 156 f. Rdnr. 24.

[723] Härting, Internetrecht (2014), Rdnr. 1273 f.

[724] Wandtke/Bullinger/Thum, UrhG (2014), § 87a Rdnr. 96; Wiebe, Der Schutz der Datenbanken – ungeliebtes Stiefkind des Immaterialgüterrecht, CR 2014, 1 ff.; BGH, Urt. v. 22.6.2011 – I ZR 159/10 – CR 2011, 757, 758 Rz. 53.

die Wissensdatenbank, Daten oder Verhaltensregeln nach einer festen Struktur kategorisiert sind; dann liegt eine Datenbank im Sinne des § 87a, § 87b UrhG vor.[725]

Der Erfassungsprozess der Daten alleine unterliegt nicht dem Schutz der Datenbank nach § 87a UrhG. Der Schutz des Datenbankherstellers ist jedoch begrenzt. Der Schutz des § 87b UrhG besteht nicht bei unwesentlichen Teilen der Datenbank, bei einer normalen wirtschaftlichen Auswertung der Datenbank und wenn die Interessen des Datenbankherstellers nicht unzumutbar beeinträchtigt werden.[726]

Was wird unter einem unwesentlichen Teil verstanden?[727] Im Hinblick auf diese Frage und die Bedeutung für Softwareagenten sind zwei sehr interessante Entscheidungen zu erwähnen. Das OLG Hamburg[728] entschied in einem Fall einer automatisierten Automobilbörse (automatisierte Suchdienste), dass die Suchanfragen sich jeweils nur auf einen unwesentlichen Teil der Datensammlung („Marke" und „Modell" und weitere Eingrenzungen) gerichtet haben, die Verwertung aber der normalem Auswertung entsprach und daher zulässig war. Der BGH[729] kam in einem ähnlichen Fall zu der gleichen Auffassung wie das OLG Hamburg. Er machte darauf aufmerksam, dass auch ein qualitativ geringfügiger Teil ein qualitativ wesentlicher Teil der Investition bedeuten kann. Es kommt hierbei nicht auf die Investition in dem entnommenen Teil der Datenbank an. Es kommt vielmehr auf „das der Datenbank entnommene und/oder weiterverwendete Datenvolumen im Verhältnis zum Gesamtvolumen an". Soweit eine Datenbank aus mehreren Modulen, die jeweils wieder eine schutzfähige Datenbank sind, besteht, kommt es für die Frage, was ein wesentlich Teil der Datenbank ist, auf einen Vergleich mit der gesamten Datenbank an.[730]

Auch die systematische Vervielfältigung und Verbreitung von unwesentlichen Teilen kann in ihrer Wirkung zu einer wesentlichen Beeinträchtigung der Investition führen. Abgrenzend merkt der BGH[731] an, dass der Schutz des § 87b Abs. 1 UrhG „nicht jede Handlung erfasst, die eine Amortisation der Investition des Datenbankherstellers vereitelt oder gefährdet". Danach sind Suchanfragen von Nutzern zulässig, wenn kein wesentlicher Teil der Datenbank durch die Suchkriterien vervielfältigt und in dem Computer des Nutzers gespeichert wird. Jede Suchanfrage ist beschränkt auf „Marke" und „Modell", die daher kein wesentlicher Teil der Datenbank sind.

---

725 Kirn/Müller-Hengstenberg, Intelligente Softwareagenten: von der Automatisierung zur Autonomie? MMR 2014, 255.

726 Wandtke, Urheberrecht (2012), Kap. 7 Rdnr. 129.

727 Wiebe, Der Schutz der Datenbanken – ungeliebtes Stiefkind des Immaterialgüterrecht, CR 2014, 1, 7 ff.

728 OLG Hamburg, Urt. v. 18.8.2010 – 5 U 62/09 – CR 2011, 47, 51.

729 BGH, Urt. v. 22.6.2011 – I ZR 159/10 – CR 2011, 757, 760 f.; BGH, Urt. v. 1.12 2010 – I ZR 196/08 (Zweite Zahnarztmeinung) – CR 2011, 498 f.; s. Wandtke/Bullinger/Thum/Hermes, UrhG (2014), § 89b Rdnr. 11, 13.

730 Wandtke/Bullinger/Thum/Hermes (2014), § 89b Rdnr. 12.

731 BGH, Urt. v. 22.6.2011 – I ZR 159/10 – CR 2011, 757, 760 f. Rz. 62.

Die Diskussion über den Begriff „wesentliche Teile" wurde durch eine neue Entscheidung des EuGH vom 19.12.2013[732] entfacht, die eine spezialisierte Metasuchmaschine betraf, die – anders als Google oder Yahoo – selbst über keine eigene Suchmaschine verfügt, sondern die es ermöglicht, Datenbanken mehrerer Dienstanbieter zu durchsuchen. Der EuGH definierte den Begriff der „Weiterverwendung" umfassender als der BGH:

> *„Im Lichte dieses Zieles ist der Begriff der Weiterverwendung i. S. v. Art. 7 der Richtlinie 96/9 dahin auszulegen, dass er sich auf jede Handlung bezieht, die darin besteht, ohne Zustimmung der Person, die die Datenbank erstellt hat, die Ergebnisse ihrer Investition öffentlich verfügbar zu machen und ihr damit die Einkünfte zu entziehen, die es ihr ermöglichen sollen, diese Investition zu amortisieren. [...] Sie [Autor: Metasuchmaschine]) hat nämlich das Ziel, jedem Endnutzer ein Werkzeug an die Hand zu geben, das ihm ermöglicht, alle Daten in einer geschützten Datenbank zu durchzusuchen und somit Zugang zum gesamten Inhalt dieser Datenbank über einen anderen Weg als den vom Hersteller dieser Datenbank vorgesehenen zu gewähren."*

Diese Definition der „Weiterverwendung" durch den EuGH erschwert eine Unterscheidung von wesentlichen und unwesentlichen Datenbankteilen und hat die Tendenz, die Zugriffsmöglichkeit auf eine gesamte Datenbank als Verwendung von wesentlichen Teilen einer Datenbank anzusehen, auch wenn der Endnutzer letztlich nur eine begrenzte Auswahl trifft.

Was bedeuten diese Rechtsausführungen für Softwareagenten? Zunächst ist zwischen der Wissensdatenbank und der Problemlösung zu unterscheiden. Die Wissensdatenbank des Softwareagenten umfasst erkannte Regeln oder Wissensdaten. Soweit die Regeln auf einem Algorithmus basierende Problemlösungen sind, unterliegen diese zunächst den Zustimmungsrechten des Rechtsinhabers nach §§ 69c und 69d UrhG.[733] Diese Regeln können aber auch zusätzlich Bestandteil einer Datenbank sein, wenn diese als „Ansammlung" strukturiert ist. Es kann sich hierbei auch um „zusammengeschaltete Datenbanken" handeln.

Fraglich ist, ob diese Daten selbst geschützte Werke sind und damit schutzfähig sind.[734] Die Regeln der Problemlösung bzw. der Auswertungen der Wissensbasis qualifizieren sich als Entnahme von Teilen der Datenbank (Vervielfältigung, Verbreitung) im Sinne des § 87b UrhG, die bei einer Verbindung mit anderen Informationen ein neues Lösungsverfahren, eine neue Datenbank oder sogar ein neues, urheberrechtlich geschütztes Werk darstellen.[735] In der Rechtsliteratur[736] wird erörtert, ob

---

732 EuGH, Urt. v. 19.12.2013 – Rs. C-202/12 – CR 2014, 156, 158 Rz. 37 mit Anmerkung Rammos.
733 Koch/Schnupp, Expertensysteme als Gegenstand von Entwicklungsverträgen und Schutzrechten (I), CR 1989, 776 f.
734 Wandtke/Bullinger/Thum, UrhG (2009), § 89a Rdnr. 7, 97; Koch/Schnupp, Expertensysteme als Gegenstand von Entwicklungsverträgen und Schutzrechten (III), CR 1989, 975, 979.
735 Wiebe, Schutz von Datenbanken, CR 2014, 1, 9.
736 Koch/Schnupp, Expertensysteme als Gegenstand von Entwicklungsverträgen und Schutzrechten (III), CR 1989, 975, 979.

die hierbei neu geschaffenen eigenständigen Problemlösungen schutzfähige Werke im Sinne des § 2 Abs. 2 Nr. 1 oder Nr. 7 UrhG sind und wer der Rechtsinhaber im Sinne der §§ 31 ff. UrhG ist. Die Lösung wird in der Regel für den Nutzer geschaffen, bspw. die Flugdaten, Automobildaten. Bei der Frage, ob ein wesentlicher oder unwesentlicher Teil entnommen wird, kommt es wohl zunächst auf das Geschäftsmodell an, das mit dem Softwareagenten verfolgt wird. So ist die Auswertung von Flugverbindungsdaten über eine Suchmaschine nach Ansicht des OLG Frankfurt[737] als eine normale, dem Geschäftsmodell entsprechende Auswertung der gespeicherten Datensätze anzusehen, die somit nach 89b Abs. 2 S. 2 UrhG zulässig ist. Gleiches gilt für den vom OLG Hamburg[738] entschiedenen Fall einer Automobilbörse. Eine Weiterverwendung von Teilen der Datenbank entsprechend dem Geschäftsmodell ist wohl in der Regel zulässig.

Zusammenfassend ist also anzumerken, dass bei jedem Einsatz von Softwareagenten zu klären ist, welches Geschäftsmodell liegt vor, welche Regeln (Problemlösungen) und Daten werden in der Wissensdatenbank gesammelt, in welchem Umfang werden Regeln und Daten der Wissensdatenbank bei Interaktionen „entnommen" und ist der Anteil im Vergleich zu der in Anspruch genommen Wissensdatendank aus dem Gesichtspunkt der Investition wesentlich oder unwesentlich.

3.4.4 Schlussfolgerungen

Denkansätze
Grundsätzlich ist anzumerken, dass nicht mehr die Weiterverbreitungsrechte, sondern die Vervielfältigungsrechte (§§ 16, 69c Nr. 1 UrhG) und die Rechte der öffentlichen Zugänglichmachung (§ 19a UrhG) eine zunehmende Bedeutung haben werden, weil die neuen Technologiemodelle der Virtualisierung und des Cloud Computing mehr und mehr zur virtuell befristeten Nutzung von IT-Ressourcen führen. Allerdings bewirkt die Trennung der realen von den virtuellen Ressourcen Unsicherheiten über die Transparenz und Berechtigungen der Nutzungs- und Verwertungsrechte. Zweifelhaft ist, ob die bestimmungsgemäße Nutzung im Sinne des § 69d UrhG, die sich aus den vertraglichen Vereinbarungen bzw. nach dem vereinbarten Bestimmungszweck ergibt, geeignet ist, diese Transparenz bzw. Sicherheit zu schaffen.[739] Der vereinbarte Bestimmungszweck wird insbesondere bei kooperierenden autonomen Softwareagenten von zunehmender Bedeutung für die Berechtigung der Nutzung und Verwertung von veränderten Algorithmen zur Problemlösung sein.

---

737 OLG Frankfurt, Urt. v. 5.3.2009 – 6 U 221/08 – CR 2009, 390 f.
738 OLG Hamburg, Urt. v. 18.8.2010 – 5 U 62/09 – CR 2011, 47, 51.
739 Dreier/Schulze, UrhG (2013)[738], § 69d Rdnr. 7.

Insofern bildet der vom BGH[740] (Thumbnail) aufgezeigte „Vertrauensschutz" einen Ansatz für den Schutz für die Nutzer von Cloud-Infrastrukturen vor dem Vorwurf der unberechtigten Nutzung von Software.

Es ist bei einem „Cloud Computing"-Netzwerk empfehlenswert zu klären:

1. Für welche betriebliche Aufgabe ist das Cloud Computing-Netzwerk geeignet?
2. Welche Nutzungs- und Verwertungshandlungen will der Kunde durchführen?
3. Welche Nutzungs- und Verwertungsrechte benötigt der Kunden dazu?
4. Welchen Service, welche Nutzungs- und Verwertungsrechte räumt der Provider zum Abruf öffentlich ein?
5. Nutzt der Provider für seinen Service die IT-Ressourcen von anderen Serviceanbietern?
6. Werden die IT-Ressourcen der anderen Provider zum Abruf oder zur Nutzung öffentlich zugänglich gemacht?
7. Transparenz der RAID-Level, der Anbindung an weitere Leistungsparameter?
8. Transparenz der Leistungsparameter?
9. Host-Transparenz der Technik?
10. Virtualisierungsschicht – Zonenkonzept?
11. Management der Cloud?
12. Betriebssysteme und Datenbanken?
13. Wartung und Hotline?
14. Systemverfügbarkeit?
15. Welche IT-Ressourcen sind in der Cloud angebunden?
16. Welche Datenschutz und Sicherheitsvorkehrungen sind getroffen?

Wichtig ist, dass ein Nutzer vorab seine Risikolage prüft. Wenn der Provider nicht über die erforderlichen Nutzungsrechte verfügt, drohen gesetzliche Sanktionsmöglichkeiten (§§ 97 ff. UrhG), die zu einer Stilllegung der Nutzung führen können. Eine solche Prüfung ist für den Nutzer bzw. Kunden bei Public Clouds in der Regel kaum möglich. Wie bereits in Teil B Ziff. 3.3.7 ausgeführt, obliegt hier dem Dienstanbieter der Cloud-Infrastruktur zumindest eine Auswahlhaftung; er hat eher die technischen Möglichkeiten, die externen Anbieter auszuwählen und ggf. auch zu überprüfen.

Als hinderlich zeigt sich hier der Grundsatz, dass das Urheberrecht keinen gutgläubigen Erwerb von Nutzungsrechten kennt. Daher ist ein Erwerb eines Nutzungsrechtes in dem Glauben, dass der Urheber diese Nutzungsrechte eingeräumt hat, nicht möglich.[741] Die Schwierigkeiten der Anwendung des Urheberrechts verdeutlicht die Entscheidung des OLG Hamm[742] über die Online-Übertragungen von digitalen Werken (Hörbuch). Es würde sicherlich der Rechtssicherheit und der Vereinfachung

---

740 BGH, Urt. v. 29.4.2010 – I ZR 69/08 – NJW 2010, 2731; BGH, Urt. v. 19.10.2011 – I ZR 140/10 – NJW 2010, 1886 Rz. 18.
741 Wandtke, Urheberrecht (2012), Kap. 4, Rdnr. 61.
742 OLG Hamm, Urt. v. 15.5.2014 – 22 U60/13 – NJW 2014, 3659.

des Rechtsverkehrs dienen, einige Grundsätze der urheberrechtlichen Vorschriften für Computersoftware sowie eine Vereinfachung der Verbreitung auf andere digital übertragene Werke auszudehnen. Als Ansatz könnte der Grundsatz des „Fair Use" des US Copyright Law in Betracht kommen, der in Teil B Ziff. 4.3 näher erläutert wird.

Es würde weiterhin noch der Rechtsklarheit und der Verbesserung des Rechtsverkehrs dienen, wenn in dem Urhebergesetz ein Grundsatz aufgenommen würde, dass die Einstellung von urheberrechtlichen Werken ins Internet zum Abruf ohne rechtliche oder technische Begrenzungen als stillschweigende Zustimmung zur allgemeinen Nutzung und Verwertung anzusehen ist, sofern der Urheber nicht nachweist, dass bei der Einstellung der urheberrechtlich geschützten Werke ins Internet ausdrücklich eine Zustimmung nicht gegeben und alle erforderlichen Schutzmaßnahmen getroffen wurden.[743] Eine solche gesetzliche Regelung würde den Wertschöpfungsprozess der auf dem Internet oder den Netzwerken basierenden Virtualisierung erleichtern.

Lösungen der Nutzungsbeispiele (4.3.)

Zu a) Der Großhändler benötigt für die Nutzung einer Lizenzsoftware auf einem eigenen System ein einfaches Nutzungsrecht gemäß § 31 Abs. 2 UrhG entweder für eine befristete oder unbefristete Zeit. Nach § 69d UrhG ist der Großhändler berechtigt, alle für die Nutzung der Software erforderlichen Vervielfältigungen herzustellen. Bei einer befristeten Nutzung ist der Großhändler – im Gegensatz zu einem dauerhaften Nutzungsrecht – nicht berechtigt, die übertragene Kopie der Lizenzsoftware an Dritte zu verbreiten (§ 69c Nr. 3 UrhG).

Zu b) Wenn der Großhändler seine Geschäftsprozesse über einen „Application Service Provider" abwickelt, so benötigt er ein einfaches Nutzungsrecht gemäß § 31 Abs. 1 und 2 UrhG sowie das Recht, alle erforderlichen Vervielfältigungshandlungen auf dem Anwendungssystem des Providers durchzuführen. Sofern es sich um eine Lizenzsoftware eines Dritten handelt, benötigt der ASP von dem Lizenzgeber das Recht, Dritten die Nutzung der Lizenzsoftware auf seinem Anwendungssystem gemäß § 35, § 69c Nr. 2 UrhG einzuräumen.

Zu c) Es gelten dieselben Anforderungen an das Nutzungsrecht wie in b). Das Einverständnis des Lizenzgebers, dass der ASP seinen Kunden die Nutzung einräumt, umfasst aber nach einer wohl vorherrschenden Rechtsmeinung nicht das Einverständnis, dass die Nutzung der Lizenzsoftware in der Cloud einer unbestimmten Anzahl von Nutzern eingeräumt wird.

---

743 S. hierzu die Ausführungen Wandtke, Urheberrecht (2012), Kap. 10 Rdnr. 28.

3.5 Freiheit und Grenzen des Datenverkehrs; Big Data

3.5.1 Big Data

In der heutigen Zeit wird in der Informations- und Kommunikationstechnologie zunehmend der Begriff „Big Data" verwandt. Dieser Begriff ist im Prinzip technisch zu verstehen und bezeichnet große und komplexe Mengen von Daten in Größe und Dateityp, die schnell und effektiv mit der IT-Technik verwertbar sind.[744]

So heißt es in der DIN 44300 Nr. 19[745] dass es sich bei dem in der Informationstechnologie verwandten Begriff „Daten" um einen technischen Begriff für die Daten bzw. Datenmengen handelt. Die DIN beschreibt Daten als *„Gebilde aus Zeichen, die aufgrund bekannter oder unterstellter Abmachung (also in binärer Form) Informationen für den Zweck der Verarbeitung durch den Computer bzw. die Computersoftware darstellen."*[746]

Von diesen technischen Eigenschaften sind die Inhalte der „Daten" zu unterscheiden, die unterschiedliche Arten von Informationen enthalten können, bspw. Ziffern, Zeitdaten, geografische Angaben, Namenbezeichnungen jeder Art (Personen und Sachen), persönliche und geschäftliche Daten, Lizenzen usw., die durch Computersysteme erfasst und verarbeitet werden können und zwar zunächst ohne irgendeine wertmäßige Einordnung.[747] *Krcmar*[748] vermerkt mit Recht, dass Daten per se nicht wertschöpfend sind. Erst durch die Interpretation und die Nutzung von Daten durch Informations- und Wissensträger, die diese Informationen in Entscheidungen und Handlungen umsetzen, kommt es zu einer Wertschöpfung.

Hierbei ist grundsätzlich zu beachten, dass die Begriffe Information und Kommunikation unterschiedliche Bedeutung haben können.[749] Was unter dem Begriff der Information zu verstehen ist, wird in der Philosophie sehr vehement diskutiert.[750] Der Begriff „Information" bezieht sich auf unendliche viele Wissensbereiche, wie bspw. Natur- und Geisteswissenschaften oder Theologie, deren Kern in der Regel Wissenselemente in unterschiedlicher Gestalt beinhalten. In der Philosophie[751] wird das Verhältnis von Information und Kommunikation wie folgt beschrieben: *„Die Kommunikation lebt vom ungleich verteilten Wissen/Nichtwissen".* Die Kommunikation hängt insofern sehr von der „Singularität" und „Inkommunikabilität" des Individuums ab.

---

744 https://de.wikipedia.org/Wiki/Big_data (letzter Abruf: 6.8.2015).
745 www.itwissen.info/de/definition/lexika/DIN-4300 (letzter Abruf: 6.8.2015).
746 Stahlknecht/Hasenkamp, Einführung in die Wirtschaftsinformatik, Kap. 1.2.
747 Hoeren/Voelkel in Hören, Big Data und Recht (2014), S. 11 f.; Gitt, Am Anfang war die Information (2002), S. 96 f.; Zech, Daten als Wirtschaftsgut – Überlegungen zum Recht des Datenerzeugers, CR 2015, 137e.
748 Krcmar, Informationsmanagement (2010), Kap. 4.3 S. 129.
749 Krcmar, Informationsmanagement, Kap. 2.2 S. 18.
750 Gitt, Am Anfang war die Information (2002), S. 82 ff.
751 Baecker, Kommunikation (2004), S. 67, 98.

Die Informations- und Kommunikationswissenschaften beschäftigen sich aber nur mit den technischen Verfahren und verstehen unter der Informations- und Kommunikationstechnik die Gesamtheit der zur Speicherung, Verarbeitung und Kommunikation zur Verfügung stehenden Ressourcen sowie die Art und Weise, wie diese Ressourcen organisiert sind".[752] Die Informations- und Kommunikationstechnologie hat zu einem weltweiten Datenverkehr bzw. einem Transfer von Informationen, Nachrichten, Zeichen, Wissen usw. geführt, den sich Laien kaum vorstellen können.[753]

Bei den Inhalten von Informationen spielen insbesondere die Persönlichkeitsrechte (Art. 1, 2 GG), die Berufsfreiheit (Art. 12 GG), das Eigentum bzw. das geistige Eigentum (Art. 14 GG), das Vermögen, die Gewerbe- und Unternehmensfreiheit eine besondere Rolle. Bei der Informationsverarbeitung sind die Art. 2 und 5 GG von besonderer Bedeutung, weil diese verfassungsrechtlichen Schutzrechte die Handlungs-, Kommunikations-, Informations- und Meinungsfreiheit gewährleisten.[754]

Das Thema „Big Data" wurde in der letzten Zeit in den Medien und in vielen Publikationen unter ökonomischen, technischen, rechtlichen und Aspekten kritisch erörtert.[755] Bekanntlich werden große Datenmengen seit Einführung der EDV in Großunternehmen, in den Verwaltungen, Versicherungskonzernen, Krankenhäusern und anderen Institutionen gespeichert und verarbeitet. Die Verarbeitung von Massendaten ist also kein neues Thema.

Das Thema „Big Data" ist in erster Linie durch die Vernetzung von Daten aus vielfältigen Quellen über das Internet zu komplexen Mengen entstanden. Im Schrifttum[756] wird ausgeführt, dass die durch die Vernetzung unterschiedlicher Quellen erzeugte Datenkomplexität die bisherigen Datenverarbeitungsmöglichkeiten überforderte und eine schnellere Verarbeitungsgeschwindigkeit nicht möglich war. Die neue Technologie der Virtualisierung ermöglicht eine bessere ökonomische und Verarbeitung. Die hierbei bestehenden Probleme sind in erster Linie technischer Art. Zu nennen ist hier das Problem, wie diese heterogenen Daten so homogenisiert werden können, dass eine komplexe effektive Nutzung störungsfrei möglich ist.[757] Eine effiziente Verarbeitung von großen Datenmengen ist ohne Homogenisierung der der Big Data Technologien kaum möglich.[758]

---

752 Krcmar, Informationsmanagement (2010), Kap. 2.2.4 S. 30.

753 Krcmar, Informationsmanagement (2010), Kap. 2.2 S. 15, 19 (mit weitere Ausführungen zu dem Unterschied von Daten, Informationen, Nachrichten und Zeichen.

754 Hömig/Seifert, GG (2005), Art. 2 Rdnr. 6, Art. 14 Rdnr. 3, Art 5 Rdnr. 6, 9.

755 Dorner, Big Data und Dateneigentum, CR 2014, 617 ff.

756 Hoeren, Big Data und Recht (2014), S. 3 ff.; Krcmar, Informationsmanagement, Kap. 7.3.2 S. 667 f. und 7.4.5.4 S. 706; BITKOM, Leitfaden Big Data Technologien, 2014 S. 12, 17 ff., www.bitkom.org/Bitkom/Publikatioen/Publikat (letzter Abruf: 27.7.2015).

757 Hoeren, Big Data und Recht (2014), S. 3 ff.

758 Hoeren, Big Data und Recht (2014), S. 3 ff.; BITKOM, Leitfaden Big Data Technologien, 2014 S. 17 ff., https://www.bitkom.org/Bitkom/Publikationen/Publikat (letzter Abruf: 8.8.2015).

In der letzten Zeit wird im juristischen Schrifttum die Frage nach dem Eigentum an den Daten gestellt. Diese Diskussion überrascht, weil die Eigentumsfrage sich auch schon früher im Rahmen der „alten" Datenverarbeitung stellte. Es ist daran zu erinnern, dass stets zwischen dem Computerprogramm als ein technisches System, das „Daten" digital verarbeitet, und den immateriellen Inhalten bzw. Ergebnissen der Verarbeitung unterschieden wurde.[759] Die digitalen Daten sind ein verarbeitungsfähiges technisches „Gebilde" oder „Codes", die ein Datenträger oder eine physische Festplatte oder ein Arbeitsspeicher im Server speichern kann. Die Speicherung kann auch virtuell auf verschiedenen Servern erfolgen.

Wie schon erwähnt, sind solche technischen „Gebilde oder Codes" nicht per se wertschöpfend, sondern eine Wertschöpfung erfolgt erst durch eine Festlegung der inhaltlichen Bedeutung.[760]

In unserer Rechtsordnung existiert heute eine Reihe von gesetzlichen Vorschriften, die die Zuordnung von Informationen und Daten regeln und wichtige Rechtsgüter schützen. Die Rechtsprechung hatte bisher auch keine Probleme, eine angemessene rechtliche Lösung zu finden, wenn „Daten" gelöscht oder beschädigt wurden. Die Rechtsprechung hat sich überwiegend mit den Pflichten zur Datensicherung beschäftigt.[761] Unsere Rechtsordnung sieht eine Reihe von Gesetzen zum Schutz von Rechtsgütern vor. Zu nennen sind bspw. die Vorschriften über die Eigentums- und Besitzverhältnisse an Sachen, Früchten und Rechten wie die §§ 903, 950 und 854 BGB. Die Persönlichkeitsrechte werden in unterschiedlichen Gesetzen geregelt, wie bspw. in §§ 1, 5, 104, 823, 827 BGB. Die immateriellen Rechtsgüter, wie kulturelle oder geistige Wertschöpfungen, werden im Urheber-, Verlags- sowie im Patentrecht (§§ 7 ff., 15 ff. UrhG; § 6 PatG) sowie insbesondere im Bundesdatenschutzgesetz geregelt. Bei Rechtsgeschäften regeln beispielsweise die Vorschriften der §§ 433, 535, 631, 903, 929, 950 BGB die Eigentums- und Besitzverhältnisse und bei immateriellen Werten oder Lizenzen die §§ 7, 15 ff., 53 ff. und 69a ff. UrhG den Schutz der Urheber sowie die Nutzungs- und Verwertungsrechte.

Dennoch wird von einem Teil der Rechtsmeinungen[762] der „Datenbestand" als solcher, d. h. ohne inhaltlichen Bezug, als ein schützenswertes, eigenständiges vermö-

---

759 Marly, Praxishandbuch Softwarerecht (2009), Rdnr. 26 f.; Stahlknecht/Hasenkamp, Einführung in die Wirtschaftsinformatik (2005), Kap 5.1 S. 131 f.

760 Stahlknecht/Hasenkamp, Einführung in die Wirtschaftsinformatik (2005), Kap. 2.3.2 S. 24; s. auch Gitt, Am Anfang war die Information (2002), S. 96 f., 105; Krcmar, Informationsmanagement (2010), Kap. 4.3. S. 129.

761 BGH, Urt. v. 2.7.1996 – X ZR 64/94 – NJW 1996, 2924, 2926; s. auch Junker/Benecke (2003), Rdnr. 202 u. 222.

762 Maier/Wehlau, Die zivilrechtliche Haftung für Datenlöschung, Datenverlust und Datenzerstörung, NJW 1998, 1585; Redeker, Information als eigenständiges Rechtsgut, CR 2011, 634; Bartsch, Die Vertraulichkeit und Integrität informationstechnischer Systeme als sonstiges Recht nach § 823 Abs. 1 BGB, CR 2008, 613; Zech, Daten als Wirtschaftsgut – Überlegungen zu einem Recht des Datenerzeugers, CR 2015, 137; kritisch Dorner, Big Data und Dateneigentum, CR 2014, 617.

gensrechtliches Gut im Sinne der außervertraglichen Haftung (§ 823 BGB) angesehen. Hierbei wird einmal auf eine BGH-Entscheidung aus dem Jahre 1996[763] verwiesen, in der der Datenbestand auf einer DV-Anlage als ein „selbstständiges vermögenwertes Gut" bezeichnet wird, welches aufgrund von fehlenden Funktionen der Datensicherung der DV-Anlage zerstört worden ist. Ergänzend wird hierfür noch angeführt, dass das BVerfG in einer Entscheidung im Jahre 2008 die „Vertraulichkeit informationstechnischer Systeme als schützenwert" ansieht.[764]

Es dürfte doch sehr fraglich sein, ob durch diese Entscheidung des BVerfG ein selbstständiges Schutzrecht für Datenbestände anerkannt wurde, weil es in dieser Entscheidung um die gesetzlichen Befugnisse für eine Onlinedurchsuchung nach § 5 Abs. 2 NWVerfSchG in Bezug auf ermittelte – personenbezogene – Daten ging. *Dorner*[765] merkt dazu mit Recht an, dass das BVerfG stets die Meinung vertreten habe, dass es nach der Verfassung kein Recht auf „eine uneingeschränkte Herrschaft über seine Daten" gibt. Insbesondere *Redeker*[766] weist auf die heutige Landschaft der virtuellen Nutzung von IT-Ressourcen wie bspw. bei Cloud-Infrastrukturen hin. Die verfügbaren IT-Ressourcen eines Servers werden virtuell unter mehrere Benutzer geteilt werden. Diese Technologie bedeutet eine „Trennung von realen Ressourcen und virtuellen Ressourcen".[767] Dieses bedeutet, dass die Informationen bzw. Daten von Datenträgern bzw. Speichern in der Weise getrennt sind, dass die Daten nicht mehr einem bestimmten physischem System zugeordnet sind. *Kirn* beschreibt im Teil A Ziff. 2.2.1 und 2.2.2 ausführlich die technischen und auch die ökonomischen Schwerpunkte der Technologie der Virtualisierung und weist auf die Notwendigkeit eines Managements der virtuell verfügbaren IT-Ressourcen hin. Dabei merkt er an, dass die Software als virtuelles unkörperliches Konstrukt kein Vertragsgegenstand mehr ist.[768]

Daraus kann zunächst einmal geschlossen werden, dass die Verarbeitung von Daten in einer virtuellen Systemumgebung, in der die feste physische Zuordnung aufgehoben ist, mit der dinglichen Eigentumskonzeption der §§ 903, 950 BGB wesensmäßig nicht vergleichbar ist. Ein körperlicher Gegenstand im Sinne der §§ 90, 99 BGB

---

763 BGH, Urt. v. 2.7.1996 – X ZR 64/94 – NJW 1996, 2924, 2926.

764 Bartsch, Das neue Grundrecht als sonstiges Recht nach § 823 Abs. 1 BGB, CR 2008, 613 f.; BVerfG, Urt. v. 27.2.2008 – 1 BvR 370/07 – 1 BvR 595/07 – NJW 2008, 822 Rdnr. 181, 206.

765 Dorner, Big Data und Dateneigentum, CR 2014, 617, 624.

766 Redeker, Information als eigenständiges Rechtsgut, CR 2011, 634.

767 Krcmar, Informationsmanagement (2010), Kap. 5.3.1.3 S. 317 ff.; Hasso-Plattner-Institut, Technischer Bericht 44/2011: Virtualisierung und Cloud Computing, S. 10 ff., 26, 41–43, www.hpi.uni-potsdam.de/fileadmin/hpi/Technische (letzter Abruf: 27.7.2015).

768 Lehmann/Giedke, Cloud Computing – technische Hintergründe für die territorial gebundene rechtliche Analyse, CR 2013, 608, 611 und 681, 684; Hasso-Plattner-Institut, Technischer Bericht 44/2011: Virtualisierung und Cloud Computing, S. 10 ff., www.hpi.uni-potsdam.de/fileadmin/hpi/Technische (letzter Abruf: 27.7.2015).

liegt in diesen Fällen nicht vor.[769] *Gitt*[770] ist der Meinung, dass jede Information einer geistigen Quelle bedarf; eine Zeichenkette alleine stellt keine Information dar. Mit anderen Worten die physische Basis ist für die rechtliche Einordnung unbedeutend und damit als Ansatz für einen Rechtsschutz von Daten ungeeignet.[771] *Redeker* merkt mit Recht an, dass es kein Rechtsgut der Information als solche gibt, weil es keine eigenständige juristische Existenz hat und auch keine Sache ist.[772]

Krcmar[773] listet auf, welche unterschiedlichen Bedeutungen eine „Information" haben kann. Für eine Wertschöpfung bzw. für eine vermögensrechtliche Zuordnung der Software als eine Art „Werk" eignet sich vielmehr die Nutzungsrechtskonzeption der immateriellen Werkschöpfung, die Grundlage des Urheber-, Patent- und Markenrechts ist. Wie bereits ausgeführt, ist die „Werkschöpfung" ein Realakt bzw. ein reales Werkstück und zwar gleichgültig, wer oder wie dieses Werk oder in welcher Form erstellt wurde.[774] Die Fragen der Nutzungs- und Verwertungsberechtigungen, wie auch die Weiterleitung der Daten an Dritte, lassen sich sinnvoll und zweckmäßig entsprechend der Nutzungsrechtskonzeption des Urheberrechtes klären bzw. regeln, und zwar auch unabhängig von dem urheberrechtlichen Schutz, der eine individuelle geistige Gestaltungshöhe eines Menschen voraussetzt (§ 2 Abs. 1 und Abs. 2 UrhG).[775] Das Grundrecht der Vertragsfreiheit (Art. 2 GG, § 311 BGB) erlaubt es, die Konzeption bzw. die Vorschriften über die urheberrechtlichen Nutzungsrechte auch auf „nicht geschützte Werke" sinngemäß anzuwenden. Diese Praxis wird in vielen Fällen angewandt, wenn einem Werk mangels der erforderlichen Gestaltungshöhe nach § 2 Abs. 2 BGB der Schutz des Urheberrechts versagt wird. Dieser Aspekt bedeutet, dass digitale Daten nicht unbedingt erst durch die Anerkennung als schützenswertes Werk, Information usw., sondern aufgrund vertraglicher Regelungen eine rechtliche Bedeutung und damit auch einen gewissen Schutz erlangen können.[776]

---

769 Redeker, Information als eigenständiges Rechtsgut, CR 2011, 634, 636; Palandt/Ellenberger, BGB (2014), § 90 Rdnr. 2; Zech, Daten als Wirtschaftsgut – Überlegungen zu einem Recht des Datenerzeugers, CR 2015, 137; Hornung/Goeble, „Data Ownership" im vernetzten Auto, CR 2015, 265.

770 Gitt, Am Anfang war die Information (2002), S. 112; ähnlich Krcmar, Informationsmanagement (2010), Kap. 4.3 S. 129; Zech, Daten als Wirtschaftsgut – Überlegungen zu einem Recht des Datenerzeugers, CR 2015, 137.

771 S. Lehmann/Giedke, Cloud Computing – technische Hintergründe für die territorial gebundene rechtliche Analyse, CR 2013, 608, 611; Müller-Hengstenberg/Kirn, Vertragscharakter des Application Service Providing, NJW 2007, 2370 f.; ähnlich Hoeren, Big Data, 2014, 17 f.

772 Redeker, Information als eigenständiges Rechtsgut, CR 2011, 634, 638.

773 Krcmar, Informationsmanagement (2010), Kap. 2.2.1 S. 18.

774 Wandtke/Bullinger/Thum, UrhG (2014), § 7 Rdnr. 3 und § 2 Rdnr. 16 f.

775 S. hierzu BGH, Urt. v. 24.10.2002 – I ZR 3/00 (CPU-Klausel) – NJW 2003, 2014, 2016 über die rechtliche Bewertung von Computerprogrammen.

776 Rehbinder/Peukert, Urheberrecht (2015), § 1 Rdnr. 3; s. hierzu Hoeren, Big Data und Recht (2014), S. 26 f.

Der Vollständigkeit halber ist auf einige Meinungen im Schrifttum[777] hinzuweisen, die über eine Regelung des Verfügungsbefugten entsprechend den strafrechtlichen Vorschriften der §§ 202a und 303a StGB nachdenken. Diese Vorschriften sollen Verfügungsberechtigten oder auch Betroffenen vor unbefugtem Zugriff oder Änderungen, Löschungen, Vernichtung schützen und zwar unabhängig vom Urheberrecht oder sonstigen Schutzgesetzen. Aber diese strafrechtlichen Vorschriften enthalten keine klaren Regelungen, wer als Berechtigter oder Betroffener anzusehen ist. Die Berechtigung ist demzufolge nach den allgemeinen zivilrechtlichen Vorschriften zu ermitteln.[778] Zu bedenken ist hierbei aber, dass Strafrechtsnormen andere Ziele als zivilrechtliche Deliktsnormen verfolgen. Das Strafrecht basiert im Wesentlichen auf dem Gesichtspunkt der Sühne oder Vergeltung für begangenes Unrecht und auch der Prävention; es basiert auf einem strikten Verschuldensprinzip, d. h. dass die straffällige Person hätte anders handeln können als sie es tat. Eine Billigkeitshaftung wie im Zivilrecht gibt es nicht.[779]

Das zivilrechtliche Deliktrecht basiert dagegen im Wesentlichen auf dem Gedanken des „Ausgleichs für Pflichtverletzungen und dadurch erlittene Nachteile". Der Unterschied der gesetzlichen Ziele wird deutlich durch den Umstand, dass zivilrechtliche Ansprüche auch die verschuldensunabhängige Gefährdungshaftung umfassen und der Schadensausgleich durch Versicherungen abgedeckt werden kann.[780] In diesem Zusammenhang ist anzumerken, dass im Strafrecht und im Zivilrecht verwandte Begriffe – trotz sprachlicher Ähnlichkeit – unterschiedliche Bedeutungen haben können[781] Zivilrechtliche Auslegungen können im Übrigen für einen Schuldvorwurf nur begrenzt angewandt werden . Im Hinblick auf das Schuldprinzip und die Strafzwecke sind Auslegungen gewisse Grenzen gesetzt. Art. 103 Abs. 2 GG verlangt, dass das strafrechtlich vorwerfbare Verhalten für den Täter erkennbar und vorhersehbar sein muss.[782] Der teilweise sicherlich notwendige Rückgriff auf zivilrechtliche Vorschriften bzw. Auslegungen zeigt, dass die Konzeption der §§ 202a, 303a StGB kein effizienter und damit hilfreicher Ansatz für eine generelle Regelung zum Schutz von Daten ist, weil es in vielen Fällen schwierig sein wird, einen konkret bestimmten strafrechtlichen Schuldvorwurf aus objektiver Sicht zu erkennen, bspw. beim Zusammenwirken von autonomen Softwareagenten.

---

777 Hoeren, Big Data (2014), S. 23 ff.; Dorner, Big Data und Dateneigentum, CR 2014, 617 f.

778 Ebenso Zech, Daten als Wirtschaftsgut – Überlegungen zu einem Recht des Datenerzeugers, CR 2015, 137.

779 Cording/Roth, Zivilrechtliche Verantwortlichkeit, NJW 2015, 26 f., 31. Lackner/Kühl, StGB (2014), § 46 Rdnr. 1 u. 2.

780 MünchKommBGB/Wagner (2013), Vor § 823 BGB Rdnr. 19, 30 f.; Erman/Schimann, BGB (2011), Vor § 823 Rdnr. 10, 12, 14; Looschelders, Schuldrecht (2012), § 56 Rdnr. 1167.

781 Lackner/Kühl, StGB (2014), § 1 Rdnr. 2, 7.

782 S. Welzel, Deutsches Strafrecht (1962), S. 18; Lackner/Kühl, StGB (2014), § 1 Rdnr. 1–6; ähnlich Hoeren, Dateneigentum, MMR 2013, 486; Schmidt, Strafrecht (2015), Rdnr. 3743; Hömig, GG (2013), Art. 103 Rdnr. 15.

Im Hinblick auf diese juristische „Debatte" ist erst einmal grundsätzlich zu klären, ob die existierende zivile Rechtsordnung nicht vielmehr in der Lage ist, zu klären, wer Eigentümer oder Nutzungsberechtigter der Daten ist, die von Softwareagenten, bspw. bei einer Bonitätsbewertung oder von einem Fahrassistenzsystem während der Benutzung des Kfz Daten „erzeugt" werden. Es kann sich hier um technische, wissenschaftliche, materielle, immaterielle und persönliche Daten handeln. Es dürfte sehr schwierig sein, allgemeingültige Regelungen in Anbetracht der Vielfalt der Möglichkeiten der Generierung von Daten zu formulieren. Einige Daten werden durch die elektronischen Systeme des Fahrzeuges generiert, wie Daten über die Geschwindigkeit, Kilometerstand, Wartungszeiten. Es dürften hier wohl keine Zweifel bestehen, dass diese Daten dem Halter des Fahrzeuges ausschließlich zustehen. Da diese Arten der Daten eng mit dem technischen Betrieb des Fahrzeuges verbunden sind. Hier, in diesem Einzelfall, könnte die Meinung vertreten werden, dass analog zu § 950 BGB veränderte Daten dem Halter als Eigentümer gehören.[783]

Anders ist die Situation, wenn die mit dem Betrieb eines Fahrzeuges generierten Daten erst durch die Verkehrsinformationsdienste erzeugt werden, wie Daten über die Lokation, Straßenverkehrs- bzw. Streckenlage. Diese Systeme befinden sich außerhalb des Fahrzeuges und werden durch Verkehrssysteme bzw. Streckenstationen und GPS-Systeme erzeugt. Diese Daten qualifizieren sich als die Ergebnisse der Auswertung der Verkehrssysteme und stehen als „reales Werk" im Sinne des Urheberrechts zunächst dem Dienstleister zu. Der Fahrer des Kraftfahrzeuges ist damit aber nicht ungeschützt. Sein Schutz bestimmt sich danach, ob es sich um personenbezogene Daten handelt, die über eine Kundennummer bei einem Dienstleister oder über das amtliche Kfz-Kennzeichen identifiziert werden können. Anderseits kann das Ergebnis der Auswertung als ein geschütztes Werk des Dienstanbieters im Sinne des Urheberrechts darstellen, was in der Regel wegen der Trivialität der Daten nicht der Fall sein wird. Hier könnte sich dann die Notwendigkeit einer Abwägung der unterschiedlichen Schutzgesetze ergeben. In einem Teil des Rechtsschrifttums[784] wird als Schutzgegenstand ein „Skripturakt" befürwortet. Dieser hat Ähnlichkeit mit dem oben aufgezeigten Konzept der Nutzungs- und Verwertungsrechte von immateriellen Werken in Anlehnung an das Urheberrecht und kann auch auf Daten angewandt werden, die durch Softwareagenten autonom generiert werden.

Ein originärer Rechtsschutz an einem digitalen Datenbestand bzw. „Code" ohne Bezug auf die Art und Inhalte der Informationen würde bedeuten, dass etwas geschützt wird, welches keine schützenswerte Wertschöpfung darstellt. Der Rechtsverkehr mit Daten würde gravierend erschwert, weil der Schutz der Daten als solche

---

783 S. hierzu Hoeren, Big Data (2014), S. 34 f.; anders wohl BGH, Urt. v. 10.7.2015 – V ZR 206/14 – MDR, 1432 Rz. 17.
784 Hoeren, Big Data (2014), S. 25 f.; Dorner, Big Data und Dateneigentum, CR 2014, 617 f.

zu einem Konflikt mit den unterschiedlichen schutzwürdigen Inhalten der Datenbestände, die unterschiedlichen gesetzlichen Vorschriften unterliegen, führen würde.[785]

Auch *Hoeren* fragt in seinem Beitrag, ob neben den „zahlreichen Ebenen" noch ein weiteres eigenständiges Dateneigentum hinzuzufügen ist (was er aber schließlich doch bejaht).[786] Ein solches System, das die inhaltlichen Unterschiede der elektronisch gestalteten Daten nicht berücksichtigt, würde ein nicht zu rechtfergender Eingriff in das Grundrecht der Handlungsfreiheit des Menschen (Art. 1 und Art. 2 GG), insbesondere in die Grundrechte der Meinungs- und Informationsfreiheit sowie in die Freiheit von Wissenschaft und Kunst und Information (Art. 5) bedeuten.[787]

Ein Abwägung zwischen dem Schutz des Persönlichkeitsrechts und der Meinungs- und Informationsfreiheit, wie sie das Bundesverfassungsgericht [788] mehrfach in einzelnen Fallgestaltungen zugrunde gelegt hat, ist bei einem technischen „Gehäuse" oder „Code" ohne einen Bezug zu einer Information nicht möglich. Eine solche Abwägung ist schon im Hinblick auf Art. 19 Abs. 2 GG auch bei einem abstrakten Schutz von Daten unverzichtbar.[789] Denkbar ist, dass bei Systemen, die große Datenmengen, die aus unkritischen und kritischen Daten bestehen, verarbeiten und transferieren, stets besondere Sicherheitsvorkehrungen getroffen werden müssen wie bspw. § 9 BDSG. Zudem müsste ein Sicherheits-Zertifikat erforderlich sein. Das Problem ist, was heißt aber Verarbeitung von großen Datenmengen. Es gelten hier dieselben Gesichtspunkte wie bei Cloud-Anwendungen (siehe Kapitel B Ziff. 3.5.6). Das IT-Sicherheitsgesetz vom 12.6.2015 (§ 8a) wird gerade diesen Sicherheitsaspekten gerecht werden.

Die zunehmende, weltweite Digitalisierung der Gesellschaft könnte dazu führen, dass die Schutzbedürftigkeit von Daten überdacht, ggf. auch begrenzt werden muss. Es könnte sich die Frage stellen, ob die Identifizierung des Eigentümers eines Kraftfahrzeuges, eines Hauses, oder eines Internet- oder sonstigen Telematik-Anschlusses im Hinblick auf die digitale Verkehrsfähigkeit noch schützenswert sein muss. Überlegenswert wäre auch, ob die Schutzbereiche neu überdacht und definiert werden müssten.

---

785 Wohl ebenso Dorner, Big Data und Dateneigentum, CR 2014, 617, 626 ; Bräutigam/Klindt, Industrie 4.0, NJW 2015, 1137, 1139; Hornung/Goeble, „Data Ownership" im vernetzten Automobil, CR 2015, 265, 269, 272.

786 Hoeren, Dateneigentum, MMR 2013, 486, 489; a. A. Doner, Big Data und Dateneigentum, CR 2014, 617, 628.

787 Dorner, Big Data und Dateneigentum, CR 2014, 617, 626.

788 BVerfG, Beschl. v. 12.7.2007 – 1BvR 2041/02 – CRUR 2007, 81; BVerfG, Beschl. v. 25.1.2012 – 1 BvR 2503/09 – NJW 2012, 1500 f.; BGH, Urt. v. 17.12.2013 – VI ZR 211/12 – NJW 2014, 2029, 2032.

789 Hömig/Antoni, GG (2010), Art. 19 Rdnr. 6.

3.5.2 Grundzüge des Datenschutzes

Die nachfolgenden Ausführungen beziehen sich im Wesentlichen auf die Verwendung bzw. Erfassung, Speicherung, Verarbeitung und Verbreitung oder Übertragung von personenbezogenen Informationen bzw. Daten in Wirtschafts-, Handels- oder Verwaltungsbereichen. So werden bspw. in Unternehmen oder in der öffentlichen Verwaltung nicht nur personenbezogene Daten, sondern eine Vielzahl anderer Daten und Informationen, wie bspw. allgemeine Geschäfts- und Betriebsdaten, verarbeitet bzw. kommuniziert oder „transferiert", die auch mit personenbezogenen Daten verbunden sein können.

Die Rechtsliteratur[790] zum „Cloud Computing" beschäftigt sich hierbei überwiegend mit Problemen des Datenschutzes, die bei der weltweiten Übertragung von personenbezogenen Daten entstehen, bspw. bei Google oder Facebook. In der Wirtschaft und Verwaltung werden eine Vielzahl von Wirtschafts-, Geschäfts- und Verwaltungsdaten verwandt, administriert und transferiert, von denen nur ein Teil Daten sind, die natürliche Personen betreffen und vom Datenschutzgesetz geschützt sind. Ein Großteil der Informationen und Daten haben keinen Bezug zu natürlichen Personen wie Bilanzdaten, Konstruktionsdaten, Flurkarten, Arbeitslosenstatistiken, die ggf. auch anderen Schutzgesetzen unterliegen. Zu nennen sind bspw. das Gesetz über den unlauteren Wettbewerb (§ 17 UWG)[791] oder das MarkenG oder bei Firmennamen nach § 12 BGB.

Einen viel umfassenderen Schutz bietet das Telekommunikationsgesetz (§§ 88, 91 TKG), das auch Unternehmensdaten schützt. Für den Schutz bzw. den Schutzbereich kommt es somit immer auf die Art der Daten und deren Verbreitung bzw. Übertragung an.

3.5.3 Datenschutz und Datensicherheit

Die Themen Datenschutz und Datensicherheit spielen eine maßgebliche Rolle bei allen IT-Anwendungen, die personenbezogene Daten verarbeiten. Das Datenschutzgesetz ist eine spezielle Ausprägung des „Persönlichkeitsrechts" (Art. 1 u. Art. 2 GG) bzw. des „Rechts auf informationelle Selbstbestimmung", das dem Einzelnen das Recht gibt, über die Preisgabe und Verwendung seiner persönlichen Daten zu bestim-

---

790 BITKOM, Cloud Computing – Was Entscheider wissen müssen (2010), S. 60. www.bitkom.org/Bitkom/Publikatioen/Publikat (letzter Abruf: 27.7.2015); Pohle/Amann, Über den Wolken... – Chancen und Risiken des Cloud Computing, CR 2009, 273, 276; Niemann/Hennrich, Kontrolle über den Wolken, CR 2010, 686.

791 Gola/Schomerus, BDSG (2012), §3 Rdnr. 11a; Hoeren, Internet- und Kommunikationsrecht (2012), Kap. 6 S. 609.

men.[792] Was alles unter dem informationellen Selbstbestimmungsrecht zu verstehen ist, war unklar. Es sollte daher Klarheit bestehen, wer und wo über welche persönliche Daten verfügt (Aufklärungspflicht) oder auf welcher gesetzlichen Grundlage diese persönlichen Daten erhoben, gespeichert und genutzt werden (Eingriffsrechte).[793] Dazu dienen u. a. das Bundesdatenschutzgesetz und auch das Telekommunikations- und das Telemediengesetz.

Die informationelle Selbstbestimmung ist ein allumfassendes grundsätzliches Persönlichkeitsrecht, dass der Staat auch Private im Verhältnis zu anderen Privaten vor einer Datenschutzgefährdung schützen muss.[794] Das Bundesverfassungsgericht[795] weist darauf hin, dass dieses Recht der informationellen Selbstbestimmung weiter reicht:

> *Das Recht auf informationelle Selbstbestimmung geht über den Schutz der Privatsphäre hinaus. Es gibt dem Einzelnen die Befugnis, grundsätzlich selbst über die Preisgabe und Verwendung seiner persönlichen Daten zu bestimmen [...]. Soweit kein hinreichender Schutz vor Persönlichkeitgefährdungen besteht, die sich daraus ergeben, dass der Einzelne zu seiner Persönlichkeitsentfaltung auf die Nutzung informationstechnischer Systeme angewiesen ist, trägt das allgemeine Persönlichkeitsrecht dem Schutzbedarf in seiner lückenfüllenden Funktion über seine bisher anerkannten Ausprägungen hinaus dadurch Rechnung, dass es die Integrität und Vertraulichkeit informationstechnischer Systeme gewährleistet. Dieses Recht fußt gleich dem Recht auf informationelle Selbstbestimmung auf Art. 1 I GG i. V. Art. 2 I GG.*

Es geht also hier, wie das BVerfG meint, um die „Integrität und Vertraulichkeit" aller persönlichen Daten, also auch der Daten, die zwar in einem System gespeichert oder verarbeitet werden, ohne Bestandteil einer Datei zu sein. Nach dem BVerfG erfasst der Schutz des Art 10 GG (Fernmeldegeheimnis) *„die Telekommunikation, einerlei, welche Übermittlungsart (Kabel oder Funk, analoge oder digitale Vermittlung) und welche Ausdrucksform (Sprache, Bilder, Töne, Zeichen oder sonstige Daten) genutzt werden."* Nicht dazu gehören aber nach einer wohl herrschenden Rechtsmeinung dynamische IP-Adressen, weil eine IP-Adresse eine Zahlenreihe (Binärzahlen) ist, die nicht ohne Weiteres eine Bestimmbarkeit der Person oder Stelle im Sinne des § 3 Abs. 1 BDSG ermöglicht. Der BGH stellt jedoch neuerdings auf die Frage ab, ob dies ohne großen Aufwand feststellbar ist.[796]

---

792 Gola/Schomerus, BDSG (2012), § 1 Rdnr. 6 ff.; s. a. BVerfG, Urt. v. 27.2.2008 – 1 BvR 3707/07 u. 595/07 –NJW 2008,822, das sich u. a. auch mit dem Fernmeldegeheimnis (Art. 10 GG) befasst.
793 Gola/Schomerus, BDSG (2015), § 1 Rdnr. 12, 16.
794 Kühling/Seidel/Sivridis, Datenschutz (2011), S. 54; BVerfG, Beschl. v. 27.2.2008 – 1 BvR 370/07 – CR 2008, 306, 309; Gola/Schomerus, BDSG (2015), § 1 Rdnr. 9 ff.
795 BVerfG, Urt. v. 27.2.2008 – 1 BvR 3707/07 u. 595/07 – NJW 2008, 822, Rz. 83, 201.
796 BGH, Beschl. v. 28.10.2014 – VI ZR 135/13 – CR 2015, 109, Rz. 26 (Vorlage an den EuGH); Eckhardt, IP-Adressen als personenbezogenes Datum – neues Öl ins Feuer, CR 2011, 330; OLG Hamburg, Beschl. v. 3.11.2010 – 5 W 126/10 – CR 2011, 126, es gibt auch andere Meinungen hierzu, die in dem Auf-

Der Anwendungsbereich des Bundesdatenschutzgesetzes umfasst nach § 1 Abs. 2 BDSG die Erhebung, Verarbeitung und Nutzung von personenbezogenen Daten durch Stellen des Bundes, der Länder und nicht öffentlicher Stellen, soweit sie Daten unter Einsatz der Datenverarbeitung in oder aus automatisierten Dateien verarbeiten, nutzen oder dafür erheben. Wichtig ist demnach die Feststellung, wer die „verantwortliche Stelle" ist, die die Daten erhebt oder verarbeitet (§ 3 Nr. 7 bzw. § 3 Nr. 8 BDSG) und in wessen Rechte diese Verarbeitung eingreift (§ 3 Abs. 1 BDSG).

Das BDSG zeigt in § 9 BDSG auf, welche technischen und organisatorischen Maßnahmen die „verantwortliche Stelle" zu treffen hat, die selbst oder auch im Auftrag personenbezogene Daten erheben, verarbeiten oder nutzen.

Der § 4 Abs. 1 BDSG enthält den zentralen Grundsatz des Datenschutzgesetzes, nach dem die Datenerhebung, -verarbeitung und -nutzung personenbezogener Daten grundsätzlich verboten und nur ausnahmsweise erlaubt ist, wenn der Betroffene **zustimmt oder dieses Gesetz oder andere Rechtsvorschriften** diese Datenverarbeitung erlauben oder anordnen. Bei dem Datenschutzgesetz handelt es sich also um ein „Verbot mit Erlaubnisvorbehalt".[797]

Die Anforderungen an die Einwilligung durch den Betroffenen sind in § 4a Abs. 1 und § 28 Abs. 2 S. 1 BDSG geregelt. Der § 4a BDSG verlangt, dass der Betroffene zunächst über den Zweck der Datenverarbeitung informiert wird. Der Betroffene muss genau über den vollen Umfang und den Zweck der Datenverarbeitung verständlich informiert werden. Die Einwilligung muss freiwillig erfolgen, d. h. der Betroffene muss über die entsprechende Einsichtsfähigkeit verfügen, um die Tragweite seiner Einwilligung zu erkennen.[798] Die Einwilligung muss schriftlich erklärt werden. Eine Einwilligung in elektronischer Form gemäß § 126a BGB reicht aus; aber eine einfache elektronische Einwilligung ohne Unterschrift gemäß § 126 BGB (wie bspw. beim Fax oder E-Mail) reicht nicht aus.[799] Eine Ausnahme von der Schriftform, besteht bei der Werbung (§ 28 Abs. 2 S. 1 BDSG) und der Forschung (§ 4a Abs. 2 BDSG).

Gesondert sind die Bereiche der Telekommunikation und Telemedien bzw. der elektronischen Dienste geregelt. Nach § 94 TKG und § 13 Abs. 2 TMG reicht es aus, wenn der „Dienstanbieter sicherstellt, dass der Betroffene seine Einwilligung bewusst und eindeutig erteilt, die Einwilligung protokolliert wird, der Betroffene jederzeit die Inhalte der Einwilligung abrufen kann und der Betroffene die Einwilligung jederzeit für die Zukunft widerrufen kann."[800] Ganz wichtig ist, dass die Datenschutzregelungen oder -erklärungen im Rahmen von Allgemeinen Geschäftsbedingungen beson-

---

satz von Eckhardt aufgeführt werden; Härting, Datenschutz zwischen Transparenz und Einwilligung, CR 2011, 169, 171.

797 Gola/Schomerus, BDSG (2012), § 4 Rdnr. 3.

798 Gola/Schomerus, BDSG (2015), § 4a Rdnr. 6, 10, 12a, 19.

799 Gola/Schomerus, BDSG (2012), § 4a Rdnr. 13.

800 Hören, Internet- und Kommunikationsrecht (2012), Rdnr. 631; Härting, Datenschutz zwischen Transparenz und Einwilligung, CR 2011, 169.

ders hervorgehoben werden müssen (§ 4a Abs. 3 S. 2 BDSG). Bei Unklarheiten, bspw. in Allgemeinen Geschäftsbedingungen, kann eine solche Regelung nach §§ 305, 306 BGB rechtsunwirksam sein.[801] Die **gesetzliche Ermächtigung** (§ 4 Abs. 1 BDSG) für die Erhebung, Verarbeitung und Nutzung personenbezogener Daten **im öffentlichen Bereich** ist in den §§ 12 ff. BDSG und für den **privaten Bereich bzw. für eigene Geschäftszwecke** in den §§ 28 ff. BDSG geregelt. Bei den Telekommunikationsdiensten stellt der § 98 TKG eine gesetzliche Ermächtigung für die Speicherung von Verkehrsdaten dar, bei den elektronischen Diensten ist der § 14 TMG eine gesetzliche Ermächtigung für die Speicherung von Bestandsdaten und Nutzungsdaten.

Nach § 28 BDSG kann jede speichernde Stelle personenbezogene Daten erheben, speichern, verarbeiten, verändern oder an andere Stelle übermitteln, wenn diese personenbezogenen Daten zur Erfüllung eigener Geschzwecke erforderlich sind. Die Übermittlung und Nutzung von personenbezogenen Daten ist weiterhin zur Wahrung berechtigter Interessen, zur Abwehr von Gefahren für die staatliche und öffentliche Sicherheit oder im Interesse einer Forschungseinrichtung zur Durchführung wissenschaftlicher Forschung zulässig. Voraussetzung ist, dass berechtigte Interessen der verantwortlichen Stelle in Abwägung mit schutzwürdigen Interessen des Betroffenen Vorrang haben.[802] Die Übermittlung und Nutzung von personenbezogene Daten nach § 28 Abs. 2 BDSG zur Abwehr von Gefahren für die staatliche oder öffentliche Sicherheit oder zur Verfolgung von Straftaten spielt bei dem „US Patriot Act" oder der Übermittlung von Passagierdaten an US-Behörden eine besondere Rolle.

Es sind hierbei also stets einige Voraussetzungen zu prüfen. Die Grundsätze der Erforderlichkeit für die Zweckbestimmung sind zu beachten, d. h. wenn der Zweck entfällt, sind die Daten zu löschen. Weiterhin ist stets die Zulässigkeit zu prüfen, ob die Datenverarbeitung zur Wahrung berechtigter Interessen des Bearbeiters oder Dritter erforderlich ist. Diese Prüfungen sind auch bei allgemein zugänglichen personenbezogenen Daten unabdingbar erforderlich.

Ein weiteres fundamentales Recht des Betroffenen ist, dass er jederzeit von der speichernden Stelle Auskunft darüber erhalten kann, wer was wann und bei welcher Gelegenheit etwas über ihn gespeichert hat und weiß (§§ 19, 34 BDSG).[803] Auch das Recht des Widerrufs ist von besonderer Bedeutung, auch wenn es nur in einigen Vorschriften erwähnt wird (§ 28 Abs. 3 BDSG, §§ 20, 35 BDSG).[804]

Das Bundesdatenschutzgesetz relativiert jedoch die Persönlichkeitsrechte bzw. das Recht auf informationelle Selbstbestimmung, weil dieses Grundrecht mit anderen Grundrechten kollidieren kann, bei denen im Einzelfall andere bedeutende Interessen überwiegen können.[805] Bei Kredit- und Bankgeschäften gelten gewisse Ausnahmen

---

801 Heckmann, Internetrecht (2007), Kap. 1.13 Rdnr. 36.
802 Gola/Schomerus, BDSG (2012), § 28 Rdnr. 24 ff.
803 Kühling/Seidel/Sivridis, Datenschutzrecht (2011), S. 188.
804 Gola/Schomerus, BDSG (2015), § 4a Rdnr. 37.
805 Kühling/Seidel/Sivridis, Datenschutzrecht (2011), S. 54.

von dem Zustimmungserfordernis für die Verarbeitung (§ 28a BDSG). Eine Bank darf auch ohne Einwilligung bei Kreditgeschäften personenbezoge Daten an Auskunfteien übermitteln, soweit diese Daten das Bank- oder Kreditgeschäft betreffen. Gleiches gilt für die Verwendung von „Scoring Daten" bei der Bonitätsbewertung (§ 28b BDSG).[806] Der BGH[807] hat hierbei deutlich zwischen den „Scoring Daten" und der abstrakten Methode der Score-Berechnungen unterschieden. Letztere ist ein Geschäftsgeheimnis und unterliegt nicht dem Auskunftsanspruch des Betroffen (§ 34 Abs. 4 BDSG).

Noch weitergehend ist die Entscheidung des BGH[808] bei der Abwägung des informationellen Selbstbestimmungsrechtes und dem Recht auf Kommunikationsfreiheit bei einem Ärzteportal. Nach Ansicht des BGH überwiegt das Kommunikationsinteresse, weil dieses dem Patienten die erforderlichen Informationen bei der Arztwahl vermittelt.

Eine besondere Herausforderung bildet die neue EU Verordnung (Nr. 305/2013) über die Einführung des bordeigenen e-Call-Systems in Fahrzeugen. Diese Verordnung geht genau in diese Richtung, dass in Notfällen ein Mindestmaß an Fahrzeugdaten von einer zentralen Stelle abgerufen werden kann. Eine ständige Verfolgbarkeit des KFZ ist allerdings verboten. Zunächst ist noch ungeklärt, ob alle erforderlichen technischen Daten auch personenbezogene Daten sind. Aggregatzustände, wie Messung des Schadstoffes oder Kilometerzahl des KFZ, sind keine personenbezogenen Daten.[809] Eine weitere kritischen Frage ist bei Clouds, wo werden diese Daten gespeichert? Wer kontrolliert die Verarbeitung? Wann müssen diese Daten gelöscht werden?[810]

Grundsätze der Auftragsdatenverarbeitung

Das Bundesdatenschutzgesetz unterscheidet zwischen der „verantwortliche Stelle" oder dem „verantwortlichen Empfänger" im Sinne der §§ 3 Nr. 7 und Nr. 8 BDSG, die „Herr der Daten" sind, und dem „Service-Unternehmen, das als verlängerter Arm der „verantwortlichen Stelle die Daten verarbeitet."(Auftragsverarbeitung).[811] Bei der Auftragsverarbeitung im Sinne des § 11 BDSG bleibt der Auftraggeber „Herr der Daten" und damit die alleinige verantwortliche Stelle. Von der Auftragsverarbeitung ist die Funktionsübertragung zu unterscheiden. Eine Funktionsübertragung liegt vor, wenn das beauftragte Unternehmen in eigener Verantwortung die Aufträge durchführt und eine eigene Entscheidungsbefugnis bezüglich der Daten hat, bspw. die Beauftragung

---

806 Gola/Schomerus, BDSG (2012), § 28a Rdnr. 6.

807 BGH, Urt. v. 28.1.2014 – VI ZR 156/13 –, NJW 2014, 1235 Rz. 33 f.

808 BGH,Urt. v. 23.9.2014 – VI ZR 358/13 – NJW 2015, 489 Rdnr. 26–28; s. auch Gola/Schomerus, BDSG (2012), § 29 Rdnr. 24.

809 S. Ausführungen Kinast/Kühnl, Telematik und Bordelektronik, NJW 2014, 3057 f.

810 Pohle/Zoch, eCall = der gläserne Fahrer, CR 2014, 409, 415.

811 Gola/Schomerus, BDSG (2012), § 11 Rdnr. 3.

eines Steuerberaters mit der Fertigung einer Steuererklärung oder die Durchführung einer Meinungsforschung über Produkte eines Unternehmens.[812]

Wenn, wie in unserem Fall, die „Public oder Hybrid-Cloud-Anwendung" dazu dient, IT-Ressourcen je nach Bedarf von Service-Anbietern „einzukaufen", bewertet die Rechtsliteratur diese Einsatzart als eine Auftragsdatenverarbeitung im Sinne des § 11 BDGS bzw. § 17 Abs. 2 EU-Datenschutzrichtlinie.[813] Eine „Private Cloud Computing" innerhalb eines Unternehmenskonzerns ist dann eine Auftragsverarbeitung im Sinne des § 11 BDSG, wenn die Datenverarbeitung aller Konzernbetriebe durch eine Stelle des Mutterkonzerns durchgeführt wird. Maßgeblich ist, ob es sich um eine verantwortliche Stelle im Sinne des § 3 Nr. 7 oder Nr. 8 BDSG handelt.[814] Erfolgt die Datenverarbeitung durch eine unselbstständige Abteilung eines Unternehmens, also eines Teil der Stelle im Sinne des § 3 Nr. 7 BDSG, dann ist diese unselbstständige Stelle kein Dritter im Sinne der Auftragsverarbeitung.[815] In einem solchen Auftragsverhältnis sind die Vorgaben der §§ 28 BDSG zwischen der verantwortlichen Stelle und dem Auftragsdienstleister nicht anwendbar; die verantwortliche Stelle und der Auftragsdienstleister sind rechtlich als eine Einheit anzusehen.[816] Der Hostprovider, der lediglich eine technische Infrastruktur zur Verfügung stellt, aber an den Datenverarbeitungsvorgängen nicht mitwirkt, ist nach allgemeiner Rechtsauffassung[817] keine verantwortliche Stelle im Sinne des § 3 Abs. 7 BDSG.

Nach § 11 Abs. 1 BDSG ist der Auftraggeber bei einem Auftragsverhältnis für die Einhaltung der Vorschriften des Datenschutzgesetzes verantwortlich, d. h. für die rechtliche Zulässigkeit der Verarbeitung der personenbezogenen Daten und auch für alle Sicherungsmaßnahmen. Der Auftraggeber hat die „Auftragsverarbeiter" sorgfältig auszuwählen und dabei zu prüfen oder sicherzustellen, dass alle organisatorischen und technischen Maßnahmen erfüllt werden.[818] Die Auftragsverarbeitung im Sinne des § 11 BDSG ist im Hinblick auf den rechtlichen Zweck nicht zu verwechseln bzw. identisch mit dem Erfüllungsgehilfen nach § 278 BGB. Der Erfüllungsgehilfe nach § 278 BGB erfüllt eine fremde Schuld; es geht hier um die Haftung des Schuld-

---

812 Gola/Schomerus, BDSG (2012), § 11 Rdnr. 9.

813 Gola/Schomerus, BDSG (2012), § 11 Rdnr. 8, 13; Weichert, Unabhängiges Landeszentrum für Datenschutz Schleswig Holstein, Cloud Computing und Datenschutz (23.10.2010), Nr. 6, https://www.datenschutzzentrum.de/CloudComputing/Co (letzter Abruf: 10.8.2015).

814 Gola/Schomerus, BDSG (2012), § 11 Rdnr. 6; Niemann/Hemrich, Kontrolle in den Wolken, CR 2010, 686 f.

815 Gola/Schomerus, BDSG (2012), § 3 Rdnr. 52.

816 Gola/Schomerus, BDSG (2012), § 11 Rdnr. 4.

817 Alich/Nolte, Zur datenschutzrechtlichen Verantwortlichkeit (außereuropäischer) Hostprovider für Drittländer, CR 2011, 741, 743; s. hierzu die Grundsätze des EuGH, Urt. v. 12.7.2011 – Rs C-324/09 – CR 2011, 587, 603 f; Gola/Schomerus, BDSG (2010), § 11 Rdnr. 8; Redeker, IT-Recht (2012), Rdnr. 953; vorsichtig Schneider, Handbuch des EDV-Rechts 2009, Kap. B, Rdnr. 468; a. A. Weichert, Cloud Computing und Datenschutz (23.10.2010) Nr. 6, https://www.datenschutzzentrum.de/CloudComputing/Co (letzter Abruf: 10.8.2015).

818 Gola/Schomerus, BDSG (2012), § 3 Rdnr. 52 f., § 11 Rdnr. 13, 20.

ners für das Verschulden des zur Erfüllung seiner Schuld eingesetzten „Gehilfen". Bei der Auftragsverarbeitung im Sinne des § 11 BDSG geht es darum, wer „Herr der Daten" ist, und damit für die Datenverarbeitung der personenbezogenen Daten verantwortlich ist.[819] Das OVG Schleswig[820] weist im Falle der Niederlassung von „Facebook" im Inland daraufhin, dass eine Niederlassung nicht unbedingt auch eine verantwortliche Stelle im Sinne des § 3 Abs. 7 BDSG sein muss. Das Gericht verweist auf Art. 2d der Richtlinie 96/46EG, nach der es darauf ankommt, ob die natürliche oder juristische Person über die Zwecke und Mittel der Verarbeitung von personenbezogenen Daten „entscheidet". Im vorliegenden Fall ist das nicht Facebook Deutschland, sondern Facebook Ireland Ltd.

Anders der Europäische Gerichtshof,[821] der darauf abstellt, ob die Speicherung und Verarbeitung von personenbezogenen Daten durch die Suchmaschine der Muttergesellschaft, die in einem „Drittstaat", also im Ausland außerhalb der EU, ihren Sitz hat, erfolgt, die untrennbar mit der Niederlassung in der EU zusammenwirkt; sozusagen für die Niederlassung tätig wird: dann gilt EU Recht.

Dieses Verantwortungskonzept des § 11 BDSG gilt auch, wenn ein Service-Anbieter im Bereich der EU seinen Sitz hat. Nach § 17 Abs. 2 EU Datenschutzrichtlinie treffen den Auftraggeber und den Erfüllungshilfen diese Verantwortung und Pflichten wie nach § 11 BDSG.[822] Anders kann sich die Rechtslage beim „Outsourcing" gestalten, wenn die Datenverarbeitung einem rechtlich selbstständigen Unternehmen übertragen wird. Das Rechtsschrifttum[823] bezeichnet diesen „Outsourcing"-Vorgang als „Funktionsübertragung".

Für die Bewertung, ob eine Auftragsverarbeitung im Sinne des § 11 BDSG oder eine Funktionsübertragung bei der Datenverarbeitung aus einem Unternehmen vorliegt, kommt es darauf an, ob das „ausgelagerte Unternehmen" eine Entscheidungsbefugnis über die Daten hat oder der Auftraggeber sich diese Befugnis vorbehalten hat.[824] Wenn keine Entscheidungsbefugnis des ausgelagerten Unternehmens besteht, finden die Vorschriften über die Auftragsverarbeitung nach § 11 BDSG Anwendung. Wenn aber eine Entscheidungsbefugnis des „ausgegliederten" Unternehmensteils besteht, liegt keine Auftragsverarbeitung vor, sondern es gelten die strengeren Anforderungen für die Zulässigkeit der Verarbeitung von personenbezogenen Daten nach §§ 27, 28 BDSG.[825] In diesem Zusammenhang ist anzumerken, dass die Rechtslage wieder anders ist, wenn der Service-Anbieter nicht in Deutschland oder der EU seinen

---

819 Gola/Schomerus, BDSG (2012), § 11 Rdnr. 3.
820 OVG Schleswig, Beschl. v. 22.4.2013 – 4 MB 11/13 – NJW 2013, 1977 (Facebook).
821 EuGH, Urt. v. 13.5.2014 – Rs. C-131/12 – CR 2014, 460.
822 Gola/Schomerus, BDSG (2012),§ 11 Rdnr. 13.
823 Gola/Schomerus, BDSG (2012), § 11 Rdnr. 9, 13.
824 Gola/Schomerus, BDSG (2012), § 11 Rdnr. 9, 13; Kramer/Hermann, Zur Reichweite der Privilegierung durch den Tatbestand des § 11 BDSG, CR 2003, 938; OLG Stuttgart, MMR 2009, 128.
825 Weichert, Unabhängiges Landeszentrum für Datenschutz Schleswig Holstein, Cloud Computing und Datenschutz (10.08.2015) Nr. 6, www.datenschutzzentrum.de/CloudComputing/Co (letzter

Sitz hat. Dann ist der im Ausland befindliche Service-Anbieter keine „Stelle" im Sinne des § 3 Nr. 8 BDSG. Der § 11 BDSG findet keine Anwendung. Es gibt aber Meinungen im Rechtsschrifttum, dass dennoch der Auftraggeber die volle Verantwortung, wie im § 11 BDSG vorgesehen, zu übernehmen hat.[826]

Ist Cloud Computing oder die Nutzung von Softwareagenten Auftragsdatenverarbeitung?

Interessant sind beim „Public Cloud bzw. Hybrid-Computing" die verteilten Verantwortlichkeiten für die Verarbeitung der personenbezogenen Daten. Es ist aber bei den einzelnen Leistungspaketen, die über „Cloud Computing" den Nutzern zum Gebrauch zur Verfügung gestellt werden, zu prüfen, ob die Provider lediglich eine technische Infrastruktur oder Software ohne weitere Mitwirkung zur Verfügung stellen oder ob sie an den Verarbeitungsvorgängen mitwirken, bspw. Datenverwaltung oder -pflege. usw. Der § 3 Abs. 7 BDSG zählt faktisch auf, wer alles verantwortlich ist: jede Stelle oder Person, die personenbezogene Daten für sich selbst erhebt, verarbeitet, nutzt oder dies durch andere im Auftrag vornehmen lässt. Aber auch diejenige Stelle, die im Auftrag personenbezogene Daten erhebt, verarbeitet oder nutzt, trägt nach § 11 Abs. 1 BDSG die Verantwortung dafür, dass die Vorschriften des Datenschutzgesetzes eingehalten werden.

Grundvoraussetzung ist nach § 4 Abs. 1 BDSG jedoch, dass bspw. ein Auftraggeber damit einverstanden ist, dass sein Auftragnehmer personenbezogene Daten des Auftraggebers oder seiner Mitarbeiter – soweit diese ebenfalls eingewilligt haben – an seine Subunternehmer weitergeben darf. Es liegen dann die erforderlichen Einwilligungen vor, wie sie in § 4 Abs. 1 §§ 12 ff., 27 ff. BDSG vorliegen. Es bestehen aber weiterhin die Melde- und Benachrichtigungspflichten (§ 4d, 19a, 33 BDSG) sowie Kontrollpflichten (bspw. §§ 4f, 24 BDSG). Der Hostprovider, der lediglich die Infrastruktur zur Verfügung stellt und selbst an der Datenverarbeitung nicht mitwirkt, ist nach allgemeiner Rechtsmeinung[827] keine Stelle im Sinne des § 3 Abs. 7 BDSG. Soweit vom ihm aber Nutzerdaten abgefragt werden, sind personenbezoge Daten betroffen. Zumindest sind dann die Datenschutzvorschriften des Telemediengesetzes vom Hostprovider zu beachten. Es ist also immer zu prüfen, ob der Hostprovider diese Daten benötigt und speichert oder nicht benötigt und nicht für sich speichert.[828]

Abruf: 10.8.2015); Kramer/Hermann, Zur Reichweite der Privilegierung durch den Tatbestand des § 11 BDSG, CR 2003, 938.

826 Gola/Schomerus, BDSG (2010), § 11 Rdnr. 13; Hoeren, Internet- und Kommunikationsrecht, Rdnr. 603; a.A Weichert, Cloud Computing und Datenschutz (23.10.2010), Nr. 6, www.datenschutzzentrale/cloud-computing.de , www.datenschutzzentrum.de/CloudComputing/Co (letzter Abruf: 10.8.2015).

827 Alich/Nolte, Zur datenschutzrechtlichen Verantwortlichkeit (außereuropäischer) Hostprovider für Drittinhalte, CR 2011, 741, 743; Gola/Schomerus, BDSG (2010), § 11 Rdnr. 8.

828 BeckFormularB/Imhof, IT-Recht (2012), Kap. E.2, Ziff. 13 ff.

Diese Haftungsfreistellung wird durch eine Grundsatzentscheidung des EuGH[829] unterstützt. Der EuGH hat in dieser Entscheidung über die Haftung von Online-Markt-plätzen für die Verletzung eines Markenrechtes die Auffassung vertreten, dass, wenn sich der Anbieter eines Online-Marktplatzes auf die technische und automatische Verarbeitung beschränkt, also keine aktive Rolle bei der Datenverarbeitung spielt und keine Kenntnisse von den Informationen hat oder haben kann, der Dienstan-bieter von der Verantwortlichkeit freigestellt wird. Diese Grundsätze lassen sich auch auf Verletzungshandlungen im Datenschutzrecht anwenden. Es kann aber erwartet werden, dass der Hostprovider wie jeder Smartphone-Betreiber gewisse grundsätz-liche Sicherungsmaßnahmen zum Schutz von personenbezogenen Daten treffen muss.[830]

Was gilt beim Einsatz von autonomen Softwareagenten, die personenbezogene Daten ohne Mitwirkung des Betreibers verarbeiten, speichern und erfassen können? Der autonome Softwareagent ist keine Stelle im Sinne des § 3 Abs. 7 BDSG, sondern nur eine Hilfsfunktion für die Abwicklung von Aufgaben einer beauftragenden Stelle. In § 6a BDSG ist ausdrücklich gesetzlich geregelt, dass Entscheidungen, die für einen Betroffenen Rechtsfolgen nach sich ziehen oder diesen erheblich beeinträchtigen, nicht ausschließlich auf einer automatisierten Verarbeitung von personenbezogenen Daten beruhen dürfen. Zwar verfügen solche Softwareagenten über eine Software, die die Autonomie und eine eigene Fähigkeit zu problemlösendem Verhalten haben. Aber auch ein Softwareagent ist von einem Softwarehaus nach gewissen, geplan-ten Zielvorstellungen entwickelt und programmiert worden.[831] Der Softwareagent funktioniert im Grunde aufgrund eines programmierten flexiblen Algorithmus, der dem Softwareagenten eine gewisse Freiheit bei der Problemlösung einräumt. Der autonome Softwareagent ist aber keine verantwortliche Rechtsperson und ist unter Datenschutzgesichtspunkten als ein technisches Programm anzusehen, welches kein eigenes Handlungs- bzw. Entscheidungsbewusstsein hat.[832]

Der § 6 a BDSG stellt im Einklang mit dem Art. 15 EU-DS-RL klar, dass automa-tisierte Entscheidungen nur in einer vorbereitenden bzw. unterstützenden Funktion erlaubt sind und daher keine verantwortliche Stelle im Sinne des § 3 Abs. 7 BDSG sind.[833] Verantwortlich ist diejenige Stelle, die den autonomen Softwareagenten für seine Zwecke einsetzt.[834] Auch aus den §§ 28b und 34 Abs. 2 BDSG, die für Scoring-Ver-

---

829 EuGH, Urt. v. 12.7.2011 – Rs. C-324/09 – CR 2011, 597, 604 f, Rdnr. 119.

830 Beschl. der obersten Aufsichtsbehörden für Datenschutz im nicht öffentlichen Bereich (Düs-seldorfer Kreis) v. 4.5.2011, https://www.ldi.nrw.de/mainmenu-Service/submenu-Sub (letzter Abruf: 10.8.2015).

831 Kirn, Kooperierend intelligente Softwareagenten, Wirtschaftsinformatik 44 (2002), S. 300.

832 Kirn, Integration von Organisation und Informationssystem: Benötigen wir eine Re-Vitalisierung des maschinellen Aufgabenträgers? Technische Universität Ilmenau (1996), S. 44, 46, 49.

833 Gola/Schomerus, BDSG (2012), § 6a Rdnr. 3; Kühling/Seidel/Sivridis, Datenschutzrecht (2011), Kap. III 1 S. 133.

834 BGH, Urt. v. 28.1.2014 – VI ZR 156/13 – NJW 2014, 1235 Rdnr. 27.

fahren gelten, geht hervor, dass die verantwortliche Stelle im Sinne des Bundesdaten-schutzgesetzes diejenige Institution ist, die dieses Verfahren wie die SCHUFA nutzt. Interessant ist in diesem Zusammengang eine Entscheidung des BGH v. 28.1.2014,[835] in dem die Algorithmen der Scorecard einschließlich der Wissensdatenbank, wie Analyse von Datenbeständen bzw. Vergleichsgruppen, Gewichtungen, als schüt-zenwertes Geschäftsgeheimnis ansehen werden, welche nicht in einem Auskunfts-verfahren einbezogen und nicht offenbart werden dürfen. Nur die in die Bewertung eingeflossenen personenbezogen Daten, nicht die Berechnungen und Auswertungen, müssen offenbart werden.

Die Verantwortung für die Sicherheitsanforderung nach § 9 BDSG auch im Hin-blick auf die genutzten IT-Ressourcen bspw. eines Hostproviders trägt in diesem Fall die Stelle, die die personenbezogenen Daten erfasst und bearbeitet und speichert und diesen Softwareagenten zur intelligenten Abwicklung der Datenverarbeitungsaufga-ben einsetzt.[836] Auch wenn der Hardware-Hostprovider (Speicherplatz) selbst keine Daten vom Kunden oder Nutzer abfragt und damit auch keine „Stelle" im Sinnen des § 3 Abs. 7 BDSG ist, so bedeutet dieses Faktum nicht, dass der Hostprovider von einem geeigneten Sichermaßnahmen, die den Sicherheitsanforderungen des § 9 BDSG entsprechen, freigestellt ist.[837] Der Nutzer ist verpflichtet, bei der Auswahl des Hostprovider zu prüfen und sicherzustellen, dass alle Sicherheitsanforderungen vom Hostprovider erfüllt werden.[838] Zudem hat er darauf zu achten, dass Subunterneh-mer des Hostproviders ebenfalls die Sicherheitsanforderungen erfüllen, auch wenn die Verantwortung für den Datenschutz beim Kunden verbleibt.[839] Gleiches gilt bei dem Einsatz von autonomen Softwareagenten. Der Provider ist dafür verantwortlich, dass die „Autonomie" sich an die vom Betroffenen nach Art und Umfang eingeräumte Einwilligung gemäß § 4a BDSG hält und keine andere Verarbeitung durchführt. Der Betroffene muss über die vorgesehene Verarbeitung so umfassend informiert werden, dass er die Tragweite seiner Einwilligung erkennen kann.[840] Diese gesetzlich vorgege-benen Anforderungen begrenzen sicherlich den technischen Einsatz von nicht deter-ministischen Softwareagenten.[841]

---

835 BGH, Urt. v. 28.1.2014 – VI ZR 156/13 – NJW 2014, 1235 Rdnr. 27.
836 Gola/Schomerus, BDSG (2012), § 11 Rdnr. 8; Koch, Internet-Recht (2005), § 18 S. 895.
837 BeckFormB/Imhof, IT- Recht (2012), Kap. E.2, Ziff. 13 ff.; Redeker, IT-Recht (2012), Rdnr. 956.
838 S.a. Weichert, Unabhängiges Landeszentrum für Datenschutz Schleswig Holstein, Cloud Com-puting und Datenschutz (23.10.2010), Nr. 6 S. 6 ff., www.datenschutzzentrum.de/CloudComputing/Co (letzter Abruf: 10.8.2015).
839 Gola/Schomerus, BDSG (2015), § 11 Rdnr. 8.
840 Gola/Schomerus, BDSG (2015), § 4a Rdnr. 25, 26.
841 Gola/Schomerus, BDSG (2015), § 4 Rdnr. 32.

Beispiel: Ein Kunde lässt durch ein Service-Zentrum ein elektronisches Kundenregister erstellen; das Servicecenter erstellt das Register und beauftragt einen Unterauftragnehmer, das Register zu verwalten. Die Verantwortung für den Datenschutz bleibt beim Kunden, weil er „Herr der Daten" bleibt. Der Unternehmer verwaltet die Daten nach seinen eigenen Organisationsvorgaben, die nicht alle vom Kunden verlangten Sicherheitsmaßnahem des § 9 BDSG einhalten. Dabei kommen personenbezogene Daten abhanden bzw. werden zerstört. In diesem Fall besteht zwischen dem Unterauftragnehmer und dem Kunden kein Vertragsverhältnis. Dennoch ist der Unterauftragnehmer dem Auftraggeber und dem Service-Zentrum gegenüber verpflichtet, die personenbezogenen Daten nur gemäß § 11 BDSG in Verbindung mit § 9 BDSG zu verwalten. Der Kunde kann zwar gegenüber dem Unterauftragnehmer keine vertraglichen Rechte geltend machen, aber er kann deliktrechtlich gegen diesen vorgehen, wenn der Unterauftragnehmer gegen die Vorschriften des BDSG verstößt (§§ 823, 1004 BGB), und ihn aus dem Gesichtspunkt der unerlaubten Handlung wegen Zerstörung von Daten (Eigentum) nach § 823 BGB und ggf. nach § 7 BDSG haftbar machen.[842] Im Gegensatz zu dem § 823 BGB gewährt der § 7 BDSG sogar noch eine Beweiserleichterung in der Weise, dass der Provider nur dann sich von der Haftung für Schadensersatz entlasten kann, wenn er nachweist, dass er alle Sorgfaltspflichten beachtet hat.[843]

Der Kunde kann zusätzlich auch das Service-Zentrum direkt wegen Vertragsverletzung in Anspruch nehmen. Weiterhin kann das Service-Zentrum den Unterauftragnehmer sowohl wegen Vertragsverletzung als auch wegen Verstoßes gegen das Datenschutzgesetz verklagen, weil er nicht die Datensicherungsmaßnahmen (§ 9 BDSG) eingehalten hat. Dieses Beispiel zeigt, dass ein rechtliches Haftungsnetz zwischen Kunde, Service-Zentrum und Unterauftragnehmer besteht und zwar gleichgültig, ob diese Stellen selbstständig (§ 3 Abs. 7 BDSG) sind oder im Auftrag personenbezogene Daten ggf. böswillig, d. h. entgegen den Weisungen des Auftraggebers verarbeiten. In diesem Zusammenhang ist auch auf die verschuldensunabhängige Haftung einer verantwortlichen öffentlichen Stelle bei automatisierter Verarbeitung nach § 8 BDSG aufmerksam zu machen, die keine Entlastungsmöglichkeit vorsieht.[844]

Anders ist die Rechtslage, wenn der Dienstanbieter einer Cloud-Infrastruktur mit anderen Dienstleisten in einer Cloud nicht in einem Unterauftragsverhältnis steht, sondern lediglich als Koordinator oder Vermittler von IT-Ressourcen handelt, wie in dem Fall des Hausverwalters. Dieser Dienstanbieter einer Cloud-Infrastruktur sieht sich dann nur verpflichtet, andere geeignete Cloud-Anbieter mit weiteren IT-Leistungen in eigener Verantwortung zu vermitteln. Auch hier hat der Dienstanbieter der Cloud-Infrastruktur zumindest aus dem Gesichtspunkt der Auswahlhaftung (§ 664

---

842 OLG Karlsruhe, Urt. v. 7.11.1995 – 3 U 15/95 – NJW 1996, 200; Palandt/Sprau, BGB (2014), § 823 Rdnr. 9.

843 Gola/Schomerus, BDSG (2015), § 11 Rdnr. 26.

844 Gola/Schomerus, BDSG (2015), § 8 Rdnr. 4.

BGB) die Pflicht, dem Nutzer Informationsmöglichkeiten über die Datenschutzmaß-
nahmen aufzuzeigen.[845]

Im Rechtsschrifttum[846] wird kritisch vermerkt, dass zwingende technische und
organisatorische Maßnahmen (§ 9 BDSG) wie die Zugriffs-, Zugangskontrollen gerade
bei „Public bzw. Hybrid Cloud Computing" kaum umzusetzen sind, weil die virtuelle
Cloud-Infrastruktur in der Regel nicht erkennen lässt, auf welchem extern lokalisierten Server die personenbezogen Daten gespeichert und verarbeitet werden.[847]

Aber es darf nicht übersehen werden, dass auch der Auftraggeber nach § 11 BDSG
verpflichtet ist zu prüfen, ob sowohl beim Service Center als auch beim Unterauftragnehmer die Sicherungsmaßnahmen eingehalten werden.[848] Dabei spielen die Grundsätze „Transparenz, Erforderlichkeit, Kontrollierbarkeit" eine ganz besondere Rolle.
Der Betroffene muss wissen, was mit seinen personenbezogenen Daten geschieht.[849]
In dem einschlägigen Schrifttum wird bezweifelt, ob bei einem komplexen „Cloud
Computing" eine wirksame Kontrolle bzw. Überprüfung möglich ist.[850] Noch prob-
lematischer wird es, wenn „Public bzw. Hybrid Cloud Computing-Anwendungen"
Länder außerhalb der EU umfassen. Die heute übliche Möglichkeit der Verfolgung
der Routes von Netzwerken zeigt zwar den Verlauf auf, aber wenn der Router nur eine
Gateway-Funktion hat, bleibt unbekannt, was hinter dem Router geschieht, bspw.
Speicherung von Daten auf Servern.[851]

---

845 Beschl. der obersten Aufsichtsbehörden für Datenschutz im nicht öffentlichen Bereich (Düs-
seldorfer Kreis) v. 4.5.2011, https://www.ldi.nrw.de/mainmenu-Service/submenu-Sub (letzter Abruf:
10.8.2015); Palandt/Sprau, BGB (2015), § 664 Rdnr. 5.
846 Schuster/Reichl, Cloud Computing & SAAS, Was sind die wirklich neuen Fragen?, CR 2010, 38,
41 f.
847 Hasso-Plattner-Institut, Technischer Bericht 44/2011: Virtualisierung und Cloud Computing, S.
42 ff., www.hpi.uni-potsdam.de/fileadmin/hpi/Technische (letzter Abruf: 27.7.2015); BSI, Sicherheitsempfehlung für Cloud Anbieter (Februar 2012), Kap. 6 S. 46, Kap. 7 S. 59, www.bsi.bund.de/Shared-
Docs/Downloads/DE/BSI (letzter Abruf: 27.7.2015).
848 Schuster/Reichl, Cloud Computing & SAAS, Was sind die eigentlich neuen Fragen?, CR 2010, 38,
42.
849 Weichert, Unabhängiges Landeszentrum für Datenschutz Schleswig Holstein, Cloud Computing
und Datenschutz (23.10.2010), Nr. 6 S. 11 ff., www.datenschutzzentrum.de/CloudComputing/Co (letzter Abruf: 10.8.2015).
850 Schuster/Reichl, Cloud Computing & SAAS, Was sind die wirklich neuen Fragen? CR 2010, 38,
42; Weichert, Unabhängiges Landeszentrum für Datenschutz Schleswig Holstein, Cloud Computing
und Datenschutz (23.10.2010), Nr. 6 S. 9, www.datenschutzzentrum.de/CloudComputing/Co (letzter
Abruf: 10.08.2015); Schaar, Schutz von personenbezogenen Daten in der Cloud, RFID (4/2012) 321 f.;
Bundesministerium für Wirtschaft und Technologie, Trusted Cloud, Datenschutzrechtliche Lösungen
für Cloud Computing (Oktober 2012), S. 9–10, www.bmwi.de/BMWI/Redaktion/Publikationen (letzter
Abruf: 27.7.2015).
851 BSI, Sicherheitsempfehlung für Cloud Anbieter (Februar 2012), Kap. 6 S. 46, Kap. 7 S. 59, www.
bsi.bund.de/SharedDocs/Downloads/DE/BSI (letzter Abruf: 27.7.2015); Weichert, Unabhängiges Landeszentrum für Datenschutz Schleswig Holstein, Cloud Computing und Datenschutz (23.10.2010), Nr.
6 S. 5, www.datenschutzzentrum.de/CloudComputing/Co (letzter Abruf: 10.8.2015); Pohle/Ammann,

Die Vorschläge, die vom Bundesamt für Sicherheit in der Informatik (BSI)[852] oder des Arbeitskreises Datenschutz der Projekte Trusted Cloud des Bundesministeriums für Wirtschaft und Technologie[853] gemacht werden, sind alle sinnvoll, aber sie werden wohl kaum eine uneingeschränkte internationale Akzeptanz erreichen. Der Vorschlag des BSI umfasst konzeptionell die Vorgaben des § 9 BDSG. Wegen der weltweiten Unterschiedlichkeit der Anforderungen an den Datenschutz dürften die Vorschläge des BSI kaum eine Ausschicht auf eine internationale Akzeptanz haben. Aussichtsreicher ist der Vorschlag des Arbeitskreises Datenschutz des Bundesministeriums für Wirtschaft und Technologie (BMWi), nach dem ein Testat über die Einhaltung von Maßnahmen zum Schutz von personenbezogenen Daten durch die jeweiligen Landesbehörden ausreicht. Die landesspezifischen Kompetenzen zur Regelung des Datenschutzes würden hierbei nur unerheblich tangiert. Zukünftig wird das IT-Sicherheitsgesetz vom 12. Juni 2015 von Bedeutung sein, auch wenn das Gesetz keine konkreten Sicherheitsmaßnahmen aufzeigt.

Die Wertschöpfungskette beim „Cloud Computing" insbesondere beim Einsatz von intelligenten Softwareagenten kann wegen der Problematik der Datensicherung behindert werden.

Besonders zu nennen ist der § 6a des Bundesdatenschutzgesetzes, der den Einsatz von „intelligenten Softwareagenten" begrenzen kann. Nach dieser Vorschrift ist es nicht erlaubt, dass Entscheidungen, die für einen Betroffenen eine rechtliche Folge nach sich ziehen oder erheblich beeinträchtigen, ausschließlich auf einer automatisierten Verarbeitung personenbezogener Daten beruhen. Es gibt hier Ausnahmen, bspw. Entscheidungen im Rahmen des Abschlusses von Verträgen oder der Erfüllung von Verträgen, soweit der Betroffene vorher zugestimmt hat, bspw. „Kredit Scoring" (§ 28b BDSG).[854]

Bei den „Cloud Computing" Anwendungen und auch beim Einsatz von intelligenten Softwareagenten sind grundsätzlich die Abläufe zu trennen, die personenbezogene Daten oder andere Daten betreffen. Besonders kritisch wird es, wenn intelligente Softwareagenten personenbezogene Daten zur Lösung einer Aufgabe mit einer neuen Datei verknüpfen, die bisher nur zum Teil oder gar nicht in einer Datei abspeichert waren. Wie bereits erwähnt, stellt sich dieses Thema bspw. bei Daten, die bei der Benutzung von Kraftfahrzeugen durch moderne Fahrassistenz-, Fahrtrouter- oder sonstige Dienstleistungssysteme (Fehleranalyse) erzeugt werden. Diese Daten

---

Über den Wolken...– Chancen und Risiken des Cloud Computing, CR 2009, 273, 277; Schaar, Schutz von personenbezogenen Daten in der Cloud, RFID (4/2012), 321 f.

852 Bundesamt für Sicherheit in der Informationstechnik, Sicherheitsempfehlungen für Cloud Computing Anbieter (Februar 2012), www.bsi.bund.de/SharedDocs/Downloads/DE/BSI (letzter Abruf: 27.7.2015).

853 Bundesministerium für Wirtschaft und Technologie, Trusted Cloud, Datenschutzrechtliche Lösungen für Cloud Computing (Oktober 2012), S. 9 f., www.bmwi.de/BMWI/Redaktion/Publikationen (letzter Abruf: 27.7.2015).

854 Gola/Schomerus, BDSG (2015), § 6a Rdnr. 12.

sind technische oder geografische Daten, die aber bei einer Verknüpfung mit einem bestimmten Kraftfahrzeug, und damit mit dem Halter des Fahrzeuges und auch mit dem Fahrer, zu personenbezogen Daten qualifiziert werden, die voll dem Schutz des Datenschutzgesetzes unterliegen. Für die Verarbeitung der personenbezogenen Daten ist daher die Einwilligung des Betroffenen, also des Halters ggf. auch des Fahrers des Kraftfahrzeuges erforderlich. Eine Ausnahme besteht nach § 28 Abs. 2 Nr. 2 BDSG, wenn die Daten für die Verfolgung von Straftaten oder anderen öffentlichen Aufgaben, bspw. Finanzdaten der öffentlichen Sicherheit, erforderlich sind.[855] Es fehlt dann für die bisher nicht in einer Datei gespeicherten Daten die Zustimmung der Betroffenen gemäß § 28 BDSG für die Erfassung einer neuen Datei, bspw. die Personaldaten und die medizinischen Daten. Eine solche Verknüpfung der personenbezogenen Daten ist ohne Zustimmung der Betroffen nicht zulässig. Die „Cloud Computing"-Software und auch die Softwareagenten müssen für die Zusammenlegung der Daten eine Prüffunktion für die Zustimmungserfordernisse vorsehen.

3.5.4 Datenschutz nach dem Telekommunikations-/Telemediengesetz

Es ist im Telekommunikationsrecht grundsätzlich zwischen der Telekommunikation bzw. den Telekommunikationsdiensten und den Telemediendiensten und dem Rundfunk zu unterscheiden.

Telekommunikation umfasst nach § 3 Nr. 22 und Nr. 23 TKG den technischen Vorgang, das Übermitteln und das Empfangen von Sendesignalen mittels Telekommunikationsanlagen wie bspw. Telefon bzw. Sprachdienste.

Telemedien umfassen nach § 3 Nr. 3 und 4 TMG „Verteildienste" und jede Form der Kommunikation, die der unmittelbaren oder mittelbaren Förderung des Absatzes von Waren, Dienstleistungen oder des Erscheinungsbildes eines Unternehmens, einer sonstigen Organisation oder einer natürlichen Person dient.

Rundfunk ist nach § 3 RStV ein linearer Informations- und Kommunikationsdienst, der für die Allgemeinheit und zum zeitgleichen Empfang bestimmte Veranstaltungen, Angebote in Bewegbildern oder Ton entlang des Sendeplans unter Benutzung elektronischer Schwingungen zur Verfügung stellt.

Die datenschutzrechtlichen Vorschriften des Telekommunikations- und Medienrechts (§§ 88, 91 TKG und §§ 7, 11 bis 15 TMG) basieren auf den Fernmeldegeheimnis des Art. 10 GG und regeln speziell den Schutz der Inhalte und die Art der Kom-

---

[855] Gola/Schomerus, BDSG (2015), § 28 Rdnr. 38; s. ausführliche Darstellung Kinast/Kühnl, Telematik und Bordeletronik – Erhebung und Nutzung von Daten zum Fahrverhalten, NJW 2014, 3057, 3061.

munikation.[856] Im Unterschied zum BDSG unterliegen dem Schutz des § 91 ff. TKG auch Einzelangaben über Verhältnisse von bestimmbaren juristischen Personen und Personalgesellschaften, sofern sie Rechte erwerben und Verbindlichkeiten eingehen können (§ 92 Abs. 1 S. 3 TKG). Das TMG (§ 11) bezieht sich hierbei nur auf das Anbieter-Nutzerverhältnis und nicht auf die personenbezogenen Daten in einem Dienst- oder Arbeitsverhältnis und die Steuerung der Arbeits- und Geschäftsprozesse.

Für die Einwilligung der Verarbeitung personenbezogener Daten sind spezielle Regelungen in § 94 Nr. 2–4 TKG und § 13 Nr. 2 TMG getroffen. Die Einwilligung kann auch elektronisch erteilt werden. Das Bundesverfassungsgericht hat in einer grundlegenden Entscheidung vom 27.2.2007[857] grundsätzlich zu dem Schutz der Persönlichkeitsrechte bei der Nutzung der Informationstechnik Stellung genommen:

> *Die moderne Informationstechnik eröffnet dem Einzelnen neue Möglichkeiten, begründet aber auch neuartige Gefährdungen der Persönlichkeit [...]. Im Rahmen des Datenverarbeitungsprozesses erzeugen informationstechnische Systeme [...] selbständig zahlreiche weitere Daten ebenso wie die vom Nutzer gespeicherten Daten im Hinblick auf sein Verhalten und seine Eigenschaften ausgewertet werden können [...]. Bei einem vernetzten insbesondere an das Internet angeschlossenen System werden die Gefährdungen in verschiedener Hinsicht vertieft [...]. Vor allem aber öffnet die Vernetzung des Systems Dritten eine technische Zugriffsmöglichkeit, die genutzt werden kann, um auf dem System vorhandene Daten auszuspähen oder zu manipulieren. Der Einzelne kann solche Zugriffe zum Teil gar nicht wahrnehmen, jedenfalls nur begrenzt abwehren [...]. Der Schutz des Art. 10 GG erfasst daher Telekommunikation, einerlei, welche Übermittlungsart [...] und welche Ausdrucksform genutzt werden [...] es sind nicht nur die Inhalte der Telekommunikation vor der Kenntnisnahme geschützt, sondern auch ihre Umstände.*

Das BVerfG kommt dann zu der Schlussbetrachtung, dass neben dem Schutz des Fernmeldegeheimnisses nach Art. 10 GG und dem Schutz der Wohnung nach Art. 13 GG noch ein schutzwürdiges Recht auf informationelle Selbstbestimmung besteht, das über den Schutz der Privatsphäre hinausgeht und dem Einzelnen das Recht gibt, grundsätzlich über „die Freigabe und Verwendung seiner persönlichen Daten zu bestimmen". Daraus ergibt sich nach Ansicht des BVerfG ein *„Grundrecht auf Gewährleistung der Vertraulichkeit und Integrität informationstechnischer Systeme".*

Gerade im Hinblick auf diesen umfassenden Schutz der Persönlichkeitsrechte erlaubt das TKG und das TMG im begrenzten Umfang die Erhebung und Speicherung und Verarbeitung von personenbezogenen Daten bspw. bei der Begründung und Durchführung von Vertragsverhältnissen. Hierbei ist zwischen den Bestandsdaten (§ 95 TKG) und Nutzungsdaten oder Verkehrsdaten (§ 96 TKG) zu unterscheiden. Diese Daten werden für die Abrechnung von Telekommunikations- bzw. Telemedienvorgängen zum Zwecke der Begründung, inhaltlichen Ausgestaltung oder Änderung des Vertragsverhältnisses mit dem Nutzer sowie zur Abrechnung der in Anspruch

---

856 Hoeren, Internet- und Kommunikationsrecht (2012), S. 499; Heckmann, Internetrecht (2007), Kap. 1.7 Rdnr. 62; Haug, Internetrecht (2010), Rdnr. 237 f.
857 BVerfG, Urt. v. 27.2.2007 – 1 BvR 370/07 – NJW 2008, 822, 824, Rz. 178–179, 183, 180.

genommenen Dienste benötigt (§§ 95, 96, 97 Abs. 2 TKG, §§ 14, 15 Abs. 4 TMG).[858] Eine Übermittlung dieser Daten an Dritte ist nur in den engen Grenzen zur Abrechnung von erbrachten Dienstleistungen Dritter möglich (§ 97 TKG in Verbindung mit § 3 Nr. 6 TKG).[859] Die datenschutzrechtliche Regelung des § 11 TMG bezieht sich im Unterschied zu § 91 ff TKG nur auf personenbezogene Daten, die in einem Anbieter-Nutzerverhältnis genutzt werden. Diese Vorschriften erlauben aber keinen Zugriff auf die Inhalte der Daten bzw. Kommmunikation. Diese unterliegen dem Fernmeldegeheimnis des Art. 10 GG. Der § 11 TMG findet keine Anwendung in einem Arbeits- und Dienstverhältnis oder bei der internen Steuerung von Arbeits- und Geschäftsprozessen. Hier findet dann wieder das Bundesdatenschutzgesetz Anwendung.[860]

Die datenschutzrechtlichen Bestimmungen des Telekommunikationsgesetzes (TKG) §§ 88 ff. TKG haben dagegen einen breiten Anwendungsbereich. Sie umfassen alle Daten von Personen und auch juristischen Personen, die mit dem Fernmeldegeheimnis verbunden sind, also auch die IP-Adressen, Verkehrsdaten.[861] Auch hier besteht ein Auskunftsrecht der Betroffenen gegenüber den Dienstleistern, die die „online spezifischen Daten" erheben (§ 13 TMG bzw. §§ 111 TKG).

3.5.5 Schutz der Betriebs- und Geschäftsdaten (§ 17 UWG)

Bekanntlich spielen Geschäfts- und Betriebsgeheimnisse in dem Wirtschaftsleben eine große Rolle, weil hiervon die Wettbewerbsfähigkeit von Unternehmen weitgehend abhängt. Die Schutzrechte wie Urheber- und Patentrechte vermögen nicht den gesamten Bereich „schutzwürdiger" Geschäftsvorgänge, wie bspw. das Know-how, abdecken, weil das Urheberrecht gemäß § 2 UrhG auf Werke begrenzt ist, die eine persönliche geistige Schöpfung darstellen.[862] Hier helfen die Vorschriften zum Schutz von Betriebs- und Geschäftsgeheimnissen nach §§ 17, 18 UWG. Die Rechtsliteratur bezieht das Geschäftsgeheimnis auf den kaufmännischen Geschäftsbereich wie Bilanzen und das Betriebsgeheimnis auf die technischen Daten wie Konstruktionsdaten.[863] Die Tathandlung ist immer das unbefugte Verwerten oder die Mitteilung von Geschäfts- und

---

858 Hoeren, Internet- und Kommunikationsrecht (2012), S. 356; Haug, Internetrecht (2010), Rdnr. 399; BVerfG, Urt. v. 27.10.2006 – 1 BvR 1811/99 – NJW 2007, 3055 f.

859 BGH, Urt. v. 14.6.2012 – III ZR 227/11 – MDR 2012, 1018.

860 Heckmann, Internetrecht (2007), Kap. 1.11 Rdnr. 24.

861 Redeker, IT-Recht (2012), Rdnr. 900, 904; s. Aufstellung bei Haug, Internetrecht (2010), Rdnr. 385, 391.

862 Hefermehl/Koehler/Bornkamm, UWG (2008), Vor §§ 17–19 Rdnr. 1; Marly, Praxishandbuch Softwarerecht, (2009), Rdnr. 90.

863 Hefermehl/Koehler/Bornkamm, UWG (2008), § 17 Rdnr. 4a; Marly, Praxishandbuch Softwarerecht (2009), Rdnr. 526.

Betriebsgeheimnissen. Die Ansprüche auf Unterlassen und Schadensersatz ergeben sich aus den allgemeinen Vorschriften des BGB (§§ 1004, 823, 826 BGB).[864]

Auch Computerprogramme sind in der Regel ein Betriebsgeheimnis, soweit es sich bspw. um den Quellcode, die Entwurfsmaterialen oder das darin befindliche Know-how handelt, und zwar unabhängig davon, ob diese Geheimnisse dem Schutz des Urheberrechts unterliegen und sich vom Stand der Technik besonders abheben.[865]

Grundsätzlich ist bei Computerprogrammen zwischen der systemtechnischen Beschreibung der Computersoftware, die also die Funktionen der Software beschreibt (Produkt- bzw. Systembeschreibungen und Entwicklungsdokumentation), und den mit der Computersoftware erzeugten Daten, wie bspw. Geschäfts- oder auch Personentabellen, zu unterscheiden. Beide Datenarten können aber dem Gesetz über unlauteren Wettbewerb (UWG) unterliegen, soweit es sich um ein Betriebs- oder Geschäftsgeheimnis handelt.[866]

Der Gegenstand des Schutzes des UWG ist nicht der Schutz von personenbezogenen Daten, sondern der Schutz von Immaterialgütern, bei denen ein berechtigtes wirtschaftliches Interesse an der Geheimhaltung wegen der Wettbewerbsfähigkeit des Unternehmens besteht.[867]

3.5.6 Schlussfolgerungen

Denkansätze

Ausgangpunkt für Denkansätze über Datenschutz und Datensicherheit ist grundsätzlich die Wertschöpfung der neuen Technologie für die Gesellschaft. Der technologische Vorteil allein bestimmt nicht die Wertschöpfung allein. Vielmehr ergibt erst der technische Fortschritt auf einer sicheren rechtlichen Grundlage die Wertschöpfung. Diese Gesichtspunkte sind gerade beim Datenschutz und der Datensicherheit zu bedenken.

Es ist zunächst zwischen den allgemeinen Informationen und Daten und den personenbezogenen Daten zu unterscheiden. Die Datenschutzgesetze (BDSG, TKG und TDM) sehen jeweils die Vorschriften über die Sicherung der Datenverarbeitung vor (§ 109 TKG, § 12 Abs. 4, § 13 Abs. 4 TMG), die dem § 9 BDSG entsprechen. Andere Schutzvorschriften wie § 17 UWG sehen keine speziellen Regelungen für die Sicherheit von Geschäfts- und Betriebsgeheimnissen vor.

Wenn es keine speziellen Vorschriften über die Datensicherung gibt, dann gelten die Pflichten, wie diese sich aus allgemeinen Haftungsregelungen wie aus den §§ 91

---

864 Hefermehl/Koehler/Bornkamm, UWG (2008), § 17 Rdnr. 29, 51 f.

865 Hefermehl/Koehler/Borrnkamm, UWG (2008), § 17 Rdnr. 12 mit weiteren Hinweisen auf die Rechtsprechung und Rechtsliteratur; BGH, Urt. v. 6.3.1993 – 24 W 5841/93 – NJW 1995, 669 f.

866 S. hierzu Marly, Handbuch Softwarerecht (2009), Rdnr. 527 f.

867 Hefermehl/Bornkamp, UWG (2008), Vor § 17–19 Rdnr. 2, 9.

Abs. 2 und 93 Abs. 1 AktG und § 43 Abs. 1 GmbHG ergeben. Hier bietet es sich an, sich im Prinzip an den Grundsätzen der Sicherung der personenbezogenen Daten (§ 9 BDSG) auch für andere Daten zu orientieren, natürlich nur soweit, als diese Sicherungsmaßnahmen im Hinblick auf die bestehenden Gefahren angemessen und zumutbar sind.[868] Grundsätzlich ist die Verwendung von personenbezogenen Daten wie auch von anderen Daten von der Einwilligung der Betroffenen abhängig und kann durch eine schriftliche oder elektronische Einwilligung erfolgen (§§ 4a Abs. 1, 4c Abs. 1 BDSG, § 94 TKG, § 12 TMG). Aber bei „Cloud Computing"-Anwendungen, die eine Vielzahl von ortsungebundenen, automatisierten und ggf. auch autonomen IT-Ressourcen bereithalten, zeigt sich die Problematik des Schutzes der Individualität von Personen, die mit neuen Technologien verbunden ist. Diese neuen Technologien tendieren zu einer zunehmend weltweiten Verteilung von IT-Ressourcen, die in immer schneller werdenden Abläufen mehr und mehr personenbezogene Daten verarbeiten. Hier stellt sich immer die Frage, wie kann die rasante „Virtualisierung" und Transferierung kontrolliert werden.

Es wird weiterhin zunehmend schwieriger werden, die speichernde Stelle im Sinne des § 3 Abs. 7 BDSG festzustellen. Der EuGH[869] ist der Auffassung, dass als verantwortliche Stelle jeder Betreiber anzusehen ist, der allein oder gemeinsam mit anderen über den Zweck der Verarbeitung entscheidet.

Was bedeutet „entscheidet"? Die EuGH-Entscheidung erzeugt insofern Zweifel, als Suchmaschinen sehr wohl auch Profil-Listen für ein Unternehmen erstellen können, ohne dass der Auftraggeber seine Herrschaft über die personenbezogenen Daten aufgibt. In diesem Zusammenhang ist auch die Entscheidung des EuGH vom 19.12.2013[870] interessant, in der es um die Frage von wesentlichen Teilen einer Datenbank einer spezialisierten Metasuchmaschine ging. Dort heißt es u. a.: „*Sie [Autor: die Metasuchmaschine] hat nämlich das Ziel, jedem Endnutzer ein Werkzeug an die Hand zu geben, alle Daten in einer geschützten Datenbank zu durchzusuchen und ihm somit Zugang zum gesamten Inhalt dieser Datenbank über einen anderen Weg als den vom Hersteller dieser Datenbank vorgesehenen zu gewähren*". Der Betreiber der Metasuchmaschinen kann hier wohl als verantwortliche Stelle im Sinne des § 3 Abs. 7 BDSG angesehen werden. Hier liegt im Prinzip eine Auftragsverarbeitung vor.

Es zeigt sich heute schon, wie schwierig es ist, „Cloud"-Netzwerk mit allen Providern so zu organisieren, dass die jeweils erforderlichen Einwilligungserklärungen der Kunden in der von § 4a BSDG vorgesehenen Form und in der Weise gestaltet sind, dass die gesamten Verarbeitungsvorgänge auf den vielen externen der Dienstanbieter abgedeckt werden. Die Schwierigkeit ergibt sich insbesondere auch daraus, dass nicht nur personenbezogene Daten, sondern auch andere Daten in dem Netzwerk ver-

---

868 Vogt, E-Mail Bestätigungen von Online-Bestellungen, NJW 2011, 3752, 3754.
869 EuGH, Urt. v. 13.5.2014 – C 131/12 (Google) – NJW 2014, 2257, Rz. 28, 32 f.
870 EuGH, Urt. v. 19.12.2013 – Rs. C-202/12 – CR 2014, 156, 158, Rz. 37 mit Anmerkung Rammos.

arbeitet werden. Zudem ist es schwierig, welcher Server oder sonstige Dienstanbieter die Daten verarbeitet.[871]

Der Vorschlag von BITKOM,[872] die Sicherheitsprobleme durch eine besondere Zertifizierung abzudecken, dürfte nicht einfach sein, weil der Anwendungskreis der „Clouds" genau festgestellt werden müsste. Erforderlich wäre dann, dass alle in einer Cloud-Anwendung oder einem „Cloud-Netz" eingezogenen Systeme und Dienstleistungen nach bestimmten Sicherheitskriterien zertifiziert werden, gleichgütig ob diese Leistungen im Inland oder in der EU oder außerhalb der EU angeboten werden. Wie vorstehend schon erwähnt, sind die Vorschläge, die vom Bundesamt für Sicherheit in der Informatik (BSI)[873] und auch des Arbeitskreises Datenschutz der BMWi-Projekte Trusted Cloud[874] gemacht werden, alle sinnvoll, aber werden wohl kaum eine uneingeschränkte internationale Akzeptanz in der Weise erzielen, dass weltweit die gleichen Anforderungen für ein solches Testat bestehen. Das IT-Sicherheitsgesetz vom 12.6.2015 könnte hier für mehr Sicherheit sorgen. Leider ist der Anwenderkreis begrenzt und konkrete Sicherheitsmaßnahmen werden auch nicht aufgezeigt.[875]

Eine Differenzierung der Sicherheitsanforderungen danach, welche IT-Ressourcen personenbezogene oder nicht personenbezogene Daten verarbeiten, dürfte kaum realisierbar sein. Dazu bedürfte es einer grundsätzlichen Festlegung, welche Systeme oder welche Leistungen nur bei der Verarbeitung von personenbezogenen oder nicht personenbezogenen Daten genutzt werden dürfen. Die angeregte und viel diskutierte Verschlüsselung aller Daten erfordert eine weitgehende technische Kompatibilität aller Server, Softwarekomponenten, Entwicklungsumgebungen, die bis heute nur begrenzt besteht.[876]

Ein Problem könnte dadurch durch entstehen, dass die „Cloud-Anbieter" die Betroffenen in der Regel nur über WLAN-Adressen „kennen", diese nicht gezielt nachweisbar und umfassend über die Örtlichkeiten und Sicherheitsvorkehrungen

---

871 Tietz/Blichmann/Hübsch, Cloud-Entwicklungsmethoden, Informatik-Spektrum (2011), 345 f.

872 BITKOM, Cloud Computing – Was Entscheider wissen müssen (2010), Ziffern 3.6. www.bitkom. org/Bitkom/Publikatioen/Publikat (letzter Abruf: 27.7.2015).

873 Bundesamt für Sicherheit in der Informationstechnik, Sicherheitsempfehlungen für Cloud Computing Anbieter (Februar 2012), www.bsi.bund.de/SharedDocs/Downloads/DE/BSI (letzter Abruf: 27.7.2015).

874 Bundesministerium für Wirtschaft und Technologie, Trusted Cloud, Datenschutzrechtliche Lösungen für Cloud Computing (Oktober 2012), S. 9 f., www.bmwi.de/BMWI/Redaktion/Publikationen (letzter Abruf: 27.7.2015).

875 Heinickel/Feiler, Der Entwurf für ein IT-Sicherheitsgesetz – europäischer Kontext und die Bedürfnisse der Praxis, CR 2014, 708.

876 Tietz/Blichmann/Hübsch, Cloud-Entwicklungsmethoden, Informatik-Spektrum 2011, 345, 351 f.; so auch Niemann/Henrich, Kontrolle in den Wolken, CR 2010, 686, 691 und Datenschutz in Clouds, CR 2011, 546, 549 f.; Stiemerling/Hartung, Datenschutz und Verschlüsselung, CR 2012, 60, 62; Weichert, Cloud Computing und Datenschutz (23.10.2003), Nr. 6 und Nr. 10, www.datenschutzzentrum. de/CloudComputing/Co (letzter Abruf: 10.8.2015).

der weiteren „Cloud-Anbieter" informieren können.[877] In diesem Zusammenhang ist die vehemente Diskussion in der einschlägigen Rechtsliteratur[878] interessant, ob der „Like-Button" von Facebook mit den datenschutzrechtlichen Anforderungen im Einklang steht.

Hierbei wird u. a. die Frage gestellt, ob die Einwilligung der Facebook-Mitglieder über einen Mausklick die Anforderungen des § 4a BDSG und § 12 Abs. 2 TMG erfüllen bzw. ob die Übermittlung der personenbezogenen Daten (fraglich ist hierbei, ob IP-Adressen als personenbezogene Daten anzusehen sind) durch § 15 TMG gerechtfertigt ist. Diese Diskussion zeigt die rechtliche Unsicherheit der Verwendung von personenbezogenen Daten im Internet.

Lösung der Beispiele (Kap. 3.1.1)

Die verantwortliche Stelle im Sinne des § 3 Nr. 7 BDSG ist der Händler bzw. der Großhändler. Der Service-Provider wird lediglich im Auftrag des Händlers oder Großhändlers tätig; es liegt somit eine Auftragsverarbeitung im Sinne des § 11 BDSG vor. Eine Einwilligung des Kunden über die Weitergabe der personenbezogenen Daten an Dritte gemäß § 4a BDSG lag nicht vor. Die Datenerhebung und Speicherung waren aufgrund des Kaufvertrages gemäß § 28 Abs. 1 Nr. 1 und 2 BDSG zulässig. Die Übermittlung an andere Vertriebsorganisationen ist mangels Zustimmung des Kunden nicht zulässig, weil ein Rechtfertigungsgrund im Sinne des § 28 Abs. 2 Nr. 1 und Abs. 3 BDSG nicht vorliegt. Es liegen hier bis auf die Adresse keine Rechtfertigungsgründe für eine geschäftsmäßige Übermittlung dieser Daten im Sinne des § 29 Abs. 1 Nr. 1 und Nr. 2 BDSG vor. Der Service-Provider ist Dienstanbieter im Sinne des § 2 Abs. 1 Nr. 1 TMG, wenn er Mediendienste zur Nutzung bereit hält oder den Zugang zur Nutzung online zur Verfügung stellt und hierbei Bestands- und Verkehrs- bzw. Nutzungsdaten (§§ 14, 15 TMG) erhoben werden. Die datenschutzrechtlichen Verpflichtungen (§ 13 TMG) beschränken sich aber auf die „online spezifischen" personenbezogenen Daten wie Verkehrs- und Nutzungsdaten. Im Übrigen finden die Vorschriften des BDSG Anwendung.[879]

Anzumerken ist, dass das Bundesdatenschutzgesetz, das Telekommunikationsgesetz und das Telemediengesetz jeweils eigene Auskunftsrechte vorsehen, die auch parallel zur Anwendung kommen können. Die zur Auskunft verpflichtete Stelle ist in diesen Fällen unterschiedlich bspw. nach §§ 19, 34 BDSG jeweils die für die Verarbei-

---

877 Gola/Schomerus, BDSG (2015), §4a Rdnr. 10–11; Niemann/Henrich, Kontrolle über den Wolken, CR 2010, 686, 691 und Datenschutz in Clouds, CR 2011, 545 f.

878 Piltz, Das Like-Button von Facebook, CR 2011, 657, 659 f.; Weichert, Unabhängiges Landeszentrum für Datenschutz Schleswig-Holstein, Wer ist datenschutzrechtlich verantwortlich für Facebook-Fanpages und Social-Plugins (30.09.2011), S. 7, https://www.datenschutzzentrum.de/facebook/facebook-Verantwortlichkeit.html/ (letzter Abruf: 10.8.2015); a. A. Vogt/Alich, Facebook Like-Button und Co. – Datenschutzrechtliche Verantwortlichkeit der Webseitenbetreiber, NJW 2011, 3541, 3543.

879 Haug, Internetrecht (2010), Rdnr. 386; Marly, Praxishandbuch Softwarerecht (2009), Rdnr. 1094.

tung der personenbezogenen Daten verantwortliche Stelle (§ 3 Nr. 7 BDGS) nach § 13 TMG der Dienstleister (§ 2 Abs. 1 TMG); gleiches gilt für die Auskunft nach §§ 111 f TKG.

3.6 Produkt- und Produzentenhaftung

3.6.1 Grundsätze der Produkt- und Produzentenhaftung

Die Grundsätze der Produkt- und Produzentenhaftung sehen eine Haftung für Schäden durch „gefährlichen Produkte" im Rechtsverkehr vor. Diese Haftung betrifft die Verletzungen des Lebens, des Körpers, der Gesundheit und von Sachen. Insofern ist der Anwendungsbereich relativ begrenzt, weil der reine Vermögensschaden weder von der Produzentenhaftung (§ 823 Abs. 1 BGB) noch von der Produkthaftung (§ 1 ProdHaftG) geschützt wird. Nur soweit durch eine Verletzung von Personen- und Sachschäden auch Vermögensschäden als Folgeschäden entstehen, wie bspw. Heilbehandlungen, werden diese Schäden durch den § 823 BGB und § 1 ProdHaftG erfasst.[880] Die Produzenten- und Produkthaftung ist nicht mit Mängeln des Produktes im Sinne des Gewährleistungsrechtes zu verwechseln. Die Produkthaftung betrifft nur die sog. „weiterfressenden Fehler", also die Schäden, die infolge eines Mangel eines Produktes an einem anderen, „funktionell abgegrenzten" bzw. getrennten selbstständigen Teil, also einem anderen Gerät eintritt. Es darf somit keine „Stoffgleichheit" mit einer Gesamtsache vorliegen.[881] Diese Haftung dient dem Schutz der Verbraucher- und der Sicherheiterwartung der Käufer. Die Produkthaftung ist ein Spezialfall der deliktischen Haftung, also der unerlaubten Handlung im Sinne des § 823 BGB, nämlich der Haftung für fehlerhafte Produkte und ist daher von einem Verschulden abhängig.[882] Der durch ein Produkt Geschädigte kann nach den Vorschriften der unerlaubten Handlung (§ 823 BGB) Schadensersatz von dem Schädiger verlangen, wenn er nachweist, dass das Produkt mit schadensursächlichen Fehlern durch den Schädiger in den Verkehr gebracht wurde. Der Geschädigte hat hierbei die Fehler, den Schaden und die „verknüpfende Kausalität" zu beweisen.[883]

Wichtigste Voraussetzung ist die schuldhafte Verletzung einer „Verkehrspflicht" durch den Hersteller oder Teilehersteller. Die Verkehrspflicht verlangt, dass *der Hersteller im Rahmen des technisch Möglichen und wirtschaftlich Zumutbaren alle erforderlichen Vorkehrungen zu trifft, dass Dritte nicht geschädigt werden"*. Diese Ver-

880 Müller-Hengstenberg/Graf v.Westphalen, DV Projektrecht (2004), Kap. XIV Nr. 1 S. 202 f.
881 BGH, Urt. v. 12.12.2000 – VI ZR 242/99 – NJW 2000, 1346 f.; Palandt/Sprau, BGB (2011), § 823 Rdnr. 177; Marly, Praxishandbuch Softwarerecht (2009) Rdnr. 1816 f.
882 Hager in Staudinger/Eckpfeiler (2008), S. 931 f., 939.
883 Vieweg in Staudinger/Eckpfeiler (2008), S. 434; Looschelders, Schuldrecht (2012), § 57 Rdnr. 1175.

pflichtung gilt auch für die Produkthaftung (§ 3 ProdHaftG).[884] Die Rechtsprechung hat früh erkannt, dass ein Geschädigter vielfach nicht in der Lage ist, den Nachweis zu führen, dass ein Hersteller ohne die erforderliche Sorgfalt eine Ware entwickelt, fabriziert und auf den Markt gebracht hat. Daher sieht der BGH zur Entlastung der Geschädigten eine Beweislastumkehr zu Lasten des Herstellers vor. Der Hersteller hat hier infolge der Beweislastumkehr nachzuweisen, dass er die erforderliche Sorgfalt beachtet hat und dass ggf. nur ein „Ausreißer" bei der Fabrikation vorliegt.[885] „Ausreißer" sind Fabrikationsfehler bei einzelnen Stücken, die trotz aller zumutbaren Vorkehrungen nicht vermeidbar sind.[886] Der § 823 BGB sieht als allgemeine Vorschrift der unerlaubten Handlung keine Definition des Herstellers vor. Verantwortlich ist danach derjenige, der für den Gefahrenbereich verantwortlich ist. Allgemein wird aber der Herstellerbegriff des § 4 ProdHaftG hier mit den Ausnahmen Importeur, Vertriebshändler und Lieferant angewandt.[887] Es kann aber davon ausgegangen werden, dass der Herstellerbegriff auch den Teilehersteller oder Subunternehmer umfasst. Ein General- oder Hauptunternehmer haftet ggf. auch wegen mangelhafter Auswahl und Kontrolle. Gleiches gilt auch für Vertriebshändler.[888]

Nach der Produzentenhaftung liegt ein fahrlässiger (also schuldhafter) Verstoß gegen diese Verkehrssicherheitspflichten des Herstellers vor, wenn der Hersteller seine Betriebsabläufe nach dem jeweils aktuellen Stand von Wissenschaft und Technik nicht so organisiert, dass diese Fehler (Konstruktionsfehler, Fabrikationsfehler, Instruktionsfehler sowie mangelhafte Produktbeobachtung) auftreten können. Diese Verpflichtungen enden nicht mit dem Produktionsprozess oder mit dem Zeitpunkt, in dem das Produkt in den Verkehr gebracht worden ist. Jeder Hersteller ist verpflichtet, seine Produkte auf mögliche Gefahren und Risiken zu beobachten.[889]

Eine Haftung für Entwicklungsfehler ist ausgeschlossen, wenn nach dem Stand von Wissenschaft und Technik der Fehler oder die Gefährlichkeit der mit dem Produkt verbundenen Konzeption nicht erkennbar war. „Nicht-Erkennbarkeit" bedeutet nach der Ansicht des BGH „das objektive Gefahrenwissen" nach dem Stand von Wissenschaft und Technik.[890] Positiv ausgedrückt, kann unter Stand von Wissenschaft und Technik, „die Sachkunde verstanden werden, die im wissenschaftlichen und techni-

---

884 Looschelders, Schuldrecht (2012), Rdnr. 1260; BGH, Urt. v. 16.6.2009 – VI ZR 107/08 – NJW 2009, 2052; Kullmann, ProdHaftG (2010), § 3 Rdnr. 6.

885 MünchKommBGB/Wagner (2013), § 823 BGB Rdnr. 621, 646, 660; § 3 ProdHaftG Rdnr. 30–33. Palandt/Sprau, BGB (2011), § 823 Rdnr. 169 f.; BGH, Urt. v. 12.11.1991 – VI ZR 7/91 – NJW 1992, 560 (Milupa).

886 Lenz, Produkthaftung (2014), Rdnr. 200.

887 Palandt/Sprau, BGB (2015) § 823 Rdnr. 56, 181.

888 Müller-Hengstenberg/Graf v. Westphalen, DV-Projekte, Kap. XIV, Nr. 7 S. 220 f.; Lenz, Produkthaftung (2014), Rdnr. 219.

889 Müller-Hengstenberg/Graf v. Westphalen, DV Projektrecht, Kap. XIV Nr. 5 S. 213; Kullmann, ProdHaftG (2010), § 3 Rdnr. 17.

890 BGH, Urt. v. 16.6.2009 – VI ZR 107/08 – NJW 2009, 2952 Rdnr. 27 f.

schen Bereich vorhanden ist, also die Summe an Wissen und Technik, die allgemein anerkannt ist und allgemein zur Verfügung steht".[891] Kann der Hersteller beweisen, dass er alle Sorgfalts- und Sicherheitsanforderungen eingehalten hat, haftet er nicht. Wie schon erwähnt wurde, haftet der Hersteller auch nicht für einen „Ausreißer". Maßgeblich ist dabei das objektiv zugängliche Gefahrenwissen.[892]

Die Produkthaftung ist eine Sonderregelung und anders als die Produzentenhaftung „verschuldensunabhängig". Die Haftungshöchstgrenze ist 85 Millionen Euro (§ 10 Abs. 1 ProdHaftG). Ebenso wie bei der Produzentenhaftung kommen als Fehlerarten von Produkten im Sinne des § 3 ProdHaftG in Betracht: Konstruktionsfehler, Fabrikationsfehler und Instruktionsfehler.[893] Nach dem Produkthaftungsgesetz haftet der Hersteller ebenfalls bei Fehlern in der Konstruktion, Instruktion und Produktbeobachtung. Bei Fabrikationsfehlern haftet er auch bei „Ausreißern", wenn diese vermeidbar waren. Bei Entwicklungsfehlern haftet nach § 1 Abs. 2 Nr. 5 ProdHaftG der Hersteller ebenfalls nicht, wenn die die Fehler nach dem Stand von Wissenschaft und Technik nicht vermeidbar waren.[894] Die Sicherheitserwartung wird durch den Stand der Technik sowie den Stand der Wissenschaft bestimmt. Es sind stets alle bekannten Sicherheitsmöglichkeiten, die nach den gesicherten Erkenntnissen der Fachwelt als möglich und geeignet angesehen werden, zu beachten, um Risiken des Produkts beim Gebrauch zu vermeiden. Es kann selbstverständlich keine absolute Fehlerfreiheit erwartet werden.[895]

Sind Risiken nach dem Stand von Wissenschaft und Technik nicht zu vermeiden, ist unter Abwägung von Art und Umfang der Risiken, der Wahrscheinlichkeit des Eintritts abzuwägen, ob das Produkt überhaupt in den Verkehr gebracht werden darf. Wichtig sind hier die möglichen Sicherheitsvorkehrungen. Je größer die Gefahren für Menschen, Gesundheit und Eigentum sind, umso höher sind die Anforderungen an die Sicherheit zu stellen.[896] Gerade bei solchen „gefährlichen Produkten" ist die Produktinformations- und Beobachtungspflicht besonders wichtig. Der Hersteller ist danach verpflichtet, auf mögliche gefährliche Eigenschaften aufmerksam zu machen und systematisch während des Einsatz des Produktes zu prüfen, wie sich das Produkt

---

891 MünchKommBGB/Wagner (2013), § 823 BGB Rdnr. 652.
892 Palandt/Sprau BGB (2014), § 823 Rdnr. 170; MünchKommBGB/Wagner (2013), § 823 BGB Rdnr. 660. BGH, Urt. v. 5.2.2013 – VI ZR 1/12 – NJW 2013, 1302 Rdnr. 9.
893 Kullmann, ProdHaftG (2010), § 1 Rdnr. 26. MünchKommBGB/Wagner (2013), § 3 ProdHaftG Rdnr. 30–33.
894 Hager in Staudinger/Eckpfeiler (2008), S. 939.
895 BGH, Urt. v. 16.6.2009 – VI ZR 107/08 – NJW 2009, 2952 Rdnr. 27 f.; BGH, Urt. v. 5.2.2013 – VI ZR 1/12 – NJW 2013, 1302 Rdnr. 9.
896 BGH, Urt. v. 16.6.2009 – VI ZR 107/08 – NJW 2009, 2952, Rdnr. 17; BGH, Urt. v. 5.2.2013 – VI ZR 1/12 – NJW 2013, 1302 Rz. 9.

im praktischen Einsatz verhält bzw. welche möglichen Gefahren oder Indizien für Gefahren entstehen können und diese Gefahrenquellen zu beheben.[897]

Die Produzentenhaftung, die sich aus dem § 823 BGB ergibt, sieht nur eine Haftung für eigene Pflichtverletzungen vor. Eine Haftung für Pflichtverletzungen durch Verrichtungsgehilfen nach § 831 BGB kommt nur in Betracht, wenn es sich um Gehilfen in sozialer und arbeitsrechtlicher Abhängigkeit handelt. Unterlieferanten sind keine Verrichtungsgehilfen im Sinne des § 831 BGB.[898]

Nach § 4 ProdHaftG ist Hersteller nicht nur der Ersteller des Endprodukt, eines Grundstoff oder eines Teilproduktes, sondern auch derjenige, der das Produkt als sein Produkt (Name, Marke usw.) ausgibt und auch der Lieferant bzw. der Importeur. Der reine Händler ist kein Hersteller, wenn er die Herkunftsbezeichnung nicht ändert.[899] Wenn ein Händler fremde Produkte unter seinem Namen oder Kennzeichen vermarktet, dann gilt er als „Quasi-Hersteller" im Sinne des § 4 Abs. 1 S. 2 ProdHaftG.

3.6.2 Anwendung auf die Computersoftware

Welche Bedeutung haben diese allgemeinen Grundsätze der Produzenten- und Produkthaftung für die Computersoftware, „Cloud Computing" und Softwareagenten?

Zunächst stellt sich die Frage, ob Computersoftware als „Immaterialgut" in den Anwendungsbereich der Produzenten- und Produkthaftung fällt. Ist Software eine bewegliche Sache im Sinne des § 90 BGB bzw. ein Produkt im Sinne des § 1 ProdHaftG? Nach § 2 ProdHaftG ist jede bewegliche Sache, die Teil einer anderen beweglichen oder unbeweglichen Sache ist, sowie die Elektrizität als ein Produkt anzusehen. Im Rechtsschrifttum[900] ist umstritten, ob Computersoftware eine bewegliche Sache im Sinne des § 90 BGB und somit der §§ 823 f BGB und § 2 ProdHaftG ist, insbesondere wenn die Software online übermittelt wird. Eine Rechtsprechung zu der Frage der Anwendung der Produzenten- und Produkthaftung auf Computersoftware gibt es zurzeit nicht.

---

897 Müller-Hengstenberg/Graf v. Westphalen, DV Projektrecht (2004), S. 215; Marly, Praxishandbuch Softwarerecht (2009), Rdnr. 1825.

898 Erman/Schieman, BGB (2011), § 823 Rdnr. 6; Müller-Hengstenberg/Graf v. Westphalen, DV Projekte, Kap. XIV, Nr. 7 S. 219.

899 Erman/Schiemann, ProdHaftG (2011), § 2 Rdnr. 2; BGH, Urt. v. 21.6.2005 – VI ZR 238/03 – NJW 2005, 265, 266.

900 S. Kullmann, ProdHaftG (2010), § 2 Ziff. 7; Palandt/Sprau, BGB (2015), § 2 ProdHaftG Rdnr. 2; Palandt/Heinrichs, BGB (2015), § 90 Rdnr. 1; Schneider/Graf v. Westphalen, Softwareentwicklungsverträge (2006), Kap. D, Rdnr. 80 mit weiteren Literaturhinweisen; a. A. Marly, Praxishandbuch für Softwarerecht (2009), Rdnr. 1819.

Die vorherrschende Rechtsmeinung[901] weist darauf hin, dass „verkörperte Informationen" auf Datenträgern wie CD, DVD usw. als Produkt im Sinne des § 3 ProdHaftG angesehen werden. Bei der Computersoftware liegt eine vergleichbare Situation vor, sodass die Produkthaftung Anwendung findet. Bei der Individualsoftware ist ggf. die Rechtssituation anders, weil hierbei nicht der Warencharakter, sondern der Dienstleistungscharakter überwiegt. Im Übrigen wird bei der Übertragung von Computersoftware kein Unterschied gemacht, ob die Computersoftware auf einem Datenträger oder online übertragen wird. Diese Argumentation wird durch die bereits erwähnte Rechtsprechung über die Erschöpfung von online abgerufener Computersoftware nach § 69c Nr. 3 UrhG unterstützt (siehe hierzu Teil B Ziff. 3.4.3).

Gegen die Qualifizierung der Onlineübertragung als einer Sache im Sinne des § 2 ProdHaftG könnte sprechen, dass der Empfänger kein Original oder ein Vervielfältigstück des Programms auf einem Datenträger erhält, sondern dieses Programm von einer Webseite in der Form abgerufen wird, dass der Kunde selbst eine Kopie auf seinem Server erstellt. Das Original der Software bleibt ggf. auf dem ursprünglichen Server gespeichert. Eine Sachübergabe findet also nicht statt. Gegen die Qualifizierung als eine Sache im Sinne des § 2 ProdHaftG spricht auch die Technologie der Virtualisierung, die eine „Trennung von realen und virtuellen Ressourcen" bewirkt; das Programm ist eben nicht einem physischen Körper zugeordnet.[902] *Kirn* beschreibt diese Technologie ausführlich im Teil A Ziff. 1.2 (siehe hierzu auch Teil B Ziff. 3.3.3).

Allerdings ist hier zwischen der Übertragung von Computersoftware einerseits und dem Gebrauch von Computersoftware auf fremden Servern, bspw. eines Application Service Providers oder einer Cloud-Infrastruktur, anderseits zu unterscheiden. So wird bei Access- oder Plattform-Betreibern im Rechtsschrifttum[903] die Meinung vertreten, dass diese keine Hersteller oder Quasi-Hersteller im Sinne der Produzenten- oder Produkthaftung sind, wenn „ihre Leistungen", also Drittsoftware und Hardware, unverändert auf ihren Servern in Form von Dienstleistungen zur Nutzung bereit gehalten werden und nicht an Dritte „übertragen" werden. Eine Sachübertragung liegt hier nicht vor.

Auch wenn man davon ausgeht, dass Software keine „bewegliche Sache", sondern ein Immaterialgut ist, so gibt es einige Aspekte, die für eine Anwendung der Produzenten- und Produkthaftung sprechen. Software wird wie eine Ware im Rechtsverkehr angeboten und beherrscht heute fast alle administrativen Vorgänge bis hin zu sensiblen Anwendungen in der Flug- und Medizintechnik, die wie jedes Medika-

---

901 MünchKommBGB/Wagner (2013), § 2 ProdHaftG Rdnr. 15 und 16; a. A. Kullmann, ProdHaftG (2010), § 3 Rdnr. 17; Lenz, Produkthaftung (2014), Rdnr. 298; Cahn, Produkthaftung für verkörperte geistige Leistungen, NJW 1996, 2899.
902 Krcmar, Informationsmanagement (2010), Kap. 5.3.1.3 S. 317. Lehmann/Giedke, Cloud Computing – technische Hintergründe für die territorial gebundene rechtliche Analyse, CR 2013, 608, 612, 613.
903 Lenz, Produkthaftung (2014), Rdnr. 334; MünchKommBGB/Wagner (2004), § 4 ProdHaftG Rdnr. 9 bis 13, § 823, Rdnr. 561 f; BeckFormB/Rasmussen-Bonne, IT-Recht (2012) Kap. 5 Ziff. 17 S. 663.

ment dramatische Folgen für Menschen und Sachen auslösen können. Zu denken ist hierbei bspw. an Schäden, die durch eine fehlerhafte Steuerung in einer Software für Raketensysteme, in Radarkontrollsystemen oder in medizinisch-technischen Geräten entstehen können.[904] Das Bundesverfassungsgericht hat mehrfach angemerkt, dass die Nutzung der Internettechnik nicht nur Vorteile für die Nutzer bringt, sondern auch „neuartige Gefährdungen der Persönlichkeit begründe".[905]

Wer ist als Hersteller im IT-Bereich anzusehen? Wie bereits erwähnt wurde, ist der Begriff des Herstellers in § 4 ProdHaftG erweitert worden. Danach ist nicht nur der Hersteller des Endproduktes, der Teilprodukte, der Grundstoffe, sondern auch Händler oder sonstige Institutionen, die fremde Produkte unter ihren Namen oder ihren Handelsmarken anbieten. Händler sind ansonsten kein Hersteller im Sinne des § 823 BGB oder § 4 ProdHaftG. Wenn aber dem Händler die Gefährlichkeit des vom ihm vertriebenen Produktes bekannt oder erkennbar ist, so besteht zumindest eine entsprechende Informationspflicht dem Kunden gegenüber.[906]

Wohl unstreitig ist, dass ein Softwarehaus als Hersteller anzusehen ist, wenn das Softwarehaus entweder eine Standardsoftware oder für einen Kunden ein dezidiertes IT-Anwendungssystem erstellt. Soweit das Softwarehaus und dabei neben eigenen IT-Ressourcen auch IT-Ressourcen anderer Hersteller verwendet, sind die Sublieferanten, bspw. andere Softwarehäuser oder Hardwarelieferanten, als Teilhersteller im Sinne des § 823 BGB bzw. § 4 ProdHaftG anzusehen. Wenn die Software der Unterlieferanten einen Schaden bei Dritten verursacht, so haften die Unterlieferanten aus § 823 BGB direkt gegenüber den geschädigten Kunden. Wie oben erläutert, sind die Unterlieferanten – anders als im Falle des Erfüllungsgehilfen nach § 278 BGB – keine Verrichtungsgehilfen des Softwarehauses im Sinne des § 831 BGB. Das Softwarehaus haftet ggf. wegen mangelhafter Auswahl und Kontrolle der Unterlieferanten zusammen mit den Unterlieferanten gemäß §§ 830, 840 BGB.[907] Die Unterlieferanten können sich nur in dem Ausnahmefall von einer Haftung befreien, wenn die Unterlieferanten auf der Grundlage eines Pflichtenheftes eine Software entwickelt haben, die sich später nach der Integration in das Gesamtsoftwaresystem als nicht funktionsfähig herausgestellt hat, weil die funktionalen Vorgaben des Auftraggebers im Pflichtenheft nicht korrekt aufgeführt waren und diese Mängel trotz sorgfältiger Prüfung nicht erkennbar sind. Das Pflichtenheft entspricht – je nach Detailierungsgrad der technischen Vorgaben – dem Gedanken der Anleitung im Sinne des § 1 Abs. 3 ProdHaftG, sodass die Lieferanten der zugelieferten Software oder Hardware keine Haftung aus dem ProdHaftG trifft, wenn der Unterlieferant die Software nach dem Pflichtenheft programmiert hat. Wenn der Softwarehersteller lediglich seine Standardsoftware

---

904 Marly, Praxishandbuch Softwarerecht (2009), Rdnr. 1815; Lenz, Produkthaftung (2014), Rdnr. 296, 298; Kullmann, ProdHaftG (2010), § 3 ProdHaftG Rdnr. 18.
905 BVerfG, Urt. v. 22.2.2008 – 1 BvR 370/07 – NJW 2008, 824 Rdnr. 170.
906 Erman/Schiemann, BGB (2011), § 823 Rdnr. 123; Kullmann, ProdHaftG (2010), § 4 BGB Rdnr. 16 f.
907 Müller-Hengstenberg/Graf v. Westphalen, DV Projektrecht, Kap. XIV S. 219 ff.

liefert, haftet er als Teillieferant im Sinne des § 4 ProdHaftG, allerdings nur in dem Fall, dass die Standardsoftware einen Fehler enthält, der zu einem Schaden führte.

Im Unterschied zur Produzentenhaftung, haftet der Hersteller des Endproduktes sozusagen als „Assembler" nach §§ 1, 4, 5 ProdHaftG zunächst dem Geschädigten gegenüber immer wegen eines Fehlers im Endprodukt, auch wenn nur das Teilprodukt des Teillieferanten fehlerhaft ist. Voraussetzung ist aber, dass das Endprodukt in den Verkehr gebracht worden ist. Zudem ist die Produkthaftung – anders als die Haftung nach § 823 BGB – eine vom Verschulden unabhängige Haftung.[908] Soweit der Endhersteller und der Teilhersteller haften, besteht jedoch nach § 5 ProdHaftG eine Ausgleichspflicht nach §§ 421 bis 426 BGB, bspw. wenn der Fehler des Endproduktes ausschließlich in einem Teilprodukt eines Teilherstellers liegt.[909]

Was ist, wenn eine Standardsoftware nicht mittels eines Datenträgers, sondern online zur Verfügung gestellt wird bzw. vom Kunden „gedownloaded" wird? Wie bereits vorstehend schon erwähnt, geht das Rechtsschrifttum[910] vorherrschend davon aus, dass die Onlineübertragung mit der physischen Übertragung gleichzustellen ist. Es kann wohl allgemein davon ausgegangen werden, dass die Bereitstellung eines Zugangs zu einem Produkt keine Herstellung ist, sondern eine Vertriebsangelegenheit. Daher unterliegen Händler nicht der Produkthaftung. Im Rechtsschrifttum ist unstrittig, dass die unveränderte Weiterleitung von Gas, Wasser, Fernwärme kein Herstellungsprozess ist. Wie schon vorstehend erwähnt liegt bei der Bereitstellung von Rechnerkapazität oder der Zugang zum Internet keine Herstellung im Sinne des § 3 ProdHaftG vor. Demzufolge haben auch Cloud-Leistungen keinen Produkt-, sondern einen Dienstleistungscharakter und unterliegen nicht der Produkthaftung, soweit die Anbieter ihre IT-Ressourcen unverändert Kunden zum Gebrauch anbieten. Eine Übergabe einer Ware liegt nicht vor. Als Prägend sind hierbei nicht die Nutzung der Computersoftware, sondern die damit verbundenen Dienstleistungen anzusehen

Dennoch könnte die Frage gestellt werden, ob durch die Technologie der Virtualisierung ein neues Produkt geschaffen wird, das speziell für den Bedarf des Kunden „zusammengestellt" wird. Der BGH[911] hat in einem Fall, in dem Strom auf eine andere Spannungsebene (Niederspannung) transformiert worden ist, eine wesentliche Änderung der Eigenschaft des Stroms angesehen, weil nur Verbraucher mit den üblichen Verbrauchsgeräten diesen Strom nutzen können. Der „Lieferant" des Stroms, der diese Transformation vornahm, ist wegen der Änderung der Stromeigenschaft als Hersteller anzusehen.

---

908 MünchKommBGB/Wagner (2013), § 823 BGB Rdnr. 621 und ProdHaftG Einl. Rdnr. 14; Kullmann, ProdHaftG (2010), § 1 Rdnr. 26, § 4 Rdnr. 12 f., aber auch Rdnr. 27.
909 Kullmann, ProdHaftG (2010), § 4 Rdnr. 6, 30; Palandt/Sprau, BGB (2015), § 4 ProdHaftG, Rdnr. 4.
910 Kullmann, ProdHaftG (2010), § 2 Rdnr. 19; MünchKommBGB/Wagner (2013), § 2 ProdHaftG Rdnr. 16.
911 BGH, Urt. v. 22.5.2014 – VI ZR 144/13 – MDR 2014, 525 Rdnr. 17.

Im Hinblick auf diese Rechtsprechung des BGH zur Produkthaftung für Elektrizität könnte angenommen werden, dass infolge der Virtualisierung ein „neues" Produkt im Sinne des § 823 BGB sowie der §§ 2 und 4 ProdHaftG erstellt wird. Virtualisierung bedeutet, dass die physischen IT-Ressourcen virtuell je nach Bedarf eingesetzt werden. Für die Abwicklung einer Aufgabe wird nicht mehr ein bestimmter physischer Server mit einem Betriebssystem zur Verfügung gestellt, die erforderlichen IT-Ressourcen werden ökonomisch auf eine Vielzahl von Servern verteilt. Der Annahme eines Herstellungsprozesses steht entgegen, dass durch die Technologie der Virtualisierung auf einer höheren abstrahierten Schicht die Hardware und Software virtuell nachgebildet werden, sodass der Eindruck entsteht, diese IT-Ressourcen stehen dem Nutzer alleine physisch zur Verfügung. Die echten Computer oder Betriebssysteme bleiben aber in ihren Funktionen unverändert. Durch die Virtualisierung wird nur die Auslastung – nicht die Funktionalität – der Ressourcen verbessert.[912]

Wie bereits vorstehend erläutert, ist die reine unveränderte Bereitstellung von Software keine Produkterstellung im Sinne der §§ 1, 4 ProdHaftG. Es findet auch keine Sachübergabe bzw. Lieferung eines Produktes im Sinne der §§ 2, 4 ProdHaftG statt.[913] Die Nutzung von Cloud-Infrastrukturen hat vielmehr den Charakter einer Dienstleistung auf der Grundlage von IT-Ressourcen und kann daher wohl kaum als eine Veranstaltung zum Vertrieb von beweglichen Sachen angesehen werden, zumal die Dienstleistungen mit umfassenden Verwaltungs-, Wartungs- und Pflegemaßnahmen verbunden sind, um eine sinnvolle technische Nutzung zu ermöglichen.[914]

Unabhängig von der Produzenten- oder Produkthaftung kann zusätzlich eine vertragliche Haftung der Betreiber einer Cloud-Infrastruktur gegenüber einem Kunden aus dem Gesichtspunkt der Pflichtverletzungen durch einen Erfüllungsgehilfen im Sinne des § 278 BGB in Betracht kommen, auch wenn den Betreiber der Cloud-Infrastruktur kein Verschulden trifft. Davon ist die Rechtslage bei der außervertraglichen Haftung nach §§ 823, 1004 BGB, § 8 f TMG zu unterscheiden.

Rechtspolitisch stellt sich also die Frage, ob durch eine Gesetzesänderung alle Dienstanbieter von Cloud-Infrastrukturen als Lieferanten in Sinne des § 4 ProdHaftG behandelt werden sollen, um auf diese Weise eine bessere, für die Nutzer und Geschädigten einfachere Haftung ggf. mit der Möglichkeit des Entlastungsbeweises zu erzielen. Eine solche Regelung würde zwar der Ansicht des Bundesverfassungsgerichts

---

912 S. Teil A Ziff. 2.1 Hasso-Plattner-Institut, Technischer Bericht 44/2011: Virtualisierung und Cloud Computing, S. 10 f., 28, 34, www.hpi.uni-potsdam.de/fileadmin/hpi/Technische (letzter Abruf: 27.7.2015).

913 Krcmar, Informationsmanagement (2010), Kap. 7.4.4.1 S. 693 f.; s. Hasso-Plattner-Institut, Technischer Bericht 44/2011: Virtualisierung und Cloud Computing, S. 8, 28, www.hpi.uni-potsdam.de/fileadmin/hpi/Technische (letzter Abruf: 27.7.2015).

914 S. Hasso-Plattner-Institut, Technischer Bericht 44/2011: Virtualisierung und Cloud Computing, S. 28, 34. www.hpi.uni-potsdam.de/fileadmin/hpi/Technische (letzter Abruf: 27.7.2015); s. auch BGH, Urt. v. 23.3.2005 – III ZR338/04 – NJW 2005, 2076 und BGH Urt. v. 15.11.2006 – XII ZR 120/04 – NJW 2007, 2394.

bei der Frage zur Online-Durchsuchung[915] über die Gefährdungen bei der Nutzung der Informationstechnik gerecht werden. Aber eine solche Erweiterung der Produktverantwortung würde dem rechtspolitischen Zweck der Produkthaftung widersprechen.[916] Die Produkthaftung geht von dem Inverkehrbringen eines fehlerhaften Produktes aus. Die Haftung bezieht sich auf den Produktfehler und nicht auf einen schuldrechtlich vertraglichen Fehler. Dagegen spricht zusätzlich, dass die Dienstanbieter von Public Cloud-Infrastrukturen keine eigenen IT-Ressourcen als „Ware" vertreiben, sondern sie erbringen Dienstleistungen unter Einbindung von anderen Dienstleistern, die als selbstständige Servicezentren anzusehen sind. Die Produktbzw. Produzentenhaftung basiert vielmehr, wie aus §§ 1, 3 ProdHaftG hervorgeht, auf sorgfaltswidrigen Entwicklungen, Produktionen und Inverkehrbringen von selbst erzeugten Produkten.[917] Allerdings ist nach der Rechtsprechung[918] jeder Unternehmer verpflichtet, seinen Betrieb so zu organisieren, dass Mängel des Werkes entdeckt werden können, insbesondere, wenn Teile der Leistungen durch Unterlieferanten erbracht werden. Insofern hat er auch Instruktions- und Produktbeobachtungsverpflichtungen.[919]

Die Produzenten- und Produkthaftung betrifft die Verletzung des Lebens, des Körpers, der Gesundheit, des Eigentums oder von Sachen. In diesem Zusammenhang stellt sich die Frage, welchen Rechtsschutz haben die in einem Computerprogramm gespeicherten Daten, wenn die Daten durch einen Fehler des Programms gelöscht werden (siehe Teil B Ziff. 3.5.1 „Big Data"). Wie oben bereits erläutert, ist zu unterscheiden, ob ein Fehler der Computersoftware vorliegt, der nur die Funktionsfähigkeit der Software betrifft, oder der zu weiteren, nicht „stoffgleichen" Schäden führt. Wenn der Fehler des Programms bspw. darin liegt, dass ein Kassensystem das Ereignis des Verkaufs einer Ware nicht an den Funktionsbereich Überprüfung des Warenbestandes und Neubestellung weiterleitet, liegt ein Mangel eines Funktionsbereichs der Software des Warenwirtschaftssystems vor. Solche Mängel fallen in den vertraglichen Haftungsbereich der Gewährleistung, weil hier nur ein Teil der Gesamtfunktion berührt ist, der „stoffgleich" ist.[920] Wenn bspw. die in einem Radarsystem integrierte Software eines Softwareherstellers einen Mangel aufweist, der als Folge die Fehlersteuerung der Flugzeuge bewirkt, stellt sich die Frage, ob ein „weiterfressender Mangel" vorliegt.

---

915 BVerfG, Urt. v. 27.2.2008 – BvR 370/07 – 1 BvR 595/07 – NJW 2008, 822, 824.
916 MünchKommBGB/Wagner (2013), ProdHaftG Einl. Rdnr. 13 und § 1 ProdHaftG Rdnr. 7. Korte, Fehlerbegriff und Produkthaftung für medizinische Software, CR 1990, 251.
917 Kullmann, ProdHaftG (2010), § 4 Rdnr. 1, 6.
918 BGH, Beschl. v. 10.8.2005 – XII ZB 63/05 – MDR 2006, 266.
919 Lenz, Produkthaftung (2014), Rdnr. 219, 224.
920 Marly, Praxishandbuch Softwarerecht (2009), Rdnr. 1817; BGH, Urt. v. 12.12.2000 – VI ZR 242/99 – NJW 2001, 1346 f.

Unterschiedlich ist die Rechtsprechung, wenn infolge eines Softwaremangels ein Datenverlust eintritt. Die Frage ist, ob die Daten ein selbstständiges vermögenswertes Gut im Sinne des Eigentums oder lediglich ein Vermögenswert sind.

So vertrat das LG Konstanz[921] die Meinung, dass eine deliktische Unterbrechung der Stromzufuhr keine Eigentumsverletzung darstelle, weil die Daten „elektronische Spannungen und keine körperlichen Gegenstände" sind. Anders urteilte das OLG Karlsruhe,[922] dass der Verlust von Daten eine Eigentumsverletzung ist. Der BGH[923] hat schließlich den Datenbestand als ein selbstständiges vermögenswertes Gut anerkannt. Die Rechtsliteratur sieht den Verlust von Daten infolge eines Softwarefehlers als Eigentumsverletzung im Sinne des § 823 BGB an, weil die Produzenten- und Produkthaftung auch die Integrität von Daten umfasst.[924]

Anders ist die Rechtslage, wenn durch die Verbreitung von Viren durch E-Mails ein Computerprogramm verseucht wird. Fraglich ist, ob dann eine Haftung des Versenders für verseuchte E-Mails aus dem Gesichtspunkt der Produkt- und Produzentenhaftung besteht.

Grundsätzlich besteht keine allgemeine Rechtspflicht, andere vor Schäden zu bewahren. Nur wenn eine Gefährdungssituation durch das Einbringen einer „gefährlichen Sache" in den Rechtsverkehr entsteht, dann besteht sowohl eine deliktische als auch eine vertragliche Schutzpflicht.[925] Das Landgericht Köln hat eine solche Haftung abgelehnt.[926] Zu beachten ist aber, dass in der Rechtsliteratur[927] Schadensersatzansprüche wegen „Substanzverlust" nach § 823 Abs. 1 BGB nicht anerkannt werden, wenn ein Softwarefehler die Funktionsfähigkeit des gesamten Programmes und damit den bezweckten betrieblichen Einsatz erheblich beeinträchtigt.

Welche Sicherheitsanforderungen sind an die Computersoftware zu stellen? Grundsätzlich ist anzumerken, dass gerade im Hinblick auf die Fehleranfälligkeit der Computersoftware eine Instruktions- und Produktbeobachtungsverpflichtung des Entwicklers und u. U. auch des Vertriebshändlers von Bedeutung ist. Eine Verletzung dieser Verpflichtungen kann zum Schadensersatz nach § 823 BGB und § 3 ProdHaftG

---

921 LG Konstanz, Urt. v. 10.5.1996 – I S. 292/95 – CR 1997, 84.

922 OLG Karlsruhe, Urt. v. 7.11.1995 – 3 U 15/95 – NJW 1996, 200 f.

923 BGH, Urt. v. 2.7.1996 – X ZUR 64/94 – NJW 1996, 2924; s. Maier/Wehlau, Die zivilrechtliche Haftung für Datenlöschung, Datenverlust und Datenzerstörung, NJW 1998, 1585, 1589; s. a. Spindler, IT-Sicherheit und Produkthaftung – Sicherheitslücken, Pflichten der Hersteller und Softwarenutzer, NJW 2004, 3145 f.

924 Spindler, IT-Sicherheit und Produkthaftung – Sicherheitslücken, Pflichten der Hersteller und Softwarenutzer, NJW 2004, 3145 f.; Marly, Praxishandbuch Softwarerecht (2009), Rdnr. 1823.

925 Koch, Die Haftung für die Weiterverbreitung von Viren durch E-Mails, NJW 2004, 801 f.

926 LG Köln, Urt. v. 21.7.1999 – 20 S 5/90 – NJW 1999, 3206.

927 Müller-Hengstenberg/Graf v. Westphalen (2004), DV Projektrecht, S. 206; OLG Karlsruhe, Urt. v. 7.11.1995 – 3 U 15/95 – NJW 1996, 200 f.

führen. Allerdings gehört die Produktbeobachtung nicht zu den Fehlern im Sinne des § 3 ProdHaftG.[928]

Es ist unabdingbar notwendig, dass Entwicklung in anerkannten Phasenkonzepten und Vorgehensmodellen sorgfältig erfolgt. Welches Vorgehensmodell gewählt wird, ist eine Frage der Komplexität des Entwicklungssystems. Es ist aber stets darauf zu achten, dass die Qualitätsanforderungen wie Projektorganisation, Erfahrungen in der Systemarchitektur, Risikomanagement, Dokumentation, Testprozeduren und Abnahmeprozeduren strengstens eingehalten werden und Sicherheit vor Umfang der Aufwendungen steht.[929]

Welche Sicherheitsanforderungen in Betracht kommen, ist in dem Gesetz zur Stärkung der Informationstechnik des Bundes (BSIG) vom 14.8.2009 und den dazu erlassenen „BSI Mindestsicherheitsanforderungen an Cloud-Computing-Anbieter" sehr ausführlich beschrieben.[930] Verantwortlich für diese Sicherheitsanforderungen sind die Behörden (§§ 3, 5 BSIG) bzw. die Anbieter der Dienste, gleichgültig, welche IT-Technologie diese einsetzen. Für die IT-Software oder IT-Anwendungen läuft das letztlich darauf hinaus, dass alle möglichen Maßnahmen zur Qualitätssicherung nicht nur bei der Entwicklung oder Implementierung des IT-Systems, sondern auch danach beachtet und durchgeführt werden. Von einer besonderen Bedeutung sind hier die Maßnahmen zur Datensicherheit und zum Datenschutz.

Maßgeblich ist die internationale Norm ISO 20000, die Kriterien für die Prozesse der Softwareentwicklung beschreibt und die „Information Technology Infrastructure Library" (ITIL), die eine Sammlung von „Security Management"-Maßnahmen bei Kunden oder Softwarehäusern als „Best Practices" aufführt. Wichtig sind hierbei die Abschnitte zum „Security Management" ISO/IEC 17799.[931] Diese Grundsätze gelten auch für alle Unterlieferanten von Software bzw. für die gesamte Lieferkette.

3.6.3 Produkt- und Produzentenhaftung bei autonomen Softwareagenten

Die „Gefährlichkeit" von Softwareagenten liegt in der Handlungsweise oder den Aktionen der Softwareagenten, dass die Handlung des autonomen Softwareagenten zu nicht erwarteten Ereignissen oder unerwarteten Ergebnissen führt und damit zu

---

928 Lenz, Produkthaftung (2014), Rdnr. 205, 219; Kullmann, ProdHaftG (2010), § 3 Rdnr. 17.
929 Kirn, Integration von Organisation und Informationssystem: Benötigen wir eine Re-Vitalisierung des maschinellen Aufgabenträgers? Technische Universität Ilmenau (1996), S. 44; Müller-Hengstenberg/Kirn, Die technologischen und rechtlichen Zusammenhänge der Test- und Abnahmeverfahren bei IT-Projekten, CR 2008, 755–757.
930 Bundesamt für Sicherheit, www.bsi.bund.de/Docs/Downloads/DE/BSI (letzter Abruf: 8.8.2015); s. a. Koch, IT-Projektrecht (2007), Rdnr. 96 ff., 141 ff.; Pohle/Amman, Über den Wolken...– Chancen und Risiken des Cloud Computing, CR 2009, 273, 277; Müller-Hengstenberg/Kirn, Intelligente (Software-)Agenten: eine neue Herausforderung unseres Rechtssystems? MMR 2014, 307.
931 S. Koch, IT-Projektrecht (2007), Rdnr. 676.

Gefahren für Menschen und Sachen, bspw. bei Roboterautos, führen. Soweit dadurch nur Schäden am Vermögen wie bspw. bei der unzutreffenden Bonitätsbewertung entstehen, findet die Produkt- und Produzentenhaftung keine Anwendung.[932] In den Medien und im Rechtsschrifttum werden als Beispiele Unfälle eines Kraftfahrzeuges infolge von „Falschangaben" der Signalmasten oder des Intelligenten Verkehrssystems oder der Börsencrash der New Yorker Börse am 6.5.2010 infolge falscher Bewertung aufgezeigt.[933]

Kirn schildert in Teil A Ziff. 4.5 ein Bespiel, in dem ein Kraftfahrzeug einen Unfall infolge von Falschangaben oder Reaktionen des Fahrerassistenzsystems, ggf. ausgelöst durch das GPS, verursacht. Es könnte der Fahrer sein (§ 18 StVG), was hier zunächst einmal verneint wird. Aus dem Gesichtspunkt der Produzenten- und Produkthaftung ist zu klären, wer als Hersteller im Sinne des § 1 Abs. 1 ProdHaftG haftet. Es können der Fahrzeughersteller oder der Ersteller der Software bzw. der Lieferant der Fahrassistenzsysteme (FAS) (bspw. Driving-, Not-, Parkassistenten und auch Navigationssysteme), die fest ins Auto eingebaut sind, in Betracht kommen.[934] Zunächst ist davon auszugehen, dass nach §§ 4, 5 ProdHaftG der „ Assembler", also der Hersteller des Endproduktes dem Geschädigten gegenüber haftet. Die Teilehersteller haften nach § 5 ProdHaftG, wenn die Teillieferung fehlerhaft ist. Intern erfolgt dann ein Ausgleich mit den Ersatzpflichtigen (§ 5 ProdHaftG i. V. m. §§ 424 ff. BGB).

Interessant ist die Rechtslage, wenn die Fehlfunktion der im Kraftfahrzeug installierten FAS durch externe (also nicht im oder am Auto installierte) Sensoren, Detektoren, Signalmasten, Verkehrsinformationsdienste oder -systeme (IVS) oder GPS verursacht wird, die nicht in einem Kraftfahrzeug eingebaut sind, sondern mit dem Kraftfahrzeug kommunizieren. Es handelt sich hierbei um physisch unabhängige Systeme, die mit allen Kraftfahrzeugen, aber auch mit anderen Stellen wie Verkehrsfunk, Flugzeuge kommunizieren. In diese Kommunikation sind externe Sensoren, Sendemasten zentrale Provider bzw. Dienstleister eingebunden, die die erfassten Daten auswerten und an Interessenten wie Kraftfahrzeuge oder andere Verkehrseinrichtungen weiterleiten.[935] GPS (Global Positioning System) ist bekanntlich ein Navigationssystem zur Bestimmung der Position, das nicht nur für den Einsatz von Kraftfahrzeugen vorgesehen ist; Eigentümer ist das Militär der USA. Die im Kraftfahrzeug installierte Navigationssoftware empfängt und „verarbeitet" die Informationen des GPS. Diese externen Systeme bzw. intelligenten Verkehrssysteme sind wohl kaum als Teilprodukt des Kraftfahrzeuges im Sinne des § 4 Abs. 1 ProdHaftG anzusehen.[936]

---

932 Erman/Schiemann, BGB (2011), § 823 Rdnr. 38.

933 S. Stuttgarter Zeitung v. 22.11.2014, Sind Autos die besseren Fahrer? S. 2.

934 Hornung/Goeble, „Data Ownership" im vernetzten Auto, CR 2015, 265.

935 Bundesanstalt für Straßenwesen, Berichte Heft F 78 (April 2011), Elektronische Manipulation von Fahrzeug- und Infrastruktursystemen, S. 37, 79 f.; Bundesanstalt für Straßenwesen, Heft F 97 (September 2011), Matrix von Lösungsvarianten intelligenter Verkehrssysteme im Straßenverkehr, S. 8 ff.

936 MünchKommBGB/Wagner (2013), § 2 ProdHaftG, Rdnr. 16; § 4 ProdHaftG Rdnr. 15.

Das Schrifttum legt den Begriff des Teileherstellers eng aus, also sehr auf den Herstellungsprozess bezogen. Das Teilprodukt ist nur ein Teil des Endproduktes, also einer beweglichen Sache, die zusammen mit anderen Teilprodukten eine funktionale Einheit bilden.[937] Es dürfte unstrittig sein, dass die Entwicklung der verkehrstelematischen Systeme bzw. der intelligenten Verkehrssysteme und die Herstellung des Kraftfahrzeuges zwei unabhängige Konzeptions- und Produktionsprozesse sind. Zudem hat die Funktionsweise der Infrastruktursysteme mehr den Charakter einer Dienstleistung, die nach § 2 ProdHaftG nicht dem Produkthaftungsrecht unterliegen.[938]

Demzufolge haftet der Betreiber der Signalmasten oder der intelligenten Verkehrssysteme nicht als Teilehersteller des Kraftfahrzeuges nach § 4 des ProdHaftG, sondern ggf. alleine als Hersteller der Signalmasten, wenn diese Systeme fehlerhaft sind. Fraglich ist aber hier, ob es sich bei dem Signalmasten bzw. den dort angebrachten Sensoren überhaupt um eine bewegliche Sache im Sinne des § 2 ProdHaftG handelt. Wenn intelligente Verkehrssysteme (IVS) mit den Verkehrsträgern oder einem Kraftfahrzeug kommunizieren, handelt es sich wohl um eine Dienstleistung.[939] Soweit es sich aber bei dem Fahrassistenzsystem (FAS) um ein in ein Kraftfahrzeug eingebautes System, wie bspw. beim ABS, „Parkassistent" oder „Drivingassistent" (Spurhalte- und Bremssystem) handelt, die allerdings von einem externen Herstellern geliefert werden, dürfte eine Abgrenzung zwischen Teilprodukt oder unabhängigem Produkt schwierig sein, zumal nicht immer eindeutig festgestellt werden kann, ob diese Systeme Teil des Herstellungsprozesses sind. Aus der Airbag-Entscheidung des BGH[940] kann aber entnommen werden, dass der BGH den Airbag als funktional zusammengehörendes Teil eines Kraftfahrzeuges ansieht. Wenn bspw. ein Parkassistent mit dem Kraftfahrzeug keine funktionale Einheit bildet, ist zu klären, ob der Kraftfahrzeughersteller als „Assembler", also Endhersteller,oder der Hersteller des Parkassistenten getrennt von dem Kraftfahrzeughersteller haftet.[941] Der Hersteller des Kraftfahrzeuges hätte bei Zerstörung seines Kraftfahrzeuges einen Anspruch aus der Produkt- und Produzentenhaftung gegenüber den selbstständigen Teilelieferanten.

---

937 Kullmann, ProdHaftG (2010), § 4 Rdnr. 31; Palandt/Ellenberger, BGB (2015), § 4 ProdHaftG, Rdnr. 10; Lenz, Produkthaftung (2014), Rdnr. 337.
938 MünchKommBGB/Wagner (2004), § 4 ProdHaftG, Rdnr. 17; Palandt/Ellenberger, BGB (2015), § 4 ProdHaftG, Rdnr. 10; Kullmann, ProdHaftG § 2 Rdnr. 2; Müller-Hengstenberg/Kirn, Vertragscharakter des Application Service Providing Vertrag, NJW 2007, 2370, 2372; a. A. Marly, Praxishandbuch Softwarerecht (2014), Rdnr. 719, 728.
939 MünchKommBGB/Wagner (2004), § 2 ProdHaftG, Rdnr. 12; Palandt/Ellenberger, BGB(2015), § 90 Rdnr. 2; Hornung/Goeble, „Data Ownership" im vernetzten Auto, CR 2015, 265.
940 BGH, Urt. v. 16.6.2009 – VI ZR 107/08 – NJW 2009, 2952 Rz. 15 (Airbag).
941 S. hierzu die Fälle Looschelders, Schuldrecht (2012); Erman/Schiemann, BGB (2011), § 823 Rdnr. 125; Kullmann, ProdHaftG (2010), § 4 Rdnr. 17, 19, 30; MünchKommBGB/Wagner (2004), §4 ProdHaftG Rdnr.7; Marly, Praxishandbuch Softwarerecht (2014), Rdnr. 1861.

Meyer/Harland[942] vertreten wohl die Meinung, dass das FAS als ein eigenständiges Produkt anzusehen ist und daher eine Ersatzpflicht des FAS-Herstellers gegenüber dem Kraftfahrzeugeigentümer besteht. *Lenz*[943] stellt vielmehr darauf ab, wer die Endmontage durchführt. Für die Auffassung von *Lenz* spricht, dass die Kraftfahrzeughersteller in der Regel genau die Planung der Teillieferungen vorgeben und ein großer Teil eines Kraftfahrzeuges von Zulieferanten hergestellt und geliefert wird.

Wenn Unfälle durch „falsche" Entscheidungen oder Reaktionen der autonomen Assistenz- oder Verkehrssysteme entstehen, ist im Hinblick auf die teilweise nicht überschaubaren Risiken der neuen Technologien in Schadensfällen zu klären, ob hier nicht die Ausnahmen einer Haftungsbefreiung der Hersteller im Sinne des § 1 Abs. 2 Nr. 5 ProdHaftG vorliegen.

Eine Entlastungsmöglichkeit ergibt sich nach § 1 Abs. 2 Nr. 5 ProdHaftG nur dann, wenn „nach neuesten technischen und wissenschaftlichen Erkenntnissen und objektiven Möglichkeiten der Produktfehler bei der Konstruktion nicht erkannt und vermieden werden konnte".[944] Handelt es sich um „Fehler", die nach dem neuesten Stand der Wissenschaft und Technik nicht ausschließbar sind? Es geht hier um die Beachtung aller nach dem Stand von Wissenschaft und Technik bekannten Sicherheitsstandards in den Konstruktions-, Fabrikations- oder Instruktionsphasen. Hierbei kommt es darauf an, dass die Sicherheitserwartungen eingehalten worden sind, die „ein durchschnittlicher Benutzer oder Verbraucher objektiv erwartet".[945]

Einige Meinungen des Rechtsschrifttums[946] gehen davon aus, dass bei Unfällen in erster Linie an eine fehlerhafte Planung und technische Fehlkonzeption gedacht wird. Es wird hierbei angemerkt, dass die Automatisierung der Kraftfahrzeuge zu einer zunehmenden Entlastung der Fahrer, aber gleichzeitig zu einer zunehmenden Haftung der Hersteller führen wird. Einzelmeinungen[947] gehen davon aus, dass bei Fehlern von vollautomatisierten Kraftfahrzeugen der Stand von Wissenschaft und Technik in der Praxis von geringer Bedeutung ist.

---

942 Meyer/Harland, Haftung für softwarebezogene Fehlfunktionen technischer Geräte am Beispiel von Fahrassistenzsystemen, CR 2007, 689, 694; wohl a. A. Marly, Praxishandbuch Softwarerecht (2014), Rdnr. 1861.

943 Lenz, Produkthaftung (2014), Rdnr. 334, 337.

944 Kullmann, ProdHaftG (2010), § 14 Rdnr. 69; BGH, Urt. v. 9.5.1995 – VI ZR 158/94 – NJW 1995, 2162, 2165; BGH, Urt. v. 16.6.2009 – VI ZR 107/08 – NJW 2009, 2952 Rz. 16, 23; Korte, Fehlerbegriff und Produkthaftung für medizinische Software, CR 1990, 251 f.

945 Haber in Staudinger/Eckpfeiler (2014), Kap. T Rdnr. 608–616; Kullmann, ProdHaftG (2010), § 1 Rdnr. 5, 62–69. Spindler, IT-Sicherheit und Produkthaftung – Sicherheitslücken, Pflichten der Hersteller und Softwarenutzer, NJW 2004, 3145, 3146.

946 Lutz, Autonome Fahrzeuge als rechtliche Herausforderung, NJW 2015, 119 f.; Bundesanstalt für Straßenwesen, Heft F 83 (Januar 2012), Rechtsfolgen zunehmender Automatisierung, S. 22 f.

947 Maurer/Gerdes/Lenz/Winner, Autonomes Fahren (2015), Kap. 25.6 S. 569 f.

Kirn und die *Universität Paderborn*[948] beschreiben in ihren Beiträgen sehr ausführlich, dass nicht deterministische, autonome Softwareagenten auf einem flexiblen Algorithmus Entscheidungen treffen, die weder ein Fehler noch eine fehlerhafte Konstruktion sind. Wie aus den Ausführungen von *Kirn* in Teil A Ziff. 3.4.2 zu entnehmen ist, können Softwareagenten mit unterschiedlicher Autonomie und unterschiedlichen Aufgaben gestaltet werden, bspw. bei komplexen Aufgaben werden heuristische Verfahren angewandt, die nur Möglichkeiten einer Problemlösung aufzeigen. Bei kooperativen Softwareagenten entstehen „dynamische Abhängigkeiten für das individuelle Verhalten von Agenten, die weder von dem einzelnen Agenten noch von seinem Entwickler vorhergesehen oder gar kontrolliert werden können."[949] Bei jedem „unerwarteten" Ergebnis oder jeder unerwarteten Reaktion – auch bei unerwarteten Reaktionen von Fahrassistenzsystemen – ist stets klären, ob es sich um einen Konstruktionsfehler oder um ein Ergebnis innerhalb der eingeräumten Autonomie bzw. eines „flexiblen Algorithmus" handelt. Im letzten Fall liegt wohl kein Fehler vor. Die Studien des *Bundesamtes für Straßenwesen* zeigen deutlich auf, dass die Lösungen vieler organisatorischer und funktionaler Fragen der neuen IVS-Varianten noch offen sind und dass viele „Nebenwirkungen" der Fahrzeug- und Infrastruktursysteme nicht bekannt sind. Es wird in einem der Berichte angemerkt, dass die Berücksichtigung aller denkbaren Variationen des Verkehrsgeschehens – im Hinblick auf die hohe Differenziertheit des Verkehrsgeschehens mit seinen äußerst mannigfaltigen Gegebenheiten – sehr fraglich ist.[950] Wenn also beim Einsatz von Softwareagenten der Fall eintritt, dass das Verhalten des autonomen Softwareagenten weder vom Softwareentwickler noch vom Eigentümer oder von ihrem Anwender in vollem Umfang vorhergesehen werden kann, dann stellen sich aus haftungsrechtlicher Sicht schon die Fragen nach Umfang oder auch Ausschluss der Haftung.

Handelt es sich um einen „Ausreißer" im Sinne des § 823 BGB? Oder liegt hier vielmehr eine mit der Unmöglichkeit einer Leistung im Sinne des § 275 Abs. 1 oder ggf. §§ 275 Abs. 2, 331a BGB vergleichbare Situation vor, weil nach dem Stand von Wissenschaft und Technik in einigen Anwendungsfällen der Eintritt von unvorhersehbaren Reaktionen, bspw. von kooperativen Softwareagenten oder Multiagenten, nicht ausgeschlossen und vermieden werden können?[951] Denkbar ist eine Haftung für Ersatz des Schadens in dem Fall, dass der Mangel oder die Unbeherrschbarkeit der Technik,

---

948 S. Teil A Ziff. 4.3; Universität Paderborn, Softwareagenten (1999). S. 2 f., www.uni-paderborn.de/cs/jevox/Seminar/Software; Lutz, Autonome Fahrzeuge als rechtliche Herausforderung, NJW 2015, 119 f.
949 Teil A Ziff. 3.4.2.
950 Bundesanstalt für Straßenwesen, Bericht F 97 (2014), Berichte und Matrix von Lösungsvarianten intelligenter Verkehrssysteme (IVS), Kap. 7.2 und Bericht Heft F 83 (2012), Rechtsfolgen zunehmender Fahrzeugautomatisierung, Kap. 6.1.
951 S. die Kriterien des BGH, Urt. v. 13.1.2011 – III ZR 87/10 – NJW 2011, 756 Rz. 10; Erman/Westermann (2011), § 275 Rdnr. 5; s. hierzu den Hinweis in BGH, Urt. v. 8.5.2014 – VII ZR 203/11 – NJW 2014, 891 Rdnr. 28.

also die „Gefährlichkeit" des Softwareagenten nach dem Stand der Technik erkennbar ist, aber keine Prüfungen durchgeführt oder keine geeigneten und zumutbaren Vorkehrungen getroffen worden sind.[952]

Was sind aber geeignete und zumutbare Prüfungsmaßnahmen und Sicherheitsvorkehrungen?[953] Entfällt eine Haftung, wenn in diesen Fällen der Hersteller alle möglichen und zumutbaren Sicherheitsvorkehrungen getroffen hat, der Mangel aber nach dem Stand von Wissenschaft und Technik weder erkennbar noch vermeidbar war oder der Nutzer über unbekannte Risiken informiert wurde? Wie ist die Rechtslage, wenn es sich um ein allgemein bekanntes Risiko handelt, welches in Kauf genommen wird?[954] Interessant ist in diesem Zusammenhang der Fragen der Hinweis in der Airbag-Entscheidung des BGH[955], dass *„ein Konstruktionsmangel vorliegt, wenn das Produkt schon seiner Konstruktion nach unter dem gebotenen Sicherheitsstandard bleibt"*. Daraus kann geschlossen werden, dass die Sicherheitsmaßnahmen für die Annahme eines Konstruktionsmangels von maßgeblicher Bedeutung sind. Dieses entspricht in etwa dem Verständnis des § 311a Abs. 2 BGB. Bei der Produzenten- und Produkthaftung kommt es darauf an, ob nach dem Stand von Wissenschaft und Technik die Mängel bekannt oder nicht bekannt waren, was wohl auch nach dem § 311a BGB unter anderem zu beachten ist. Nur wenn der Mangel bekannt war, können Fragen nach den Sicherheitsvorkehrungen gestellt werden.[956] „Ausreißer" reichen für eine solche Annahme einer vorhandenen Kenntnis über riskante Produkteigenschaften wohl kaum aus. Gibt es überhaupt technische Maßnahmen nach dem Stand der Technik für solche unerwarteten Reaktionen oder Entscheidungen? Auch die Anforderungen an die „Sabotagefestigkeit" einer Software haben sich im Rahmen der zumutbaren Erkennbarkeit an den Stand von Wissenschaft und Technik zu halten, bspw. Virenfreiheit.[957] Letztlich ist auch eine verschuldensunabhängige Produkthaftung nicht vertretbar, wenn eine Mängelerkennung oder -vermeidung mit den für Menschen objektiv erkennbar anwendbaren und zumutbaren Mitteln nicht möglich und vermeidbar ist.[958] Rein vorsorglich ist jedoch hier anzumerken, dass auch die

---

952 BGH, Urt. v. 13.1.2011 – III ZR 87/10 – NJW 2011, 756 f., Rz. 10; BGH, Urt. v. 16.5.2014 – V ZR 181/13 – MDR 2014, 891 Rz. 23; nach Münch/Komm/BGB/Wagner (2013), § 823 BGB, Rdnr. 660 liegt wohl ein Ausreißer vor; Müller-Hengstenberg/Kirn, Intelligente (Software-)Agenten: eine neue Herausforderung unseres Rechtssystems? MMR 2014, 307.

953 So Lenz, Produkthaftung (2014), § 3 Rdnr. 193; Kullmann, ProdHaftG (2010), § 1 Rdnr. 64; BGH, Urt. v. 16.6.2009 – VI ZR 107/08 – NJW 2009, 2951 Rz. 16, 23; BGH, Urt. v. 5.3.2013 – VI ZR 1/12 – NJW 2013, 1302 Rz. 9, 13.

954 BGH, Urt. v. 16.6.2009 – VI ZR 107/08 – NJW 2009, 2952, 2162 Rz. 16, 23 (Airbag).

955 BGH, Urt. v. 16.6.2009 – VI ZR 107/08 – NJW 2009, 2952 Rz. 15 (Airbag).

956 Erman/Westermann (2011), § 275 Rdnr. 5 (naturgesetzliche Hindernisse).

957 MünchKommBGB/Wagner (2013), § 3 ProdHaftG, Rdnr. 30–33. Kullmann, ProdHaftG (2010), § 3 Rdnr. 67. Marly, Praxishandbuch Softwarerecht (2014), Rdnr. 1530.

958 BGH, Urt. v. 8.5.2014 – VII ZR 203/11 – MDR 2014, 891, Rz. 23, 28; s. Lutz, Autonome Fahrzeuge als rechtliche Herausforderung, NJW 2015, 119 f., der auf die Beweisschwierigkeiten hinweist.

Kunden oder die Betreiber von Softwareagenten grundsätzlich erhöhte Sicherheits-vorkehrungen zu treffen haben, auch wenn Fehler nach dem Stand der Technik nicht bekannt und vermeidbar sind (§ 2 BSIG).[959] Bei Missachtung dieser Pflichten kann die Haftung im Rahmen der Abwägung der Produkthaftung und des Mitverschuldens im Sinne des § 6 ProdHaftG in Verbindung mit § 254 BGB bis zu einem Wegfall der Haftung führen.[960]

Aus diesen technologischen Aspekten kann gefolgert werden, dass je mehr autonome Softwareagenten zur Abwicklung oder Lösung von Aufgaben des tägli-chen Lebens eingesetzt werden, desto mehr zusätzliche Risiken entstehen für die Gesellschaft der Nutzer; das bedeutet wiederum, dass auch zunehmende Informati-onspflichten für die Dienstleister zur Minimierung der Risiken bestehen. Zwar ist es eine „Binsenweisheit" und generell in unserer Gesellschaft bekannt, dass Computer-software nicht fehlerfrei ist.[961] Aber bei den neuen Technologien geht es um andere Dimension der „Übernahme" von menschlichen Aufgaben durch neue Technologien.

Ab welchem „Gefährlichkeitsgrad" entsteht eine notwendige Informations-pflicht, um potenzielle Schäden im Sinne der Produzenten- und Produkthaftung zu vermeiden? Autonome Softwareagenten werden heute schon in unterschiedlicher Weise verbreitet eingesetzt, bspw. zur Produktionssteuerung, in der Logistik, zur Steuerung der Lagerverwaltung, in Börsen- und Bankensystemen oder im Handel. Die Praxis hat gezeigt, dass es sich nicht per se um „gefährliche Produkte" handelt.[962] Aufgrund weit verbreiteter Unkenntnis von diesen Technologien scheint keine gene-relle Informationspflicht über Risiken des Einsatzes zu bestehen. Sind also autonome Softwareagenten „gefährlicher" als deterministische Computerprogramme?

Grundsätzlich sind in allen Fällen technische Sicherheitsvorkehrungen notwen-dig. Das Problem ist nur, gibt es überhaupt effektive Sicherheitsmaßnahmen? Es gibt bisher keine allgemeine Erkenntnis, dass bei nicht deterministischen Systemen höhere Sorgfaltspflichten als bei deterministischen Systemen bestehen. Dennoch sind die Entwickler – und u. U. auch die Vertriebshändler (im gewissen Umfang) – verpflichtet, die Kunden im zumutbaren und möglichen Umfang über die Funkti-onsweise und Risiken der Computersoftware oder Systeme zu informieren und die Computersoftware zu beobachten. Dabei begrenzt sich diese Verpflichtung auf ein

---

959 Koch, IT-Projektrecht (2007), Rdnr. 415 ff.; Lenz, Produkthaftung (2014), Rdnr. 217, 420.

960 BGH, Urt. v. 14.3.2006 – X ZR 46/04 – NJW-RR 2006, 965; s. hierzu Bräutigam/Klindt, Industrie 4.0, das Internet der Dinge und Recht, NJW 2015, 1137, 1140 f.; Borges, Haftung des Internetanschlus-sinhabers für Urheberrechtsverletzungen durch Dritte, NJW 2014, 2305; Lenz, Produkthaftung (2014), § 3 Rdnr. 419.

961 Marly, Praxishandbuch Softwarerecht (2014), Rdnr. 1437; BGH, Urt. v. 4.11.1987 – VIII ZR 314/86 – NJW 1988, 406 f.

962 Das BVerfG, Urt. v. 27.2.2008 – 1 BvR 370/07 – NJW 2008, 822 bezieht sich generell auf internetba-sierende Anwendungen (Vernetzung) und nicht auf die Computerhardware, Computersoftware oder auf Softwareagenten.

„allgemeines Erfahrungswissen.“[963] Falls sie diesen Pflichten nicht nachkommen, können Anspruche nach § 823 BGB bzw. § 3 ProdHaftG geltend gemacht werden. Wenn allerdings die Kunden die Instruktionen nicht befolgen, entfallen Schadensersatzansprüche.[964]

Auch hier stellt sich die Frage, ob infolge der zunehmenden Automatisierung der Kraftfahrzeuge bis zu einem gewissen Grad der Automatisierung von allgemeinen Lebensrisiken auszugehen ist.[965] Es ist für die Sicherheit des Einsatzes von IT-Technologie sehr dienlich, dass es bereits bei Cloud Computing allgemeine Sicherheits- und Sorgfaltsanforderungen – und zwar unabhängig von der Produzenten- und Produktehaftung – gelten, die zu angemessenen Verantwortlichkeiten und Haftung auch der Betreiber von IT-Diensten, die keine Hersteller im Sinne der Produkthaftung sind, führen. Hier zeigt das IT-Sicherheitsgesetz vom 12.6.2015 den rechtspolitisch richtigen Weg auf, indem das Gesetz von den „Betreibern kritischer Infrastrukturen" verlangt, geeignete und technische und organisatorische Maßnahmen zu ergreifen, um Risiken für die Sicherheit der Netze und Informationssysteme zu erkennen und konkret zu bewältigen.[966] Dieses IT-Sicherheitsgesetz ist keine neue Art eines Produkthaftungsgesetzes für Dienstanbieter; diese liefern schließlich keine Ware. Das Gesetz bzw. ein Schutzgesetz gibt lediglich Sicherheitsmaßnahmen für netz- bzw. internetbasierende Anbieter verpflichtend vor. Damit eröffnen sich im Falle der Nichtbeachtung der Vorschriften auch Schadensersatzanspruche für Geschädigte nach den Vorschriften der unerlaubten Handlung (§ 823 Abs. 2 BGB). Es wird sich zeigen, ob durch das Gesetz die vielfachen Sicherheitsempfehlungen, wie bspw. der Leitfaden des Bundesamtes für Sicherheit, mehr Bedeutung erhalten.

3.6.4 Haftung nach dem Straßenverkehrsrecht

Die Haftungsproblematik von autonomen Softwareagenten lässt sich anschaulich anhand der in der Öffentlichkeit viel diskutierten autonom- oder selbstfahrenden Autos aufzeigen. *Kirn* schildert im Teil A Ziff. 3.4.3 einen typischen Fall von miteinander korrespondierenden Kraftfahrzeugen. Die technische Entwicklung schreitet fort und zwar ungeachtet des Wiener Übereinkommens vom 8.11.1968 (BGBL Teil II 1977, Nr. 39; 1965 II, 858). In Art. 8 WÜ heißt es, dass jedes Kraftfahrzeug und alle miteinander verbundenen Fahrzeuge, die in Bewegung sind, einen Führer haben müssen. „Führer" ist danach eine Person, die ein Kraftfahrzeug lenkt.[967]

---

963 BGH, Urt. v. 18.5.1999 – VI ZR 192/89 – NJW 1999, 2815 f.
964 S. hierzu Lenz, Produkthaftung (2014), Rdnr. 206, 210, 219.
965 Gleß/Weigand, Intelligente Agenten und das Strafrecht, ZSTW 2014, 126 (3), S. 27.
966 Heinickel/Feiler, Der Entwurf für ein IT-Sicherheitsgesetz – europäischer Kontext und die Bedürfnisse der Praxis, CR 2014, 708.
967 S. Hilgendorf, Robotik im Kontext von Recht und Moral (2014), Kap. C I und II S. 196 f.

Die technischen und rechtlichen Schwierigkeiten liegen darin, dass autonom fahrende Autos zunächst die Zulassungsvoraussetzungen der Fahrzeugzulassungsverordnung (FZV) bzw. Straßenverkehrsordnung (StVO) nicht erfüllen. Zudem müssten die autonom fahrenden Autos (also ohne Eingriffsmöglichkeit eines Fahrers) alle Verhaltenspflichten nach der StVO, bspw. nach der grundsätzlichen Verhaltensvorschrift des § 1 StVO, einhalten können, die eine „ständige Vorsicht und gegenseitige Rücksicht" im Straßenverkehr von dem Fahrer eines Kraftfahrzeuges verlangen, zudem müssten weiterere Vorschriften der StVO (bspw. §§ 3, 4) eingehalten werden können.[968]

Nach dem Straßenverkehrsgesetz ist zwischen der Haftung des Halters (§ 7 StVG) und dem Führers des Kraftfahrzeuges (§§ 17, 18 StVG) zu unterscheiden.

Anders als bei der Produkt- oder Produzentenhaftung handelt es sich um eine verschuldensunabhängige Gefährdungshaftung desjenigen, der zu seinem Vorteil eine Gefahrenquelle bzw. einen gefährlichen Betrieb eröffnet und der bei der Realisierung der Gefahr auch die dadurch verursachten Schadensfolgen zu tragen hat.[969] Eine Haftung des Halters für die durch das Kraftfahrzeug verursachten Schäden nach § 7 StGB entfällt nur in dem Falle von höherer Gewalt. Anders als bei der Produkthaftung spielen bei der Halterhaftung die Kenntnisse nach dem Stand von Wissenschaft und Technik keine Rolle und führen zu keiner Freistellung von der Haftung.

Der Fahrzeugführer wird nur dann von der Haftung für Schäden nach §§ 17, 18 StVG befreit, wenn er nachweist, dass der Schaden nicht durch ein Verschulden des Fahrzeugführers verursacht wurde oder ein unabwendbares Ereignis vorliegt. Im Schrifttum[970] wird erörtert, ob sich Haftungsunterschiede je nach Umfang der Automatisierung des Kraftfahrzeuges (Teil-, Hoch- und Vollautomatisierung) ergeben, natürlich vorausgesetzt, dass die entsprechenden Zulassungen nach der Straßenverkehrszulassungsverordnung (FZO) vorliegen. Dementsprechend ergeben sich sehr unterschiedliche Eingriffsmöglichkeiten.[971] Im Falle eines Verkehrsunfalls durch ein vollautomatisiertes Kraftfahrzeug, das von keinem Fahrer gesteuert wird, ist auf der Grundlage der Halterhaftung nach § 7 StVG zu klären, ob der Unfall durch eine mangelhafte Fehlerkennung oder falsche Informationen oder Fehlerinterpretationen des voll autonom bzw. automatisiert funktionierenden Fahrassistenten oder aufgrund falscher Steuerungsbefehle eines Intelligenten Verkehrssystems, der falsche Brems- oder Geschwindigkeitseinstufungen vorgab, verursacht wurde. Rechtlich zu klären

---

968 S. hierzu ausführlich die Bundesanstalt für Straßenwesen, Heft F 83 (Januar 2012), Rechtsfolgen zunehmender Fahrzeugautomatisierung, S. 60 ff.

969 MünchKommBGB/Wagner (2013), ProdHaftG Einl. Rdnr. 14. Palandt/Sprau, BGB (2015),Vor § 823 Rdnr. 11.

970 S. hierzu ausführlich die Bundesanstalt für Straßenwesen, Heft F 83 (Januar 2012), Rechtsfolgen zunehmender Fahrzeugautomatisierung, S. 60 ff.; s. Hilgendorf, Robotik im Kontext von Recht und Moral (2014), Kap. C I und II S. 190 f.

971 Maurer/Gerdes/Lenz/Winner, Autonomes Fahren (2015), Kap. 2.4.9. S. 32 f.

ist, ob die Umweltbedingungen wie Straßenglätte, unvorhergesehene Verkehrsdichte als höhere Gewalt anzusehen sind.

Nach der höchstrichterlichen Rechtsprechung[972] liegt „höhere Gewalt" nur vor, wenn es sich um ein Ereignis handelt, das von außen kommt, außergewöhnlich und nicht vorhersehbar ist. Dabei darf das Ereignis für „die Fortbewegungs- und Transportfunktion des Kraftfahrzeuges keine Rolle spielen". Nach dieser Rechtsprechung liegt in allen Fällen von mangelhaften Reaktionen von teil-, hoch- und vollautomatisierten Systemen eine Verbindung zum Betrieb des Kraftfahrzeuges vor, sodass ein Haftungsausschluss wegen „höherer Gewalt" in der Regel nicht in Betracht kommt.[973] Maßgeblich ist nach der Rechtsprechung grundsätzlich, ob eine Störung von außen kommt und ob es sich um eine ganz ungewöhnliche Störung handelt, die unerwartet und nicht vermeidbar ist, wie bspw. bei einer Sabotage oder bei Attentaten. Erwägenswert ist daher, ob die Eingriffe von Hackern in das automatisierte Fahrsystem oder in das intelligente Verkehrssystem Ähnlichkeit mit der Sabotage haben und als höhere Gewalt angesehen werden können. Maßgeblich ist hierfür, ob solche Störungen durch Funksignale oder Hacker ungewöhnlich oder doch gewöhnlich sind, sodass keine „höhere Gewalt" vorliegt.[974]

Nach der engen Auslegung der Rechtsprechung könnte die Meinung vertreten werden, dass eine Verbindung zum Betrieb auch dann vorliegt, wenn ein „Fehlverhalten" des im Auto installierten Assistentensystems auf falschen Informationen von anderen Systemen (kooperierenden Softwareagenten) bspw. der Intelligenten Verkehrssysteme (Verkehrs-,Telematik- oder Diagnostiksystemen) beruht, weil diese Fahrassistenz und Verkehrssysteme für die Steuerung des Kraftfahrzeuges bestimmt sind. Anders könnte die Rechtslage hierbei sein, wenn es sich um die Störungen des GPS handelt, weil das GPS nicht für die Steuerung von Kraftfahrzeugen ausschließlich entwickelt wurde und eingesetzt wird; sie dient einem vielfältigen Aufgabenbereich der geographischen Positionierung. Es könnte somit als ein vom Betrieb des Kraftfahrzeuges unabhängiges System angesehen werden. Wie aus dem Bericht des Bundesamtes für Verkehrswesen[975] hervorgeht, sind die unterschiedlichsten externen Störungsmöglichkeiten der Fahrassistenzsysteme nicht auszuschließen, sondern eher wahrscheinlich.

---

972 OLG Nürnberg, Beschl. v. 8.4.2014 – 1 U 1206/13 – NJW 2014, 2963; BGH, Urt. v. 11.6.2013 – VI ZR 150/12 – NJW 2014, 3235 Rdnr. 10; BGH, Urt. v. 21.1.2014 – VI ZR 253/13 – MDR 2014, 339; Burmann/Heß/Jahnke/Janker, StVG (2012), § 7 Rdnr. 19.
973 S. hierzu ausführlich die Bundesanstalt für Straßenwesen, Heft F 83 (Januar 2012), Rechtsfolgen zunehmender Fahrzeugautomatisierung, S. 117 f.
974 Burmann/Heß/Jahnke/Janker, StVG (2012), § 7 Rdnr. 19 f.
975 Bundesanstalt für Straßenwesen, Heft F 78 (Januar 2011), Elektronische Manipulation von Fahrzeug- und Infrastruktursystemen, S. 80 f.

Letztlich kommt es nach der Rechtsprechung[976] darauf an, ob die Störung des GPS oder des Funkmastes oder der intelligenten Verkehrssysteme durch einen Hacker oder eine Umweltstörung zu der von dem Betrieb des Kraftfahrzeuges ausgehenden Gefahr gehört, die durch die Betätigung des Fahrzeuges bzw. von Fahrzeugeinrichtungen entstehen kann oder ob es sich bei der Schadensursache eben nicht mehr um eine spezifische Gefahr des Betriebs des Kraftfahrzeuges handelt. Solche Störungen haben zwar Auswirkung auf den Betrieb des Kraftfahrzeuges, aber der Betrieb des Kraftfahrzeuges ist nicht die Ursache für diese Art von Störungen oder Manipulationen.

Für den Umfang der Haftung des Führers eines Kraftfahrzeuges nach § 18 StVG ist maßgeblich, ob es sich um ein teil-, voll- bzw. hochautomatisiertes System handelt. Die Haftungsunterschiede ergeben sich danach, ob das System dem Fahrer nur Informationen gibt, ohne direkt auf die Steuerung des Kraftfahrzeuges Einfluss zu nehmen (wie bspw. aktuelle Geschwindigkeit, Straßenzustand, Verkehrsdichte), oder ob das autonome System gewisse Fahraufgaben übernimmt (wie Bremsvorgänge, Abstandswahrung), oder ob das Kraftfahrzeug ohne Mitwirkung des „Fahrers" im Straßenverkehr fährt.

Nach der heutigen Rechtslage (§§ 1, 3, 4 StVO) ist der Fahrer als natürliche Person für ein verkehrsgerechtes Verhalten allein verantwortlich, gleichgültig, ob er durch Fahrassistentensysteme dabei unterstützt wird.[977] In allen Fällen obliegt dem Kraftfahrzeugfahrer eine Beobachtungs- und Eingreifpflicht, wenn das verlangte verkehrsgerechte Verhalten überschritten wird. Wichtig ist hierbei auch, dass er sich mit der Funktionsweise der „automatisierten Systeme" vertraut macht und sich nicht voll auf die Arbeitsweise des Systems verlässt. Dennoch können Umstände auftreten, die trotz Beherrschung des Systems und Beobachtung des Verkehrs nicht vorgesehen oder vermieden werden können. Die bereits oben erwähnten Studien der Bundesanstalt für Straßenwesen zeigen die Gefährdungen durch elektronische Einflüsse von außen, die unbemerkt für den Fahrer Fehlreaktionen des Kraftfahrzeuges auslösen können und zwar gleichgültig, ob es sich um eine Teil-, Hoch- oder Vollautomatisierung handelt.[978] Studien[979] weisen darauf hin, dass bis heute die Rolle des Menschen auf dem Weg hin zum vollständig autonomen Auto psychologisch und verhaltensbezogen vollkommen ungeklärt ist.

---

976 BGH, Urt. v. 27.11.2007 – VI ZR 210/00 – BeckRS 2008, 05533 Rdnr. 7 f.; BGH, Urt. v. 21.1.2014 – VI ZR 253/13 – MDR 2014, 339.

977 Burmann/Heß/Jahnke/Janker, StVG (2012), § 1 Rdnr. 22; Bundesanstalt für Straßenwesen, Bericht Heft F 83(2012), Rechtsfolgen zunehmender Fahrzeugautomatisierung, S. 90 ff.

978 Bundesanstalt für Straßenwesen, Bericht Heft F 78 (2011), Elektronische Manipulation von Fahrzeug- und Infrastruktursystemen, S. 80 ff.; s.a. Maurer/Gerdes/Lenz/Winner, Autonomes Fahren (2015), Kap. 2.4.9. S. 32 f.

979 Maurer/Gerdes/Lenz/Winner, Autonomes Fahren (2015), Kap. 6.2. S. 107. Ähnlich Bundesamt für Straßenwesen, Bericht Heft F 80 (2011), Untersuchungskonzepte für die Evaluation von Systemen zur Erkennung des Fahrzeugzustandes, S. 19–21.

Die zunehmende „Automatisierung" der Kraftfahrzeuge hat heute schon bei den automatisierten Kraftfahrzeugen dazu geführt, dass die durchschnittlichen Fahrer ihre Kraftfahrzeuge nicht mehr voll beherrschen, weil sie nicht über die erforderlichen technischen Kenntnisse über die Funktionalität ihres Autos verfügen. Der Fahrer wird zunehmend das Fahrzeug nur noch begrenzt beherrschen können, weil teilautomatisierte Systeme seine Aufgabe als Fahrer übernehmen. Das Kraftfahrzeug der Zukunft wird in ein außerhalb des Kraftfahrzeuges bestehendes überregionales digitales Informationssystem eingebunden sein, das unter anderem mit den unterschiedlichsten Softwareagenten kooperiert.[980] Die Berichte der Bundesanstalt für Straßenwesen merken hierzu an, dass in dem Verhältnis Mensch-System-Interaktion ein zunehmendes Systemvertrauen entsteht, welches zu einer „Reduktion der Aufmerksamkeit des Fahrers" führt.[981] In dem Bericht des Bundesamtes für Straßenwesen wird bezweifelt, dass ein Fahrzeugführer in einem automatisierten Auto in Zukunft noch alle Verkehrssituationen bewältigen kann.[982] Der § 23 StVO, der gewisse Pflichten des Fahrzeugführers aufzeigt, hilft hier nicht, weil die aufgeführten Pflichten inhaltlich begrenzt sind.

Hier ist auch die Grenze für ein Verschulden im Sinne des § 276 BGB zu ziehen. Für ein Verschulden (Vorsatz und Fahrlässigkeit) ist maßgeblich, „wie sich ein ordentlicher und gewissenhafter Verkehrsteilnehmer in der konkreten Situation verhalten würde". Bei der zivilrechtlichen Haftung wegen eines Verschuldens kommt es maßgeblich darauf an, ob der Fahrzeugführer in der Lage ist, eine normale Bestimmbarkeit durch vernünftige Erwägungen zu gewährleisten. Diese Abwägung ist aber nur durchzuführen, wenn der Mensch auch über alle wesentliche Tatsachen und Erkenntnisse über das Gefahrenobjekt verfügt.[983] Gleiche Abwägungen sind bei der Frage eines „unabwendbares Ereignisses" im Sinne des § 17 Abs. 3 StVG durchzuführen. Es geht hierbei nicht um eine „absolute Unvermeidbarkeit eines Ereignisses", sondern um die „äußerst mögliche Sorgfalt".[984]

In diesem Zusammenhang ist anzumerken, dass die Erkennbarkeit und Vermeidbarkeit von Gefahren und Risiken zu den Instruktionspflichten der Hersteller nach § 3 ProdHaftG gehören. Der Hersteller hat alle sicherheitsrelevanten Anforderungen, Funktionszusammenhänge und möglichen Risiken zu erläutern.[985] Hier gilt aber auch, dass, wenn ein Mangel trotz angemessener Sicherheitsvorkehrungen objektiv nach dem Stand von Wissenschaft und Technik weder voraussehbar, vermeidbar noch behebbar ist, keine Verletzung der Informationspflicht vorliegt. Nach Auffas-

---

980 ADAC Motorwelt, Heft 4, April 2014, Das vernetzte Auto, S. 16 ff.

981 Bundesanstalt für Straßenwesen, Bericht Heft F 80 (2011), Fahrzeugtechnik, S. 19 f.

982 Bundesanstalt für Straßenwesen, Bericht F 83 (2012), Rechtsfolgen zunehmender Fahrzeugautomatisierung, Kap. 3.2.2.

983 S. hierzu Cording/Roth, Die zivilrechtliche Verantwortung, NJW 2015, 26 f., 30.

984 So BGH, Urt. v. 18.1.2005 – VI ZR 115/04 – NZV 2005, 305, 306 (Schaden durch Mähdrescher); OLG Koblenz, Urt. v. 2.5.2011 – 12 U 714/06. – NJOZ 2004, 416 (bei Glatteis).

985 Lenz, Produkthaftung (2014), Rdnr. 213–216.

sung des BGH[986] ist maßgeblich, ob die Erkennung des Mangels überhaupt technisch möglich ist (275 Abs. 1 BGB).

Für den Fahrer eines Kraftfahrzeuges kommt es daran an, ob ein normaler Kraftfahrzeugführer die technischen Kenntnisse oder Fähigkeiten hat, die Technik der Fahrassistenten so zu kennen und zu beherrschen, dass er den missbilligenden Erfolg voraussehen und vermeiden kann. Nur unter diesen Voraussetzungen spielt die Sorgfaltspflicht eine besondere Rolle, die aber nicht über die – in den jeweiligen Verkehrskreisen oder Personengruppen üblichen – Sorgfaltspflichten hinauszugehen braucht.[987] Es darf sich nicht um eine „überobligationsmäßige Anstrengung" und damit einen unzumutbaren Aufwand handeln (analog § 275 Abs. 3 BGB).[988]

Es dürfte unstreitig sein, dass die §§ 18, 17 StVG (Haftung des Kraftfahrzeugführers) auf autonom fahrende Kraftfahrzeuge, also auf vollautomatisierte, nicht anwendbar sind, weil mangels eines verantwortungsvollen Fahrers im Sinne des § 1 STVO eine Haftung für das Fehlverhalten eines Fahrers nicht in Betracht kommen kann. Dieser Aspekt gilt aber auch für den Fahrer eines hochautomatisierten Autos, wenn dieser de facto von den Steuerungsaufgaben des Fahrzeuges weitgehend „entlastet ist und diese auch mangels technischer Kenntnisse nicht übernehmen kann. Diese Art der Führung und Beherrschung eines solchen automatisierten Kraftfahrzeuges steht damit im Konflikt mit den Verhaltensanforderungen nach den § 1 ff. StVO, die im Hinblick auf die Erhaltung von Sicherheit und Ordnung im Straßenverkehr unverzichtbar sind. Diese Schutzzwecke erfordern neue umfassende Regelungen über Anforderungen an die Verkehrssicherheit und an die Halter- und auch Fahrerhaftung von automatisierten Kraftfahrzeugen.

Die Vollautomatisierung von Kraftfahrzeugen wird auch Auswirkung auf das Straf- und Ordnungswidrigkeitsrecht haben, das von einer vorwerfbaren Vorsatz- und Fahrlässigkeitsschuld ausgeht. Erforderlich ist hierbei ein vom Willen des Menschen gesteuertes Geschehen. Zumindest muss ein voluntatives Element vorhanden sein; für den Täter muss die Gefahr erkennbar sein und er muss den Eintritt in Kauf nehmen.[989] Es muss aber bezweifelt werden, dass ein Kraftfahrzeugfahrer in einem solchen Fall, also auch bei einer Teilautomatisierung, das Fahrzeug und die darin enthaltene Technik derart beherrschen kann, dass er alle Gefahrenmöglichkeiten,

---

986 BGH, Urt. v. 24.3.1992 – VI ZR 210/91 – NJW 1992, 1678; Hütte/Hütte, Schuldrecht (2012), Rdnr. 380; BGH, Urt. v. 13.1.2011 – III ZR 87/10 – NJW 2011, 756 Rz. 10; BGH, Urt. v. 19.12.2012 – VIII ZR 96/12 – NJW 2013, 258, Rz. 27 f.; BGH, Urt. v. 8.5.2014 – VII ZR 203/11 – MDR 2014, 891, Rz. 23, 27.
987 So Erman/Westermann, BGB (2011), § 276 Rdnr. 10, 11.
988 So im Prinzip Koch, Haftung für die Weiterverbreitung von Viren durch E-Mail, NJW 2004, 801, 807; s. a. Schall, Anwendbarkeit des Sachmängelrechts im Falle unbehebbarer Mängel der Kaufsache, NJW 2011, 343, 346.
989 Welzel, Das deutsche Strafrecht (1962), § 7 S. 26 f.; Lackner/Kühl, StGB (2001) § 15 Rdnr. 25, 26, 27, 53.

die mit der Technik verbunden sind, erkennen, bewerten und beherrschen kann.[990] Im Schrifttum[991] wird mit Recht die Frage gestellt, ob es in den Fällen einer weitgehenden „Automatisierung" eines Kraftfahrzeuges sich um ein "allgemeines Lebensrisiko" handelt. Die Frage eines hinnehmbaren allgemeinen Lebensrisikos stellte sich bei Verletzungen durch Automatiktüren im Hinblick auf die verschuldensunabhängige Haftung nach §§ 1, 4 HPflG. Die Rechtsprechung ging von dem Grundsatz aus, dass *„kein Vertrauenstatbestand dahin besteht, dass eine automatische Tür in jedem Fall geöffnet ist, wenn der Türbereich erreicht ist"*. Ein „vernünftiger und vorsichtiger Mensch" würde davon ausgehen und entsprechend vorsichtig sein.[992]

Die Vollautomatisierung führt letztlich dazu, dass straf- oder ordnungswidrige Verstöße kaum durchsetzbar sein werden, weil ein „schuldiger Täter" in der Regel fehlen wird. Das zivilrechtliche Haftungsrecht wird sich zwar zunehmend auf die Produkt- und Produzentenhaftung verlagern. Dieser Trend könnte aber zu einer unzumutbaren Haftung der Hersteller sowie auch der Entwickler der Softwaresysteme bei Unfällen im Betrieb von Kraftfahrzeugen führen, weil die Kraftfahrzeuge der Zukunft in eine Vielzahl von IT-Systemen einbezogen werden, die teilweise unabhängige Dienste sind und auch unabhängig von dem Herstellungsprozess des Kraftfahrzeuges sind. Die Hersteller werden diese IT-Dienste nicht alle beherrschen können. Im Interesse der Versicherbarkeit sind klare Regelungen über die Betriebshaftung (§ 7 StVG) und Produkthaftung sowie über die Haftung der Dienstleister erforderlich. Hier könnte das IT-Sicherheitsgesetz vom 12.6.2015 von Bedeutung sein, weil dieses Gesetz den Betreibern von kritischen Infrastrukturen *„angemessene, organisatorische und technische Vorkehrungen zur Vermeidung von Störungen"* vorschreibt. Sicherlich werden die Informations- und Sorgfaltspflichten eine zentrale Bedeutung haben. Eine Verletzung dieser Pflichten durch die Autohersteller, die Systementwickler und den Fahrer könnte heute schon als eine Verletzung der Instruktionspflicht im Sinne des § 3 bzw. § 18 ProdHaftG angesehen werden. Diese Instruktionspflichten nach dem Produkthaftungsgesetz bestehen für die Dienstanbieter von intelligenten Verkehrssystemen zwar nicht, weil sie Dienstleistungen erbringen und keine Waren liefern. Aber nach dem IT-Sicherheitsgesetz vom 12.6.2015 können solche Verpflichtungen der Dienstanbieter bestehen und ggf. im Falle ihrer Verletzung nach § 823 Abs. 2 BGB zu Schadensersatzansprüchen führen.

---

990 So wohl auch die Bundesanstalt für Straßenwesen, Heft F 78 (2011), Elektronische Manipulation von Fahrzeug- und Infrastruktursystemen, S. 57 f.

991 Gleß/Wiegand, Intelligente Agenten im Strafrecht, ZSTW 2014, 126 (3), 1, 27; Erman/Ebert, BGB (2011), Vor § 249 Rdnr. 69.

992 OLG Düsseldorf, Urt. v. 6.9.2006 – I 19 U 10/06 – MDR 2007, 524; OLG Koblenz, Urt. v. 15.3.2000 – 7 U 778/99 – MDR 2000, 1375.

3.7 Beweislast

Im Deliktrecht und bei dem zivilrechtlichen Mangelhaftungsrecht gilt der Grundsatz, dass jeder, der den Eintritt einer Rechtsfolge geltend macht, dafür die Darlegungs- und Beweislast hat.[993] Dennoch gibt es eine Reihe von Beweiserleichterungen im Zivil- und Deliktrecht, auf die teilweise schon hingewiesen wurde.

3.7.1 Beweislast bei zivilrechtlichen Ansprüchen

Im Zivilrecht wird zunächst einmal zwischen Erfüllungsansprüchen bzw. Erfüllungsdefiziten und Mängelansprüchen unterschieden. Wie aus den §§ 320, 433, 535, 640 BGB zu entnehmen ist, obliegt dem Gläubiger (Verkäufer) die Darlegungs- und Beweislast für zivilrechtliche Erfüllungsansprüche nach dem Miet-, Kauf- oder Werkvertragsrecht. Nach der Lieferung und Abnahme geht die Darlegungs- und Beweisleist für Mängel in der Regel auf den Käufer, Besteller (Mieter) über. Eine Ausnahme ist der § 476, der beim Verbrauchsgüterkauf eine Beweislastumkehr vorsieht.[994]

Prinzipiell ist die Darlegungs- und Beweislast bei der verschuldensunabhängigen Haftung einfacher als bei der verschuldensabhängigen Haftung. Für Schadensersatzansprüche ist aber insbesondere die Beweiserleichterung des § 280 Abs. 1 BGB zugunsten des „Geschädigten" von Bedeutung, der dem Schuldner die Darlegungs- und Beweislast dafür auferlegt, dass er einen Schaden nicht zu vertreten hat. Für mangelhafte Dienstleistungen obliegt die Darlegungs- und Beweislast dem Dienstherrn.[995] Eine weitere Erleichterung besteht bei Leistungshindernissen nach § 311a BGB. Wenn ein Leistungshindernis im Sinne des § 275 BGB vorliegt, kann der Gläubiger Schadensersatz statt der Leistung oder Ersatz der Aufwendungen im Sinne des § 284 BGB verlangen, es sei denn, der Schuldner weist nach, dass er das Leistungshindernis bei Vertragsabschluss nicht kannte und er auch seine Unkenntnis nicht zu vertreten hat. Diese Erleichterung der Beweislast gilt nur für Störungen bei Rechtsgeschäften, nicht aber bei außervertraglichen Rechtsverhältnissen (§ 823 BGB).

Was heißt Beweiserleichterung? Die Beweiserleichterungen des § 280 Abs. 1 S. 2 BGB und des § 311a BGB beziehen sich nur auf das Verschulden, nicht jedoch auf die Verpflichtung des Gläubigers, den Kausalzusammenhang zwischen der Pflichtverletzung und dem Schaden darzustellen[996] oder bei § 311a BGB auf den Kausalzusammenhang Leistungshindernis und Schaden. Diese Beweiserleichterung zugunsten des

---

993 Marly, Praxishandbuch Softwarerecht (2009), Rdnr. 1393.
994 Palandt/Weidekaff, BGB (2014), § 320 Rdnr. 14, § 433 Rdnr. 56, § 476 Rdnr. 1–3; § 535 Rdnr. 33; § 634 Rdnr. 12.
995 Hoeren, IT-Vertragsrecht (2007), Rdnr. 219, 322 ff.; Palandt/Weidekaff, BGB (2015), § 611 Rdnr. 18.
996 Palandt/Grüneberg, BGB (2014), § 280 Rdnr. 17; BGH, Urt. v. 22.10.2008 – VII ZR 148/08 – NJW 2009, 142.

Gläubigers hat bei dem Einsatz von IT-Anwendungen oder Systemen in vielen Fällen nur einen begrenzten Hilfseffekt. Diese zivilrechtlichen Grundsätze der Darlegungs- und Beweislast gelten auch für alle Erfüllungs- und Mängelansprüche bei jeder Art von IT-Leistungen, also auch bei ASP, Cloud Computing, Softwareagenten.

Bei Softwaremängeln hat der Verkäufer, Vermieter oder Werkunternehmer bis zur Lieferung, Übergabe einer Mietsache oder Abnahme eines Werkes die Beweislast, dass kein Mangel vorliegt. Nach der Abnahme ist der Käufer, Mieter bzw. Besteller der Sache beweispflichtig.[997] Nach der Abnahme der Computersoftware oder der Computersysteme obliegt dem Käufer, Mieter oder Besteller die Darlegungs- und Beweislast für eingetretene Mängel oder Fehler.[998] Beachtenswert ist hierbei, dass die Rechtsprechung gerade bei Softwaremängeln an die Darlegungs- und Beweislast des Käufers oder Bestellers keine zu hohen Anforderungen stellt. Der BGH[999] stellt in einer Entscheidung vom 23.1.2008 klar, dass der Käufer nicht verpflichtet ist, vorab zu klären, ob die „beanstandete Erscheinung Symptom eines Sachmangels ist". Er muss lediglich im Rahmen seiner Möglichkeiten prüfen, ob der Mangel auf eine Ursache zurückzuführen ist, die nicht dem Verantwortungsbereich des Verkäufers zuzuordnen ist. So hat der BGH in einer grundsätzlichen Entscheidung[1000] die wesentlichen Grundsätze der Darlegungs- und Beweislast ausgeführt:

> *Die innerhalb eines bestehenden Schuldverhältnisses gebotene Rücksichtnahme auf die Interessen der gegnerischen Vertragspartei erfordert deshalb, dass der Käufer vor Inanspruchnahme des Verkäufers im Rahmen seiner Möglichkeiten sorgfältig prüft, ob die in Betracht kommenden Ursachen für das Symptom, hinter dem er einen Mangel vermutet, in seiner eigenen Sphäre liegen [...]. Der Käufer braucht nicht vorab zu klären und festzustellen, ob die von ihm beanstandete Erscheinung Symptom eines Sachmangels ist. Er muss lediglich im Rahmen seiner Möglichkeiten sorgfältig prüfen, ob sie auf eine Ursache zurückzuführen ist, die nicht dem Verantwortungsbereich des Verkäufers zuzuordnen ist. Bleibt die Ursache ungewiss, darf der Käufer Mängelrechte geltend machen ohne Schadensersatzansprüche wegen einer schuldhaften Vertragsverletzung befürchten zu müssen, auch wenn sich sein Verlangen als unberechtigt herstellt.*

Diese Auslegung des BGH bedeutet nur, dass die Ursachen des Mangels vom Anspruchsteller nicht genau beschrieben bzw. festgestellt werden müssen. Die sonstigen Voraussetzungen für die Geltendmachung von Ansprüchen nach § 253 ZPO wie die Bezeichnung der beklagten Partei und die Darlegung eines konkreten Sachverhalts, den Schaden, das Verschulden und die begehrte Rechtsfolge gelten weiterhin, soweit das Gesetz keine anderen Regelungen (wie bspw. in § 280 Abs. 1 S. 2 BGB) getroffen hat. Diese Anforderungen an die Darlegungs- und Beweislast sind auch für Computersysteme vertretbar.

---

997 Marly, Praxishandbuch Softwarerecht (2009), Rdnr. 1394.
998 Marly, Praxishandbuch Softwarerecht (2009), Rdnr. 1393.
999 BGH, Urt. v. 23.1.2008 – VII ZR 246/06 – NJW 2008, 1147; BGH, Urt. v. 9.3.2011 – VIII ZR 266/09 – MDR 2011, 471.
1000 BGH, Urt. v. 23.1.2008 – VII ZR 246/06 – NJW 2008, 1147.

Wie bereits in Teil B Ziff. 3.3.6 ausgeführt, kann die Darlegungs- und Beweislast bei Schadensersatzansprüchen sich schwierig gestalten, wenn die Schlechtlieferung auf Mängeln einer Software beruht, die über eine Schnittstelle in eine Cloud-Infrastruktur eingebunden ist oder durch einen Softwareagenten verursacht werden. Für die zivilrechtliche Haftung und somit für die Darlegungs- und Beweislast ist von Bedeutung, ob das Servicezentrum, ASP oder der Dienstanbieter einer Cloud-Infrastruktur als Erfüllungsgehilfe im Sinne der §§ 276, 278 BGB des Kunden oder als Generalunternehmer für die im Cloud-Netz nutzbaren IT-Ressourcen anderer Dienstleister oder als unabhängige Leistungserbringer anzusehen sind, die nur vermittelt werden. Sind diese Dienstleister Unterlieferanten und Erfüllungsgehilfen im Sinne des § 278 BGB, dann ändert sich an der Darlegungs- und Beweislast der Verkäufer, Vermieter nichts. Der Geschädigte hat die Beweislast, dass durch die Software ein Schaden verursacht wurde, der Schädiger hat die Darlegungs- und Beweislast, dass ihn oder seinen Unterlieferanten kein Verschulden tritt.[1001]

Anders ist die Rechtslage, wenn der Anbieter von Software auf einem Server nicht als Erfüllungsgehilfe, sondern als vermittelter unabhängiger Dienstleister anzusehen ist. In diesem Fall haftet der Dienstanbieter der Cloud-Infrastruktur nur für Auswahlmängel und nicht für die mangelhafte Erfüllung des „vermittelten" Dienstanbieters.[1002] *Weller*[1003] sieht eine Entlastungsmöglichkeit des Händlers dann als möglich an, wenn der Käufer dem Händler gemäß § 664 Abs. 1 S. 2 BGB gestattet, die Erfüllungspflicht des Händlers auf einen Hersteller zu übertragen. Das Problem ist, dass in einem Fall einer verkauften Ware – bspw. einer Computersoftware – der Erwerber (Käufer) keine rechtlichen Möglichkeiten hat, Schadensersatzansprüche geltend zu machen, die durch eine Mangel des Computerprogramms verursacht werden. Eine Ausnahme ist die Produkthaftung, die aber nicht auf zivilrechtliche Ansprüche anwendbar ist.[1004]

Schwieriger wird die Beweislage, wenn bei Public- oder Hybrid-Clouds – über eine Cloud-Infrastruktur – der Zugang zu externen Cloud-Anbietern ermöglicht wird und Server oder die Software eines externen Dienstanbieters mangelhaft war. Wie oben in Teil B Ziff. 3.4.3 ausgeführt, ist davon auszugehen, dass der Betreiber einer Cloud-Infrastruktur kaum eine Möglichkeit hat, die Funktionsfähigkeit von Servern oder Lizenzsoftware zu überprüfen.[1005] Der Betreiber der Cloud-Infrastruktur könnte

---

1001 BGH, Urt. v. 15.7.2008 – VIII ZR 211/07 – NJW 2008, 2837, 2840; kritisch Weller, Die Verantwortlichkeit des Händlers für Hersteller, NJW 2012, 2312, 2315; Palandt/Grüneberg, BGB (2014), § 278 Rdnr. 41.

1002 BGH, Urt. v. 23.1.2008 – VII ZR 246/06 – NJW 2008, 1147; BGH, Urt. v. 9.3.2011 – VIII ZR 266/09 – MDR 2011, 471.

1003 Weller, Die Verantwortlichkeit des Händlers für Hersteller, NJW 2012, 2312, 2315.

1004 Klees, Der Hersteller als Erfüllungsgehilfe des Verkäufers, MDR 2010, 305, 307.

1005 Bundesamt für Sicherheit in der Informationstechnik, Sicherheitsempfehlungen für Cloud Computing Anbieter (Februar 2012), Kap. 2 S. 20 f., Kap. 6 S. 47, Kap. 7. S. 50; Lehmann/Giedke, Cloud Computing – technische Hintergründe für territorial gebundene Unternehmen, CR 2013, 608, 611;

ggf. nur mit erheblichem, möglicherweise unzumutbarem Aufwand und Unterstützung der betroffenen externen Dienstanbieter feststellen, wo und auf welchem Server oder in welcher Software der Mangel in der Cloud-Leistungskette verursacht wurde. Damit ist die Beweislage der Ursächlichkeit der Schlechterfüllung oder eines Mangels sehr problematisch.

Bei einer Public Cloud wird es in der Regel kaum möglich sein, dass der Geschädigte den Nachweis der Verursachung und der Schädiger den Nachweis des Nichtverschuldens erbringen kann. Daraus folgt, dass der Beweis eines Verschuldens für einen Schadensersatzanspruch aus den gleichen Gründen noch schwieriger ist.

Ansprüche können, wie im Teil B Ziff. 3.7.1 erläutert, nur gegenüber einem identifizierten Verursacher von Mängeln nach §§ 50, 253 ZPO geltend gemacht werden.[1006] Bei einem Softwareagenten stellt sich zunächst die Frage, ob die unerwartete Problemlösung überhaupt eine Schlechterfüllung oder ein Mangel ist. Ohne eine konkrete Vereinbarung kann dieses nicht angenommen werden. Einen erfreulichen Ansatz bildet der § 122 BGB, der die Beweislast bei angefochtenen Willenserklärungen nach §§ 119 ff. BGB regelt. Nach § 122 BGB reicht es, wenn der Erklärungsempfänger nachweist, dass die Willenserklärung des Erklärenden ein Vertrauenstatbestand im Rechtsverkehr geschaffen hat. Der Erklärende kann sich nur von dem Ersatz des Schadens entlasten, wenn er den Nachweis erbringt, dass der Erklärungsempfänger die Nichtigkeit der Erklärung kannte oder infolge von Fahrlässigkeit nicht erkannte.[1007]

Wie in Teil B Ziff. 2. 2.2 aufgezeigt hat die Rechtsprechung erfreulicherweise diese Ansätze bei den computergenerierten Willenserklärungen oder den Handlungen aufgenommen, die das Vertrauen der Erklärungs- oder Handlungsempfänger zu schützen. Zu fragen ist, ob diese Grundsätze des Vertrauensschutzes nicht auch über die §§ 199, 122 BGB hinausgehende Bedeutung bei Ansprüchen auf Schadensersatz haben können.[1008]

3.7.2 Beweislast bei deliktischen Ansprüchen

Auch im Deliktrecht hat der Geschädigte die Darlegungs- und Beweislast, dass der Schädiger ein Rechtsgut rechtswidrig verletzt hat und dieser den Schaden schuldhaft verursacht hat. Die Beweislasterleichterung des § 280 BGB findet hier keine Anwendung.

Hasso-Plattner-Institut, Technischer Bericht 44/2011: Virtualisierung und Cloud Computing, S. 33, 40 f., 43, www.hpi.uni-potsdam.de/fileadmin/hpi/Technische (letzter Abruf: 27.7.2015); ähnlich Redeker, IT-Recht (2012), Rdnr. 721.

1006 Thomas/Putzo, ZPO (2011), Vorbem. § 50 Rdnr. 2 f.; § 253 Rdnr. 7, 11.

1007 Palandt/Ellenberger, BGB (2015), § 122 Rdnr. 7.

1008 S. hierzu BGH, Urt. v. 12.5.2010 – I ZR 121/08 – CR 2010, 458 f mit Anmerkung Hornung; BGH, Urt. v. 19.7.2012 – III ZR 71/12 – MDR 2012, 1273.

Nach der Rechtsprechung des BGH kann in Ausnahmefällen „in Anwendung des § 287 ZPO anstelle des vollen Beweises ein reduziertes Beweismaß im Sinne einer deutlich überragenden Wahrscheinlichkeit genügen", wenn bspw. eine ordnungsgemäße Beaufsichtigung einer Aufsichtsperson über eine andere Person „nach der Lebenserfahrung und tatsächlichen Wahrscheinlichkeit geeignet war, einen Schaden zu verhindern".[1009] Allerdings enthalten einige gesetzliche Vorschriften eine „Verschuldensvermutung", wie bspw. die Gehilfenhaftung (§ 831 BGB), die Haftung des Aufsichtspflichtgen (§ 832 BGB), die Haftung des Tierhalters (§ 833 BGB), die Haftung des Kraftfahrzeughalters und Schwarzfahrers (§ 7 StVG), von der sich der Schuldner durch den Nachweis der Sorgfalt entlasten kann.[1010] Eine Ausnahme bildet der § 7 BDSG, der bei Schadensersatzansprüchen wegen Verletzung des Datenschutzgesetzes eine Beweislastumkehr bezüglich des Verschuldens vorsieht. Die Darlegungs- und Beweislast bei dem Einsatz von Computeranwendungen von oder von Softwareagenten obliegt auch im außervertraglichen Rechtsbereich stets den „Personen", die sich dieser Technologien zur Abwicklung ihrer Geschäftsprozesse bedienen.

Im Hinblick auf die Schwierigkeiten der Darlegungs- und Beweislast bei der Verletzung von Rechtsgütern im Internet zeigt die Rechtsprechung des BGH[1011] zur Haftung privater WLAN-Anschlussinhaber (WLAN-Entscheidung) Verständnis. Diese Entscheidung sieht eine „widerlegbare Vermutung" für die Verursachung einer Störung vor. Dort heißt es zu der Frage der Zuordnung eines Missbrauch über eine IP-Adresse: *„Die IP-Adresse ist keinem konkreten Nutzer zugeordnet, sondern nur einem Anschlussinhaber, der grundsätzlich dazu berechtigt ist, beliebigen Dritten Zugriff auf seinen Internet-Anschluss zu gestatten. Die IP-Adresse gibt daher keine zuverlässige Auskunft über die Person, die zu einem konkreten Zeitpunkt einen Internet-Anschluss nutzt."* Mittels der zugestandenen „sekundären Beweislast" kann der Anschlussinhaber sich von der Haftung als Störer im Sinne des TMG entlasten, indem er nachweist, dass er die Rechtsverletzung nicht zu vertreten hat. Es ist aber zu beachten, dass diese Grundsätze nur bei der Verletzung von Rechtsgütern im Internet gelten und, bis auf wenige Ausnahmen, nicht für den Beweis des Verschuldens bei Ansprüchen auf Schadensersatz ausreichen.[1012]

Auch bei der Produkthaftung nach § 1 ProdHaftG hat der Geschädigte die Beweislast für den Schaden, den Fehler und den ursächlichen Zusammenhang. Aber es gibt hierbei gewisse Erleichterungen (§1 Abs. 4 ProdHaftG). Wenn der Geschädigte den Nachweis erbracht hat, dass der Schaden durch einen Produktfehler verursacht

---

1009 Palandt/Sprau, BGB (2014), § 823 Rdnr. 84; BGH, Urt. v. 21.10.2004 – III ZR 254/03 – NJW 2005, 68, 71; Hager in Staudinger/Eckpfeiler (2011), Kap. T, Rdnr. 618.
1010 Looschelders, Schuldrecht (2012), § 56 Rdnr. 1169; Palandt/Sprau, BGB (2013), § 831 Rdnr. 1, § 833 Rdnr. 1.
1011 BGH, Urt. v. 12.5.2010 – I ZR 121/08 – CR 2010, 485, 489; Morgenstern, Zuverlässigkeit von IP-Adressen Ermittlungssoftware, CR 2011, 203, 205, 207.
1012 Redeker, IT-Recht (2012), Rdnr. 837, 839a, Rdnr. 1132; Härting, Internetrecht (2014), Rdnr. 2137, 2258.

worden ist, dann kann sich der Schädiger nur durch den Nachweis entlasten, dass kein Konstruktions-, Fabrikations- und Instruktionsfehler oder ein Mangel der Produktbeobachtung vorliegt bzw. der Fehler nach dem Stand der Technik trotz aller Sorgfalt nicht erkennbar war.[1013] Die außervertragliche Haftung hängt im Wesentlichen von der Verletzung von Sicherheitsvorkehrungen ab. Mit anderen Worten, wenn der Schädiger alle Sicherheitsvorkehrungen beachtet hat und auch beweisen kann, liegt – abgesehen von einigen Ausnahmen – kein Verschulden vor. Bei den Anforderungen an die Sorgfalt sind zwar die jeweiligen Verkehrskreise und Handlungstypen zu beachten.[1014] Was darunter aber zu verstehen ist, ist von Fall zu Fall unterschiedlich. Daher sind auch die Anforderungen an die Darlegungs- und Beweislast unterschiedlich. Im Rechtsschrifttum[1015] wird beklagt, dass die Rechtsprechung bisher keine konkreten Vorgaben für Sorgfaltspflichten bei Internetanwendungen aufgezeigt hat. Der Fahrer eines Kraftfahrzeuges wird wohl kaum in der Lage sein, den Beweis nach § 18 StVG dafür anzutreten, dass nicht er, sondern die Technik Ursache der falschen Fahrweise und damit des Unfalls war. Ein durchschnittlicher Fahrer eines Kraftfahrzeuges wird kaum über die dazu notwendigen technischen Kenntnisse verfügen. Hier bedarf es einer Beweislastumkehr vergleichbar mit der Produzentenhaftung nach § 823 BGB. Diese Unsicherheit der Beweislast hat sicherlich eine nicht unbedeutende Auswirkung auf die Wertschöpfungskette bei dem Einsatz von Cloud Computing und Softwareagenten.

3.7.3 Schlussfolgerungen

Zusammenfassend kann jedoch festgestellt werden, dass die Geltendmachung von Ansprüchen wegen Mängeln oder Verletzungen von Rechten erheblichen Schwierigkeiten bei der Identifizierung von Mängeln begegnet. Auch wenn die Darlegungs- und Beweislast für den Anspruchssteller – im Zivilrecht und teilweise auch im außervertraglichen Recht –erleichtert ist, sind die Dienstleister im Internet in einer ungleich besseren Rechtslage, weil sie eher konkret Kenntnisse über Systeme bzw. Lizenzsoftware und Nutzerverhalten erlangen können als die Kunden und Nutzer der Internetdienste.

Die Darlegungs- und Beweislage wird aber anderseits durch die Sensibilität der Daten und dem damit verbundenen Schutz vor Verwendung erschwert. Bezüglich der Verwendung von Nutzungsdaten im Internet kommt erschwerend hierzu, dass nach

---

1013 Hager in Staudinger/Eckpfeiler (2011), Kap. T Rdnr. 620; Kullmann, ProdHaftG (2010), § 1 III 94, 98, 100, 107, 108 und § 4 III Rdnr. 5–17.
1014 So Erman/Westermann, BGB (2011), § 276 Rdnr. 10.
1015 Müller-Hengstenberg/Kirn, Intelligente (Software-)Agenten: eine neue Herausforderung unseres Rechtssystems? MMR 2014, 307.

der Rechtsprechung des Bundesverfassungsgerichts[1016] alle Verkehrsdaten, also der Inhalt aller Daten, die während des Kommunikationsvorganges anfallen, dem Fernmeldegeheimnis (Art. 10 GG) unterliegen. Die Verwertung der Nutzungsdaten der Teilnehmerdaten bedarf in der Regel einer gerichtlichen Ermächtigung.

Die Gewährleistung des Telekommunikationsgeheimnisses nach Art 10 schützt die unkörperliche Übermittlung von Informationen an individuelle Empfänger mit Hilfe des Telekommunikationsverkehrs [...]. Der Schutz des Art 10 I GG erfasst Telekommunikation, einerlei welche Übermittlungsart (Kabel, Funk, analoge oder digitale Vermittlung und Ausdrucksformen Sprache, Bilder, Töne, Zeichen und sonstige Daten) auf sämtliche Übermittlungen von Informationen genutzt werden [...]. Zuden sind nicht nur Inhalte der Kommunikation vor der Kenntnisnahme geschützt, sondern auch die Umstände.

Dieser Schutz kommt auch juristischen Personen des Privatrechts als Providerfirmen und Servicehäusern nach Art. 19 Abs. 3 GG zugute. *„Der Schutz erstreckt sich aber nicht auf außerhalb eines laufenden Kommunikationsvorgangs im Herrschaftsbereich des Kommunikationsteilnehmers gespeicherte Inhalte und Umstände der Kommunikation.“* Dieser Bereich wird entweder durch das Recht der individuellen Selbstbestimmung oder das Datenschutzrecht geschützt.[1017] Als geschützte Organisationen im Sinne des Art. 19 Abs. 3 GG kommen nur grundrechtsfähige Träger, also keine Softwareagenten in Betracht.[1018] Wie das Bundesverfassungsgericht aber ausführt, umfasst der Schutz des Art. 10 GG auch im Rahmen des Informationsprozesses „selbstständig erzeugte Daten", also auch durch Softwareagenten erzeugte Daten.

Zusammenfassend kann also festgestellt werden, dass bei der Nutzung des Internets, von Clouds oder autonomen Softwareagenten es dem Betroffenen in der Regel kaum noch möglich ist, diese zu lokalisieren und zu überwachen. Diese digitalen Technologien werden letztlich dazu führen, dass die Verschuldenshaftung ein Auslaufmodell sein wird. Wie bereits mehrfach erwähnt, gibt es keine hinreichend umsetzbaren Vorstellungen über umfassende Sicherheitsanforderungen, die einen großen Teil der Risiken mit der IT-Technologie abmildern.[1019]

[1016] BVerfG, Urt. v. 27.2.2007 – 1 BvR 370/07 – NJW 2008, 822, 824; BVerfG, Beschl. v. 16.6.2009 – 2 BvR 902/06 – CR 2009, 584; BVerfG, Urt. v. 14.7.1999 – 1 BvR 2226/94 – CR 2001, 29.
[1017] Jarass/Pieroth, GG (2011), Art. 10 Rdnr. 10; BVerfG, Beschl. v. 16.6.2009 – 2 BvR 902/06 – CR 2009, 584.
[1018] Jarass/Pieroth, GG (2011), Art. 19 Rdnr. 15.
[1019] Bräutigam/Klindt, Industrie 4.0, NJW 2015, 1137, 1142; Lutz, Autonomes Fahrzeug als Herausforderung, NJW 2015, 119 f.,124; Hornung/Goeble, „Data Ownership" im vernetzten Automobil, CR 2015, 265, 272 f.

3.8 Gesamtschlussfolgerungen

Aus den Ausführungen des Teil B Ziff. 3.8. ist zu entnehmen, dass eine effiziente Wertschöpfung der vorstehend beschriebenen Engineering-Modelle nur erreicht werden kann, wenn die virtuelle Nutzung und ökonomische Verteilung der IT-Ressourcen auf einer rechtlich sicheren Basis ermöglicht wird. Dieses bedeutet rechtlich, dass der Kreis der Rechtsverhältnisse weit über eine überschaubare vertragliche Rechtsbeziehung hinausgeht und jeden Beteiligten umfassen kann, der mit der Anwendung in „Berührung" kommt. Dieser Mangel der Transparenz der Rechtsverhältnisse zeigt sich sehr deutlich anhand der Facebook- oder Smartphone-Nutzung.

Mangelnde Transparenz der Rechtsverhältnisse bedeutet aber auch, dass die Verantwortlichkeiten und Haftung beim Einsatz dieser Technologien unklar sind und ein beträchtliches Risiko für die Beteiligten bedeuten. Vielfach lässt sich der Kreis der potenziell Betroffenen nicht abschätzen. Besonders beachtenswert ist, dass virtuelle Cloud-Infrastrukturen zu einer abnehmenden Transparenz und kaum möglichen Kontrollen der genutzten IT-Ressourcen führen.[1020] Autonome Softwareagenten, die über eine eigene Lernfähigkeit verfügen und mit anderen Softwareagenten kooperieren, sind je nach dem Ausmaß der Gestaltungsfreiheit für das zivilrechtliche Haftungsrecht eine Herausforderung, wenn die Lernfähigkeit und Reaktionen nach dem Stand der Wissenschaft und Technik vielfach nicht vorhergesehen und vermieden werden können.

Der Einsatz von Softwareagenten kann, wie das Forschungsprogramm Industrie 4.0 des Bundesministers für Wirtschaft und Technologie aufzeigt, zu einer nachhaltigen, entlastenden Unterstützung der Gesellschaft führen. Aber die Technologie der Softwareagenten verändert das Verhältnis von Mensch und Maschine bzw. Computer. Die Technologie übernimmt zunehmend Aufgaben der Menschen. Damit verlagert sich auch die Verantwortung vom Menschen auf den Computer. Die Entwickler der neuen Technologien und die Betreiber übernehmen damit auch mehr Verantwortung. Aber beherrschen die Entwickler und Betreiber diese Technologie in der Weise, dass sie dafür auch haften können? Die Ausführungen über die Virtualisierung, über Cloud-Infrastrukturen und autonome Softwareagenten verdeutlichen, dass diese Technologie auch für die Entwickler und Betreiber zu mehr Intransparenz, weniger Beherrschbarkeit und mehr Risiken führen. Die rasante technologische Weiterentwicklung bringt es mit sich, dass die Wissenschaft, selbst bei Anwendung größter Sorgfalt, nicht mehr alle Risiken in den relativ kurzen Zeitabständen der Entwicklungen erkennen und vermeiden kann. Mit anderen Worten heißt das, dass die Vorteile der Wertschöpfung beim Einsatz moderner technologischer Modelle technisch und rechtlich nicht ausreichend abgesichert werden können. Technische und rechtliche Risiken bestehen, selbst, wenn umfassende Sicherheitsmaßnahmen getroffen

---

1020 Hasso-Plattner-Institut, Technischer Bericht 44/2011: Virtualisierung und Cloud Computing, S. 41 f., www.hpi.uni-potsdam.de/fileadmin/hpi/Technische (letzter Abruf: 27.7.2015).

werden. Aber immerhin dienen sie dazu, das Ausmaß der Risiken abzumildern. Die EU-Richtlinie über Maßnahmen zur Gewährleistung einer hohen gemeinsamen Netz- und Informationssicherheit vom 31.7.2013 sowie das darauf basierende IT-Sicherheitsgesetz vom 12.6.2015[1021] ist ein erfreulicher Ansatz, der aber in einzelnen Regelungen kritisch ist.

Die neuen Technologien erfordern eine Klärung, welche Verantwortung der Mensch übernehmen muss, wenn er die Vorteile der technologischen Entwicklungen nutzen will. Wo ist die Grenze einer haftungsrechtlichen Verantwortung?

Im Rechtsschrifttum[1022] werden diese Risiken auch als „allgemeine Lebensrisiken" bezeichnet, die von Menschen als normal angesehen werden, mit denen sie auch rechnen und daher keine Haftungsansprüche begründen. Die bereits erwähnte Rechtsprechung[1023] zu Unfällen bei automatisierten Türen geht in der Tendenz in diese Richtung und setzt gewisse Kenntnisse und auch Risiken des Nutzers über die Funktionsweise voraus. Doch auch eine solche Bewertung dieser Risikolage bedeutet keine Freistellung von angemessenen und zumutbaren Sicherheitsvorkehrungen.

Die Vertrags- und Haftungsstrukturen müssen im Hinblick auf das neue Verhältnis von Mensch und Computer überdacht und angepasst werden. Was heißt werkvertragliche dienstvertragliche Verantwortung? Welche Ergebnisse können noch garantiert werden? Welche Leistungen werden unter einem Dienstvertrage erbracht? Die Sicherheitsvorkehrungen und Sicherheitsmaßnahmen werden eine zentrale Bedeutung für das Haftungssystem erhalten. Das IT-Sicherheitsgesetz vom 12.6.2015 zeigt Grundzüge über die Möglichkeiten von Sicherheitsmaßnahmen auf. Auch der Kunde muss zunehmend Verantwortung übernehmen, indem er in zumutbarer Weise Sicherheitsvorkehrungen trifft. Überdacht werden sollte auch, was noch schützenwerte Rechtsgüter sein sollen. Umfasst die Produkthaftung nur die Lieferteile, die im Herstellerprozess zu einem Endprodukt eingebaut werden? Welche Verantwortung hat der Hersteller für die Funktionsfähigkeit seines Produktes im Zusammenwirken mit externen Dienstanbietern zu übernehmen? Auch die Verpflichtungen der Dienstanbieter zu Sicherheitsmaßnahmen müssen zunehmend präzisiert werden.

1021 Klett/Amman, Gesetzliche Initiativen zur Cybersicherheit, CR 2014, 93; Heinickel/Feiler, Der Entwurf für ein IT-Sicherheitsgesetz – europäischer Kontext und die Bedürfnisse der Praxis, CR 2014, 708.
1022 Gleß/Weigand, Intelligente Agenten und das Strafrecht, ZSTW 2014, 126 (3) S. 27; Erman/Ebert, BGB (2011), Vor § 249 Rdnr. 69; s. hierzu BGH, Urt. v. 4.5.1993 – VI ZR 283/92 – NJW 1993, 2234.
1023 OLG Düsseldorf, Urt. v. 6.9.2006 – I 19 U 10/06 rkr. – MDR 2007, 524; KG Berlin, Urt. v. 15.1.2004 – 22 U 66/03 rkr. – MDR 2004, 937; OLG Koblenz, Urt. v. 15.3.2000 – U 778/89 – MDR 2000, 1375.

4 Auswirkungen der unterschiedlichen Rechtssysteme anderer Staaten auf die Wertschöpfungskette

4.1 Grundsätzliche Anmerkungen zum Internationalen Privatrecht

Die bisherigen rechtlichen Betrachtungen bezogen sich nur auf das Rechtsgebiet der Bundesrepublik Deutschland. Bekanntlich erstrecken sich heute die Netzwerke von IT-Systemen aus Gründen der Globalisierung der Wirtschafts- und Finanzsysteme über Grenzen und Staaten hinweg. Das Internet eröffnet Möglichkeiten von weltweiten Informations- und Kommunikationssystemen. Die einzelnen IT-Systeme und Nutzer der IT-Systeme sind über viele Länder mit sehr unterschiedlichen Rechtsordnungen verteilt. Die Rechtsordnungen der einzelnen Staaten in unserer Welt sind sehr unterschiedlich.[1024] So unterscheidet sich die europäische Rechtsordnung noch heute grundsätzlich von der anglo-amerikanischen Rechtsordnung.

Es gibt zwar viele Bemühungen, weltweit gültige Normen zu schaffen, wie bspw. das UN-Kaufrecht (Übereinkommen der Vereinten Nationen über Verträge über den internationalen Warenkauf) oder die CICS (Convention on contracts for the international Sale of Good) vom 1.1.1991. Ein anderes Beispiel sind die Bestrebungen nach einheitlichen Grundsätzen des Urheberrechts. Zu nennen ist hier der völkerrechtliche Vertrag „Revidierte Berner Übereinkunft zum Schutz von Werken der Literatur und Kunst" (RBÜ) vom 9.9.1886. Im Hinblick auf den Handel und Rechtsverkehr zwischen den Staaten mit unterschiedlichen Rechtsordnungen ist das Internationale Privatrecht entwickelt worden. Dieses Recht ist ein Kollisionsrecht, das für einen bestimmten Sachverhalt oder Lebensbereich („Anknüpfungsgegenstand") regelt, welches materielle Recht auf einen Sachverhalt oder auf ein Rechtsverhältnis Anwendung findet, der eine Auslandsverbindung hat.[1025]

Das hauptsächliche Problem ist, dass das Internationale Privatrecht ein nationales Recht ist und es kein weltweites einheitliches Internationales Privatrecht gibt: Jeder Staat hat sozusagen sein eigenes Internationales Privatrecht geschaffen.[1026]

Im Kern geht es bei dem Internationalen Privatrecht um die Auswahl derjenigen Rechtsordnung, die mit dem Sachverhalt die engste Berührung hat. Hierbei gilt für alle Staaten als ungeschriebene Grundregel der Grundsatz des „ordre public", der besagt, dass ausländisches Recht nur soweit berücksichtigt werden darf, als das fremde Recht nicht mit den wesentlichen Grundsätzen des nationalen Rechts – bspw. mit der Verfassung – kollidiert. Dieser Grundsatz wurde in einer EG-Verordnung Nr. 593/2008

1024 Bäumer/Meeker, IT-Outsourcing and Offshoring, Cri 2012, 9, 19.
1025 Härting, Internetrecht (2014), Rdnr. 2265.
1026 Kegel, Internationales Privatrecht, Kap. VII § 1 S. 20; § II a S. 112.

des Europäischen Parlaments und des Rates vom 17.6.2008 über das auf vertragliche Schuldverhältnisse anzuwendende Recht (ROM I) Art. 9 für die europäischen Mitgliedsstaaten übernommen, der in Art. 6 des deutschen IPR aufgeführt ist.[1027]

4.2 Privatrecht

Ein Beispiel für die unterschiedlichen Rechtssysteme bilden die Vertragsarten des Besonderen Schuldrechts und der Haftungssysteme.

Die europäischen Rechtssysteme sehen – wenn auch mit Unterschieden – Vertragsarten in kodifizierter Form vor, wie beim Dienst-, Kauf- und Werkvertrag. Dennoch unterscheiden sich das Schweizer Obligationsrecht oder das Österreichische BGB von dem Deutschen Zivilrecht.[1028] Daher wurden – dank der vielen Initiativen der Europäischen Kommission – viele einheitliche Richtlinien für die Rechtsgeschäfte in den europäischen Mitgliedsstaaten erlassen, die zu einer Angleichung des Zivilrechts in Europa führten. Zu nennen ist hier bspw. die Richtlinie 93/13/EG vom 5.4.1993 über missbräuchliche Klauseln in Verbraucherverträgen, die einheitliche Grundsätze für Allgemeine Geschäftsbedingungen regelt. Weiterhin ist zu nennen die Richtlinie 1999/44/EG vom 25.5.1999 zu bestimmten Aspekten des Verbrauchsgüterkaufs, die in der Bundesrepublik Deutschland durch das Schuldrechtsmodernisierungsgesetz vom 26.11.2001 umgesetzt wurde. Auch die Vorschriften des Gesetzes über den Unlauteren Wettbewerb erfuhren durch die Richtlinie 2005/29/RG vom 11.5.2005 eine Harmonisierung des Rechts der Lauterbarkeit.

Die EU Kommission erarbeitet zurzeit ein „Green Paper"[1029] für die Vertragsgestaltung. Es liegt hier bereits ein Entwurf vom 11.10.2011 vor, der aber auf das Kaufrecht einschließlich von digitalen Produkten bzw. des digitalen Geschäftsverkehrs begrenzt ist. Allerdings sind auch bestimmte Werkverträge wie die Reparatur von gekauften Gegenständen geregelt.[1030]

Das angloamerikanische Recht kennt dagegen keine besonderen Schuldverhältnisse wie das BGB. Daher sind Regelungen wie das Miet-, Kauf-, Werk- und Dienstvertragsrecht unbekannt.[1031] Es gibt vielmehr Einzelregelungen wie den Uniform Commercial Code (UCC), der heute in allen Staaten der Vereinigten Staaten Gesetz ist, wenn auch mit einzelstaatlichen Änderungen. Der UCC regelt aber nur den Warenkauf („sale of goods"), nicht aber Kaufverträge.[1032] In England ist das Gesetz „Supply

---

1027 Palandt/Thorn, BGB (2015), (IPR) Einl. v. EGBGB Art. 3 Rdnr. 1, 6, 11 und ROM I 9.
1028 Gianni/Fröhlich/Bleuler/Birgt/Roth, ITBR 2009, 111.
1029 www.eu-info.tradepress.eu/2013/31//neu (letzter Abruf: 15.8.2015).
1030 Staudenmayer, Der Kommissionsvorschlag für eine Verordnung zum Gemeinsamen Europäischen Kaufrecht, NJW 2011, 3491, 3494.
1031 Graf v. Bernstorff, Einführung in das englische Recht (2011), § 4 S. 76 f.
1032 Hay, Einführung in das Amerikanische Recht (1995), Kap. 4, VII, VII, S. 71; Bugg, Contracts in English (2010), S. 4 f.

of Goods and Services" von 1982 zu nennen, das im Prinzip nur Warenlieferungen mit Dienstleistungen vorsieht (Section 1 und 12).[1033] Das englische und US-Recht sieht zwar im Zivilrecht bzw. Vertragsrecht auch Erfüllungs-, Minderungsansprüche, Rücktritt und Schadensersatzansprüche vor. Wenn eine Vertragspartei seine Leistungspflichten nicht einhält oder erbringt, liegt einVertragsbruch (breach of contract) vor. Aber im angloamerikanischen Recht hat das Verschulden als Haftungsvoraussetzung fast keine Bedeutung. So können Schadensersatzansprüche geltend gemacht werden, und zwar unabhängig vom Verschulden. Allerdings wird Schadensersatz nicht gewährt, wenn der Geschädigte den Mangel hätte vermeiden können.[1034] Lediglich in Fällen der „Tort" (einer unerlaubten Handlung im Sinne der §§ 823 ff. BGB) wird ein Verschulden vorausgesetzt.[1035]

Ebenso unterschiedlich sind die gesetzlichen Vorschriften über Allgemeine Geschäftsbedingungen sowie das gesamte Haftungsrecht im europäischen und anglo-amerikanischen Rechtsbereich. So kennt das englische Recht keine Mängelansprüche wie im deutschen bzw. europäischen Miet-, Kauf- oder Werkvertragsrecht. Nach dem englisch/amerikanischen Rechtsverständnis handelt es sich immer um die Frage der Ansprüche aus Vertragsbruch.[1036] Ursprünglich kannte das englische Recht überhaupt keinen Vertrag. Somit war dem englischen Recht der Grundgedanke fremd, dass für eine Vereinbarung der Austausch von Willenserklärungen erforderlich ist. Der Begriff der Willenserklärung im Sinne des deutschen Rechts war dem englischen Recht lange Zeit fremd. Vielmehr ging man von dem Leistungsversprechen „promise" oder „commitment" aus.[1037] Doch später entwickelte sich in England auch der Vertrag (agreement), der durch Angebot und Annahme geschlossen wurde.[1038]

Es entwickelte sich erst sehr spät der Gedanke, dass auch im angloamerikanischen „Private Law" Grundvoraussetzung für einen Vertrag ist, dass die Vertragsparteien sich über einen Vertrag geeinigt haben, der nach dem Willen der Vertragsparteien verbindlich ist. Voraussetzung ist, dass die Vertragsparteien geschäftsfähig sind.[1039] Die Folge war, dass auch im angloamerikanischen Recht es die rechtliche Möglichkeit gibt, von einem Vertrag zurückzutreten, wenn der Betrag auf einem Betrug, Irre-

---

1033 Bugg, Contracts in English (2010), S. 147, 152.

1034 Hay, Einführung in das Amerikanische Recht (2015), Kap. 4 Rdnr. 335 f.; Graf v. Bernstorff, Einführung in das englische Recht (2011), 1, 2, Teil § 3 S. 53 f., 72 ff.

1035 Graf v. Bernstorff, Einführung in das englische Recht (2011), §6, S. 92 f.; s. hierzu auch Weller, Verantwortung für Herstellerfehler, NJW 2012, 2312, 2315.

1036 Hay, Einführung in das Amerikanische Recht (1995), Kap. 4, VII, VII, S. 71; Kap. 4, B, 15 c S. 86–88, 92; Bugg, Contracts in English (2010), Kap. 3.3, S. 29, Kap. 6, S. 66 f.; Graf v. Bernstorff, Einführung in das englische Recht (2011), § 3 Nr. 2 S. 73; Bäumer/Mara/Meeker, IT-Outsourcing and Offshoring, Cri 2012, 9.

1037 Graf v. Bernstorff, Einführung in das englische Recht (2010), § 3, S. 42, 55.

1038 Graf v. Bernstorff, Einführung in das englische Recht (2010), § 3, S. 45 f.

1039 Graf v. Bernstorff, Einführung in das engliche Recht (2011), § S. 43.

führung oder Irrtum beruht.[1040] So gibt es im US-Recht oder englischen Recht keine spezifischen Regelungen für Outsourcing. Anwendbar sind lediglich sehr allgemeine Vorschriften des UCC und des intellectual property Law.[1041] Aber die elektronischen Geschäftsabschlüsse haben auch in den USA und Canada zu einer gesetzlichen Regelung geführt. So können nach Section 14 des Uniform Electronic Transactions Act Verträge zwischen elektronischen Softwareagenten rechtswirksam abgeschlossen werden. Gleiches gilt in Kanada (Section 21 des kanadischen Electronic Commerce Act).[1042] Auch in den USA werden Computererklärungen oder Erklärungen von Softwareagenten nur als Kommunikationsmittel oder Werkzeug von Menschen angesehen. Als Beispiele sind zu nennen: der Art.13 para. 2 lit. b Model Law of Electronic Commerce und der Art. 2 (6) Uniform Electronic Transaction Act.[1043]

Welches Recht bei staatsüberschreitenden Rechtsverhältnissen anzuwenden ist, ergibt sich aus dem Internationalen Privatrecht des Bürgerlichen Gesetzbuches (BGB) in Deutschland. Dabei waren bisher die Kollisionsnormen des deutschen IPR für das Schuldrecht die Art. 27–38 und für außervertragliche Rechtsverhältnisse die Art. 38–42 EGBGB maßgeblich.

Diese Kollisionsnormen werden weitgehend von den europäischen Kollisionsnormen Verordnung (EG) Nr. 593/2008 des Europäischen Parlaments und des Rates vom 17.6.2008 über das auf Schuldverhältnisse anzuwendende Recht (ROM I) und Verordnung Nr. 864/2007 vom 11.6.2007 über das auf außervertragliche Schuldverhältnisse anzuwendende Recht (ROM II) für alle Rechtsverhältnisse ab 17.12.2009[1044] überlagert. Art. 1 II lit. g ROM II VO findet jedoch keine Anwendung auf außervertragliche Schuldverhältnisse aus der Verletzung der Privatsphäre oder der Persönlichkeitsrechte einschließlich der Verleumdung; hier gilt die Tatortregelung nach den Art. 40–42 EGBGB. Auch Internetveröffentlichungen gemäß der „Commerce-Richtlinie" unterliegen nicht den Regelungen von ROM I und II VO (Art. 6 des Gesetzes über den Rahmen des elektronischen Geschäftsverkehrs v. 14.12.2001, siehe auch § 3 TMG).[1045] Im Prinzip gilt bei Anwendung der ROM I und ROM II VO auch das Recht der Rechtswahl (Art. 3 ROM I-VO). Falls keine Rechtswahl vereinbart wurde, gilt bspw. bei Kaufverträgen über bewegliche Sachen oder bei Dienstleistungen das Recht des Staates, in dem der Verkäufer oder der Dienstleister seinen Wohnsitz hat (Art. 4 (1) a) und b) ROM I- VO).

1040 Hay, Einführung in das Amerikanische Recht (1995), Kap. B II a, b–d, S. 71_78; Bugg, Contracts in English (2010), Ziff. 2.3.1 u. 2.3.2, S. 22.

1041 Bäumer/Mara/Meeker, IT-Outsourcing and Offshoring, Cri 2012, 9, 11.

1042 S. Quelle bei Cornelius, Vertragsabschluss durch autonome elektronische Agenten, MMR 2002, 353, 357.

1043 Hay, US-Amerikanisches Recht (2015), Rdnr. 285.

1044 Marly, Praxishandbuch Softwarerecht (2009), Rdnr. 1019.

1045 Palandt/Thorn, BGB (2012), ROM II 6 Rdnr. 3; Lehr, Internationale medienrechtliche Konflikte und Verfahren, NJW 2012, 705, 708.

Der Begriff „Dienstleistungsverträge" ist unter ROM I VO umfassender zu verstehen und umfasst auch Werkverträge;[1046] hier ist maßgeblich das Recht des Staates, in dem der Unternehmer seinen Wohnsitz hat.[1047] Nur der Verbraucher ist durch Art. 6 ROM I VO geschützt, für diesen gilt das Recht des Staates, in dem der Verbraucher seinen gewöhnlichen Wohnsitz hat.

Bei Verträgen über die Softwareüberlassung oder Softwareerstellung ist der Sitz des Softwaregebers und Softwareerstellers maßgeblich (Art. 28 (5) EGBGB bzw. 4.I I VO).[1048] Zu beachten ist, dass es sich bei dem internationalen Privatrecht um Vorschriften handelt, die in Fällen von Auslandsberührung regeln, welches Recht eines Staates anzuwenden ist.[1049] Es gibt einzelne Bemühungen, international geltende Rechtsinstitute zu schaffen. Dazu gehört das CICS. Das CICS findet nach ROM I 4 dann Anwendung, wenn bei internationalen Verträgen über den Kauf von Warenlieferungen keine Rechtswahl nach ROM I 3 vereinbart wurde.[1050] Aber der Anwendungskreis ist sehr begrenzt. Offen ist derzeit noch, ob die Standardsoftware oder Individualsoftware als Ware anzusehen ist. Die überwiegende Rechtsmeinung neigt dazu, lediglich die Standardsoftware als Ware im Sinne der CICS anzusehen.[1051]

Das CICS regelt darüber hinaus nicht die essenziellen Fragen der materiellen Wirksamkeit von Verträgen, wie bspw. Geschäftsfähigkeit, Willensmängel. Es gibt jedoch einzelne Ähnlichkeiten in den Rechtssystemen.[1052] Bei gesetzlichen Vorschriften, die den Verbraucherschutz betreffen, wie bspw. die AGB-Vorschriften (§§ 305 ff. BGB), gelten die Vorschriften des Art. 46b EGBGB neben dem Art. 6 I ROM I.[1053] Maßgeblich ist demnach das Recht des Landes, in dem der Verbraucher seinen gewöhnlichen Aufenthalt hat oder eine berufliche oder gewerbliche Tätigkeit ausübt oder diese Tätigkeiten auf den Staat oder mehrere Staaten ausrichtet. Die „bloße Abrufbarkeit eines rechtsverletzenden Inhalts von einem Server im Ausland reicht für Zuständigkeit der deutschen Gerichte nicht aus."[1054] Diese Äußerung muss konkret auf das Inland gerichtet sein.[1055]

1046 Palandt/Thorn, BGB (2011), (IPR) Rom I 4 Rdnr. 8 f.

1047 Palandt/Thorn, BGB (2011), (IPR) Rom I 4 Rdnr. 9.

1048 Marly, Praxishandbuch Softwarerecht (2009), Rdnr. 1019.

1049 Lehr, Internationale medienrechtliche Konflikte und Verfahren, NJW 2012, 705, 709. Looschelders, Schuldrecht (2012), Rdnr. 288.

1050 Palandt/Thorn, BGB (2011), (IPR) ROM I 4. Rdnr. 5, Rdnr. 2 f.; Beckmann in Staudinger/Eckpfeiler (2014), Kap. L Rdnr. 26, Kap. N Rdnr. 237, 246.

1051 Engler, Internationales Softwareüberlassung und UN-Kaufrecht, CR 1993, 601, 603 f., Hoeren, Internet- und Kommunikationsrecht (2012), Kap. 5 Rdnr. 410; a. A. Piltz, Neue Entwicklung des UN Kaufrechts, NJW 1994, 1101.

1052 Beckmann in Staudinger/Eckpfeiler (2014), Kap. N Rdnr. 240.

1053 Palandt/Thorn, BGB (2012), Art. 6 ROM I Rdnr. 2.

1054 BGH, Urt. v. 2.3.2010 – VI ZR 23/09 – MDR 2010, 745.

1055 BGH, Urt. v. 2.3.2010 – VI ZR 23/09 – MDR 2010, 745.

4.3 Urheberrecht

Die urheberrechtlichen Regelungen sind von Staat zu Staat unterschiedlich.[1056]

Das deutsche Urheberrecht bezweckt den Schutz von Kulturgütern und den Schutz des geistigen Eigentums des Urhebers. Es geht hier um die Rechte des Urheberrechts als natürliche Person. Demgegenüber schützt bspw. das US Copyright Law vielmehr das „Original Work", das auf beliebige Weise gestaltet sein kann (17 U.S.C. § 102a). Das Copyright Law (17 U.S.C. § 102 a) sieht keine besonderen Anforderungen für eine Gestaltungshöhe im Sinne des § 2 Abs. 2 UrhG vor, sondern fordert nur, dass ein Originalwerk des Autors vorliegt.[1057] *DeWechter*[1058] weist darauf hin, dass vom „Copyright Act of USA" bis hin zu der „Software Directive of the EU" und „WIPO Copyright Treaty" Software nur dann geschützt wird, wenn diese ein „specific expression of (human) creativity in works" ist. Daher ist immer die Person zu suchen, der „Author" der generierten Software ist. *Paton/Morton*[1059] merken jedoch an, dass das englische Copyright Law (section 9 (3) of the CDPA 1988) von den Gerichten pragmatisch interpretiert wird. Es ist daher nicht verwunderlich, dass nach dem US- und englischen Copyright Act – im Gegensatz zu den europäischen Urheberrechtsvorschriften – ein computergeneriertes Programm noch als schutzfähig angesehen wird.[1060]

Anders als im deutschen oder europäischen Urheberrecht (§§ 69c, 69d und 69e UrhG) stehen die Rechte des Autors (17. S.C. § 109) unter dem Vorbehalt des „Fair Use" (17 U.S.C. § 107), der im Prinzip Kriterien verfolgt wie:
- Der Zweck und Charakter der Benutzung, bspw. für kommerzielle oder Unterrichtszwecke.
- Die Art der geschützten Werke, Umfang und Bedeutung des verwendeten Teils im Verhältnis zum gesamten Werk, und
- Auswirkung auf den kommerziellen Markt und Wert des geschützten Werkes.[1061]

Das US Copyright-Law (§ 109) enthält auch einen Erschöpfungsgrundsatz („first Sale Doctrine") und beschränkt die Wirkung der Erschöpfung auf das Verbreitungsrecht; gewissermaßen offen ist aber, inwieweit dieser Erschöpfungsgrundsatz auch auf aus-

---

1056 Bäumer/Meeker, IT-Outsourcing and Offshoring, Cri 2012, 9, 15 f.

1057 S. hierzu ausführlich Bischof/Witzel, Praxisrelevante Aspekte des US-Urheberrechts im Überblick, ITRB 2010, 260; Paton/Monton, Copyright Protection for Software Written By Software, Cri 2011, 8; DeWachter, Software Written By Software is Copyright Still the Appropriate Toll to Protect? Cri 2010, 12, 16.

1058 DeWachter, Software Written By Software is Copyright Still the Appropriate Tool to Protect IT? Cri 2010, 1213.

1059 Paton/Morton, Copyright Protection for Software Written By Software, Cri 2011, 8, 10 f.

1060 S. hierzu ausführlich Bischof/Witzel, Praxisrelevante Aspekte des US-Urheberrechts im Überblick, ITRB 2010, 260.

1061 Lejeune, Cross-Border E-Commerce: USA Teil 2, ITRB 2014, 36 ff.; Heckmann, Google Books von fair-use-doctrine umfasst, CR 2013, 127.

ländische Werke anwendbar ist.[1062] Zudem ist der Geltungsbereich des deutschen Urheberrechts auf das Gebiet der Bundesrepublik Deutschland bzw. auf deutsche Staatsangehörige oder Staatsangehörige anderer EU-Mitgliedstaaten und der EWR begrenzt (§ 120 UrhG). Ausländische Werke genießen nach § 121 UrhG den vollen Urheberrechtsschutz, wenn sie erstmals in Deutschland erschienen sind.

Sind damit Werke, die im Ausland erschienen sind, in Deutschland „schutzlos"? Es gibt eine Vielzahl von gesetzlichen und vertraglichen Bestrebungen zur Harmonisierung der Schutzrechte in Europa. Ein Beispiel sind die Bestrebungen nach einheitlichen Regelungen des Urheberrechts. Zunächst sind einmal die vielen europäischen Richtlinien zu erwähnen, wie bspw. die Richtlinie 91/250/EU/des Rates vom 14.5.1991 über den Rechtsschutz von Computerprogrammen (ABL Nr. 1 122 vom 17.5.1999, Seite 42) oder die Richtlinie 2001/29/EWG vom 22.5.2001 zur Harmonisierung bestimmter Aspekte des Urheberrechts und der verwandten Schutzrechte in der Informationsgesellschaft (ABL Nr. 1 Nr. L 167/10 vom 22.6.2001, Seite 10 ff.). Diese Richtlinien haben zu einer, wenn auch begrenzten, Angleichung des Urheberechtes in der Europäischen Union beitragen und damit zu einer gewissen Verkehrssicherheit geführt.

Zu nennen ist weiterhin der völkerrechtliche Vertrag „Revidierte Berner Übereinkunft zum Schutz von Werken der Literatur und Kunst" (RBÜ) vom 9.9.1896, die den Grundsatz des Schutzes der Inländerbehandlung sicherte. Die RBÜ erhielt eine revidierte Fassung durch ein weiteres völkerrechtliches Abkommen der WIPO (WIPO – Copyright-Treaty = WCT) vom 20.12.1996, das den Schutz von Computerprogrammen umfasst.[1063] Diese völkerrechtlichen Verträge sichern gewisse grundsätzliche Rechte, bspw. die Gleichbehandlung von Ausländern im Inland, aber die unterschiedlichen Urheberrechtsgesetze der Länder werden dadurch nicht verändert. [1064] Auch hier spielt das internationale Privatrecht eine Rolle. Die Schutzrechte, wie das Ueberrecht, unterliegen den Vorschriften des Art. 8 Abs. 1 ROM II-VO, wenn es sich um die Anwendung von außervertraglichen und nicht vertraglichen Vereinbarungen im Sinne des Art. 4 I ROM I handelt. Grundsätzlich gilt im Urheberrecht das „Territorialitätsprinzip". Dieses Prinzip geht davon aus, dass die Geltung des Urheberrechts auf das nationale Gebiet der Bundesrepublik Deutschland beschränkt ist.[1065]

Soweit aber eine Kollision mit den Schutzrechten anderer Staaten besteht, gilt nach Art. 8 Abs. 2 ROM II-VO das „Schutzlandprinzip, dass in Art. 5 Abs. 1 und 2 RBÜ ausführlicher beschrieben wird.

1062 Bischof/Witzel, Praxisrelevante Aspekte des US Urheberrechts im Überblick, ITRB 2010, 260; Kubach, Musik aus zweiter Hand – ein neuer digitaler Trödelmarkt, CR 2013, 279 f.;. United States Court Southern District of New York, Urt. v. 30.3.2013 – 12 Cri. 95 (RjS) – Cri 3/2013, 81; Niclas/v. Blumenthal, USA: Unzulässiger Weiterverkauf von Software, ITRB 2010, 246; Zimmerman, John Wiley & Sons, Inc. vs. Kirtsaeng – Court Appeals for the 2nd Circuit, decision of 15. August 2011, Cri 2011, 150.
1063 Wandtke/Bullinger/Welser, UrhG (2009), § 121 Rdnr. 30–33.
1064 Hören, Internet- und Kommunikationsrecht (2012), S. 460 f.; Rehbinder, UrhR (2010), §71 Rdnr. 977.
1065 Rehbinder, UrhR (2010), § 70 Rdnr. 976.

Das „Schutzlandprinzip" besagt, dass der Urheber seine Rechte in der jeweiligen Rechtsordnung des Landes zu suchen hat, in dem eine Verletzung seiner Rechte erfolgte. Es gilt danach nicht das Recht des Gerichtsortes (lex fori), sondern das Recht des Schutzlandes.[1066]

Beispiel: Der Provider hat seinen Betriebssitz in den USA. Dieser stellt ohne Zustimmung die Bücher eines Deutschen in seine Datenbank. Der deutsche Autor kann den US-Provider nach US-Recht verklagen. Er kann ihn auch, wegen des Rechtsschutzes nach dem deutschen Urheberrecht in Deutschland verklagen.[1067]

Art. 5 Abs. 1 und 3 RBÜ sichert den ausländischen Urhebern zu, dass diese denselben Schutz wie ein inländischer Urheber genießen.[1068]

In der Literatur wird die Meinung vertreten, dass der Art. 4 Abs. 1 ROM bei vertraglichen Rechtsverhältnissen das Schutzlandprinzip außer Kraft setzt, nach dem das Recht am Ort des Dienstleisters oder des Verkäufers zur Anwendung kommt.[1069] Problematisch wird es bei grenzüberschreitenden Sachverhalten, bspw. bei Rundfunksendungen oder auch Online-Übertragungen. Bei widerrechtlichen Rundfunksendungen stellt sich die Frage, wo die Rechtsverletzung stattfindet, in den Sende- bzw. Ausstrahlungs- oder Empfangsländern. Nach der „Schutzlandtheorie" kommt das Urheberrecht zur Anwendung, in dem der Eingriff erfolgt ist und Schutz gesucht wird. Die Rechtsliteratur[1070] geht in diesem Zusammenhang vorherrschend von der „Bogsch-Theorie" aus. Danach sind sowohl das Ausstrahlungsland als auch sämtliche Empfangsländer betroffen. Es kommt also darauf an, in welchem Land wegen des rechtswidrigen Eingriffs Schutz gesucht wird. Es kann das Land der Handlungsbegehung sein oder das Land bzw. die Länder, in dem der „Erfolgsort", d. h. das schädigende Interesse eingetreten ist.[1071] Diese rechtlichen Alternativen ergeben sich nach einer grundlegenden Entscheidung des Europäischen Gerichtshof vom 25.10.2011[1072] sowie auch aus Art. 5 Nr. 3 der Verordnung (EG) Nr. 44/2001 des Rates vom 22.12.2000 über gerichtliche Zuständigkeiten und die Anerkennung sowie Vollstreckung von Entscheidungen in Zivil- und Handelssachen.

Bei der Onlineübermittlung ist eine Lokalisierung des Handlungsortes bzw. des Ortes der rechtswidrigen Nutzungshandlungen schwierig. Ist es der Speicherplatz, auf dem ein urheberrechtlich geschütztes Werk zugänglichgemacht wird (§ 19a UrhG)

1066 Wandtke/Bullinger/Welser, UrhG (2009), Vor §§ 120 ff., Rdnr. 4 f.; so auch Lehmann/Giedke, Urheberrechtliche Fragen des Cloud Computing, CR 2013, 681, 687 f.
1067 Palandt/Thorn, BGB (2012), ROM II Art. 8 Rdnr. 9.
1068 Rehbinder, Urheberrecht (2010), § 71 Rdnr. 985.
1069 Horen, Internet- und Kommunikationsrecht (2012), S. 462; Wandtke/Bullinger/Welser, UrhG (2014), Vor §§ 120 ff., Rdnr. 21.
1070 Wandtke/Bullinger/Welser, UrhG (2014) ,Vor §§ 120 ff, Rdnr. 15–18.
1071 Lehr, Internationale medienrechtliche Konflikte und Verfahren, NJW 2012, 705.
1072 EuGH, Urt. v. 25.10.2011 – Rs. C-598/09, Rs. C-161/10 – CR 2011, 808, 810.

oder ein Server, von dem das geschützte Werk herunter- oder hochgeladen wird? Hier gibt es noch keine gesicherte Rechtslage.[1073] Vorherrschend wird die Meinung vertreten, dass im Falle der öffentlichen Zugänglichmachung es für die urheberrechtliche Beurteilung auf das Recht des Staates ankommt, in denen die Inhalte bestimmungsgemäß verbreitet werden sollen, das Empfängerland ist somit maßgeblich.[1074]

Beispiel: Wenn in Korea auf einer Webseite ein Buch in deutscher Sprache veröffentlicht wird, zu dem der Autor keine Zustimmung erteilt hat, dann findet das Recht Anwendung, in dem der Schaden der Rechtsverletzung eingetreten ist, also das koreanische Recht.[1075]

Fraglich ist auch die Rechtslage, wenn der Kunde einer Cloud-Infrastruktur auf einem im Ausland lokalisierten Server Vervielfältigungshandlungen vornimmt oder vornehmen lässt, zu denen er nicht berechtigt ist. Stellt man auf die Tathandlung der Vervielfältigung ab, so gilt das Recht des Ortes im Ausland. Es gibt auch Meinungen, die den „Ort des privilegierten Auftraggebers" als maßgeblich ansehen, weil die Vervielfältigungshandlung nur eine Vorbereitungshandlung für die spätere Nutzung am Ort des Auftraggebers anzusehen ist.[1076] Diese Darstellung der internationalen Rechtslage der Schutzrechte zeigt auf, welche Rechtsfragen entstehen, wenn ein Internet-Dienst über mehrere Provider und auch Nutzer sich erstreckt, die in unterschiedlichen Ländern ihren Sitz haben.

In der Literatur[1077]wird daher gerade bei der grenzüberschreitenden Online-übermittlung empfohlen, die Rechte sämtlicher Länder zu erwerben, in denen das Werk abrufbar ist. Für den Europäischen Gerichtshof kommt es darauf an, wo das Mitglied der Öffentlichkeit angesprochen wird.[1078] Diese Gedanken lassen sich auch auf online-kooperierende Softwareagenten anwenden. Eine fast identische Rechtslage besteht bei dem Markenschutz, der ebenfalls auf dem Territorialitäts- und Schutzlandprinzip beruht.[1079] Die technische Wertschöpfung wird erheblich durch die komplizierte Rechtslage, bedingt durch die unterschiedlichen Rechtsysteme der einzelnen Staaten, erschwert ggf. auch unmöglich gemacht. Besonders schwierig ist die Beweislage, wenn bspw. bei einer weltweiten Cloud-Anwendung der rechtsverlet-

---

1073 Rehbinder, UrhR (2010,) § 71 Rdnr. 977; Marly, Praxishandbuch Softwarerecht (2009), Rdnr. 359; Wandtke/Bullinger/v. Welser, UrhG (2009), Vor §§120 ff., Rdnr. 19.

1074 Dreier/Schulze UrhG (2013), Vor §§ 120 ff., Rdnr. 33; Marly, Praxishandbuch Softwarerecht (2009), Rdnr. 359; so auch Lehmann/Giedke, Urheberrechtliche Fragen des Cloud Computing, CR 2013, 681, 687 f.; Wandtke/Bulllinger/v.Welser, UrhG (2014), Vor §§ 120 Rdnr. 19.

1075 Härting, Internetrecht (2014), Rdnr. 1868; BGH, Urt. v. 13.10.2004 – I ZR 163/02 – NJW 2005, 1435 und BGH, Urt. v. 2.3.2010 – VI ZR 23/09 – MDR 2010, 745.

1076 Dreier/Schulze, UrhG (2013), Vor § 120 Rdnr. 46.

1077 Wandtke/Bulllinger/v.Welser, UrhG (2014), Vor §§ 120 ff, Rdnr. 19; Dreier/Schulze, UrhG (2013), Vor §§ 120 Rdnr. 61a.

1078 EuGH, Urt. v. 18.10.2012 – C 173/11 – GRUR 2012, 1245.

1079 BGH, Urt. v. 13.10.2004 – I ZR 163/02 – NJW 2005, 1435.

zende Server nicht identifiziert werden kann. Dann bringt es dem in seinen Rechten verletzten Rechtsinhaber nichts, dass er die Länder benennen kann, in denen ihm ein Schaden entstanden ist.

4.4 Datenschutzrecht und Datensicherheit

Das Thema Datenschutz ist sicherlich ein Kernthema bei allen internationalen Rechtsverhältnissen. Auch hier haben die Staaten in der Regel unterschiedliche Rechtslagen Mit jeweils einem sehr unterschiedlichem Schutzniveau getroffen.[1080] Erstaunlich ist, dass der Datenschutz in den USA bis auf wenige Ausnahmen gesetzlich nicht geregelt ist, sondern auf Einzelfallentscheidungen der Gerichte beruht. Möglicher Hintergrund ist die weitverbreitete Meinung in den USA, dass der Datenschutz die „Meinungsfreiheit der Amerikaner" tangiert.[1081] Anders ist die Rechtslage in der Europäischen Gemeinschaft. Die EU-Richtlinie 95/46/EG des Europäischen Parlaments und des Rates vom 24.10.1995 zum Schutz natürlicher Personen bei der Verarbeitung personenbezogener Daten und zum freien Datenverkehr (ABL Nr. 1 281 Seite 31/EU – Dok. Nr. 3 1995 L.0046.) bezweckt eine gewisse, minimale Harmonisierung des Datenschutzrechtes in den Europäischen Mitgliedsstaaten, die den Mitgliedsstaatenaber gewisse Freiräume bei der Umsetzung in nationales Recht zugesteht. Erst eine fortgeschriebene Datenschutzverordnung (DS-GVO) vom 12.3.2014 (DS.GVOKOM (201) end) soll den EU-Mitgliedsstaaten einen einheitlichen Rahmen vorgeben.[1082]

Zunächst ist vom Grundsatz festzuhalten, dass nach § 1 Abs. 2 und 5 BDSG das Datenschutzgesetz nur im Inland, also in Deutschland, zur Anwendung kommt. Es gilt somit das Territorialprinzip. Erfolgt die Datenverarbeitung in Deutschland, gleichgültig ob es sich um ein deutsches oder ausländisches Unternehmen handelt, so gilt das deutsche Bundesdatenschutzgesetz. Der § 1 Abs. 5 stellt hier auf den Sitz der verantwortlichen Stelle ab. Anders ist die Rechtslage, wenn die datenverarbeitende Stelle ihren Sitz im Ausland hat.[1083]

Beispiel: Erhebt ein US-Unternehmen in Deutschland personenbezogene Daten, so findet das deutsche BDSG Anwendung.

1080 Gola/Schomerus, BDSG (2010), § 4b Rdnr. 14–16.
1081 Korte, Fehlerbegriff und Produkthaftung für medizinische Software, CR 1990, 251, 253; Lenz, Produkthaftung (2014), Rdnr. 156–160.
1082 S. Härting, EU-Datenschutzrecht, CR 2013, 715; Gola/Klug, Datenschutzrecht 2014, NJW 2014, 2622.
1083 Gola/Schomerus, BDSG (2015), § 1 Rdnr. 27–29.

Das OVG Schleswig[1084] weist im Falle der Niederlassung von „Facebook" im Inland darauf hin, dass eine Niederlassung nicht unbedingt auch eine verantwortliche Stelle im Sinne des § 3 Abs. 7 BDSG sein muss. Das Gericht verweist auf Art. 2d der Richtlinie 96/46EG, nach der es darauf ankommt, ob die natürliche oder juristische Person über die Zwecke und Mittel der Verarbeitung von personenbezogenen Daten „entscheidet". Im vorliegenden Fall ist das nicht Facebook Deutschland, sondern Facebook Ireland Ltd. Der europäische Gerichtshof (EuGH)[1085] beurteilt die Rechtlage in einem Fall anders. Eine Niederlassung von Google in einem EU-Mitgliedsland hat ihren Kunden Webseiten zur Nutzung für Informationen zur Verfügung gestellt. Die Informationen wurden aber auf der Suchmaschine der Muttergesellschaft verarbeitet. Der EuGH vertritt die Meinung, dass die Tätigkeit des Suchmaschinenbetreibers im Drittland untrennbar mit der Tätigkeit der Niederlassung in einem EU-Mitgliedsland verbunden ist, sodass die Verarbeitung personenbezogener Daten im Rahmen der Tätigkeit der Niederlassung erfolgte. Das EU-Datenschutzrecht kommt daher zur Anwendung (Art. 4 Abs. 1 EU Datenschutz RL).

Wenn ein angemessenes Datenschutzniveau nicht gewährleistet ist, ist nach § 4c BDSG in Verbindung mit Art. 7, 26 EU-Datenschutz RL (Art. 41 f. DS GVO) eine Übertragung in Drittländern nur zulässig, wenn:
- die Einwilligung des Betroffenen vorliegt,
- die Übermittlung für die Erfüllung eines Vertrages zwischen dem Betroffenen und der verantwortlichen Stelle erfolgt,
- die Übermittlung zur Wahrung von wichtigen öffentlichen Interessen oder für die Wahrung wichtiger lebenswichtiger Interessen des Betroffenen ist,
- die Übermittlung aus einem Register erfolgt, das für die Information der Öffentlichkeit bestimmt ist und die Öffentlichkeit ein berechtigtes Interesse nachweisen kann.

Der Art. 15 EU-DatenschutzRL sieht ebenfalls vor, dass keine automatisierten Entscheidungen dürfen, die ausschließlich auf einer automatisierten Verarbeitung beruhen. In dem Rechtsschrifttum wird die wichtige Frage erörtert, ob bspw. beim „Cloud Computing" die Grundsätze der Auftragsdatenverarbeitung im Sinne des § 11 BDSG auch dann zur Anwendung kommen, wenn die Datenverarbeitung außerhalb der Europäischen Gemeinschaft (EU) stattfindet.[1086] Denn die Verarbeitung personenbezogener Daten im Auftrag durch andere Stellen (§ 11 Abs. 1) bezieht sich nur auf Stellen, die ihren Sitz nach § 3 BDSG innerhalb der Bundesrepublik Deutschland und der Europäischen Gemeinschaft haben (§ 3 Abs. 8 BDSG) und nicht in einem Drittland außerhalb der EU haben.[1087] Die rechtliche Folge ist, dass die Erhebung, Speicherung, Verarbei-

---

1084 OVG Schleswig, Beschl. v. 22.4.201 – 4 MB 11/13 – NJW 2013, 1977.
1085 EuGH, Urt. v. 13.5.2014 – Rs. C-131/12 – CR 2014, 460.
1086 Niemann/Heinrichs, Kontrolle in den Wolken, CR 2010, 686–688.
1087 Gola/Schomerus, BDSG (2010), § 11 Rdnr. 3.

tung und Übermittlung von personenbezogenen Daten im privaten bzw. geschäftlichen Bereich grundsätzlich nur zulässig ist, wenn die Voraussetzungen der §§ 28 ff. BDSG vorliegen.[1088] Es hier aber zusätzlich zwischen dem Datentransfer innerhalb und außerhalb der europäischen Union zu unterscheiden. Maßgebliche Regelungen in Deutschland sind hier das Bundesdatenschutzgesetz, die Datenschutzgesetze der Bundesländer und die Datenschutzvorschriften des Telekommunikationsgesetzes.

Aufgrund der Datenschutzrichtlinie 95/46/EG vom 24.10.1995 (in der Änderungsfassung vom 29.9.2003 (Art. 25) (zukünftig Art. 40 ff. DS GVO)) sind in §§ 4b, 4c BDSG die Anforderungen an den grenzüberschreitenden Transfer in Länder außerhalb der EU geregelt. Nach Art. 25 Abs. 2 (Art. 41 DS GVO) und § 4b Abs. 3 BDSG ist ein Transfer von personenbezogenen Daten in Drittländer (außerhalb der EU) nur dann erlaubt, wenn in dem Land des Empfängers ein „angemessenes Schutzniveau" besteht. Was unter „angemessenem Schutzniveau" zu verstehen ist, ist im Gesetz selbst nicht geregelt, sondern ist in jedem Einzelfall unter Berücksichtigung aller Umstände und nach dem Grad der Persönlichkeitsgefährdung zu ermitteln.[1089]

Auch stellt sich die Frage, ob der Hostprovider, der lediglich Systemressourcen ohne eigene Mitwirkung zur Nutzung bspw. Unternehmen in Deutschland zur Verfügung stellt, als Dritter im Sinne des § 3 Abs. 7 BDSG anzusehen ist. Wenn ein Nutzer selbst auf dem System des Hostproviders die personenbezogenen Daten verarbeitet und der Hostprovider keinen Einfluss darauf hat, fehlt eine eigene Verantwortlichkeit des Hostproviders für eine rechtlich zulässige Verarbeitung, sodass er nicht als Dritter im Sinne des § 3 Abs. 7 BDSG angesehen werden kann.[1090] Allerdings hat der Nutzer die volle Verantwortung dafür, dass der Hostprovider den nach § 9 bzw. § 4b Abs. 2 und Abs. 3 BDSG erforderlichen Systemdatenschutz gewährleistet.

Es dürfte klar sein, dass der Aufwand zur Feststellung eines angemessenen Schutzniveaus durch eine Aufsichtsbehörde kaum zu administrieren ist. Daher hat die EU-Kommission einige Erleichterungen vorgesehen. Dazu gehört die Möglichkeit, dass im Falle des Datentransfers an eine Stelle außerhalb der übertragenden Stelle in der EU durch Standardverträge ausreichende Garantien bezüglich des Schutzes des Persönlichkeitsrechts und der damit verbundenen Rechte vorweist und nachweist. (§ 4c Abs. 2 BDSG). Dazu hatte die EU verschiedene Standardvertragsklauseln entwickelt.[1091] Zudem hat die EU zur Klärung der Haftungssituation „Binding Corporate Rules" entwickelt (§ 4b BDSG), die parallel bestehende nationale gesetzliche Haftungsvorschriften tangieren.[1092] Maßgeblich ist aber heute die letzte am 5.2.2010

1088 Gola/Schomerus, BDSG (2010), § 4b Rdnr. 8; Becker/Nikolaeva, Das Dilemma der Cloud Anbieter zwischen US Patriot Act und BDSG, CR 2012, 170, 174.

1089 Gola/Schomerus, BDSG (2010), § 4b Rdnr. 10.

1090 Koch, Grid Computing im Spiegel der Telemedien, Urheber- und Datenschutz, CR 2006, 113, 119; a. A. Weichert, Cloud-Computing und Datenschutz, S. 9 ff., www.datenschutzzentrum.de/CloudComputing/Co (letzter Abruf: 10.8.2015).

1091 Moos, Die EU-Standardvertragsklauseln für Auftragsverarbeiter, CR 2010, 281 f.

1092 S. Grapentin, Haftung ist anwendbares Recht im überregionalen Datenverkehr, CR 2011, 102 ff.

beschlossenene Standardklausel (EG-Kommission, Beschluss vom 12.2.2010 (ABL EG vom 12.2.2010 Nr. L 39/5) über Standardklauseln für die Übermittlung personenbezogener Daten an Auftragsbearbeiter in Drittländern nach der Richtlinie 95/46/EG).[1093] Durch diese neue Richtlinie sollen sog. „Kettenauslagerungen" geregelt werden.[1094] Eine solche Konstellation liegt beispielsweise vor, wenn ein Unternehmen in Deutschland bzw. in der EU einen Unterauftragnehmer in einem Staat außerhalb der EU, bspw. in der USA, mit der Verarbeitung von personenbezogenen Daten beauftragt, der wiederum berechtigt sein soll, weitere Unterauftragnehmer zu beauftragen. Diese Konstellation ist nicht zu verwechseln mit der Verantwortung eines Hostproviders, der Dritten lediglich eine technische Infrastruktur zur Verfügung stellt und nicht in die darauf ablaufenden Verarbeitungsvorgänge eingebunden ist. Der Hostprovider ist dann keine verantwortliche Stelle im Sinne des § 3 Abs. 7 BDSG.[1095]

Voraussetzung für einen genehmigungsfreien Transfer von personenbezogenen Daten von einem Auftraggeber mit Sitz in der EU an einen Unterauftragnehmer mit Sitz außerhalb der EU ist nach Klausel Art. 26 Abs. 2 (Art. 42 Abs. 2 b DS GVO) die EU-Standardvertragsklausel:[1096]

– Einwilligung des Auftraggebers (Datenexporteur) in die Unterauftragsverarbeitung oder Zulässigkeiten nach §§ 4c Abs. 1, 28 ff. BDSG in Verbindung mit den Art. 13, 17, 26 EU-Datenschutz-RL.

– Der außerhalb der EU ansässige Unterauftragnehmer (Datenimporteur) hat eine Vereinbarung mit dem Unterauftragnehmer getroffen, die die gleichen Pflichten auferlegt, die der Datenimporteur im Rahmen der Auftragsverarbeitung zu erfüllen hat.

– Der Datenimporteur ist gegenüber dem Datenexporteur voll für die Datenverarbeitung durch den Unterauftragnehmer verantwortlich.

– Zudem ist zwischen Datenimporteur und Unterauftragnehmer eine in Klausel 3 vorgeschriebene Drittbegünstigungsklausel zu vereinbaren, die dem Betroffenen das Recht einräumt, Schadensersatzansprüche gegen den Unterauftragnehmer geltend zu machen.

– Für den Unterauftragnehmer findet zwingend das Datenschutzrecht des Datenexporteurs (Auftragnehmers) Anwendung.

– Der Datenexporteur führt ein Verzeichnis über sämtliche Verträge mit dem Unterauftragnehmer und aktualisiert diese ein Mal im Jahr.

1093 Gola/Schomerus, BDSG (2010), § 4c Rdnr. 13.
1094 Moos, Die EU-Standardvertragsklauseln für Auftragsverarbeiter, CR 2010, 281, 283.
1095 Alich/Nolte, Zur datenschutzrechtlichen Verantwortlichkeit (außereuropäischer) Hostprovider für Drittinhalte, CR 2011, 741, 743.
1096 Moos, Die EU-Standardvertragsklauseln für Auftragsverarbeiter, CR 2010, 281, 283; Lensdorf, Auftragsverarbeitung in der EU/EWR und Unterauftragsverarbeitung in Drittländern, CR 2010, 735, 736; Gola/Schomerus, BDSG (2010), § 4c Rdnr. 4; Becker/Nikolaeva, Das Dilemma der Cloud Anwendung zwischen US Patriot Act und BDSG, CR 2012, 170, 173.

Diese Regelung betrifft nicht den Fall, dass ein Auftraggeber mit Sitz in der EU einen Unterauftragnehmer ebenfalls mit Sitz in der EU zur Datenverarbeitung mit personenbezogenen Daten beauftragt, weil der Unterauftragnehmer in der EU nicht als Datenimporteur im Sinne der Standardvertragsklausel angesehen wird.[1097] Die „Art. 29 Datenschutzgruppe" (eine Beratungsgruppe der Europäischen Kommission in Fragen des Datenschutzes gemäß Art. 29 EG-Datenschutz-RL; zukünftig Art. 64 GS DVO) sowie der „Düsseldorfer Kreis" (eine Vereinigung der oberen Aufsichtsbehörden, die in Deutschland die Einhaltung des Datenschutzes im nicht öffentlichen Bereich überwachen)[1098] sind der Meinung, dass derartige Konstellationen möglich sind, aber dennoch jeweils der Prüfung und Genehmigung der Aufsichtsbehörde bedürfen.[1099] Es ist hier darauf hinzuweisen, dass es sich um eine Vorgehensweise der EU Kommission handelt, die andere Länder außerhalb der EU nicht bindet.

Die EU und das Handelsministerium der USA haben am 26.7.2000 Grundsätze über ein angemessenes Datenschutzniveau bei US-amerikanischen Unternehmen vereinbart (Sicherer Hafen oder Safe Harbor).[1100] Besonders misslich ist, dass diese Grundsätze oder Leitlinien auf einer freiwilligen Selbstverpflichtung von US-Unternehmen beruhen und keine Standardverträge für die „Safe-Harbor"-Zertifizierung in den USA entsprechend der EU-Standardverträge vorsehen.[1101]

Hierzu ist anzumerken, dass in den USA kein einheitliches Datenschutzgesetz wie in Deutschland und Europa existiert. Grundlage für den Datenschutz in den USA ist die Verfassung, insbesondere das „fourth Amendment", das für alle Bereiche und Bundesstaaten gilt.[1102] Lediglich der Staat California und Massachusetts verfügen über eigene Datenschutzgesetze.[1103] Die Deutschen Aufsichtsbehörden haben in einem Beschluss am 28./29.4.2010 in Hannover die Sicherheit der „Safe Harbor"-

---

1097 Gola/Schomerus, BDSG (2015), § 4b BDSG Rdnr. 2–5.

1098 S. hierzu die ausführlichen Erläuterungen bei Lensdorf, Auftragsdatenverarbeitung in EU/EWR und Unterauftragsverarbeitung in Drittländern, CR 2010, 735, 740.

1099 Beschl. der obersten Aufsichtsbehörden für den Datenschutz im nicht öffentlichen Bereich v. 28./29.4.2010, https://www.ldi.nrw.de/mainmenu-Service/submenu-Sub (letzter Abruf: 10.8.2015); Schneider, Handbuch des EDV Rechts (2009), Kap. B Rdnr. 234 f.

1100 Entscheidung 2000/520/EG der Kommission vom 26.7.2000 gemäß der Richtlinie 95/46 des Europäischen Rates über die Angemessenheit des von den Grundsätzen des „sicheren Hafens" und den diesbezüglichen „Häufig gestellten Fragen" (QA) gewährleisteten Schutzes, vorgelegt vom Handelsministerium der USA, ABL.L 215 v. 26.8.2000, S.7, http://de.wikipedia.org/wiki/safe_Harbor.

1101 Gola/Schomerus, BDSG (2010), § 4c Rdnr. 11; Weichert, Unabhängiges Landeszentrum für Datenschutz Schleswig-Holstein (23.10.2010), S. 12, www.datenschutzzentrum.de/CloudComputing/Co (letzter Abruf: 10.8.2015); Alich/Nolte, Zur datenschutzrechtlichen Verantwortlichkeit (außereuropäischer) Hostprovider für Drittinhalte, CR 2011, 741, 743; Schneider, Handbuch des EDV Rechts (2009), Kap. B Rdnr. 234 f.

1102 Lejeune, Datenschutz in den Vereinigten Staaten von Amerika, CR 2013, 755.

1103 Lejeune, Datenschutz in den Vereinigten Staaten von Amerika, CR 2013, 755 mit einem Überblick über einzelne datenschutzgesetzliche Regelungen.

Abkommen bezweifelt und fordern weitere Sicherheitsanforderungen.[1104] Die Rechtslage in den USA wird durch den „Patriot Act" (Uniting and Strengthening America by Providing Appropriate Tools Required to Intercept and Obstruct Terrorism Act 2001) sowie auch durch den „No Spy-Erlass" vom 30.4.2014 erheblich erschwert. Im Falle eines Terrorismusverdachts dürfen Behörden auf alle Daten ohne richterlichen Beschluss zugreifen. Gleiches Recht hat der US-Auslandgeheimdienst im Inland. Der „USA Patriot Act" widerspricht somit dem europäischen, insbesondere dem Recht der Bundesrepublik Deutschland.[1105]

Im Rechtsschrifttum[1106] wird mit Recht die Frage gestellt, ob die Forderungen der US-Behörden, dass US-Unternehmen mit Auslandssitzen auch personenbezogene Daten ihrer Auslandstöchter an die Behörden auszuliefern haben, von den §§ 28 ff. BDSG gerechtfertigt sind, weil die Herausgabe der Daten nicht zur Abwehr von unmittelbaren Gefahren, sondern zur Weitergabe an US Behörden dient. Die Bedenken ergeben sich aus einer Entscheidung des Europäischen Gerichtshofs (EuGH) vom 30.5.2006,[1107] welche die Verarbeitung und Übermittlung von Fluggastdaten für nichtig erklärt, weil die EU-Kommission bei der Verabschiedung der Vereinbarung über die Übermittlung von Fluggastdaten mit den USA nicht das vorgeschriebene Verfahren (Prüfung durch die Datenschutzgruppe nach Art. 29 EU-Datenschutz-RL) eingehalten hat und bei der Prüfung die besonderen Aspekte der Art. 3, 13, 26 EU-Datenschutz -RL nicht eingehalten worden sind.[1108] Die Vereinbarung über die Übermittlung von Flugdaten ist aber mittlerweile am 26.7.2007 rechtsgültig zwischen den USA und der Bundesregierung vereinbart worden.[1109]

In den Standardverträgen (Klausel 9) ist vorgesehen, dass das Datenschutzrecht an den Sitz des Auftraggebers bindend ist. Aus der Sicht eines deutschen Auftraggebers bedeutet diese zwingende Vorschrift, dass jeder Unterauftragnehmer außerhalb der EU, bspw. in den USA, China oder Südamerika, das Recht der Bundesrepublik Deutschland für das Unterauftragsverhältnis anerkennen muss. Mit Recht wird im Rechtsschrifttum auf die Schwierigkeit aufmerksam gemacht, dass jeder Unterauftragnehmer außerhalb der EU, der geschäftsmäßig IT-Service-Leistungen, die auch die Datenverarbeitung mit personenbezogenen Daten umfasst, eine Vielzahl von nationalen Datenschutzgesetzen beachten muss.[1110]

1104 https://de.wikipedia,org/wiki/Safe_Harbor (letzter Abruf: 18.8.2015); Hoeren (2012), S. 406 f.
1105 https://de.wiki.org/wiki/Patriact_Act (letzter Abruf: 16.8.2015); s. hierzu Holleben/Probst/Winters, No Spy-Erlass vs. USA Patriot Act, CR 2015, 63.
1106 Becker/Nikolaeva, Das Dilemma der Cloud Anwendung zwischen US Patriot Act und BDSG, CR 2012, 170, 173.
1107 EuGH, Urt. v. 30.5.2006 – C 317, 318/04 – NJW 2006, 2029 f.
1108 Simitis, Übermittlung von Flugpassagierdaten, NJW 2006, 2011; Schaar, Schutz von persönlichen Daten in der Cloud, RFID (4/2012), 321 f.
1109 Gola/Schomerus, BDSG (2010), § 4b Rdnr. 14.
1110 Moos, Die EU-Standardvertragsklauseln für Auftragsbearbeiter, CR 2010, 281, 284.

Es liegt auf der Hand, dass eine weltweite „Cloud Computing"-Anwendung und die damit verbundenen Maßnahmen zur Sicherheit der Datenverarbeitung (§ 9 BDSG) an dem administrativen Aufwand, der Transparenz, den Prüf- und Kontrollmöglichkeiten scheitern kann, gleichgültig, ob es sich um „Private Public oder Hybrid Cloud Computing" handelt.[1111] Nach § 9 BDSG und Art. 17 Abs. 1 EU-Datenschutzrichtlinie besteht die Verpflichtung, dem Nutzer die technischen und organisatorischen Maßnahmen offenzulegen. Wie soll das weltweit geschehen, wenn weltweit verstreute Dienstanbieter in die Cloud eingebunden sind, die auch wieder Anbieter (Subanbieter) von Servern einbezogen haben? In diesem Zusammenhang ist auch der Vorschlag der EU-Kommission für eine Richtlinie über Maßnahmen zur Gewährleistung einer hohen gemeinsamen Netz- und Informationssicherheit in der Union (COM (2013) 48 final) zu beachten. Aufgrund dieser EU-Richtlinie ist in Deutschland das IT-Sicherheitsgesetz erlassen worden.[1112]

Ein weiteres Problem sind hierbei die Benachrichtigungspflichten bei Sicherheitspannen (§ 42a BDSG), die gerade im US-Recht eine besondere Ausprägung durch eine Vielzahl von einzelnen, auch unterschiedlichen Gesetzen der US-Bundesstaaten („security breach notification laws") finden.[1113]

Im Anbetracht dieser vielen sicherheitsrelevanten Aspekte hat nunmehr der EuGH in einer Art Grundsatzentscheidung vom 6.10.2015 entschieden, dass in den USA kein angemessenes Schutzniveau für die Verarbeitung von personenbezogenen Daten besteht. Das Safe-Harbor-Abkommen ist damit rechtsunwirksam.[1114] Diese Entscheidung wird auf die Kommunikation zwischen Europa und den USA und auch die laufenden Verhandlungen über ein Freihandelsabkommen TTIP gravierende Auswirkungen haben.

Cloud Computing bedeutet auch, dass mehrere Nutzer auf den gleichen Rechnern arbeiten und zwar mit unterschiedlichen Aufgaben, die auch keine personenbezogenen Daten beinhalten. Es wird die kritische Frage gestellt, wie erfolgt die „Abschottung" der personenbezogenen Daten von anderen Daten.[1115] Liegen mandantenfähige Systeme vorn?

[1111] Hennrich, Compliance in Clouds, CR 2011, 546, 550; Stiemerling/Hartmann, Datenschutz und Verschlüsselung, CR 2012, 60, 62, 66.

[1112] Heinickel/Feiler, Der Entwurf für ein IT-Sicherheitsgesetz – europäischer Kontext und die Bedürfnisse der Praxis, CR 2014, 708.

[1113] Duisburg/Picot, Rechtsfolgen von Pannen in der Datensicherheit, CR 2009, 823, 827.

[1114] EuGH, Urt. v. 6.10.2015 – C-362/14 – https://curia.europa.eu/juris/document.jsf (letzter Abruf: 6.10.2015).

[1115] Weichert, Unabhängiges Landeszentrum für Datenschutz Schleswig-Holstein (23.10.2010), S. 14, www.datenschutzzentrum.de/CloudComputing/Co (letzter Abruf: 10.8.2015).

Die technischen Vorteile des „Cloud Computing" und die damit verbundene Wertschöpfung können an den Anforderungen des Datenschutzes scheitern.[1116] Falls keine Rechtswahl getroffen ist, gilt für Unternehmen innerhalb der Europäischen Union nicht das Territorialprinzip, sondern nach § 1 Abs. 5 BDSG das Recht des Landes, in dem die verantwortliche Stelle ihren Sitz hat, die die personenbezogenen Daten erhebt, verarbeitet oder nutzt (Sitzprinzip). Dadurch wird erreicht, dass bspw. ein internationales Unternehmen sich nicht mit den nationalen Datenschutzgesetzen anderer Länder auseinandersetzten muss, in denen das Unternehmen tätig ist. Dieses Unternehmen braucht sein Handeln nur nach dem Datenschutzgesetz des Landes ausrichten, in dem es seinen Sitz hat.[1117] Soweit allerdings Unternehmen, die außerhalb der EU ihren Sitz haben, eine Niederlassung bspw. in Deutschland haben, haben sie das deutsche Datenschutzgesetz zu beachten.[1118]

Bei den Nutzern und Providern im „Public Cloud Computing" handelt es sich in der Regel um selbstständige Unternehmen oder Nutzer. Maßgeblich ist in einer solchen Konstellation das Datenschutzrecht des jeweiligen Landes, in dem das Unternehmen oder der Nutzer seinen Sitz hat (§ 1 Abs. 5 BDSG). Nach Art. 40 EGBGB gilt das Recht des Landes, in dem der „Täter" die Handlung vornahm (Handlungsort). Der Geschädigte kann aber verlangen, dass das Gesetz des Landes angewandt wird, in dem der Erfolg der Verletzung eingetreten ist (Erfolgsort). Art. 1 II lit. g ROM II VO findet jedoch keine Anwendung auf außervertragliche Schuldverhältnisse aus der Verletzung der Privatsphäre oder der Persönlichkeitsrechte einschließlich der Verleumdung; dazu gehört auch das Datenschutzrecht.[1119] Hier gilt die Tatortregelung nach den Art. 40–42 EGBGB. Dies würde für das Datenschutzgesetz bedeuten, dass der Handlungsort der Ort der Datenverarbeitung und -verwertung maßgeblich ist.[1120] Anders sieht das der BGH[1121] zumindest bei der Frage der internationalen Zuständigkeit bei Persönlichkeitsverletzungen im EU-Bereich. Hier führt der BGH aus, dass der § 40 EGBGB maßgeblich auf den Erfolgsort abstellt, also auf den Ort der Person, die sich in ihren Rechten verletzt fühlt und wo die verletzte Person den Mittelpunkt ihrer Interessen hat. Nach diesen Vorschriften des internationalen Privatrechtes finden bei einem weltweiten „Cloud Computing" die verschiedensten Datenschutzgesetze (soweit ein Land überhaupt über ein Datenschutzgesetz verfügt) Anwendung. Das Rechtsrisiko der Provider und Nutzer des weltweiten „Cloud Computing" lässt sich daher in vielen Fallgestaltungen, insbesondere wenn Nutzer oder Provider in „exo-

---

1116 Weichert, Unabhängiges Landeszentrum für Datenschutz Schleswig-Holstein (23.10.2010), S. 14, www.datenschutzzentrum.de/CloudComputing/Co (letzter Abruf: 10.8.2015); Niemann/Hennrich, Kontrolle in den Wolken, CR 2010, 686, 692.
1117 Gola/Schomerus, BDSG (2010), § 1 Rdnr. 27.
1118 Gola/Schomerus, BDSG (2010), § 1 Rdnr. 29.
1119 Palandt/Thorn, BGB (2012), ROM II 1 Rdnr. 10; BGH, Urt. v. 8.5.2012 – VI ZR 217/08 – CR 2012, 525.
1120 OLG Köln, Urt. v. 25.3.2011 – 8 U 87/10 – CR 2011, 673; Palandt/Thorn, BGB (2012), EGBGB 40 Rdnr. 10.
1121 BGH, Urt. v. 8.5.2012 – VI ZR 217/08 – CR 2012, 525 f.

tischen" Ländern ihren Sitz haben, vielfach nicht einschätzen. Hier liegt sicherlich eine Grenze, die bei der Implementierung von „Cloud Computing" zu beachten ist.[1122]

4.5 Störerhaftung nach dem Telemediengesetz

Wie schon bereits oben in Teil B Ziff. 3.4.5 erwähnt, beruht das Telemediengesetz auf der sog. E-Commerce-Richtlinie (EU-Richtlinie 2000/31/EG vom 17.7.2000, ABL EG L 178). Der § 2a TMG regelt die für die Anwendung des internationalen Rechts wichtige Frage des Sitzlandes. Grundsätzlich bestimmt sich das „Sitzland" nach dem Ort der Geschäftsfähigkeit des Dienstanbieters, also dem Ort, an dem sich der Mittelpunkt der Geschäftstätigkeit des Dienstanbieters befindet. § 3 TMG regelt das „Herkunftslandprinzip". Kernsatz des § 3 TMG ist, dass deutsches Recht auch dann anwendbar ist, wenn die Dienstanbieter im Sinne des § 2a TMG ihre Dienste geschäftsmäßig innerhalb der Europäischen Union anbieten. Für Dienstanbieter aus anderen EU-Staaten gilt das jeweilige Herkunftsland des anderen Landes. Der § 3 TMG gilt aber für eine Reihe von Rechten wie bspw. die Persönlichkeitsrechte (Art. 40 Abs. 1 EGBG) nicht für Urheberrecht, Markenrecht, Versicherungsverträge usw. (siehe im Einzelnen § 3 Abs. 4 TMG).

Da die E-Commerce-Richtlinie spezielle Regelungen für das internationale Privatrecht enthält, haben diese Vorschriften Vorrang vor den Vorschriften von ROM VO I und ROM VO II.[1123] Wenn Dienstanbieter aus Drittländern (nicht EU) Dienste in Deutschland anbieten, gelten die allgemeinen Vorschriften des Internationalen Privatrechts. Die Behörden des Empfängerlandes haben die Rechtslage des Herkunftslandes zu ermitteln, mit der Rechtslage des Empfängerlandes zu vergleichen und nach der Eingriffshandlung die Rechtsordnung festzulegen.[1124] *Hoeren* stellt auf Art. 40 EGBGB ab und meint, dass der Verletzte ein Wahlrecht zwischen dem Recht des Handlungs- (Standort des Servers des Providers) und Erfolgsortes (Ort des Abrufs der Homepage) hat.[1125] Die Rechtslage der Haftung im Internet ist im Ausland unterschiedlich und bietet für international agierende Provider keine Sicherheit.[1126]

4.6 Unlauterer Wettbewerb

Grundsätzlich ist der freie Warenverkehr (Art. 28 ff. EG) und der freie Dienstleistungsverkehr (Art. 49 ff. EG) in der Europäischen Union geschützt. Dazu sind eine Reihe

---

1122 Hennrich, Compliance in Clouds, CR 2011, 546, 549, 551 f.
1123 Palandt/Thorn, BGB (2012) (IPR) ROM II VO 6 Rdnr. 3.
1124 Heckmann, Internetrecht (2007), Kap. 1.3 Rdnr. 32; Spindler, Das Gesetz zum elektronischen Geschäftsverkehr, NJW 2002, 921, 926.
1125 Hoeren, Internet- und Kommunikationsrecht (2012), S. 414.
1126 S. die Beispiele Koch, Internetrecht (2005), § 11 S. 612 f.

von unterschiedlichen Richtlinien erlassen worden. Speziell auf den Schutz vor unlauterem Wettbewerb sind die Richtlinie 2005/29/EG vom 11.5.2005 über unlautere Geschäftspraktiken, die Richtlinie 2006/114/EG vom 12.12.2006 über irreführende und vergleichende Werbung zu nennen.[1127]

Erfreulich ist, dass eine Reihe von Staaten in der Welt Gesetze erlassen haben, die den unlauteren Wettbewerb bekämpfen, wie bspw. Australien, China, Russland, Japan, Korea.[1128] Für die Frage, welches Recht im Falle von Verstößen gegen diese Gesetze zur Anwendung kommt, ist im EU-Bereich der Art. 6 I ROM II VO maßgeblich. Wenn ein außervertragliches Schuldverhältnis vorliegt, ist das Recht des Staates anzuwenden, in dessen Gebiet die Wettbewerbsbeschränkung beeinträchtigt worden ist oder wahrscheinlich beeinträchtigt wird, also der „Marktort".[1129]

4.7 Produkt- und Produzentenhaftung

Die internationale Rechtslage der Produzenten- und Produkthaftung ist ähnlich der beim Datenschutz. Es gibt auch hier eine europäische Richtlinie vom 25.7.1985 zur Angleichung der Rechts- und Verwaltungsvorschriften der Mitgliedstaaten über die Haftung für fehlerhafte Produkte.[1130] In den USA gibt es kein bundesweit geltendes Produkthaftungsgesetz, sondern nur einzelstaatliche Gesetze. Entsprechend dem angloamerikanischen Rechtssystem ist das „Case Law" maßgeblich. Im Wesentlichen stellt die Haftung auf fehlerhafte Konstruktionen, fehlerhafte Herstellungsprozesse und mangelhafte Überwachung und Warnung ab.Vollkommen unterschiedlich ist im Vergleich zum europäischen das Haftungssystem in den USA.[1131]

Nach Art. 5 ROM II VO ist im Falle eines Schaden durch ein Produkt das Recht des Staates anzuwenden, in dem der Geschädigte seinen gewöhnlichen Wohnsitz hat oder in dem das Produkt erworben wurde oder in dem der Schaden eingetreten ist. Voraussetzung ist jedoch in allen Fällen, dass das Produkt in diesen Staaten in den Verkehr gebracht worden ist. Es kommt dabei immer darauf an, mit welchem Staat die unerlaubte Handlung nach den gesamten Umständen eine offensichtlich engere Beziehung hat (Art. 5 Abs. 2 ROM II-VO). Schwierigkeiten ergeben sich, wenn ein Produkt, bspw. ein Auto, das in Korea hergestellt wird, aber noch nicht auf den Markt gebracht worden ist, von einem Italiener gekauft wird und das Produkt fehlerhaft ist und in Italien einen Schaden verursacht.[1132] Dann ist nach einer herrschenden

---

1127 Hefermehl/Koehler/Bornkamm, UWG (2009), Einl. UWB Rdnr. 4.34.1 und 3.50.
1128 Hefermehl/Koehler/Bornkamm, UWG (2009), Einl. UWB, s. Überblick Kap. 4.
1129 Hefermehl/Koehler/Bornkamm, UWG (2009), Einl. UWB Rdnr. 5.33 f.
1130 Kullmann, ProdHaftG (2010), Einleitung Rdnr. 10.
1131 Lenz, Produkthaftung (2014), Rdnr. 92–104.
1132 Lenz, Produkthaftung (2014), Rdnr. 123–126

Meinung nach Art. 5 Abs. 1 lit. b ROM II-VO das italienische Produkthaftungsrecht anzuwenden, weil das Auto erstmals in Italien in den Verkehr gebracht worden ist.[1133]

4.8 Schlussfolgerungen

Die Rechtssysteme in der Welt sind unterschiedlich und von den jeweiligen Kulturen geprägt. Daran wird sich auch in der Zukunft wenig ändern. Aber es gibt viele Rechtsgüter, die trotz der Unterschiedlichkeit der Kulturen als schutzfähig angesehen werden, wie bspw. der Datenschutz und der Schutz geistigen Eigentums. Aber die Regelungen zum Schutz dieser Rechtsgüter unterscheiden sich in Umfang und Inhalt und Art des Schutzes. Es gibt viele gesetzgeberische Bestrebungen, die auch teilweise umgesetzt worden sind. Das Internationale Privatrecht, das sich auch von Land zu Land unterscheidet, ist zumindest ein erfreulicher Ansatz, Rechtsschutz bei Verstößen gegen Rechtsgüter in anderen Ländern zu finden.

Wie bereits in Teil B Ziff. 3.6 dargelegt, ist eine wichtige Voraussetzung für die Inanspruchnahme des Rechtsschutzes, dass ein Verstoß gegen ein Rechtsgut oder Mangel einer Sache oder eines Rechtes von dem Anspruchsteller nachgewiesen werden kann. Gerade bei der weltweiten Nutzung von netz- oder internetbasierenden IT-Systemen wie das „Cloud Computing" ist es äußerst schwierig festzustellen, welches Recht anwendbar ist. Diese Umstände sind für die Wertschöpfungskette von maßgeblicher Bedeutung und die Ursache dafür, dass viele Computerkonzerne nur „private/community Cloud" Dienste in einem technisch und rechtlich überschaubaren und kontrollierbaren Gebiet anbieten.

1133 Lenz, Produkthaftung (2014), Rdnr. 126.

Literatur

Baecker, Kommunikation, Grundwissen der Philosophie, Reclam Verlag 2004.

Bechtold, Kartellgesetz, C.H. Beck Verlag, 6. Auflage 2010.

Beck'sches Formularbuch IT-Recht, C.H. Beck Verlag, 3. Auflage 2012.

Bernstorff, Graf v., Einführung in das englische Recht, C.H. Beck Verlag, 4. Auflage 2011.

Berichte Bundesamt für Straßenverkehr, Elektronische Manipulation von Fahrzeug- und Infrastruktursystemen, Heft F 78, April 2011; Rechtsfolgen zunehmender Fahrzeugautomatisierung, Heft F 83, Januar 2012; Matrix Lösungsvarianten Intelligenter Verkehrssysteme (IVS) im Straßenverkehr, Heft F 87, September 2014.

BITKOM, Cloud Computing – Was die Entscheider wissen müssen? (3.12.2010), www.bitkom.org/Themen/Publikationen/Publika

Braun, Die Zulässigkeit von Service Level Agreements – am Beispiel der Verfügbarkeitsklausel, C.H. Beck Verlag 2006.

Brox/Walker, Allgemeiner Teil des BGB, Vahlen Verlag, 34. Auflage 2010.

Bugg, Contracts in English, C.H. Beck Verlag 2010.

Bundesamt für Sicherheit in der Informationstechnologie, Sicherheitsempfehlungen für Cloud Computing Anbieter, Februar 2012, www.bsi.bund.de/SharedDocs/Downloads/DE/BSI (letzter Abruf: 27.7.2015).

Burmann/Heß/Jahnke/Janker, Straßenverkehrsrecht, C.H. Beck Verlag, 22. Auflage 2012.

Detterbeck, Öffentliches Recht, Vahlen Verlag, 8. Auflage 2011.

Dreier/Schulze, UrhG, C.H. Beck Verlag, 5. Auflage 2013.

Enneccerus, Bürgerliches Recht, Elwert'sche Verlagsbuchhandlung 1921.

Erman, BGB Bd. I und Bd. II, C.H. Beck Verlag 2011.

Gitt, Am Anfang war die Information, Hänssler Verlag 2002.

Gola/Schomerus, BDSG, C.H. Beck Verlag, 10. Auflage 2010.

Gola/Schomerus, BDSG, C.H. Beck Verlag, 11. Auflage 2012.

Gola/Schomerus, BDSG, C.H. Beck Verlag, 12. Auflage 2015.

Haug, Internetrecht, Kohlhammer Verlag, 2. Auflage 2010.

Hawking/Mlodinow, Der große Wurf, Rowohlt Verlag 2010.

Hay, Einführung in das Amerikanische Recht, Wissenschaftliche Buchgesellschaft, 4. Auflage 1995 und 6. Auflage 2015.

Heckmann, Internetrecht, juris Verlag GmbH 2007.

Hefermehl/Koehkler/Borkamm, Gesetz gegen unlauteren Wettbewerb, C.H. Beck Verlag, 27. Auflage 2009.

Hilgendorf, Robotik im Kontext von Recht und Moral, Nomos Verlag 2014.

Hoeren, IT-Vertragsrecht, Otto Schmidt Verlag 2007.

Hoeren, Internet- und Kommunikationsrecht, Otto Schmidt Verlag, 2. Auflage 2012.

Hoeren, Big Data und Recht, C.H. Beck Verlag 2014.

Hömig, Grundgesetz für die Bundesrepublik Deutschland, Nomos Verlag, 7. Auflage 2005.

Hömig, Grundgesetz für die Bundesrepublik Deutschland, Nomos Verlag, 10. Auflage 2013.

Hütte/Hütte, Schuldrecht (BGB) AT, Dr. Rolf Schmidt Verlag, 7. Auflage 2012.

Jarass/Pieroth, Grundgesetz, C.H. Beck Verlag 2011.

Junker/Benecke, Computerrecht, Nomos Verlag, 3. Auflage 2002.

Keil, Willensfreiheit und Determinismus, Reclam Verlag 2009.

Kirn, Integration von Organisation von Informationssystemen – Benötigen wir eine Re-Vitalisierung des maschinellen Aufgabenträgers? Technische Universität Ilmenau 1996.

Kirn, Kooperative intelligente Systeme, in Kirn/Benn/Dadam/Unland, Datenbanken und Informationssysteme – Festschrift zum 60. Geburtstag von Prof. Gunter Schlageter, Fern-Universität Hagen 2003.

Kirn, Kooperierende intelligente Softwareagenten, Wirtschaftsinformatik Nr. 44 (2002), S. 57–60.

Koch, Die Haftungsfreizeichnung in Forschungs- und Entwicklungsverträgen, Nomos Verlag 2008.

Koch, Internetrecht, Oldenbourg Verlag, 2. Auflage 2005.

Koch, IT-Projektrecht, Springer Verlag 2007.

Krcmar, Informationsmanagement, Springer Verlag, 5. Auflage 2010.

Kühling/Seidel/Sivridia, Datenschutzrecht, C.F. Müller Verlag 2011.

Küng, Der Anfang aller Dinge, Pieper Verlag 2008.

Kullmann, Produkthaftungsgesetz, Erich Schmidt Verlag, 6. Auflage 2010.

Lackner/Kühl, Strafgesetzbuch, CH. Beck Verlag, 28. Auflage 2014.

Lehmann, Allgemeiner Teil des Bürgerlichen Gesetzbuches, De Gruyter Verlag, 12. Auflage 1960.

Lenz, Produkthaftung, C.H. Beck Verlag 2014.

Looschelders, Schuldrecht (BGB) BT, Vahlen Verlag, 7. Auflage 2012.

Marly, Praxishandbuch Softwarerecht, C.H. Beck Verlag, 5. Auflage 2009.

Marly, Praxishandbuch Softwarerecht, C.H. Beck Verlag, 5. Auflage 2009 und 6. Auflage 2014.

Maunz/Dürig/Herzog, Grundgesetz, C.H. Beck Verlag 1973.

Maurer, Allgemeines Veraltungsrecht, C. H. Beck Verlag 2011.

Maurer/Gerdes/Lenz/Winner, Autonomes Fahren, Daimler Benz Stiftung, Springer Verlag 2015.

Meinel/Willems/Roschke/Schnjakin, Virtualisierung und Cloud Computing Konzepte, Technologiestudie, Marktübersicht, Hasso-Plattner-Institut für Softwaretechnik an der Universität Potsdam, Technischer Bericht 44/2011, http://hpi.de/forschung/publikationen/technische-berichte.html (letzter Abruf: 27.7.2015).

Mertens/Bodendorf/Picot/Schumann/Hess, Grundzüge der Wirtschaftsinformatik, Springer Verlag, 9. Auflage 2005.

Möbuß, Schopenhauer für Anfänger – Die Welt als Wille und Vorstellung, dtv Verlag 1998.

Müller-Hengstenberg/Kirn, in von Wietersheim (Hrsg.), Vergaben von IT-Leistungen, Bundesanzeiger Verlag 2007.

Müller-Hengstenberg/Westphalen, Graf v., DV-Projektrecht, Springer Verlag 1994.

Münchner Kommentar BGB Bd. 5, 4. Auflage 2004 und Bd. 5, 6. Auflage 2013, C.H. Beck Verlag.

Nitschke, Verträge unter der Beteiligung von Softwareagenten – ein rechtlicher Rahmen, Peter Lang Verlag 2010.

Palandt, BGB, C.H. Beck Verlag, 71. Auflage 2012.

Palandt, BGB, C.H. Beck Verlag, 72. Auflage 2013.

Palandt, BGB, C.H. Beck Verlag, 73. Auflage 2014.

Palandt, BGB, C.H. Beck Verlag, 74. Auflage 2015.

Preißner, Projekterfolg durch Qualitätsmanagement, Hanser Verlag 2006.

Pruss/Skroch, Kritische Defizite bei der Leistungsbeschreibung in Softwareverträgen in Möller (Hrsg.) Vielfalt und Einheit, Schriften des Augsburg Center for Global Economic Law und Regulation, Nomos Verlag 2008.

Redeker, IT-Recht, C.H. Beck Verlag, 5. Auflage 2012.

Rehbinder, Urheberrecht, C.H. Beck Verlag, 16. Auflage 2010 und 17. Auflage 2015.

Rehbinder/Peukert, Urheberrecht, C.H. Beck Verlag, 17. Auflage 2015.

Saenger, Gesellschaftsrecht, Verlag Vahlen 2010.

Schirrmacher, EGO – Das Spiel des Lebens. Karl Blessing Verlag 2013.

Schmidt, Schuldrecht Allgemeiner Teil, Dr. Rolf Schmidt Verlag, 9. Auflage 2014.

Schmidt, Strafrecht Allgemeiner Teil, Dr. Rolf Schmidt Verlag, 14. Auflage 2015.

Schneck, Rating, dtv Verlag, 2. Auflage 2008.

Schneider, Handbuch des EDV-Rechts, Otto Schmidt Verlag, 4. Auflage 2009.

Stahlknecht/Hasenkamp, Einführung in die Wirtschaftsinformatik, Springer Verlag, 11. Auflage 2005.

Staudinger, Eckpfeiler des Zivilrechts, De Gruyter Verlag 2011.

Staudinger, Eckpfeiler des Zivilrechts, De Gruyter Verlag 2014.

Staudinger, Eckpfeiler des Zivilrechts, De Gruyter Verlag 2015.

Teichmann, Empfiehlt sich eine Neukonzeption des Werkvertragsrechts? Gutachten A zum 55. Deutschen Juristentag, C.H. Beck Verlag 1984.

Tietz/Blichmann/Hübsch, Cloud-Entwicklungsmethoden, in Informatik_Spektrum_.4.2011.

Universität Hohenheim, Wirtschaftsinformatik 2, Gesammelte Werke von 2003 bis 2008, mit Beiträgen von Anhalt, Kirn, Fernandes.

Universität Paderborn, Softwareagenten, Ausarbeitung von Andreas Schilling im Rahmen der Projektgruppe Je Vox im Sommersemester 1999, www.uni-paderborn.deoaderborn.de/cs/jevox/Seminar/Softwareagenten (letzter Abruf: 30.7.2015).

Vossenkuhl, Die Fragen der Philosophie, C.H. Beck Verlag 2003.

Wandtke, Urheberrecht, De Gruyter Verlag, 2. Auflage 2010.

Wandtke/Bullinger, UrhG, C.H. Beck Verlag, 3. Auflage 2009.

Wandtke/Bullinger, UrhG, C.H. Beck Verlag, 4. Auflage 2014.

Welzel, Das Deutsche Strafrecht, De Gruyter Verlag, 7. Auflage 1960.

Westphalen, Graf v., Vertragsrecht und AGB-Klauselwerke, C.H. Beck Verlag 2012.

Wolff/Bachof/Stober/Kluth, Verwaltungsrecht I, C.H. Beck Verlag, 12. Auflage 2007.

Wooldridge, Intelligent Agents: The Key Concepts, Springer Verlag Berlin 2002.

Zelewski, Einsatz von Expertensystemen in den Unternehmen, Expert Verlag/Taylorix Fachverlag 1989.

Fachzeitschriften

NJW	Neue Juristische Wochenschrift	C.H. Beck Verlag
MDR	Monatsschrift des Deutschen Recht	Dr. Otto Schmidt Verlag
CR	Computer und Recht	Dr. Otto Schmidt Verlag
ITRB	Der IT-Rechtsberater	Dr. Otto Schmidt Verlag
MMR	MultiMedia Recht	C.H. Beck Verlag
Cri	Computer Law Review International	Dr. Otto Schmidt Verlag
GRUR	Gewerblicher Rechtsschutz und Urheberrecht	Deutsche Vereinigung für gewerblichen Rechtsschutz und Urheberrecht, Köln

Teil C: **Folgerungen**

1 Eine informatikrechtliche Perspektive

Entscheidungen über eigenes Handeln erfordern Kenntnisse über die prinzipiell möglichen Aktionen, deren Konsequenzen und mögliche Aktionsreihenfolgen sowie Möglichkeiten zur Bewertung derselben. Dazu ist Wissen über den eigenen internen Zustand sowie über den Zustand und die vorhersagbare Entwicklung der Umwelt erforderlich, wie es typischerweise von KI-Systemen verlangt wird. Planvolles Handeln schließlich setzt neben dem dazu erforderlichen Wissen auch voraus, dass Agenten die Fähigkeit zur Erstellung und ggf. auch dynamischen Anpassung von Plänen besitzen, mit denen sie ihr Handeln auf ihre Ziele ausrichten bzw. ihre Ziele je nach deren aktueller Erreichbarkeit evtl. auch anpassen können.

Die vorstehenden Ausführungen haben verdeutlicht, dass in unserer zunehmend „kollaborativeren" Welt die smarten Objekte und die smarten Umgebungen damit beginnen, ihre Aktivitäten untereinander teilweise ohne menschliche Mitwirkung „abzusprechen". Eine entscheidende Frage ist, ob und inwieweit der Mensch in diese „Absprachen" einbezogen ist oder wenigstens zuvor gefragt wird. Im Hinblick auf die Verantwortlichkeit des Menschen stellt sich dann die Frage, ob er die daraus entstehende „Emergenz" des Einzel- und Gesamtsystemverhaltens vorhersehen, planen, erforderlichenfalls kontrollieren, beherrschen kann – oder ob ihm mangels hinreichend schneller und skalierbarer Fähigkeiten die Teilhabe an diesen neu entstehenden Kooperationsmöglichkeiten zwischen technischen Systemen ohnehin verwehrt sein wird.

Die Bestrebungen der Bundesregierung, durch ein IT-Sicherheitsgesetz den Einsatz von IT sicherer zu machen, sind gewiss der richtige Weg und daher lobenswert. Aber die Vielschichtigkeit der "kollaborativen Welt" und Umwelt lassen erahnen, dass mit einem Gesetz die Gefahren und Risiken nur begrenzt abgefangen werden können.

Jede technologische Weiterentwicklung bzw. Erfindung mag noch so kreativ und fortschrittlich sein oder eine bedeutende wissenschaftliche Erfindung darstellen – der soziale und ökonomische Wert und Vorteil der Erfindung für die Welt zeigt sich aber erst in den Auswirkungen auf die Wirtschaft, Gesellschaft, Ethik und das Rechtswesen und in der Akzeptanz in Gesellschaft und Wirtschaft.

Ein gutes Beispiel ist die Entdeckung der Kernspaltung, die einen ungeheuren Fortschritt der Physik bedeutete. Die Umsetzung dieser Entdeckung in Kernkraftwerke einerseits und Atomwaffen andererseits hat jedoch erhebliche gesellschaftliche, ethische und rechtliche Vorbehalte ausgelöst. Auch das von Copernicus und Galilei entdeckte neue astronomische Weltbild widersprach dem bis dahin gültigen wissenschaftlichen Verständnis ebenso wie der Lehre der katholischen Kirche und durfte über hunderte von Jahren nicht in der Öffentlichkeit vertreten werden. Neue wissenschaftliche Erkenntnisse und Erfindungen stießen immer wieder auf rechtliche, religiöse oder ethisch-moralische Bedenken und konnten in der Regel nicht unbeschränkt zum Nutzen der Gesellschaft verwendet werden.

So verhält es sich auch mit den modernen Informations- und Kommunikations-technologien, die erheblichen verfassungsrechtlichen, sonstigen rechtlichen sowie ethisch-moralischen Bedenken begegnen, die einem uneingeschränkten und nicht kontrollierbaren „Ausleben" neuer Technologien in gewissem Maße entgegenstehen. Die Vorstellung vom „gläsernen Menschen" erschreckt heute noch die Gesellschaft und wird unterstützt von der weitverbreiteten Datenpiraterie. Das Gute war, dass diese Erfindungen oder neuen wissenschaftlichen Erkenntnisse immer die sozialen, ökonomischen und rechtlichen Gegebenheiten in Frage stellten. So fordern die neuen Technologien die Frage heraus, warum nicht auch „autonome Softwareagenten" rechtsfähig sein können bzw. warum nur der Mensch eine Rechtsfähigkeit hat.

Diese Frage wird sich in Zukunft zunehmend stellen, wenn die Steuerung von Geschäfts- und Handlungsprozessen in allen Bereichen der Gesellschaft wie bspw. im privaten Bereich, in Unternehmen, Produktion, Krankenhäusern und Verkehrs-mitteln (Bahn, Flugzeug, Auto) durch autonome kooperierende Softwareagenten oder Roboter erfolgt.

Mit dieser Fragestellung wird das gesamte Vertrags-, Haftungs- und Verschulden-sprinzip des Zivil- und Strafrechts zur Diskussion gestellt.

Die Anwendung der neuen ITK-Technologien, die auf weltweiten Internetstruk-turen beruhen, fordern die traditionellen Rechtssysteme heraus, sich an die neuen Gegebenheiten anzupassen, neue „Leitideen einer Normstruktur"[1] zu finden, um die Interessen der Menschen bzw. Vertragspartner angemessen zu schützen.

Diese Herausforderung erweist sich als sehr schwierig, weil auf der Welt über die Jahrhunderte hinweg unterschiedliche Rechtssysteme entstanden sind, insbesondere in den Bereichen des Zivilrechts, Urheberrechts, Daten- und sonstigen Schutzrechts. So basiert zum Beispiel das deutsche und auch weitgehend das europäische Dienst-vertragsrecht auf sehr alten Vorstellungen über die „Dienstleistungen" von Men-schen, bspw. von angestellten Ärzten, Rechtsanwälten usw.[2]

Doch die neuartigen Internetanwendungen erbringen vielfach Leistungsarten, die heute nach angloamerikanischem Muster als „Service" bezeichnet werden und einen breiten Leistungsumfang erfassen, der teilweise den Charakter eines Dienstver-trages, Geschäftsbesorgungsvertrags oder auch Werkvertrages haben kann. So gibt es einen Kundenservice, Betreuungs- und Unterstützungs- sowie Beratungsservice, IT-Servicekataloge usw.[3]

Diese Leistungsarten haben wenig mit den traditionellen personenbezogenen Dienstleistungen zu tun. Sie stellen vielmehr auf eine Art immaterielle technische

---

1 Oechsler, in: Staudinger (2011), Kap. M Rdnr. 34.
2 Siehe hierzu Richardi, in: Staudinger (2011), Kap. F Rdnr. 2, 4 ff.; Teichmann, Empfiehlt sich eine neue Neukonzeption des Werkvertragsrechts? Gutachten A zum 55. Deutschen Juristentag 1989, A 18.
3 Siehe hierzu Krcmar, Informationsmanagement, 5. Auflage 2010, Kap. 6.5; Teichmann, Empfiehlt sich eine neue Neukonzeption des Werkvertragsrechts? Gutachten A zum 55. Deutschen Juristentag 1989, A 29.

Werkschöpfung ab, die einen anderen Risikocharakter haben und daher andere Schutzinteressen verfolgen.

Diese neuen internetbasierten Anwendungsarten, die weltweite Geschäftsprozesse ermöglichen, fordern die Wissenschaft heraus, neue Sicherheitslösungen zu entwickeln, die elementare Rechte der Menschen wie bspw. Leben, Gesundheit oder das Selbstbestimmungsrecht über persönliche Daten vor Verletzungen sichern.

Andererseits ist aber auch zu beobachten, dass in der Europäischen Union an der Rechtsharmonisierung gearbeitet wird. Beispiele sind die vielen Richtlinien zur Harmonisierung oder Koordinierung bestimmter Aspekte des Urheberrechts und verwandter Schutzrechte, Telekommunikations- und Datenschutzrichtlinien, Produkthaftungsrichtlinien. Auch international existieren Vereinbarungen über das Urheber- und Patentrecht sowie über das Kaufrecht.

Alle diese Bestrebungen sind ein guter Anfang und Hoffnungsschimmer. Dennoch bilden diese Bestrebungen keine sichere Rechtsgrundlage für die Implementierung eines weltweiten Geschäfts- und Datenverkehrs, wenn dieser die Risiken der Verantwortungsverschleierung sowie der technischen Autonomie intelligenter Systeme beinhaltet.

Bei allen Harmonisierungsüberlegungen und -bestrebungen kann nicht übersehen werden, dass die unterschiedlichen Rechtssysteme in der Welt auf sehr unterschiedlichen Kulturen beruhen, die nur kaum oder nur sehr begrenzt für eine Harmonisierung geeignet sind.

Bekanntlich lassen sich technologische Entwicklungen nicht aufhalten. Der Anpassungsprozess der Rechtsnormen und auch der Rechtsprechung erfolgt erfahrungsgemäß diesen raschen technologischen Entwicklungen in erheblichen Zeitabständen nach.

Die Unterschiedlichkeit der vielen Rechtssysteme auf dieser Welt lässt kaum große Harmonisierungsmöglichkeiten der Rechtsbereiche erwarten.

Es wäre deshalb schon ein großer Fortschritt, wenn gewisse rechtliche Grundprinzipien – wenn auch auf einem hohen Abstraktionslevel – erarbeitet und von allen Staaten der Welt akzeptiert würden, ohne die Grundlagen nationaler Rechtssysteme dramatisch zu verändern.

So könnten zumindest, wie in Teil B Abschnitt 3.6.2 erläutert, allgemeine Regelungen für die Verkehrssicherheit, für den Einsatz von Virtualisierungslösungen und (teil-)autonomen intelligenten Systemen geschaffen werden. Solche Regelungen bieten eine gewisse Sicherheit für die Nutzer von IT-Ressourcen im Internet und erfordern keine umfängliche Revision der nationalen Rechtssysteme. Das neue IT-Sicherheitsgesetz geht erfreulicherweise diesen Weg. Bedauerlich ist aber, dass es sich nicht um eine europäische Richtlinie oder ein internationales Abkommen handelt.

Andererseits bedeutet diese Situation auch, dass die Nutzung neuer technologischer Entwicklungen in der Regel mit unbekannten Risiken verbunden ist.

Nach der heutigen Rechtslage hat es den Anschein, dass derjenige, der diese Technologien nutzt bzw. bei sich einsetzt, um noch effizienter ökonomische Ziele zu erreichen, das Haftungsrisiko infolge der schwierigen Beweislast trägt. Diese Rechtslage kann nicht zufriedenstellend sein. Entwickler, Betreiber und Nutzer sind gleichermaßen Profiteure der neuen Technologien und haben daher in gewissem Umfang anteilig dieses Risiko gemeinsam zu tragen bzw. zu verantworten. Hierin bestehen die Herausforderungen für den Gesetzgeber, eine angemessene Lösung für eine gerechte Beteiligung aller „Profiteure" an der Verantwortung und Haftung zu finden.

www.ingramcontent.com/pod-product-compliance
Lightning Source LLC
Chambersburg PA
CBHW080611060326
40690CB00021B/4653